中国教育发展战略学会产教融合专业委员会

2021—2022
产教融合校企合作典型案例100篇

刁庆军　李桂云　徐云清
主编

清华大学出版社
北　京

本书封面贴有清华大学出版社防伪标签，无标签者不得销售。

版权所有，侵权必究。举报：010-62782989，beiqinquan@tup.tsinghua.edu.cn。

图书在版编目(CIP)数据

2021—2022产教融合校企合作典型案例100篇 / 刁庆军，李桂云，徐云清主编 . —北京：清华大学出版社，2023.7（2024.2重印）

ISBN 978-7-302-63659-5

Ⅰ.①2⋯　Ⅱ.①刁⋯②李⋯③徐⋯　Ⅲ.①产学合作－案例－中国－2021-2022　Ⅳ.①G520

中国国家版本馆CIP数据核字(2023)第112276号

责任编辑：胡　月
装帧设计：方加青
责任校对：王荣静
责任印制：沈　露

出版发行：清华大学出版社
　　网　　　址：https://www.tup.com.cn，https://www.wqxuetang.com
　　地　　　址：北京清华大学学研大厦A座　　　邮　　编：100084
　　社　总　机：010-83470000　　　　　　　　　邮　　购：010-62786544
　　投稿与读者服务：010-62776969，c-service@tup.tsinghua.edu.cn
　　质　量　反　馈：010-62772015，zhiliang@tup.tsinghua.edu.cn
印 装 者：三河市东方印刷有限公司
经　　销：全国新华书店
开　　本：210mm×285mm　　　印　　张：25.5　　　字　　数：766千字
版　　次：2023年7月第1版　　　印　　次：2024年2月第5次印刷
定　　价：138.00元

产品编号：099506-01

本书编委会

主任委员

田克美

副主任委员

邬 跃　谢 册　严 冰

委 员

戴裕崴　柏定国　曹永学

冉蜀阳　刘俊英　周晓新

李潇阳　潘 超　何 曼

张冠华　刘增辉

前言

2021年7月，教育部发布《关于征集产教融合校企合作案例的启事》（以下简称《启事》），在全国引起热烈反响。受教育部委托，中国教育发展战略学会产教融合专业委员会承担了此次典型案例的征集遴选工作。

党的十八大以来，产教融合成为职业教育高质量发展最重要的顶层设计之一，成为服务经济社会发展、保障高质量就业、促进产业链人才链创新链有机融合的重要举措。党的二十大报告指出，"统筹职业教育、高等教育、继续教育协同创新，推进职普融通、产教融合、科教融汇，优化职业教育类型定位"，从战略层面明确了新时代新征程上深化现代职业教育体系建设改革的目标方位；新修订的《中华人民共和国职业教育法》将产教融合和职业教育改革上升到立法支持高度；《关于深化现代职业教育体系建设改革的意见》将产教融合作为延伸教育链、服务产业链、支撑供应链、打造人才链、提升价值链的重要改革方向。十年来，全国职业院校、普通高校、行业企业、地方政府按照中央要求，充分发挥各自优势，不断探索产教融合、校企合作模式，采用多种形式，从多个维度进行了各种尝试与实践，将职业教育与行业进步、产业转型、区域发展有机融合，突破了许多关键问题，取得了丰硕的实践成果。同时我们也看到，在产教融合、校企合作方面，不同区域和城乡之间发展不平衡的问题仍然突出。因此，教育部以《启事》的方式广泛征集遴选典型案例，促进成果经验的萃取与应用，具有广泛的社会价值和现实意义。

中国教育发展战略学会产教融合专业委员会按照教育部要求，从案例标准研究入手，从案例结构与要素培训起步，制定了严谨的案例遴选评价流程，共收到879家机构的1603篇案例，遴选出485篇典型案例。在此基础上，我们再次修订了典型案例的内容要求与结构规范，各单位修改后再次申报，最终遴选出100篇优秀典型案例出版发行。

这100篇案例可谓是我国产教融合的样板，对产教融合的探索与实践进行了生动展示，在一定程度上代表了我国当前在产教融合校企合作方面的实践成就和发展水平，具有一定的示范引领作用。透过案例可看出，政府、行业、企业、学校、社会等各方，对产教融合在支撑经济社会高质量发展和人的全面发展中的重要价值已形成共识，在产教融合平台建设、校企协同育人、资源共建共享、教育教学改革、技术技能创新、体制机制建设等方面进行了卓有成效的探索实践，形成了现代产业学院、中国特色学徒制、产教协同技术创新、混合所有制改革等可资借鉴的实践模式，在服务乡村振兴、"双碳"目标、产业转型升级、区域经济发展、国际化发展，增强职业教育适应性方面发挥了重要的作用，在深化职业教育供给侧结构性改革方面取得了突破性进展，产出了很多国家级、国际化的高端成果，形成了系列特色经验，呈现出可喜的发展态势。展现成绩的同时，案例也反映出在推进产教融合过程中，一些深层次的矛盾与问题仍然存在，比如，国家层面重大政策与机制保障未完全落地、产教双方责权利界定依据不到位、产教融合深度不够、产教融合质量评价机制不健全等问题。发现这些问题的存在，也体现了此次案例征集另一方面的重要意义，说明产教融合校企合作是一项须长期坚持并不断创新的系统工程，需要政行产教共同努力和社会各界的关注与支持。

本次案例征集遴选及图书出版过程中，得到教育部职业教育与成人教育司的大力支持，得到各位专家的专业评审和辛勤付出，得到全国广大案例提供单位及作者的高度重视，得到清华大学出版社的鼎力相助，在此我们表示崇高的敬意和衷心的感谢！石家庄邮电职业技术学院案例研究团队、中国远程教育杂志社《在线学习》编辑团队参与了本书的案例标准研究和分析报告撰写及案例编校工作，付出了大量的辛苦努力，在此表示深深的谢意！

路虽远，行则将至；事虽难，做则必成。产教融合校企合作案例征集是一项值得长期坚持的工作。中国教育发展战略学会产教融合专业委员会，作为产教融合领域专业研究机构，将以此次案例征集活动和本书的付梓为契机，继续推动产教融合理论研究与实践探索，不断加强典型案例成果的推广应用和优化迭代，形成可复制、具有示范引领作用的产教融合案例库，促进产教融合领域研究者与实践者的广泛交流互鉴，携手同仁，为推动现代职业教育和产业人才高质量发展不懈努力。

中国教育发展战略学会产教融合专业委员会

二〇二三年三月十六日

产教融合校企合作典型案例（2022）研究报告

新时期职业教育产教融合被赋予了重大的历史使命和深刻的时代内涵，成为推动教育优先发展、人才引领发展、产业创新发展、经济高质量发展的战略性举措，对推动中国经济提质增效、产业转型升级、促进充分就业具有重要的战略价值。近年来，各地围绕产教融合、校企合作进行了大量的实践探索，涌现出一批典型案例。为发挥典型实践的示范效应，2021年7月，教育部发布《关于征集产教融合校企合作案例的启事》，面向社会公开征集产教融合、校企合作案例，各地职业院校、行业企业等机构踊跃参与。中国教育发展战略学会产教融合专业委员会受教育部职业教育与成人教育司委托，组织了案例的申报及遴选，最终遴选出485个典型案例。现以485个典型案例为样本，从案例基本情况、典型经验与成效、现存主要问题、未来的探索方向等方面进行总结分析，以期为进一步推动产教融合、校企合作的理论研究与实践探索提供借鉴和参考。

一、基本情况分析

（一）申报单位情况分析

在485个产教融合典型案例中，申报单位包括高职院校、中职院校、行业企业、普通高校、其他（政府单位和产业集团），其中：高职院校占比最大，占案例总数量的66.0%，其后分别为中职院校（19.6%）、行业企业（9.5%）、普通高校（3.5%）、政府单位和产业集团（1.4%）。

（二）参与主体情况分析

参与主体占比最大的是"企+校"，占比61.6%；"政+行+企+校"占比15.9%，"行+企+校"占比12.1%，"政+企+校"占比6.8%，其他组合形式占3.5%。从获奖案例来看，校企双主体合作仍是目前产教融合的主要形式，政府统筹、行业指导、校企合作的联动运行模式还未广泛应用。

（三）参与主体中院校情况分析

从院校的办学层级来看： 高职院校占比70.5%，中职院校占比20.6%，本科院校占比5.7%；另外，多所院校合作的有15所，特殊教育学校1所。从获奖案例来看，中职和高职在校企合作的院校中发挥了主力军的作用。

从院校的区域分布来看： 东部院校占比66.5%，中部院校占比17.4%，西部院校占比16.1%。从获奖案例来看，东部院校产教融合的参与程度与实施成效更加突显。

（四）服务的产业企业分析

从服务的产业来看： 在485个案例中，第一产业占比4.7%，第二产业占比29.7%，第三产业占比65.0%，多产业占比0.6%。由此可见，产教融合主要集中在第三产业，即服务业。

从服务的产业类型来看： 根据产业创新特点，产业类型分为传统产业和新兴产业。传统产业主要指劳动力密集型的、以制造加工为主的行业。新兴产业是指关系到国民经济社会发展和产业结构优化升级，具有高技术含量、高附加值、资源集约等特点的产业。485个案例中，服务传统产业的占比54.0%，服务新兴产业的占比45.2%，另外有4个项目兼具复合性。从案例中呈现的服务产业类型来看，传统产业和新兴产业差别不大。

从服务企业的所有制形式来看： 在485个案例中，国有企业占比18.8%，民营企业占比76.4%，外资企业占比3.6%，另外还有13个项目涉及多家企业、研究所和政府部门。由此可见，民营企业在职业教育中的生力军作用得到了进一步彰显。

（五）校企合作的内部治理分析

从合作层面来看： 院校中系部、二级学院层面开展产教融合占比 68.5%，学校层面开展产教融合占比 31.5%，产教融合更多集中在学院的二级机构层面。

从组织体系来看：针对产教融合，有近 80% 的案例中提出成立校企合作理事会、工作领导小组、专业教学委员会、管理委员会等专门管理机构。由此可见，产教融合的规范化、制度化组织体系在逐步形成。

二、典型经验与成效

本次样本分析的 485 个案例是我国产教融合、校企合作领域的优秀成果和标杆实践，在一定程度上代表了我国当前在产教融合、校企合作方面的实践成就和发展水平，具有一定的引领示范作用。透过这些案例，我们可以看出：党的十八大以来，国家从政策顶层设计上持续深化产教融合，经过政、行、企、校多方持续探索，我国产教融合在一些领域已成功破局，由院校单打独斗走向政、行、企、校合力推动，由单一、粗浅、零散、小规模合作走向产教综合体运营，由"1+1"走向"1+1+N"等更大范围的产业链融合，由协议式、合同式、虚拟式合作走向实体化、市场化、产出型运作，产教融合、校企合作在服务国家重大战略、产业转型升级、区域经济发展，增强职业教育适应性等方面发挥了重要的作用，产出了很多国家级、国际化的高端成果，呈现出可喜的发展态势，其发展特征和典型经验总结如下：

（一）产教融合平台建设呈现主体多元化与类型多样性

产教融合平台是教育和产业统筹融合、良性互动的重要载体和抓手。通过案例分析，从搭建主体来看，政、行、企、校、协会等以不同的组合共建产教融合平台，汇聚多元主体的资源优势，形成校企命运共同体、产教利益共同体；从平台类型来看，85% 左右的案例建设了有形的融合平台，涉及 140 余个现代产业学院、35 个职业教育集团、11 个职教联盟、60 余个综合实训基地、7 个大师工作室、8 个研究院/协同创新中心等科研平台，以及 16 个产教园、教学工厂、创新基地等产学研创大型综合体等，并有 20 余个产业学院、生产性实训基地等实施了混合所有制运营管理，建立了现代企业管理的组织架构。以下列举 3 种。

（1）现代产业学院。在国家政策的大力倡导下，以区域产业经济为纽带、以龙头企业人才需求为导向，建立校企双主导、共建共管共享的产业学院，已成为推进产教融合机制体制创新的重要举措。例如，浙江经济职业技术学院与物产中大集团创办了全国首家产业学院——物流产业学院，并持续探索实践"嵌入式产业学院""股份制产业学院"，开创了以产业学院为引领的"33521"系统化、集成化的教育服务新模式。同时，部分产业学院围绕校企合作模式下各方利益纠缠、权责不清、运行不畅等体制机制难题，积极探索混合所有制改革，并取得了一定的成效。例如，四川水利职业技术学院国际电工学院，通过明确股权结构、成立股份有限公司、建立现代企业运营模式、共建共享共管的资源投入与利用模式，形成了权责利清晰的"行企校命运共同体"，形成了混合所有制产业学院发展的新范式。武汉职业技术学院都市丽人服装产业学院成功实施混合所有制办学，并提炼出公办院校实施混合所有制办学的"五要素、三机制"，即品牌资产、教学资源、技术资源、人力资源和研发基地 5 个要素，建立权责制约、运行管理、共享共赢 3 个机制。

（2）职业教育集团。集团化办学是实现职业教育资源整合和优势互补，谋求各参与主体多方共赢的载体，是我国职业教育改革和发展的重要亮点。例如，泉州市政府牵头成立泉州市建筑职业教育集团，以黎明职业大学为理事长单位，创新实践"董事会+理事会"法人实体型职教集团运行模式，构建"实体+"建筑职教集团育人共同体。

（3）实训基地。校企发挥各自优势共建实训基地，是各种形式、规模的校企合作中的重要内容。例如，湖北城市建设职业技术学院提出了"源于现场、高度集成、功能多元、资源共享"基地建设理念，在政、行、企、校四方联动下，统筹规划，合作治理，聚焦装配式建筑全产业链中的重点环节，对接职业岗位，精准定位三大环节，围绕四大核心能力，构建模块化课程体系，打造"六位一体"的高效能实训基地。青岛职业技术学院与国家产教融合型企业京东集团合作，共建京东物流"校园云仓"生产性实训基地，实行理事会领导下总经理负责制的管理模式，建立现代企业制度进行市场化运营，实现自我"造血"功能。

（二）校企协同育人实践取得典型经验

（1）中国特色学徒制战略框架基本成型，试点工作稳步推进。自 2014 年国务院颁布《关于加快发展现代职业教育的决定》以来，国家相关部门组织实施了现代学徒制和企业新型学徒制等试点工作，开启了中国特色现代学徒制的实践探索，为构建技能型社会、培养高质量技术技能人才奠定了坚实的基础。经过多年发展，探索出一种中国特色的多元化学徒制育人模式，为解决产业转型升级带来的人才供需结构性矛盾，提高职业教育人才培养质量和服务产业发展能力提供了有效的解决方案。在 485 个典型案例中，有 59 个案例以现代学徒制为主题，其中高职院校 46 家、中职院校 12 家、地方教育局 1 家。例如，广西交通职业技术学院打造了"多元·服务·共享"交通教学工场新品牌，实施"集团化、集群化、多样化"现代学徒制人才培养，推动了现代学徒制培养由"一校一企"向"集团化协同"转变，由"单个专业"向"集群化发展"转变，由"单一供给"向"多样化培养"转变。常熟市滨江职业技术学校主动融入核心产业发展生态，通过构建"企业学院、产教融合型企业、现代学徒中心"三类支撑平台，"政校园企"四方联动，立足"六个共同"育人理念，形成了现代产业园模式下"政府主导、园区主推、校企主体"的特色学徒制"常熟实践"。地方政府在推进现代学徒制的过程中，顶层设计，高位推动，如江西新余构建了地方政府、职业院校、企业"三元"参与的现代学徒制人才培养模式，政府顶层设计，成立领导小组，建立联席会议制度，出台优惠政策，引导、协调、激励企业和学校开展现代学徒制试点。

（2）适应产业需求的专业群动态调整机制进一步健全。根据国家经济结构转型升级和区域经济发展态势，校企更加注重从专业建设起点顶层谋划，建立专产对接机制，动态调整专业设置，不断优化专业布局，构建与区域产业结构相适应的专业结构，形成特色专业群，并推动专业伴随产业技术升级而迭代，以更好地对接产业需求，提升社会服务能力。例如，北京电子科技职业学院坚持"依托开发区产业办专业、联合政园企建标准、对接职业岗位育人才"的专业建设原则，精准对接生物医药高端产业，面向"研发＋高端生物产品生产"企业集群岗位需求，优化专业布局，"因岗施教"高质量培养 SCI 三型技术技能人才。上海电机学院面向高端制造业及现代服务业，在与产业集团共建过程中不断调整学科专业结构，优化学科专业布局，共建电力电子与电力传动、电机与智能电器学科，共建电气工程及其自动化、测控技术及仪器等专业，由企业技术主管和二级学院专业负责人共同担任专业建设的"双负责人"，大力推进了学科专业的建设成效。

（3）校企协同推进"三教"改革提升人才培养质量。"三教"改革是实现职业教育高质量发展的关键抓手。以教师改革为主导，以教材改革为载体，以教法改革为媒介，不断缩减产业链、教育链与人才链之间的差距，为增强职业教育适应性提升了基本保障。各申报案例在推动"三教"改革中均提出了特色做法，形成了机制模式，有效推动人才培养目标与岗位要求的供需契合、教学过程与生产流程的有效匹配。例如，深圳信息职业技术学院紧密围绕深圳集成电路产业需求，产教科融合互促、汇聚行业企业资源，通过产业发展支撑三教改革，校企合作开发建设一流的项目化课程资源，对标岗位技能打造一流的模块化教学团队，以赛促学促教打造一流的技能竞赛训练平台。北京信息职业技术学院创新校企合作模式、人才培养模式，一体设计"岗课赛证"融通课程体系、建设高水平专兼混编师资队伍、构建"三位一体"实践教学场所、开发校企合作课程资源，变革教学、教法组织形式，形成在团队建设中"赋能"教师，在课证融通中"升级"教材，在教学实践中"创新"教法的生动、活泼的"三教"改革局面。

（三）企业牵头推进产教融合的实践探索取得阶段成效

近年来，国家出台了一系列政策文件，引导和支持企业深度参与产教融合，支持国有企业和大型民营企业举办或参与举办职业教育。在国家政策引领和推动下，企业参与产教融合的责任感被不断激发、意愿不断增强，一批国有企业、民营企业及作为国民经济和社会发展生力军的中小企业主动担当作为，在积极探索中形成了一系列企业牵头推进产教融合的典型经验。例如，作为大型央企的中国中车集团，充分发挥龙头企业优势，联动优势职业学校、教学设备开发商，多方筹措助力轨道车辆技术赛项迈向世界技能大赛舞台。强力实施校企联动，推广世赛理念，广泛开展双师培养、专业教学标准开发转化、教材和人才培养方案优化、探索混合式教学方法，突破轨道车辆制造与维护领域人才培养瓶颈，推动世赛牵头集训基地建设，创新实践世赛理念下人才培养模式。甘肃富通电梯工程有限公司作为地方性民营小微企业代表，牵头聚集和组建区域性行业小微企业群，结合地域环境和行业需求，通过院校、学生、企业和政府多方协作，以多种灵活方式共同开展电梯工程技术专业建设，摸索出一套适合西北特色的电梯职教方法，积极探索具有西部特色的产教融合发展新业态，逐步实现"校行政企生"之共赢生态。

（四）产教协同科技创新助推产业发展

国家越来越重视发挥产教融合"技术技能积累"的功能作用，国务院《关于加快发展现代职业教育的决定》文件中提出，"推动职业院校与行业企业共建技术工艺和产品开发中心、实验实训平台、技能大师工作室等，成为国家技术技能积累与创新的重要载体。"教育部和财政部《关于实施中国特色高水平高职学校和专业建设计划的意见》文件提出，"以技术技能积累为纽带，建设人才培养与技术创新平台；与行业领先企业深度合作，建设技术技能平台，支撑国家重点产业、区域支柱产业发展，引领新时代职业教育实现高质量发展"。在485个典型案例中，产教深度融合紧密对接地方产业链，通过技术技能积累与创新成果有效赋能产业技术升级进行了有益的探索，有39个案例分享了协同技术技能创新的相关内容，其中普通高校1家、高职院校30家、中职院校2家、行业企业5家、地方教育局1家。一是通过校企共建技术服务联盟、技术创新中心、创新创业实践平台等不断强化技术技能积累功能，协同开展技术攻关、工艺升级与产品研发，解决企业生产制造和工艺流程中的关键现实问题，助力产业结构优化和产业转型升级。例如，江苏经贸职业技术学院依托全国现代服务业职业教育集团，政行校企共同打造"三高一标"现代服务业产教融合试验区，试验区联合高校、科研院所，构建研究院和成果转化中心，共建院士工作站、博士工作站，"不间断、全方位、高效率"精准服务企业科技创新，形成现代服务业技术积累、创新、转化一体化发展体系。江苏食品职业教育集团（江苏食品药品职业技术学院）共建江苏省食品加工工程技术研发中心等省级以上科研平台6个，累计完成技术攻关项目近600项，科技服务到账经费突破1.35亿元、主持省级产业化推广项目20项，为区域行业企业增加经济效益近5亿元。二是将院校学生作为产业创新创意的"蓄水池"和"孵化器"，在项目实训、创新创业教育中融入产品研发、工艺开发、技术迭代功能，实现"产学研"一体化发展。例如，天津轻工职业技术学院，鼓励学生在实训期间参与企业技术和工艺攻关，将与企业共同研发和科研攻关产品转换成课程资源与案例，提升学生双创能力高端技术技能人才培养和企业高端技术服务的"双适应"，实现了"培养"和"服务"在不断循环中相互作用、互为支撑、同向并行。

（五）校企合作职业培训赋能企业人才开发

职业教育与培训并举是深化职业教育改革的重要内容，是职业院校服务企业人才开发、提升服务发展水平的重要举措，也是产教融合、校企合作的一项重要内容。在485个案例中，80%以上都合作开展了规模不一的企业培训项目，其中有14个校企专门共建了企业培训基地、继续教育基地等，体系化开展企业员工职业技能提升培训、岗位培训认证等。例如，清华大学继续教育学院服务中冶赛迪集团有限公司研究搭建企业分类分级分层的人才培养体系，开展系列人才培养项目。石家庄邮电职业技术学院服务中国邮政，搭建了员工培训、网络教育、人才评价等体系，形成了职业培训专业化开发模式，并创新引进绩效改进技术与培训融合，助力企业业务绩效增长。河北工业职业技术大学与知名钢铁、智能装备制造等企业开展深度合作，通过坚持"菜单"适配培训需求，打造具有专业化特色的培训品牌，搭建了特色化、多元化的高端培训平台。

三、现存主要问题

通过采集部分案例表述，发现当前在推进产教融合、校企合作过程中，主要还存在以下问题：

（一）校企融合利益平衡机制亟待健全

新修订的《中华人民共和国职业教育法》中明确

提出，国家发挥企业的重要办学主体作用，推动企业深度参与职业教育，鼓励企业举办高质量职业教育。当前，虽然涌现出了一批积极开展产教融合并取得突出成效的企业代表，但从总体情况来看，产教融合主要以院校参与为主，还存在企业参与积极性不高的现象。在职业教育逐步上升至国家战略高度的背景下，学校期望深化产教融合，联合企业共同培育高层次技术技能人才，深度参与产业转型发展，发挥自身对经济社会发展的实业贡献。对比而言，行业企业在参与产教融合过程中存在投资缺乏政策依据、所获取的利益与投入成本不成正比、短期投资回报率低下等潜在风险。综上，企"冷"的深层次原因是校企的价值追求不同，教育的公益性与企业的逐利性存在天然矛盾。因此，构建政策保障机制，确保校企双方利益均衡是解决问题的关键。政府部门需坚持高位统筹，从利益均衡视角出发，建立健全政策保障机制，通过购买服务、设立专项基金、奖励性补助和税费减免等多元方式给予行业企业政策倾斜，发挥政策杠杆效应，降低企业在产教融合中的成本投入，有效化解校企之间的利益冲突。

（二）多元主体办学体制机制急需完善

《国家职业教育改革实施方案》指出，要支持和规范社会力量兴办职业教育培训，鼓励发展股份制、混合所有制等职业院校和各类职业培训机构。因此，多元主体融合、混合所有制运作等形式将呈上升趋势。产教融合是集实践教育教学要素资源为一体的融合，并不是学校和企业资金资本的简单叠加，其核心问题是资本背后的不同投资主体在教育观念、教育资源禀赋及优势、治理能力等方面的高度互补互信与协同协作问题，若冲突处理不好注定融而不合。具体来说，产业学院缺乏相关政策法律法规，评估评价制度不完善，人员互聘、资产管理、财务等方面需要深化协调；公办院校的产权问题也一直是混合所有制办学的难点问题。因此，需要出台配套的制度和政策支撑，健全国有资产评估、产权流转、权益分配、干部人事管理等制度。

（三）产教融合质量评价体系亟待健全

从国家政策的质量导向来看，《国务院办公厅关于深化产教融合的若干意见》提出要"健全社会第三方评价，积极支持社会第三方机构开展产教融合效能评价，健全质量评价体系"。《国家职业教育改革实施方案》指出，"做优职业教育培训评价组织，建立健全职业教育质量评价和督导评估制度，建立职业教育质量评价体系"。《提质培优行动计划》提出"完善政府、行业企业、学校、社会等多方参与的质量监管评价机制"。从产教融合的现实需要来看，部分申报单位提出，希望通过构建完善的质量评价体系，科学评价产教融合成果，合理引导产教融合方向，更好地发挥产教融合对产业的支撑价值，激发各利益主体高质量地履行职责。但当前我国尚未建立行之有效的产教融合质量评价体系，对各利益主体的价值作用缺乏细化的评价指标与刚性要求，对校企协同育人过程缺乏有力的监管和质量评估，对产教融合的具体成果缺乏客观、全面、合理的评价标准，及相应的操作流程和机制保障，造成各利益主体参与产教融合主动性不高、获得感不强，产教融合部分停留在表面化、浅层化阶段。建议成立产教融合质量评价专职部门，建立"政行企校"四位一体的多元化质量评价机制；搭建评价框架，明确评价主体职责，介入外部评估监督主体；构建多元化的评价内容体系，从政府对产教融合的社会价值、学校的育人价值、行业组织的资源整合价值、企业的人才供给价值等方面进行全方位评价；采用科学客观的评价方法，保障评价结果全面、客观、公正；建立评价结果应用机制，为产教融合的长效、可持续、高质量发展提供动力之源。

四、未来的探索方向

当前，我国现代职业教育已经步入高质量发展的快车道，迈入提质培优、增值赋能的高质量发展新阶段。产教融合、校企合作是职业教育区别于普通教育的本质特征，是高水平职业教育的实现路径，也是职业教育服务经济高质量发展的必然要求，下一步需要推动校企合作走深走实，确保产教融合行稳致远。

（一）融入国家重大战略 实现产教融合高质量发展

党的二十大胜利召开，擘画了今后五年的发展格局，要构建高水平社会主义市场经济体制、建设现代化产业体系，加快建设制造强国、质量强国、航天强国、交通强国、网络强国、数字中国，全面推进乡村振兴，深入实施区域协调发展战略，推进高水平对外开放，加快建设贸易强国。新发展格局背景下，职业教育除了承担高素质技术技能人才培养外，还肩负着支持现代产业集群建设、融入区域经济和地区民生、服务中小企业技术革新、落实促进共同富裕等国家战略的使命责任。如何通过提高服务行业企业发展的适配度，以及服务国家重大战略和区域经济发展的贡献度，仍然是职业教育改革的首要问题，产教融合、校企合作必须立足大产业、大教育、大创新的高度，加速产业链、教育链和人才链、创新链的融合。

（二）产教融合生态型发展 实现产业与教育协调共生

随着产教融合的不断深入和价值作用得到认可，产教融合将成为聚焦双方利益而进行的主动合作，产教融合将从"项目服务型""平台合作型"向"融合生态型"方向演化，成为促进职业教育创新向纵深发展、可持续发展的有效途径，成为一种更宽内涵、更深层次、更高效度、更高效集约的产教一体化协同发展的教育形态。生态系统将政府、行业、企业等诸多要素纳入一个开放复合的外生态系统，同时在职业院校内部构建"育培研"融合发展的内生态系统。校企共建资源交换池，通过标准、课程、师资、基地、文化、评价等关键要素融通交汇，高质量满足企业战略、业务、人才、文化的多维需求，打造"产业生态中的教育、教育生态中的产业"紧密耦合体，形成交融互嵌、协同共生、开放迭代的生态系统，有效促进教育链、人才链与产业链、创新链有机衔接。

（三）信息技术推动产教融合数智化发展

大数据、人工智能、物联网等现代信息技术的发展，推动了现代产业的互联网转型和教育形态的变革，也逐步推动产教融合朝着数智化方向发展。一是信息技术将实现产教双方在资源共享、协同育人、科技研发方面的高效组织和科学管理，产教融合将搭建"云端"平台，跨越时空，更加灵活创新，大幅提升产教融合效率。二是互联网、大数据、人工智能等新技术引发了教育形态、知识获取传授方式、教和学关系的深刻变革，真实场景下、随时随地的校企互动将带来全新的现场体验，新型的师徒关系、新型的实训模式，大幅提升了产教融合的空间，也解决了教育与产业生产周期不同步等问题。三是作为职业院校，必须以更高远的历史站位、更宽广的视野、更深邃的战略眼光加快推进教育现代化，在推进产教融合中打造现代化、智能化、数字化的现代企业治理模式，以更好地匹配产业数字化发展创新。

目录

高职院校篇

产城教融合视域下"政校园企联合""岗课赛证融通"育人模式创新与实践	北京电子科技职业学院	3
基于培训开发链的"五位一体"职业培训开发模式创新实践	石家庄邮电职业技术学院	7
基于类型教育的中国特色产业学院创新实践	浙江经济职业技术学院	11
影视动画专业中高职贯通的产教融合探索	上海电影艺术职业学院 中华职业学校	14
"实体+"建筑职教集团育人共同体的探索与实践	黎明职业大学	18
依托产业学院打通三链衔接通道	福建信息职业技术学院 福建金创利信息科技发展股份有限公司	22
打造产教融合试验区,培养现代服务业高层次技术技能人才	江苏经贸职业技术学院	25
服务首都智慧城市建设运行,助推"双碳"目标实现,打造国际产教融合典范	北京工业职业技术学院	29
西南地区交通特色产教融合新范式	广西交通职业技术学院	33
"一村多名大学生"人才培养的咸职经验	咸宁职业技术学院	37
产教一体、岗课融通、强化类型,精准培养高端技术技能人才	天津轻工职业技术学院	41
现代学徒制的广西"金光模式"	广西工业职业技术学院	45
校企协同,分类分岗分阶共育人才	浙江金融职业学院	49
以科教融汇引领产教融合的京津冀创新实践	石家庄职业技术学院	54
运营地方企业综合服务平台解决精准服务难题	温州职业技术学院	58
探索实体化、一体化的产教融合发展新路	金华职业技术学院	62
混合所有制产业学院的创新与实践	四川水利职业技术学院	66
现代学徒制人才培养的"华翔模式"	临汾职业技术学院	70
政行企校四方联动,打造多功能建筑装配式实训基地	湖北城市建设职业技术学院	74
"四贯通·三交互·两共学"职业技能培训新模式	重庆电子工程职业学院 重庆长安汽车股份有限公司	78
校企共建产业学院"1+1+N"模式协同育人	徐州工业职业技术学院	82
共建产业学院,培养创新型集成电路技术技能人才	深圳信息职业技术学院	86
育训结合、双向融合、组群培养,校企协同育人	顺德职业技术学院	90
学做创一体化,培养精密制造复合型技术技能人才	陕西工业职业技术学院	93
双元驱动、双轨并行,共育港航"新匠人"	深圳职业技术学院	97
"三进三延伸"的产教融合之路	河北石油职业技术大学	100
"五个对接"打造现代非织造技术特色产业学院	仙桃职业学院	104

标题	单位	页码
"蓝领岗位生态系统"的校企协同构建与实践	浙江工业职业技术学院	108
基于现代学徒制的海外项目工程师人才培养模式创新实践	江苏建筑职业技术学院	112
打破传统合作模式,实现产教融合"双元"育人	广东轻工职业技术学院	116
"研发—教学"融汇式校企合作模式探索与实践	宁波职业技术学院	120
"一标准、双主体、三段式、四转换、五对接"协同育人	云南机电职业技术学院　云南港翊航空技术有限公司	124
纵向贯通、横向联动,创新四方合作办学体制机制	浙江经贸职业技术学院	128
工程师学院视域下现代殡葬技术与管理专业建设模式创新研究与实践	北京社会管理职业学院(民政部培训中心)	131
"联盟筑基,园校融合"幼儿教师培养模式创新	四川幼儿师范高等专科学校	135
对接产业链、补齐专业链,共育视光行业人才	天津市职业大学	138
从产教融合到产教共生发展,助力区域经济发展	石家庄理工职业学院	142
技术引领、并跑产业,打造智能制造产教融合集成大平台	无锡职业技术学院	145
服务区域经济、发挥专业优势,打造钢铁冶金企业职工特色培训品牌	河北工业职业技术大学	148
校企"双主体"工学交替培养高素质管理人才	北京农业职业学院　物美集团	152
三方合作、两地研发,打造国际化通用航空专业校企合作新模式	福建船政交通职业学院	156
实践"1+N"人才培养模式,助力首都商业服务业发展	北京财贸职业学院菜百商学院	160
体制创新生成命运共同体,产教融合促进高质量发展	安徽商贸职业技术学院	164
基于"三融合二结合"现代学徒制的建筑类技术技能人才培养	云南交通职业技术学院　云南实力控股集团有限公司	168
"多方协同、双元共育、特色发展"多方共建智能制造专业群	山东科技职业学院	173
基于混合所有制平台"技术跟进、要素同步"校企协同育人模式的实践	南京信息职业技术学院	177
"产教生态化、项目课程化"数字创意类专业产教融合人才培养模式创新与实践	日照职业技术学院	181
打造"三文化、两基地、一主线、三课堂"产教融合农业职业教育新生态	黑龙江农业职业技术学院	184
实施产教融合"五措并举"工程,助推广西茶产业高质量发展	广西职业技术学院	188
校企共建产业学院,创新"五共携进"建设新范式	黄河水利职业技术学院	192
校局合作实战化教学体系构建与实践	河北公安警察职业学院	196
创新数字财税类专业产教贯通一体化人才培养模式	重庆城市管理职业学院　航天信息股份有限公司　重庆高新区政务服务和社会事务中心	201
产教融合视域下现代国土工匠培养体系探索与实践	江西应用技术职业学院	206
公办院校混合所有制办学模式探索与实践	武汉职业技术学院	210
"政行企校"共促"双元"育人,"岗课赛证"引领"三教"改革	北京信息职业技术学院	214

高职自动化类专业校企融合,"一体五融四创"人才培养的探索与实践 ………… 重庆工程职业技术学院 217

开展集团化办学,助力食品产业转型升级 ………… 江苏食品职业教育集团(江苏食品药品职业技术学院) 221

基于产教融合、校企合作的"一体三共三通"职业教育终身化路径建设实践 ……… 武汉电力职业技术学院 224

东西部协作背景下多元价值导向产教融合,精准脱贫"穗毕模式"的创新与实践 ……… 毕节职业技术学院 228

打造神州高铁产业学院,赋能产教融合新生态 ………… 天津交通职业学院 232

依托混合所有制生产性实训基地,打造校企"双元"育人新模式 ………… 青岛职业技术学院 236

中职院校篇

平台支撑、四方联动、协同育人,产业园模式下现代学徒制"常熟实践" ………… 常熟市滨江职业技术学校 241

基于产业学院的中职产教融合新生态探索与实践 ………… 浙江省机电技师学院 245

联动·组场·提质:职业学校和所在县域联合推动产教融合的"永康范式"
………… 永康市职业技术学校/永康五金技师学院 249

"跨界·链式·复合"特色学徒制集群建设实践 ………… 金华市婺城区九峰职业学校 253

农业季节性生产制约下"候鸟式"学徒制人才培养模式的构建 ………… 湖州市现代农业技术学校 256

"产学教研创"校企集群双主体协同育人模式 ………… 大连商业学校 260

构建面向小微企业的"项目化"协同育人模式 ………… 深圳市沙井职业高级中学 264

产教融合,赋能企校高质量发展 ………… 北京市商业学校　新道科技股份有限公司 268

产教融合培育"一岗多能、一人多岗"会计人才 ………… 东莞理工学校 272

校企共建"培育+认证+就业"平台,打造数字建筑人才培养"全闭环" ………… 嘉兴市建筑工业学校 275

"引企入校、引产入教、依产定学、学做一体"育人模式与实践 ………… 威海市职业中等专业学校 279

集团多维融合,构建梯度人才培养模式 ………… 淮北工业与艺术学校 283

走产教融合"造血扶贫"的特色之路
………… 北京市商业学校　阿里巴巴(中国)网络技术有限公司　北京博导前程信息技术股份有限公司 286

建立"三个零距离"产教融合新模式 ………… 大连综合中等专业学校 290

高等院校篇

运用组织学习技术,增强企业关键人才赋能成效 ………… 清华大学　中冶赛迪集团有限公司 297

直击行业"痛点","校行企联动、育训赛结合"的特色学院人才培养模式创新与实践 ……… 广州开放大学 301

校企研协同,中本硕立交,全链条培养医疗康养人才 ………… 温州医科大学 305

乡村振兴"共同体"的构建与可持续发展 ………… 西南科技大学 309

探索"三双四共"校企共建二级学院,精准培育先进装备制造业应用型人才 ……… 上海电机学院 313

邮政物流特色的现代产业学院建设路径探索 ………… 西安邮电大学 316

"院园合一"机制下基于工作室的跨境电商人才培养典型案例

　　………………………………………………………青岛黄海学院　山东网商科技集团有限公司　320

探索校企产学研深度融合,助推高质量发展………………………………………山东大学深圳研究院　324

行业企业篇

运用绩效改进技术打造职业培训价值向企业业务绩效转化的"桥"与"船"

　　……………………………………………石家庄邮电职业技术学院　中国邮政集团有限公司　329

以小微企业群为主导的产教融合新形态…………………………………甘肃富通电梯工程有限公司　333

银企共建两大育训实体,产教融合五项创新功能

　　……………………………………………建行研修中心华中研修院　中南财经政法大学建行学院　337

银校双向引智,产教育训并举……………………………………建行研修中心(研究院)华北研修院　340

产教融合、校企合作,培育数字时代"T型"人才…………………………………华润商学院(香港)　344

智能制造产教"乐"融合的案例实践………………………………广东智通人才连锁股份有限公司　348

打造校企合作命运共同体,助力东北三省乡村振兴………………阿里巴巴(中国)教育科技有限公司　352

基于人才培养范式,企业嵌入职业院校的协同创新实践………………行云新能科技(深圳)有限公司　356

全场景产教融合,共建数字经济现代产业学院……………………天下秀数字科技(集团)股份有限公司　360

"双元育人"产教融合共建现代产业学院实践…………东软教育科技集团有限公司　湄洲湾职业技术学院　363

基于世赛模式下的产教融合多边协作共同体实践

　　……………………………………………中国中车集团有限公司　常州铁道高等职业技术学校　366

校企优势互补,共建识图系统………………广州中望龙腾软件股份有限公司　浙江建设职业技术学院　370

构建泛中心化校企合作命运共同体………………………………………………北控水务集团有限公司　373

重塑家具设计与制造专业教学标准…………杭州群核信息技术有限公司(酷家乐)　顺德职业技术学院　377

现代学徒制"三元"参与"新余模式"的十年实践…………………………………江西省新余市教育局　380

"行校企"多主体育人,"产教科"全要素协同……………………第三代半导体产业技术创新战略联盟　384

构建产教融合价值共同体,探索新时代职教商科育人新模式………………………电子科大科园教育中心　388

高职院校篇

产城教融合视域下"政校园企联合""岗课赛证融通"育人模式创新与实践

陈亮 辛秀兰 李双石 冯晖 兰蓉

北京电子科技职业学院

摘要：为了给北京市大力发展生物医药战略性新兴产业提供技术技能人才支撑，北京电子科技职业学院以"立足一片区域，多方联合发力，打造人才高地"的理念，高水平建设药品生物技术专业，精准对接生物医药高精尖产业需求，主动进行供给侧结构性改革，发挥专业、人才、平台等优势，深化产城教融合，提升人力资源效能，培养高素质技术技能人才，赋能产业高质量发展。

关键词：产城教融合；生物医药产业；药品生物技术专业；人才培养

一、实施背景与关键问题

（一）实施背景

北京市加快打造世界主要科学中心和创新高地，大力发展生物医药等战略性新兴产业，培育新技术、新产品、新业态、新模式。生物医药产业被纳入北京市"十四五"高精尖产业规划，拟打造的万亿元规模国际引领支柱产业，是北京经济技术开发区（以下简称开发区）主导产业。

（二）关键问题

"十三五"期间，北京市已经形成"一南一北、各具特色"的生物医药产业空间布局。"北"包括以中关村生命科学园为核心的研发创新中心，"南"部的开发区是科技创新成果转化落地的产业基地。随着首都高精尖产业的转型升级和新冠病毒感染疫情的持续催化，生物医药产业人力资源供给与企业岗位需求不相匹配，人才技能培育与技术更新迭代不相协调等问题愈加突显，能够从事生物药品制品制造、检验服务、研究与试验辅助等工作的高素质技术技能人才缺口持续扩大，成为严重制约产业发展的瓶颈。

二、主要做法

（一）专业定位面向"研发＋高端生物产品生产"企业集群岗位需求

开发区是国家级经济技术开发区和国家高新技术产业园区，汇聚了拜耳、阿斯利康、国药集团、昭衍新药等各类生物医药企业1700余家。北京电子科技职业学院生物技术及应用专业是我国首批设立的高职学校专业，以食品加工和检测见长，是国家示范校建设重点专业。作为开发区内唯一一所高等院校，紧跟产业转型升级，专业建设精准对接生物医药高精尖产业发展，专业定位面向"研发＋高端生物产品生产"企业集群岗位需求，突出生物技术药品应用方向，转设药品生物技术专业，建立与开发区政府、亦庄生物医药园和开发区重点企业紧密合作关系，人才培育逐渐融入区域产业链、创新链，成为开发区生物医药产业快速发展的有力支撑。

（二）"政—校—园—企"联合共建现代学徒制中心

开发区政府牵线搭桥，药品生物技术专业与国家北京生物医药创新孵化基地——亦庄生物医药园（以下简称生物医药园），联合培养高端技术技能人才。"校—园"合作在园区建设"厂中校"平台——北京亦庄生物医药园中试服务平台,在校内建设"校中厂"基地——化药制剂与蛋白药物研发中试基地,建立资源"共建、共管、共享"运行机制,形成资源共享、人才培养、技术创新、社会服务四位一体管理体系,满足人才培养和服务企业的双重需求。专业协同国药集团北京生物制品研究所有限公司等新药研发、疫苗生产、核酸检测龙头企业,合作共建北京市级亦庄药品生物技术工程师学院(以下简称工程师学院)和企业现代学徒制中心,共同研究修订药品生物技术专业人才培养方案,构建S(书证融通型)C(专业复合型)I(创新实践型)技术技能人才培养体系,教育链、人才链深度融入产业链和创新链,如图1所示。

(三)"岗—课—赛—证"融通培养高素质技能人才

专业坚持"依托开发区办专业、联合政园企建标准、对接职业岗位育人才"。基于"职业仓"理论,确定开发区生物医药企业岗位"职业培养路径","政—校—园—企"合作搭建由公共基础课、专业群(类)技术基础课、职业技术技能课、复合型和创新型模块化课程构成的结构化专业课程体系,培养SCI三型技术技能人才,如图2所示。课程体系的搭建遵循"教学内容模块化、教学过程项目化、教学评价多元化",根据典型工作岗位能力要求和相关职业技能等级证书("X"证书)要求,明确课程定位与目标,引入新技术、新方法、新工艺等,重构课程教学内容,建立科学规范的课程标准。依据企业典型工作任务、工作过程或真实生产任务,融入企业工作规范、技术标准、规章制度、职业文化等。建立"教师评价与企业评价相结合、线上评价和线下评价相结合、实时性评价和阶段性评价相结合"的"三结合"多元评价体系。

专业瞄准岗位技能、实践、创新需求,结合工业分析检验、药品检测技术技能大赛和创新创业大赛,创建学生创新实践培养路径,组建"企业专家+专任教师+在校学生"技术创新团队,实现学生"技能提升+生产实践+科技创新+成果孵化"有效结合。专业面向在校高职生、本科准毕业生、下岗职工等不同层次人员,建立北京市专业技术人员继续教育基地等平台,提供技术培训项目和职业技能等级鉴定服务。专业逐渐形成以岗位职业能力为目标,以课程为核心,以竞赛为评定,以证书为标准,"岗—课—赛—证"融通的人才培养模式,为生物医药产业供给大量高素质技术技能人才。

三、经验萃取与模式模型

(一)经验萃取

从产城教一体出发,"政—校—园—企"联合,

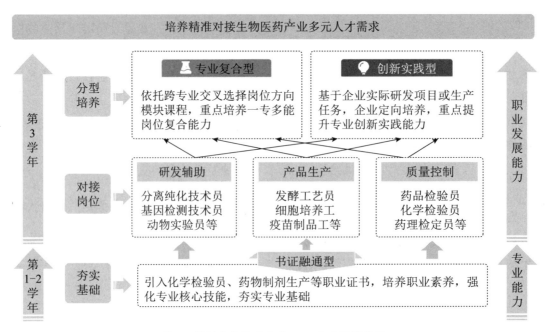

图1 药品生物技术专业SCI人才培养体系

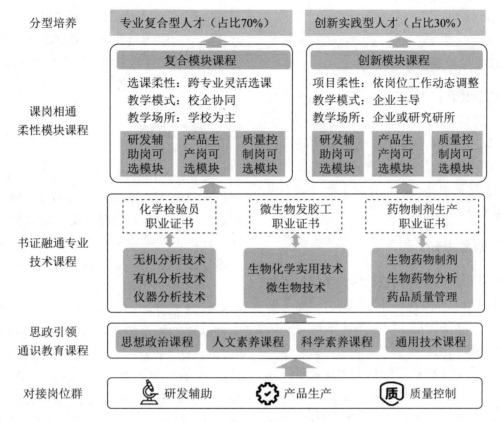

图 2　药品生物技术专业课程体系

"岗—课—赛—证"融通，构建"高端研发人才引领+高素质技术技能人才筑基"的金字塔型人才结构，育训结合促进人才供需无缝衔接。

从岗位职业需求出发，坚持"依托开发区产业办专业、联合政园企建标准、对接职业岗位育人才"成为专业建设的基本原则。

从高等职业教育出发，专业坚持高端定位和高水平建设，精准对接"研发+高端生物产品生产"产业高端，打造药品生物技术专业人才培养高地，"因岗施教"高质量培养SCI三型技术技能人才。

（二）模式模型

以高素质人才培养为目标，以高水平专业建设为抓手，以开发区为节点、生物医药园为支点、行业龙头企业为重点推进改革创新，构建"1+1+1+N"的政—校—园—企产城教命运共同体，进一步促进教育和产业体系人才、智力、技术等资源要素集聚融合、优势互补，打造支撑高质量发展的新引擎。

以"研发辅助+高端生物产品生产"为职业面向，创新"'政—校—园—企'联合、'岗—课—赛—证'融通"育人模式。"政—校—园—企"共建生物医药实习实践基地和技术技能平台，建立"共建、共享、共管"的平台运行管理机制。组建"企业专家+专任教师+在校学生"研发服务创新团队，"岗—课—赛—证"融通提升学生技能水平、实践能力和创新素质，学生创新实践、教师科学研究、企业成果孵化互相渗透，融为一体。

以职业培养路径为主线，构建专业SCI系统化人才培养体系。一是培养书证融通型（S型）技术技能人才，药物制剂生产等职业技能标准融入专业核心课程，使学生毕业时能够100%取得职业技能等级证书。二是培养创新实践型技术技能人才（I型），遴选31.6%优秀学生，在与北京亦庄生物医药园共建的北京市级工程师学院和企业现代学徒中心，"师带徒"实岗锻炼，提升实践能力和创新水平。三是培养专业复合型技术技能人才（C型），其余学生根据职业兴趣跨专业选择小学期、复合模块课程，拓展就业创业本领。

四、成效评价

（一）人才培养成效显著

近年来，学生共获得"互联网+"、挑战杯、技能大赛等国家级奖项31项，省部级奖项105项；学生就业率98%以上，83%毕业生在医药健康高新技术企业就业。国药集团人力主管高度评价我校毕业生"职业素养高、专业技能精湛，是企业生产一线不可或缺的技术技能人才主力军"。

（二）教师能力明显提升

专业教师共获得全国职业院校教师教学能力比赛一等奖4项，北京市职业院校教师教学能力比赛奖项13项，获评北京市精品课程3门；累计承担企业技术服务项目以及市级以上科研项目225项，获得专利授权40余项；发表中文核心期刊论文300余篇，其中三大检索论文86篇；为全国100多家企事业单位员工提供技术培训服务；拥有北京市优秀教师2名、师德标兵2名、教学名师2名、职教名师2名、专业带头人1名；国家级职业教育教师教学创新团队、北京市学术创新团队和优秀教学团队各1支。

（三）专业建设成绩斐然

专业入选中国职业院校"双高计划"高水平建设专业（群）A档和教育部创新发展行动计划，参与并完成《经济技术开发区内高职院校深化产教融合"三化"模式研究与实践》成果总结报告，获国家职业教育教学成果一等奖，主持"面向医药健康高精尖产业'研创双驱—育训并举'人才培养模式的探索与实践"项目，获北京市职业教育成果特等奖第一名。在第三方评价——中国科教评价网2020年、2021年、2022年连续三年发布的中国高职药品生物技术专业竞争力排行榜中，全国排名第一。

五、推广价值

专业在全国"双高"推进会、世界职教大会等大型论坛经验交流18次；"支撑亦庄高精尖 一路前行勇向前"等成果被人民网等媒体报道53次；与新西兰怀卡托理工学院等3所学校签订专本衔接合作协议，为埃及等28个"一带一路"沿线国家提供技术培训。

专家点评：北京电子科技职业学院以服务北京经济技术开发区生物医药产业企业为面向，构建"1+1+1+N"的政—校—园—企产城教命运共同体，创新"'政—校—园—企'联合、'岗—课—赛—证'融通"育人模式，形成SCI系统化技术技能人才培养体系，通过"政—校—园—企联合"建立人才供给链、"岗—课—赛—证融通"打通教学补给线、"育训结合"拓展服务延长线，以培养高素质技术技能人才为目标，分岗分型，分类施教，培养"书证融通型""专业复合型"和"创新实践型"人才，精准对接企业用人之需。有效解决了人力资源供给与企业岗位需求不相匹配，人才技能培育与技术更新迭代不相协调，人才、信息、资源等要素配置与产业快速发展不相适应等问题，形成了"职业仓""共同体""分类施教、精准培养"等鲜明特色，树立了在国家级经济技术开发区办高水平专业的标杆，具有重大示范和推广价值。

基于培训开发链的"五位一体"职业培训开发模式创新实践

周晓新　刘俊英

石家庄邮电职业技术学院

摘　要： 实施学历教育与培训并举是职业院校的法定职责。石家庄邮电职业技术学院坚持"产教融合、校企合作、育训并举"，探索形成了"培训开发链"方法论，构建了"五位一体"职业培训开发模式，为加快推进育训并举并重的职业教育办学格局起到了示范引领作用。

关键词： 产教融合；校企合作；育训并举；职业培训

一、实施背景

《国家职业教育改革实施方案》指出，要落实职业院校实施学历教育与培训并举的法定职责。《职业院校全面开展职业培训　促进就业创业行动计划》指出，要加快形成学历教育与培训并举并重、相互融合、相互促进的办学格局。

面对新要求，职业院校培训供给与经济社会发展需求还存在互相不适应的问题，主要表现如下。

（1）职业培训针对性、有效性不强，与企业生产过程的融入度不高，解决企业问题的效果不明显。

（2）职业培训学习资源短缺、实践性不强、适用性不够，无法有效满足成人学习需要。

（3）院校教师实践教学能力不强，参与培训积极性不高，育训融合、以训促育的效果不明显。

石家庄邮电职业技术学院始终坚持"立足邮政、服务企业"，以"培训开发链"方法论为指导，探索形成了"五位一体"职业培训开发新模式，有效响应了邮政战略发展对人才开发的供给需求，激发了办学活力。

二、主要做法

（一）提出了"培训开发链"方法论

以ADDIE教学设计模型为基础，引入国际先进培训理念，构建全流程、闭环式培训开发链，实现"训前—训中—训后"全流程贯穿，"需求—设计—开发—实施—评估"5环节、8步骤环环相扣，培训学习、岗上实践紧密衔接，如图1所示。该设计链将企业战

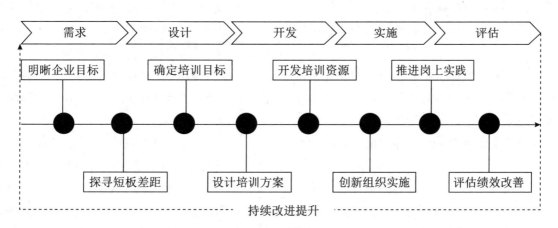

图1　全流程闭环式培训开发链

略需求、问题差距作为培训设计的重要输入，将绩效提升作为重要输出，让培训在促进业务绩效提升中彰显价值，成为培训开发实践的方法论。

（二）构建了"五位一体"培训开发实施体系

1. 建立"六步法"培训需求分析机制

从学员能力短板和企业绩效目标两个维度入手，分析培训需求。

（1）应用人才测评技术分析参训人员能力短板。按照"校企共建岗位评价标准—设计测评工具—实施在线测评—生成测评报告—分析共性短板—确定培训重点"六步法，定位学员能力短板，为培训方案设计和个性化教学提供依据。开发了评价标准119个、测评指标260余项，并搭建了专业能力、领导力等测评系统。

（2）应用绩效改进技术分析企业绩效目标差距。按照"识别业务需求—明确期望绩效—评估当前绩效—分析绩效差距—差距行业对标—确定关键问题"六步法，分析影响业务绩效的关键因素，明确培训要解决的关键问题。

2. 构建"三段八环六素"培训方案设计模型

针对培训方案设计不符合成人学习规律、教学互动性差、对学以致用关注度不高等问题，制定了解决方案。

（1）前置学习设计。训前在线开展先导性知识学习、实战案例征集、考试测评检验等活动，创设学习情境。

（2）训中教学场景设计。按照成人学习"721"理论，将知识输入、互动研讨与工作实践紧密结合，强化教学过程场景化、案例化、实战化。

（3）训后岗上实践。将课题解决方案、绩效改进成果应用于生产实践，培训督导师持续提供实践引导，推进学以致用。

3. 开发实用型实战化培训资源

针对学习资源短缺、实践性不强等问题，制定了解决方案。

（1）建立资源开发共享机制。校企共建企业内训师队伍培养、使用、考核、激励机制，制定资源建设标准、资源开发立项制度、课件评优共享机制，搭建全国邮政远程课件资源共享平台，完善配套资源贡献激励机制。

（2）开发实用型学习资源。对接企业需求、评价标准、生产过程，在各专业领域建设课程与案例库，建成覆盖邮政各职业、金融各专业的评价标准、配套教材及认证题库。

（3）引入实战化学习技术。引入战略解码等现代管理工具，将业务中的真实问题融入教学，应用行动学习、案例采编等学习技术，以及访谈式、情境式等教学方法，解决培训与生产脱节的问题。

4. 构建"五维递进"培训实施模式

针对学员学习主动性不强、参与度不高等问题，以及在新冠病毒感染疫情形势下直播培训教学吸引力差等情况，构建"激发意愿—个性化学习—提升感受—加强动力—推进应用"培训实施模式。

（1）邀请企业专家深度参与教学。邀请企业领导和业务专家深度参与学员课题研究、案例教学、岗上实践等关键环节，激发学员的学习意愿。

（2）基于个人能力短板，实施个性化教学。围绕测评报告中各学员的能力短板，组织学员制定行动发展计划，开展有针对性的分层教学。

（3）营造"教学相长、学学相长"氛围。通过班级微信群、桌面小组、课题小组、学习微报等形式、方式，提升学习体验。

（4）建立学习激励机制。设置班级积分榜、优秀案例展示墙，通过学习微报评优、优秀学员评选、优秀课题评选等方式，构建教、学、管、考四位一体"云端"伴学模式，营造学习氛围。

（5）组织训后实践与复盘总结。推进培训成果岗上应用，通过线上辅导、每周小结、每月复盘等活动，确保实践产出。

5. 构建"四层次"培训评估模式

针对培训评估手段单一、培训效果难以衡量等问题，依据柯氏四级评估模型，开展效果评估。

（1）学习反应层评估。每日向学员发放调研问卷，对课程及教学活动进行满意度评估；培训结束前，组织学员从培训方案设计、教学组织与运行服务、学习效果等方面评价培训质量。

（2）学习效果层评价。基于"训前训后知识考试成绩对比""课题研究成效评价"，从理论到实践，双重检验学习效果。

（3）行为改变层评估。培训结束半年后，通过发放行为问卷评估学员训后行为改变情况及《行动承诺书》履行情况；抽选学员及其下属，对学员在工作中展现出的个性、能力、动力情况等实施测评。

（4）绩效提升层评估。跟踪学员个人绩效或所辖单位绩效提升情况，与发展基础相似的个人或单位横向对比分析，形成绩效评估结果。

（三）构建了校企深度协同、育训融合转化的良性机制

1. 校企深度协同的培训研发机制

构建由企业专家、学院教师、培训人员组成的一体化协作式的"铁三角"研发机制，组建普服、寄递、金融、电商等10余个专业联合开发团队，共同开展培训需求访谈、方案研讨、资源开发、教学实施、推动实践等工作，形成培训支撑合力，如图2所示。

2. 育训融合转化的动力机制

对教师参与培训项目策划、资源开发、授课教学给予激励，制定《培训课程开发管理办法》等制度，成效显著：教师职业培训任务承担率达到70%左右，培训成果向高职教育延伸，形成了行业企业、职业培训、高职教育"纽带连接、相互撬动、共生共赢"的职业教育发展格局。

三、模式提炼与创新

（一）模式提炼

基于以上实践，总结提炼了以"1个理念、1条设计链、5维实施体系、1套协同机制"为核心内容，校企深度融合、技术创新驱动、实践成效显著的职业培训开发新模式，如图3所示。

（1）坚持立足企业视角，确立核心理念，形成"在支撑企业发展中发展教育，在满足企业需求中体现价值，在解决企业问题中提升能力"的产教融合发展观。

（2）坚持用科学的方法论引领高质量发展，构建全流程、闭环式培训开发链。

（3）坚持以专业化研发确保培训质量、效果，构建"五位一体"的专业化实施体系。

（4）坚持产教融合、校企协同，激发大职业教育活力，构建校企深度协同的培训研发机制、育训融合转化的动力机制。

（二）创新点

1. 理念层面：立足企业视角，从传统的关注培训教学本身向关注为企业创造价值转型

将解决组织绩效和员工能力发展问题作为培训设计的出发点和落脚点，突破"课堂结束，培训即终止"的观念，跨越从"学习"到"实践"的鸿沟，让职业培训由规模化向内涵式转型。

2. 实践层面：立足专业视角，多维创新，打造培训开发运行模式

围绕"需求—设计—开发—实施—评估"设计全流程培训开发模式，从仅关注培训过程向"训前—训

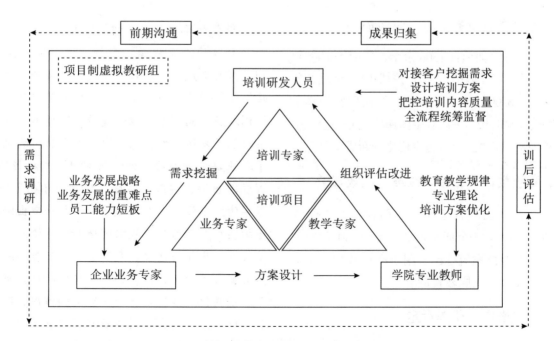

图2 "铁三角"校企协同、育训融合机制

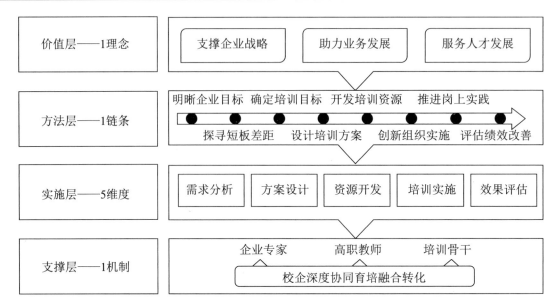

图 3　基于培训开发链的"五位一体"职业培训开发模式

中—训后"一体化设计、闭环式管理转型,实现培训学习与生产过程无缝接轨,与实践应用全流程贯通。

3.机制层面:立足院校视角,让培训成为助力学历教育改革的催化剂

发挥企业专家、高职教师、培训人员三方优势,让职业培训成为院校教师紧密跟踪企业、深度融入企业的重要平台,以教师为媒介,反哺学历教育,打通职业培训与学历教育相互转化的通道。

四、成效与推广

(一)服务邮政企业业务发展,成效显著

近5年,举办培训项目1500余个、集中培训超14万人次,远程培训超1400万人次,形成1000余项业务发展课题成果、6000余个典型案例,标快现费等竞争性短板业务量大幅增长,多次获中国通信企业协会、中国邮政集团有限公司"企业管理现代化创新成果奖"。

(二)反哺高职教育"三教"改革,成效显著

成果向学院学历教育延伸,25门课程直接纳入学历教育课程体系,5个职业标准、近3000个培训案例、邮政生产模拟系统等已应用于高职教学,访谈式等教学方法被引入高职教育课堂。

(三)广泛宣传推广,获得肯定

先后20余次应邀在教育部等座谈会上作典型发言,实践项目被80余家大型央企推广学习,教育部、交通运输部等部门领导多次来校考察交流。此外,还曾举办全球人才发展高峰论坛,成果得到国内外专家高度评价。

(四)斩获多项国际权威奖项

案例实践居国际领先水平,获国际人才发展协会(ATD)颁发的"卓越实践奖"、国际绩效改进协会(ISPI)颁发的"杰出人类绩效干预奖"等7个国际权威奖项,在全球推广学习。

专家点评:石家庄邮电职业技术学院立足企业、专业和院校三个视角,育训并举,广泛开展企业培训,探索形成了"培训开发链"方法论,构建了"五位一体"职业培训开发模式,实现了从传统的"关注培训本身"向"为企业创造价值"转型,创新了全链条培训开发运行的模式、育训融合转化的机制,解决了职业培训普遍存在的"针对性、有效性不强""培训资源短缺、实践性不强、实用性不够""教师实践教学能力不强、参与积极性不高"等突出问题。职业培训实践在助力邮政战略落地和业务绩效提升、职业培训专业化能力建设、高职院校"三教"改革等方面具有突出的价值作用,产生了广泛的社会影响,体现了较强的代表性,发挥了示范引领作用。探索形成的职业培训开发模式,对各类具有培训能力基础的职业院校具有普适性,可资借鉴和推广。

基于类型教育的中国特色产业学院创新实践

邵庆祥　裘文意　肖紫嫣　李晓阳　李弟财

浙江经济职业技术学院

摘要：2007年，浙江经济职业技术学院在全国首次创造性地提出"产业学院"的理论框架，并成立第一家产业学院，继而进行了"嵌入式产业学院""股份制产业学院"等阶段的艰难探索和实践，开创了以产业学院为引领的"33521"系统化、集成化的教育服务新模式，走出了一条具有中国特色、职业教育类型特点的产教融合创新之路。

关键词：类型教育；产业学院；产教融合；创新

浙江经济职业技术学院在借鉴德国的双元制、澳大利亚的TAFE等国际先进职教经验的基础上，结合中国国情，开展了长期的产教融合、校企合作模式的实践。从2005年与世界500强物产中大集团开展紧密合作以来，学校原创"产业学院"的理论框架，并成立全国首家产业学院，开启了以产业学院为引领的一系列创新实践，走出了一条具有中国特色、职业教育类型特点的多元融合创新之路，为中国特色产业学院建设提供了高职标杆、浙江方案、中国经验。

一、实施背景

（一）成立全国第一家"产业学院"的背景

20世纪90年代以来，我国高职高专和成人教育有了很大的发展，但办学特色依然不明显。2000—2006年教育部出台《关于加强高职高专教育人才培养工作的意见》《关于全面提高高等职业教育教学质量的若干意见》，连续三次召开全国高职高专教育产学研结合经验交流会，启动国家示范高职建设计划，逐步明确高职教育"以服务为宗旨，以就业为导向，走产学研结合的发展道路"。正是在国家政策的推动下，浙经院开启了以"产业学院"为载体的人才培养模式改革之路。

（二）从"产业学院"向"嵌入式产业学院"发展的背景

20世纪50年代，随着知识经济时代的到来，企业开始追求体系化、个性化人才资源开发，于是战略性的内生性组织"企业学院"在美国应运而生。20世纪90年代，跨国公司纷纷成立中国区企业学院，成为国际化领先企业的主要标志。中国企业对标国际化，对企业学院的功能性需求日益迫切。2011年，物产中大集团进入世界500强，对创办企业学院有了现实需求，浙经院抓住契机，主动出击，转型升级"产业学院"，承接企业学院的所有功能，"嵌入式产业学院"正是这种适应战略性需求的产物。

（三）产业学院股份制改革的背景

《国务院办公厅关于深化产教融合的若干意见》指出，鼓励企业依托或联合职业学校、高等学校设立产业学院。2019年1月，国务院发布的《国家职业教育改革实施方案》中指出"支持和规范社会力量兴办职业教育培训，鼓励发展股份制、混合所有制等职业院校和各类职业培训机构"。2019年5月，浙经院与物产中大集团、德勤华永会计师事务所共同出资举办股份制产业学院——物产中大国际学院，实现了以资本为纽带开展校企共同育人、共赢发展、共担责任的机制新突破。

二、关键问题

（一）填补了我国关于产业学院的理论空白

2007—2010年，当学术界对校企合作、工学结合的理论研究还停留在学习借鉴德国双元制、澳大利亚TAFE的职教经验时，浙经院就开始研究探索符合中国国情的校企合作新形式，在核心期刊发表了一系列关于产业学院的学术文章和案例，提出了"产业学院""中国特色产业学院"等原创性概念与理论。

（二）破解了校企合作一头热一头冷的动力机制问题

校企合作动力机制的关键是双赢，浙经院通过嵌入式产业学院的实践探索，不断拓宽从单一的人才培养功能向集人才培养、技术研发、员工培训、企业文化建设等全价值链输出的转变，大幅提升了学校服务能力，增强了企业投入校企合作的积极性。

（三）突破了高职办学体制机制的制度化障碍

目前我国校企合作的载体大多呈现松散型、不稳定的特征，浙经院通过股份制改造产业学院，建立起以资本为纽带的校企共同育人、共担责任的新机制，保障了合作的稳定性和可持续性。

三、主要做法

（一）原创性提出"产业学院"理论框架

2007年首次提出产业学院理论框架，从功能、种类、途径、举措等方面为实践提供了全面的理论指导。经查阅CNKI文献库，2010年之前全国核心期刊仅有的三篇研究产业学院的文章均出自浙经院，业界学者普遍认为浙经院对产业学院研究具有"首创之功"，有力推动了全国高职院校产教融合的不断深化。

（二）成立国内第一家产业学院

2007年，浙经院与物产中大集团下属的杭州勾庄物流基地创办了全国第一家产业学院——物流产业学院，校企双方通过共建基地、共享人才、共研项目，形成"企中有校、校中有企、合作共赢"的校企产学研一体化互融格局。产业学院基地融生产经营、学生教学、员工培训、项目研发产学研用四大功能于一体，为学生生产性实训和顶岗实习提供9大类263个实习岗位，共享设施价值3.5亿元，开发19门专业核心课程和教材，1门国家精品资源共享课和3门省级精品课程，学生多次获全国技能竞赛一、二等奖，完成社会培训109439人次。

（三）成功打造"嵌入式产业学院"

2012年，浙经院抓住物产中大集团进入世界500强的契机，为集团筹建和运营企业学院——浙江物产管理学院，实现高职服务功能在企业的有机"嵌入"，全面开展培训项目策划实施、人力资源开发、企业文化传播、集团发展规划研究、学习型组织建构等，开发了从骨干员工、初级经理、中级经理、高级经理等八大培训体系，为集团2万多名员工提供系统的组织学习方案和服务。产业学院共带动浙经院50余位教师参与研发授课，开发集团本土课程100余门，150余位集团高管及业务骨干成为兼职教师，双方合作研发课题15项。2014—2018年，产业学院开展培训项目307个，培训学员达14.5万人。"嵌入式产业学院"扩大了教育服务功能，真正解决了高职服务能力低、服务机制黏性差、服务内容同质化等问题。

（四）成功实施产业学院股份制改造

在"嵌入式产业学院"的基础上，浙经院与物产中大集团、德勤华永会计师事务所共同出资举办股份制产业学院——物产中大国际学院，建立"协同共生、上下一体、职责明晰"的股份制独立法人运作机制，实现了以资本为纽带开展校企共同育人、共担责任的机制新突破。物产中大国际学院是高职股份制改造产业学院的一个创新样板，为制度化推进产教融合提供了有益的经验。

（五）系统构建"33521"集成式教育服务模式

2018年，浙经院以产业学院为战略支点，系统构建具有中国特色、类型教育特点的"精准三定位、贯通三层次、强化五服务、优化两治理、融入一生态"的高职院校定制化、个性化教育服务模式（以下简称"33521"模式，如图1所示），即走"专、精、高"发展之路，系统推进产教融合、校企合作、工学结合三贯通，提供人才培养、技术研发、社会服务、文化传播、国际输出五位一体的教育服务，优化党建引领下的数字治理和文化治理，主动融入供应链产业生态，推动学校教育服务由公共性和同质化向灵活、快捷、个性化的集成式教育服务转型，为智能化时代职业教育转型发展提供了有益的探索。

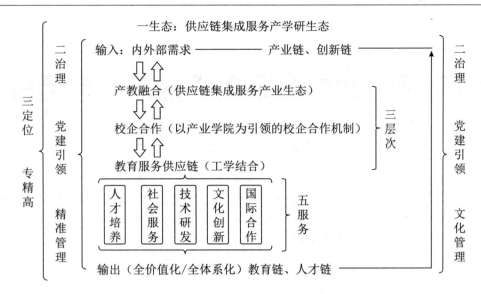

图 1 "33521"集成式教育服务模式

四、经验总结

（一）系统化推进产教融合是类型教育的本质要求

浙经院通过"产业学院""嵌入式产业学院""股份制产业学院"多阶段的探索，深刻认识到产教融合是兼容校企合作、工学结合，集战略定位、服务模式、治理模式、组织形态为一体的系统化工程，是职业教育类型教育的本质要求。

（二）产业学院是中国特色产教融合的新范式

产业学院作为植根于中国大地的产教融合新载体，兼备规范性与灵活性的特点，实现学校公共服务功能与企业个性化需求的无缝对接，是具有中国特色产教融合的新范式。

五、效果与推广价值

经过15年的改革实践，浙经院已成立菜鸟物流示范产业学院、浙江省物流产业学院等8家产业学院，校企合作带来了丰硕的成果。学校入选国家"双高计划"建设单位、首批骨干高职院校、晋级国家专业技术人员继续教育基地、国家级职业教育"双师型"教师培训基地。学校就业率持续保持在98.8%以上，连续三年在国家级物流与供应链类学生技能竞赛中荣获一等奖。物流管理、物联网应用技术专业团队成功入选国家级职业教育教师教学创新团队。产业学院近5年来服务到款9867.84万元，培训量达252562人天。相继荣获"中国示范性企业学院"、"中国企业学院50强"（第七位）、"国际绩效改进杰出贡献奖"等荣誉。浙经院与物产中大集团共建产业学院，助力物产中大集团排名由最初进入500强时的第483位跃升到2022年的第120位。

专家点评：浙江经济职业技术学院首创性地成立全国第一家产业学院—物流产业学院，校企双方通过共建基地、共享人才、共研项目，形成"企中有校、校中有企、合作共赢"的校企产学研一体化互融格局，此后又开展"嵌入式产业学院""股份制产业学院"等的探索和实践，推进产教融合、校企合作、工学结合三贯通，提供人才培养、技术研发、社会服务、文化传播、国际输出五位一体的教育服务，破解了产教合而不融，校企双方合而不久、合而不深、合而不强的动力机制问题，实现了校企共同育人、共赢发展、共担责任。该学校进行的产业学院创新探索为中国式产教融合提供了样板和方案。

影视动画专业中高职贯通的产教融合探索

包文君[1]　是科圣[1]　黄玉璟[2]　李　颂[2]　李　薇[1]

1.上海电影艺术职业学院　2.中华职业学校

摘要：中国影视动画产业转型升级，为影视动画从创意到制作、发行的全产业链孵化带来更多的想象空间，就业领域也得到拓展、重构甚至颠覆。上海电影艺术职业学院、中华职业学校从行业主导的育人模式、对接产业的一体化设计、能力本位的评价标准三个方面对构建新型产教映射关系，对建立校企合作机制、整合教学内容、改进教学方式、创新培养模式等进行了探索，取得积极的育人成效。

关键词：中高职贯通；影视动画专业；人才培养模式

一、背景与关键问题

随着中国动画产业转型升级，人工智能改变了人们传统认知的影像体验，人才培养比以往任何时候都更需要具有复合性、创新性、前瞻性的眼光，人才培养规格随着社会发展和产业变革而升级，学生需要具备创意创新的能力、整合公共知识的能力、跨领域合作能力，以及应对外来变化的能力。虽然贯通教育具有长学制的优势，有利于培养更富有创新力、文化力、学习力的人才，但同时也提出了新的课题。如何构建新型的产教映射关系，建立校企合作机制、整合教学资源、改进教学方式、创新培养模式成为亟待解决的问题。

二、主要内容与做法

（一）行业主导的育人模式

1.依托龙头企业合作，奠定育人模式基础

专业在建设初期即引入国家文化产业示范基地"上海今日动画影视文化有限公司"，探索产业主导的培养模式。通过龙头企业引入难易度不同的代表行业发展方向的项目，进入到贯通培养教学中，配套产业导师协助教学，把国际领先的制作标准对接到课程，使教学内容、教学要求、考核标准及师资构成均具备产业特征，企业与专业之间确立了互相之间的协同关系。

2.依托产业集群合作，打造育人模式框架

当专业逐步发展起来后，单一龙头企业带来的产业资源逐渐显得单薄，"1+N"产业集群合作模式很好地解决了这个问题。这里的"1"是指龙头企业，"N"指众多产业资源，包括"今日动画"的合作伙伴、上下游企业，以及其他优质企业。经过叠加和集成，龙头企业的引领作用，使校企合作的传统难题如资源整合、成果共享，乃至市场拓展、创业孵化等都先后找到了解决的路径和抓手。通过产业集群合作模式，师生参与了《阿凡提之奇缘历险》《风语咒》等多部具有社会影响力的动画片制作，参与了《百变马丁》《中华小子》等20多本漫画书的授权创作，逐渐构建出了以行业为导向、完整清晰的办学思路和教学体系。

3.依托行业协会合作，确立育人模式特色

为满足人才培养的个性化特点和教师的成长需求，产业集群合作模式面临再次升级。2019年，专业与上海市动漫行业协会及长三角动漫行业协会联盟签署战略合作协议，全方位协同发展。依托行业协会，专业深度觉察行业生存状态、存在问题和发展前景，开展对合作企业的自主选择、跨界优化，按照市场痛点和产业发展需求布局和延展教学链，由此形成更为凸显的集群优势，逐步形成教学的"团体标准"。专业积极对接行业协会的全国引领性劳动竞赛，引入对接产业标准的职业资格证书，为开展"1+X"双证融通模式奠定了坚实基础。此后一年，专业参与了更为优质、更能体现产业新工艺及最前沿技术的项目，包括与上海惊浪文化传媒有限公司合作的《我和我的祖国》《1921》《长津湖》等多部院线电影的 CG 后期制作，同时创办了国内第一个以高校为创作主体的"中国题材绘本研创工作室"，在更加广阔的领域走向市场。专业逐步形成了贴近时代和生产的教学标准，制定了能力本位的人才培养方案，完善了反映产业现状并代表未来方向的以"学习包"为主要内容的专业资源库。

（二）对接产业的一体化设计

随着近年来影视动画产业整体格局的巨大变化，从重制作到重创意，从动画加工到原创 IP 的集聚孵化商业运营，要求彻底改变学校教学与行业需求脱节的状态。

1. 课程结构体系的一体化设计

专业突出任务驱动，重心下移，关口前置，把五年 10 个学期分为预备期（2 学期）、适应期（2 学期）、胜任期（4 学期）、提升期（2 学期），中高职及企业三方教师全程跟进。预备期的教学重点是基础能力的学习，为进入专业教学做好预备，由中高职教师联合授课。其后的 2 个学期作为适应性过渡，根据学生个性特点对职业发展进行初步定位，主要由高职教师授课。在胜任期，学生进入与岗位适配的生产性工作室进行理实一体项目训练，通过螺旋式上升的实战，达到专业培养目标和人才培养规格，教师和企业导师根据项目要求共同授课。最后的 2 个学期是提升期，学生进入合作企业顶岗，进行技能和职业素养全方位提升。针对三大岗位群的 11 个学习领域，确定专业课程结构，把真实项目融入 36 个教学模块中。每个教学模块都以工作任务为载体，对应职业岗位所需要的 222 项能力，构建"螺旋式上升的项目训练体系"。通过课程一体化设计和实施，毕业生达到行业入职 1~2 年的技能标准。

2. 产业资源对接教学资源的一体化设计

专业根据人才培养要求把产业资源分层次对接到 5 个学年的教学中去，把项目资源转换成难度不等的 30 个项目训练"学习包"。所有"学习包"的内容皆为教师在工作室与企业一起合作完成的真实任务，对标不同工作领域的能力要求，遴选典型工作任务，以适岗能力为目标进行"学习包"设计和教学。"学习包"的难度分为四级，贯穿 5 年 10 个学期的人才培养过程中。为实现产业资源的有效对接，专业持续加强生产性工作室集群的建设，所有的工作室均具有行业企业背景，所有的工作室均承担社会服务的真实项目，所有的工作室均为学生提供完整的实践训练及奖学金，以产品质量和成本效益为测量学业水平的主要依据。

（三）能力本位的评价标准

专业建设的基本思路是贯彻能力本位教育。其做法是：通过产业分析，确定岗位群及所需要的职业能力，明确培养目标；以这些能力为目标设置课程、组织教学内容；最后考核是否达到这些能力要求，如图 1 所示。

1. 课程设置对接产业链的工作环节

专业的课程体系以岗位能力为导向进行课程组合，每一组课程对接一个工作领域，由若干个工作任务组成，每个工作任务包括相应的能力要素，要求教师以行为导向的方式进行授课。为此，专业通过整合建立了新的课程体系，既能体现工作流程，又能实现知识的综合应用学习，强调学生职业能力培养，努力使教学目标的实现达到最优化。

2. 课程内容对接职业岗位标准

专业基于职业岗位能力分析，按照专业知识、技能、能力、素质等要求设计教学内容，选择典型工作任务作为教学载体和教学案例，形成能力本位、行动导向的任务驱动式人才培养模式。

3. 教学评价凸显产业需求

专业引入产业导师，成立专业理事会、行业顾问团队，凝聚产业力量，搭建行业主导的教学评价系统。通过项目训练、课程与教材的合作共建、"1+X"书证融通及各类相关赛事等途径，融入行业标准，转变学科本位思维，使人才培养工作适应产业发展。

三、经验萃取与模式模型

（一）建设产业认可的"团体教学标准"

专业从与龙头企业合作成立"校中企"开始，到构建企业合作集群，再到承办"上海市动漫行业协会动漫教育专业委员会"，获得了越来越多的行业企业信息，开发并不断完善"团体教学标准"，使人才培

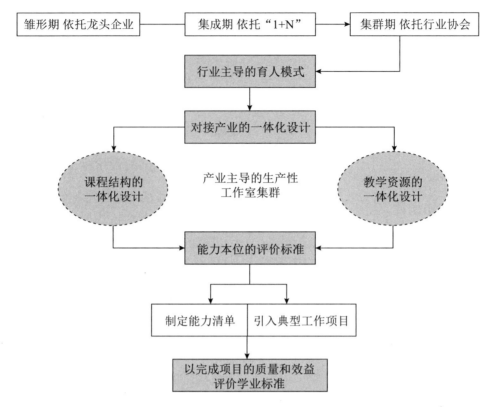

图 1 构建行业主导育人模式的过程

养始终贴近时代、贴近上海影视动画事业发展、贴近企业一线工作，获得行业的认可。

（二）形成长久共生的"校企耦合关系"

专业通过上海市动漫行业协会主导下的企业集群，承接完成数百项大中型动画创作与制作任务，企业为专业提供了包括项目、师资、标准在内的多样化行业资源，校企双方互惠互利、师生因企业提供的帮助而成长，企业因与学校的合作而获得经济效益和品牌效益，从而形成可持续的"校企耦合关系"。

（三）构建产教双向赋能的双集群模式

专业历经6年，形成了两个集群，即"企业集群"和"工作室集群"，这两个集群相辅相成，如图2所示。"企业集群"为专业提供来自产业的"营养"，"工作室集群"为企业提供技术服务的"平台"。学生基于两个集群，参与大量高品质项目；专业基于两个集群，构建起"面向企业真实生产环境的任务式培养模式"，双向赋能。

四、成效评价与推广价值

（一）育人成效显著

毕业生就业质量连年提高，进入腾讯等行业领军企业的比例提高到55%。学生依托工作室集群，5年内参与并署名的具有重大社会影响力的院线电影项目12部，出版物项目发行超100万册，质量和数量位列上海高职院校第一。师生共同研发的"数字人木夏"属产业先进水平，获多项专利，目前授权给4家公司开发应用。学生团队代表上海，角逐教育部第五届全国大学生艺术展演实践工作坊全国比赛，获一等奖，且是唯一一所获得一等奖的高职院校。近5年专业获得教育领域和产业领域近百项比赛大奖。

（二）推广成效明显

专业通过品牌项目"光翼大咖谈"，以及与动漫协会共建的上海市职工示范学堂——"动漫技能学堂"，将动画产业内的先进技术开发成培训资源向院校师生及在岗职工免费开放，累计培训41万余人次。在长三角动漫行业协会组织的"动漫人才培育助力长三角文化高峰论坛"，第16届、第17届中国国际动

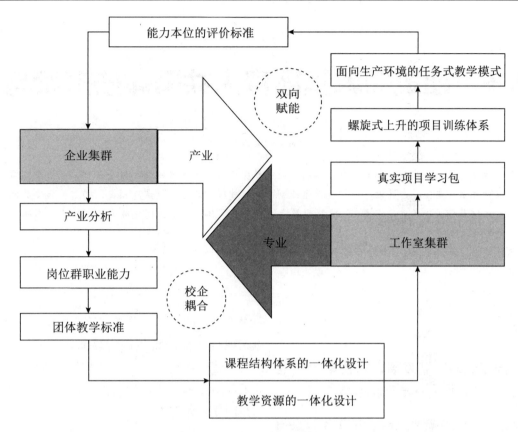

图 2　基于"产业引领、校企耦合、双向赋能"的产教融合模式模型

漫游戏博览会等 20 余场专业峰会上，介绍本成果赋能产业发展的经验，同时连续 3 年被写入上海市动漫产业年报案例。作为上海先进经验，专业受邀通过同济中德学院组织的全国职业院校师资培训班、同济双师流动站等进行推广，覆盖全国 8 省市 36 所院校。

2022 年，以上海市"1+X"证书制度建设案例一等奖报送教育部，2022 年获得上海市教学成果一等奖并被文化艺术行指委推荐至教育部。建设成果被《新闻晨报》、央广网、学习强国等媒体深入报道 20 余次。

专家点评：上海电影艺术职业学院和中华职业学校探索构建双向赋能的校企耦合关系、行业主导的专业标准建设、面向企业真实生产环境的任务式教学模式、对接产业的一体化课程设计、能力本位的教学质量评价标准等，创新了长学制一体化办学模式，较好地解决了中高职贯通教育存在的"贯而不通""资源切割""标准单一""学科体系""产教脱节"等问题，取得了社会服务和学生成长的丰硕成果，形成了具有普适性、先进性、可推广的教育模型，为职业院校数字娱乐类专业高水平建设提供了可借鉴的范例。

"实体+"建筑职教集团育人共同体的探索与实践

王金选　徐宝升　吕贵林

黎明职业大学

摘要： 校企深度合作是推进产教融合的难点。黎明职业大学探索与实践产教融合、校企合作，组建泉州市建筑职业教育集团，以独立法人实体，开展教育部"现代学徒制"和福建版"二元制"试点项目，搭建现代学徒制特色课程体系，创新人才培养模式，构建"实体+"建筑职教集团育人共同体，校企抱团发展走集团化办学道路，成为学校深度产教融合的有效办法。

关键词： 职教集团；现代学徒制；校企合作；协同育人

一、实施背景

（一）契合"晋江经验"新发展，对接泉州产业转型新要求，职教集团化办学应运起航

建筑业是泉州的支柱产业之一，2021年，泉州全市完成建筑业产值近2200亿元，民营建筑企业产值占90%以上，建筑从业人员近60万人。从伴随践行"晋江经验"到支撑"泉州模式"发展，泉州的民营建筑企业呈现量多、面广、人才紧缺且以中小微企业为多等特点。基于此，2010年，泉州市政府牵头成立"泉州市建筑职业教育集团"，由黎明职业大学担任理事长单位，开启集团化办学之路。

（二）聚焦产教融合协同育人，创新突破人才培养瓶颈，职教集团育人共同体不断创新发展

建筑职教集团化办学存在定位模糊、治理结构松散、利益共同体尚未形成、校企协同育人成效不够彰显等问题，随着职教高质量发展和政策性扩招的推行，面向多元化生源，确保质量型扩招意义深远。2017年，集团组建法人实体型运营公司，开展教育部现代学徒制试点项目，融合各方优势，将职业教育集团化办学与实施现代学徒制育人有机结合起来，促进教育链和产业链"双链"有机融合。

二、主要做法

直面生源多样化和泉州民营中小微建筑企业产教深度融合的痛点，着眼建筑职教集团存在的问题，实施现代学徒制特色课程体系，建立"董事会+理事会"管理体制、党建引领育人机制和"五位一体"技术创新服务中心，构建"实体+"建筑职教集团育人共同体，如图1所示。

（一）以成立企业法人实体公司为支点，建立"董事会+理事会"管理体制

2017年4月，学校联合泉州市土木建筑学会、福建闽南建筑工程有限公司、泉州华光职业学院、惠安开成职业中专学校等7家单位，在全省率先成立职教集团企业法人实体泉州市建筑职教有限公司。为有效规避国有资产流失的风险，2021年6月，学校成立类似政府国资委角色的泉州黎大国有资产经营有限公司，负责投资及监管职教集团企业法人实体公司的运营，构筑起学校与公司"防火墙"，有效控制投资和运营风险。

集团探索实行企业化管理、市场化运营，优化体制机制、凝聚协同育人合力。成立后的法人实体公司是集团运行的决策核心层，实行董事会管理体制；执行紧密层成员单位，实行理事会管理体制，以此探索建立"董事会搭台，理事会唱戏"、一元决策、政行企校多元协同的创新型职教集团管理体制，创新实践"董事会+理事会"法人实体型职教集团运行模式。

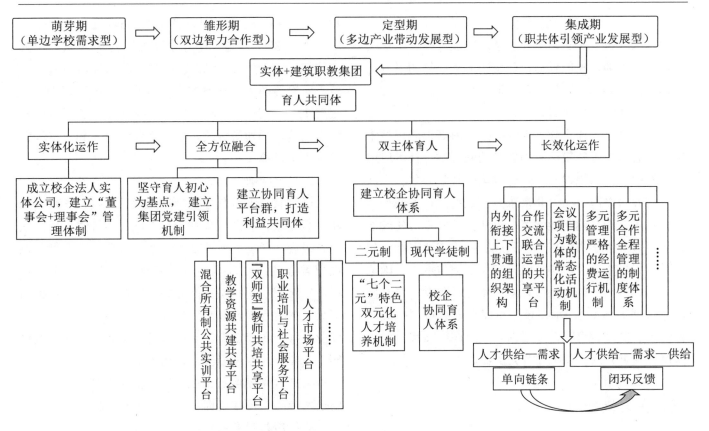

图1 "实体+"建筑职教集团育人共同体运行示意图

(二)以校企双主体育人为重点,应用现代学徒制特色课程体系

1. 分类制定个性化、菜单式人才培养方案

针对不同生源,因材施教。面向高中、中职生源,基于现代学徒制试点项目,重点补实践教学短板;面向企业员工生源,基于"二元制"试点项目,重点补文化基础和技术创新短板。

2. 构建"七元融合"校企双主体育人机制

持续深化与区域建筑行业龙头企业合作,构建企业与学校二元主体、学徒与学生二元身份、师傅与教师二元教学、企业与学校二元管理、企业与学校二元评价、毕业证与职业资格证二元证书、全日制与非全日制二元学制共同构成的"七元融合"人才培养新模式。

3. 建立突出学生综合素质培养的考核评价模式

对接企业用人标准,建立人才评价体系,考核学生综合素质。实施"1+X"试点、学分制改革,按学分认定办法开展学习成果认定、积累和转换,职业资格取证记入学生的学业学分。

4. 提供"全生涯"毕业生升学就业服务

政行企校联动,构建人才培养闭环。实行"一生一策",建立升学就业服务体系,实行"就业召回制",建立毕业生就业跟踪调查机制,动态调整人才培养方案。

(三)以坚守育人初心为基点,建立集团党建引领育人机制

坚持立德树人、五育并举,实施"党建+"德育铸魂、智育固本、体育强身、美育浸润、劳育淬炼工程。在集团框架内,建立校企联合党支部,打造"德育双导师",以课程思政为抓手,将工匠精神、劳动教育、美育教育和职业标准融入专业教育,重点培养学生的专业志趣、职业精神、工程伦理,协同破解学生企业顶岗实训"思政教育最后一公里",以集团化视角,打造集党建育人、实践育人、协同育人于一体的人才培养"混搭型"组织形式——建设职教集团党总支,实现党建思政与育人工作无缝对接、深度融合。

(四)以全方位融合为目标,建立技术创新服务中心

1. 建立"五位一体"区域共享型实训中心

以中央财政支持的"建筑工程技术专业实训基

地"为主体,按照"实训室+工作室+实体公司"结构模式,建立集实习实训教学、技能考核、师资及企业职工培训、技能竞赛、研发服务于一体的"五位一体"区域共享型现代职教实训中心。

2. 建立校企协同创新平台

校企共建省级土建工程混凝土材料高校应用技术工程中心、中国建筑学会创新驱动服务站等技术应用与研发中心;与福建省五建建设集团有限公司、广联达科技股份有限公司、北京东方雨虹防水技术股份有限公司等合作共建产业学院;承(协)办中国建筑学会年会等高端学术论坛,牵头成立福建省建筑行业职业教育指导委员会,柔性引进国家非遗传承人、国家"万人计划"科技创新领军人才等名师巨匠,建立校内"大师工作室",承接泉州市建设系统培训中心职称评审、继续教育、职业培训等政府职能转移,为建筑产业转型升级提供人才智力支撑。

三、主要创新点

(一)协同育人载体创新

针对深化产教融合校企合作衍生的理论和实践问题,以"实体+"建筑职教集团为载体,以法人实体的形式明确现代学徒制育人主体的责、权、利,强化泉州市土木建筑学会等行业企业的作用,推动利益相关者参与现代学徒制试点项目协同育人,形成"实体化运作、全方位融合、双主体育人、长效化运行"的协同育人共同体。

(二)人才培养机制创新

紧扣三教改革,针对生源多样性的客观现实,因材施教,补齐短板,创新实践教育部现代学徒制人才培养模式改革试点项目,分类设计实施现代学徒制特色课程体系,立德树人,构建以"实体+"建筑职教集团育人共同体为特征的人才培养机制。

四、应用效果与推广价值

(一)应用效果

1. 提高人才培养水平

自集团成立以来,累计培养现代学徒制毕业生423人,就业率为98.5%(其中72.35%在泉州就业),对口率在80%以上,毕业生满意度为95.34%,用人单位满意度达97.54%,专升本录取率高达70%。此外,所培养的人才在参加全国技能大赛的过程中,共获奖11项,其中一等奖3项,并曾获全国创新创业大赛铜奖、福建省金奖,学生就业竞争力和可持续发展能力明显提高。

2. 提升专业影响力

通过教育部现代学徒制试点项目验收,学校获福建省职业教育教学成果特等奖1项、一等奖1项;获批省级现代学徒制专业5个;助推入选全国首批示范性职教集团;立项福建省"双高计划"高水平专业群、省级职业院校服务产业特色专业群建设;获批国家级优势特色专业3个、省级4个;参与建成国家级专业教学资源库2个、支持建设省级2个;承担教育部"1+X"试点项目4个,省级精品课程23门;共建市级建设系统培训中心、建筑信息模型(BIM)应用技术中心,每年培训企业员工2万人次以上。

3. 提高教师专业能力

培育了一支校企协同创新教学科研团队,省级教学团队1个、省级教学名师3人、专业带头人4人;校企共同开发新型教材36部、技术标准3个、岗位人才培训标准3个;承担市厅级科技计划重点项目12项、研究课题4项;发表SCI收录论文5篇、EI收录论文6篇、核心期刊论文近百篇;获福建省自然科学优秀学术论文奖2项、市科技进步奖1项;获国家授权发明专利9件;解决企业技术难题37项;横向到款500多万元。

(二)推广价值

1. 育人模式得到同行高度评价

现代学徒制育人成果向全国50余所兄弟院校推广,集团校企协同育人经验做法在中国教育发展战略学会产教融合专委会、华中师范大学等单位承办的教育部相关职教培训班推广。

2. 经验做法得到社会充分认可

牵头撰写泉州创建国家产教融合试点城市申报方案;《职教集团建设:党建引领高职教育发展的路径探索》入选教育部职业院校校园文化建设2021年示范成果;集团化办学案例入选《全国职业教育集团化

办学典型案例汇编》，在全国职业教育集团化办学专题网站上得到 2 次专题报道，中央电视台、中国教育报、学习强国等省级以上媒体给予 6 次宣传报道，广泛推广集团办学成效和校企协同育人经验。

专家点评：黎明职业大学在组建泉州市建筑职业教育集团基础上，以"实体+"建筑职教集团育人共同体的理念为指导，成立企业法人实体的泉州市建筑职教有限公司，构建政校行企多元协同、法人实体型的职教集团"董事会+理事会"运行新模式，实体化运作"混合所有制"模式集团化办学改革，在共建共享优质教育教学资源、建立覆盖成员单位的全过程协同育人平台群、试点实施现代学徒制和"二元制"协同育人体系等方面实现了突破。该案例为职业院校职教集团育人共同体的构建提供了范例，在理论上有突破，在机制上有创新，在育人上有成效，对其他职业院校具有示范作用和推广价值。

依托产业学院打通三链衔接通道

张 敏[1]　陈济爱[2]　李 萍[1]　余煦明[1]

1. 福建信息职业技术学院　2. 福建金创利信息科技发展股份有限公司

摘要： 校企共建金创利数字测绘产业学院，探索测绘地理信息产业链、教育链、人才链有效衔接通道，探索了"贯通—融合"的培养思路，"五共协同、双线并进"的培养模式，深化规范办学、人才培养、师资培养等改革，将数字测绘产业学院打造成为产教融合基地，学生职业能力、教师"双师"能力得到显著提升。

关键词： 测绘技能人才培养；产业学院；产教融合

一、案例背景与关键问题

随着产业的变革和技术的升级，测绘地理信息的跨界融合和泛在应用成为未来趋势，以"宽知识、强能力、高素质"为表征的测绘地理信息高技能人才需求强势增长。加快推动现代测绘地理信息职业教育改革，培养造就一批适应产业发展的高技能人才，是新时代赋予职业院校的任务和使命。新时期人才培养的基本矛盾是人才供给需求与培养产出质量不相适应的矛盾，目前的人才培养存在专业教学内容与产业需求的匹配度不够、人才技术技能培养与职业岗位综合能力定位不衔接等问题。为推动学校人才供给链与产业人才需求链对接，福建信息职业技术学院与福建省产教融合型培育企业福建金创利信息科技发展股份有限公司共同成立金创利数字测绘产业学院。

二、主要内容与做法

（一）金创利数字测绘产业学院建设逻辑与行为模式

1. 产业学院建设逻辑——贯通与融合

金创利数字测绘产业学院关注职业教育的两个属性：一是从职业角度思考：为谁培养人、培养什么样的人；二是从教育角度思考：怎样培养人、培养质量如何保障。因此，基于职业教育的四个基本问题，围绕着"人"的发展，构建出"贯通—融合"模型，以指导金创利数字测绘产业学院建设与发展。

1）"贯通"：贯通产业—教育双链是产业学院建设的底层逻辑

从职业属性出发，以职业为纽带，贯通产业—教育双链是产业学院建设的底层逻辑。金创利数字测绘产业学院充分研究测绘地理信息产业链上中下游的产业发展，解析职业岗位需求，回答职业教育的首要问题："为谁培养、培养什么样的人"。明确以职业为纽带的贯通需求，在一系列教育行为中贯通衔接产业、企业、职业、岗位与学校、专业、教学、实践之间的联系，具体落实到产业发展与专业设置、行业技术与课程体系、职业标准与教学标准、生产管理与教学管理等方面的对接，以解决教育链中怎样培养人以及培养质量如何保障的问题。

2）"融合"：融合校—企双元主体是产业学院建设的基本思路

从教育属性出发，以一系列职业教育活动为载体，融合校企双元主体是产业学院建设的基本思路。职业教育所涉及的所有教育活动不仅关注学校、学习，同时也关注企业、职业，因此校企双元主体的育人机制能够为职业教育活动注入更多的企业要素、职业要素、岗位要素，使个体具备职业生涯发展所需的综合能力。

2. 产业学院行为模式——协同与发展

金创利数字测绘产业学院基于"协同育人、共同发展"的理念，提出"五共协同、双线并进"的产业学院行为模式。通过"共管理、共师资、共资源、共平台、共考评"的协同工作模式，将产业学院打造成为产教融合基地，形成校企深度融合的创新局面。以

"人"的培养为核心，明确两条发展线："宽知识、强能力、高素质"的学生能力发展线和"善教学、能科研、会服务"的教师能力发展线，通过"双线并进"的发展模式，成就校企、师生共同成长的愿景，培养出适配测绘地理信息产业发展的高技能人才和高水平师资团队。

（二）金创利数字测绘产业学院建设内容与主要做法

以"贯通—融合"为指导思想，在"五共协同、双线并进"的行为模式指挥下，开展以"融合"为主题的改革行动，打通产业链—教育链—人才链之间的通道，使人才培养能不断适应测绘地理信息产业结构的调整变化，如图1所示。

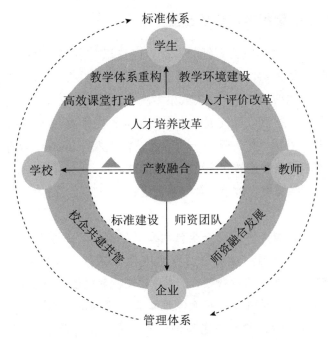

图1 金创利数字测绘产业学院建设内容

1.标准化融合建设，规范管理教育行为

标准化建设是金创利数字测绘产业学院良好运行的根基，包含标准体系和管理体系。

（1）采用共建共管的组织架构，实行理事会领导下的院长负责制，制定一系列规章制度确保教育链有条不紊地运行。

（2）以国家专业教学标准、国家职业标准为依据，容纳、吸收职业分类标准、行业企业的生产标准、管理标准、质量标准，重新输出相关教育教学标准，包括课程标准、实践教学标准、实训室建设标准、岗位实习标准、师资团队建设标准等。

2.师资融合发展，促进教师能力提升

产业学院内建立人才双向流动机制，一方面"引企入教"，遴选企业优秀技术和管理人才进校任教，开启联合教学模式，由校企导师联合共上一门课，带动青年教师成长；另一方面"引教入企"，对接产业发展，设立教师企业实践岗位，引入任务、课题、项目，开展联合科研、联合生产，促进教师"双师"能力发展。

3.校企双元融合，推动人才培养改革

1）联合构筑适应产业变革的"知识—能力—素质"三维教学体系

（1）面向产业发展的三维实景中国、智慧与孪生城市建设等重大变革，提取新技术、新工艺、新标准、新要求，以增设、更新、融入、整合等方式建构"四新"课程知识体系。

（2）从职业领域岗位能力出发，建立"三级进阶"综合能力培养体系，实施"跨技能、跨课程、跨专业"的综合实训模式。

（3）基于全面发展观，以第一课堂为主阵地实施思政课程和课程思政的融合共生育人，以校园第二课堂为副阵地实施"政治素质、测绘文化、创新创业、社会实践"四项素养教育。

2）联合搭建一体化教学环境

（1）推动资源环境建设，以知识、技能、职业素养三个核心要素为要点，按照最小知识技能粒度进行课程资源建设；厘清专业教学过程中的"三高三难"问题，遵循"以虚助实、虚实结合"原则，有针对性地开发基于工作过程的虚拟仿真实训资源。

（2）推动平台环境建设，发挥企业技术优势，共建互联网+虚拟仿真的技能实训平台、跨终端的线下移动式实验平台，经整合扩容构建形成一体化教学平台。

（3）推动高水平实训基地建设，开启校企互助模式，共同建设校内生产性实训基地与校外企业实践基地，实现专业人才培养与企业培训需求无缝衔接。

3）联合打造高效课堂

依据学生技能成长规律，分阶段开展多样化教学模式应用实践。在技能学习阶段，关注技能知识的领会与掌握，采用线上线下、虚实结合的混合式教学模式，帮助学生建构知识技能体系。在技能形成阶段，

关注技能知识的加工与应用,采用合作探究的教学模式,培养团队合作、发现并解决问题的能力。在技能应用阶段,关注技能知识的整合与迁移,引入企业生产项目,采用项目参与式教学模式,培养综合应用、分析的能力。

4)联合开展人才评价改革

(1)建构测绘地理信息技能人员职业能力模型,校企按照职业—岗位—技能结构,梳理建设具有层次化特征的职业技能等级标准,以此作为人才评价标准。

(2)构建多元主体参与的非标准化评价体系,指标设置分类多级,形成"过程+结果"的指标体系。

(3)采用动态评价方式,通过指标权重浮动动态调整指标体系,逐步从关注任务过程表现向任务结果进行过渡,形成以学生技能成长为导向的进阶式评价方式。

三、成果成效与推广价值

(一)育人成效显著

(1)学生职业能力明显提升。连续三年获得福建省职业院校技能大赛工程测量赛项一等奖,广泛参与厦漳跨海大桥控制网复测、平潭综合实验区海岸线修测等17个项目,超80%学生获测绘地理信息类相关能力证书。产业学院毕业生就业现状满意度和职业期待吻合度逐年提升,用人单位满意度超95%。

(2)教师"双师"能力提升。获得全国信息化教学大赛一等奖,团队75%专任教师获各类省级竞赛优秀指导教师,开发了"1+X"不动产数据采集与建库职业技能等级证书标准,研制了3项经刘经南院士等专家组评审的职业能力标准,建设了15门省级课程,主参编9部教材,立项9个省部级以上课题,取得36项软著专利。

(二)产教融合示范作用明显

与金创利共同推动成立福建省测绘地理信息职业教育集团,培育福建金创利、广州金创利为省级产教融合型企业,推进4个省级基地建设,共同承担"卫星应用助力数字福建创新发展人才建设责任"项目。产教成果丰硕,共研的测绘教学平台获评2022年福建省测绘地理信息科技进步一等奖和全国测绘地理信息自主创新产品,推广至全国270余所院校,并应用于100余个教育部产学协同项目、21个省级以上职业院校技能大赛,亮相"中国·福建—埃及数字教育云对接会",服务"一带一路"沿线国家。

(三)辐射推广价值凸显

成果形成典型经验,被人民资讯、中国教育在线等媒体报道,带动福建省卫星应用技术中心等50家单位成立培养基地;相关成果多次在全国性会议等做主题分享,得到安徽交通、广东工贸等省内外40余所院校吸收借鉴。作为唯一一所职业院校,入选2020年教育部教育信息化教学应用实践共同体,推动院校同类专业开展教育教学改革,全国示范引领作用突显。

专家点评:校企合作成立数字测绘产业学院,提出了"贯通—融合"的人才培养思路和"五共协同、双线并进"的运行模式,"共管理、共师资、共资源、共平台、共考评"校企深度融合,明确以"人"的培养为核心,学生"宽知识、强能力、高素质"、教师"善教学、能科研、会服务"的师生双线并进发展,成就了校企、师生共同成长,培养了适配测绘地理信息产业发展的高技能人才和高水平师资团队。

打造产教融合试验区，培养现代服务业高层次技术技能人才

薛茂云　陈春义　姚炜　江天凯　成珊珊　蒿江

江苏经贸职业技术学院

摘要：为适应现代服务业对接科技发展趋势，江苏经贸职业技术学院依托全国现代服务业职业教育集团，汇聚现代服务业领域校、企、研优势资源，牵头制定《校企合作指南》团体标准，政行校企共同打造全国现代服务业产教融合试验区，构建以产教融合示范基地、现代服务业产业基地等为方向的产教融合高地，全面服务现代服务业高层次技术技能人才培养，全面服务现代服务业企业走向产业高端，全面服务产教融合、校企合作，为中国式现代化提供人才和技能支撑。

关键词：产教融合试验区；人才培养；科研创新；转型升级

一、背景与关键问题

（一）实施背景

（1）现代服务业高质量发展的必然要求。现代服务业具有稳增长、促改革、调结构、惠民生等多方面的功能，在产业结构转型升级的推动下，以服务业为主要内容的服务经济迅速崛起，成为拉动国民经济增长的重要引擎和引领经济发展的主要动力。

（2）产教融合深度发展的客观要求。二十大报告提出："构建优质高效的服务业新体系，推动现代服务业同先进制造业、现代农业深度融合"，这对现代服务业从业人员的知识、素质和能力提出了更高要求，进而要求创新人才培养模式与实践路径，实施"产教融合"构建教育和产业融合发展新格局。

（3）产业园区创新发展的现实需要。园区作为我国重要的创新创业基础设施，是促进企业创新发展的重要引擎，也是培育区域经济发展新动能的重要载体。职业教育融入产业园区，既能促进企业提升产能、转型升级，又能推动科研创新、新产品开发，满足校企提质培优、提档升级的需要。

（二）关键问题

职业教育产教融合具有跨界性、双主体、双赢、动态调整等特征。高职院校通过试验区助推产教深度融合，是一种积极而有效的尝试，但仍存在以下问题：

（1）产业专业联系不紧。高职院校受城市产业布局、经济形势等方面影响，很多园区在引进企业时，无法做到园区产业定位契合高职院校的专业设置，导致园区产业和专业之间的联系不够紧密。

（2）企业参与热情不高。园区内科技型企业较少、学校科研能力薄弱、学生层次较低技能不高、校区园区相距较远、政策支持力度不大等客观因素的影响，使校企在产教融合方面的切入点少，企业参与热情不高。

（3）产教融合方式单一。园区内产教融合方面还不深入、形式单一，在教育教学与生产实践、教学内容和企业需求等方面不够紧密、存在差距，无法做到专业建设引领产业发展。

二、主要内容与做法

江苏经贸职业技术学院整合"现代商贸数字港""光华科技产业园"和"数动未来空间站"等约20万平方米的优势载体，政行校企共同打造了全国现代服务业产教融合试验区（以下简称试验区，如图1所示）。

试验区以人才培养为目标，以科技创新为支撑，以现代服务业转型升级和结构优化为主线，不断深

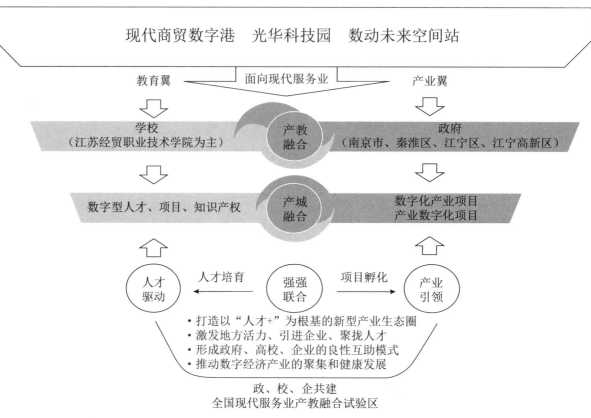

图1 全国现代服务业产教融合试验区示意图

化试验区体制机制创新，全面提高了校企合作活力和创新能力，推动了现代服务业职业教育和产业经济快速、健康发展，形成了全国现代服务业产教融合新样板。

（一）汇聚优势资源，打造产教融合试验区

试验区以产教融合示范基地、现代服务业产业基地为方向，以省级大学科技园、众创空间、产教融合集成平台、电子商务示范基地为抓手，以科研服务平台、海外创新平台、金融投资平台和校地融合平台为助力，政行校企共同打造产教融合示范高地。汇聚人才优势，共建院士工作室、博士工作站，打造高层次师资和科研团队，培养高层次高素质技术技能人才。汇聚现代服务业高端企业314家，对接高水平专业群，加速数字化、智能化迭代升级，加快新技术推广应用，实现服务育人与服务企业并重，助推校企走向产业高端，助力区域经济增长。

（二）多方合作共建，创新校企合作模式

学校与南京市政府相关部门建立管委会，成立专班，制定专项政策，学校成立产教融合办公室，研制出《校企合作指南》团体标准和ISO国际标准，制定入区企业遴选标准、校企合作质量标准和校企合作绩效标准，形成"双螺旋"结构产教融合生态模式，保障试验区人才培养和服务企业可持续发展。从共同发展的动力、校企合作的保障、优势资源的共享等方面，构建利益契合的校企合作模式，引导教学资源向试验区聚集，有效解决人才培养教学资源不足、分散的问题，实现实践教学生产化、教学环境工场化、教学内容项目化、教学评价社会化。

（三）科技赋能增值，服务校企协同发展

搭建数字化、智能化"科技+服务融合"平台，叠加线上、线下服务效能，实现数字技术赋能服务一体化，紧盯产业发展需求，服务企业转型升级、科技研发和人才优化，服务学校人才培养、科研创新和成果转化，有效改善育人环境与营商环境，完成10个产业学院和现代学徒制项目，实现产业链、专业群的发展同步，校企协同发展。同时，试验区完善的企业实践资源和学习生活配套，增强了人才培养的多样化和承载力，解决了学生食宿、交通、安全、保险等问题，实现了学生学习与实训常态化，形成了人才培养

（四）产教深度融合，激发校企内生动力

依托全国现代服务业职教集团，整合高水平学校、高科技企业、科研院所等跨界优势资源，对接试验区产业需求，优化专业结构，形成"电子商务、智慧健康""商务服务、智慧文旅""智能工程"的"两标杆、两特色、一培育"专业发展格局，共建229个实践教学基地、10个名企工作室、10个教师工作站。围绕科技创新，校企共建研究院和成果转化中心，以科技创新、技能竞赛、人力资源等项目为引领，激发校企内生动力，重点解决新技术难题、新产品开发、新项目瓶颈等问题。通过科研成果反哺技术技能人才培养，提高学校人才培养质量，优化了企业人才素质结构，避免校"热"企"冷"现象，促进产教融合的可持续发展。

三、经验萃取与模式模型

（一）产教融合发展模式创新

试验区成立管委会和专班，制定专项政策和《校企合作指南》标准；学校以省级大学科技园、电子商务示范基地、众创空间和产教融合集成平台等为载体，依托全国现代服务业职教集团，引企入校，通过载体"硬件"融合试验区内企业，不断深化产教融合，使行企参与产教融合的主动性不断增强，形成良性发展的校企利益共同体。同时，学校搭建"科技+服务融合"平台，通过服务"软件"融合试验区内企业，为校企合作赋能，服务企业转型升级、科技研发和人才优化，服务学校人才培养、科研创新和成果转化，增强产教融合新动能，构建教育与产业融合发展良好生态，形成"软硬皆融"的产教融合发展新格局，如图2所示。

（二）人才培养体制机制创新

遵循"政府主导、学校主体、行企参与、多方共同治理"的建设路径，政府拿政策、学校出载体、行企投资源，引导教学资源向试验区聚集，通过管委会和专班，针对关键问题制定标准和考核评价机制，补齐短板，构建多方利益契合的产教融合人才培养模式。

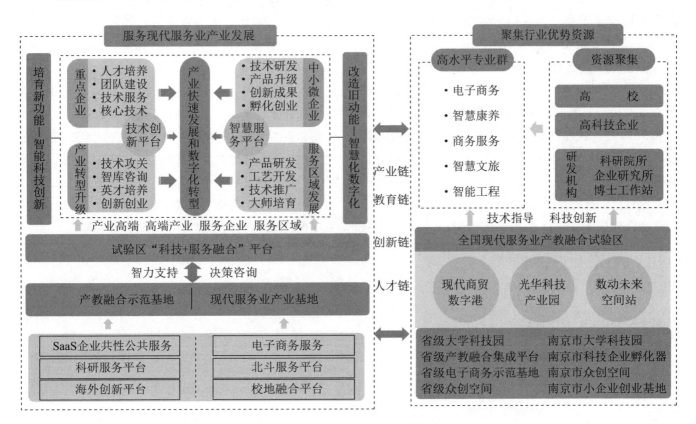

图2 产教融合发展模式创新示意图

四、成效评价与推广价值

（一）成效评价

（1）有力推动产教融合、提升校企人才质量。试验区聚集 300 余家现代服务业领域企业，由政府相关部门牵头成立管委会和专班，制定专项政策，创新产教融合运行机制。校企共建多个产业学院、实践教学基地、名企工作室和教师工作站，以及省级职业教育教师企业实践基地 1 个，职业教育校企合作示范组合 2 个，省级产教融合型企业 10 个，以师资共用、课程共担、标准共建、人才共育为引领，提升学校人才培养质量，优化企业人力资源配置，促进教育链、人才链和产业链、创新链有机衔接。

（2）有效增强科技创新、促进企业转型升级。试验区联合高校、科研院所，构建研究院和成果转化中心，共建院士工作室、博士工作站，"不间断、全方位、高效率"精准服务企业科技创新，激活创新源头，服务提质增效，形成现代服务业技术积累、创新、转化一体化发展体系。培育规模以上企业 15 家、高新技术企业 12 家、上市企业 2 家、瞪羚企业 2 家、专精特新企业 2 家、科技型中小企业 14 家。促进企业的可持续发展。近 5 年区内企业累计总产值约 88.14 亿元，上缴税收 2.55 亿元。

（3）有序促进行业升级、带动区域经济和谐发展。试验区通过建设已获得国家和省相关认定，构建了教育和产业融合发展格局，累计完成国内外知识产权 9330 件、横向课题 1368 项，每年举办专场招聘会，累计吸纳就业 300 余人。服务企业转型升级效果显著，服务高校科研水平提升明显，服务区域就业创业质量精准，服务高校人才培养成果卓越，服务校企产教融合成果丰硕，具有改善人才结构、提高技术技能、促进就业创业、带动地方税收及拉动区域经济发展等多重作用。

（二）推广价值

经过 5 年建设，试验区适应新时代中国式现代化经济体系建设，满足现代服务业对人才的新需要，先后获批省级大学科技园、众创空间、产教融合集成平台和电子商务示范基地，累计投入 7000 万元以上资金。接待行业协会、学会、企业、政府、兄弟院校等 900 多家单位。通过会议、研讨、论坛，以及学习强国、人民网、中国高职高专网、现代职教网等省级以上媒体多次宣传报道，进行了有效推广。

2020 年中国国际贸易促进会批准设立全国现代服务业产教融合试验区；2021 年获得"全国服务业科技创新奖"一等奖；2022 年在世界产教融合博览会上展出案例，入选工信部产教融合专业合作建设试点单位。

专家点评：江苏经贸职业技术学院依托全国现代服务业职业教育集团，汇聚现代服务业领域校、企、研优势资源，政行校企共同打造全国现代服务业产教融合试验区，试验区以人才培养为目标，以科技创新为支撑，以现代服务业转型升级和结构优化为主线，多方合作共建，创新校企合作模式，科技赋能增值，服务校企协同发展，产教深度融合，激发校企内生动力，有效解决产业专业联系不紧、企业参与热情不高、产教融合方式单一、产教融合成效不显的问题，学校人才培养成果卓越、科研水平提升显著，校企产教融合成果丰硕，企业转型升级效果明显，区域就业创业质量提升。构建以产教融合示范基地、现代服务业产业基地为方向的产教融合高地，为校企高质量合作、为现代服务业深度产教融合提供了样板和可借鉴的方案。

服务首都智慧城市建设运行，助推"双碳"目标实现，打造国际产教融合典范

张春芝　张普庆　王　俊　张明珠　王先宏

北京工业职业技术学院

摘要：围绕首都智慧城市建设运行，助推实现"双碳"战略目标，北京工业职业技术学院与法国教育部国际教育研究中心、施耐德电气（中国）有限公司合作，"政企校研"四位一体共建智慧能效领域首个中法能效管理应用人才培养和研究中心。中心构建"四轮双推动"产教融合模式，培育国际化专业教学团队，技术服务助力产业创新，推动技术技能人才供给侧改革，打造国际产教融合的典范。

关键词：技术技能人才；培养模式；产教融合；四轮双推动

一、实施背景与关键问题

（一）首都能效管理应用行业"智改数转"急需新规格人才

首都智慧城市和近零碳排放城市建设，对能效管理运行行业提出了更高要求，行业企业大力推进智能化改造、数字化转型，实施"智改数转"，必然要求参与的劳动者具有更高的数字化素养和智能设备应用能力，但职业院校人才培养与"智改数转"下企业人才需求存在脱节。

（二）中法职业教育领域交流合作缺乏有效模式与路径

2014年，习近平主席和法国总统奥朗德宣布建立中法高级别人文交流机制，同年两国签署《中法高级别人文交流机制首次会议联合宣言》，提出职业教育领域交流合作，但能效管理应用领域国际职业教育合作缺乏有效模式与路径。

二、主要做法

为服务首都智慧城市建设和绿色低碳发展目标，北京工业职业技术学院在中法教育部门的支持下，依托机电一体化技术国家"双高"专业群，与施耐德电气、法国国际教育研究中心，共建中法能效管理应用人才培养和研究中心（以下简称中心）、施耐德电气城市能效管理应用工程师学院。

（一）构建"四轮双推动"国际产教融合模式

中心聚焦智慧能效管理应用，纳入施耐德中低压电器有限公司等制造企业，北京合众慧能等施耐德生态链集成企业，北京市自来水集团、京港地铁、大兴机场等应用企业，清华大学能源互联网创新研究院、北京市电气安全技术研究所等科研院所，多主体共建产学研用协同平台，实现教育链、创新链、产业链深度融合，如图1所示。

构建资源集聚平台产教科融合机制，社会服务收益反哺等平台协同运行机制，形成校企合作新业态，实现"标准共订、人才共育、技术共研、服务共拓"，推进专业升级和数字化改造、产业升级改造提质发展，创新"四轮双推动"国际产教融合模式。

（二）创新"五面融通、分类培养、专创结合"人才培养模式

依托施耐德电气工程师学院，基于校企合作新业态，创新"五面融通、分类培养、专创结合"人才培养模式。

（1）五面融通：校企双导师教学，校内校外学习有序交替，专业课程和企业实践互通，线上线下同步，课程学习和专业社团、大赛、科研与技术服务相

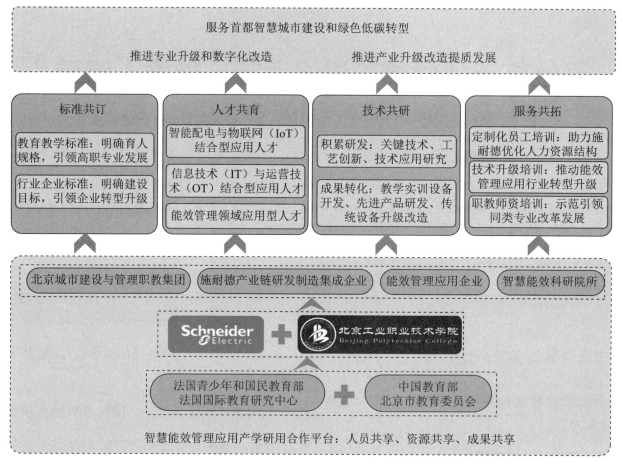

图 1　中法能效管理应用人才培养和研究中心"四轮双推动"产教融合模式

促,逐层提升学生数字化能力。

（2）分类培养：满足产业链上下游企业对人才的差异化需求，分类培养技术创新型和技术应用型人才。

（3）专创结合：专业学习同创新创业教育有机融合，以职业能力成长为主线进行横纵联结、课内课外系统设计，逐层递进提升学生创新创业能力，通过课程学习筑基、社团科研提升、技能大赛强化、岗位锻炼实战，打造"课程+社团+大赛+岗位"融通创新能力培养体系。

（三）构建专业"递进式能力提升"模块化课程体系

紧贴行业发展，服务首都城市建设运维需求，围绕电气能效管理领域装调检验、系统集成和运营维护3类岗位，融合行业企业转型升级改造对于人才的需求，将施耐德电气在能效管理应用技术方面积累的专业知识体系和实践应用经验与机电一体化技术专业多年的教学建设成果相结合，构建"2+1"人才培养课程体系——2年"专业发展基础+能效应用技术"+1年"工程实践教学工程实践教学"，企业在教学与实训中所承担的比例逐年增大，为学生提供更优质的专业课程、更真实的工程实训项目和更丰富的企业实践机会。

（四）打造国际化专业教学团队

（1）人员构成国际化：构建"专业教师+企业技术人员+法国职教专家"的国际化专业教学团队，法国国际教育研究中心选派常驻专家，指导教学计划制定、课程建设、实训基地建设和教学改革；施耐德选派技术专家，法国梅兰日兰等学校选派骨干师资，赴学校进行短期指导工作。

（2）教师培养国际化：施耐德电气全力支持教师赴法国进行学术交流和职业培训，国外优秀专家赴学校开展师资培训，同时实施"岗位技能实践筑基+产线改造锤炼提升"的系统化施耐德生态链企业实践锻炼，提升工程师学院教师职业能力和国际化水平。

（五）模块化教学改革实现教学模式升级

借鉴CBE（以能力为本位的教学模式）、MES（模块化技能组合）等教学理念，选聘平台企业优秀技术专家，与学校教师共组模块化教学团队，实现知识、技术、技能互补。教学与产学研衔接，纳入智慧能效管理应用领域新技术、新工艺、新规范等产业先进元素，将施耐德全球认证证书培训模块、行业标准、企业岗位标准和优质工程案例有机融入课程教学内容，由真实工程案例抽象出模块化教学项目，构建相对独立、精密衔接、共成体系的课程模块化项目体系。团队教师精细化分工，承担不同模块教学任务实施，并开展教学方法、手段改革，实现"有趣、有用、有效"的"三有"课堂。

（六）技术服务助力产业创新

基于产业链、教育链的技术服务体系如图2所示。

（1）积累研发：充分利用施耐德公司电气（中国）有限公司行业优势地位和学校在电气、电力技术领域积累的成果及学术水平，服务智慧能效管理应用产业链企业，深入开展关键核心技术、生产工艺创新和技术应用研究。

（2）成果转化：依托施耐德电气（中国）有限公司在华研发中心的项目流程经验和行业洞察力，企业提供技术支持、人员支持，校企共建产学研用一体化公共服务平台，服务教育链和产业链，深入开展先进产品研发、传统设备改造、实训设备开发和工程案例教学转化。

三、特色创新

（一）理念创新：率先提出"四轮双推动"国际产教融合模式

率先提出"四轮双推动"国际产教融合新模式，推动教育教学、教法改革和数字化技术技能人才培养体系建设，职业教育的理论与实践结合取得突破创

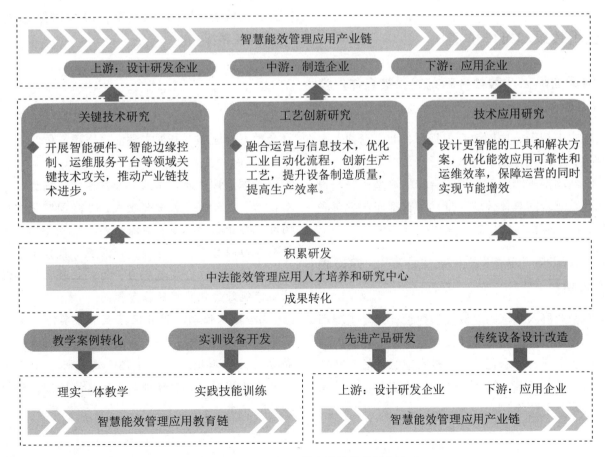

图2 基于产业链、教育链的技术服务体系

新，先后入选教育部产教融合校企合作典型案例、机械行业十佳案例。

（二）模式创新：系统构建数字化能效管理应用人才培养模式

应用导向，技术牵引，依托施耐德电气工程师学院，基于校企合作新业态，跨界聚能，创新高素质数字化能效管理应用人才培养模式。通过校企双师教学，校内校外学习有序交替，专业课程和企业实践互通，线上线下同步，逐层提升学生数字化能力，专业教育同创新创业教育有机融合，课内课外系统设计创新能力培养体系，分类培养技术创新型和应用型两类人才。

（三）机制创新：创建支撑专业数字化升级的校企协同育人机制

按照"政府统筹、产业支撑；学校主体、企业协同；数智引领，服务发展"的原则，共建施耐德电气工程师学院创新实践平台，完善了资源集聚平台产教科融合机制、社会服务收益反哺机制等平台协同运行机制，形成校企合作新业态。

四、应用效果和推广价值

（一）创新国际化产教融合新范式，被媒体广泛宣传报道

被中央电视台、中国教育电视台、北京卫视、中国青年报、中国教育报等媒体广泛宣传报道，认为中心是中法两国推进职业教育国际合作的典型代表，也是深化产教融合的具体体现，推动了首都职业教育高质量发展，具有积极的借鉴意义。

（二）入选国家"双高"、北京"特高"，建设成效被充分认可

机电专业群入选国家"双高"建设计划，工程师学院入选北京市特色高水平建设项目，中心先后入选工信部中法工业合作示范项目、教育部绿色低碳产教融合项目，在教育部2021年首场新闻发布会、世界职教大会等分享经验。

（三）获省部级科技进步奖，人才培养和科技创新取得初步成效

开展5项科研课题研究，为企业提供技术服务10余项。科研成果获"中国产学研合作创新成果二等奖""中国职工技术协会技术成果一等奖"，教学成果获北京市职业教育教学成果特等奖，毕业生李衣非入选北京市"喜迎二十大，永远跟党走，到祖国需要的地方建功立业"先进典型，成为推进首都产业"智改数转"、保障智慧城市运行的骨干力量。

（四）开展高端能效管理应用培训，推动专业和产业双升级

服务职业教育，共建北京市校企合作"双师型"教师培养培训基地，开展国家师资培训、北京市职业院校双师培训，推进专业升级和数字化改造。服务行业企业，为施耐德企业发展开展定制化员工培训，为智慧能效产业链企业开展技术升级培训，推进产业升级改造提质发展。

（五）国际服贸会展示风采，成为国际职业教育交流交往桥梁

校企联合开发能效管理应用工程师国际证书，制定"一带一路"电工职业标准，贡献职业教育的中国标准、中国证书。入选2021年中国国际服务贸易交易会教育专题展，开展主题活动广泛宣传。

专家点评：北京工业职业技术学院培育的"四轮双推动"国际化产教融合模式，是我国职业院校携手国际化企业推动职业教育深度国际交流合作、深化产教融合协同育人，显著提升职业教育服务城市运行保障、区域经济社会发展能力，为职业教育服务促进智慧城市能效管理应用的典型案例。

"四轮双推动"国际化产教融合实行多主体共建产学研用协同平台，联合开发国际化专业课程、教学资源、国际证书、"一带一路"职业标准等可为职业院校将开展国际化产教融合落地落细提供良好的借鉴和实际方案。

西南地区交通特色产教融合新范式

陈正振　罗宜春　潘柳园

广西交通职业技术学院

摘要：广西交通职业技术学院打造"多元·服务·共享"交通教学工场新品牌，实施"集团化、集群化、多样化"现代学徒制人才培养，积极探索发展"西鉴—中融—东输"国际化产教融合，形成具有西南地区交通特色的产教融合新范式。

关键词：交通教学工场；现代学徒制；产教融合

一、实施背景

西南地区是国家西部陆海新通道"由陆向海"有机衔接的纽带，交通投资额约占全国35%，成为全国交通建设的"主战场"。同时，中央赋予广西"三大定位"新使命，广西成为全国首批13个"交通强国"试点之一，更是西部陆海新通道建设的核心区域。

作为广西唯一一所交通运输类高校，广西交职院为满足"铁公水空"四位一体的综合交通运输体系建设对大量高素质、专业化、复合型技术技能人才的迫切需求，持续深化产教融合、校企合作，推进职业院校人才"供给侧"与交通行业人才"需求侧"紧密对接。

二、关键问题

（一）产教融合实训基地建设水平不够高

交通运输类专业实训基地建设过程中存在功能不全、水平不高、共享不足等问题，使产教难以深度融合，协同育人受限，专业服务产业能力受到制约。

（二）产教协同"双元"育人作用不明显

规模化实施现代学徒制人才培养存在运行管理机制"弱"、人才供需匹配度"低"、实践教学组织"难"等问题，制约着人才培养的提质增量。

（三）产教融合国际化发展路径不够明晰

与东盟各国职业院校共同培养交通技术技能人才过程中，存在标准各异、缺乏模式指导、合作机制不够完善、可持续性不强的问题。

三、实践做法

（一）率先提出了教学工场构想，打造"多元化·服务型·共享型"交通教学工场新品牌

（1）建设"多元化"交通教学工场，夯实服务产业基础。在广西职业院校中率先成立校企合作发展理事会，以2个中央财政支持和6个自治区示范性高等职业教育实训基地项目为载体，吸引优质企业共建道路桥梁、航海工程、汽车运用等6类具有产教融合、科学研究、实际应用、技能竞赛、文化传承等功能的"多元化"交通教学工场，如图1所示。

（2）建设"服务型"交通教学工场，提升服务产业能力。以广西交通运输职教集团为平台，以2个中央财政支持项目和2个交通运输部示范性实训基地为载体，对内通过"职教平台找瓶颈""质量工程建工场""特色项目促服务"，对外通过"先进技术入工场""企业项目入工场""企业员工入工场"，充分发挥教学工场服务优势。

（3）建设"共享型"交通教学工场，升级服务产业能力。充分发挥广西交通行指委秘书处单位职能，探索出一套"政府主导、行业指导，校企共建、责任共担、利益共享，学校、企业、第三方多元评价"的"双导三共多元评价"教学工场长效运行机制，面向广西大学、广西职业技术学院等49所本科、职业院

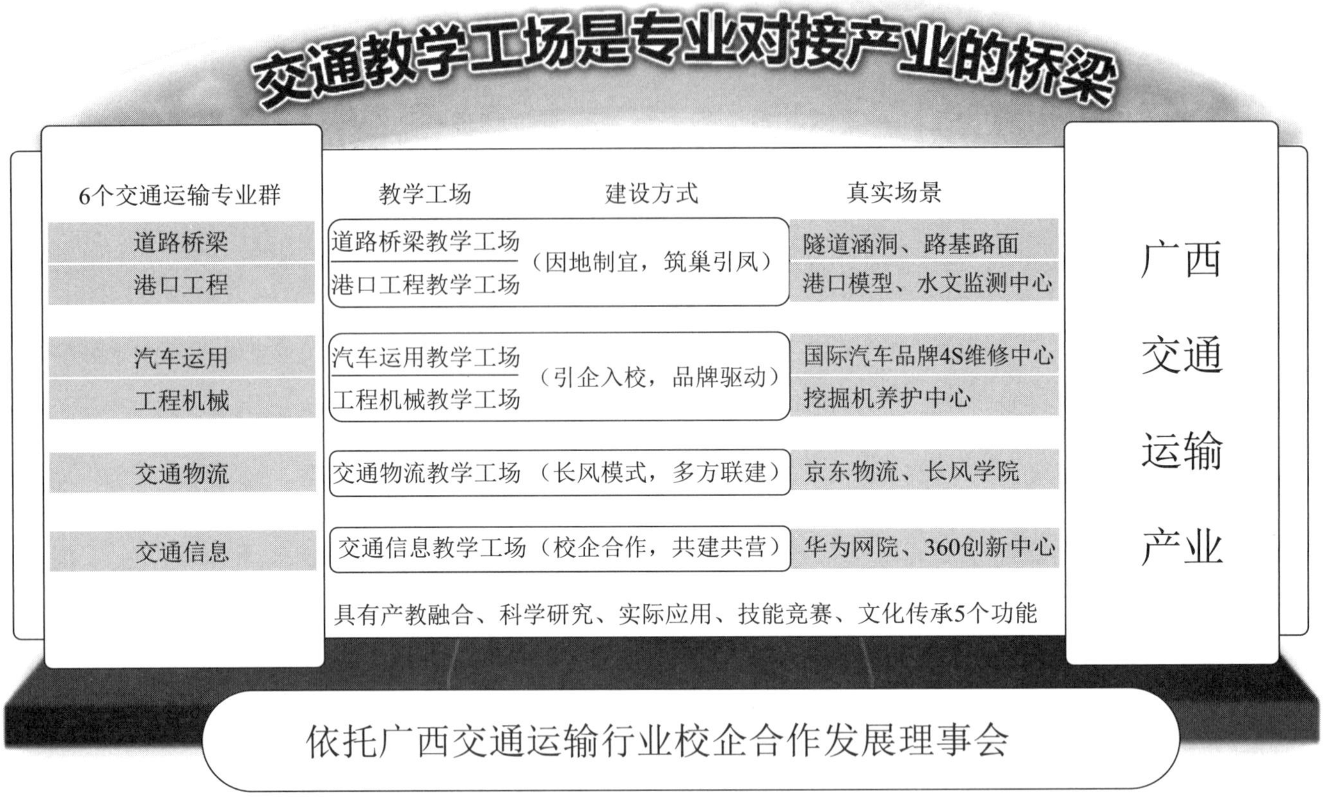

交通教学工场是专业对接产业的桥梁

6个交通运输专业群	教学工场	建设方式	真实场景
道路桥梁	道路桥梁教学工场	（因地制宜，筑巢引凤）	隧道涵洞、路基路面
港口工程	港口工程教学工场		港口模型、水文监测中心
汽车运用	汽车运用教学工场	（引企入校，品牌驱动）	国际汽车品牌4S维修中心
工程机械	工程机械教学工场		挖掘机养护中心
交通物流	交通物流教学工场	（长风模式，多方联建）	京东物流、长风学院
交通信息	交通信息教学工场	（校企合作，共建共营）	华为网院、360创新中心

具有产教融合、科学研究、实际应用、技能竞赛、文化传承5个功能

广西交通运输产业

依托广西交通运输行业校企合作发展理事会

图1 "多元化"交通教学工场建设

校开放共享交通教学工场。

（二）适应交通土建类人才需求，实施"集团化·集群化·多样化"现代学徒制人才培养

（1）实施"集团化"的现代学徒制，形成集团化组织优势。以广西交通运输职教集团为平台，成立现代学徒制运行管理中心和校企人力资源协同发展联盟，形成决策（理事会）、管理（运行中心）、执行（发展联盟）"三层级"学徒制运行管理架构，推动现代学徒制培养由"一校一企"向"集团化协同"转变。

（2）实施"集群化"的现代学徒制，形成集群化资源优势。对接西南地区"铁公水空"交通建设需求，"引企入校、以群建院"打造实体产业学院，并重点建设铁道工程、道路桥梁等4个交通土建专业群，构建宽基础、模块化、共享型的专业群课程体系，推动现代学徒制培养由"单个专业"向"集群化发展"转变。

（3）实施"多样化"的现代学徒制，形成多样化育人优势。根据交通土建"八大员"岗位能力要求，建立"一岗一案"的现代学徒制标准体系，开展基于"校园、虚拟、企业"三类教学工场，线上线下、虚实结合、工学交替、五阶递进（认识实习—综合实训—综合实操—跟岗实践—顶岗实习）的现代学徒制实践教学，推动现代学徒制人才培养由"单一供给"向"多样化培养"转变。

（三）服务交通运输国际化发展，实施"西鉴—中融"和"东输"两大国际化产教融合工程

（1）实施"西鉴—中融"工程，构建面向东盟的交通职教标准。借鉴欧盟资历框架等级标准、北美ISW教师培养标准和德国"教学工作站"等国际先进职教模式，将国内职业教育在实训基地、课程资源库、"1+X"证书等方面的改革成果和东盟交通建设广泛应用的中国标准规范、技术工艺相融合，构建面向路桥、汽车等4个交通专业，包括31个教学标准、16门专业核心课程，具有东盟特色的交通职教标准。

（2）实施中国标准"东输工程"，育训并举培养东盟交通人才。依托东南亚教育部长组织认证和推广标准，在印尼国立技术大学、泰国东南曼谷大学等8个东盟院校交通类专业推广运用。成立项目团队，实施校际间人才合作培养项目化管理，推动标准在教学内容、实训实习、考核评价方面发挥引领作用。根据

企业对员工素质能力提升的迫切需求，面向国内学生、留学生、东盟本土学生及企业员工等东盟交通建设人才，大力开展分类分层、线上线下的培训与资格认证。

四、经验萃取

（一）实施产教同步规划

主动对接交通运输行业，将职业教育纳入广西综合交通运输"十四五"发展规划。自治区交通运输厅研究出台"促进交通运输职业教育融合发展"指导意见，拓宽行业企业参与职业教育的途径。

（二）搭建产教融合平台

牵头组建广西交通运输职教集团和行指委，吸引交通运输行业巨头等开展深度合作，校企共建了筑路工程和沥青混合技术研究中心、国际汽车品牌校企合作基地。

（三）践行校企合作"七个共同"

通过组建产学研实体等举措，促进校企"七个共同"（共同研究专业设置、设计人才培养方案、开发课程、开发教材、组建教学团队、建设实训实习平台、制定人才培养质量标准），将校企合作融入育人的各个环节。

（四）服务交通运输产业发展

组建综合服务实体，面向行业企业开展继续教育、技能鉴定、技术培训、资质考评、技术研发及应用、项目生产等多项服务，进一步巩固校企之间的深度合作关系。

五、模式模型

适应西南地区交通基建对大规模、复合型、多样化交通土建人才的需求，成功探索了"多元·服务·共享"的交通教学工场建设，"集团化、集群化、多样化"的现代学徒制人才培养和"西鉴—中融—东输"国际化产教融合发展等三大模式，形成了西南地区具有交通特色的产教融合新范式，如图2所示。

六、效果评价

（一）凸显了交通运输人才培养"摇篮"地位

学校交通土建类专业就业率在95.2%以上，在

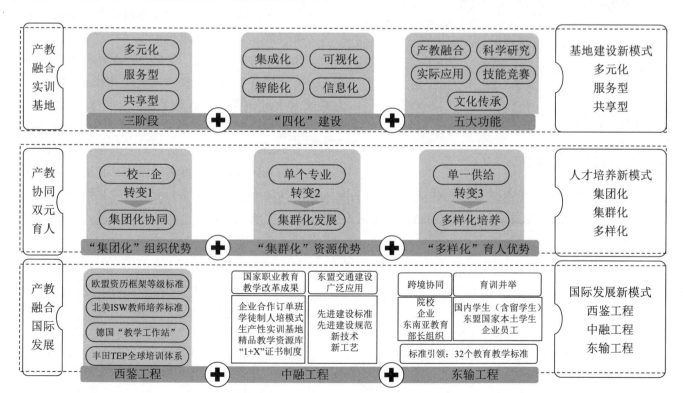

图2 西南地区交通特色产教融合范式图

西南地区对口就业占比为 92.6%；毕业生平均起薪达 5860 元/月，跻身全国职校薪酬排行百强行列，入选全国就业工作典型案例。2020—2022 年斩获 32 项技能大赛国家奖，学校在 2021 年全国职校竞赛排名中位列 48 名，成为世界技能大赛集训基地；学徒毕业 3 年内岗位晋升率达 62%，参与 12 个重大交通工程项目，成为西南地区交通基础建设的主力军。

（二）形成了服务交通行业发展的职教"优势"

校园交通教学工场获评国家生产性实训基地，虚拟教学工场入选国家示范项目，面向 49 所学校开放共享。建成 3 个示范性产业学院，开展 22 项课题研究、42 项技术攻关、23 项标准编制等，年产值达 3100 万元。研制专业课程标准、教学工场建设规范等 13 个文件，形成现代学徒制标准体系，由广西交通行指委率先发布，并在西南地区广泛应用。

（三）树立了国际（区域）产教融合新"名片"

成为全国唯一被东南亚教育部长组织认定的"中国—东盟交通运输培训基地"；成为交通部唯一授权面向东盟颁发中国交通土建"八大员"资格证的机构。协同企业走进东盟，在印度尼西亚建成"一带一路"交通基础设施职业教育实训基地，开展育训并举的现代学徒制联合培养，在 7 个国家培训 2572 人次，打造了中国—东盟高职院校合作特色品牌，获 2019 年广西职业教育教学成果特等奖。

七、推广价值

（一）各界领导充分肯定

获得时任教育部鲁昕副部长、职成司谢俐副司长、财政部刘伟华副巡视员、自治区政府蓝天立主席等领导充分肯定。

（二）典型发言分享经验

在中国—东盟职教论坛、全国教学改革研讨会、全区教育大会等作典型发言 12 次。在云南、贵州等 12 个省的 38 家单位交通运输类专业实践应用，年受益师生达 1.6 万人。

（三）主流媒体系列报道

相关成果获中国教育电视台、《中国教育报》、《中国交通报》等权威媒体和交通运输部、广西教育厅等政府官网的系列报道 20 余次。

八、前景展望

党的二十大报告明确提出加快建设交通强国，2022 年新修订的《中华人民共和国职业教育法》明确提出"国家推行中国特色学徒制"。广西交职院将持续优化基于中国特色学徒制的西南地区交通特色产教融合新范式，为广西"交通强国"试点和西部陆海新通道建设提供更强有力的人才支撑和智力保障。

专家点评：广西交通职业技术学院聚焦西南地区现代综合交通运输体系建设人才需求，打造"多元·服务·共享"交通教学工场新品牌，实施"集团化、集群化、多样化"现代学徒制人才培养，积极探索"西鉴—中融—东输"国际化产教融合发展的新模式，有效破解了西南地区职业院校产教融合实训基地建设水平不够高、产教协同"双元"育人作用不明显、产教融合国际化发展路径不够明晰等瓶颈问题，形成了西南地区具有交通特色的产教融合新范式，推动了西南地区人才培养质量和交通土建类专业服务产业能力的提升，产出了系列化的理论实践成果，得到了社会的广泛认可，具有较强的示范效应和较高的推广价值。

"一村多名大学生"人才培养的咸职经验

汪利华　史小燕　曹树真

咸宁职业技术学院

摘要： 咸宁职业技术学院推出"一村多名大学生计划"，创建"精准定向、五位一体、全程贯通"的三农人才培养模式，构建"一村多"专业群，开发"六融合"课程体系，实施"三导师"制，推进"学创融合"，解决了学员"招得来、育得好、用得上、回得去"等问题，培养了一批扎根乡村的乡村治理人才队伍，涌现出一批有影响力的创业典型。

关键词： 一村多名大学生计划；定向培养；五位一体；全程贯通

一、实施背景与关键问题

（一）实施背景

中央1号文件多次提出，鼓励农民接受高等职业教育，培养高素质新型职业农民。2014年起，咸宁职业技术学院依托湖北省教育科学规划课题"高职涉农专业学生创业能力的构成与培养"、校级重点课题"在乡农民大学生培养体系研究"等开展相关研究，形成在乡农民大学生培养整体方案。

2016年底，学校向咸宁市委市政府提出实施"一村多名大学生计划"（以下简称"一村多"）的建议，报湖北省教育厅批准，并得到省委人才办和农业农村厅的支持。2017年，咸宁市委市政府正式启动该计划，确定学院为培养单位，采用"地招校培、定向培养"的人才培养模式，面向45周岁以下具有高中或中专学历的农民，通过单独招录的全日制专科学历教育，培养"脱贫致富带头人""电商创业合伙人""农村基层组织接班人"3类人才。为培养"永久牌"三农人才，找到了一条现实有效的解决路径。

（二）关键问题

通过对咸宁市农村人才现状的专项调研发现，农村基层存在三个突出问题：

（1）从村级组织结构来看，村"两委"干部年龄普遍偏大、学历偏低，导致组织力不强，缺乏领导实施乡村振兴战略的理念和本领。

（2）从农村经济发展来看，农村"空心化"现象突出，特别是缺乏产业带头人以及产业化需要的新型职业农民。

（3）从农村信息化和农业产业化发展趋势来看，农村电子商务人才奇缺。

"职教不进村，乡村难振兴"，这是学院经过全面深入调研后的共识。然而，现有农民职业教育培养体系，无法适应农民大学生基础不一、个性需求多样、工学矛盾突出等现实状况，大学生回乡后存在持续指导不够、跟踪服务不力、发展后劲不足等问题。培养什么样的人才能长期服务于乡村，以及怎样培养人才能满足乡村发展的需求？这个重大现实的课题亟须解决。

二、主要内容与具体做法

（一）推动部门联动，实现多元协同，解决"招得来"的问题

由咸宁市委组织部牵头七部门成立"一村多"人才培养协调小组，建立"校地联动、定向培养、多元协同、终身服务"工作机制。培养经费由咸宁市、县（市区）财政、培养院校按照3:5:2比例分担。"市县镇村"四级宣传发动，县（市区）组织部对学员进行政审，签订毕业后回乡服务不少于5年的协议。

招生实行计划管理，年度招生计划由学校申报、市委组织部审核、省教育厅批准；实行单独招生考

试，分数从高到低排序；严格把好政审关。计划实施以来，平均录取率为 68.6%，平均报到率为 91.7%。

（二）筑牢思想根基，培养三农情怀，解决"育得好"的问题

（1）学校、组织部门共管，双主体育人。学校与各县市区组织部门建立常态化联系机制，制定《一村多名大学生学员管理制度》，选拔副科级以上的优秀党政干部担任辅导员，组建学员党支部，加强学生管理与跟踪服务。

（2）三项引领，筑牢思想根基。价值引领：把"五个思政"贯穿人才培养全过程，开设地方特色产业和乡村治理课程，筑牢学员"一懂两爱"①的思想根基，增强振兴乡村的使命担当，厚植兴农富民的家国情怀。文化引领：打造校园"三香"②文化，将学校"人梯精神"③渗透技术技能教育中，培养学生的"农匠"精神。典型引领：评选"一村多"学员中的种养殖能手，发掘创新创业典型，并予以示范推广。

（3）开设乡村课堂，培育乡土情怀。把课堂搬到田间地头，把农艺技师、企业专家请到讲台，用百姓话讲农村事，坚持情怀熏染、能力培养和专业技术学习并进。

（三）加强内涵建设，创新培养模式，解决"用得上"的问题

（1）构建"一村多"现代农业技术和乡村社会治理两个专业群，促进专业群与农业产业链深度融合、与农村工作无缝对接。

（2）深化产教融合，实行协同共育。实施协同育人机制，推行"三导师"制，搭建实践教学、技术指导、创业教育、产业推广平台，实现"学创融合"。学员在获得毕业证书的同时，至少获得一个职业资格证书。

（3）构建了"乡村振兴学院—县市分院—现场教学基地"三级教学网络，实施"淡学旺农、学做交替、弹性学制、分段教学"教学管理模式，按季节循环组织教学，无缝对接农业生产与教学育人，学习、工作两头顾、两不误。

（4）对接"三农"需求，构建"六融合"课程体系，开发配套的教学资源。

（5）推行多元参与，健全考核评价体系，形成了"双向三贯通"④多维度评价体系，如图1所示。

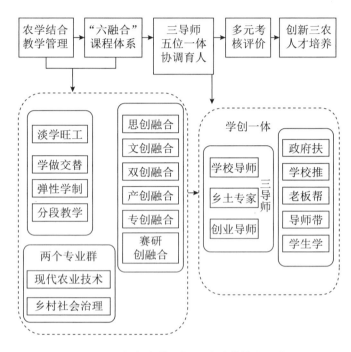

图 1　"一村多名大学生"人才培养模式示意图

（四）争取政策支持，建立服务体系，解决"回得去"的问题

（1）市委市政府出台《关于支持"一村多名大学生计划"学员回乡创业的实施意见》。

（2）开发"乡村振兴公共服务平台"。

（3）依托校内"鄂南特色农业综合产业技术研究院"，构建"研究院—产业联盟—种植养殖大户"的产业发展体系。

（4）构建产业互补、资源共享、项目共建、互学互帮的创新创业生态圈。

通过政治引领、教育培训、重点培养、创业引导、资金扶持、政策倾斜等支持措施，为学员回乡发挥作用创造有利条件，确保学有所用、人岗相适、用当其时、人尽其才。

---

① 一懂两爱：懂农业、爱农村、爱农民。
② "三香"：书香、墨香、花香。
③ 咸宁职业技术学院人梯精神：舍己为人、克己奉公的"奉献"精神；迎难而上、恪尽职守的"担当"精神；勇于攀登、追求卓越的"进取"精神；携手共进、薪火相传的"团队"精神。

---

④ 双向三贯通：双向即为三导师与学员互相评价；三贯通即为知识与技能贯通、学习与创业贯通、线上与线下贯通。

三、经验萃取与模式模型

(一)践行"精准定向"育人理念

针对乡村人才个性化需求,提出"从在乡农民中精准培养组织接班人、致富带头人、创业合伙人"的理念,招录村"两委"成员、后备干部、村组产业带头人等有培养前途、有志于乡村建设的青年农民,培养愿回乡、懂治理、精技能、能创业的农民大学生。通过量身定制培养方案、开发特色教学资源、建设"三类导师"队伍等,夯实育人基础;通过乡土化思政教育、适切化教学实施、实境化学习活动、项目化创业训练,培养乡村人才的必备品格和关键能力;通过持续指导与跟踪服务,助推学生扎根乡村,实现人生价值。

(二)创建"五位一体"育人机制

针对乡村人才培养的痛点和难点,由地方政府主导和协调,学校作为人才培养主体和协同纽带,企业作为产学创实践基地,村组作为就业创业大本营,科研院所作为技术研推平台,构建政校村企院"专业共建、资源共用、技术共研、成果共享"的协同育人机制,建立社会化产学研创引导机制、多元化教育资源汇集机制、精准化乡村人才培养机制、长效化支持服务保障机制,推动专业链、产业链、创新链、教育链的融合。

(三)构造"全程贯通"育人体系

以"一村多名大学生计划"为抓手,构建适切性、开放性、终身性的乡村人才培养体系,将专业学习、就业创业和持续发展有机耦合,实现在乡农民-农民大学生-乡村人才的角色转换和内蕴升级,如图2所示。

四、成效评价与推广价值

(一)充实乡村人才储备,发挥"人才泵"作用

6年来,咸宁职业技术学院共招收学生2066名,实现市行政村全覆盖;毕业生在村委会任职占

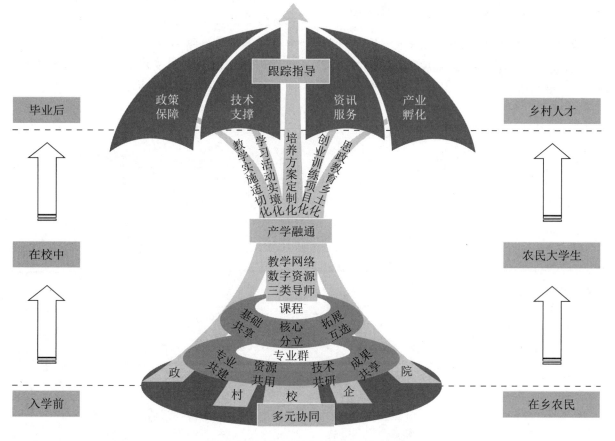

图2 "一村多名大学生"人才培养体系

46.6%；入选全国百名优秀高职学生党员风采录 1 人，被选拔为乡镇公务员 10 人，被评为市级种植养殖能手 20 人。获国家技能大赛一、二等奖各 1 项；获创业竞赛奖项 50 余项，其中国家级 5 项、省级 26 项。

（二）带动乡村经济发展，发挥"助推器"作用

毕业生在乡创业占 36.28%，创办、升级了咸宁市宏盛养殖专业合作社等企业；涌现出"飞鸡哥"郑普雄等创业典型；2020 年学生企业年产值近 6 亿元，受益农民 12429 人。

（三）引领乡村人才培养，发挥"示范区"作用

2021 年学院被评为全国乡村振兴人才培养优质校。2020 年被评为湖北省脱贫攻坚专项奖励记大功集体；联合全国 48 所院校和 55 家企业，牵头成立乡村振兴产教融合共同体。学院承担教育部"乡村振兴背景下农民大学生培养探索与实践"项目，代拟湖北省《关于加强"一村多名大学生计划"教育教学管理的指导意见》，研制湖北省"一村多名大学生计划"人才培养标准，开发农业公共创业培训规范及课件。

（四）推介人才培养经验，发挥"辐射源"作用

相关成果被作为典型材料，呈送十三届全国政协第 66 次双周会。全国政协副主席辜胜阻在教育部调研时认为，咸宁职业技术学院"一村多名大学生计划"培养经验有保障、可持续，应总结推广。入选 2021 年全国职教活动周办学成果展；农业农村部发布第 65 期《农业农村科教动态》，将本案例作为培养高素质农民典型案例；入选 2021 年全国产教融合校企合作典型案例。被《人民日报》《中国教育报》《农民日报》等主流媒体报道 30 余次。承办商务部"2019 年发展中国家职业教育教师研修班"，向 17 个发展中国家学员分享经验。参加 2019 年度全国创新创业典型经验高校总结交流会、2019 年百万高素质农民学历提升行动计划推进会、2020 年在全国农业职业教育教学指导委员会全体会议上作典型经验分享。省内外 60 余所院校来校学习交流。

专家点评：咸宁职业技术学院致力于培养愿回乡、懂治理、精技能、能创业的农民大学生，构建政校村企院"专业共建、资源共用、技术共研、成果共享"的协同育人机制，践行适切性、开放性、终身性的乡村人才培养体系，将专业学习、就业创业和持续发展有机耦合，实现在乡农民—农民大学生—乡村人才的角色转换和内蕴升级。这既契合了国家乡村振兴战略，丰富了高职教育人才培养理论，也为涉农职业教育培养乡村人才探出了新路子，为职业教育培养高素质职业农民、助力乡村人才振兴提供了成功范例，该案例形成的培养在乡农民大学生的新机制、新模式、新体系值得复制和推广。

产教一体、岗课融通、强化类型，精准培养高端技术技能人才

周京　郭国　周树银

天津轻工职业技术学院

摘要：为了提升职业教育人才培养水平，提高服务行业企业发展的适配度，天津轻工职业技术学院与德国蔡司集团校企共建创新型服务平台，构建产教一体化的人才培养机制，解决了人才培养目标与岗位技能需求耦合，学生学习与技术技能、职业能力、就业能力对接等问题，实现了专业发展与区域经济和制造产业发展相适应、相匹配，构建了类型教育和终身教育体系，促进了区域经济和智能制造产业发展。

关键词：产教一体；岗课融通；一体化培养

一、实施背景

党的十九大报告提出"完善职业教育和培训体系，深化产教融合、校企合作"。《国家中长期教育改革和发展规划纲要（2010—2020年）》《国家职业教育改革实施方案》、全国职业教育大会提出要增强职业教育的适应性，深化产教融合、校企合作，把加快发展现代职业教育作为推动高质量发展的重要支撑。

如何深化校企合作、产教融合，提升职业教育人才培养水平，增强对企业的技术服务能力，提高服务行业企业发展的适配度，提高服务国家重大战略和区域经济发展的贡献度等是摆在职业教育面前的首要问题。

二、主要做法

（一）创新合作载体，服务产业发展

轻工学院以创建校企合作新载体为切入点，以深化产教融合、校企合作机制为着力点，瞄准企业技术研发和产品升级，与行业企业共同发力，产教融合落地高素质复合型技术技能人才培养。如图1所示，以三级贯通办学体制为基础，牵头成立以行业主导、企业参与的模具职教平台，构建了专家治理专业的新体制，在京津冀模具产业发展中，实现了优质资源连锁共享，形成并完善了产业、企业、专业的密切联系和互动机制，2021年6月职教集团获批教育部第二批示范性职业教育集团培育单位。

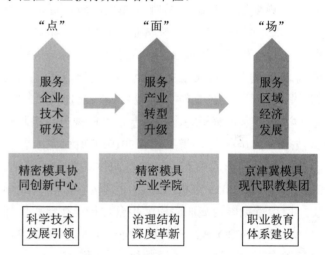

图1　职教集团、产业学院、协同创新中心关系

2019年5月，与世界知名企业德国蔡司集团、瑞士GF加工方案集团等共建的国内模具行业首个多元构成的模具产业学院成立，这是具有国际校企合作特征的新探索。模具产业学院实施混合所有制性质的运行模式，既是办学单位，又是模具产业的组成部分，使产教和校企合作更加紧密。2020年12月，轻工学院作为唯一的高职院校牵头单位，联合卡尔蔡司等国内外一流企业申报的中国轻工业精密模具工程技术研究中心获批成立，为助力区域模具制造业向高新技术产业发展、满足产业升级对技术技能人才、资源

共享和技术服务的需求提供了平台。

（二）校企合作实现一体化育人

轻工学院全面落实教育部"1+X"证书及岗课赛证融通要求，与卡尔蔡司在不断的对接中建立起良好的战略合作伙伴关系，通过务实合作、互联互通，搭建起人才培养、技术合作的桥梁。针对校企合作师资团队建设要求，校企双方共同完成校企合作下师资团队建设，除依托卡尔蔡司工业测量领域的一线工程师师资团队，机械工程学院部分教师也完成了卡尔蔡司全球质量认证体系所有培训并取得相应证书，为学院职业教育"双师型"队伍建设夯实了基础。

面向精密模具职业岗位要求，校企双方共同参与人才培养方案论证工作，将追求精密的匠心精神、匠技传承和匠人品质直接融入专业新工匠人才的培养、训练和打造中，对学生实施"订单式"精准培养。在人才培养体系中增加产业急需技术，同时将产业急需技术融入课程体系，将卡尔蔡司全球质量认证体系的工业测量领域基础证书融入课程、教学标准，引入"1+X"证书，参加全国职业技能大赛，做到"岗课赛"证相互衔接和融合，使人才培养目标与岗位技能需求实现真正意义上的耦合，学生学习与技术技能、职业能力、就业能力实现对接。2018年12月，轻工学院与卡尔蔡司完成了新专业"机械产品检测检验技术"的申报与答辩工作，2019年顺利完成首届专业招生，为形成中高本纵向贯通体系奠定了基础。2021年7月，2019级机械产品质量检验检测专业学生，取得首批国内高职院校学生蔡司行业技能等级证书——CALYPSO基础软件应用证书，轻工学院也是目前国内唯一一所获得蔡司授权的高职院校。

为解决人才实训育人基地与行业变化节奏存在着一定差异的问题，校企双方共同投入建设了贴近生产性的工学交替实训基地。2020年8月，长江以北地区唯一的蔡司工业CT运抵学院，目前轻工学院精密测量检测中心的设备从三坐标到工业CT，从接触式测量到无损测量，设备门类丰富，检测方式多样，为蔡司在国内高职院校唯一授权的质量管理认证中心。实训一体化育人基地采用"智慧学习工场"模式，学生在学校实训期间能够面向行业企业核心岗位能力要求完成一部分技术技能的培训，鼓励学生在实训期间参与企业技术和工艺攻关，将与企业共同研发和科研攻关产品转换成课程资源与案例，实现学生在技术技能方面的跨越式提升和良好职业愿景的构建，提升学生双创能力高端技术技能人才培养和企业高端技术服务的"双适应"程度，实现了"培养"和"服务"在不断循环中相互作用、互为支撑、同向并行。

三、经验萃取与模式模型

（一）模式提炼

创建"四中心一融入"运行机制，轻工学院在"三级贯通式"体制机制保障下，创建激励企业协同育人的"四中心一融入"运行机制，即学校与行业龙头企业共建技能人才培养中心、技术协同创新中心、技术与产品推广中心和员工培训中心，将其发展战略融入专业规划，如图2所示。增强企业作为办学主体的内生动力，解决校企合作缺乏有效性和驱动力问题，进而实现校企持续有效合作并协同发展，形成了产教融合的有效路径。截至目前，进入轻工学院校企合作董事会及与学校深度合作的世界知名和行业龙头企业达29家。

（二）创新点

（1）面对高职教育在新时代下的创新发展，解决了高端技术技能人才培养机制问题。创建"四中心一融入"运行机制，实现了校企"双主体"向"同一主体"的产教共育的人才培养机制；模具职教集团实现了技术、工艺、人才培养要素和资源在集团成员中连锁共享；由多元主体创建的模具产业学院，解决了抢占专业人才培养高地和高水平企业技术服务平台问题，实现了专业建设与产业发展相互适应和支撑。

（2）面对类型教育要求，解决了专业发展模式和人才培养体系构建问题。在校企专业建设委员会指导下，校、企、行多方参与，对接职业标准、岗位需求、大赛标准、"1+X"标准，分解核心岗位对应课程知识点，构建"互认、共融、共享"的"岗课赛证"一体的专业群课程体系，使教学标准紧紧对接产业发展和职业标准，专业建设和人才培养凸显了类型教育的特点和要求。

（3）建立为企业高端技术服务的平台和机制。以服务企业关键技术为突破口，建立为企业高端技术服

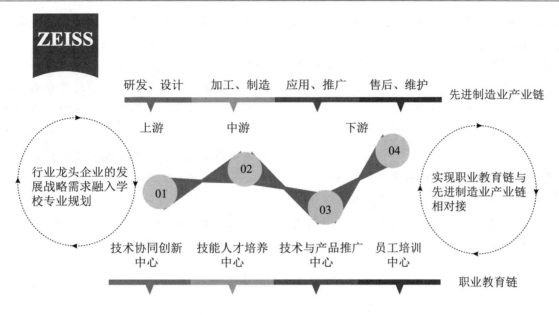

图 2　四中心—融入运行机制

务的平台和机制。轻工学院与卡尔蔡司合作建立精密模具协同创新中心，建成了国内首条高职院校精密模具智能制造生产线。由国家级技能大师工作室牵头，与企业技术人员组成了项目组，帮助企业开展"卡脖子"技术研发，突破了外国的技术封锁，填补了我国此领域的空白。在产教深度融合探索中，进行了职业院校帮助企业技术升级的有益实践，逐渐形成了学校为企业提供技术服务的新机制。

四、成效评价与推广价值

（一）与世界技术和设备领先的龙头企业深度合作，引领带动作用显著

轻工学院牵头成立京津冀模具现代职教集团，并在集团内部应用推广，职教集团由65个理事单位组成，其中包括京津冀三地模具协会、三地院校及训练（培训）中心24所（个）、三地企业及科研院所38个，促进京津冀三地模具行业协同发展。同时，通过京津冀模具现代职业教育集团在京津冀三地模具行业推广国际水准的教学资源。2021年5月，由轻工学院联合卡尔蔡司等国内外一流企业获批成立的中国轻工业精密模具工程技术研究中心，为助力区域模具制造业向高新技术产业发展、满足产业升级对技术技能人才、资源共享和技术服务的需求提供了有利的平台。

（二）人才培养质量得到显著提升

将世界一流企业质量认证体系下的工业测量领域基础证书融入课程、教学标准，引入"1+X"证书，获得首批国内高职院校学生蔡司CALYPSO基础软件应用证书，轻工学院成为国内唯一一所获得蔡司授权的高职院校，为探索岗课融通模式及中高本纵向贯通体系奠定了基础，形成了可推广和复制的经验。

（三）高技能人才培养和高端技术服务做到了"双适应"

在服务企业方面，轻工学院利用校企共建实训基地，与相关企业合作为天津海鸥表业集团有限公司的民族品牌研发精密模具，填补了国内手表精密模具自主研发制造的空白，实现了国产化，研发成果获得中国模具行业最高奖项"精模奖"一等奖。研发过程又转化为教学资源，获得技术创新能力的增长，更好地对接了产品升级后企业先进技术岗位能力的需要。近3年来，全国同类院校领导和教师来校学习访问400余人次，举办国培班3期，培训教师近百人。

（四）产教一体、校企合作成效获得肯定

轻工学院与蔡司合作始于2016年。5年间校企双方不断创新合作载体、共建实训基地、提升师资队伍、对学生实施"订单式"精准培养，已蹚出一条职业教育一体化育人的发展之路。2018年和2019年受

蔡司邀请，时任轻工学院院长戴裕崴研究员先后两次在蔡司职教年会和"蔡司之夜"上就高端技术技能人才培养和校企合作等内容作主旨报告和发言。《聚焦产业发展 强化类型特色 精准培养高端技术技能人才》先后在《天津日报》《天津教育报》发表，引起了较强的社会反响。

专家点评：天津轻工职业技术学院与德国卡尔蔡司集团校企共建创新型服务平台，构建产教一体化的人才培养机制，以协同机制强化了相互融合，以创新融合拓展了产教一体育人的功能，以专业共治提升了人才培养治理水平，促使产业要素、企业要素和人才培养要素的一体化和资源共享，解决了人才培养目标与岗位技能需求耦合，学生学习与技术技能、职业能力、就业能力对接等问题，实现了专业发展与区域经济和制造产业发展相适应、相匹配，为构建类型教育和终身教育体系，促进区域经济和智能制造产业发展提供多层次高质量技术技能人才供应与支撑等提供了可复制的路径和方法，对建立教育链、人才链、产业链、创新链共生共荣的生态系统，推动产教融合可持续发展，实现产教、校企常态化对话和合作机制等具有较高的推广应用价值。

现代学徒制的广西"金光模式"

陶权　王娟　谢彤　杨铨　庞广富

广西工业职业技术学院

摘要：广西工业职业技术学院与金光集团 App（中国）合作，依托教育部现代学徒制试点项目实施"圆梦计划"助学项目，从机制建设、招工招生等方面进行探索和实践，打造了"双元育人、四岗递进、八共举措、圆梦金光"现代学徒制的"金光模式"，如图 1 所示，推动了职业教育产教融合的深入。

关键词：双元育人；产教融合；现代学徒制；人才培养模式

一、实施背景与关键问题

（一）政策背景

《国务院关于加快发展现代职业教育的决定》（国发〔2014〕19 号）提出，鼓励行业和企业举办或参与举办职业教育，发挥企业重要办学作用。广西工业职业技术学院是全国第二批现代学徒试点院校，同时也是广西壮族自治区第一批现代学徒试点学校，其中电气自动化专业是现代学徒试点专业之一。

（二）理论背景

现代学徒制是新职业主义思潮的一种具体实践形式，德国"双元制"现代学徒制经验为我国构建中国特色学徒制提供了理论基础。德国"双元制"现代学徒制提倡"基于工作的学习"（Work-based Learning）模式，学习情境与工作情境完美融合；学生（学徒）自入学起即拥有"职业角色"，双重身份使学生（学徒）在学成后能够迅速适应社会职业；学生（学徒）学成后能够获得"双证书"即学历证书和职业资格证书，既拥有学校学历教育培养的系统理论知识，又具备一技之长。

（三）实践背景

为助力教育精准扶贫，使贫困学生圆大学梦，同

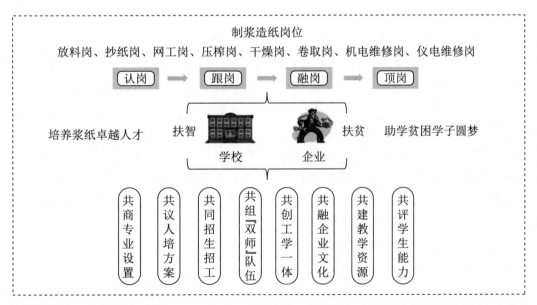

助学扶贫特征、制浆造纸风格的"双元育人、四岗递进、八共举措、圆梦金光"现代学徒制金光模式

图 1　"双元育人、四岗递进、八共举措、圆梦金光"现代学徒制育人的"金光模式"

时培育企业急需的人才及为大学毕业生提供施展才能的平台，2018 年 3 月，金光集团 App（中国）以"助学圆梦贫困学子、培养社会卓越人才"为宗旨，在广西推出"圆梦计划"助学项目，由金光制浆造纸集团 App（中国）、广西工业职业技术学院共同实施。校企双方决定采用现代学徒制模式推进实施"圆梦计划"。

（四）关键问题

职业院校校企合作一直存在校企双主体育人机制不健全，企校双方没有形成合力，学校人才培养与企业用工需求不匹配，教学内容与企业岗位需求脱节，学生留不住，学生对企业忠诚度不够等问题。

二、主要内容与做法

（一）构建了企业参与人才培养全过程机制，破解了产教融合学校热企业冷的"温差"瓶颈问题

（1）机构保障——联席会议制度。一是建立了校企联席会议制度，健全组织管理运行机制，保障现代学徒制人才培养工作有序推进；二是校企协同构建了"三通"育人机制，实施专任教师与企业师傅互聘互兼制度，推动校企资源融通共用，构建政策沟通、人员互通、资源融通的"三通"融合机制。

（2）协议保证——招工招生一体。校企签订合作协议，共同打造学徒到员工成长平台。企业、学生、家长签订"现代学徒制三方培训合同"，明确"招生即招工、入校即入厂、校企联合培养"，落实"双零驱动"，即企业全额资助学徒三年学费、生活费及奖学金（零学费），学徒毕业后正式聘为企业员工（零距离就业）。

（3）制度保障——出台管理办法。制定了现代学徒制企业实习管理方法、现代学徒制双导师管理方法、教师下企业顶岗实践管理办法、学徒考核评价管理办法等，为现代学徒制实施提供了制度保障。

（4）培养标准——制订系列标准。按照专业设置与产业需求对接、课程内容与职业标准对接、教学过程与生产过程对接的要求，校企共同研制学徒班专业、课程、企业岗位、企业导师、学校导师等标准，使人才培养有据可依。

（5）培养指南——设计系列方案。制定实施招工招生一体化宣传方案，金光学徒班人才培养方案，金光学徒班企业实施方案等，使学徒培养有了方向指南。

（二）搭建产教双元融合专业课程体系，打造学徒培养联动圈

现代学徒制试点班实施"一企一方案"的个性化培养方案，校企共同设计"职业基本能力模块+专业核心能力模块+岗位工程项目能力模块+拓展能力模块"的校企双线模块化课程体系，特别是开发了基于制浆造纸生产岗位工程项目融入工匠精神的 10 个教学项目案例，将新技术、新工艺、新规范纳入教学案例，满足学徒在岗培养教学要求，为学徒"零距离"就业创造了有利条件。

（三）"四段四岗"双螺旋协同育人，实施"0.5+0.5+1.0+1.0"的教学组织新方式

现代学徒制试点班实施在校（任务训练+集中授课）和在企（教学案例+岗位培训）多循环"双螺旋"育人模式，创新教学组织，即第 1 阶段（通识学习+企业认岗）+第 2 阶段（基本技能+企业跟岗）+第 3 阶段（专业技能+企业融岗）+第 4 阶段（就业创业+企业顶岗），形成以职业素养养成为主线、以工匠精神为核心、以技能训练为载体的"双元育人、四岗递进、八共举措、圆梦金光"的育人模式，实现学徒（员工）职业能力的提升。

（四）金光企业文化引路，构建金光现代学徒班专业品质

以职业素养养成为主线，通过"四环节、三阶段、四引入"金光现代学徒班专业文化模式，把金光企业文化植入校园、纳入课程、融入管理、载入活动。

通过上述活动，不断提高学生对金光企业文化的认同感和忠诚度，凝练校园文化精髓，提升现代学徒班专业文化，彰显"金光人"工匠特色，形成"学生为本、团结拼搏、成长成才、匠心匠人"专业品质。

三、模式提炼

基于以上实践经验，总结提炼了校企协商共议的"三对接、八举措"现代学徒制产教融合模式，如图 2、图 3 所示。

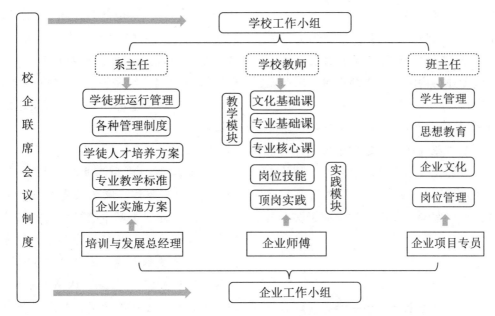

图 2 校企联席会议制度

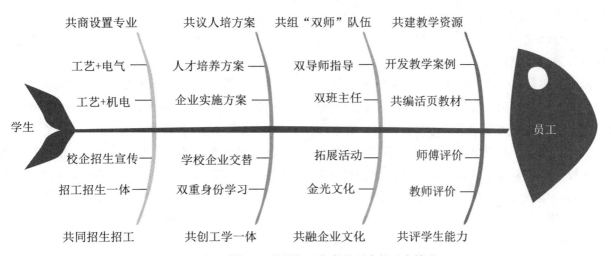

图 3 "三对接、八举措"现代学徒制产教融合模式

为了保证校企合作的现代学徒班的有效开展，建立沟通与反馈机制，双方制定了"三对接"的校企联席会议制度，成立学校工作小组和企业工作小组，由学校系主任对接集团培训与发展总经理，专业教师对接企业师傅，班主任对接企业项目专员，每年召开 6 到 8 次联席会议，通过"八举措"协商解决金光现代学徒制教学和管理问题，为金光现代学徒班学校学生成长为金光集团企业员工提供保障。

四、成效评价与推广价值

（一）成效评价

从 2018 年开始招生到 2022 年，金光圆梦计划——现代学徒班已连续实施了 5 届，培养学生 300 多人。经过 5 年的改革实践，双主体育人的金光现代学徒制模式取得了显著成果。

（1）人才培养成效显著，得到企业高度认可。前两届毕业的金光现代学徒制班 60 名同学全部到金光集团旗下企业就业，就业率达 100%，企业满意度达 100%，专业对口率达 100%，所有学徒实现毕业即上岗，实现了毕业与就业的良好对接。2020 年和 2021 年已经扩大学徒制班的招生规模，达到每届 80 人。金光班学生得到企业高度认可，企业评价很高，普遍反映金光班学生"下得去、用得上、留得住"。

"双零驱动"落实国家教育扶贫战略，实现一个人成才就业、脱贫一个家庭的目标，形成少数民族地区助学圆梦的"教育扶贫"样板。

（2）成果的研究与实践，引领了智能制造专业群的内涵建设。金光现代学徒制的理论研究与实践探索，使智能制造专业群内涵建设不断提高，成果显著，品牌特色凸显。

电气自动化技术专业建成国家级产教融合示范专业，学校入选广西"双高计划"建设单位。作为国家骨干专业，电气自动化技术入选广西高水平建设专业；"双元育人、四岗递进、圆梦金光"入选教育部产教融合校企合作典型案例，获广西教学成果奖一等奖2项。

（二）推广应用

本成果建设促进了理论创新，出版专著《现代学徒制人才培养金光模式研究与实践》1部，发表了一系列教改论文。学徒班课程配套教材《PLC控制系统设计、安装与调试》获国家优秀教材二等奖，教材发行了6万多册，全国有70多所院校使用。

建设成果先后在《广西日报》等国内新闻媒体报道，获自治区党委书记彭清华、鹿心社，及智能制造领域专家李培根院士实地调研、考察和肯定。教学团队成员先后应邀到广西电力职业技术学院等10余所中高职院校，作关于专业建设和现代学徒制人才培养的专题报告，国内20余所中高职院校代表团到校考察和学习借鉴。

现代学徒制"金光模式"，最初金光集团的圆梦计划助学项目主要是针对广西等西部地区。这些地方经济欠发达，大中型企业不多，相对于沿海发达地区，企业对技能型人才缺乏吸引力，为了留住人才，有效服务于地方经济发展，比较适合推行这种模式。实践证明，对于东部和沿海经济发达地区，该模式同样适用。

专家点评：广西工业职业技术学院与金光集团App（中国）合作，依托教育部现代学徒制试点项目实施"圆梦计划"助学项目，通过搭建产教双元融合的专业课程体系，共建校企共享教学资源链，营建专业与产业深度融合链，依托"双主体""双导师""双身份""双场所"，实施"认岗、跟岗、融岗、顶岗"四岗递进的人才培养方案，形成了特色鲜明的"双元育人、四岗递进、八共举措、圆梦金光"现代学徒制育人的"金光模式"。实现了机制创新——构建了企业参与人才培养"全过程、全方位"合作育人的机制；模式创新——形成了"双元育人、四岗递进、八共举措"圆梦助学广西特色现代学徒制模式研究与实践；扶贫创新——提供了少数民族地区助学圆梦的"教育扶贫样板"；品质创新——创新了"企业文化引路、提升专业品质"的范式。"金光模式"现代学徒制双主体育人成效显著，扭转了企业只管用人、不管育人的状况，缓解了金光集团企业"用工难"的问题，并形成了较大的社会影响，为中国特色的现代学徒制实践提供了新的典型。

校企协同，分类分岗分阶共育人才

王忠孝　　丁雪梅

浙江金融职业学院

摘要： 浙江金融职业学院会计专业群适应大数据等新技术影响，以行业和岗位变化为依托，发挥校企双主体优势，与企业联合构建基于岗位信息化能力逐级提升的实训体系，构建分类分岗分阶产教融合培养模式。按照教育规律和认知规律系统设计教学体系，校企协同育人，显著提升了人才培养质量。

关键词： 产教融合；校企合作；分类分岗分阶模式

一、实施背景

（一）新技术催生新需求

加快发展数字经济，推动数字经济和实体经济深度融合，是国家"十四五"经济发展的重要目标。随着"大智移云"等新兴技术的驱动，"智能会计"发展迅速，财务共享模式日益普及，财务机器人功能愈加完善，会计各岗位工作内容发生了很大变化，新岗位需要新的职业技能。

（二）新目录推进新改革

教育部适应行业发展，在2021年高等职业教育专业目录修订过程中，把会计专业调整为大数据与会计专业，掀起了高等职业教育会计人才培养的新一轮改革，全国开设大数据与会计专业的院校均在思考新课程体系下人才培养如何改革创新，一些学校进行了初步探索。在前期探索的基础上，浙江金融职业学院会计专业群总结出一条通过深化产教融合、校企合作，推进数智化财会人才培养的改革之路。学校的实践证明，在充分分析学情基础上，依据认知规律，按照由低阶到高阶设计教学内容和教学过程，可以提升人才培养效果。

二、主要做法

在对产业需求和学情大数据分析的基础上，浙江金融职业学院深化产教融合、校企合作，构建基于岗位信息化能力逐级提升的实训体系。如图1所示，学院通过与顺丰、丰巢科技、恒生信息科技等公司合作开展认识实习和岗位实习，对学生开展劳动教育和财务大数据生产基本技能分类培养。通过与用友、衡信、百世等公司合作，在专业教学过程中，分会计岗位设置实践教学内容。通过不同形式的特色班级，在不同会计岗位基础上，采用不同信息化技术，按照模拟、真实、综合、新岗位技能分阶培养，逐级递进，并与教育部"1+X"证书相衔接。

（一）通过对认识实习和岗位实习开展分类培养，强化劳动教育和财务大数据信息化素养，提高人才培养的适应性

学校与顺丰速递公司和丰巢科技公司合作建设校外实习基地，组织学生利用课余时间到基地进行认识实习，主要进行快递物品的收发、登记、整理、摆放等工作，通过实践培养学生的劳动意识，强化劳动观念，培养劳动精神。与杭州恒生聚源科技信息公司合作建设生产性实训基地，组织学生开展岗位实习，依托云计算技术完成财务大数据采集、分类和归集等数据生产工作，通过实践培养学生的信息化、数字化意识，接触并完成真实大数据处理岗位任务。

（二）依托校企合作开展新岗位新技能组织教学，对接"1+X"证书强化实践技能培养，提高了人才培养的针对性

在人才培养过程中，面向不同岗位的会计工作进行教学，利用信息化平台完成出纳、成本会计、总

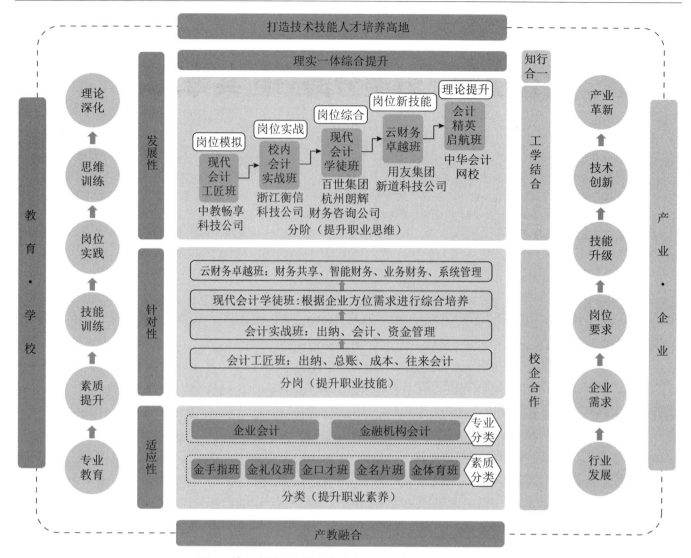

图 1　基于产教融合的分类分岗分阶新技能人才培养模式

账报表、往来会计、资金管理、会计主管等传统岗位业务实践；运用"大智移云"等新技术，开展共享财务、智能财务、业务财务等新岗位业务实践。同时，积极与教育部智能财税、财务数字化、业财一体信息化、财务共享服务、财务大数据分析、财务与会计机器人应用、金税财务应用等"1+X"职业技能等级证书相融通，分岗位培养提高学生职业技能的针对性。

（三）通过按照模拟岗位、真实岗位、综合岗位、新会计岗位分阶设计教学内容，逐级递进提高教学适切性

（1）组建现代会计工匠班，采取传统信息化平台处理和动画模拟相结合的方式，模拟处理会计岗位业务。具体操作：与中教畅享教育科技公司合作，签约岗位测评系统应用试点校，组建会计工匠班。

（2）组建校内会计实战班，以云计算技术为基础，引企入校实现真实岗位真账真做。具体操作：与浙江衡信科技公司合作，引企入校建设企业工作室，引入信息化的教学环境、企业化的真实场景、产品化的实训成果、岗位化的真实业务，开展真岗位、真业务、真流程的生产性实训。

（3）组建现代会计学徒班，依托移动互联网技术，建设空中课堂，培养学生真实会计岗位综合职业能力。具体操作：与百世集团、杭州朗辉财务公司、开元酒店集团等合作组建学徒班，与就业衔接。为进一步做好业务财务一体化，采取工学交替的实践教学方式，建设空中课堂，采取远程视频方式了解企业业务发生情况，进而在校内进行业务处理。

（4）组建云财务卓越班，依托虚拟仿真技术，构建新岗位新业务情境，培养学生新岗位会计新技能。

具体操作：与用友新道科技公司合作成立产业学院，组建云财务卓越班，采用虚拟仿真技术，按照企业真实经营数据构建新岗位、新业务情境，构建教学内容+教学环境+信息技术深度融合互联网+会计特色课程，展现财务共享、财务机器人应用、财务大数据分析应用场景，并与就业有机衔接。

从动画模拟业务，到云会计实际岗位处理，再到岗位综合能力实践和采取虚拟仿真技术培养新岗位、新技能，会计学院充分发挥学生在实训教学中的主体作用，校企协同分阶培养，教学内容针对性强，如图2所示。在分阶培养模式下学生实现职业能力螺旋递进式上升，课堂教学质量明显提升，学生的职业能力适切性显著增强。

三、经验总结

（一）基于分类分岗分阶开展顶层设计，创新了产教融合培养模式

顶层设计并构建产教融合培养模式，体系完善且容易复制。如图3所示，通过素质和基本财经技能培养，全面强化劳动意识、劳动观念，奠定了财务数据素养和数据处理能力；通过分岗设计实践教学，提升了学生岗位职业能力培养的针对性；通过分阶设计教学过程，逐级提升了学习内容的高阶性，逐步提高了技能的挑战度，增强了学生学习获得感。

（二）以特色班为载体，利于构建校企合作多元互补新模式

深化产教融合的关键在于要找准校企双方互补的优势资源。签约试点校，组建现代会计工匠班，可以充分利用企业职业技能测评系统检验提升学生技能水平。引企入校，与浙江衡信科技公司合作建设校内生产性实训基地——衡信企业工作室，在满足企业办公场所需要的同时，在校内通过会计实战开展人才培养。与企业开展现代学徒制，可以采取引校入企和引企驻校方式，满足企业急需会计人才，有效对接行业企业需求。与用友集团和新道科技股份公司合作，建设用友新道云财务产业学院，组建云财务卓越班，对接新会计技能，实现了会计人才培养的与时俱进；与中华会计网校合作，组建会计

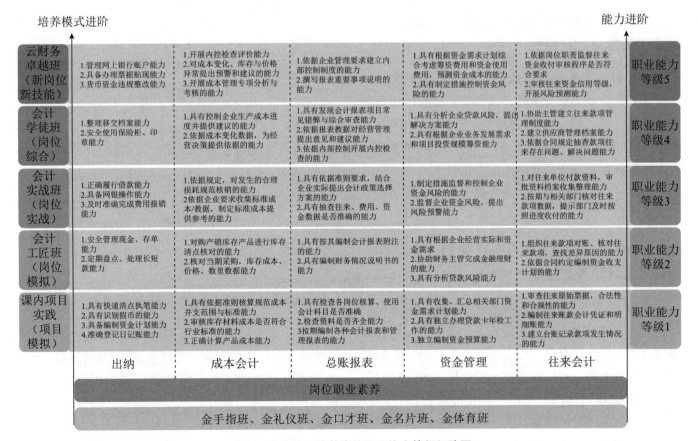

图2 专业分阶培养岗位职业能力等级矩阵图

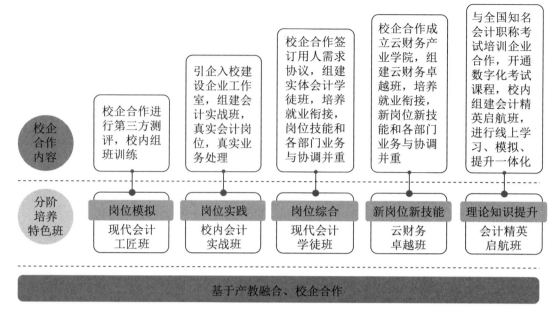

图 3 分岗分阶培养多元互补的校企合作新模式

精英启航班，学校可有效利用企业数字化考试资源。试点校、企业工作室、现代会计学徒班、云财务产业学院、会计精英启航班等多元的产教融合模式，达到了校企取长补短，互用优势资源，提升人才培养质量的目的。

（三）建立实践教学内容与职业能力等级矩阵图，探索了工学结合新路径

基于会计工作各主要岗位，按照由易到难的认知规律对职业能力细分为若干个等级，进而转化为学习任务和学习内容，按照模拟到实战递进的顺序与各个特色班相匹配，在分岗基础上，通过分阶建立教学内容与职业能力等级匹配矩阵图，让教学内容改革落地，实现了岗位和课程内容的有机结合，探索了工学结合新路径。

（四）围绕会计岗位信息化能力逐级提升，系统设计了人才培养全过程

从 2017 年开始，浙江金融职业学院会计专业群每年修订人才培养方案，增设云会计方向；依托紧密校企合作，组建特色班，开设以行业前沿新技能为主要内容的新课程，进一步适应行业变化，重新梳理了传统专业课程内容，完善相关新技能实训项目，做到了课程内容的与时俱进，为数智化人才培养奠定了基础。近五年来投入 2000 余万元改造原有实训场地，校企合作开发会计信息化教学资源，为信息化实践教学改革奠定了基础。

四、效果与推广价值

（一）人才培养质量不断提升，效果显著

现代会计工匠班学生多次参加国家、省级财税类大赛并获奖，技能尖子李观祥获国家奖学金特别评审奖；胡文帅被评为"最美职校生"并赴京发言，得到全国人民代表大会常务委员会副委员长郝明金的高度肯定。近五年来，共取得国赛一等奖 2 项，省赛一等奖 16 项，年均就业率 98% 以上，学生选考的 6 个教育部"X"证书通过率都在 97% 以上。在省教育考试院近三年毕业生跟踪调查中，专业用人单位满意度均为 100%，学生对母校满意度均在 90% 以上。在麦可思人才培养质量报告中，学生对母校满意度为 89%，远高于全国平均水平。

（二）媒体广泛关注报道，社会评价高

会计专业群人才培养成效得到了社会媒体的广泛关注，《中国青年报》等多家媒体先后报道培养成效，学生案例在《中国青年报》、《浙江日报》、《杭州日报》、《浙江教育报》、新华网、人民网等 30 余家媒体报道，充分彰显了专业特色化人才培养优势与特色。

（三）主管部门高度认可，成果丰富

教育部批准会计专业为国家骨干专业、国家级会计专业双师培养培训基地，浙江省教育厅批准财务共享实训基地为浙江省级实训基地，近3年还先后成功获批省级云财务校企协同育人项目、省级智能财务产教融合基地、省级虚拟仿真实训基地项目。

（四）面向政校行企社提供服务，应用范围广

该模式面向全国推广应用，来校交流院校年均80所以上，已在部分院校进行了应用。同时服务国家战略，对口支援青海柴达木职业技术学院和新疆阿克苏职业技术学院，派老师赴两所学校挂职。接收深圳职业技术学院和日照职业技术学院学生来校进行一个完整学期的交流学习。

专家点评：浙江金融职业学院会计专业群以行业和岗位变化为依托，发挥校企双主体优势，依托信息技术和产教融合开展多类型互补的校企合作，按照认知规律设计教学体系，顶层设计实践教学体系，依据模拟实践、真实实践、综合实践、新岗位新技能实践等不同形式，搭建不同的人才培养场景，与企业联合构建基于岗位信息化能力逐级提升的实训体系，分类分岗分阶产教融合、校企协同育人，显著提升了人才培养质量。

该学校探索的校企协同、分类分岗分阶共育人才的模式适合所有职业教育大数据与会计等类专业人才培养的推广应用。

以科教融汇引领产教融合的京津冀创新实践

赵占军　　张　璞　　张振涛　　王丽辉　　吴亚鹏

石家庄职业技术学院

摘要： 面对党的二十大提出的"建设现代化产业体系"以及教育、科技、人才为全面建设社会主义现代化国家提供基础性、战略性支撑的部署，高职教育传统的产教融合急需走向科教融汇的新阶段。石家庄职业技术学院联合清华大学建筑设计研究院、河北雪龙企业等，多方共建装配式建筑产业学院，以科研创新为抓手，以产教融合为依托，以产业学院为载体，以校企协同共育人才，形成产教融合、科教融汇、协同创新的金字塔模式，促进教育链、人才链与产业链、创新链形成的互促共生、螺旋上升的良性循环。

关键词： 科教融汇；产教融合；协同创新；产业学院

一、实施背景与关键问题

党的二十大提出"建设现代化产业体系"。"十四五"期间我国产业结构调整和技术升级将持续深化，传统的高职产教融合需要克服合作层次不高、技术创新不足、科研合作薄弱等问题，走向更加具有科技含量、更加具有高端成果的新阶段。伴随着建筑智能化、工业化进程，本学院开展了以科研创新为核心的新型产教融合，在专业建设、资源共享、项目合作等方面获得了较多的国家级、国际化的高端成果。

以装配式建筑为代表的工业化转型成为建筑产业发展重要趋势，与之匹配的装配式建筑技术创新和人才供给面临巨大挑战，职业教育资源配置与产业园区的前沿趋势越来越远、人才培养对企业和产业发展的支撑性偏弱、工程技术服务能力不强等问题日益突出。在此背景下，学院对接"雄安新区"国家战略，瞄准雄安建设所需的新技术、新工艺，依托深厚专业建设基础，以BIM技术作为突破口、以装配式建筑研发为方向，在京津冀区域开展了科教融汇的创新实践。

二、主要内容与做法

2017年4月，石家庄职业技术学院与清华大学建筑设计研究院、河北雪龙机械制造有限公司以及河北丽建丽筑集成房屋有限公司签署四方合作协议共建装配式建筑研发中心，以此为起点，后续国家装配式建筑质量监督检验中心、河北省建筑科学研究院、河北省建筑业协会、华南理工大学等单位和院校加入，逐步形成科教融汇的大平台，在实体化运行过程中，基于产教融合的具体业务形成了命运共同体，共同打造装配式建筑产业学院，积极开展教学实践、科研创新、展示交流、社会服务、创新创业孵化创新实践。

（一）集聚发展要素，建立科教融汇的长效运行机制

产业学院秉持"人才共育、过程共管、成果共享、责任共担"的校企合作原则，强化顶层设计。充分利用学院教育教学资源、企业设备与实训场地优势和科研院所科研创新等软性资源优势，由不同主体进行多元投资，探索建立具有混合所有制基本特征的产权结构。由政、校、企、行、研共同组建理事会，对产业学院办学相关重大问题进行审议、决策、指导、监督和协调。校企人员共同组成教学研究中心、科研创新中心、社会服务中心等基层团队，分工协作开展各项工作。产业学院注重建立健全与校企共管、共育相匹配的管理制度，在人事和绩效分配管理等方面深度着力，形成可持续发展的校企协同工作机制，如图1所示。

（二）服务国家战略，创新"以产引教"的人才培养模式

为了更好地服务区域经济发展，产业学院主动对

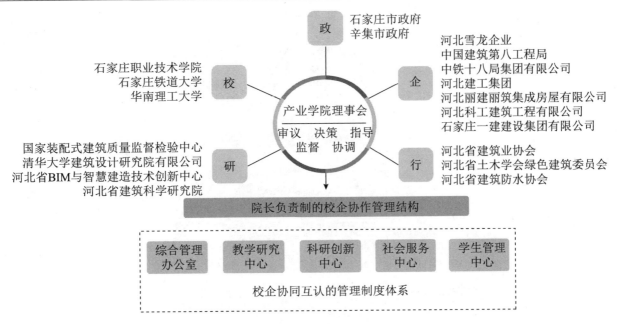

图1 科教融汇、校企协同育人机制

接雄安新区国家战略，以培养符合"雄安质量"的建筑人才为目标，将学院长期职业教育＋开放（电大）教育＋社区教育的育人实践经验，与"1+X"证书制度相结合，促进人才培养内涵提质升级，形成了一套独特的以集成应用为核心，以"雄安质量"要求为引导的三位一体人才培养模式。

（三）产教同频共振，打造科教创新共同体

产业学院从团队构建、教学创新、科研创新、产教融合四大维度，形成"高起点、高标准、高质量"的教学科研团队建设标准，共同打造多元共享的校企教学科研团队。充分发挥企业强大的产业、科技创新优势和学校教学科研优势，在学校设立"双师教学岗"，吸纳企业专家、技术骨干建立区域共享的兼职教师库，在企业设立"双师生产岗"，聘请学校骨干教师主持研发工作，形成"教产岗位互通、专兼教师互聘"双向人才交流模式。

（四）坚持世界眼光，开展国际化标准研创与推广

产业学院联合京津冀行业龙头企业、建筑相关院校，共建产教融合发展联盟，积极开展协同发展、高峰论坛等交流活动。坚持世界眼光，开展标准研创，通过引进日本装配式建筑设计规范、标准，并结合中国装配式建筑标准与河北丽建丽筑集成房屋有限公司共同研发LZPC装配式体系，努力实现从引进吸收、中国建造、中国创造到中国标准的跨越。校企合作开发LZPC装配式智能管理平台并协助企业向韩国、沙特阿拉伯、阿联酋等"一带一路"沿线国家进行推广。

三、经验总结与模式创新

（一）理论创新

形成了新时代高职院校开展科教融汇、产教融合的理论框架，形成了独特的经验模式：①创新了服务国家战略需求的产教融汇路径与模式；②构建了以国家战略为引导的"以产引教"的模式和方法；③收获了产业学院协同育人的建设经验。

（二）实践创新

1."科教融汇+产教融合"的协同创新金字塔模式

产业学院聚焦国家战略与企业需求，始终坚持科研创新引领校企合作的发展之路，经过校企共建实训基地、二级学院和产业学院等不同阶段的探索实践，形成了产教融合协同创新的金字塔模式，如图2所示。

以科教融汇为渠道，以科研创新为抓手，不断

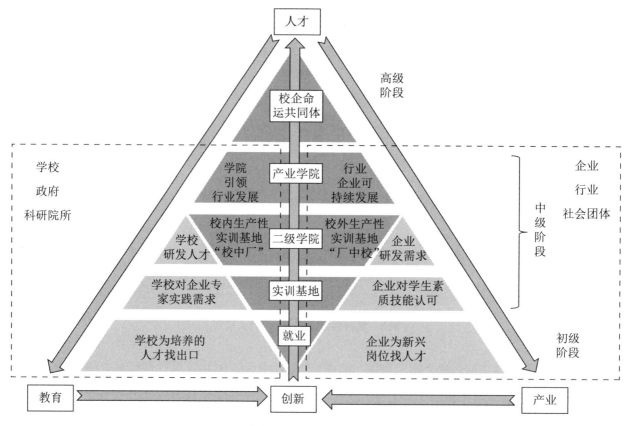

图 2　产教融合协同创新的金字塔模式

提升教育端的科研水平，增强产业端的可持续发展能力，产教在相互提高过程中渐进融合，形成校企命运共同体，戮力同攀校企育人顶峰。通过政府主导，实现专业设置与产业需求对接；行业引领，课程内容与职业标准对接；企业参与，实现教学过程与生产过程对接。校企培养的高质量人才反哺产业，提高了学校的知名度，形成了教育链、人才链与产业链、创新链的互促共生螺旋上升良性循环。

2.以校企命运共同体为载体的产教融合发展创新

依托产业学院，联合区域内大型和超大型建筑类单位，共建校企命运共同体，在科研创新、标准编制、人才共育、实践基地建设、社会服务等方面，将各方合力转化为服务京津冀建筑产业协同发展的强大力量。

（三）后续举措

产教融合机制有待进一步深化，成果落地转化有待进一步加强。后续将以提质培优和新校区建设为契机，向混合所有制方向深化推进，增强校企协同效应；加强国际交流，校企合力将新技术、新标准向"一带一路"沿线国家输出。

四、成果成效与推广价值

（一）成果成效

1.构建区域产教融合模式建设高地，形成辐射影响力

坚持科研创新引领校企合作，经过多年探索实践，形成了产教融合协同创新的金字塔模式，以产业学院为载体，获得中国特色高水平专业群建设单位等8项"国"字号成果。联合院校成立土木建筑业职业院校联盟，举行校际共同体主题论坛和培训，在国家教育行政学院等举办的全国会议上交流经验20余次，《人民日报》《光明日报》等16家省级以上媒体做了40余篇次专题报道。

2.打造国家级教学创新团队，人才培养成效显著

以国家级教师教学创新团队建设为契机，主动对接雄安国家战略，借鉴OBE模式创新符合"雄安质量"的人才培养模式；校企共建国家级虚拟仿真实训基地，共建省级教学资源库3个，建成省级精品在线课7门，编写国家规划教材5部；以"1+X"国培为抓手共承担国培项目4项。

3. 推动技术标准走向世界，传播中国职教品牌

与中铁十八局、广联达等企业深度联合，通过标准编制、项目研创等推动中国标准"走出去"。近年来承担横向课题20项，主持国家自然科学基金项目1项，申请专利30余项，获河北省科研奖励6项；研创IZPC建筑产品，编写行业标准4套，地方标准5部。开发"LZPC装配式智能管理平台"并协助企业向南非、沙特阿拉伯等"一带一路"沿线国家进行推广。

（二）推广价值

本案例聚焦建筑产业化发展，着力解决产教融合、校企合作过程中的生产教学融合性低、教学模式单一、政行企校多方联动力不均衡等痛点、难点，尤其适合在建筑类高职院校进行推广。在健全产教融合、校企合作的组织管理、推动经费和政策保障制度、完善质量保障体系和评估体系、推动顶层设计、实现校企多方共赢等方面有借鉴和参考意义。同时在建设科研型创新团队，创新人才培养模式、科研带动教学、行业标准国际化、社会服务能力提升进行了诸多实践，可以为进一步深化教学改革、构建校企命运共同体提供参考。

专家点评：石家庄职业技术学院通过校企共建实训基地、二级学院、产业学院等探索，形成了产教融合协同创新的金字塔模式，创新了服务国家战略需求的产业学院建设路径，构建了主动适应国家战略要求的模式和方法，收获了产业学院区域协同共生的建设经验；以产业学院为载体，实施"以产引教"新模式，破解了与企业产教融合难，与区域协同共生难，与国家战略要求适应难等问题；以科研创新为抓手，产教渐进融合形成了校企命运共同体，校企共育人才，形成了教育链、人才链与产业链、创新链的互促共生螺旋上升良性循环，为中国式产教融合走向科教融汇新阶段提供了创新样板和经验借鉴。

运营地方企业综合服务平台解决精准服务难题

黄一凌　　王　锋　　周晓敏　　叶　慧　　徐仁安

温州职业技术学院

摘要： 温州职业技术学院通过政校行企多方合作，首创高校运营企业综合服务平台"线下与线上相融、部门与高校合作、实体与虚拟并举"的运营模式，对接服务政府、企业、学校和社会，使教育链、人才链、产业链、创新链有机衔接。通过数字赋能，不断完善"云"服务功能，构建覆盖全区的市县"一张网"，服务温州百万市场主体；通过建设"职教数字大脑"系统，努力实现校企人才供求数据智能匹配，使实训、实习、就业信息智能撮合，以推进技能人才资源供给侧结构性改革，创新校企合作方式，建立产教融合新生态，推动职业教育与民营经济共荣共生。

关键词： 产教融合；政校行企合作；综合服务平台；共荣共生

一、实施背景与关键问题

为贯彻落实国务院促进中小企业发展的相关政策，解决助企纾困、企业培育、政企交流存在的沟通不畅、诉求化解效率较低的问题，温州市经济与信息化局成立了温州市企业综合服务平台，并交由国家职业教育"双高校"温州职业技术学院承接运营，在全国首创"线下与线上相融、部门与高校合作、实体与虚拟并举"的运营模式，以充分发挥高校和政府部门各自的科技研发、人才培养和政策服务优势，有效整合政府部门资源，联接平台、高校和服务机构力量，承担政府对企业服务重要功能和职责，突破政府部门对企服务的原有局限。温州市企业综合服务平台是温州职业技术学院标志性产教融合项目，是温州市助推新时代"两个健康"先行区创建的一大举措，成为温州企业持续成长的助推器。

二、主要做法

（一）模式提炼

1. "政策百度"，"服务京东"

温州职业技术学院通过运营企业综合服务平台，形成产教融合信息服务中心——"政策的百度"和"服务的京东"，促进校企各类需求精准对接。

一方面，如表1所示，温州企业综合服务平台通过各县区共14家分平台率全省之先形成市县联动的全域布局，政府、行业、企业可以通过平台发布各种信息与需求，增加政策及服务信息的透明度与可达性，此为"政策的百度"。

表1　温州市企业综合服务平台

1	鹿城区中小企业公共服务平台
2	龙湾区中小企业公共服务平台
3	平阳县中小企业公共服务平台
4	浙南产业集聚区中小企业服务平台
5	瓯海区中小企业服务平台
6	永嘉县中小企业服务平台
7	文成县中小企业公共服务平台
8	洞头区中小企业公共服务平台
9	瑞安市中小企业公共服务平台
10	乐清市中小企业公共服务平台
11	苍南县中小企业公共服务平台
12	龙港市中小企业公共服务平台
13	泰顺县中小企业公共服务平台
14	海经区产业集聚区中小企业公共服务平台

另一方面，政府、协会、行业、企业作为需求侧，提出管理咨询、信息化建设、培训服务、技能人才、产品研发等服务需求，通过线上与线下两个渠道到达温州企业综合服务平台，平台吸引了1800余家实力强劲的企业服务机构入驻。平台将统筹安排各项资源，破解企业生产一线急需的关键技术难题，及要素短缺、资金链紧张等问题，这就提升了行业、企业需求侧的匹配度，此为"服务的京东"。

2. 服务"四家"，衔接"四链"

温州职业技术学院运营温州市企业综合服务平台

后,通过服务"四家"来衔接"四链"。

(1)服务好政府"东家"。通过对接市经信局等相关部门,整合政府部门资源,联接各级政府部门、平台、高校和服务机构力量,承担政府对企服务重要功能和职责,让政府满意。

(2)服务好企业"客家"。从服务主体、对象、内容和中介4个方面着手提高服务企业能力,让企业满意。

(3)服务好学校"本家"。以数字化为手段,融通区域产业大数据和职教大数据,努力打造职教"数字大脑",建立基于教育链、人才链、产业链、创新链"四链融合"的产教融合新生态,让学校满意。

(4)服务好社会"大家"。以温州市委市政府中心工作为"指路明灯",服务温州新时代"两个健康"先行区创建工作,以"温州是温州人的温州"为"立足点",让平台成为"世界温州人家园"中的温馨港湾,让社会满意。

温州职业技术学院通过"线下与线上相融、部门与高校合作、实体与虚拟并举"的平台运营模式,打造企业服务综合平台,形成产教融合信息服务中心,促进校企各类需求精准对接,服务东家、客家、本家及大家,让政府、企业、学校和社会满意,促进了教育链、人才链、产业链、创新链的"四链融合"。

(二)具体做法

1. 完善"帮企云"线上平台,打造线上助企解难平台

线上建设云平台,将学校、企业、行业、政府有效连接,跨部门打通信息孤岛,实现互联互通。线上云平台主要通过"帮企云"网站和企业微信公众号,重点通过政策推送、服务对接、产融合作等功能,为全市企业提供一站式和全场景式服务。

"帮企云"企业诉求化解平台在电脑端和手机端同步上线,并开通"96666"(企呼我应)为企服务专席热线,收集分析企业诉求,帮助企业排忧解难,让企业实现在线咨询、解决问题"一次不用跑"。截至目前,累计收集问题20925个,化解问题20652个,化解率达98%。此项工作被温州市列为"两个健康"改革创新亮点之一。

2. 力推"帮企行"系列活动,打造线下助企服务平台

线下打造集成式综合服务平台,平台深挖服务资源、广纳服务需求,高质量服务"专精特新"及重点中小企业:整合县级分平台、在温高校、优秀服务机构等在内的千余家单位专家组成的服务团队,疫情期间建立"专精特新企业融资服务中心",吸纳银行、券商、担保机构等金融机构,组成纾困助企辅导团,打造专精特新"金融超市",为温州市500余家专精特新"小巨人"企业、"隐形冠军"企业等提供上市培育、企业融资等服务。平台设立"两万"办公室,聚焦助企服务创新,强化市县和部门联动、线下和线上协同、个性和共性问题分类化解等,助力温州经济高质量发展。

3. 参与温台职教"数字大脑"建设,打造"校企汇"数据平台

企业综合服务平台利用已有资源,服务百万主体,成立温州市企业发展服务联盟,打造温台校企综合数据平台"校企汇"数据治理、共享及交换三个基础平台,实现产业端与职教端数据智能匹配,实训、实习、就业信息智能撮合,如图1所示。

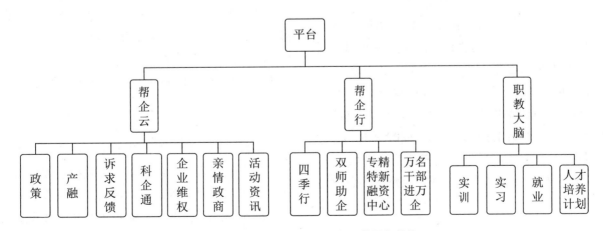

图1 温州企业综合服务平台运营服务载体

参与建设温台职业教育"职教数字大脑",提升政校、校企、校校间信息交流和协同效率,助力建设温州职业教育资源云空间,让职业院校依托产业端数据,进行基于职教的企业基础画像,依托人才岗位匹配指标,并能根据产业波动,动态调整专业设置及招生计划,形成适合温州企业发展的定向培养招生计划输出。

三、经验启示

(一)顶层支持是关键

平台开展系列活动并取得成功是因为温州市委市政府创新与改革意识强,大力推进"两个健康先行示范区"和"共同富裕示范区市域样板"建设,给予了大量人财物力方面的支持,为平台运营提供坚实保障。此后,平台还将围绕产业结构调整,坚持以中小企业需求为导向,有效整合社会资源,赋能中小企业高质量发展。

(二)主体专业是基础

温职院作为我国职业教育前 50 强("双高校"),拥有良好的人力资源优势和职教类型特色优势,能够凝聚政校行企及社会资源和力量,打通了教育链、人才链、产业链与创新链,增加了学校人才服务供给侧与行业、企业需求侧匹配度,破解了企业生产和技术应用的关键技术难题,为更多的中小企业提供了更专业、更高效的服务,促进了中小企业向专精特新方向转型升级。

(三)机制创新是保障

平台全面协同线上线下渠道,数字赋能,实现 1+1>2 协同效应。线下打造"1+14"个集成式综合服务平台,实现浙江省第一个企业服务平台县域全覆盖,线上打造"帮企云"网站,打造一站式的企业诉求化解平台,依托温州市"万名干部进万企"机制,以闭环流转、限时办结的形式,为企业解决生产运营过程中遇到的各类实际问题,促进温州企业转型发展,赋能传统制造业迭代升级,成为温州中小企业的成长加速器。

四、成果成效

温州市企业综合服务平台已形成市县联动、覆盖全面、功能齐全的对企服务体系。平台通过数字赋能政校合作,在企业人才培养、智能制造、数字赋能等方面服务作出了突出贡献,为我市建设共同富裕示范区市域样板贡献了温职力量,形成了温职经验。

(一)平台荣誉

2017 以来,连续五年获评浙江省中小企业服务优秀平台。

2019 年获评国家中小企业公共服务示范平台。

2021 年获评浙江省服务"专精特新"中小企业公共服务示范平台。

2022 年再度获评国家中小企业公共服务示范平台。

(二)领导批示

国家工信部全国示范平台测评专家组认为高校和部门合作、市县联动的做法是平台运营管理工作的一种创举。

时任浙江省副省长高兴夫现场考察平台运营管理,给予平台充分肯定。

平台作为浙江省市级企业综合服务平台的运营管理案例,参展广州第十六届中国国际中小企业博览会,工业和信息化部部长苗圩给予高度肯定。

五、推广价值

温州职业技术学院首创高校运营地方企业服务平台模式,解决了产教融合,精准服务企业的难题,取得了良好效果。温州市企业综合服务平台作为温州"两个健康"十佳示范点,每年平均接待全国各地的学习考察团超过 1000 人次,受到广泛好评,形成了"温职经验"。

专家点评:温州职业技术学院运营温州市企业综合服务平台,采用"线下与线上相融、部门与高校合作、实体与虚拟并举"运营模式,对接服务政府、企业、学校和社会,大幅度提高了政府服务中小企业的效率，成为了政府的贴心助手，也使学校嵌入温州区域产业集聚区和大都市区建设，深化产教融合、校企合作，彰显社会担当，增强职教适应性、支撑力、影响力，促进教育链、人才链、产业链、创新链有机衔接，激发当地企业参与职业教育新动能、完善协作开放的职业培训体系。

温职院创新校企合作方式，推动职业教育与民营经济共生共荣，为全国职业院校在产教融合新生态构建方面提供了优秀范本。

探索实体化、一体化的产教融合发展新路

章跃洪　　娄珺　　李思达

金华职业技术学院

摘要： 产教融合、校企合作是职业教育办学的逻辑主线，也是打通教育链、人才链与产业链、创新链的重要手段。针对产教融合的突出问题，金华职业技术学院从体制机制破题，依托国家产教融合发展工程，建设"智能化精密制造产教园"，打造产教综合体形式的实体化新平台和"产学研训创"一体化新形态，构建"三融三通"产教综合体运行新机制，探索"全链式"产教融合人才培养新模式，形成了高水平产教融合推动高质量人才培养的"金华方案"。

关键词： 产教综合体；实体化；一体化；三融三通；智能制造

一、实施背景

（一）产业转型亟须产教融合平台新支撑

高端装备产业是浙江省"十四五"重点打造的产业。金华是浙江第四大都市区，将先进装备制造业列为重点培育的"五大千亿"产业之一，但金华制造业尚处产业链低端、技术创新不强的阶段。2021年年初，金华提出"十百千万"协同创新智造工程，作为区域人才赋能的重要主体。打造"产"与"教"实质性融合的平台，培养支撑产业转型的智能制造人才，是时代赋予地方高职院校的一道必答题。

（二）多元主体亟须产教融合体制新突破

国务院《关于深化产教融合的若干意见》明确指出，"鼓励区域、行业骨干企业联合职业学校、高等学校共同组建产教融合集团（联盟），带动中小企业参与，推进实体化运作"。针对企业参与渠道不通畅的问题，如何通过实体化运作，搭建具有校企平等话语权的平台，增强企业参与动力，是实现产教真"融"的关键。

（三）利益双赢亟须产教融合机制新变革

因多元主体的价值诉求存在差异，校企之间时常出现"合而不深""独角戏"问题。如何统一多方利益主体行动，实现生产、教学、研发、培训、创新创业各要素一体化？能否通过建构产教深度融合、校企深度合作的常态化机制，实现不同主体的利益双赢，是产教能否真正"合"的关键。

二、关键问题

（一）开创性探索"产教综合体"实体化运行机制，实现了产教深度融合的关键突破

在地方政府支持下，学校以资产经营公司为桥梁，以设备、场地、品牌等入股，企业以资本、技术和订单入股，组建实体公司，保证政校企各方的平等话语权，为构建良性互动产教关系提供新样板。

（二）系统性实施一体化的"产学研训创"育人路径，形成了产教协同人才培养体系

通过强化真实生产、实训教学、科技研发、社会培训、创新创业等产教综合体平台"产学研训创"的一体化建设，以产助学、以研促产，学训结合、训创融合，提出校企育人新路径。

（三）创新性构建产教对接的"全链式"人才培养模式，提供了制造类专业人才培养新范式

将行业企业生产性资源融入知识学习过程，教学场所在"教学车间""生产车间"之间按需轮换，推动"封闭课堂"走向"职场化、生产性"教学，缩短学生"专业技能"与"岗位技术"距离。

三、主要做法

（一）聚力实体化运作，创建"3+1+N"产教综合体新平台

金华职业技术学院聚焦实体化运作，发挥各方优势资源，探索形成了"3+1+N"产教综合体新平台。"3"是指学生实训中心、技术研发中心和企业技术服务中心，"1"是1家学校资产经营公司，"N"是指与企业合作成立的多家实体性公司。在遴选企业或引进社会资本共同建设产教综合体过程中，综合考虑目标公司类型、股权结构。目前，产教综合体已成立了3家不同类型的合资公司：学校设备入股，与骨干企业合资成立生产型公司，开展精密零部件规模化生产，建设教学车间；学校技术入股，引入风投基金成立研发型公司，联合省重点实验室等研发中心，开展技术创新，实现科研反哺教学；学校品牌入股，引入产业基金成立培训型公司，与校内专业融通师资和设备，实现民用航空器维修领域技术技能人才培养培训一体化。智能化精密制造产教综合体运行模式如图1所示。

（二）聚力一体化提升，打造"产学研训创"产教综合体新形态

1. 围绕协同育人，实现"产学一体"

通过校企双方设备、场地、师资技术团队共享、共同制定人才培养方案、共同建立实践教学体系等手段，合作开发生产标准和教学资源，推动教学组织与企业生产紧密契合。

2. 依托高端平台，实现"产研一体"

依托产教综合体的省级重点工程实验室、院士工作站等科研平台引进高端人才，开展核心技术领域科研攻关。结合省技能大师工作室、企业技术服务中心等应用技术服务平台，使"研发工程师"和"能工巧匠"融合，保障技术研究成果落地。

3. 聚焦产业新技术，实现"产训一体"

依托产教综合体的企业技术服务中心，开展手板制作、专机研发、精密件加工等技术服务，以实际案例为载体，对内开展项目制、导师制培训，进行拔尖人才培养，对外开展"回炉班"等特色培训项目，有效助力高端技术人才的输入和稳定。

4. 激发创新创业，实现"产创一体"

通过成立创客空间，开展各项创客活动，充分利用产教综合体实验实训平台的技术和资源优势、师资力量、创新实践教育资源，以及丰富经验，共同开展创业活动，培养创新创业人才，同时将优质项目产业化。

（三）聚力全方位融通，构建"三融三通"产教综合体新机制

将企业的真实岗位能力需求作为学校的人才培养目标，校企双方共同制定培养方案、设置教学内容和标准，实现培养目标融合；将企业的生产任务和技术研发项目作为学校教学内容载体，校企双方合作开发教学资源，实现教学内容融合；校企双方建立更具有弹性的教学组织方式，设计一体化校企学习内容，实现培养方式融合。"三通"是将学校与企业共营实体公司的政策打通，学校老师进入到实体公司的身份打通，实体公司资源共享与利益分配方式打通。

（四）聚力全过程协同，探索"全链式"人才培养改革新模式

1. 分层分段，校企协同创新工学交替"现代学徒制"

发挥产教综合体实体化公司场地、技术、设备优势，建成开放式教学实训车间，组建校企无界化"讲师团"，实施分层分类教学，保障"工"与"学"在内容与进程的衔接，提升岗位能力。

2. 双能并重，校企协同推行学研互动"项目导师制"

依托产教综合体实体公司，实施校企双导师指导下的"项目导师制"，将航空零部件制造、柱塞泵研发等实际案例，经过凝练、派生，再设计成应用创新实践项目，学徒以专利、实物、实施方案等成果形式完成结题，培养学生创新实践能力。

3. 三融教育，校企协同推进精益求精"职业素养"养成

产教综合体已通过行业AS9100D质量管理体系标准和CCAR-147认证，学校紧密对接标准，设置贯穿六个学期的"精益管理"课程，形成工匠精神培育与体系内容、企业岗位训练、课程教学及学生日常规范相融合的"三融教育"职业素养养成路径。

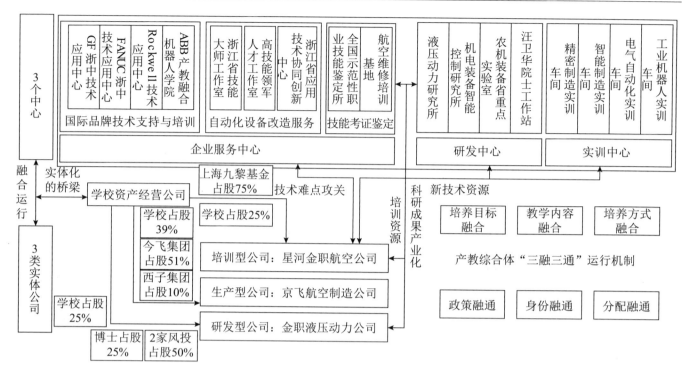

图 1　智能化精密制造产教综合体运行模式

四、经验总结

（一）产教综合体走出了一条产教融合实体化运行的新路径

产教综合体的建设模式破解了产教融合之困，推动了学校和企业进行实质性的资源协同与整合，保证了各方的平等话语权和利益平衡。通过专业企业一体统筹和政策、岗位、利益"三个打通"的制度创新，推动了校企利益、资源、技术和人员的全面融合，打通了产教融合的"最后一公里"。

（二）产教综合体创设了"产学研训创"一体化运行的新形态

以"产"拓维度，促进了人才培养"供给"和产业发展"需求"的有效对接；以"学"把宽度，提升了教学内容的鲜活性和教学组织实施的柔性；以"研"掘深度，推动了专业发展从跟跑产业到并跑、领跑产业的转变；以"训"促强度，深化了课堂教学模式创新和教学资源转化；以"创"提高度，增强了教师服务产业能力和学生工程创新实践能力。通过一体化提升，为智能制造工匠人才培养提供了可借鉴的方法路径。

五、效果与推广价值

（一）服务产业贡献突出

所在专业群入选国家双高A档院校高水平群，建成省内唯一高职院校的省重点实验室等科研服务平台10个，主持国家自然科学基金项目7项，参与国家和行业团体标准37项。年均企业服务到款持续增长超1000万元，实体公司年产值超8000万元，被地方政府誉为"产业发展的助推器"。

（二）人才培养成果丰硕

2017—2022年，学生全国职业院校技能大赛等国赛获奖44项（一等奖13项），以学生为第一发明人获授权专利373件；毕业生就业率98.38%，毕业生用人单位满意度达100%，学生就业率、创业率、月均收入等指标全省领先；各专业招生录取分数线排名全省第一，100%超浙江省一段线。

（三）应用推广辐射广泛

在《高等工程教育研究》等发表理论成果20余篇，《光明日报》《中国教育报》等主流媒体专题报道60余次。每年有近百家政府部门、中高职院校和行业企业来校考察交流。教育部职业教育和成人教育司、浙江省委办公厅等来校作专题调研，认为"通过体制机制创新，破解产教融合之困，推动了校企实质性资源协同与整合，走出了一条产教融合实体化运行的新路径"。

专家点评：金华职业技术学院针对产教融合中供需"两张皮"、校企双主体无法真正实现等问题，从产教融合平台体制机制破题，通过打造产教综合体形式的实体化新平台，统一多方利益主体行动，保证政校企各方的平等话语权，有效解决了产教融合过程中教育与经济、供给与需求"两张皮"问题；通过构建"产学研训创"一体化新形态和"三融三通"产教综合体运行新机制，破解了学校和企业双主体融合格局无法真正建立的问题，为智能制造技术技能人才培养提供了可资借鉴的路径和方法。其探索形成的"金华方案"在实践上大胆创新，在理论上充分凝练，在育人上卓有成效，具有较强的示范作用和推广价值。

混合所有制产业学院的创新与实践

冯黎兵　李耘稷　高嘉　刘斯琴

四川水利职业技术学院

摘要： 四川水利职业技术学院联合龙头企业和行业协会成立国际电工学院，搭建合作育人平台，实施资源"三转化"推进产教协同发展，做实"三个举措"实现可持续发展，构建"行企校命运共同体"，形成了行业、产业、企业、职业、学业、就业六业融合，技能人才行、企、校共育的混合所有制产业学院创新发展新范式，既满足了技能人才高质量育训的急迫需要，又为行业企业提供了技术支撑和人才资源提供服务，也为混合所有制产业学院建设提供经验借鉴。

关键词： 混合所有；产业学院；校企合作；人才培养

一、实施背景

四川水利职业技术学院（以下简称四川水院）凭借60余年水利电力行业领域"工学结合"的丰富办学经验，依托四川水电资源第一大省的行业发展优势地位，发挥学校遍布全省、西南地区乃至全国电力企业的深厚校友资源，用好学校直属四川省水利厅的行业办学背景，在电力行业高技能人才育训领域进行了长期艰辛探索和丰富实践。

四川是全国送变电建设安装工程作业人才输出第一大省，电建行业企业700余家。送变电建设安装工程作业因野外作业特性且伴随高风险性，需要从业人员具备较高技术技能水平，人才培养和适配问题严重掣肘电力行业和企业发展。2019年7月，学校在广泛调研、把准电力行业高技能人才市场供需适配深层次矛盾的基础上，围绕推进教育链、人才链与产业链、创新链有机衔接，促进产教融合、"双元"育人，着眼于职业教育人才培养质量这个核心，立足电力行业新发展阶段，贯彻新发展理念，联合行业龙头企业四川省送变电建设有限责任公司（以下简称企业）和权威行业协会四川省电力企业协会（以下简称协会），成立了按照现代企业经营模式运作的混合所有制特色产业学院——"国际电工学院"，并注册成立股份制企业——成都川电职业技能培训学校有限责任公司，形成"行企校命运共同体"，构建了电力行业高素质技能人才队伍培养、适配、提升的发展新格局，闯出了一条具有鲜明行业特色的产教融合发展之路。

二、关键问题

（一）打破阻碍行业高质量发展的技能人才育训适配藩篱

电力行业是四川省传统优势行业，有得天独厚的资源禀赋，也发展起了庞大的电建企业集群。但是高技能人才的育训适配问题持续影响着行业可持续发展，行业院校传统人才培养输送模式无法继续满足行业、企业需求，在技能人才适配的"最后一公里"形成了堵点盲区。四川水院联合企业、协会组建的"国际电工学院"，打通教育链、人才链与产业链、创新链，发挥各自优势特色，打破育训适配藩篱，清除了堵点盲区，助推行业高质量发展。

（二）破解传统产业学院校企合作模式下各方利益纠缠的体制机制难题

传统校企合作举办的产业学院或其他合作共育实体越来越呈现出利益纠缠、权责不清、运行不畅、发展乏力等体制机制难题。四川水院通过明确股权结构、成立股份有限公司、建立现代企业运营模式、共建共享共管的资源投入与利用模式，形成了多方共赢的稳定合作关系，结成了权责利清晰的"行企校命运共同体"。

三、主要做法

（一）完善顶层设计，明晰股权、模式、权责

混合所有制产业学院采用学校出场地、课程、师资，企业出资金、管理、技术，协会出专家、标准、市场的方式开展合作，如图1所示。先由企业和协会出资注册成立公司，再以股东会决议的形式无偿向学校赠送股份，形成行企校1∶6∶3的股权结构，并根据股份配置股东会和董事会。学校选任校长和教学管理人员，协会会长出任监事长，企业主要负责人担任董事长，聘请职业经理人担任总经理，市场化运作，形成董事会决策、监事会监督、校长管教学、总经理负责经营的现代企业管理模式。公司注册为民办营利性培训机构，由企业担任法人单位，独立核算、自负盈亏。按市场规律开展生产经营活动，权责关系由三方合作协议约定，产生的利益经股东会表决后按股权比例进行分配。

（二）围绕岗位职业能力培养构建课程体系

合作三方派出19名高级技师和42名教师共同研讨并修订4个专业课程设置方案，重构各专业实践教学体系。合作编写21项典型工作任务标准化作业指导书，编制49个技能训练与考核标准，将6个常用职业资格证书融入人才培养方案。共同组建和培训师资队伍，按新修订的人才培养方案育训高素质技术技能人才。

（三）紧贴行业需求高标准建设"两个平台"

1. 实操训练考核基地

为支撑高素质技术技能人才培养需求，在学校开放共享的场地、设备和设施基础上，企业出资1200余万元在学校建成实操训练考核基地，协会选派优秀高级技师领办发电、变电、输电、配电、试验5个技能大师工作室，四川水院27名教师协同，负责设置训练科目，编制标准化作业工序工艺卡和训练考核标

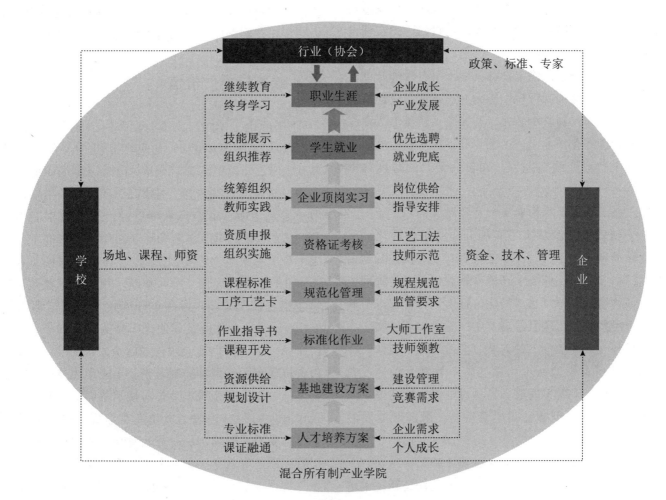

图1　六业融合共育技能人才

准，规范化组织训练，高效完成行业、企业和学校委托的培训、考核和技能竞赛等工作。

2. 人才资源库及 App

为进一步解决高技能人才供给侧与需求侧矛盾，建成电力企业高技能人才资源库和相应 App。凡是经过国际电工学院培训和考核合格的人员均自动入库，其他高技能人才凭职业资格（技能等级）证书自愿入库，协会组织会员单位全部入库。通过 App 线上发布招聘和求职信息、设备租赁和维保信息、资格证报考和查询信息、技术培训和服务信息等，精准匹配和定向推送，云端构建勾连行企校与劳动者的人力资源共享平台。

四、经验总结

（一）实施资源"三转化"，推进产教协同发展

1. 学校教育资源向职业培训资源转化

一是设备资源从满足教学需要向适应产业发展转化，根据产业发展和职业培训需求，将先进的实训设备开放给国际电工学院使用。二是教师资源从讲师向技师、培训师转化，锚定技师技能水平对教师开展实操培训，提升培训课程研发能力。三是课程资源从满足学历教育向育训并举转化，开发培训资源库、课程包，编制标准化作业工序工艺卡和训练考核标准，形成"线上可学、线下能练、岗位会干"的育训并举格局。

2. 企业生产资源向职业教育资源转化

一是技术资源从工程实施向职业培训转化，将行业标准和工艺工法、故障处理等开发为职业能力培训包，按照标准作业要求开展考核评价。二是管理资源从项目管理向办学管理转化，抽调优秀管理人员专班负责经营管理，项目经理、生产副总经理、文化总监等受聘为兼职教师，使其从"会做"向"能教"转变。三是资本资源从单一生产向产教融合转化，向产教融合型企业转型发展。这种做法既为行业提供人力资源服务，又反哺公司主营业务，顺应产业发展需求。

3. 行业监管资源向企业发展资源转化

通过组织专场招聘会、举办高峰论坛与新技术培训、资格证考核、职称评聘与继续教育、搭建人力资源信息平台等供给侧服务，既帮会员单位解决实际问题，又将产业发展需求传导至市场主体，实现监管资源的转化，促进产业和企业发展。

（二）做实"三举措"，确保可持续发展

1. 明晰各方产权与资产价值

聘请专业第三方机构进行资产核定，在保证国资资产安全前提下开放共享，清楚界定各方产权归属、资产清单及价值比例、资产管理要求和各方参与分配的类别方式，并明确写入章程。

2. 采用现代企业管理模式

完善股东会、董事会"三重一大"议事决策机制，建立三方共审经营月报制度，聘请财务总监和法律顾问把关经营活动。

3. 协同提供培训业务兜底量

学校将部分实训项目按第三方成本审计后的价格委托给公司执行，企业将员工入职培训和技能比武等项目按成本价委托公司执行，协会将技术培训、技能鉴定、资格证考核等服务按一定价格委托公司执行，为公司运营减轻压力，形成齐抓共管的协同效应。

五、效果与推广价值

"国际电工学院"为电力相关岗位输送亟须的技术技能人才年均 410 人，近两年毕业生半年后就业率 97.3%，岗位资格证获取率 91.6%，参加职业技能大赛获国家级奖项 3 项、省级 20 余项，学生依托基地获专利 2 项；40 余名教师受益，参加教学能力大赛获省级奖励 7 项，2 名老师获四川省技术能手；建成 1 个国家级生产性实训基地，1 个省级虚拟仿真实训中心，1 个省级职工培训基地，获省级职业教育教学成果一等奖 1 项。近两年开展技术技能培训 4574 人次/年，特种作业及其他操作类资格证书培训取证 1724 人/年，提供就业服务 300 余人次/年。完成四川省机场集团新型学徒制培养、华能集团技术技能带头人评审、国网西藏电力公司技术培训、雅砻江流域水电开发有限公司职工技能大赛等技术服务项目 50 余项。受邀在首届水利职业教育与产业对话大会、四川省高职高专教学工作会上作主旨经验发言；坦桑尼亚、肯尼亚等近 20 个国家的官员或技术人员，70 余家企业、社会机构和国内兄弟院校来国际电工学院交

流学习，得到同行和社会广泛认可。学校将在"双高院校"建设期间继续探索推广此模式，在水利、畜牧、财务、河湖长等行业领域建设产业学院，助推高质量发展。

专家点评：四川水利职业技术学院通过完善顶层设计，明晰股权、模式、权责联合企业、行业成立混合所有制产业学院——"国际电工学院"，围绕岗位职业能力培养构建课程体系，建设实操训练考核基地、人才资源库及App"两个平台"，打破高技能人才育训适配藩篱，破解传统模式利益纠缠的体制机制难题，形成了学校教育资源、企业生产资源、行业监管资源"三转化"和明晰产权价值、现代企业运营、业务协同兜底"三举措"；"233"六业融合的技术技能人才行企校共育的人才培养新模式，形成了多方共赢的稳定合作关系，结成了权责利清晰的"行企校命运共同体"，构建了电力行业高素质技术技能人才队伍培养、适配、提升的新格局。

现代学徒制人才培养的"华翔模式"

李文军　　段江燕　　刘凤鸣　　王丽明　　王　欢

临汾职业技术学院

摘要： 针对职业院校人才培养过程中校企合作不深入、人才培养与企业岗位需求对接不紧密等问题，临汾职业技术学院与装备制造龙头企业——山西华翔集团股份有限公司开展现代学徒制合作，实行一体化办学，从人才共育、专业共建、师资共培、成果共享等方面探索创新实践，形成具有特色的现代学徒制技术技能人才培养"华翔模式"。

关键词： 校企合作；现代学徒制；人才培养；华翔模式

一、背景与关键问题

（一）背景分析

临汾职业技术学院深入落实《国家职业教育改革实施方案》提出的"促进产教融合，校企双元育人"要求，主动与企业对接，深化产教融合，探索多元育人模式。学院与全国装备制造龙头企业、上市公司——山西华翔集团股份有限公司签订现代学徒制联合培养协议，实行一体化办学，在人才共育、专业共建、师资共培、成果共享等方面进行探索实践。

（二）关键问题

职业教育要想切实推进校企合作，关键在于提升产教融合的高度、挖掘产教融合的深度。当前职业教育要深化产教融合，面临许多关键问题。

1. 学校人才培养与企业需求脱节

传统上，学校专业设置与行业职业发展匹配度不高，课程体系建设与行业人才要求不协调，导致人才培养模式与企业实际需求脱节。

2. 校企合作体制机制不够完善

我国职业教育学校与企业的合作中，政府、企业、学校在政策执行方面存在认识偏差，对责、权、利的划分不够明确，缺少相关的机构对其进行有效监测，未建立长期稳定的多边互赢合作机制。

3. 产教融合合作机制尚未形成

产教融合机制的建立依赖于双方相互需求与服务的对等诉求，目前学校对企业的需求度高而服务企业的能力差，科研创新优势不明显，技术服务能力比较弱。

二、主要内容与做法

（一）构建校企命运共同体，创建华翔产业学院

按照"资源共享、责任共担"的原则，2018年9月，学院与山西华翔集团成立"华翔产业学院"。设立产业学院理事会、制定了工作章程、建设管理和实施办法，明确了校企双方职责和工作任务，将校企双方在合作过程中所应承担的责任和义务固化下来，使校企双方成为责任和利益共同体。

（二）改革招生模式，形成了招生招工一体化

（1）先招工后招生。借助高职扩招的政策，面向华翔内部职工，按照员工报名、企业推荐、资格确认、学校考试等程序，在现代学徒制人才培养模式下对企业员工进行学历教育。

（2）招生与招工同步。面向高考生，华翔学院单设招生代码、报考条件，将订单计划纳入招生总计划，实现"招生即招工，入学即入职"。

（三）育人机制新突破，实现校企"三级对接"深度融合

学院与企业共同制定《现代学徒制人才培养实施方案》，完善学徒培养的教学文件、管理制度、考核标准。在教学中，实行了"学院对接集团，系部对接分厂，专业对接车间"三级对接模式，从顶层设计到

具体实施，实现企业全程参与人才培养和评价。落实"大小学期、课堂＋车间、学期分段"等工学交替的教学模式，创新构建形成具有华翔特色的"一主线、双育人、三证书、四对接、五阶段"现代学徒制人才培养模式，如图1所示。

（四）构建"155"育训结合、能力递进华翔模式专业课程体系

按照学习者认知规律和职业成长、能力递进规律，以学生职业能力培养为本位，学院与山西华翔集团共同进行了职业岗位能力和典型工作任务分析，结合行业企业标准及国家职业资格标准，构建"155"育训结合、能力递进专业课程体系。

（五）双导师认证新突破，华翔产业学院师资"双配置"

制定了学校导师和企业师傅选拔标准，建立双导师培养、考核、激励制度，形成了现代学徒制"华翔模式"下的双导师培养范式：

（1）建立完善了双导师选聘标准，对其教学、培训效果严格执行校企双重考核。

（2）开设教育教学能力培训班，提高企业师傅教学水平；以"专题培训＋项目实战＋挂职锻炼"等方式促进教师专业技能提升。

（六）搭建产学研协同育人平台，实现产业链与人才链融合

依托山西华翔，成立山西省装备制造工程技术研发中心、临汾市智能装备技术研究中心和技能大师工作室。在平台运行过程当中，将学生职业技能和职业素养相融合培养放在更加重要的位置，实现"产业链、教育链、人才链和创新链"的有机融合。

三、经验萃取与模式模型

（一）经验萃取

1.聚焦校企合作，开辟产业学院建设探索人才培养新模式

通过共建共管产业学院，促进教育链、创新链、产业链的有效衔接，实现了专业设置、人才培养规格与产业发展深度融合。多家主流媒体报道学校创新办学模式5次，学生获省部级以上各类学科竞赛奖项30多项。

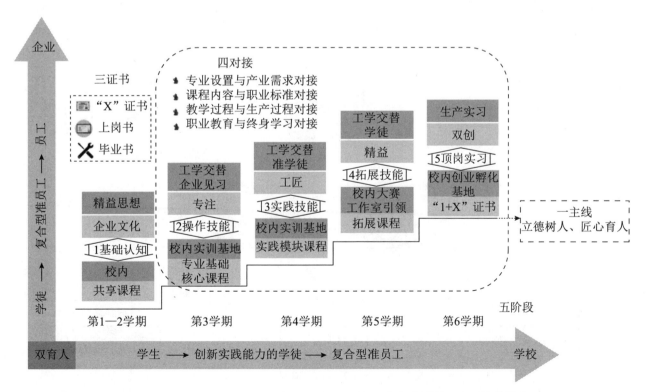

图1 "一主线、双育人、三证书、四对接、五阶段"现代学徒制人才培养模式

2. 聚焦招生招工，开辟职业教育校外办学服务社会新模式

"先招工后招生"改革，开辟了职业教育校外办学服务社会新模式；"招生与招工同步"，实现"招生即招工，入学即入职"。华翔模式既解决了学校招生的难题，又解决了企业用工的问题，为兄弟院校提供办学新范式。

3. 聚焦人才共育，开辟技能人才培养提供可借鉴的新思路

"一主线、双育人、三证书、四对接、五阶段"现代学徒制人才培养模式，落实"三全育人"目标，实现专业知识与岗位技能全方位对接，形成将职业理念、职业素养、职业技能、职业精神融为一体的人才培养和评价体系，解决了产业创新发展对复合型技术技能人才的需求。

（二）模式模型

该成果的模式模型如图2所示。

四、成效评价与推广价值

（一）成效评价

1. 学校办学规模、办学实力明显提升

据麦克思统计，华翔模式培养的学生就业率达96%，专业对口率达90%以上，起薪4500元以上，高于学院其他专业毕业生平均起薪点。2020—2022年新生报到率分别为91%、93.6%、95.2%，全系各专业学生总体报到率居全院第一。

2. 专业人才培养质量明显提升

华翔模式培养的学生综合职业素质高，技术能力强，学生在国家级和山西省职业院校技能大赛中多次获奖。2022年，国家级技能大赛荣获一等奖1项，二等奖3项。"工业设计与创客实践"大赛中荣获一等奖2项，二等奖1项。

3. 教师职业教育教学能力明显提升

2020—2022年，华翔模式培育了省级教师教学团队2个，省级教学名师、教学新秀、青年教学能手13人，名师工作室1个；完成课程建设12门，编写、出版教材4部，完成企业科技攻关项目8项、科研课题9余项、教改及研究学术论文30余篇、技术服务12次。

4. 专业社会服务能力显著提升

为山西华翔、山西华德工人进行维修电工、数控车工等技能鉴定836人次。为临汾市电工、钳工等提供各类职业技能培训1662人次。与襄汾万鑫达技术人员合作，申请"一种单向式气动薄膜调节阀装置"等国家专利15余项。组织专业教师为中小企业提供技术咨询与技术服务，社会服务收入到款额221.8万元。

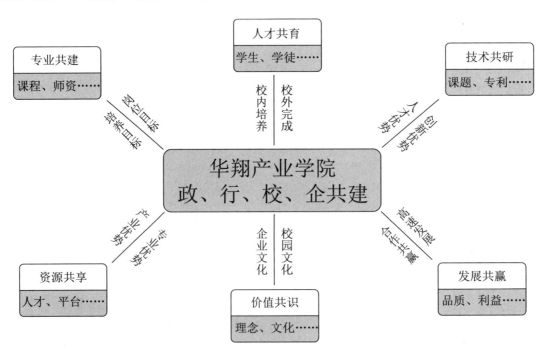

图2 华翔学院"六共产教融合"模式模型

（二）推广价值

1. "华翔模式"被多家兄弟院校借鉴

具有华翔特色的"一主线、双育人、三证书、四对接、五阶段"现代学徒制人才培养模式，在同类院校专业建设、人才培养模式改革中具有示范作用，被山西机电职业技术学院、晋城职业技术学院、乡宁县职业中学等多家兄弟院校借鉴实施。

2. "华翔模式"引领区域职教改革

以产业学院建设为突破口，以集团化办学为引领，深入探索产教融合、校企合作的新思路新途径，在同类院校中具有良好的借鉴作用。《临汾日报》等多家媒体对华翔学院建设运行多次进行宣传报道。

3. "华翔模式"促进区域传统产业焕发新生

聚焦装备制造领域的技术创新与应用，形成一个专业群对接一个产业，携手龙头企业共建华翔学院，成功帮扶临汾地区建立百亿装备制造产业集群，签约制造企业36家，产值由不足10亿元增加至120亿元，还辐射带动周边产业园焕发新生。

专家点评：临汾职业技术学院与企业合作以创建华翔学院为平台，以实施"现代学徒制人才培养"为切入点，以构建"职业教育共同体"为手段，改革招生模式，面向华翔内部职工，按照员工报名、企业推荐、资格确认、学校考试等程序，先招工后招生；面向高考生，单设招生代码、报考条件，"招生即招工，入学即入职"实现招生与招工同步。创新培养模式，企业全程参与人才培养和评价，学院对接集团，系部对接分厂，专业对接车间，实行"大小学期、课堂＋车间、学期分段"工学交替的教学模式，形成具有华翔特色的"一主线、双育人、三证书、四对接、五阶段"现代学徒制人才培养模式。破解了产教合而不融、校企合而不实、协同育人机制不全等难题，为基于产业学院建设和现代学徒制人才培养提供了创新方案。

政行企校四方联动，打造多功能建筑装配式实训基地

程彩霞　范菊雨　程超胜　王延该　王佑华

湖北城市建设职业技术学院

摘要：当前建筑业面临转型升级加快，装配式技术技能人才紧缺的困境。由湖北建设职业教育集团统筹，四方联动，统筹规划，优化专业结构，重构模块化课程体系，多主体打造高效能"六位一体"装配式实训基地。对接关键岗位和重点工序，利用互联网信息技术，同步搭建全息教学立交桥，塑造立体化教学模式，推进"岗、课、赛、证"融通育人。

关键词：四方联动；六位一体；教学组织形态

一、实施背景

国务院办公厅出台《关于大力发展装配式建筑的指导意见》（国办发〔2016〕71号）提出"大力培养装配式建筑专业人才。推动装配式建筑企业开展校企合作，创新人才培养模式"。住建部印发《"十三五"装配式建筑行动方案》（建科〔2017〕77号）提出"依托相关的院校、骨干企业和公共实训基地，建立若干装配式建筑人才教育培训基地"。湖北省住建厅等15部门联合印发《关于推动新型建筑工业化与智能建造发展的实施意见》（鄂建文〔2021〕34号）提出，鼓励企业与大专院校共建专业学院、部系和实习实训基地，培养专业技术人才，为建筑业转型升级聚势赋能。

建筑业是我国国民经济的支柱产业和重要引擎。政府层面关注供给侧结构性改革，构建新发展格局；行业层面关注产业转型升级，强化技术研发与推广；企业层面关注生产效益，注重技术人才培训与新技术应用；学校层面关注文化育人，着力人才培养高质量提升。如何适应新一轮的产业变革，培养适配产业发展需要的技术技能人才，实现生产工艺与产业链同步、信息化手段与教育链高度融合，迫切需要政府、行业、学校、企业多方协同联动。

二、主要做法

（一）主动适应产业转型升级，优化专业结构

四方联动研产业，校企合作建专业。新一轮的产业升级，迫切需要建筑工程建造技术的变革与创新，实现从产品形态、建造方式及行业管理等方面的重塑。

湖北城市建设职业技术学院是湖北建设职业教育集团理事长单位。在湖北省住建厅的统筹协调及湖北省建筑业协会指导下，湖北建设职业教育集团统筹联合中建三局等行业头部企业，深度研判行业新发展格局，主动调适、整合、优化、修订建筑工程技术专业人才培养方案。校企深度互融，对接新职业岗位，以装配式建筑的全产业链为视角，重点分析设计、生产、施工、运维等各个环节的人才培养规格，先后融入相应的课程模块，增设装配化施工方向专业人才培养试点，2021年成为全国土建施工类首批开设装配式建筑工程技术专业的高职院校。

（二）紧密对接职业岗位需求，重构课程体系

精准定位三大环节，凝练四大核心能力，融合构建课程模块。调研发现，装配式人才需求主要集中在深化设计、预制构件生产、现场装配施工等三大环节；人才培养聚焦制图与识图、深化设计、工厂构件生产与检测、施工现场构件安装与管理等四大核心能力；基于工作过程系统化，开发学习领域课程。基于对接"1+X"装配式建筑构件制作与安装，将专业教学标准与职业技能等级标准有机衔接，在普适性训练的基础上进行拔尖性训练，融入技能大赛标准，构建识图与设计模块、施工模块、计价模块、管理模块等四大课程模块，如图1所示，形成专业课程体系，推进"岗、课、赛、证"融通育人，增强人才培养与产

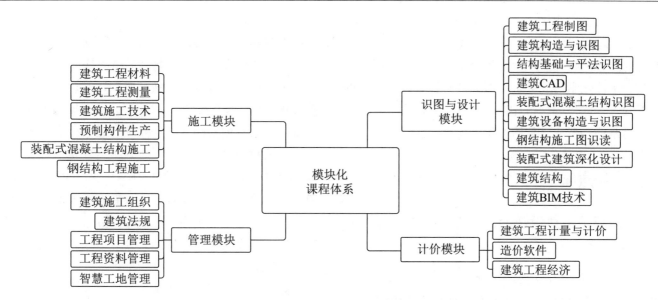

图 1　装配式建筑工程技术专业模块化课程体系

业需求的吻合度，提升学生适应工作岗位核心能力。

（三）共建共享共管实训基地，夯实支撑基础

"四真实三贯通"，功能分区场景化，运行管理程序化。结合装配式建筑全产业链中的深化设计、部品部件生产、装配施工及信息化管理等环节技能要求，学校联合中建三局等企业按照"场景真实、岗位真实、作业真实、考核真实"的原则，建设信息化平台，实现"教室＋工厂＋工地"远程贯通。建设集"人才培养与培训、技能训练与竞赛、职业体验与科普、创意创新与创业、技术研发与推广、文化传承与传播"等"六位一体"的高效能实训基地，如图2所示，对接生产过程，科学进行功能分区，建设认知实训体验区、装配式智慧工法楼、实操实训区、装饰装修区、文化传承与传播墙、装配式"1+X"考核基地、教学资源建设等内容，成为湖北省首家校内建筑装配式全产业链生产实训基地。建立组织机构和管理制度，畅通基地运行机制，最大化发挥基地的功能。

（四）重塑多元教学组织形态，深进课堂改革

"三融三化"，变革教学组织，塑造立体化教学模式。学院联合中建三局等企业，对接装配式建筑深化设计、预制构件生产流水线和施工现场的关键岗位和重点工序，利用互联网信息技术，同步搭建教学立交桥，全息传输，推进课堂与工地融合、教师与师傅融合、教学内容与施工工艺融合。以教学过程职场

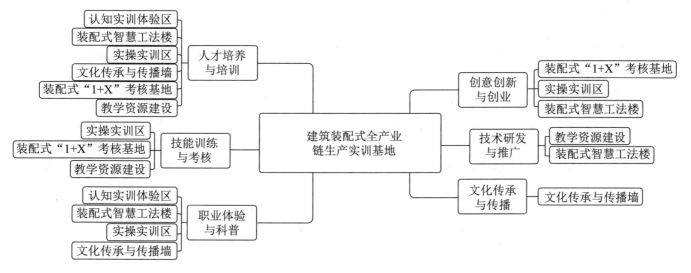

图 2　"六位一体"建筑装配式全产业链生产实训基地功能分区

化、教学场景真实化、双师教学同步化，打造真实场景再现、过程组织灵活、学习动态重复、教学云资源丰富的立体化云课堂，满足校企研学交流、教师课程开发、个性化学习等需求。多元的资源整合、多样的课程教学、立体的学习支持，丰富了新形态课堂改革的实施路径，形成立体的教学组织模式。

三、创新点

（一）创新基地建设理念，打造"六位一体"高效能基地

政行企校四方联动，统筹规划、科学设计、有效实施、动态优化，多主体合作规划、合作治理，校企交互赋能，畅通运行机制，凝练了"源于现场、高度集成、功能多元、资源共享"的基地建设理念。聚集装配式建筑全产业链中的重点环节，打造"六位一体"功能的建筑装配式全产业链生产实训基地，促进学校人才培养质量和企业效益的双提升。

（二）创新教学组织形态，打造"三融三化"高效能课堂

教学组织对接生产过程，针对教学内容的多样化，采用适切的教学形态，调适教学组织，建设信息化平台，贯通"教室+工厂+工地"，再现"四真实"，推进课堂与工地融合、教师与师傅融合、教学内容与施工工艺融合，形成教学组织职场化、教学场景真实化、双师教学同步化，实现师生云研修、云交流、云实践。

四、应用效果与推广价值

（一）应用效果

1. 成为人才培养质量提升的有效支撑

发挥基地的多功能优势，将岗位职业能力标准、世界技术技能大赛技术标准、"1+X"职业技能等级证书考核要求融入教学，实现"岗、课、赛、证"融通育人，学生专业技能水平高。学院荣获全国职业院校技能大赛高职组建设类赛事一等奖、二等奖、三等奖8项；入选世界技能大赛国家集训队6人；省域及全国性装配式建筑职业技能竞赛一等奖2项、三等奖2项；荣获第七届中国国际"互联网+"大学生创新创业大赛湖北省金奖，并成功入围国赛。

2. 成为社会服务能力提升的有效平台

依托基地，整合校企教师资源，互聘互培，打造模块化双师团队，成功入围教育部第二批国家级职业教育教师教学创新团队课题立项建设单位和培育建设单位。为政府撰写产业发展咨政报告3份，行业团体标准4项，省级地方标准1项，专业教学标准4项，荣获"湖北工匠杯"职业技能大赛湖北省职业院校土建类教师专业技能竞赛装配式施工赛项一等奖、二等奖3项。开设线上线下装配式公益讲座、职业技能培训20余场。

3. 成为湖北培养产业工人的培训基地

以基地为载体，为省内建筑业企业员工、新产业工人开展装配式关键岗位技能培训及岗位技能鉴定6期；联合廊坊中科、湖北省建设教育协会、中建三局科创发展有限公司，开展湖北省装配式考评员培训班2期、装配式建筑构件制作与安装师资培训班2期、"1+X"证书种子教师研修项目（土建施工类）1期等，成为企业开展员工培训的培训、考核鉴定基地。

（二）推广价值

1. 示范引领，基地建设的探路者

政企行校四方联动，共建"六位一体"建筑装配式全产业链校内外实训基地，建设理念先进、实践操作性强、信息化程度高，成为湖北省首批"1+X"装配式建筑构件与安装职业技能等级实操考核基地，对职业院校开展校内装配式实训基地建设及企业职业教育培训基地建设，均起到了示范作用。

2. 服务行业，标准制定的引领者

发挥基地优势资源，主持开发及制修订全国装配式建筑工程技术专业（高职）、装配式建筑施工专业（中职）、全国高职建设工程监理专业的《专业简介》和《教学标准》，参与"1+X"智能建造设计与集成应用职业技能等级证书标准制定等；参与编写湖北省《钢筋桁架混凝土叠合楼板技术规程》等地方标准、中国建筑业协会团体标准《装配混凝土建筑工人职业技能标准》等多项标准，有效引领专业建设，服务行业。

3. 守正创新，鲁班文化的传承者

通过建设鲁班文化墙、装配式建筑发展史展示、

智慧工法楼，开设认知实训区和虚拟仿真区；设置职业特色体验课程，利用校园开放日，面向中小学生、社区居民开展技能实操体验和装配式房屋相关知识咨询；依托现代化信息手段，满足自主浏览、自主查询、自主学习和交互反馈等来感知建筑文化的魅力，普适性推广"体验＋科普"民众化、公益化。

专家点评： 政行企校四方联动以"源于现场、高度集成、功能多元、资源共享"为理念，聚焦装配式建筑全产业链中的重点环节，对接职业岗位，精准定位三大环节，围绕四大核心能力，构建模块化课程体系，打造"人才培养与培训、技能训练与竞赛、职业体验与科普、创意创新与创业、技术研发与推广、文化传承与传播""六位一体"的高效能实训基地。贯通"教室＋工厂＋工地"，再现"场景真实、岗位真实、作业真实、考核真实"，推进课堂与工地融合、教师与师傅融合、教学内容与施工工艺融合，变革教学组织，塑造立体化教学模式，推深课堂革命，形成教学组织职场化、教学场景真实化、双师教学同步化，提升了人才培养质量，助力了企业增值赋能。该案例为高效能装配式实训基地建设与运行提供了可借鉴、可复制的范例，具有较高的推广价值。

"四贯通·三交互·两共学"职业技能培训新模式

甘守武[1]　叶勇[1]　马良琳[1]　刘红玉[1]　唐跃辉[2]

1. 重庆电子工程职业学院　2. 重庆长安汽车股份有限公司

摘要： 重庆电子工程职业学院与重庆长安汽车股份有限公司合作，共建智能制造现代产业学院，探索职业院校开展职业技能培训新路径，首创性提出"群工群学"育训理念，跨界性搭建"双岗双驻"培训师资融通新路径，形成"四贯通·三交互·两共学"职业技能培训模式。职业技能培训成效明显，取得较好经济效益和社会效益。

关键词： 职业技能培训；群工群学；双岗双驻

一、背景及关键问题

加快构建面向全体人民、贯穿全生命周期的终身教育体系，加快建设国家重视技能、社会崇尚技能、人人学习技能、人人拥有技能的技能型社会，职业院校应担此重任，职业院校应将培养对象由"面向学生"扩展到"面向人人"，举办学历职业教育与开展职业技能培训并重。但职业院校在实施职业技能培训过程中，存在以下突出问题和挑战。

（一）认知失策：育训结合路径不畅通

职业院校不同程度地存在着"轻培训、重学历"的传统观念，没有将两者摆在同等重要的地位，缺乏对职业培训的深入认知，育训结合路径不通畅，开展职业培训困难重重，无从下手。

（二）方法失调：育训过程资源不互通

职业培训与学历教育在教师、教材、教法等过程资源上各自为政，教师与培训师、教学资源与培训资源、教学模式与培训模式互不融通，具体实施缺乏资源保障。

（三）内容失衡：育训结果供需不匹配

教学内容与企业需求存在脱节，企业不认可，特别是大型企业都有各自企业的技能人才培训认证标准，导致职业院校培养人才与企业需求不匹配，学生就业岗位适应性差。

二、主要内容及做法

（一）主要内容

人民日益增长的多样化学习需求和职业发展需要，要求提供终身、多元、丰富的职业技能培训机会。2013年12月，重庆电子工程职业学院结合自身专业与区域产业的优势，主动与汽车行业龙头企业重庆长安汽车股份有限公司（以下简称长安汽车）合作，探索职业院校开展职业技能培训新路径。2014年3月，学校为长安汽车制定汽车维修技师培训认证体系标准，该标准在长安汽车全国经销商中推广并实施。2016年9月，成功立项重庆市教育科学"十三五"规划课题《基于现代学徒制和企业新型学徒制联动的职业教育产教融合校企合作教学实践研究》，经过一年探索总结，2017年5月形成"四贯通·三交互·两共学"职业技能培训模式。2018年6月18日，校企共建产业学院——智能制造现代产业学院，并以此为平台，全面开展汽车领域职业培训，取得显著成效，如图1所示。

（二）主要做法

1."理念—机构—制度—平台"四贯通，解决职业技能培训育训结合路径不畅通问题

在国家职业教育政策引领下，坚持"群工群学"育训理念，科研与社会服务处、国际交流与合作发展处、培训与继续教育中心三方共促共管，制定《科研项目管理办法》《培训团队带头人和培训师遴选办法》

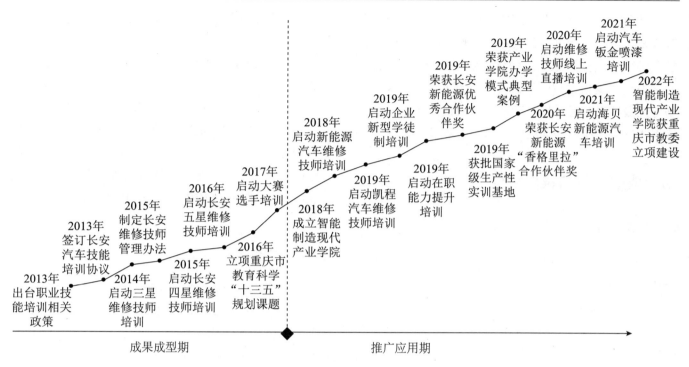

图1 案例主要内容

等70条举措，把职业技能培训纳入横向课题及科研绩效考核，在职称评审中与纵向课题同等对待，职业培训工作量计入教学工作量，提高教师参与职业技能培训的积极性。2016年11月，学校智能制造与汽车学院率先设立社会服务科，以智能制造现代产业学院为平台，开展职业技能培训业务，负责项目具体实施及管理，2018年在全校11个二级学院推广设置该机构。

2."双教师、双教材、双教法"三交互，解决职业技能培训育训过程资源不互融问题

团队以平台为驱动，开展"双千双师""大师工作站"驻企驻校等项目，推动校企师资需求互洽和互补共进，实现"双师"共融互聘，跨界性搭建"双岗双驻"培训师资融通新路径，形成一支能够驾驭校企"双讲台"、适应双岗的高质、量广、多元、稳定的培训师资队伍。育训资源体现培训资源实践性强、教学资源理论性广的双特征，依托"示范性职工培训基地""长安汽车高技能人才培养基地"等项目，校企共投入经费150万元，开发"育训结合"课程资源20门，通过资源互享，为各类型的就业人员培训提供保障。以"现代学徒制""企业新型学徒制"等职业培训项目驱动"员工与学生的身份互换、理论学习与实践训练双结合，促进高等教育教学与技术技能提升双教法的互补，实现校企零距离接轨培养高质量技术技能人才。

3."X证书＋能级证书"两共学，解决职业技能培训育训人才供需不匹配问题

学校以党建思政为引领，坚持立德树人根本任务，以行业需求为导向，通过建立企业、学校、评价组织等多主体共研校本教材，将课程思政、双证核心职业素养等元素有效融入教学内容，设置有"党心向上""科普小站"等通识学习模块，"大师有活""沙场练兵"等专业必修模块，"项目路演""师兄学堂"等弹性选修模块。学校把"X"证书标准（2020年前为职业资格证书标准）、岗位标准融入培训标准，通过培训考核达到"X"证书及能级证书的标准要求，对接学分银行，借以提升职业培训目标与岗位需求的匹配度，增强参训人员多岗位转换的适应性。

三、经验萃取与模式凝练

学校不断凝聚共识，深耕细作，首创性地提出"群工群学"育训理念，跨界性地搭建"双岗双驻"培训师资融通新路径，形成"四贯通·三交互·两共学"职业技能培训模式。四贯通即培训理念、培训机

构、培训制度、培训平台四位一体，为职业技能培训的实施提供路径指引；三交互即技师、教师互聘，教学资源、培训资源互享，教学方法、培训方法互补，为培训模式提供过程性资源保障；两共学即"X"证书与能级证书两者对接共学，一考双证，达成技术技能人才供需匹配的培训成效，如图2所示。

四、成效评价与推广价值

（一）成果成效

1. 职业技能培训受众广、程度深，培训师资社会认可度高

2013—2023年，共开展企业职工培训10万人天，其中获全国技术能手荣誉称号3人，重庆市五一劳动奖章1人。开展职教师资职业培训29期，共培训教师5万多人天，参训教师覆盖吉林、山东等15个省市。培训师资团队实力逐渐壮大，获国务院政府特殊津贴2人，全国技术能手2人，全国五一劳动奖章获得者1人，重庆市五一劳动奖章2人。

2. 职业技能培训模式辐射强、效益显，学校企业社会影响深

《基于"校企商合作"维修技师培训管理体系建设实践》获重庆市国资委企业管理现代化成果三等奖，长安汽车校企实训基地获教育部认定为国家级生产性实训基地，《智能制造现代产业学院办学模式及成果》获中国高等教育学会联合办学典型案例，重庆长安汽车股份有限公司成为重庆市首批产教融合型企业建设培育单位。

3. 职业技能培训模式关注多、推广实，面向国内外有力发声

央视、中国教育电视台等权威媒体报道学校与长安汽车的合作模式，成果经验在人民网、新华网、华龙网等主流网站报道10余次。项目组成员在学徒制国际研讨会、中国高等教育博览会等重要学术会议发言35次，在职业院校国培市培中做经验分享30余场次。

（二）推广价值

为实现技能型社会，职业院校的培养对象须由"面向学生"扩展到"面向人人"，开展职业技能培训是其中的关键举措。但目前职业培训与学历教育融通不足，该案例较好解决"育训结合"中存在的"轻培训、重学历"的观念问题、育训实施过程资源不融通、育训人才供给与需求不匹配等问题，适用于学校、企业、行业联合开展各类职业技能培训领域，以促进技术技能人才培养，推动产业企业发展升级，服务社区及区域经济发展需求。职业技能培训模式主要应用于企业在职人员技术技能培训、社会人员技能提升及再就业培训、院校学生技能及教师师资能力等培训。为推广应用实现该模式价值，需要明确育训需求导向，从企业需求侧出发，从职业培训供给侧进行改革，做到有的放矢；需要明确育训发展路径，学校承担链接学业与职业的功能，深抓通育训结合关键要素

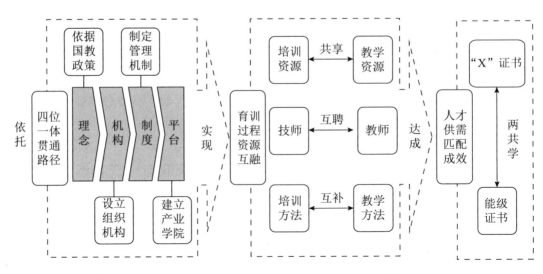

图2 "四贯通·三交互·两共学"职业技能培训模式

的融合互通；还需要明确合作优势，校企优势互补、互利共赢才能建立长效合作关系。

专家点评：重庆电子工程职业学院与重庆长安汽车股份有限公司合作充分发挥校企资源优势，开展职业技能培训，从培训的路径、资源、人才三方面入手，首创性地提出"群工群学"育训理念、搭建"双岗双驻"培训师资融通路径，破解了育训结合路径不畅通、育训过程资源不互融、育训人才供需不匹配等问题，形成培训理念、培训机构、培训制度、培训平台四位一体；技师、教师互聘，教学资源、培训资源互享，教学方法、培训方法互补；"X"证书与能级证书对接共学，一考双证"四贯通·三交互·两共学"职业技能培训模式，创新了职业技能培训的机制建设、资源优化、供需对接等，这一校企合作开展职业技能培训的成功范例值得借鉴，可推广应用于职业院校开展职业技能培训领域。

校企共建产业学院"1+1+N"模式协同育人

肖亚杰　顾广辉　娄天祥　何继盛　郭伟

徐州工业职业技术学院

摘要： 新能源汽车产业飞速发展，但存在高质量人才短缺、职业教育产教融合深度不足等问题。徐州工业职业技术学院与浙江吉利汽车有限公司共建吉利汽车产业学院，同时吸收N家产业链相关企业和行业资源，创新形成"1+1+N"的校企合作模式，以产业学院为合作平台，多方协同育人，资源共建共享，开展中国特色学徒制人才培养取得明显成效。

关键词： 产业学院；"1+1+N"模式；共建共享；协同育人

一、实施背景及关键问题

国家推动绿色发展，强力推进低碳减排，为新能源汽车产业的发展提供了极大的机遇，但在新能源汽车产业快速发展过程中，高素质技术技能人才紧缺的问题亟须解决。一是产业发展迅速，人才需求旺盛。新能源汽车在社会上逐渐普及，像智能网联、自动驾驶等很多新技术应用日趋广泛，因此掌握相应技术，能够从事新能源汽车制造、检测、维修与技术服务的高素质技术技能人才供不应求。二是学校单主体培养不能满足岗位所需人才技能需求。职业教育产教融合深度不足，人才培养目标与岗位需求不对应。职业院校存在课程设置和课程内容不对应企业岗位能力，教师与企业新技术脱节等现象，学校需要与企业开展深度产教融合，才能进一步提升职业教育质量。

二、主要内容与典型做法

（一）"1+1+N"模式产业学院

为推动产教深度融合，徐州工业职业技术学院与浙江吉利汽车有限公司共建吉利汽车产业学院，同时引入苏州华兴源创科技有限公司、无锡晋拓科技有限公司、常州澳泓电子科技有限公司等N家新能源汽车产业链上下游企业，共建"1校+1龙头企业+N个上下游产业链企业或区域紧密合作企业"的模式（简称"1+1+N"模式，如图1所示）。

产业学院采用理事会管理模式，成立由徐州工业职业技术学院、浙江吉利汽车有限公司、苏州华兴源创科技有限公司等代表组成的理事会，理事会负责产业学院的建设、运行与管理。同时建立了日常管理构架，设置综合办公室、学工办公室等部门负责产业学院的日常管理工作。产业学院制定了季度会议制度，每个季度校企多方召开一次工作会议，制定详细工作计划，共同推进产业学院建设发展。

（二）"1+1+N"模式协同育人

1. 共制育人方案，重构课程体系

"1+1+N"多方协同合作，针对企业需求，吸收行业企业专家意见和建议，将企业岗位对人才的需求标准，延伸到课程设置中去，共同修订新能源汽车技术专业和汽车制造与试验技术专业人才培养方案，重构"底层基础+中层模块+高层方向"的模块化课程体系，融入行业元素、企业元素，通过"认知（感知）实践、模拟（仿真）实践、生产（项目）实践、创新（创业）实践"四层递进模式，提升人才培养质量；针对新工艺新技术，设置符合智能网联、自动驾驶等技术的专业课程，引入企业生产技术和案例，修订《新能源汽车技术》《汽车检测与维修》等传统课程标准。同时引入浙江吉利汽车有限公司的"吉时学"、中德诺浩（北京）教育科技股份有限公司的智能网联汽车检修与运维等"1+X"教学资源，校企共同开发以吉利汽车为载体的"新能源汽车技术"新形态教材和在线课程，实现"岗课赛证"的有效融通，

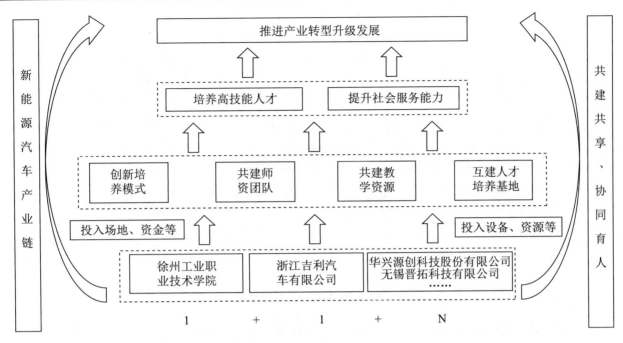

图1 "1+1+N"模式产业学院

增强人才培养的灵活性、适应性和针对性。

2. 共建教学团队，实施双师训教

校企共建了以"青蓝工程"中青年学术带头人周天沛教授、全国技术能手秦奋领衔的50人校企混编教学团队，团队中副高职称以上33人，占比66%，双师型教师37人，占比74%；企业教师根据岗位技能实施专业综合实践教学、顶岗实习等岗位实习，并指导学生根据岗位工作内容完成毕业设计任务，承担教学任务占比43.9%；组织校内教师参与企业技能培训，参与企业课题研发，提升学校教师的专业能力和综合素质。实现院校教学过程与吉利汽车生产实际紧密对接，学校、企业深度合作，探索"课堂＋工厂、教师＋工匠"的"双师训教"育人体系，提升高技能人才培养质量。

3. 共建实训基地，提升技能培训

依托产业学院平台，校企共建"校中厂"——新能源汽车实训基地。围绕吉利汽车的制造、维护、电气系统等技术，对接岗位技能，融入生产项目，模拟生产环境，建设了包括新能源汽车虚拟仿真实训区、新能源整车智能实训区、新能源汽车智能网联实训区等集理实虚为一体的新能源汽车技术实训基地；共同建设共建"厂中校"——极氪工厂实训基地、沃尔沃工厂实训基地、华兴源创实训基地等，通过工学交替人才培养改革，进一步提升学生实践创新能力。

4. 创新培养模式，实现岗位成才

校企共同开展中国特色学徒制人才培养改革，浙江吉利汽车有限公司等合作企业设立现场工程师学徒岗位，学校、企业和学生签订学徒培养协议，明确三方权利和义务；校企联合招生，共同制定招生选拔的标准和要求，设计和开展教学考核评价改革，开展职业能力评价，设立淘汰机制，实现动态择优增补，建立校企多维综合性学徒学习评价体系。同时，学校围绕新能源汽车技术产业链，发挥办学优势和专业特长，开展企业职员工入职培训、专业技术培训和数字能力提升培训，实现岗位育人、在岗成才。

三、经验萃取与模式模型

（一）"四对接、四融入"产教融合体系

以吉利品牌汽车为载体，把学院与企业对接、专业群与产业链对接、课程与岗位对接、教学与生产对接，形成了企业发展需求融入学院培养目标、产业行业标准融入专业标准、岗位技能要求融入课程标准、实际生产项目融入教学过程的"四对接、四融入"的体系，培养高素质技术技能人才，服务长三角地区的新能源汽车制造、检测与维修、电气控制系统、"光储充"一体化充电桩等新能汽车及上下游产业，如图2所示。

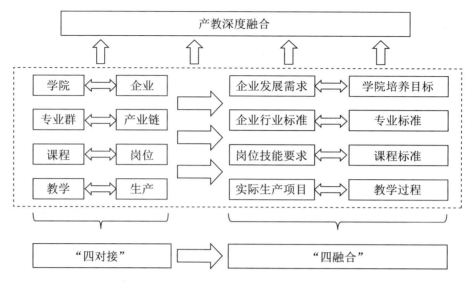

图 2 "四对接、四融入"产教融合体系

（二）"12345"实习管理体系

为保证学生在企业的岗位实习顺利开展，校企共同建立岗位实习工作小组，由学校人员和企业人员共同组成，共同实施"12345"实习实训管理体系，即一份协议、二个主体、三全管理、四方协同和五元思政，如图 3 所示。一份协议是指校企生签订三方协议，明确三方权利和义务，为学生安全实习提供文件保障。二个主体是指学校和企业都是学生管理的主体，企业提供实习岗位，学校派老师与企业人员共同指导管理实习。三全管理是指校企教学管理团队要在工作、学习、生活等多方面关心学生，对学生进行专业知识、岗位技能、思想政治、心理辅导等全过程管理、全时段跟踪、全方位教育；四方协同是学校安排实习指导老师、辅导员，企业安排班主任、岗位师傅，组成四方协同的全程跟踪教学管理团队；五元思政是指在实习过程中，对学生进行民族情怀、工匠品质、环保意识、职业素养、创新精神等思政教育。

四、成效评价与推广价值

（一）成效评价

1. 培养技能拔尖人才

通过"1+1+N"模式协同育人，学生的专业技能和职业素养有效提升。近年来，学生获得职业技能大赛国赛一等奖 2 项、二等奖 2 项，获得职业技能大赛省赛二等奖 4 项、三等奖 12 项，获得江苏省优秀毕业设计一等奖 2 项，获得江苏省"挑战杯"大学生创新创业大赛一等奖 1 项，获得江苏省机械创新设计大赛一等奖 1 项；学生获得国家专利 20 余项，申请省级创新创业项目 6 项，发表学术论文 5 篇。学生在实习期间参加企业组织的各项技能竞赛，在吉利汽车集团"技能新星"大赛中获奖 10 余项，5 人被评为"吉利汽车集团技能新星能手"等，培养出一大批具备工匠精神，精操作、懂工艺、会管理、善协作、能创新的现场工程师。

2. 提升社会服务能力

学校与企业利用线下线上资源共同开展社会服务，开展员工培训 110 人次，技能鉴定 300 余人次、线上培训 12000 余人次；招收新能源汽车上游企业可成科技（宿迁）有限公司等 72 名在职员工为汽车检测与维修专业、电气自动化技术专业全日制社会教育学生，帮助员工提升学历；服务"一带一路"国际交流合作，汽车检测与维修技术专业和电气自动化技术专业招收老挝国际留学生 30 余名。通过对吉利汽车集团、苏州华兴源创科技有限公司、常州博瑞电力自动化设备有限公司等就业单位进行调研回访，企业高度认可毕业学生，满意度达到 98% 以上。

（二）推广价值

校企共建产业学院，"1+1+N"模式协同育人合作成果被中国高职高专网、《江苏教育》、《彭城晚报》等媒体报道，形成了良好的社会效应。育人模

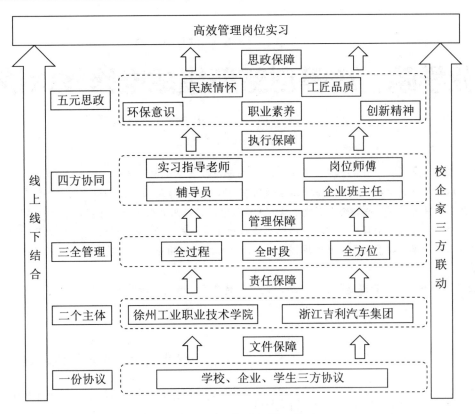

图 3 "12345"实习管理体系

式在淮海经济区同类型院校中进行实践推广,年均受益学生 20000 余人。

专家点评：徐州工业职业技术学院与浙江吉利汽车有限公司共建"1 校 +1 龙头企业 +N 个上下游产业链企业或区域紧密合作企业"的模式产业学院,推行了依托产业学院的校企合作"1+1+N"育人模式,多方协同育人,资源共建共享。探索了学院与企业对接、专业群与产业链对接、课程与岗位对接、教学与生产对接;企业发展需求融入学院培养目标、产业行业标准融入专业标准、岗位技能要求融入课程标准、实际生产项目融入教学过程"四对接、四融入"的产教融合体系,创新了一份协议、二个主体、三全管理、四方协同和五元思政"12345"实习实训管理体系。通过开展中国特色学徒制人才培养改革,形成了一系列有效成果,为培养具有工匠精神,精操作、懂工艺、会管理、善协作、能创新的现场工程师提供了可借鉴的创新模式。

共建产业学院，培养创新型集成电路技术技能人才

丘 聪　许志良　李世国　李春霞

深圳信息职业技术学院

摘要： 深圳信息职业技术学院"以芯构群"组建了全国高职院校首家微电子学院，实施"产教科"融合互促机制，在校企合作方面取得了创新突破，建成了基于混合所有制的校企合作命运共同体——"芯火"特色产业学院。依托产业学院，汇聚优质育人资源，头部企业捐建了从芯片设计到芯片应用的全链条人才实训基地，"以岗铺课、以赛促学"实现了人才培养质量的显著提升。依托中国职业技术教育学会微电子专委会和世界技能大赛两大高端平台，学校在教学科研、三教改革、技能大赛、师资培训、人才培养标准国际输出等方面多点开花，产教融合示范引领效应开始显现。

关键词： "产教科"融合互促；"岗课赛"融通提质；"芯火"特色产业学院；微电子专委会

一、实施背景

深化产教融合、校企合作是党中央、国务院为进一步办好新时代职业教育作出的重大决策部署。在深圳市"打造集成电路集聚发展高地"的背景下，深圳信息职业技术学院（以下简称深信院）切实履行服务地方产业的职业教育使命，集全校之力打造了全国高职首家微电子学院，与行业协会、头部企业联合共建"芯火"特色产业学院，多元培育集成电路产业紧缺人才，助推深圳集成电路产业发展，在"产教融合"中交出了一份满意答卷。

二、关键问题

（一）行企优质育人资源不足

集成电路产业链条长、生产设备精密昂贵、生产计划周密、产品良率要求高，企业往往不愿接受学生"工学交替"入企实践，而院校难以自建生产性实训基地，集成电路人才培养中难以汇聚优质行业企业育人资源。

（二）教师工程实践经验匮乏

集成电路技术更新迭代快，专任教师工程实践经验匮乏，难以胜任集成电路人才培养中的技能教学。

（三）学生真项目技能训练不足

受限于教学条件与生产环境的脱节和教师实践经验的匮乏，实际教学中缺少真实项目案例，导致学生技能水平达不到企业要求，难以实现高质量就业。

三、主要做法

（一）创新校企合作机制，搭建产教科融合互促的协同育人平台

1. 创新协同育人模式，构建产教科融合互促机制

深信院深入剖析各方优势和利益诉求，提出了"产教科"融合互促模型。教师技术攻关帮助解决企业技术难题；头部企业提供"教师工作站"帮助教师提升应用创新能力；教师"以研促教"提升岗位技能教学胜任力、项目转化教学案例能力和实践实训指导能力；以企业捐赠生产性设备为主，校企共建与工作场景对接的实训平台，满足人才实训与社会服务需求，帮助学生快速获得岗位技能，批量培养了创新型集成电路工程技术技能人才。

通过上述实践，深信院打通了教师成长、实训条件建设、实践教学、学生就业、企业研发、学校社会服务之间的壁垒，破解了"产教两张皮"难题，形成了学校以"智力"服务企业，企业以"物力"支持专业的合作特色。构建了六位一体的"产教科"融合互

促指标体系，用"行企资源投入、生产服务效益、技术服务能力、课程项目转化能力、教师岗位胜任力、人才培养质量"六大指标动态监测协同育人成效，持续提升"产教科"融合互促机制的生命力。

2. 共建特色产业学院，打造校企合作命运共同体

学校与深圳微纳研究院（国家工信部"芯火"深圳平台）、华大九天（EDA国家工程研究中心）、深圳聚飞光电等多家半导体企业共同成立了深信"芯火"产业学院，探索由校企多方出资的混合所有制模式，实施"利益共享、责任共担"，成立理事会，落实双主体办学，形成了"产教科深度融合、校企互助发展"的命运共同体。

以产业学院为载体，建成了一个国家级协同创新中心：教育部第三代半导体应用协同创新中心；成立了两个协同育人新平台：国家"芯火"平台人才培养示范基地和第三代半导体粤港澳大湾区人才培养示范基地；建设了基于混合所有制的两个技术中心：快封中心和智能芯片设计工程中心。

（二）汇聚行企育人资源，打造岗课赛融通提质的一流教学支撑

1. 企业捐建为主，建设一流的生产性实践基地

面向设计、制造、封装、测试，建设与工作场景对接的实训平台，由企业捐建设备，导入企业技术资源，共同培育国产化IC软硬件的人才生态；以特色班、订单班、训练营多种形式对接产业需求，培养紧缺技能人才。经过近2年的建设，深信院打造了芯片设计、制造、封装、测试、应用全链条的一流生产性实践基地，学生技术技能培养获得了质的飞跃。

2. 校企合作开发，建设一流的项目化课程资源

依据SoC芯片设计到应用全流程，打造以芯片设计与验证、芯片封装与测试、芯片应用开发为方向的项目化专业课程，并与行业领先企业共建新技术课程16门，使教学内容与行业企业接轨。通过项目化驱动知识学习，使学生在完成项目的同时也完成知识学习，让学习生动化。

3. 对标岗位技能，打造一流的模块化教学团队

与头部企业合作建立"教师企业工作站"，校企联合进行技术攻关，解决企业技术难题；推行专任教师全员轮岗制，以真实企业项目为载体，提升教师对接岗位能力的专业技能、项目化教学能力、实践指导水平和应用创新能力。实施"常岗优酬"招才进校，引进高水平的产业教授和兼职教师。依据岗位类别技能要求，组建专兼结合的模块化教学团队，建设立体化教学资源，开展模块化技能教学。

4. 以赛促学促教，打造一流的技能竞赛训练平台

积极探索"政校行企协同、岗课赛融合"育人模式，组建"智能创新俱乐部"，为学生打造创新实践、科技制作和技能竞赛的平台。俱乐部定期由企业技术专家和专任教师为学生提供系统的专业培训，常年组织学生参加各级技能竞赛和创新创业大赛。以赛促学提升学生的专业实践能力和创新创业热情，为学生个性成才铺路。

（三）依托职教高端平台，示范引领微电子职业教育高质量发展

在教育部原副部长鲁昕的关心和指导下，中国职业技术教育学会于2020年8月成立了微电子技术专业委员会（以下简称微电子专委会），打造了产教融合高端平台，秘书处设在深信院。微电子专委会已成功举办了多期微电子职业教育全国师资培训活动，中国职业技术教育学会鲁昕会长均亲自参会并作专题报告，由芯片行业领先企业的技术专家授课，服务全国本科、高职院校的教师3000余人次，强"芯"强师，有力推动了"双师型"师资队伍建设，助推了高职院校开设集成电路相关专业或课程模块，取得了广泛赞誉。

在世界技能组织及合作企业的支持下，国际培训中心光电技术分中心落户深信院，对标国际行业发展与专业标准，服务"一带一路"沿线国家学生的技术技能提升。

四、模式模型与创新点

（一）模式模型

基于以上实践，总结提炼了"产教科"融合互促模型，如图1所示。

（二）创新点

1. 创新校企合作新机制

依托特色产业学院，企业通过合作，获得科技攻

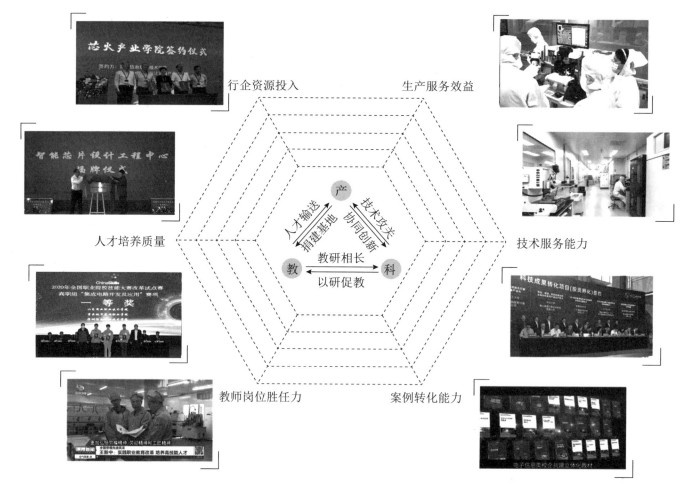

图1 "产教科"融合互促模型

关支持和产品开发支撑，主动捐赠芯片设计、工艺制造、封装、测试、应用等软硬件设备，共建了院校难以自足的优质生产性实训基地，反哺院校批量培养产业急需的技术技能人才；通过协同创新中心平台、协同育人新平台、技术中心、"教师企业工作站"，校企联合攻关和联合教学，实现校企双方"智力"和"物力"的优势互补，提升了专任教师的实践教学和科研创新实力，丰富了教育资源。

2. 示范产教协同新发展

依托微电子专委会，发挥深圳"双区叠加"的优势，优化职业教育类型定位，推动集成电路产业与微电子专业教育深度融合和协同创新，举办师资培训、人才培养论坛，强"芯"强"师"，产教共同打造集成电路职业教育相关标准和课程体系建设。以世界技能大赛光电赛项参赛为抓手，依托国际培训中心光电技术分中心，输出国际化的人才培养标准。

五、效果与推广价值

（一）实践效果

1. 培养高素质技能人才

毕业生在芯海科技、聚飞光电等知名企业就业，据麦可思报告，毕业生三年后年薪可达15万元，远高于国内同类院校毕业生。学生获首届中国职业技能大赛金牌1项、国赛一等奖4项，省级大赛奖30余项。

2. 开发优质教学资源

建设国家级教学资源库课程3门，专业课程数字资源覆盖率100%；出版教材38部，其中，国家规划教材9部、全国电子信息类优秀教材1部、基于企业真实案例的立体化教材16部。

3. 建设一流"双师"队伍

打造了微电子技术省级优秀教学团队，立项建设唯一一个高职院校集成电路国家级职业教育教师教学创新团队,培育全国先进工作者、"万人计划"教学名师、省特支计划教学名师、南粤优秀教师、珠江学者等5人。

4. 提升技术服务能力

近年来完成国家自科基金项目4项,省市自科基金项目、教改课题32项,承担技术服务项目37项,科教研项目经费总计1920.5万元。

(二)推广应用

1. 国内推广

牵头成立中国职教学会微电子专委会,举办全国师培和人才培养论坛,辐射院校200余所,培训师资3000余人次;牵头制定教育部职教本科集成电路工程技术专业标准;通过世界职业技术教育发展大会、新华网CIP教育创新大会等分享本案例50余次。

2. 国际辐射

与世界技能组织合作开展国际培训,服务日本、韩国、俄罗斯、巴西等近20个国家和地区;与牙买加、奥地利等国在专业标准、课程标准等方面开展合作。

3. 社会影响

《中国教育报》、《光明日报》、人民网等媒体报道本成果30余次。深圳半导体行业协会授予学校"卓越育人奖"。

专家点评:深化产教融合、校企合作是党中央、国务院为进一步办好新时代职业教育作出的重大决策部署。深圳信息职业技术学院以产业学院为抓手,深化产教融合层次、拓展校企合作内涵,持续全面推进产教融合工作,学院"以芯构群"组建了全国高职院校首家微电子学院,实施"产教科"融合互促机制,在校企合作方面取得了创新突破,建成了基于混合所有制的校企合作命运共同体"芯火"特色产业学院。本成果形成了集成电路领域产业链、创新链、教育链、人才链"四链融合"育人新范式,破解"行企优质育人资源不足,教师实践教学胜任力不足,学生真项目技能训练不足"等难题,实现校企协同发展、高度融合,为发展集成电路的国家战略提供有力支撑,提升相关产教融合品牌的影响力和渗透力。

育训结合、双向融合、组群培养，校企协同育人

胡建国　杨亘　伍伟杰　邱昌辉　杨小东

顺德职业技术学院

摘要： 针对佛山市顺德区制造业转型中对人才提升的共性需求和个性需求，顺德职业技术学院以现代学徒制人才培养项目为载体，机电、数控和模具等多专业组群为单个企业定制覆盖更宽岗位群、满足个性化需求的人才培养方案，同时通过学校"送教上门"为企业讲师开展行动导向教学法培训，以"引企入教"；共建精益管理技能大师工作室，将企业先进管理技术引入学校。通过"引师入校"，以企业"送技上门"形式与学校共同开发"精益生产管理"课程，形成双向融合局面；发挥学校平台与环境优势，依托工作室和共建课程，校企共筑培训载体"精益道场"，聚集地方商会、行业专家等资源，面向企业生产运作管理人员，打造培训项目"精益生产管理特训营"，开展培训赋能，形成育训结合态势，形成了"育训结合、双向融合、组群培养"的产教融合模式。

关键词： 转型升级；人才培养；育训结合；双向融合；组群培养

一、实施背景

位于粤港澳大湾区腹地的佛山市顺德区，起步、发展、成名于制造业，正围绕战略性支柱产业集群和战略性新兴产业集群，从"顺德制造"向"顺德智造"转型升级。

自建校以来，顺德职业技术学院（以下简称顺德职院）一直与顺德制造产业共生共长、共存共荣。探索产教融合新途径，助力"顺德制造"走向"顺德智造"，是学校的使命和责任；产教融合需要学校紧密对接产业企业需求，高效、高质培养技术技能型人才，包括学校内的增量人才和企业内的存量人才。产教融合还需要企业积极主动将制造业新理念和新技术导入职业院校，并转化为教学资源，不仅用于培养校内学生和企业内部员工，而且用于培训区域制造产业人才。

顺德职院紧贴装备制造业实际需求，与广东乐善智能装备股份有限公司（以下简称乐善公司）深度合作，探索了"育训结合、双向融合、组群培养"的产教融合新模式。

二、主要做法

（一）以学徒制教育项目为载体，引企入教，送教上门，组群培养

乐善公司是一家设计、制造吹塑设备的专业机械装备制造商，属于行业的"隐形冠军"，但其在人才提升方面存在以下痛点：①难以直接从高校招聘到掌握吹塑设备设计开发、加工制造及安装调试等职业能力的人才；②缺乏既懂技术又善培训的内部讲师，公司内部的常规技术培训效果有限；③核心岗位群覆盖面较广，涵盖了吹塑模具设计与制造、模具与部件数控加工以及机电液一体化系统组建与调试等岗位，但各岗位人才需求不大（一般5～10人），常规的校企合作人才培养方式难以满足其个性化需求。

针对乐善公司的人才提升痛点和个性化需求，顺德职院以现代学徒制人才培养项目为载体，以模具、数控和机电三个专业组建专业群，通过分别招生、合班管理、模块化教学，解决核心岗位群覆盖面较广但难以开展单专业校企合作的问题。同时，顺德职院利用多年探索积累的行动导向教学经验，对乐善公司技术部骨干开展多次"送教上门"，与后者共同开发定制化的人才培养方案，开发学习领域课程，研讨典型工作任务，开发学习情境及辅导行动导向教学；通过组群对接、教法赋能，以企业侧讲师为主导开展现代学徒制人才培养，提升了企业内部讲师的教学能力和信心，实现"引企入教"。

（二）以技能大师工作室为平台，引师入校，送技上门，开发课程

精益生产管理是工业4.0的基础，是顺德职院智

能制造类专业学生都应掌握的先进共性管理技术，由于缺少企业实战磨炼，顺德职院课程授课教师存在课堂教学与实际应用脱节的痛点。

乐善公司在精益生产管理方面具有良好的业内口碑和丰富的实战经验。借助与乐善公司合作的现代学徒制人才培养项目，不仅安排乐善公司的精益生产管理专家承担面向现代学徒制在岗学员的精益生产管理课程教学，而且邀请乐善公司精益生产管理专家郭锡南先生成立"郭锡南精益管理技能大师工作室"，通过"引师入校、送技上门"，将企业先进管理技术和应用案例引入学校，校企共建教学团队、共同开发精益生产管理课程，实现模具、数控、机电、机器人和自动化等相关专业管理类课程的整合与标准化。

（三）以"精益道场"为依托，聚集资源，共筑平台，培训赋能

精益生产管理也是顺德众多制造企业提升生产与管理水平的先进管理技术，对顺德家电与机械装备制造企业的生产运营管理人员开展技术培训，成为顺德制造业转型升级的迫切需求。

以顺德职院的广东省数字化工厂工程技术研究中心和郭锡南精益管理技能大师工作室为依托，以校企共建的精益生产管理课程及专兼教学团队为基础，以顺德区民营企业发展商会的渠道资源和需求信息为辅助，集聚多方资源，面向智能制造，共建"智造·精益道场"培训平台，打造"精益生产管理特训营"培训项目，面向顺德制造产业企业生产运作管理人员，开展多期精益生产管理技术培训。

三、经验萃取

针对顺德制造业在转型升级过程中存在的人才提升个性需求和共性需求特点，提出"育训结合"的思路。所谓"育"，是指针对单个企业的个性化需求，以共同培养人才、共同开发课程和共同提升师资等方式，提升单个企业内部员工的具体专业技能，同时将企业的先进技术和理念融入校内课程以培养校内学生；所谓"训"，是指针对整个产业的共性化需求，以学校技术服务转化平台为依托、以共性技术培训项目为纽带，汇聚企业和行业师资资源，面向区域制造产业的企业生产运作管理人员，开展精益生产管理技术培训。

在"育训结合"过程中，代表产业界的企业及商会和代表教育界的学校，围绕具体的教育项目和培训项目，双方共同投入各自优势资源，从学员、课程、师资、教法和环境条件等方面全方位深入合作，形成"双向融合"的交融局面。

在具体的教育项目实施过程中，学校根据企业在岗员工的岗位技术特点和报名人数需求，整合校内专业资源，以专业组群方式开展现代学徒制人才培养试点项目。在具体的培训项目实施过程中，以学校师资资源为中心，汇聚企业技能大师、行业管理专家及商会需求信息，组群开展精益管理特训营培训项目，形成"组群培养"的融合特点。

以平台为依托、以项目为纽带、以点带面、持续融合，进而形成"育训结合、双向融合、组群培养"的产教融合模式，如图1所示。

四、案例成效

1. 协同育人成效

以专业群形式与乐善公司开展现代学徒制人才培养，培养在岗员工25人，其中模具专业3人、数控专业6人、机电专业16人，培训企业内部讲师8人。校企合作共建精益生产管理课程，成为模具、数控、机电、机器人和自动化等专业的共享课程，共有超过1000人修完该课程。

2. 技术培训成效

依托"智造·精益道场"培训平台，为顺德制造产业的企业生产运作管理人员开展精益生产管理培训20期，累计培训企业人员600多人次，培训授课教师8人，开展精益生产管理交流活动6次，参与活动人数300多人次。

3. 咨询服务成效

依托郭锡南精益管理技能大师工作室及校企共建的教师教学团队，为区域制造企业开展精益生产与管理现场诊断和咨询服务，服务企业10多家，服务人数200多人次。

五、推广价值

本案例中的合作企业为技术密集度较高、规模中等、负责人具有较高社会责任感的制造业"隐形冠

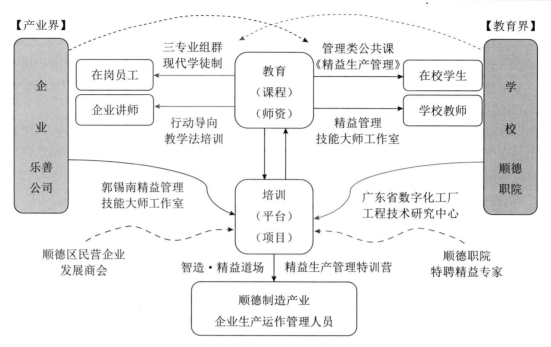

图1 "育训结合、双向融合、组群培养"的产教融合模式示意图

军"企业,具有技术与理念先进、组织与管理灵活、与学校协同育人热情较高、企业转型与人力资源提升压力较大、企业愿景和战略目标长远等特点,在推广应用过程中需要考虑到上述因素。

目前该案例中的产教融合模式已开始被应用于学校相关专业与区域制造企业合作开展现代学徒制和新型学徒制人才培养项目。

专家点评:《育训结合、双向融合、组群培养,校企协同育人》针对区域内制造业对人才提升的个性需求和共性需求,通过"引师入校""送技上门"形式开发精益生产管理课程,形成了"育训结合、双向融合、组群培养"的产教融合模式。以学徒制项目为载体,以乐善公司在人才培养方面存在的问题为抓手,通过组建专业群,深入开展校企合作;以技能大师工作室为平台,将企业先进管理技术和应用案例引入学校,形成"双向融合"的交融局面,达到协同育人的效果。该案例的特点为合作企业是"隐形冠军"企业,具有一定的发展性和延续性,校企合作的方向具有典型性的特点,可以进一步推广。

学做创一体化，培养精密制造复合型技术技能人才

赵明威　吴玉文　刘艳申　张文亭　焦峥辉

陕西工业职业技术学院

摘要： 近年来，装备制造行业呈现数字化、信息化、智能化的特征，行业发展对职业教育人才培养提出了更高的要求，产教融合、校企合作依然是职业教育领域的热点问题。对接"中国制造2025"国家战略中关键装备（数控机床）制造及应用领域，紧扣陕西工业职业技术学院"因装备制造业而生、依装备制造业而立、随装备制造业而强"的办学特色，机械制造及自动化专业群聚焦数字化精密制造技术，深化产教融合，携手行业头部企业——北京精雕科技集团有限公司，通过共建校企协同育人平台，实现了"项目进课堂、技术进教学、案例进教材"三走进和"同德、同心、同向、同力、同行"五协同，创新了学做创一体化人才培养模式，育人效果良好。

关键词： 校企合作；产教融合；协同育人；学做创一体化

一、背景与关键问题

（一）全世界范围内院校发展逐渐落后于社会、企业发展

近年来，全世界呈现"产业升级快、技术迭代周期短"的社会特征，特别在装备制造行业，新技术、新产品层出不穷。西安交通大学王树国校长曾指出：全世界范围内技术领域开始出现院校落后于社会的迹象，企业所拥有的技术、设备和理念，甚至远远超过院校，社会开始领先院校发展，这时候院校就要进行反思并进行变革。

（二）社会人才需求从"工具人、技能人"向"全面人、技术人"急速转变

目前，很多行业的技术迭代速度都在加快，一方面是产业结构升级的结果，另一方面是技术和资源积累到一定程度之后必然的发展趋势。在这种大趋势下，"工具人、技能人"面临着被淘汰的风险。以修模钳工为例，在当今精密制造设备和精密制造技术的冲击下，薪酬和就业空间都受到了很大冲击。与此同时，企业对掌握精密制造设备和数字化精密制造技术的"全面人、技术人"需求迫切。中国软件行业协会联合华为发布的《中国ICT人才生态白皮书》显示，2020年全国高职院校智能制造机械行业相关毕业生22.84万人，而行业人才需求为100.65万人，缺口巨大。

（三）院校教师水平、教学资源、教学模式需要改变和提升

从培养"工具人、技能人"向培养"全面人、技术人"转变，要不断提升学生的"创新能力"和"复合能力"。基于这样的要求，就需要充分借助社会企业力量，引入企业资源，提升教师对新技术、新设备的应用能力，丰富教学资源，变革教学模式。

二、主要内容与做法

（一）校企共建"五位一体"数字化精密制造育人平台

瞄准"数字化精密制造"前沿技术，立足人才培养、技术研发、社会服务、科技转化、创新创业功能需求，企业出设备、出技术，学校配套场所、师资队伍，校企共建"五位一体"数字化精密制造育人平台，包含"数字化制造虚拟仿真中心（软件应用）"和"数字化制造精密加工技术研发验证中心（设备应用）"两个中心，如图1所示。以企业典型产品为载体，专职教师和企业技术人员共同开发加工工艺、编制工艺文件和教学文件，依托两个中心实施模块化教学，完成精密制造技术生产过程，培养学生数字化精密制造相关能力。

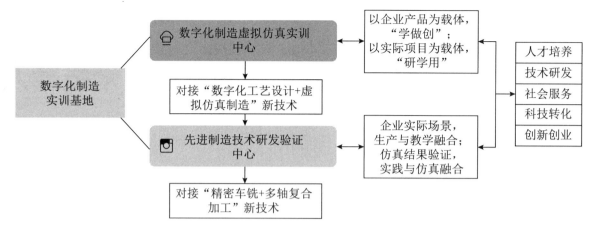

图 1 "五位一体"数字化制造育人平台框架

（二）校企深度融合，构建"五同精雕"合作模式

1. 校企"同德"联合人才培养

引入精密叶轮、医疗接骨板等15类企业产品作为项目载体进入课堂，在校企双师指导下组织理实一体化教学，以学生为主体，开发产品加工工艺，实施产品生产，验收产品质量。生产合格的产品由企业有偿回收，以产品工艺合理性、产品质量、生产过程现场5S管理等要素对教学效果实施评价。通过生产过程与教学过程相融合，训练学生精密多轴零件加工技术、机械产品质量检测技术，培养学生良好的职业素养，实现实境教学与双元育人。

2. 校企"同心"联合技术研发

引进哈尔滨工业大学秦裕琨院士担任学校高水平专业群首席技术专家，校企共建双师团队开展企业技术升级、成果转化、产品研发、工艺革新等方面工作，对先后承担的"光机系统试制""节气门压铸件"等8项研发项目进行深度分解，将其中的新技术、新工艺、新规范内容转化为教学项目等教学资源，反哺教学，形成了数字化精密制造技术、柔性工装设计等6门新型课程。将"创意直尺""节气门压铸件""刀爪卡盘""侧铣小叶轮"等案例引入活页式教材。

3. 校企"同向"联合社会服务

加速推进社会服务，面向企业成员征集"校企合作技术研发服务项目"，承接欧中材料科技等企业的15个项目，发挥学校科研优势和资源优势，有效提升了技术服务产业能力。其中，李翊宁博士等团队成员于2020年7月前往山东临沂千川蚂蚁商贸（山东）有限公司，开展为期两周的小微企业技术服务工作。

同年11月，"全国机械行业服务先进制造高水平职业院校建设联盟"在学校成立。这一平台的建立对职业教育的高质量发展、职业院校服务先进制造建设将起到重大推动作用。

4. 校企"同力"联合科技转化

校企共同承担了国家级职教团队创新实践课题研究项目"先进制造技术复合型人才培养实训基地建设的研究与实践"，开发精密数控加工职业技能等级标准1项，编写"1+X"精密数控加工证书配套的教材1套。团队成员先后完成小髓核手术钳等技术服务项目5项，解决企业技术难题21项，为企业创造经济效益650余万元。

5. 校企"同行"联合创新创业

发挥校企双方人才优势，组建由企业高级技能人才和学校教师共同组成的实训教学团队，以真实的产品为载体，在生产性教学过程中指导学生CAD/CAM/CAE应用、高端机床操作、产品质量检测等技术，全面提升学生的技术技能水平，培养学生团队协作精神、质量意识和职业素养。在实施生产性实训教学的同时，优选技能精湛、基础扎实的学生组建多支队伍参与了全国机械行业职业技能大赛五轴数控加工技能竞赛、机械产品检测与质量控制技术赛项等36项比赛，获奖颇丰。

三、经验萃取与模式模型

（一）四共融通，创新长效运行机制

协同育人平台实行理事会领导下的主任负责制，由校企双方共同组成协同育人平台理事会，制定了

理事会议事制度、平台管理制度、项目结算制度等管理制度，规范了平台的运行及管理；制定了协同育人平台企业兼职人员选聘及管理考办法、协同育人平台设备及耗材管理办法、平台生产及教学运行管理办法等，规范了平台的人财物管理及运行，初步形成了"共建、共享、共用、共赢"的"四共融通"数字化制造育人平台运行模式，如图2所示。

（二）立足平台，强化育人模式改革

校企双团队依托数字化精密制造育人平台，创新了"学做创一体化"人才培养模式，如图3所示。以机械制造行业复合型技术技能人才培养为主线，将"知识学习、技能训练、创新培养"一体化，"学习知识打基础—仿做案例练技能—实战项目育创新"三级递进，培养出"懂设计、通工艺、精技术、会管理、能创新"高素质复合型技术技能人才。

四、成效评价与推广价值

（一）培养了一支国家级职业教育教师教学创新团队

机械制造及自动化专业群机电一体化技术专业教师教学创新团队获批国家级职业教育教师教学创新团队，先后将38名教师培养为双师型教师。其中，王彦宏、祝战科两位老师被认定为"工匠型"教师，团队内双师型教师比例达到85%以上；获国家级教学成果奖1项，国家级精品资源共享课1门，省

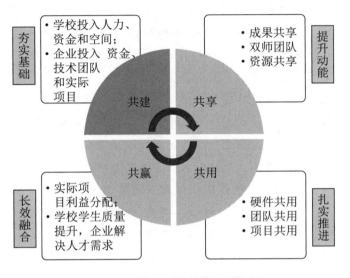

图2 "四共融通"长效运行机制

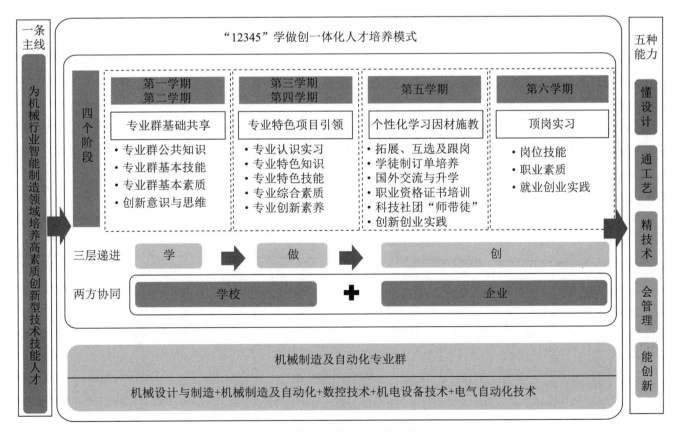

图3 学做创一体化人才培养模式

级精品在线开放课程 5 门；建成国家级师资培训基地 1 个，省级双师型教师培养培训基地 1 个。以赵明威教授为首席专家的智能制造协同创新中心，被咸阳市渭城区政府授予先进制造技术特色产业专家工作站。

（二）培育了一批精密制造未来领军人才

学生在全国职业院校技能大赛、全国数控技能大赛等技能大赛，及第九届全国大学生机械创新设计大赛中获得各类奖项 32 项。两年来，校企联合培养毕业生 1300 余人。其中，与宝鸡机床集团有限公司等 12 家企业联合培养现代学徒制学生 430 余人，毕业生中 36% 就业于宝鸡机床集团有限公司、法士特等高端机床制造企业和装备制造企业。第三方评价机构麦可思提供的就业质量年报显示：专业群毕业生满意度 96%、就业单位专业相关度 100%、就业企业好评度 99%，均明显高于全校评价水平。

（三）输出了一批国际化的专业教学标准

校企协同制定了机械制造与自动化专业群人才培养方案及数字化工艺设计等 15 门课程标准。2019 年，机械制造及自动化专业教学标准成为赞比亚国家职业教育教学标准（赞比亚国家教学标准编号：408），被媒体广泛报道。2020 年，尼日利亚纳卡布斯理工学院等 6 所院校分别与学校签署专业和课程引进协议，引进了群内专业机械制造及自动化、电气自动化技术专业教学标准和 52 门课程标准。

专家点评：《学做创一体化 培养精密制造复合型技术技能人才》结合世界范围内"产业升级快、技术迭代周期短"的社会特征，对接"中国制造 2025"国家战略，深化产教融合，联合北京精雕科技集团有限公司，通过共建校企协同育人平台。共建"五位一体"数字化精密制造育人平台，构建"五同精雕"合作模式，引入企业产品作为载体进入课堂，引入专家共建双师团队，承接国内外企业开发项目，承担国家级实践课题，组建国家级职业教育教师教学创新团队。校企"同德、同心、同向、同力、同行"五协同，形成"共建、共享、共用、共赢"的"四共融通"。实现"项目进课堂、技术进教学、案例进教材"的"三走进"，开辟了学做创一体化人才培养模式，育人效果良好，具有实操性和可推广性。

双元驱动、双轨并行，共育港航"新匠人"

张兆民　姜洪　石强　廖诗管　刘芳梅

深圳职业技术学院

摘要：深圳职业技术学院与招商局港口集团股份有限公司合作共建深职海丝分院。首先，校企瞄准行业需求，提出港航"新匠人"培养目标；其次，基于"双元驱动、双轨并行"机制，探索产教融合的港航国际化人才培养创新模式；最后，通过校企合作培养模式，旨在为我国建设海洋强国输送一大批高水平、强专业性、高国际化的航运人才。

关键词：双元驱动；双轨并行；深职海丝分院；港航新匠人

一、实施背景

深化产教融合，促进教育链、人才链与产业链、创新链有机衔接，是当前推进人力资源供给侧结构性改革的迫切要求。为了这一目标，深圳职业技术学院联合国资委资产排名第一的大型央企、世界500强的招商局港口集团股份有限公司合作共建深职海丝分院。

深职海丝分院以产业需求和学生成长为导向，开展"双元驱动、双轨并行"机制的国际化港航技能人才培养新模式，致力于培育具有"国际化"和"创新"能力的港航"新匠人"。

二、主要做法

按照《国家职业教育改革实施方案》相关要求，在校企合作、产教融合的原则下，对人才需求结构、需求质量和需求层次深度调研，逐步厘清产业行业对人才的真实需求。本案例人才培养新模式如图1所示。

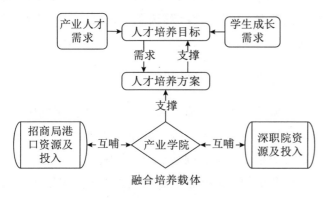

图1　港航国际化"新匠人"培养模式

（一）瞄准行业需求，提出港航"新匠人"培养目标

习近平总书记在党的十九大报告中明确指出，创新是引领发展的第一动力，要培养一大批具有国际水平的创新人才。培养拔尖创新人才成为高职院校的重要使命和主要责任，其中，国际化创新人才培养是一个重要方向。深圳拥有全球最大的航运公司（招商轮船）、全球领先的码头运营公司（招商港口），集装箱吞吐量全球第四，国际航线通过全球两百多个国家，港航人才需求巨大。

依据党的十九大报告精神，结合深圳实际情况，深职海丝分院提出港航人才"新匠人"需具备的3个关键核心能力：港航专业业务能力、国际化素养和创新意识。"新匠人"能力下所培养的人才可在港口和航运业及其细分产业胜任工作，能够在国际竞争与合作中贡献应有的力量，具体能力体现如表1所示。

（二）校企"双元驱动"的协同育人长效机制

"双元驱动"机制是指学校和企业共同参与推动学生培养工作。首先，通过让学生深度参与招商局港口员工在学校开展的各项培训和教学活动，探索了港航人才"课堂内"和"课堂外"培养手段的和谐统一机制；其次，在为招商港口员工培训的基础上，优化针对港口与航运产业的课程内容，按照港航产业需求开展专业课程教育。此机制是在解决企业人才需求难点的基础上，提升企业投入的边际产出和知识溢出、提高企业参与学生培养的积极性的有效策略，有效解

表 1　港航国际化"新匠人"核心能力体现

核心能力		能力体现
专业业务能力		（1）具有港口、航运、货代、船代等信息系统应用与维护的能力 （2）具有泊位分配图编制、堆场作业、特殊箱处理等港口业务办理能力 （3）具有船舶代理、租船、船舶调度、放货与集装箱管理等航运业务办理能力 （4）具有提单填制、电放业务、整柜货业务、散货拼箱业务、空运业务等国际货运代理业务办理能力 （5）具有商品归类与收集、报关随附单证准备、进出口货物报关单制作、进出口税费计算等进出口通关业务办理能力 （6）具有组织和参加港航业务商务谈判和商务处理的能力
国际化素养	国际语言能力	良好的英语或第三国语言能力和沟通表达能力
国际化素养	国际文化素养	（1）熟悉掌握本专业的国际化知识 （2）具备较高的政治思想素质和健康的心理素质，能经受多元文化的冲击 （3）具有国际跨文化沟通和交往能力 （4）具有国际视野、国际意识，通晓国际规则，能够参与国际事务与国际竞争
创新意识		（1）较强的运用和处理信息的能力 （2）具备以互联网、大数据及区块链技术为核心的创新性思维能力 （3）熟悉主要互联网平台的商业运营模式，能够结合行业企业特性进行互联网融合，创新产品和商业模式 （4）具有本行业新知识、新技术、新工艺的敏感度和探究学习的意识

决了校企合作中学校"一头热"问题。

港航人才的国际化能力不仅仅体现在学生的英文水平上，培养方法也不能仅仅局限于英文课程内。"双元驱动"协同育人机制下，专业实现"课堂内"专业知识扩展学习和"课堂外"国际文化素养提升学生素质培养机制。"课堂内"学生积极学习各种英文基础知识，"课堂外"利用针对企业的培训和教学内容，以及各种沙龙、集体拓展等活动与招商学员构建"零距离"学习团队，形成"做中学和学中做"的学习机制。

（三）兼顾学历教育和职业培训，构建"双轨并行"的教学体系

学历教育方面，构建了职业技能＋国际化＋创新的教学体系，优化了教学内容和专业人才培养方案。积极汲取国际化和创新因素，实时纳入"港航专业英语""港口业务与操作""航运业务与操作"等课程建设中，将"货运代理"世界技能大赛项目融入"货代业务与操作"课程内容中。

职业培训方面，基于招商港口培训基础，构建港航产业培训服务中心，打造针对港口与航运产业的公共培训课程。

三、主要创新点

（一）产教融合模式创新

在产业学院框架内，明确了双方合作机制，形成"双元驱动"的协同育人长效机制。在解决企业人才需求难点的基础上，提升了企业投入的边际产出和知识溢出，提高了企业参与学生培养的积极性，解决了校企合作中学校"一头热"问题。

（二）人才培养目标创新

以往培养方案中存在对港航人才"国际化"和"创新"能力的培养规格不准确和目标不明确问题。本案例明确了"国际化"和"创新"能力的内涵，并将两因素纳入港航"新匠人"的培养目标中。

（三）"职训"双轨运作体系创新

具备国际视野和创新思想的港航人才仅靠"外语"课培养具有一定的难度。本案例创建了教育＋培训"双轨并行"的课程体系，将招商局培训课程、深职院教育课程构建成为一个灵活互动的体系，实现课程内容和教学方法的及时更新互动，把教学与市场密切连接，解决了"训育一体化"机制问题。

（四）校企合作实施机制创新

受限于产业、行业、政府、学校等因素的影响，高职院校文科专业的"校企合作、产教融合"的制度落地性效果差。本案例基于产业学院打造了互利共赢的平台和机制，提升企业参与人才培养的积极性，缩小了"校企合作"政策与落实的差距。

四、成效经验

（一）社会成效

1. 国际和国内知名度提升

国内方面，2020年与2021年，教育部与中央电视台共同走进海丝分院，通过采访方式与校企双方负责人深入交流，并在国内宣传报道。国际方面，海丝分院为招商局港口海外业务培养并储备140多名优秀国际化管理人才和技术骨干。截至目前，双方联合培养的"海丝计划"培训班为海外输送近30名人才，分别在斯里兰卡、吉布提和巴西等港口担任管理和技术骨干。

2. 国际化教学体系逐步完善及健全

一是培养方案取得国际认可，我专业已与英国普利茅斯大学合作开办了专科本科衔接"3+1"项目，达到条件的毕业生可以申请普利茅斯大学学习一学年学士学位课程，毕业后取得本科文凭。二是国际化师资队伍初具规模，专业海归博士3名、具有海外进修经历且可全英文授课教师8名。三是形成国际培训课程体系，为招商轮船来自全球的近200名远洋船长提供了定制化培训服务。四是精品课程初具影响力，其中2门国家级精品（资源共享）课程、2门省级精品开放课程、2门教指委精品课程。此外，"国际航运业务（中英双语）"慕课建设取得阶段性成果，成为深职院第一门"学堂在线"国际版上线课程。

（二）专业建设提升

1. 成功立项广东省一类品牌建设专业

2019年，经申请、专家评审等程序，"港口与航运专业"成为广东省一类品牌建设专业。连续三届毕业生就业率超过98%，全球前20大集装箱航运有限公司、深圳市前50大国际货运代理公司接受毕业生数量连续多年超50%。

2. 成功获取各项大奖

2019年荣获广东省第一届技能大赛——第46届世界技能大赛货运代理赛项广东省选拔赛二等奖；2021年荣获广东省技能大赛货运代理赛项一等奖2项，关务技能赛项一等奖和二等奖各1项；2022年荣获全国职业院校技能竞赛货运代理赛项全国第一名，以及关务技能赛项全国二等奖、广东省教师教学能力大赛三等奖。

五、推广应用

（一）国内推广应用情况

1. 经验做法得到国家肯定

受全国交通运输职业教育教学指导委员会委托，主持"高等职业学校港口与航运管理专业教学标准修（制）定"项目，于2019年5月通过全国交通运输职业教育教学指导委员项目验收，成功开发制定并发布"港口与航运管理专业"国家教学标准。目前，专业正在主持修订新版"港口与航运管理专业"国家教学标准。

2. 育人模式得到同行院校充分认可

2017—2019年期间，我专业多次以专家身份参与东莞职业技术学院港口与航运管理专业的教学标准和培养方案的建设和优化工作，指导其制定和完善港口与航运管理专业培养方案和教学标准。

3. 经验做法得到行业高度评价

在为招商港口提供培训的基础上，积极完善和充实培训内容和培训体系，按照招商轮船的委托和要求，为招商轮船来自全球的近200名远洋船长提供了定制化培训服务。

（二）国际推广应用情况

服务招商局港口控股有限公司，为企业实施"走出去"战略提供人才培训服务，多次为招商港口外派人才提供定制化培训服务。与英国普利茅斯大学合作开办专科本科衔接"3+1"项目，超过20名学生成功申请到普利茅斯大学一学年学士学位课程。

专家点评：《双元驱动、双轨并行，共育港航"新匠人"》瞄准行业需求，基于"双元驱动、双轨并行"机制，提出港航"新匠人"培养目标。强调培养学生的实践创新能力，解决学校教育与行业企业需求脱节问题。以港航专业业务能力、国际化素养和创新意识为培养的核心目标，构建"模块化知识性课程"，探索构建一套多学科融合培养的人才培养模式。对接产业链设置学科专业群，形成产教协同发展格局。精准对接产业需求以及技术技能人才需求设置学科专业集群。企业需求介入高校的专业设置、课程开发、人才培养模式创新、师资队伍建设等工作，学校在科技研发、创新创业、社会服务等多方面与区域或行业企业进行要素整合，实现优质资源共建共享。对其他职业院校具有示范作用和推广价值。

"三进三延伸"的产教融合之路

胡希冀　于立国　鲍远通　张　岩　高海军

河北石油职业技术大学

摘要：河北石油职业技术大学积极应对高等职业教育发展趋势变革，推进产教融合、校企合作，促进教育链、人才链与产业链、创新链有机衔接，推动学校高质量发展。学校构建"三进三延伸"人才培养模式，推行"技能大师进课堂、科技平台进专业、政行企进学校"，将企业标准引入教学，使教学内容与产业发展接轨；鼓励"实训基地建设延伸到生产一线、创新创业教育延伸到区域创新、工程素养培育延伸到技术服务"，使人才培养融入企业发展之中；创新"全脱产＋累计"教师企业实践锻炼机制，培育"能说会做善导"双师。在助推区域经济科技创新、产业转型升级的过程中，走出了一条产教融合特色育人道路。

关键词：产教融合；人才培养；科技平台；创新创业；双师培育

一、实施背景与关键问题

（一）实施背景

党的十八大以来，以习近平同志为核心的党中央把加快发展现代职业教育摆在更加突出的位置，职业教育的类型特色更加鲜明，适应性不断增强。2014年国务院印发《关于加快发展现代职业教育的决定》（国发〔2014〕19号），文件提出："推动政府、学校、行业、企业联动，促进技术技能的积累与创新。推动职业院校与行业企业共建技术工艺和产品开发中心、实验实训平台、技能大师工作室等，成为国家技术技能积累与创新的重要载体。"

（二）关键问题

1. 教学内容滞后于产业发展，学生岗位胜任能力不足

由于产业技术更新迭代快，职业院校教学往往难以跟上产业发展速度，学生在校期间获得的技能训练与生产实际有所脱节，导致职业院校毕业生岗位胜任力较差，入职后需要经过较长的技能培训期才能为企业创造价值，既增加了毕业生适应岗位的难度，又增加了企业用人成本。

2. 技术创新难以植入教学过程，学生应用创新能力不够

当前职业学校创新创业平台较少，学生探究机会不多，应用能力培养不够，创新能力缺失使学生在职业发展中自我提升较慢。随着入职年限的增长，与研究型人才相比，技能型人才职位提升较慢，发展后劲受限，职场竞争力不足。

3. 工程素养难以融入日常培养，学生职业发展能力不强

当前高职院校教学的关注点局限于技能的熟练度培育，缺少对高水平工程应用人才的培养路径探索，导致学生就业平台不高，就业质量较差，社会认可度较低。

4. 教师企业实践锻炼"不深入"，教师社会服务能力不足

职业院校教师大多来源于应届毕业生，缺乏一线实践经验。教师企业实践锻炼机制落后、平台匮乏，无法深度融入企业生产过程，导致教师实践过程流于形式，专业实践能力难以真正提升，教师科技创新和社会服务的能力不足。

二、主要内容与做法

（一）通过"技能大师进课堂，实训基地建设延伸到生产一线"，解决"学生岗位胜任能力不足"问题，实现"会干"

通过引进与培养，形成国家级、省级、校级技能大师完整梯队，建成153门技能大师课，实现在办专业技能大师课程全覆盖。如图1所示，河北石油职业技术大学与龙头企业共建25个实训基地，建设以企业岗位要求为标准、以企业技术专家为师资、以企业典型任务为内容的校外实境训练场。学生受到最真、最新、最实用的技能训练，职业岗位适用度和岗位胜任能力显著提升。

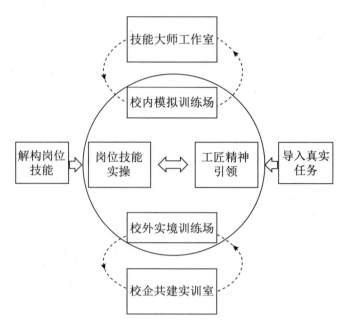

图1　技能大师进课堂，实训基地建设延伸到生产一线

（二）通过"科技平台进专业，创新创业教育延伸到区域创新"，解决"学生应用创新能力不够"问题，实现"会创"

依托国家级众创空间、河北省科技成果转化中心、8个省级、11个市级科技创新平台，对接高端产业，在专业课中融入技术创新与产品研发，建成专创融合课165门，提升学生应用创新能力。组织15000余名学生参与5000余个创新项目，其中260项获省级以上奖励、185项获国家级众创空间孵化、132项获专项财政资金扶持，实现"创意—延伸—孵化—扶持"四级递进，形成应用创新能力培养闭环。

（三）通过"政行企进学校，工程素养培育延伸到产业服务"，解决"学生职业发展能力不强"问题，实现"会研"

将工程素养培育前移到学校。与政府、行业、企业合作成立5个产业学院、2个职教集团、15个工程实验班，师生与企业技术人员共同攻克210余项技术难题，完成56门课程的420个工程案例汇编，实现"企业出题、师生解题、典型成果进课堂"，提升学生解决现场复杂工程问题的能力，补齐技能人才职业发展的"研究"短板。

（四）通过"全脱产+累计"培育双师，创新教师企业实践锻炼机制，解决"教师社会服务能力不足"问题，为"进""延"结合提供核心驱动力

不断优化教师企业实践锻炼机制，早在1988年就提出"新分配到校任教的大学毕业生、研究生，原则上安排一年的实践锻炼"。2011年进一步明确要求"各教学单位每学期派出到企业参加实践锻炼的专任教师不少于2人，教师企业实践锻炼必须以全脱产形式（不承担任何校内工作）连续不间断半年及以上"。学校近10年以此形式派出教师450余名，直接投入资金3000余万元。成立河北省工业诊所，组建教师团队承担企业入户调研，解决企业转型升级过程中"向哪转""怎么转"等症结问题，协助政府编制《河北省石油石化产业人才培养规划》等15项规划及决策报告。

三、经验萃取与模式模型

学校在教育教学与服务产业对接过程中，构建了"三进三延伸"人才培养模式，推行技能大师进课堂、科技平台进专业、政行企进学校，实施实训基地建设延伸到生产一线、双创教育延伸到区域创新、工程素养培育延伸到产业服务，以"全脱产+累计"双师培育机制为模式开展保驾护航，如图2所示。

在注重岗位技能培养的技能训练层次，实施"技能大师进课堂，实训基地建设延伸到生产一线"，形成以用导学的技能训练体系，提升学生的岗位胜任能力。

在注重创新能力培养的项目创新层次，实施"科技平台进专业，创新创业教育延伸到区域创新"，形成以创带学的创新教育体系，培养学生应用创新能力。

在注重工程素养培育的研究实践层次，实施"政行企进学校，工程素养培育延伸到产业服务"，形成以研促学的多元育人体系，提高学生职业发展能力。

在注重人才培养核心驱动力提升的师资培育层

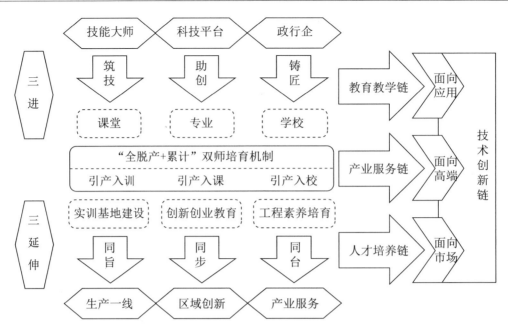

图2　产业导向的"三进三延伸"人才培养模式

次，实施"全脱产+累计"的企业实践锻炼机制，使教师成为产业入训、入课、入校的"引入者"，新技术、新工艺通过教师企业锻炼及时转化为教学内容，实现人才培养与产业发展的"无缝对接"。

案例创新了师导生随、产业导向、多元协同的教育链；梳理了引产入训、引产入课、引产入校的产业链；聚合了技能训练、项目探究、工程实践的人才链；打通了面向应用、面向高端、面向市场的创新链。将教育链、人才链、产业链、创新链有机衔接，形成"产业服务—人才培养—产业发展"的螺旋式上升闭环，完成了人才培养从"慢半拍"到"快一步"的转变。

四、成效评价与推广价值

（一）办学"见成效"，人才培养质量显著提高

学校获中国国际大学生"互联网+"创新创业大赛金奖（河北省首次）、全国职业院校技能大赛一等奖等国家级奖项120余项，30余名学生获评国家级、省级以上技术能手。多名毕业生获评"全国劳动模范""全国五一巾帼标兵"等荣誉称号。学校就业率由93.57%提升至98.48%，专业对口率由65.92%提升至87.75%。建有"智能焊接技术"等4个国家级教师教学团队，《高等数学》等获首届全国教材建设奖优秀教材一等奖2项、二等奖2项（获奖数全国第五），建成"钻井施工操作"等10门国家级精品课程，主持参与"应用化工技术"等7项国家级教学资源库。

（二）政企"离不开"，支撑区域产业转型升级

服务企业超过500家，与其中30多家开展人才培养合作。校企合作取得显著成果，"飞机目标综合隐身特性数值评估技术和系统"打破了国外软件在目标红外辐射特征和电磁特性仿真计算方面的封锁和垄断；HL-FFQH环保钻井液体系应用于华北油田80%以上的井位，创造经济效益超过3亿元。与政府及域内企业对接100余次，编制15项政府规划及决策报告，为地区产业转型升级提供支撑。牵头成立"承德可持续发展研究院"，为承德建设"国家可持续发展议程创新示范区"提供技术支持和智库咨询。

（三）经验"辐射广"，带动效应突出

本案例先后在全国职业院校校长培训班、中国国际远程教育大会、新华网教育论坛（实时观看人数逾57万）等推广；负责人于立国受邀在2022年世界职业教育大会论坛作主题发言。案例入选2021年教育部产教融合校企合作典型案例，在校内外召开经验交流会150余场，在23所国内院校实施。学校参与起草全国职业教育专业教学标准25项。

（四）社会"评价高"，新闻媒体广泛报道

2009年以来连续保持"全国文明单位"称号，先后获"全国师德建设先进集体""黄炎培职业教育优秀学校奖""全国职业教育先进单位"、全国高职院校"学生发展指数优秀院校""育人成效50强""国际影响力50强"等荣誉。在"全国高职院校教师教学发展指数"中，连续两年位列河北省第一。成果先后被《中国青年报》、中国教育电视台、"学习强国"等主流媒体报道30余次，《中国教育报》以《从慢半拍到快一步——记一所职业技术大学扭转就业劣势的人才培养改革》为题进行了整版报道。

专家点评：《"三进三延伸"的产教融合之路》在党中央把加快发展现代职业教育摆在更加突出的位置的背景下，为了使学校的类型特色更加鲜明，适应性不断增强，该案例构建"三进三延伸"人才培养模式，使教育教学、企业发展和产业链接轨，将人才培养融入企业发展，解决校企合作与产教融合过程中的问题，进而助推科技创新和产业转型升级。以技能大师进课堂为契机，将实训基地建设延伸到生产一线，学生的职业岗位适用度和岗位胜任能力显著提升；将科技平台融入专业课建设，将创新创业教育延伸到区域创新，应用创新能力培养闭环发展；政行企走进学校，将工程素养培育延伸到产业服务，下大力度培育双师型教师，配合企业实践锻炼，提升教师服务社会能力。该案例注重岗位技能、创新能力、工程素养和核心驱动力的培养，创新了教育链，具有相当高的推广性。

"五个对接"打造现代非织造技术特色产业学院

冯邦军　张汉飞　光　明

仙桃职业学院

摘要： 以仙桃市非织造布特色小镇和国家级的"四基地两中心"建设为契机，仙桃职业学院以对接产业链、对接岗位群、对接工作任务、对接生产过程、对接职业精神的理念打造了现代非织造技术特色产业学院。从调整优化"一主四辅"高水平专业群，实施"中国特色学徒制"人才培养模式，构建"四融合四递进"课程体系，推进"四有"课堂教学改革，打造"三心四精"的素质教育标杆等方面，以技能人才培养为核心，以专业建设为基础，培养了一支结构合理、专兼结合、素质优良的教师队伍，建成了"一中心两基地"的实习实训基地，为学校高质量发展提供了新动能。

关键词： 产业学院；专业群；现代非织造技术；中国特色学徒制

一、实施背景与关键问题

（一）健全国家公共卫生应急管理体系需要非织造布产业高质量发展

非织造布是医疗防护用品的关键材料。2003年"非典"疫情后，国家高度重视公共卫生应急管理体系建设，党的十七大、十八大报告分别提出"提高重大疾病防控和突发公共卫生事件应急处置能力""完善突发公共卫生事件应急和重大疾病防控机制"。

（二）服务湖北"建成支点、走在前列、谱写新篇"战略实施需要培育发展非织造布产业

2021年，为全面落实《关于新时代推动中部地区高质量发展的意见》，着力打造疾控体系改革和公共卫生体系建设"湖北样板"，湖北省加快"51020"现代产业体系建设，其中非织造布产业是千亿级战略性新兴产业集群。

（三）推进学院特色发展需要建设现代非织造技术高水平专业群

2009年以来，仙桃职业学院主动服务非织造布产业发展，与恒天嘉华等企业合作开办35个"订单班""现代学徒制班"。2016年，成立仙桃职业学院非织造布产业学院，探索培养非织造布紧缺人才。2020年，仙桃市政府主导，成立仙桃非织造布产业学院，建设了全国首个现代非织造技术高水平专业群。产业学院在如何精准服务地方特色产业，解决企业特色人才紧缺方面做了很多探索。

二、主要做法

（一）对接产业链建设了"一主四辅"高水平专业群

对接非织造布生产、装备制造、质量检测和物料存储等关键领域，按照"职业岗位相关、技术领域相融、基础平台相通"的理念、以"教师团队共建、教学设施共用、教学资源共享"为原则，组建了以机电一体化技术为主，现代非织造技术、工业机器人技术、物联网应用技术、电子信息工程技术为支撑的高水平专业群，如图1所示。

（二）对接岗位群实施了"中国特色学徒制"培养模式

面向现代非织造布产业装备的生产、安装与调试、自动控制系统设计、工业物联网系统应用、工业机器人集成、非织造产品检测检验等岗位群，现代非织造技术专业群实施"中国特色学徒制"人才培养模式。形成了由湖北省产业教授刘菁团队（湖北羽林自动化设备有限公司）牵头，联合培养非织造布智能装备安装调试工程师；由仙桃市产业导师朱志敏团

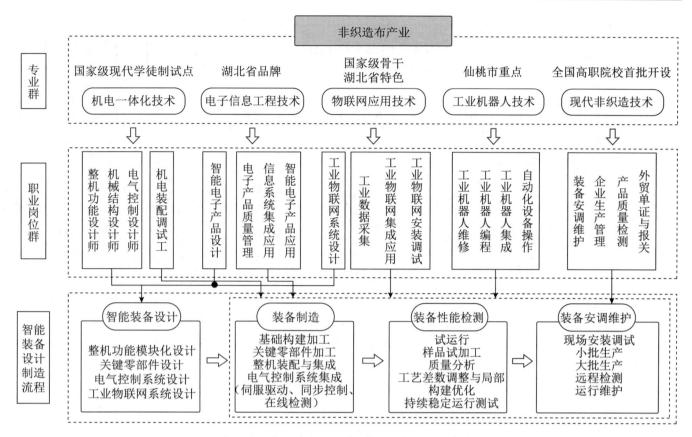

图 1 现代非织造布技术专业群与岗位链逻辑关系

队（湖北拓盈新材料有限公司）牵头,联合培养非织造材料检测检验工程师；由"全国五一劳动奖章"获得者曹仁广博士团队（恒天嘉华非织造有限公司）牵头,联合培养非织造产品生产工艺工程师的特色产业人才培养格局。

（三）对接工作任务构建了"四融合四递进"课程体系

分析现代非织造布智能装备生产安装维护、非织造布产品智能检测等复合型岗位的典型工作任务,融入互联网技术,结合智能制造设备操作与维护等职业技能等级证书标准,将爱国情怀、诚信品质、劳动精神、工匠精神等贯穿人才培养全过程,构建与职业岗位工作任务对接的"四融合四递进"模块化课程体系。"四融合"即互联网技术与现代非织造技术融合、课程内容与职业标准融合、思政元素与教学项目融合、学习任务与工作任务融合；"四递进"即仪器仪表使用等基础能力、非织造布装备操作与维护等综合能力、非织造布装备安装调试等岗位能力、非织造布装备系统设计等创新创业能力递进的实践教学体系,如图2所示。

（四）对接生产过程推进了"四有"课堂教学改革

对接企业生产过程,推进"有用、有趣、有境、有效"课堂教学改革。依托非织造展览馆,组织学生学习"全国三八红旗手"周利荣等人物的典型事迹,激发学习兴趣、明确学习目标、树立职业理想。依托非织造布产品智能制造虚拟仿真实训中心,以非织造布生产工艺为载体,进行仿真和应用分析,培养产品生产工艺分析能力；依托非织造智能装备研究院,以全自动高速口罩机等装备为载体,按设计流程组织教学,培养装备设计能力；依托非织造布产品质量检测实训中心,按非织造布材料行业标准,开展理化、阻燃等性能检测实训,培养质量检测能力；依托数字化制造实训中心,在企业非织造布智能生产线等真实环境中开展装调实训,培养设备维护能力。

（五）对接职业精神打造了"三心四精"的素质教育标杆

对接现代非织造技术岗位群爱岗敬业、勤奋严

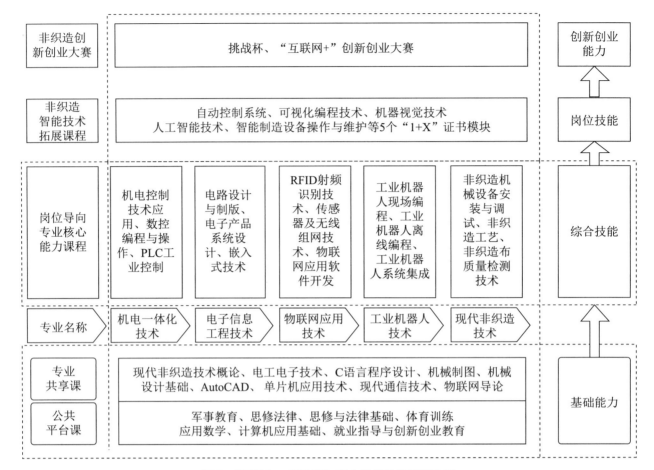

图 2 "四融合、四递进"专业群模块化课程体系

谨、精益求精的职业精神,在产业学院实施"三心四精"的素质教育。将爱国情怀、劳动精神、工匠精神等贯穿人才培养全过程,以素质学分管理平台为支撑,推进学生、教师、课程、学科、环境"五个思政"改革创新,实施"三全育人",以"红心、匠心、诚心"(三心)职业素养为根本,以"精工艺、精设计、精检测、精维护"(四精)职业能力为核心,开展"工匠雏鹰""双勤(勤学、勤劳)标兵"等评选活动,弘扬"立德正身、笃学尚能"校风,培养"勤奋严谨、知行合一"的学风。

三、成果成效

(一)实训基地更加完善

学院与非织造布特色小镇内湖北新鑫无纺布有限公司、湖北德盈防护材料有限公司等企业合作,建立现代非织造布产品智能制造校外实训中心、国家级现代学徒制培养基地、非织造布装备制造实训基地等"一中心两基地",推动产学研深度融合。

(二)师资队伍更加优化

产业学院聘请10名武汉纺织大学、龙头企业高端人才担任学院的兼职教授、顾问教授,引进研究生2名,优化师资队伍结构。近年来,产业学院培育教学、技能名师3人,其中企业兼职教师周利荣获得"全国三八红旗手"等荣誉称号,刘菁被授予湖北省非织造装备产业教授,曹仁广博士获得"全国五一劳动奖章";校内专任教师徐国洪为享受省政府津贴专家,胡华文为省级技能名师,付晓军为"仙桃市青年岗位能手"和"仙桃市道德模范"。

(三)人才培养质量显著提升

产业学院学生思想素质、职业素养、专业技能显著提高。共有2000余名毕业生在仙桃及周边就业,学生就业对口率超90.2%,主要从事岗位为装备制造及安装与维护、产品工艺及管理、质量检测等;企业满意率达94.3%。毕业生廖生威创业生产口罩，仅2020年就实现利润过千万元；毕业生周勇担任羽林防护公司自动化生产线技改项目负责人，申报国家专利7项；学生在各级各类技能大赛中获奖63项。

（四）社会服务能力得到加强

2020年政校行企设立了首期10亿元产业基金，提升了仙桃非织造布产业学院的发展能力。助力32家非织造布企业成为高新技术企业、5家非织造布企业入选湖北"瞪羚"企业。校企联合开发"全自动口罩机"等项目获国家专利6项；开发电机控制驱动器，新冠病毒感染疫情期间带来经济效益近2亿元；为政府、企业提供决策咨询、技术咨询服务28项，完成技改项目10项；承办仙桃市首届非织造布产业工人技术技能大赛；与东华大学合作为企业培训生产经营管理骨干30名；为恒天嘉华、湖北新鑫等公司培训新型学徒20000余人次。

四、经验总结

（一）坚持产学合作，育人为本

坚持育人为本，紧紧围绕仙桃市非织造布产业发展需要，立足人才培养，构建"政校行企"四方联动的协同育人体制机制，精准对接产业发展的人才需求，培养符合产业高质量发展和创新需求的高素质人才。

（二）坚持服务产业，突出特色

紧密结合产业布局，聚焦仙桃市非织造布产业转型升级的契机，推动分类发展、特色发展和差异发展，充分发挥学校区域优势、学科专业发展优势和办学传统优势，在现代非织造技术、机电一体化技术等不同领域推进产教融合、协同育人，形成各具特色的人才培养模式。

（三）坚持融合发展，合作共赢

充分发挥地方政府、行业、企业、高校等多元办学主体的作用，以非织造产业学院为载体，打造集"产、学、研、证、赛、创、培"七位一体，互补、互利、互动、多赢的创新发展平台。

（四）坚持统筹规划，持续推进

进一步深化和拓展研究领域，紧跟非织造布产业发展步伐，统筹规划"一主四辅"的专业建设，适时调整人才培养模式，不断优化能力培养体系和人才培养方案，进一步加强教学基地和资源平台建设，努力为地方经济和产业发展培养高素质技术技能型人才。

五、推广应用

现代非织造技术特色产业学院的建设成效得到了政府、行业、企业、院校的高度认可，已面向全国作专题报告和经验交流10余场；徐州工业职业技术学院等18所院校来校考察交流；专业群特色产业人才培养经验被武汉船舶职业技术学院等院校广泛借鉴。专业群教学资源已在仙桃理工中等专业学校等40多所院校应用。仙桃非织造布产业学院的办学模式、办学效果被仙桃电视台、湖北电视台、人民网等媒体报道；《一块布织出的新花样》等被湖北省政府网站连续报道。

专家点评：仙桃职业学院实施"中国特色学徒制"人才培养模式，构建"四融合四递进"课程体系，推进"四有"课堂教学改革，打造"三心四精"的素质教育标杆，统筹各类优质资源，面向真实职业环境打造了现代非织造技术特色产业学院，以技能人才培养为核心，以专业建设为基础，培养了一支结构合理、专兼结合、素质优良的教师队伍，建成了"一中心两基地"的实习实训基地，为学校高质量发展提供了新动能。本案例创新了产教深度融合的人才培养模式，推动了行业龙头企业深度参与学校"三教"改革，建设了集产品研发、工艺开发、技术推广、大师培育于一体的技术技能创新服务平台，对高等职业技术院校与企业实施"产教融合、校企合作"以及产业学院的建设有较强借鉴作用。

"蓝领岗位生态系统"的校企协同构建与实践

金浙良　杜海清　吴雄喜　郑红峰　张　宇

浙江工业职业技术学院

摘要： 浙江工业职业技术学院以教育部现代学徒制试点为契机，与海亮集团等龙头企业构建蓝领岗位生态系统，探索"专业群+龙头企业"双主体培养、"基于职业发展规划"学徒遴选、"基于蓝领岗位生态系统"课程体系、"二元三维五级"学业考核评价等产教融合协同育人模式，有效缓解了合作企业技能型人才需求矛盾，形成了全员、多元、立体化的育人新格局。

关键词： 产教融合；现代学徒制；蓝领岗位生态系统；校企协同育人

一、背景与关键问题

（一）实施背景

我国制造业已连续 12 年位居世界第一，正面临向高端制造、智能制造转型升级。与此同时，制造业存在着技术技能人才数量不足、结构不佳、质量不高等一系列问题，发展及进步受到严重制约。高职教育必须尽快适应这种新变化，解决人才培养中存在的突出问题。

2014 年，国务院《关于加快发展现代职业教育的决定》指出，开展现代学徒制试点，推进校企一体化育人。2015—2018 年，教育部分三批共遴选 558 家单位作为现代学徒制试点单位，浙江工业职业技术学院入选第二批试点。在现代学徒制项目的试点实践中，存在学员职业目标不明、企业实践岗位单一、教学模式与学生需求不相匹配等问题。

因此，探索现代学徒制在专业群上的基层实践，协调相关主体的利益诉求，准确定位人才培养目标，构建合理课程体系，实施有效教学模式，制定学业评价标准，对形成具有自身特色的高素质技术技能人才培养机制具有重要现实意义。

（二）解决的关键问题

（1）针对现代学徒制试点改革中生源不稳定、培养目标模糊、职业发展受限等实际，解决培养目标定位、职业规划与学生需求不相符合的问题。

（2）针对现代学徒制人才培养知识技能点狭窄、实践岗位单一等现状，解决专业课程体系构建与蓝领岗位生态系统建设不相适应的问题。

（3）针对现代学徒制人才培养过程中产教融合不够紧密、教学效果欠佳等实际，解决专业教学模式与学生学习需求、职业素养及综合发展不相适应的问题。

二、主要内容与做法

（一）理论支撑

1. 蓝领岗位生态系统

指企业内各个蓝领岗位间及与环境之间构成的动态平衡系统，它们之间相互影响、相互制约，共生共长。优化配置蓝领岗位的类型、数量、人员及资源输入是蓝领岗位生态系统建设的关键，建立良好的蓝领岗位生态对企业生存、发展、转型升级尤为重要。

2. 蓝领岗位生态系统建设工程

通过关注蓝领群体的生存和发展状态，改善其政治地位、收入待遇、职业发展、生活环境等，提供福利购房、子女就学、教育培训、文化娱乐等，为蓝领群体提供系统性服务，推动蓝领群体快乐工作、幸福生活。

（二）主要内容

联合全球 500 强企业——海亮集团引入"蓝领岗位生态系统"理论，面向高端铜管件、铝型材、铜铝复合材等高端材料制造领域，系统规划制造类企业蓝领岗位的类型、数量、人员及资源配置，实施校企协同人才培养。

1. 创新"专业群+龙头企业"的校企协同培养模式

针对机电一体化专业群内5个专业，跨专业组建产业人才培养专班——"海亮班"，以"海亮三级蓝领技工"为培养目标，培养关键岗位操作员、机电工程师、品质工程师、专业化职能人员等复合型技术技能人才，创新"专业群+龙头企业"的校企协同培养模式，如图1所示。

2. 实施"基于职业发展规划"的校企协同学徒遴选

校企联合制定学员遴选方案，采用通用机电知识考试、霍兰德职业倾向测评、企业人事技术人员面试等方式遴选学员。组织学员实地考察企业、参加企业宣讲会、聆听职业规划讲座，帮助学生合理定位自我及科学规划职业发展；为学生提供技术技能提升、职业成长发展两方面的成长发展路径。企业设立生均4000元/年的"奖助金"，提供不低于5500元/月的入职薪资，并补贴学费。

3. 建设"基于蓝领岗位生态系统"的校企协同课程

聚焦关键操作岗、维护维修岗、产品检验岗、工程技术岗等典型岗位，协同企业建立蓝领岗位生态系统。课程体系由职业素养课、专业基础课、校企合作课、企业岗位实践课等4部分构成，每类典型岗位均包含上述4块内容，其中职业素养课程、专业基础课程对各典型岗位具有通用性；岗位对应的校企合作课程各有差异；每种典型岗位均对应强关联的企业关键实践岗位。

4. 推行"双轨多段、交互训教"的校企协同教学模式

校企双方深度介入人才培养的全过程，采用"学校+企业"双班主任管理模式，推行企业化班级管理；实施校、企工学交替，践行"双轨多段"的校企协同教学模式。每年按照"7∶3、5∶5、3∶7"的时间配比实施"交互训教、工学交替"式教学，探索出一条"学历、技能、素质"多目标导向下的校企协同育人模式。

5. 建设"立体化"的优质校企教学资源

校企联合开发"校内项目+岗位实践课+技能培训包"的立体化教学资源，建设基于"互联网+"

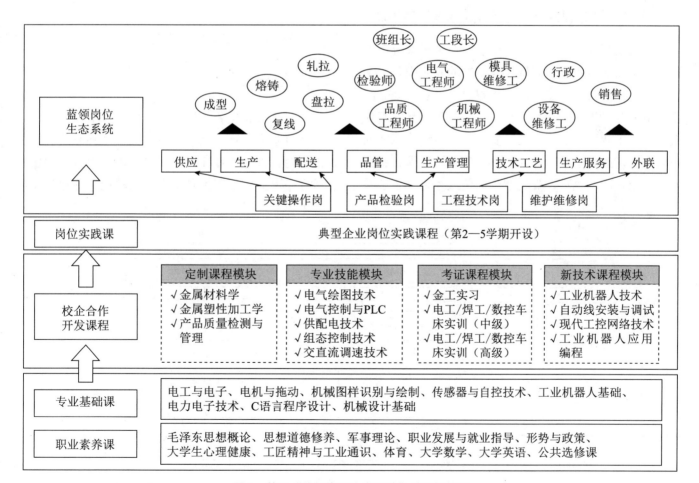

图1 基于"蓝领岗位生态系统"的课程体系

的智慧实训室及数字化教学资源，形成资源丰富、便于传播、动态更新的"立体化"的优质课程资源，校企联合开发《轧制工序》《联拉工序》等培训教材。

6. 推行"师徒共生共长"的校企协同双导师制

组建由学校教师、企业技术人员和人事管理人员构成的"校企联合教学团队"，推行"师徒共生共长"正向激励制度。承担教学任务的学校教师，在工作量计算、出差补贴、评优评先等方面予以倾斜；对担任学徒师傅的企业人员，设立金牌、银牌和铜牌三级评价体系，在定级定岗、教育培训、收入待遇等方面予以倾斜，实施专项奖励。

7. 建立"二元三维五级"的校企协同学业考核评价

从综合职业素养、企业技术技能要求、学校学业成绩三个维度，以"五级蓝领技工技能等级体系"为标准，校企双元主体共同实施学徒学业评价，建立"二元三维五级"的学业考核评价机制。

三、经验总结

（一）引入"生态系统"理论于蓝领人才培养领域

首次在蓝领岗位人才培养中引入"生态系统"理论，围绕高端装备制造领域现代学徒的职业成长、学习生态、师生成长及企业岗位生态建设，系统规划职业发展，优化配置企业岗位，科学构建课程生态体系，优化企业人力资源配置，实现各子系统资源间的协同配合，改善学校人才供给、学生发展诉求、企业人才需求之间的循环，促进蓝领岗位人才培养生态系统的有序发展。

（二）创新"专业群+龙头企业"的双主体培养模式

聚焦行业龙头企业系列岗位群，创新与龙头企业对应群内多个专业的双主体人才协同培养模式，提供企业关键岗位多元化需求的整体解决方案，有效解决现代学徒培养过程中知识技能点狭窄、实践岗位单一与学生多元化发展诉求之间的矛盾，创新了"专业群+龙头企业"的双主体协同培养模式。

（三）建立学徒学业考核与评价体系

参照企业"五级蓝领技工技能等级标准"，从综合职业素养、企业技术技能要求、学校学业成绩3个维度，校企双元主体共同实施学徒学业评价，建立"二元三维五级"的考核评价，建立以行业企业为主导，技能应用为目的学业考核评价机制，率先建立学徒学业考核与评价体系，为校企协同培养人才质量评价标准提供经验借鉴和参考，如图2所示。

四、成效评价与推广价值

（一）成效评价

1. 深化内涵发展，提升专业建设水平

通过建立现代学徒制"蓝领岗位生态系统"校企协同平台，促进专业建设高质量发展。电气自动化技术等3个专业入选国家骨干专业；机电一体化专业群

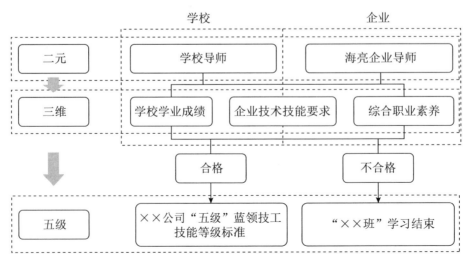

图2 "二元三维五级"的学业考核评价机制

获浙江省A类高水平专业群建设项目，电气自动化技术等2个专业完成教育部现代学徒制试点验收；机械设计制造及其自动化专业开展四年制高职本科试点；电气实训基地、高端装备制造技术实训基地入选国家示范性生产性实训基地、世界技能大赛中国集训基地。

2. 提升双师素质，打造结构化教学团队

打造了由学校教师、企业人员构成的"混编教学团队"，形成了学科交叉、专业互补、专兼结合、教研相长的结构化教学团队。其中，机电一体化技术团队获得国家级教学团队，多轴数控加工技术教学团队参加2020年全国职业院校教师教学能力大赛并获一等奖。

3. 服务经济发展，赢得广泛社会赞誉

立足服务区域经济发展，有序开展横向项目合作、承办各级各类赛事、举办社会培训。各专业教师主持横向技术研发课题100余项，到账经费1500余万元，实现专利转化24项。开展企业员工职业培训5000余人次，承担职业院校教师素质提高计划"国培"项目2项。

4. 锤炼工匠精神，培养大批优秀学生

近年来，在校学生获各类授权专利246项，获省级以上各类学科（技能）竞赛奖项389人次。100余名毕业生还被职业院校破格录用为专任教师，成就了"职教浙工院现象"。

（二）推广应用

本案例在校内制造类专业全面推广，受益学生累计达3121人。在该项目带动下，先后开设轨道交通班、中芯国际班等现代学徒制班级28个，共招收学徒1000余人，有效缓解了合作企业高素质蓝领人才短缺的结构性矛盾。

本案例在全省专业带头人培训项目中予以现场交流，获得浙江省自动化学会教学成果奖、绍兴市教学成果奖。搜狐网、新浪网、《绍兴晚报》等媒体对本成果的人才培养、课程建设、校企合作等进行了报道；相关改革成果在《职业教育研究》《成人教育》等期刊公开发表。

专家点评：当前，我国正从制造大国向制造强国迈进，高素质人才培养已成为高端制造业发展的关键，浙江工业职业技术学院以教育部现代学徒制试点为契机，与海亮集团等龙头企业构建蓝领岗位生态系统签署协议，引入蓝领岗位生态系统理论，逐步形成了"专业群＋龙头企业"双主体培养、"基于职业发展规划"学徒遴选、"基于蓝领岗位生态系统"课程体系、"二元三维五级"学业考核评价的产教融合协同育人模式，有效缓解了合作企业技能型人才需求矛盾，形成了全员、多元、立体化的育人新格局，有效缓解高职院校人才供给侧与产业需求侧在人才结构、质量、水平方面存在匹配性不高等突出问题，为中国的产教融合体系提供了一套特色可行的解决方案。

基于现代学徒制的海外项目工程师人才培养模式创新实践

付红　徐志鹏　王峰　何斌　余涛

江苏建筑职业技术学院

摘要：江苏建筑职业技术学院以现代学徒制人才培养模式为基础，深化"五高—三交互—两全面"人才培养模式，优化"一平台、多方向、模块化"课程体系，推进"三教"改革，打造智能装备高水平混编教学团队，提升精准服务能力，培养具有国际视野的海外项目工程师，对于践行国家的"一带一路"倡议意义重大。

关键词：现代学徒制；海外项目；工程师；五高—三交互—两全面；人才培养模式

一、实施背景

徐州是中国"工程机械之都"。随着徐工集团的飞速发展，亟须大量技能型人才，尤其是具有较强外语能力、熟悉所在国文化、具备工程机械相关知识背景、有较强交际沟通能力的复合型技能人才。

作为高职院校，江苏建筑职业技术学院瞄准行业需求，自2011年4月开始，就与徐工集团等大型工程机械企业合作，依托机电一体化技术专业群，积极探索基于现代学徒制的项目工程师协同培养，更好地服务地区经济发展，培养更多供需对路的人才。

二、主要做法

（一）搭建合作管理平台，保障校企双主体育人

为保障现代学徒制项目的顺利实施，建立学校和企业共同参与、共同服务、共同受益的机制，加强专业内涵建设，保障现代学徒制人才培养质量，建立了"江苏建院—徐工集团"的校企合作管理平台。

（二）对接区域产业需求，精准培养目标，完善学徒培养标准

机电一体化专业群适应区域产业发展和人才需求变化，开设现代学徒制徐工"海外班"与"麦穗班"。依据专业人才培养目标和岗位职业能力特点，校企共同设计人才培养方案，制定培养标准，构建基于岗位工作过程、"学生"和"学徒"相互融通的课程体系，使学习过程融入真实生产的实际中。聘请企业技能大师、江苏工匠作为"海外班"与"麦穗班"的指导教师，参与人才培养方案和课程标准制定，并为学生授课，如图1所示。根据《企业导师聘用标准及职责》规定要求，聘用47名技能大师为机电一体化技术专业群的企业导师，共同申报5名江苏省产业教授，校企共建产业教授、技能大师工作室。

（三）签订三方协议，确立学生双重身份

按照双向选择原则，学徒、企业、学校在学生顶岗实习前签订三方协议，明确学徒作为企业准员工和职业院校学生的双重身份、各方权益等。建立企业全过程指导的学生职业生涯规划机制，使学生职业生涯规划对接企业人才培养规划；把徐工集团企业文化、员工应知应会作为必修课，实现学生从准员工到员工的定向培养就业。

（四）学校、徐工集团双基地轮训，弹性安排教学过程

按照徐工集团人才需求的特点，设计了现代学徒制机电一体化技术专业群实施流程。学生在校内前三学期通过学中做、做中学一体化教学，完成专业知识学习和基本技能训练，后三学期以准员工的身份进入徐工集团，在工程机械制造、装配、调试等多个岗位轮换学习、考核，使学生完成从准员工到正式员工的

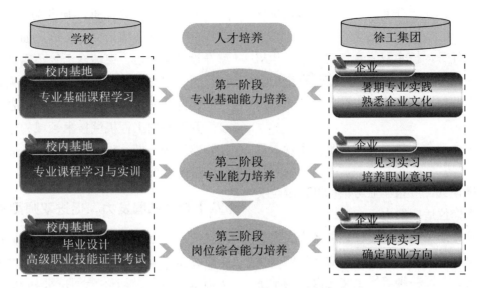

图1 机电一体化技术专业群人才培养过程

身份转换。整个学习过程在校内实训基地和校外实训基地轮流进行,学生具备在学校为学生、在企业为学徒的双重角色。

(五)探索"外语+X技能"的双线一体化技能人才培养模式

江苏建院和徐工集团共同探索了双线一体化人才培养模式,以培养具有良好语言交际能力、国际化视野和通晓国际规则的海外项目工程师为目标。通过优化外语模块化课程,实现语言能力进阶式提升。双语专业课突出沉浸式语言环境的营造,适岗情景交际英语教学注重提高学生跨文化交际能力。围绕"机、电、液"工程机械领域核心知识体系搭建平台基础课程,以"自动化"为纽带开设"机电""电液"复合的专业基础课。结合徐工集团高端装备生产制造涉及的关键技术,开发定制化"X技能"课程,强化核心技能培养,提升学生知行合一能力。

(六)实施"五高—三交互—两全面"校企协同培养机制

制定了深度融合企业元素的"五高"培养标准,深化了"三交互"的校企多层次合作模式,完善了以学生学业和职业发展的"两全面"成才体系,适应企业对于海外项目工程师的岗位需求,如图2所示。

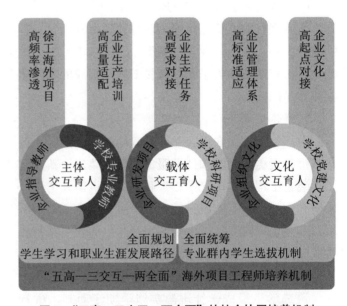

图2 "五高—三交互—两全面"的校企协同培养机制

1. 高频率渗透徐工海外项目案例,开发序列项目化专业课程

围绕项目案例分解知识点并重组教学内容,建立"课堂—教材—知识"与"项目—方案—技术"的直接映射关系,分批次建设兼具课堂教学和企业培训功能的项目化课程。

2. 高质量适配企业生产培训内容,共享企业员工培训体系

加快推进"学分银行"建设,提高企业活动置换学校课程学分的选择性和自由度,满足学生毕业学分要求;学徒期内完成至少两门课程的学分置换,缩短由学生向员工身份转变的适应期。

3. 高要求对接企业生产任务，严格校内实训实践环节

按照企业生产任务，校企双方合作建设《工程机械运用技术教学资源库》；通过数字化校园和空中课堂建设，破解校企两地距离障碍及生产任务与实验实训教学脱节的矛盾。

4. 高标准适应企业管理体系，构建半工半读管理模式

执行企业考勤模式，严格学业考核标准，健全奖惩机制，提升学生岗位适应能力。

5. 高起点对接企业文化，推进校企文化共生共长

让学生入学伊始受到校园文化和企业文化的双重熏陶，将家国情怀、工匠精神等徐工文化内化为学生的精神追求，培育学生良好的职业情操。

6. 主体交互育人

校企联合成立徐工集团—江苏建院海外项目工程师培养中心，打造产业教授领衔，跨国（境）专业教师、徐工集团技术骨干和高校骨干教师组成的国际化混编教学团队。

7. 载体交互育人

对接徐工集团在巴西、印度等地的工业园区，派送教师开展语言教学和技术服务。校企共建"新能源工程装备工程技术研究中心"和"特种机器人工程技术研究中心"两个省级科教平台，引导学生参与科研项目和高水平国际技能大赛，提升学生的创新精神和实践能力。

8. 全面统筹海外项目工程师选拔机制

遴选学生组成学徒班，实施学期滚动制，进行"内部"末位强制淘汰，"外部"择优申请候补，培养学生的竞争意识和危机意识。

9. 全面规划学生学习和职业生涯发展路径

构建识岗—跟岗—顶岗的现代学徒培养机制，通过企业识岗实习，了解徐工集团的管理文化、经营理念和生产环境；通过企业跟岗实习，了解企业发展的新技术、新工艺，熟悉工作流程和操作要领；通过企业顶岗实习，培养学生的岗位操作能力，初步具备工程机械领域技术服务和海外项目管理的能力。

（七）构建"语言+通识+技能"模块化课程体系

校企共同制定课程标准，开发课程模块。语言类课程着力推进省级在线开放课程建设，增加课程体系中专业基础英语比重，开设全英文/双语专业核心课程；开设适岗情景交际英语，面向徐工海外服务国家开设葡萄牙语、柬埔寨语等小语种课程。通识类课程设置历史与文化、社会与生活等模块，重在培养学生的国际化文化素养。技能类课程强化项目化课程建设，开发面向工程机械技术领域的"移动平台可编程控制器"等一批"X技能"课程，提升课程与海外项目工程师培养的适配度。

（八）校企共同发力，促进双师型教师培养

为弘扬工匠精神、提升学校双师型教师比例，江苏建院在徐州重型机械有限公司进行双师型师资培养培训基地挂牌，与徐工港机签约共同培养双师型教师，徐工集团与学校联合成立徐工产业学院。学校每年组织专业教师赴企业参观学习，进行暑期实践、企业实践。

三、模式提炼与创新

（一）助力"中国制造"走向"中国智造"

面向"一带一路"建设需求，校企合作共同引入面向智能化时代的新工艺、新技术，融入现代学徒制人才培养方案，进一步优化教学课程内容体系，培养具有国际视野、爱国情怀、跨文化交际能力和专业技能的复合型人才。

（二）形成"双线一体化"海外项目工程师培养新模式

整合政府、学校、企业、行业各方资源，搭建有利于国际化高素质人才培养的技能平台和语言平台。坚持以职业综合素养培养为导向，以职业关键能力培养为核心，构建外语和"X技能"双线一体化培养模式，提升海外项目工程师的国际视野、专业技能和外语能力。

（三）构建"五高—三交互—两全面"的校企协同培养新机制

学校与徐工集团等企业深度合作，培养"五高"标准海外项目工程师，服务高端制造装备产业"走出去"。深化"三交互"校企多层次合作模式，搭建高

起点平台，打造高水平混编教学团队，共同制定双师育人体系。创新"两全面"协同培养路径，全面统筹海外项目工程师选拔机制，全面规划学生学习和职业生涯发展。

四、成效与推广

（一）校企共建机电一体化专业群，成效显著

校企命运共同体成效初显：机电一体化技术专业群获批国家级高水平机电一体化技术骨干专业、江苏省高水平专业群培育项目，开展《悉尼协议认证》专业；现代学徒制项目获得教育部A档验收；"五高—三交互—两全面"校企协同培养海外项目工程师机制获得煤炭教育协会教学成果二等级、校级教学成果一等奖；校企混编、专兼结合的教学团队获得全国煤炭行业优秀教学团队和校级立项；教学资源库获得校级立项并通过验收。

（二）采用校企协同育人模式，人才培养质量突出

学生获得"挑战杯""互联网+"技能竞赛等省级以上奖励42项，向"一带一路"沿线国家输出专业课程标准6个；校企合作成立"海外班""麦穗班"等，累计培养450余名海外项目工程师，服务印度、巴基斯坦、巴西等10多个国家的工程建设；企业累计发放给学生奖助学金21.6万元，企业获得2019年江苏省首批产教融合型企业立项。

（三）广泛宣传推广现代学徒制人才培养模式，获得肯定

学校领导曾经多次应邀在高职院校人才培养模式研讨会上做典型发言。本项目在2021年度高等教育博览会上获得"双百案例"表彰。

专家点评：江苏建筑职业技术学院瞄准行业需求，与徐工集团等大型工程机械企业合作，积极探索基于现代学徒制的项目工程师协同培养机制，以现代学徒制人才培养模式为基础，深化"五高—三交互—两全面"人才培养模式，优化"一平台、多方向、模块化"课程体系，推进"三教"改革，打造智能装备高水平混编教学团队，培养更多供需对路的人才，更好地服务地区经济发展。学院全面规划学生学习和职业生涯发展，解决了企业所需、专业建设和学生个人发展等方面的核心问题，具有突出的价值和作用；解决了有海外发展意向的大中型企业项目服务人员严重不足的关键问题，提升精准服务能力。案例中提出的校企协同育人模式，对各类高职校来说具有普适性，对于有海外业务的企业推行国家"一带一路"政策落地方面更具应用价值。学院培养了大批具有国际视野的海外项目工程师，服务高端制造装备产业"走出去"的需求，对于践行国家的"一带一路"倡议意义重大。

打破传统合作模式，实现产教融合"双元"育人

陈海山　陈枫艺　柴爽　胡芳　陈的非

广东轻工职业技术学院

摘要：2006年，香港唐宫饮食集团（以下简称唐宫）斥资400万元，与广东轻工职业技术学院合作成立香港唐宫酒店管理学院，开展产教融合深度合作。15年来，校企双方共同研制人才培养方案，唐宫及时将酒店餐饮行业新规范纳入教学标准和教学内容；校企组建高水平混编教师团队，分工协作进行模块化教学；学校积极为唐宫开展各种培训服务，帮助解决运营中的各种实际问题。产教融合校企"双元"育人模式取得显著成效，产研专业成果丰硕，香港唐宫饮食集团于2012年成功在香港上市，成为行业翘楚。

关键词：双向融合；三层递进；人才培养模式；校企合作

一、实施背景

深化职业教育产教融合，推动职业教育高质量发展，是当前我国职业教育改革的重要主题。目前校企合作的方式已多样化呈现，主要有学生顶岗实习、共建专业、冠名班式、订单式培养等，但现有的合作模式与产教深度融合"双元"育人模式仍有较大差距，人才供需并未达到数量和质量上的真正匹配。近年来高职院校旅游与酒店管理专业一直致力于校企合作，旨在通过双方的共同参与推动产教融合。而提高企业参与职业教育办学的积极性，是深化产教融合的关键所在，也是难点所在。

2006年5月，唐宫投入400万元，与广东轻工职业技术学院共建广东轻工职业技术学院香港唐宫酒店管理学院。15年来，实行产教融合及校企"双元"育人，共培养学生2000人次。双方全程将《弟子规》等传统文化与现代管理理念相结合，以5S管理法为指导原则，校企双方共同制定人才培养方案，实现了校企共育共赢。

二、主要内容与做法

（一）构建面向企业真实生产环境的任务式"双向融合、三层递进、德技并修、育训一体"专业人才培养模式，实践校企融合"双元"育人

通过校企合作及国际、国内协同项目融合，由此实现优质教育要素、信息和资源融通，实现"双向融合"，如图1所示。将"专业认知—技能体验—创新实践"这三层递进关系的校企合作项目贯通课程体系，为学生提供基于项目实战经验和实践经历的教育背景。同时强调德育与技能教育的一体化，将德育融于技能教育，在技能和知识教育的同时进行道德教育，提高道德素养是学生健全发展和增加职业教育的核心要素。校企双方需把握全球产业发展、国内产业升级的新机遇，将教育与培训结合，主动参与酒店供需对接和流程再造工程，推动酒店专业建设与产业发展相适应，实质推进校企"双元"育人。

（二）产教融合，校企共同制定"唐宫店铺基层主管"人才培养方案

根据唐宫店铺基层主管岗位分析和任职要求，基于学生职业生涯发展为导向，校企共同制定"唐宫店铺基层主管"人才培养方案，并通过专家多次分析和修订，重新制定该类职业岗位的职业资格证、职业技能标准和考核标准，实现以职业为导向，"岗、证、课"紧密对接，如图2所示。

（三）产教融合，实现实习实训无缝对接

根据人才培养目标，将整个学习过程分为课堂学习与企业实习，交替进行，这种交替在三年内完成。前两年在学校进行理论学习，第三年学校安排学生到企业进行实习，保证学生在企业的实习时间累计为

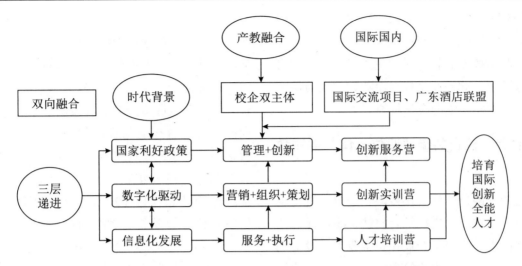

图 1 "双向融合、三层递进、德技并修、育训一体"人才培养模式

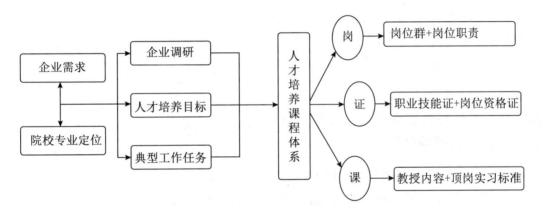

图 2 "岗、证、课"模块化课程体系构建图

12 个月。同时学生在实习期间，必须通过唐宫自己的资格证书考核，即获得 I 档、II—III 档和基层主管职业资格证。

（四）产教融合，创新工学交替"三双""三融""三共同"实习模式

1."三双"是指实践管理"双主体"，实习指导"双导师"，实习"双员制"

"双主体"，即学校与企业共同对顶岗实践进行管理。校企双方共同设定顶岗实践目标、计划和管理制度，通过搭建顶岗实践平台，共同管理和评价顶岗实践效果。"双导师"即学校专业教师与企业资深员工（师傅）在紧密联系、友好合作的基础上，共同对学生的实习过程和实习任务进行指导。"双员制"即学生在实习期间具有"学员"和"职员"两种身份，需服从学校的统一安排与管理，完成学校布置的学习任务，同时也需服从企业的工作安排，遵守企业的管理制度，完成企业布置的工作任务。

2."三融"是指专业知识学习任务与实习项目相融，毕业设计与实习任务相融，学校文化与企业文化相融

"一融"，即在"唐宫店铺基层主管"人才的培养过程中，完成 2 个学年专业知识学习任务加 1 学年实习项目，知识学习与实习互不脱节，融为一个学习整体。"二融"，即毕业设计安排在学生企业实习期间，学生可用综合运用餐饮连锁专业的有关理论和技术，设计出解决实际问题的方案。"三融"，即在实习期间，学生在企业文化的陶冶与感染下，可养成良好的职业习惯，提升职业能力、职业素养，使其毕业后能迅速认同企业理念，适应企业的管理方法，自然融入企业文化之中。

3."三共同"是指学校与企业共同设计评价标准，企业师傅与专业教师共同评价学习、实习成效，学校与企业共同保障学生实习中合法权益

按照学校人才培养需要和企业实际用人需要，学

校与企业共同制定有针对性的实习实践评价标准。在实习结束后，比照学生实习应达到的学习、实习目标，企业师傅与学校专业教师对学生实习期间的实习效果共同进行评价。此外，学校与企业订立实习保障协议，以保障学生实习中的合法权益。

（五）产教融合，校企共建"四位一体"实践教学平台

校企共建的"四位一体"实践教学平台，进一步强化学生岗位专项技能、岗位综合技能、职业迁移技能和职业创新能力。学校与企业在资金投入、设备购置、职业氛围营造、管理模式等方面进行合作，共同建设校内实训室、校内实训基地、校内生产性教学工厂、创新工作室，形成真实或仿真的职业环境，同时选择唐宫在北京、天津、上海、苏州、杭州5个地区的分店建成实习基地，以提高学生的就业能力，提升就业层次。

（六）产教融合，组建校企高水平结构化教学创新团队，分工协作进行模块化教学

组建高水平结构化教学创新团队，校内专任教师16人，其中教授3人（二级教授1人）、副教授5人，教师均有企业实践经历。教师队伍配置合理，在学历、年龄、职业技能、职称上形成科学的梯队。所有教师均获得硕士以上学历。聘请酒店餐饮企业中高层管理人员16人，专任教师与兼职教师比例达到1∶1。

（七）产教融合，教师校企"双向流动"，为企业提供智力支持，开展高质量职业培训

学校不仅把企业的专家请进课堂，同时安排校内专任老师为企业职工开展高质量的职业培训。

三、业绩成果

（一）构建了"双向融合、三层递进、德技并修、育训一体"人才培养模式

校企双方共同研制的人才培养方案，成功实践产教融合校企"双元"育人新模式，成效显著。唐宫饮食集团及时将酒店餐饮行业新规范纳入教学标准和教学内容；校企组建高水平结构化教师团队，分工协作进行模块化教学；学校积极为唐宫开展各种培训服务，帮助解决运营中的各种实际问题。

产教融合校企"双元"育人取得显著成效：校企教师团队获国家级教学成果两项，省级教学成果多项；校企联合编著培训应用教材多本；2017年获得教育部、国家旅游局"全国职业院校旅游类示范专业点"称号，2019年获评教育部《高等职业教育创新发展行动计划项目（2015—2018）》骨干专业；2020年发布的"金苹果2020高职分专业竞争力排行榜"中，酒店管理专业在全国位居第三名；毕业生四年平均就业率，专业对口率，对母校的满意度、推荐度均高于全国示范高职平均水平；唐宫确定为2020年广东省产教融合培育单位。

（二）确立了"共管—共建—共享—共赢"校企合作新机制

构建了酒店管理专业"共管—共建—共享—共赢"产教融合的长效机制，设计由学生评价、实习导师评价、企业投入三维指标评价校企合作绩效，推进企业主动参与专业建设和人才培养，构建校企利益共同体，形成稳定互惠的合作机制。

四、经验总结

（一）要实现校企融合"双元"育人，就必须打破"学校为主、企业配合"式的浅度融合

"学校为主、企业配合"式的浅度融合会导致人才培养与需求产生巨大缝隙。目前我国职业院校校企合作普遍是学校为主、企业配合的传统模式，融合方式往往局限于企业根据学校的要求，提供必要的资金、物质或场所支持，建立校内外实训基地，至于人才培养方案及其具体的实施基本全由学校包揽。

（二）要实现校企融合"双元"育人，就必须拓宽"单向作用、散点合作"校企合作模式，从而实现校企的深度融合

我国大多数职业院校在与企业合作、融合过程中，缺乏系统通盘考虑，没有长期的运作机制，往往是院校单向作用，企业被动接受。双方的合作与融合

往往是就事论事，而事件与事件之间缺乏联系和统筹考虑，难以形成长期、有效的成果。一旦合作中出现摩擦或冲突，就会影响校企的深度融合，甚至可能导致长期意向变成短期合作。

五、推广应用

（一）校企共建，育人模式获得多项荣誉

目前酒店管理专业在人才培养模式、教学工作管理体制与运行机制、专业课程、教学方法、技术手段、人员队伍和校内外实习实践基地等方面都开展了专题研究，并获得22项国家级、省级的科研立项。

（二）为"企"而"研"，科研服务企业

近五年团队主持或参与国家级课题7项，省级15项，横向课题13项，科研成果被广泛应用企业，既促进了专业的发展，又促进了地方经济发展。校企联合在社会科学文献出版社出版《粤港澳大湾区会展旅游酒店发展报告2020》蓝皮书。

专家点评：《打破传统合作模式，实现产教融合"双元"育人》在目前校企合作多样化呈现的环境下，与香港唐宫饮食集团合作成立香港唐宫酒店管理学院，实现校企融合"双元"育人。共同研制双向融合三层递进人才培养模式，注重学生的道德教育和道德素养的养成；制定的"唐宫店铺基层主管"人才培养方案，有效地服务了学生的就业发展，实现以职业为导向，"岗、证、课"紧密对接；创新工学交替"三双""三融""三共同"实习模式，实现实习、实训无缝对接；建立"四位一体"实践教学平台，提高学生的就业能力，提升就业层次。该案例中的校企融合模式对我国职业教育的弱项、问题起到了很好的提示作用，为职业院校突出职业教育类型特色、实施教学改革提供了案例借鉴，具有很强的推广性。

"研发—教学"融汇式校企合作模式探索与实践

彭振博　张菊霞　张定华　陈艳君　李浩

宁波职业技术学院

摘要：宁波职业技术学院化工专业提出"产教研"互促发展理念，构建了资源互通、价值整合、利益契合的校企协同发展机制，培养具有研发力、创新力和实践力的高质量化工产业人才。经过十余年探索与实践，学生创新研究能力显著提升，实现高质量就业；教师团队入选国家级职业教育教学创新团队，专业群成为国家高水平专业群；助力企业研发的石油树脂产品年产量达世界第一，成为国家"制造业单项冠军产品"。

关键词：协同创新；以研兴企；以研促教；以研强师

一、背景与关键问题

2010年，中国石化镇海炼化公司百万吨乙烯工程建成投产，带动下游千亿产业链。乙烯副产物综合利用，面临着技术壁垒亟须突破和技术技能人才短缺的双重挑战。学校结合校企合作中专业赋能企业发展能力弱、企业参与专业育人动力不足等瓶颈问题，主动思考校企如何协同推进人才培养与科技创新有机结合，并实现互促共赢。基于此，确定以"乙烯副产综合利用"技术研发作为载体与枢纽创新校企合作模式，聚焦解决以下问题：①科技成果赋能企业发展能力弱、企业参与人才培养动力不足等问题；②企业研发和生产项目难以深度融入专业教学，人才培养与企业生产技术不同步的问题；③教师科研、教学与企业生产相脱节，教学与研发能力无法满足高质量教学需求的问题。

二、主要内容与做法

深化发展校企"产教研"融合理念，创新以研发为链条，资源互通、价值整合、利益契合的校企协同机制，探索以研促教、以研强师、以研兴企为抓手的研发—教学融汇式校企合作路径，实现"双高"专业群和"单项冠军"共生共长，如图1所示。

（一）以研兴企：打造"共建机构、共研课题、共推转化"破解企业"卡脖子"技术难题

对接国家战略与产业发展前沿，聚焦企业C5/C9综合利用"卡脖子"难题，强化科技成果转化赋能企业创新发展，激发企业参与人才培养的动力。①"共建机构"，厚植科技创新土壤，校企双方整合人才、资本、技术、设施、管理资源要素，建成国家企业技术中心、教育部协同创新中心等15个研发机构，为企业科技创新提供平台。②"共研课题"，对接国家战略和企业需求，实施研究一批、转化一批和引领一批的课题共研行动。围绕企业生产需求开展C5/C9综合利用技改研究，超前布局化工新材料领域预研课题，引领行业企业未来发展。③"共推转化"，抢占技术制高点，建设"发明专利池"，68项授权发明专利基本构建石油树脂领域知识产权"护城河"，46项企业标准树立行业质量标杆。

（二）以研促教：构建"模块分阶、研教双融、空间多元"教学体系，推动企业研发和生产项目融入专业教学

对接企业重大技术改造项目和横向课题，推进企业研发融入课程体系、教学方式、教学资源等关键要素，进行重组优化。①优化"模块分阶"课程体系，依托企业国家重点产业振兴和技术改造专项、科技部火炬计划等产业化研究项目，结合化工人才培养目标和企业岗位分析，重组优化"化工基础—化工生产—智能控制和安全"三大领域六大模块课程体系。②创新"研教双融"项目化"教""学"方式，将企业25项大型研发与生产项目及106项横向课题转化为教学载体，1模块N任务，将企业真实案例融入教学设计

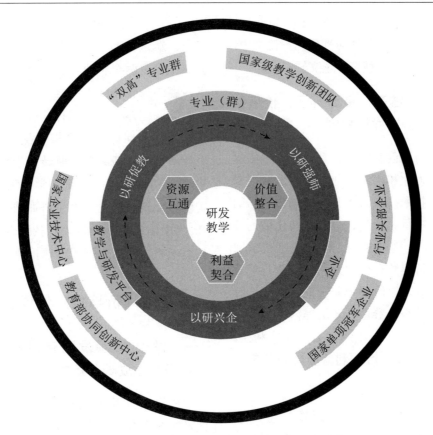

图 1　化工专业"研发—教学"融汇式校企合作模式

与课堂。创新"一人一题双导师""学生互助导生制"等个性化探究学习方式,学研结合,激发学生学习主动性。③拓展"空间多元"教学资源,结合校企 C5/C9 石油树脂研究成果,企业新技术、新装置及时转化为教学资源,校企共建国家、省及精品资源共享课和教材,拓展协同创新中心、企业技术中心等移动开放的教学空间,强化企业资源教学化应用。

(三)以研强师:探索"名师领衔、产学互动、校企双聘"教师发展路径,打造研发、生产、教学互通教学团队

立足教师是校企合作关键要素,教师依托企业研发与生产,将行业新技术、新规范、新工艺等纳入教学,提升研发能力及生产项目转化为教学项目的能力。①"名师领衔"打造教学团队,以校企"孙向东国家名师工作室"为依托,定期开展教科研沙龙、行知讲坛活动;"传帮带"催生科研与教学骨干力量,形成国家(行业)创新团队和省级黄大年式教师团队3支。②"产学互动"提升教学能力,新进博士进入企业博士后工作站,提升科技与攻关能力;推进"企业出题 教师解题",14 名教师在进入企业解决实际问题中提升研发生产相结合能力,5 项成果获省级访问工程师校企合作奖。③"双岗双聘"机制突破人才互通壁垒,与恒河材料公司、中科院材料所等共建教师和技术人才双向互聘、双向赋能、双向兼薪、双向管理等"四双向"互通机制,校企 50 余名人才互通,5 名教师任企业总工程师和研发总监。

三、经验萃取与模式模型

(一)凝练发展了以研发为枢纽,学校人才培养和企业科技创新相结合的"产教研"互促发展理念

将研发作为联通学校和企业两个组织的重要枢纽,促使双方在人才培养和科技创新服务长期合作与交换中形成结构依赖关系。相较人才供需为主的合作,研发枢纽更深入地促进了校企资源流动与合作平衡。同时,从高等教育人才培养、科学研究、社会服务三大基本职能看,研发联通人才培养和社会服务,增强了产教研的黏合度,诠释了科研与人才培养和科技服务的依赖关系,深化了"产教研"互促发展理念,

明晰了校企协同发展的机理。该观点发表于《技术技能积累视域下高职院校社会服务适应性研究》论文中，并被人大复印资料《职业技术教育》全文转载。

（二）构建了以研发为链条，资源互通、价值整合、利益契合的校企协同发展机制

校企依托共建的协同创新中心、企业技术中心等研发机构，打通高端人才和资源互通壁垒，形成资源互通机制。基于校企技术技能人才和科技创新供需的共同价值目标，研发项目教学化、生产化转化成为校企价值整合"平衡器"，促进了校企间异质性价值取向和秩序融合，形成价值整合机制。利益契合是校企合作稳定的重要序参量，以解决企业石油树脂"卡脖子"难题为突破，激发企业参与人才培养内驱力，同时满足了学校育人质量和企业生产效益提高的利益，形成所有权共享、收益权让渡的利益驱动和共享机制，如图2所示。

（三）探索了以研发为内核，企业研发、生产项目转化为教学项目的多维育人路径

将研发作为校企协同育人内核，优化时空、课程、资源、教法及学法等教学体系与育人路径。时空上，新进教师依托进企业工作站、访问工程师等机会，在校企两个科研与教学空间中提升能力并促进教学内容的吸收转化；课程上，基于企业大型研究项目重组的课程体系，融入行业最新技术和标准，增强了人才培养的岗课适配度与产业对接度；教学资源上，企业新技术、新装置及时转化为新形态教材，校企共建PTA仿真工厂等丰富了学校资源；教法、学法上，实现教师研教融合，学生研训结合，教学效率显著提升。《中国教育报》以"产教融合共育人才 协同创新共赢未来"为题进行了专题报道。

四、成效评价与推广价值

（一）学生25项发明专利突显创新研究能力，千余名学生成长为技术骨干展示发展后劲

成果在应用化工技术、环境监测技术、分析检验技术等3个专业中实践应用，四千余名学生创新能力提升，参与授权发明专利25项，获中国国际"互联网+创新创业大赛"等省级以上奖励59项。毕业生

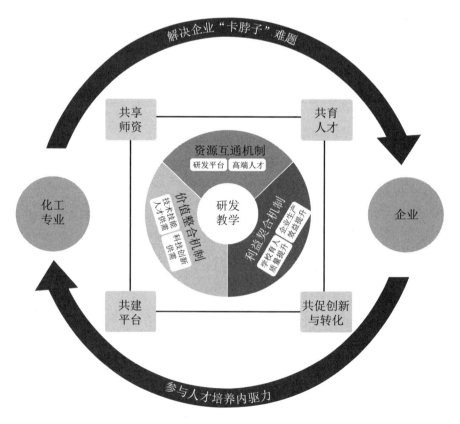

图2 资源互通、价值整合、利益契合的校企协同发展机制

本地就业率达75%，千余名学生就职于中国石油化工集团有限公司、台塑集团等世界五百强企业，成长为技术骨干。校友李来福作为恒河材料科技股份有限公司主任工程师，设计制造国内首个万吨级ENB连续化生产装置，达到国际先进水平。

（二）国家教学团队打造25个省级以上教学与创新平台，引领"双高"专业群

校企建成国家双高专业群、教育部协同创新中心、教育部"双师型"教师培训基地、省绿色化工产教融合基地等省级及以上专业建设平台25个，联合开发国家精品资源共享课、国家资源库课程等12门。27人次获省级荣誉，6名国家（行业）名师带动团队入选国家级教学创新团队和浙江省黄大年式教师团队，牵头6个国家级教学创新团队成立化工技术团队协作共同体，"双高"专业群引领全国高职化工专业发展。

（三）科技创新赋能国家企业技术中心，造就制造业"单项冠军""专精特新"

团队赋能企业建成"国家企业技术中心"等4个重大平台，协助完成国家发改委、科技部等国家科技专项25项，承接企业产业化项目106项，到账经费8077万元。校企联合授权发明专利68项并实现生产转化，技术服务产生的经济效益超100亿元。助力恒河材料公司研发9套装置20多个C5/C9石油树脂产品，打破该领域技术壁垒，64万吨年产量跃居世界第一，被工信部认定为"国家制造业单项冠军产品"，带动宁波能之光新材料公司成长为"专精特新小巨人"企业。

（四）6个国家级典型案例影响广泛，42个"一带一路"国家学习借鉴

《产教融合育工匠，校企协同促创新》等6个典型案例入选世界职业教育发展大会案例、教育部产教融合案例。在教育部、化工行指委全国石油和化工职业教育教学指导委员会等全国性会议、培训班开展专题报告47次，辐射6000人次以上，深入指导2所院校获批省"双高"专业群。恒河公司作为企业唯一代表，在教育部"十三五"职业教育改革发展总体情况新闻发布会分享合作经验。依托"商务部职业技术教育援外培训基地"向42个"一带一路"沿线国家分享经验。《产教融合共育人才 协同创新共赢未来》等被国务院新闻办、《中国教育报》等主流媒体报道56次。

专家点评：《"研发—教学"融汇式校企合作模式探索与实践》直面行业技术壁垒亟须突破和技术技能人才短缺的双重挑战。将校企合作协同人才培养与科技创新有机结合，以研兴企、以研促教、以研强师，提出"产教研"互促发展理念。解决企业"卡脖子"技术难题，整合校企双方人才、资本等管理要素，建设国家企业技术中心，实施课题共研行动，建设"发明专利池"，树立行业标杆；构建具有特点的教学体系，推动研发和生产与专业教学有机结合，重组课程体系，拓展移动教学空间；探索新型教师发展路径，以"名师工作室""黄大年式教学团队"为支撑骨干，打造研发、生产、教学互通教学团队。该案例成效突显了学生的创新研究能力，引领"双高"专业群，落实国家"一带一路"倡议，具有在全国范围内的推广和借鉴作用。

"一标准、双主体、三段式、四转换、五对接"协同育人

杨春花[1]　张荧[1]　卜琼琼[1]　赵云波[1]　薛建锋[2]

1. 云南机电职业技术学院　2. 云南港翔航空技术有限公司

摘要：云南机电职业技术学院与云南港翔航空技术有限公司深度合作，根据云南"五网"建设人才需求，联合实施飞机机电维修专业现代学徒制。针对云南省飞机维修行业的行业性特点和岗位的职业性特点，校企实行成本分担，共建共享民航147飞机实训基地，形成"共建共育共管共享共融"的双主体育人机制。以中国民航CCAR147部为引领，以航线维修机械员岗位核心能力培养为导向，构建"一标准、双主体、三段式、四转换、五对接"的现代学徒制人才培养模式。

关键词：现代学徒制；协同育人；成本分担；标准引领

一、背景与关键问题

目前，我国已成为全球第二大民用飞机市场，预测未来20年我国民用市场空间将超15000亿美元。云南正在进行"五网"建设，飞机维修人员需求更加巨大。但飞机维修人员培养投入大、成本高、标准高、流程多、规范强、取证难，联合民航企业办学势在必行。

为促进专业良性发展，示范引领云南省航空装备领域飞机维修产业及职业教育高质量发展，促进产教融合校企"双元"育人要求，云南机电职业技术学院与云南港翔航空技术有限公司深度校企合作，进行现代学徒制人才培养模式创新与实践，以此引领专业群各专业人才培养模式及课程体系创新，构建云南省领先的民航飞机维修实训基地和公共服务平台，引领教学模式改革创新，推进人才培养质量持续提升，培养飞机维修专业高素质的技术技能人才，服务国家"一带一路"倡议、云南"五网"建设。

二、主要内容与做法

（一）构建专业人才培养体系

以"民航147标准"引领，以培养适应航空企业飞机机电设备维护和修理岗位的高素质技术技能人才为标准，校企双主体进行现代学徒制人才培养模式探索与实践，构建"一标准、双主体、三段式、四转换、五对接"的现代学徒制人才培养模式，创新"校企一体、岗课融通、两模块、九项目"课程体系。在实训基地建设方面构建云南省领先的飞机维修综合实训基地及公共服务平台；在教学团队方面按照国家教学创新团队标准建设校企互聘共用的教师教学创新团队。人才培养体系架构如图1所示。

（二）探索校企"双主体"育人机制

校企双方签订协议，明确双方主体地位和责、权、利，共同编制《飞机机电设备维修专业现代学徒制管理制度汇编》。按制度实施教学、双师队伍建设、学徒考核、人才质量评价。校企双主体分工合作，协同育人，实现现代学徒制的人才培养目标。

1. 成立专业指导委员会

成立现代学徒制试点飞机机电设备维修专业指导委员会，并制定了《飞机机电设备维修专业指导委员会章程》《飞机机电维修专业建设工作执行办法》《现代学徒制飞机机电设备维修专业校企双方职责、分工细则》。

2. 构建校企人才培养成本分担机制

校企共同制定《飞机机电设备维修专业现代学徒制人才培养成本分担管理办法》，协议规定学院支付企业学徒培训费用并对企业实行绩效考核，企业负

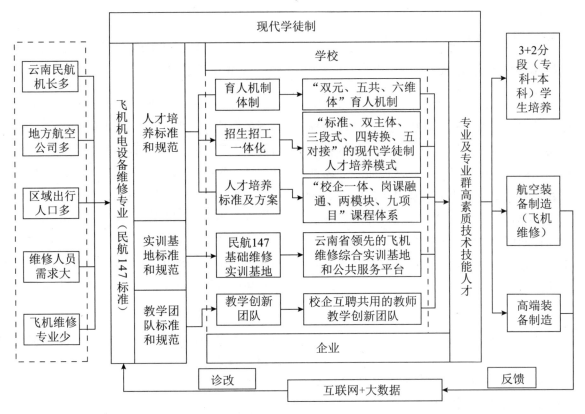

图 1　人才培养体系架构

责学徒三段式培养过程中的学徒培养及准员工培训阶段，保证培养质量及就业率，并支付企业师傅带徒津贴。

3. 构建专业教学监督管理机制及保障体系

校企共同制定《现代学徒制飞机机电设备维修专业教学管理实施细则》《现代学徒制飞机机电设备维修专业人才培养质量评价办法》《现代学徒制飞机机电设备维修专业第三方评价考核办法》，并设计引入PDCA、多方参与的教学诊断改流程。

4. 探索学分互换互认

校企共同制定《机械工程系现代学徒制试点专业飞机机电设备维修弹性学分制实施细则》，在"工学交替""三段式"人才培养过程中，规定学校与企业之间可进行学分互认，校内和校外学分的学习量相等可以实施互换互认，学分达到要求即可毕业。

（三）校企共同开发基于岗位工作内容、融入国家职业标准的课程

以工作任务为引领、以民航飞机维修岗位能力培养为导向、以岗位职业能力培养为核心，将教育内容分为课程教学内容和岗位工作内容两部分，实现课程内容与职业岗位工作内容对接的"岗课融通"。依据职业能力培养方式课程体系构建为公共基础课程模块和师带徒项目模块共"两模块"，公共基础课程模块培养学生的职业核心能力，师带徒项目模块培养学生的行业通用能力和职业特定能力。依据课程内容设计课程项目为文化基础课、教养工程、认识飞行原理、飞机维修基本技能、飞机动力装置及传动部件维护、飞机电子电气修理、飞机部件识别、外场维修及维修管理、企业实践共"九项目"，并按项目内容进行课程构建，共计45门课程。

（四）校企共建共享实训基地

以互惠互利、资源共享为原则，按照民航147标准及航线维修机械员岗位的需求，校企共同投入，共建一个体现飞机维修真实工作环境、行业共享、服务其他院校同类专业的，集教学、生产性实训、企业实作培训、飞机维修执照培训考证"四位一体"的云南省领先的飞机维修综合实训基地。该实训基地包括14个实训室及一架波音737飞机，可开展飞机维修CBT、波音737模拟机实训等10余个实训项目，机修、发动机装配、维修基本技能、B737NG等5类社

会培训和职业技能鉴定，可同步开展航空检测与维修技术应用研究、协助企业生产运作等社会功能。

（五）校企共建教学创新团队

制定双导师培养、选拔、激励制度，明确双导师职责、待遇，开展校企双方双向挂职锻炼，及校内导师参加企业实践及技术服务等工作，建成高技术技能型校企互聘共用的双导师教学团队。从民航企业聘请具有丰富实践经验的专业技术人员和能工巧匠作为企业师傅；从学院选拔双师型教师担任校内导师。开展校企双方双向挂职锻炼及校内导师参加企业实践及技术服务等工作，建成高技术技能型校企互聘共用的双导师教学团队。

三、经验萃取与模式模型

（一）校企成本分担，形成校企协同"共建共育共管共享共融"双元育人机制

与企业通过校企合作办公室形成校企合作，双元育人，成本分担，责任共担，共同提供人才培养平台，融入国家职业资格标准和行业企业技术标准，共同制定课程标准，实现实训基地共建、校企课程体系共建、师资队伍共建三个共建。教学过程共管、评价标准共订、教学资源共享、企业文化共融。

（二）"一标准、双主体、三段式、四转换、五对接"人才培养模式

如图2所示，参照民航147标准，按照航线维修机械员岗位能力要求，学院和企业双方"双主体"共同制定人才培养方案，按培养阶段将人才培养过程划分为三个阶段，人才培养过程中教学主体实现"四转换"，即由学生—学徒—准员工—员工的四转换，实现岗位需求与专业对接、课程与职业能力对接、内容与岗位工作任务对接、考试与考核对接、学历证书与职业资格证书对接的"五对接"，最终培养出企业认可的知识密集、高素质技术技能型的航线维修机械员人才。

（三）构建"校企一体、岗课融通、两模块、九项目"课程体系

校企共同以中国民航CCAR-66部和CCAR-147部为课程建设的依据，课程设置以民航飞机维修岗位能力培养为导向，实现课程内容与职业岗位工作内容对接的"岗课融通"。

依据职业能力培养方式课程体系构建为公共基础课程模块和师带徒项目模块共"两模块"，依据课程内容设计课程项目"九项目"，并按项目内容进行课程构建。

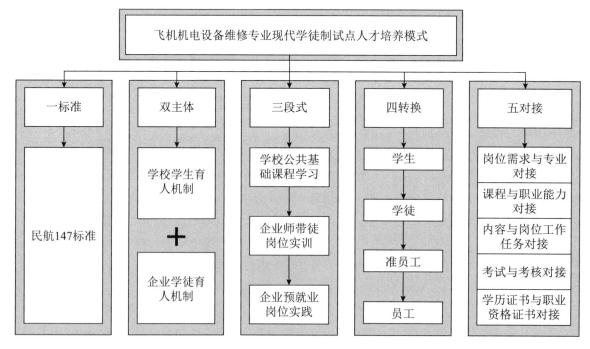

图2 "一标准、双主体、三段式、四转换、五对接"人才培养模式

四、成效评价与推广价值

（一）技术技能型人才培养获认可

学徒制班在学习、评优、技能大赛参与及获奖等方面显著优于专业班同学，标准和规范意识强，大量毕业生在省内外航空公司就业，用人单位满意度高达90%。

（二）校企助力区域经济发展显成效

（1）产教融合共建多个国家级省级实训基地，实现开放共享及示范引领。开展体验活动10余次。

（2）承办昆明市名匠杯职业技能大赛飞机维修工程师赛项、湖南航空首届机务维修技能大赛等，承担多家知名航空企业的CCAR-147、CCAR-66-R3、飞鸿300等多种专项技能培训，鉴定180人次，提高了专业服务产业能力和学校知名度。

（三）校企开发了师带徒项目和教材

按照航线维修机械员岗位和专项技能分工的不同，校企共同开发了"管路识别、制作、拆装""传动部件识别、维护"等11个航空基础模块的师带徒项目，"机身""机尾""大翼"等7个飞机区域模块的师带徒项目，以及"飞机操作原理""发动机APU启动"等15个模拟机模块的师带徒项目。

校企共同编写了《波音B737CL飞机结构》《波音B737CL飞机维修基础》《飞机结构与系统实训（电子部分）》3部校本教材，筹划出版《飞机结构与系统实训（机械部分）》《外场勤务实训》《基本技能实训》3部教材。

（四）示范引领校内相关专业群实施现代学徒制

示范引领机电一体化专业群、智能制造专业群、机电设备制造维修及服务专业群的人才培养模式改革，辐射14个专业实施现代学徒制为特色的专业群人才培养模式。

（五）推广应用

本案例适用于行业准入门槛高的专业，以及希望借力与企业共同办学的院校。

专家点评：《"一标准、双主体、三段式、四转换、五对接"协同育人》，结合民用飞机市场中飞机维修人员需求加剧的问题，该校与云南港翊航空技术有限公司深度校企合作，进行现代学徒制人才培养模式创新与实践，服务国家"一带一路"倡议和云南"五网"建设。构建专业人才培养体系，创建"一二三四五"的人才培养模式和专业课程体系；从组织管理、制度建设、监督保障和共赢共认等方面挖掘校企"双主体"育人机制新领域，共同开发基于岗位工作内容、融入国家职业标准的课程、教学创新团队和实训基地。该案例作用下，能够培养足够的技术技能型人才，助力区域经济发展，并对校内各相关专业群起到了引领示范作用。由于该案例所涉及的行业准入门槛高，因此具有特殊性，但在一定范围内，具有高度的实操性和推广性。

纵向贯通、横向联动，创新四方合作办学体制机制

张 红　　王安安　　姚水琼　　张东志　　朱艳妍

浙江经贸职业技术学院

摘要： 浙江经贸职业技术学院坚持以服务国家战略、契合区域发展、支撑产业升级为导向，紧紧围绕职教改革重点任务和专业群发展需要，明确"制度保障、平台支撑、项目驱动、协同发展"的产教融合、校企合作建设路径，持续深化"校社政企"四方合作体制机制改革与创新，建立了完善的理事会组织架构、产教融合长效运行机制和校企合作管理机制，实现纵向贯通、横向联动，不断增强服务行业产业和区域经济发展能力。

关键词： 发展理事会；产教融合；校企合作；体制机制

一、实施背景

浙江经贸职业技术学院联合浙江省供销社联合社、杭州钱塘区政府、浙茶集团、联华华商集团、全国电子商务职业教育教学指导委员会、浙江省信用协会、浙江农林大学、杭州市供销社等政府部门、行业企业协会、科研院所、产业园区及县（市）供销社共同组建了浙江经贸职业技术学院发展理事会，经过10年的稳定运行，已形成了以系统为依托、以学校为主体、以政府为推手、企业深度参与的四方合作办学体制，共同开展人才培养培训、专业建设、实训基地建设、学生实习就业、教师互派互聘、科创平台建设等人才合作、资源合作、科技合作。

二、主要做法

（一）构建"顶层决策、中层协调、底层执行"发展理事会组织架构，强化协调能力

为实现各方资源的有效整合和转化，学校发展理事会通过增设协调机构，构建了"理事会—秘书处（下设5个协调机构）—专业（群）建设合作委员会"三级组织架构。理事会是决策层，负责统筹协调校、社、政、企各方关系，整合办学资源，指导监督下设机构开展相关工作。理事会以下设"1处5部"作为协调层，即秘书处、产业发展与学校规划部、人才培养与学生职业发展部、双师队伍建设管理部、技术服务与培训部、资金管理部。发挥协调机构在贯彻决议、指导监督、机制建设、项目开发、渠道拓展、平台搭建等方面的作用，将理事会上层资源和校企合作诉求进行有效链接，提升协同发展力。执行层在秘书处统筹的二级机构的统一规划指导下，成立电子商务与信息技术服务专业群建设合作委员会等6个专业群建设合作委员会。依托二级协调机构，落实校企共建共享机制，解决专业群校企合作中的重大问题，组织专业群开展校企合作项目申报与实施，促进专业建设适应产业发展需求。

为规范理事会运行管理，提高运作效率，促进资源整合，还形成了一套包含《章程》《各级机构工作职责》《会议事规则》《会员管理办法》《成员选任办法》等的理事会运行管理制度体系，明确了成员动态调整机制，最大限度地发挥了理事会统筹协调作用，理事会职能和内涵不断丰富。

依托理事会平台，学校启动全国数字经济产教联盟，稳定运行浙江商贸职教集团，区校共建四个"经贸—钱塘区"产教共同体以及产教大楼建设工程项目，为新区产业发展提供技术、人才、资源支撑，打造"学校—新区"共生发展模式。

（二）首创"三级联动、四层互访、五级会商"产教融合长效运行机制，畅通合作渠道

为适应专业群产教融合新发展需要，学校不断优化"校社政企"四方合作发展理事会成员结构，明确准入门槛和进退机制，落实"三级联动、四层互访、五级会商"的产教融合长效运行机制，如图1所示。三级

联动即通过建立理事会、学校、学院三级联动机制，拉高校企合作起点，做实校企合作内涵，形成良性的内循环；四层互访即通过构建学校、学院、专业、教师与企业的四层互访机制，确保与行业企业多渠道、全方位的交流互动；五级会商即通过健全理事代表大会、理事大会、副理事长会议、秘书长会议、专项协商会议五级会商机制，畅通学校、行业、企业不同层级的沟通渠道，实现"横向联动、纵向贯通"。

实行自选指标差异化考核，发挥专业群在推进专业产教融合中的主体作用，引导专业群突出重点，发展特色，充分体现了"自设目标—自我诊断—自我保证"的诊改理念。

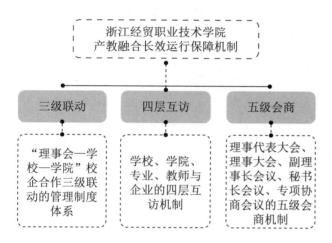

图1 "三级联动、四层互访、五级会商"产教融合长效运行机制

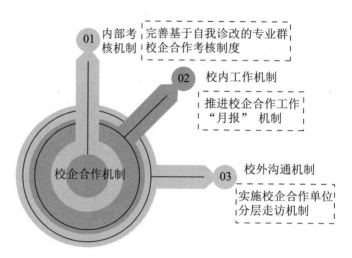

图2 "校外沟通、校内协同、专业群诊改"校企合作管理三项机制

（三）实施"校外沟通、校内协同、专业群诊改"校企合作管理三项机制，促进项目落地

为进一步推动专业群产教融合，构建"纵向联动、横向互动"的校企合作长效运行机制，学校创新实施了"校企合作管理三项机制"建设计划，如图2所示。一是实施校外沟通机制。通过落实与合作单位的分层走访制度，拓展"校—政—企""校—社—企""校—协—企"等"1：1：N"全方面合作渠道，学校实现了与行业企业多渠道、多维度、多层级的交流互动，强化校企互动，双向赋能，学校与合作单位的联系更加紧密，走动更加频繁，资源交互和项目合作方式更趋多维。二是实施校内协同机制。通过实施院系两级校企合作"月报"制度，落实月度计划和总结报备机制，学校与系部对接渠道更加顺畅，问题反馈及解决更加高效，项目协同推进力显著提升。三是实施专业群层面校企合作诊改机制。对接职教20条改革及"双高"建设要求，完善基于诊改理念的专业群校企合作考核机制，率先研究并实施专业群校企合作评价指标，创新性地在校企合作成效模块上

三、成果成效

依托理事会平台，学校吸纳了"政、行、企、校、协、所"优质理事会成员单位41家，助推省级以上产教融合型企业4家，现有产学合作企业427家，校外实训基地284家，其中校企共建3年以上紧密型实训基地到87家，校内生产性实训基地19家。

通过建立产教融合长效运行机制并实施校企合作管理三项机制，学校逐步形成了"一群一品"产教融合特色品牌，为专业与产业同步发展搭建了舞台。学校"系统构建高职电子商务专业与产业同步发展机制的创新与实践"项目获国家级教学成果奖一等奖。校企协同育人质量实现螺旋式提升，建成了特色鲜明、模式领先的校企协同育人品牌项目。"麦苗计划"现代学徒制模式先后在全国商业行指委、中国连锁经营协会等会议上进行专题汇报，获得以全国现代学徒制专委会主任赵鹏飞为代表的行业企业专家的认可和赞誉。

产业学院是实现职业教育产教融合困境突破的创新实践。目前，学校通过与行业龙头企业联合共建"校—企"型产业学院，与行业协会（或职教集团等）、行业龙头企业联合共建的"校—行—企"型产

业学院等合作模式，建成了数字工匠学院、采云学院、美迪凯精密智造学院、麦苗学院、联华学院、贝壳学院、顺丰学院、TIC产业学院8个实体化运行的产业（特色）学院，并建设网易产业学院、梦马汽车产业学院等。

四、经验总结

"十四五"新时期，高职教育全面进入了提质培优、增值赋能、以质图强的新发展时期。学校已建立了四方合作发展理事会三级组织架构、产教融合长效运行机制和校企合作管理机制，实现纵向贯通、横向联动。为进一步主动对接新经济、新技术、新职业的发展，学校将继续深化与供销社、钱塘区、企业等单位的合作，持续深化"校社政企"四方合作办学体制机制改革，在纵向建立校院专业多层级的校企合作体系，在横向建立全校性跨院跨专业的综合性校企合作平台，形成经贸特色鲜明的校企合作框架体系，持续增强服务行业产业和区域经济发展能力。

专家点评：浙江经贸职业技术学院以服务国家战略、契合区域发展、支撑产业升级为导向，依托所处行业与企业资源，紧紧围绕职教改革重点任务和专业群发展需要，从"校、社、政、企"四方合作推动产教融合校企合作，打通了学校上下资源共享的校企合作建设依赖路径，探索自身发展的校企合作发展之路。持续深化"校社政企"四方合作办学体制机制改革，在纵向建立校院专业多层级的校企合作体系，在横向建立全校性跨院跨专业的综合性校企合作平台，形成经贸特色鲜明的校企合作框架体系，逐步形成"一群一品"的产教融合专业群特色品牌，实现纵向贯通、横向联动，不断增强服务行业产业和区域经济发展能力。

工程师学院视域下现代殡葬技术与管理专业建设模式创新研究与实践

徐晓玲　　翟媛媛　　任同礼　　张丽丽

北京社会管理职业学院（民政部培训中心）

摘要：学历教育与职业培训并举是中国特色职业教育的基本特征。回应"逝有所安"民生需求，针对殡葬人才供需结构性失衡以及专业教育与行业发展契合度低等问题，校企共建海涛生命服务学院，探索育训结合的殡葬专业建设新模式。通过校企双主体打造沉浸式综合实训平台，构建人文殡葬、科技殡葬、生态殡葬"三板块"，形成"双导师"育人、岗课赛证育人、育训结合培养和多元增值评价等"四机制"，实现人才培养、技术创新、就业创业、社会服务、文化传承等"五功能"，基于理念—平台—课程—教师—资源—教法—评价—服务"八维度"创新殡葬专业建设模式，有效提升了人才培养效能，破解了人才供需矛盾，为中国殡葬服务人才培养提供新范式。

关键词：殡葬专业；工程师学院；协同育人；育训结合；岗课赛证

一、实施背景与关键问题

"逝有所安"是基本民生需求，是人民群众追求美好生活的重要组成部分。让逝者安息，给生者慰藉，是殡葬行业的使命和责任。高质量的殡葬服务亟须大批高素质殡葬人才。然而，由于殡葬教育发展缓慢，学历层次、教育水平、培养规模等瓶颈问题严重制约了殡葬专业人才培养效能，人才供给侧与需求侧结构性矛盾突出。殡葬服务与管理水平普遍偏低，殡葬职工年龄结构偏大，70%左右的职工未受过高等教育，殡葬服务能力有限，难以提供高品质、个性化的殡葬服务，难以更好地满足"逝有所安"的民生需求。

2012年，北京社会管理职业学院生命文化学院与秦皇岛海涛万福集团有限公司开始校企合作。2014年，双方签订"现代学徒制"合作协议，发挥企业的资本、资源、技术优势，双方在人才培养、教材开发、技术创新、实习就业、社会服务、文化传承等方面开展深度合作。在此基础上，2020年，校企双方合作共建了海涛生命服务学院，并成功入选第二批北京市职业院校工程师学院建设项目。

海涛生命服务学院旨在破解殡葬专业建设水平不高的问题，主要表现在：

（1）殡葬专业"三教"水平较低，教师实践能力不足，教材内容适用性不强，教学手段保守，实训条件有限。

（2）殡葬专业教学内容适应性较差，专业教育与行业发展的契合度、人才职业素养和专业技能均有待提升。

（3）殡葬人才培养能力较低，院校招生规模较小，职业培训资源匮乏。

二、主要做法

（一）创建沉浸式综合实训平台

校企共建海涛生命服务学院，以实训基地建设为重点，打造全国首个殡葬专业沉浸式综合实训平台，涵盖人文、科技和生态三大模块，对接殡仪服务、遗体防腐整容、遗体火化和公墓管理4个职业，建设16个实训室，其中包含全国首个职业院校生死体验中心。实训中心作为海涛生命服务学院的载体，具有人才培育、技术创新、就业创业、社会服务和文化传承等五大功能。

（二）探索育训结合培养机制

政校企行协同育人，实现学历教育和职业培训并重。以生命文化为基础，学生素质培养、学历教育、职业技能培养为重点，面向殡葬专业在校学生、殡葬一线工作人员、社会成员，以纸质教材、现场教学视频、真实工作场景构建教学资源体系，全面提升学生的传统文化素养、专业群通用能力、专业核心能力、专业群拓展能力，实现教师乐教、学生乐学、人人皆学、处处能学、时时可学。

（三）优化课程体系，升级教学内容

1. 创建基于生命文化理念的课程体系

殡葬专业确立了以生命文化为核心的专业文化，打造尊重生命的生死文化、扇枕温席的孝道文化、推恩及人的感恩文化、朋辈支持的友善文化、服务社会的仁爱文化，形成"五位一体"文化育人理念，将生命文化理念贯穿教育教学全过程，创建了基于生命文化理念的课程体系。

2. 重组岗位链模块化教学内容

基于殡葬工作过程，以人才培养对接用人需求、专业对接产业、课程对接岗位、教材对接技能为切入点，梳理形成以"生、终、殡、葬、祭、传"为逻辑顺序的模块化教学内容。按照工作流程，建设生命文化、临终关怀、遗体接运、殡葬礼仪、策划主持、防腐整容、遗体火化、骨灰管理、陵园服务、悲伤辅导等十个教学模块。

（四）着力三教改革，提升教学能力

1. 教师

构建"校企双导师、育人双主体"机制，建设结构化师资团队，实施模块化教学；实施学校与企业人员双向挂职锻炼，校企共同开展技术研发。"校企双导师"既是学历教育的教师，又是职业培训的教师。

2. 教材

校企合作进行教材开发建设，结合殡葬领域新技术、新工艺、新理念，出版民政行业指导委员会殡葬专业教学指导委员会系列教材12本，在全国殡葬专业院校和殡葬服务机构推广使用。建设集教学、培训、大赛辅导于一体的教学资源，打造精品课程。

3. 教法

开发殡仪服务、遗体防腐整容等两个"1+X"证书，构建岗课赛证育人机制，形成"岗课"相衔接、"证赛"搭建"岗课"桥梁相融通的培养模式，使学生通过课程学习岗位职业能力。采用CAD／CAM、多媒体、虚拟仿真、3D打印、全息投影等技术，创新仿真实训等教学手段，提升学习体验感。

（五）践行生命文化理念，提升职业素养

突出人文素养和职业情怀塑造，连续10年开展生命关怀社会实践系列活动，构建了"善终天使"社会实践体系；建设了生死体验中心，通过分娩体验、失能体验、车祸体验、濒死体验、火化体验等虚拟仿真生死体验，感悟生命价值，践行生命文化理念，内化专业价值观，树立科学生死观，提升人文素养和职业情怀。

（六）建设多元增值评价机制

进行"1+X+1"综合评价改革，建立人文素养、职业技能、综合素质等多元评价指标体系，确定学校教师、企业指导老师、行业专家等多元评价主体，校企共建学生增值评价标准体系，以多元视角、增值评价为导向，以评促教，引导和激励学生尊重生命、止于至善。

三、模式提炼与创新

（一）模式提炼

基于以上实践，总结提炼了以"一平台、二主体、三模块、四机制、五功能、八维度"为核心内容，基于理念、平台、课程、教师、资源、教法、评价、服务等内容创新实践，校企深度融合、育训结合、实践成效显著的殡葬专业建设新模式，如图1所示。

（二）创新点

1. 理念创新：提出生命文化理念，提升人文素养

基于殡葬人才的社会角色进行课程教育顶层设计，充分发挥生命文化理念的专业文化核心地位，确立专业使命、愿景、价值观，提炼形成殡葬专业文化，强化文化育人功能，将专业文化有机融入课程教学，融入第二课堂，融入社会实践，有效提升殡葬专业人才的职业情怀和人文素养。

2. 实践创新：产教深度融合，通过工程师学院创新殡葬专业建设模式

通过校企共建沉浸式综合实训平台，发挥"双主

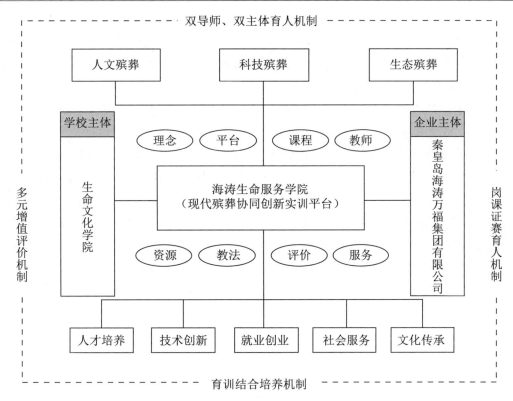

图 1　基于工程师学院的殡葬专业建设模式

体"优势，打造人文殡葬、科技殡葬、生态殡葬"三板块"，形成"双导师"育人、岗课赛证育人、育训结合培养和多元增值评价等"四机制"，实现人才培养、技术创新、就业创业、社会服务、文化传承等"五功能"，基于理念—平台—课程—教师—资源—教法—评价—服务"八维度"创新殡葬专业建设模式。

四、成效与推广

（一）成效

1. 创新专业建设模式，提升人才培养质量

通过双主体育人，服务链、岗位链对接教学链，大大提升了专业教育与行业发展的契合度。行业反映"近几年的学生普遍文化素养好、专业技能强、职业认同感高"。学生对口就业率稳居同类院校之首。全国职业院校民政职业技能大赛（殡葬赛项），学生蝉联遗体防腐整容冠军。在2021年个人赛中，海涛生命服务学院选派的10名选手中，3人获一等奖（共6个），5人获二等奖，是所有院校获奖之最。毕业生获民政部"孺子牛"奖、"全国先进工作者"称号、北京市"五四奖章"等。

2. 产教研深度合作，师资水平明显提升

教师团队获国家教学能力比赛一等奖、北京市教学成果奖特等奖、省部级建设项目10余个；主持制（修）定国家教学标准5项，开发"1+X"职业技能等级标准2项，重点参与国家职业标准4项；成功申请专利11项，软件著作权3个；研究课题近百项。

3. 育训并举，殡葬人才供给效能显著

2016—2020年，海涛生命服务学院输出毕业生700余名，举办各类职业培训14期，培训规模2000余人次，有效助力了殡葬行业人才队伍建设。行业领军单位八宝山殡仪馆的一线殡仪服务人员有70%毕业于海涛生命服务学院，仅这一个馆的学生，每年服务了北京1/4的死亡人口。

（二）推广

1. 直接适用于全国各殡葬院校

目前，长沙民政职业学院、黑龙江民政职业学校、武汉民政职业学院、安徽城市管理职业学院等先后参观调研借鉴经验。

2. 普遍适用于殡葬服务机构

目前，八宝山殡仪馆、八宝山革命公墓、上海福寿园国际集团、郑州市殡仪馆等数十家机构已推广应用，推行生命文化教育。

3. 广泛宣传深受赞誉

民政部官网、《光明日报》、《中国社会报》等媒体对案例进行报道。2021年4月，凤凰卫视用26分钟报道了学院承办的生命教育专家路桂军的"生前告别仪式"，反响强烈。2022年4月，中国教育电视台播出殡葬专业专题片，微博播出量日破百万，引发全社会共鸣。

专家点评：《工程师学院视域下现代殡葬技术与管理专业建设模式创新研究与实践》回应"逝有所安"民生需求，针对殡葬人才供需结构性失衡以及专业教育与行业发展契合度低等问题，校企共建海涛生命服务学院，探索育训结合的殡葬专业建设新模式。通过校企双主体打造沉浸式综合实训平台，构建人文殡葬、科技殡葬、生态殡葬"三板块"，形成"双导师"育人、岗课赛证育人、育训结合培养和多元增值评价等"四机制"，实现人才培养、技术创新、就业创业、社会服务、文化传承等"五功能"，基于"理念—平台—课程—教师—资源—教法—评价—服务"8个维度创新殡葬专业建设模式，有效提升了人才培养效能，破解了人才供需矛盾，为中国殡葬人才培养提供新范式，值得职业院校相关专业学习借鉴。

"联盟筑基，园校融合"幼儿教师培养模式创新

闵永祥　王向东　杨蕊嘉　佘利苏

四川幼儿师范高等专科学校

摘要：校园合作、产教融合是高职学前教育的热点，也是难点和痛点。本实践案例通过搭建区域性幼教联盟平台，打破高职教育与地方、行业实践之间的壁垒，探索园校深度合作途径，真正实现产教的融入、融通和融化，共同推动基础教育和高等教育的均衡化发展。

关键词：联盟筑基；园校融合；师资交融；多元投入

一、背景

随着社会对幼儿师资需求的日益增强，高职学前教育专业迎来了机遇和挑战，但人才培养中缺乏园校等多方协同育人的长效机制，专业课程资源不足、育人方式单一、职前职后培养脱节等问题突出，导致人才培养与幼儿园用人需求脱节。2010年起，四川幼儿师范高等专科学校开展了系列教学改革初步探索、2016年牵头成立了绵阳市幼教联盟，构建幼教共同体；2017年，依托联盟，组建专家库，定期开展联盟年会、研讨会、幼儿教育教学成果展评和师培活动，聚焦教学热点、难点问题进行研讨。后续又依托"基于TRIZ创新方法的职业院校学生创新能力培养——以四川幼专学前教育为例"等10余项研究成果，开展了幼儿教师培养教学改革，逐步形成了"联盟筑基，园校融合"协同机制，建立了"赛、训、研"三合一幼儿教师培养模式。

二、关键问题和实践做法

幼儿老师培养模式实施路径如图1所示。

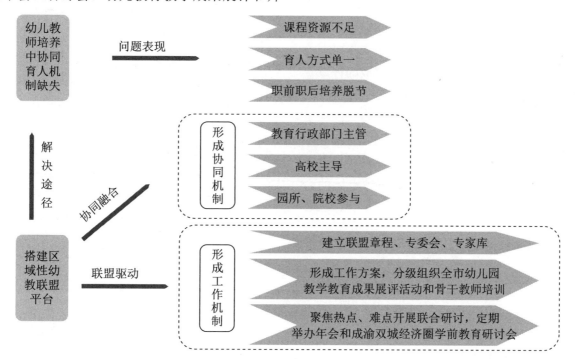

图1　实施路径

（一）关键问题

（1）幼儿园参与、协同不够。
（2）幼儿教师培育模式单一。
（3）学前教育专业学生的能力与岗位能力需求脱节。

（二）实践做法

园校协同幼儿师资培养体系如图2所示。

1. 搭建幼教联盟，借鉴TRIZ理念，园校协同培育幼儿师资

学校牵头成立由高校、县市区教体局、教研机构、优质幼儿园组成的区域性幼教联盟。依托TRIZ视角下创新人才培养等10余项研究成果，丰富幼儿师资人才培养理念；依托联盟，建立80余所基地园，因园设定合作目标，校园协同提升人才培养质量；师资跨界交融，打破产、教行业壁垒，学校聘请了40余名幼儿园教师担任专业课兼职教师和学生"卓雅计划"导师，40余名教师受邀参与、指导幼儿园教学评比和科研项目，20余名骨干教师挂职幼儿园副园长，解决了幼儿园参与度不高、协同不够、培育模式单一等问题。

2. 联盟筑基，多元投入，建立"赛、训、研"三合一师培模式

借鉴发展原有"赛训"结合的技能大赛师培模式，建立"赛、训、研"三合一师培模式，以赛促研，以评代训，以训促学。自2018年以来，绵阳市教育和体育局发文组织全市幼儿园五大领域教育教学成果展评暨骨干教师培训活动，联盟组织由学校学前教育专业教师和市内优秀园长、教研员组成的评审专家组对各级推选出来的优质教学活动和论文进行现场评审和指导，市教体局对专家组评审推选出来的优质教学成果进行集中展示并以此作为全市幼儿骨干教师培训学习观摩的主要内容。通过参评团队的集体教学设计、展示，执教者的教学发思和专家评审团的合议、点评，将赛事与教学教研能力提升相结合，以研带培，提高了培训的针对性和实效性，进一步加强了幼儿教师队伍专业化建设，为全市学前教育均衡发展、优质发展提供强有力的师资保障和人才支撑。

学校先后成立政策研究与幼儿园发展指导委员会、学前教育研究与教师专业发展委员会、协同创新与人才培养委员会3个专委会和绵阳市幼教联盟专家库，研究市学前教育政策，探索并实践幼儿园质量提升的政策性工具，指导各地区幼儿园进行联合研讨。2017—2021年举办了"以儿童为本的教育实践"——幼儿园半日活动及优质集教活动交流研讨、"新时代幼儿园文化建设与特色发展""以合作育人、联合教研教改和资源信息整合""幼儿教师职前职后一体化培养""科学保教，奠基未来"等5届主题年会。2020—2021年，全球新冠病毒感染疫情背景下，线上线下聚焦健康、幼儿发展等主题进行成渝双城经济圈学前教育协同发展联合研讨，全国30万余幼教线上同步观看了直播，绵阳市幼教联盟与本科院校学前联盟专委会、联盟成员幼儿园与重庆市巴蜀幼儿园等签订战略合作协议，绵碚两地各1所高校、3所幼儿园两两结对，缔结战略合作关系，促进了绵渝学前教育协同发展。

3. 融入幼儿教学情景，实施项目教学，培养学生适应岗位能力

根据幼儿园提供的岗位目标和教学资源，以学生未来工作情景为基础，建立从简单到复杂、从新手到熟手的若干工作项目，明确工作任务，实施项目化教学，培养学生岗位能力。通过开展优质教学活动展评等教学项目活动，高校专业教师融入幼儿园教学活动和教育改革，验证学前教育原理、规律在实践运用中的科学性，把握幼儿艺术、健康、语言、科学、社会等五大领域教学特点，准确指导学生教法课教学，及时发现一线教学实践中教学问题，调整学校人培方案和教学设计，提升课堂教学质量，从而解决学前教育专业学生能力与岗位需求不适应问题。

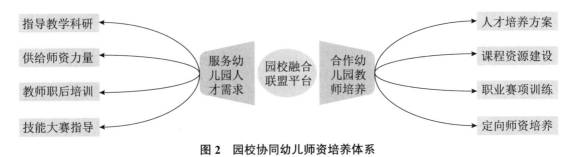

图2　园校协同幼儿师资培养体系

三、成果成效

（一）学生成效

近三年，学生参加各级比赛获国家、省级大奖近70项，其中参加2018年、2019年全省职业院校技能大赛（高职组）学前教育专业比赛均获团队一等奖，2019年参加教育部主办的全国职业院校技能大赛（高职组）学前教育专业比赛获得团队一等奖。学前教育专业毕业生获得教师资格证平均比例为82.63%，一次就业率保持在95%以上，88.21%毕业生从事与教育相关工作，其中11.6%毕业生通过专升本进入本科院校继续学习，专业对口率高。针对2012至2020届学前教育专业毕业生所在61家用人单位的调查结果显示，对毕业生评价良好，"满意情况评价值"均达到0.90以上，其综合评价"满意"占84%、"比较满意"占16%，其满意情况评价值为0.97，用人单位对毕业生满意度较高。与金苹果学前教育集团开展"金苹果直通班"，学生毕业后93%进入了金苹果幼儿园工作，满足高端幼儿园的用人需求。

（二）教师成效

学校学前教育专业团队成为首批国家级职业院校教师教学创新团队成员，担任国、省、市级幼儿教师培训项目专家，完成在线、精品课程建设、省市级课题项目40余项，公开发表论文近80篇（其中核心10余篇），完成国家级精品课程幼儿艺术教育与活动指导。

四、推广价值

（一）引领示范共发展

引领中职学校和少数民族地区学前教育事业发展，服务科技城、国防科研幼儿教育，川幼春晖学前教育管理有限公司依托学校专业资源，建设普惠性幼儿园20余所，联盟成员绵阳市花园实验幼儿园成为四川省教育厅2018年启动的第一批中小学名校（园）长鼎兴工作室成员。自2019年以来，每月利用钉钉等办公软件定期召开研修活动，开展学术沙龙、研修交流40余批次，辐射全国10余万园长、教师，为凉山州等11个市州、102个乡镇送教帮扶活动38次，领办39所幼儿园，指导200余所幼儿园新建、改建。

（二）国家级精品课程受众多

案例中的"幼儿艺术教育与活动指导"课程入选教育部第二批国家级"精品视频公开课"，已经在学银在线、爱课程两个平台开发分享，西南大学、上海外国语大学、深圳大学、福建幼专、重庆幼专等225所学校12万余人注册学习，1330万余人浏览。

（三）纵横辐射影响广

案例中的教育教学成果展评和骨干教师培训项目，形成了政府与高校合作、分级组织实施的工作方式，成为其他师范院校实践教学与改革服务地方的参照。绵阳师范学院校采取此模式与市教体局师培科、师培中心、中小学合作开展中小学思政领域培训及教育教学成果展评活动。"赛、训、研"三合一师培模式纵向辐射到各县市区幼儿教师培训活动，现场各级累计培训9000余人，组织的年会、研讨会，线上线下参与累计30万余人，辐射十几个省市。

（四）媒体报道评价高

联盟年会、"成渝双城经济圈学前教育联合研讨会""中外人文艺术节"等先后被人民日报、中国青年网、人民网、国际在线、四川教育等20家主流媒体报道，在全省乃至全国都产生了较大影响，有力提升了学校知名度和学前教育专业影响力。

专家点评：《"联盟筑基，园校融合"幼儿教师培养模式创新》立足于基础教育，直面学前教育的机遇和挑战，依托联盟，借鉴TRIZ理念，培育幼儿师资，建立"赛、训、研"三合一师培模式，把握幼儿艺术、健康、语言、科学、社会等五大领域教学特点，准确指导学生教法课教学，使学生适应各种岗位，在"80后""90后"家长需求占市场主导的情况下，结合高端幼儿园的用人需求，定向培养。利用在线学习平台等多种新媒体手段，进行研、课、训工作，推出一批国家级精品课。教育教学成果展评、骨干教师培训项目以及UGS"三位一体"协同培养机制，打造了一套具有新颖性、示范性及推广性的专业标准和评价方法，为其他师范院校实践教学与改革服务地方提供了参考，具有典型性和推广性。

对接产业链、补齐专业链，共育视光行业人才

杨仲睿　王海英　张丙寅　余红　郝志刚　李虹飞　朱朋

天津市职业大学

摘要：为贯彻落实习近平总书记关于学生近视问题的重要指示和全国职业教育大会精神，落实《中国教育现代化2035》《国家职业教育改革实施方案》等文件精神，推动校企全面加强深度合作。2020年10月，天津市职业大学与江苏万新光学集团联合成立天津市职业大学万新产业学院，本着长远、深度合作的原则，以学校优质的教育资源和企业丰富的实训资源为依托，对接产业链需求，填补国内视光行业镜片生产工艺领域人才培养空白，充分发挥校企合作体制机制优势，实现资源整合共享，共同建设、共同管理、共同育人，构建校企命运共同体，为中国视光行业的持续发展贡献力量，共同守护公众的视觉健康。

关键词：职业教育；校企合作；产业学院；镜片生产工艺

一、背景与关键问题

2018年，习近平总书记指出，我国学生近视呈现高发、低龄化趋势，严重影响孩子们的身心健康，这是一个关系国家和民族未来的大问题，必须高度重视。2020年，教育部公布的青少年视力调查数据显示，新冠病毒感染疫情期间，由于观看电子屏幕时间增长、户外运动时间减少，与2019年相比，我国中小学生近视率增加了11.7%，近视防控压力进一步加剧，而国内眼视光人才严重匮乏，缺口近30万人。丹阳镀膜技术员约4000余人，每年流失更新率达10%到20%，年需求400至800人。丹阳车房操作工约2000余人，每年流失更新率达10%到20%，年需求200至400人，产业转型升级压力巨大，亟须培养新工艺、新科技的技术型人才。

二、主要内容与做法

为填补行业人才需求缺口，服务产业转型升级的需要，天津市职业大学与镜片行业龙头企业——江苏万新光学有限公司加强交流合作，共同对镜片加工产业链开展全面调研，并于2020年10月成立产业学院，共同申报创建镜片生产工艺专业方向，填补镜片制造业领域人才培养空白。产业学院以天津市职业大学眼视光工程学院为办学主体，以培养视光产业亟须的高素质技术技能人才为目标，深入推进培训项目联动、师资互聘、科研平台共享、实训基地共建、品牌培育等校企合作项目，推进教育链、人才链与产业链、创新链深度融合，建立新型信息、人才、技术与物质资源共享机制，把学校建在企业内，把教室设在车间里，把讲台搬到岗位上，校企共同研究制定人才培养方案，以岗定课、以产示教，实习对接就业，为行业发展输送新鲜血液。

（一）建立产业学院理事会，明确双方责权利

产业学院实行理事会领导下的院长负责制。产业学院管理层共5至7人，包括：名誉院长1名，由企业管理层技术人员担任，为学院的规划发展、生产交流、科研建设等方面提供指导与支持；院长1名，由学校二级学院院长担任，负责学院的全面规划工作及顶层设计，并在人才培养、科研建设、发展等方面提供规划和学院支持，对学院管理层进行分工；常务副院长1名，由企业技术人员兼职企业导师担任，负责协调企业相关资源，推进开展学院人才培养、产教融合、科研共建、技术培训、学术交流、实习就业等管理工作，落实学院各类合作事项的协同推进及行政类事务；副院长1至2名，由学校二级学院副院长担任，协助院长协调各方资源，推进学院各项工作的开展；教研室主任1至2名，由学校专业教师担任，协助副院长落实学院的教学管理等工作。

（二）创新教育教学管理模式

结构化师资团队建设规划如图1所示。

1. 实施校企"双结合"的人才培养模式

针对眼镜生产领域的镜片光学设计和镀膜工艺等关键岗位的用人需求，产业学院定岗招生，实施"1.5在校学习+1.5企业学习"办学模式，企业教师在遵照学校要求的前提下，进行灵活多样的教学；学校教师深入企业实践学习，指导企业教师提升教学质量，校企共同打造兼具教学、实训、培训、科研等功能的教学场所和实训场地，注重技术技能培养，学生毕业可上岗，实现教学与生产无缝对接，促进视光行业发展，开创了校企合作办学先河。

2. 构建"双师型"的专兼职教师团队

产业学院师资团队主要由学校专业教师和企业兼职教师组成，建立学生在岗培养"双导师"模式，着力打造"双师型"教师队伍。聘请企业技能大师，参与人才培养方案的开发和完善工作，共同开发科研项目；学校专业教师进行企业实践，了解企业新技术、新标准、新规范，弥补实践经验的不足。团队基于职业技能等级标准，根据模块化课程教学需求，进行小组分工，在协同中取长补短，沟通交流，提升团队教师课程思政能力、专业核心能力、教育教学能力和技术服务能力，依托多种平台，规划教师5级成长体系，为培养眼视光技术专业高端服务人才提供强有力的师资支撑，服务全民视觉健康事业。

3. 打造"相衔接"的递进式课程体系

如图2所示，按照课程内容与工作岗位的关联与衔接性以及能力目标培养的差异性，组建通识课、平台课、专业基础课、专业核心能力课和卓越课等5个模块，根据具体的工作岗位能力要求，将岗位能力对应的专业课程划分为不同的模块，校企双方共同制定加硬、镀膜、车房磨工等职业技能标准，按照层级递进的模式，学生在不同的阶段通过相应的学习可以实现逐层培养、逐级考证，并在镜片车房加工、镜片镀

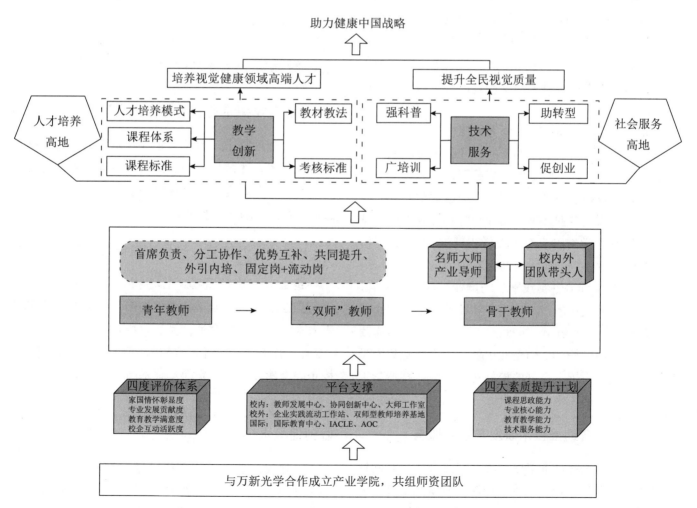

图1　结构化师资团队建设规划

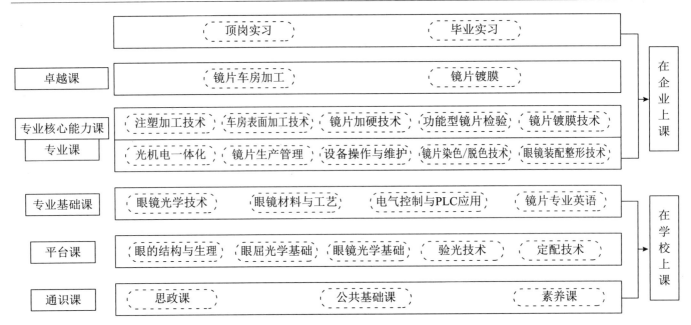

图 2　万新产业学院课程体系

膜两个方向有所精进，胜任不同的工作岗位。

在培养周期内，学生可以获得心仪岗位的实践机会，明确获得目标岗位所需技能。开发学生驻企学习阶段的适用教材，保障学生驻企期间的学习效果。企业作为眼镜验光员、眼镜定配工、光学磨工等3个工种的职业技能等级认定第三方评价机构，为学生取证创造便利条件。

4. 形成"双主体"学生教育管理体系

学生在校学习和实习期间应遵守天津市职业大学学生行为规范，树立良好的思想品德，掌握较高的基础知识和专业技能。驻企实习期间应遵守学校和企业双方规定，服从专业教师、企业导师和辅导员的教学安排与管理。学生除享有本校学生评奖评优政策外，还可享受企业特有的奖学、助学政策。

产业学院将学生实践平台与产业一线充分结合，在校内建立实训场所，让学生在学校就能了解到企业的管理模式和生产模式，同时结合产业特点，将实践锻炼平台延伸到校外，由企业出资在生产基地建设学生宿舍，为学生提供良好的校外实习环境，打造学生实践能力锻炼的新平台。

（三）深度融合助推技术研发与技术服务

校企双方依托产业学院，深化交流合作，共同打造技术协同创新平台，学校教师深入万新光学有限公司等行业龙头企业，以企业需求为导向，开展科研项目，帮助企业开展数据分析并破解技术难题，同时将研究成果转化为教学资源，形成供需互促、研教并进的良性循环。

三、经验萃取与模式模型

（一）锚定龙头企业，确保合作高质量

对接产业需求，名校强企共建新专业。面对镜片生产型技术人才缺口，产业链与专业链不能有效衔接的困境，双方联合申报镜片生产工艺专业方向，填补眼镜片制造业领域的空白。

（二）整合双方优势，打造校企命运共同体

整合双方优势资源，打造校企命运共同体。首先，产业学院将企业文化带进校园，学生将校训院训带入企业实现文化交流；其次，校企双向互聘，组建"双师"结构师资队伍；最后，模拟真实生产环境，校企联合建设生产性实习实训基地，实现共建共享。

（三）优化研、创、教融合路径，提升以研促教、以创促教水平

以建设产业学院为契机，进一步加深校企合作，搭建眼视光技术协同创新中心、眼视光技术教育发展研究中心和眼视光技术专业群双创孵化训练基地等多

种平台载体，对接大学生创新创业，实现产学研互融互促，推动视光职业教育高质量发展。

四、成效评价与推广价值

（一）案例成效

1. 补齐专业链，填补专业空白

天津市职业大学和江苏万新光学双方共建产业学院，结合学校自身的基础条件和专业发展特色，突出产教融合，瞄准行业紧缺人才需求，开设"镜片生产工艺"专业方向，对口培养生产型技术技能人才，填补了专业空白。目前，本专业已录取两届学生共计73人。

2. 创新人才培养模式

产业学院从产业链关键岗位用人需求出发，定岗招生，创新实施专业学习与产业实践相结合的"1.5+1.5"人才培养模式，学生前1.5年在校学习通识课程及专业基础课程，后1.5年在企业学习专业课程，并完成顶岗实习和毕业实习，此模式在业内校企合作办学中开了先河。

3. 破解人才供需对接难题

破解专业设置和人才培养方案与企业岗位需求脱节的困境，将人才培养与企业生产融合，强化人才培养的针对性。企业已完成校外实训基地的建设，以及学生生活环境建设，学生在入校学习一年半后，即可进入驻企学习阶段，赴企业继续学习专业课和实习课程。

（二）推广应用

共建产业学院的校企合作方式适用于行业标杆院校与行业龙头企业之间的合作，校企双方要打通常态化沟通渠道，共同承担产业学院的教育管理工作。产业学院在专业课程设置上与企业岗位需求紧密结合，发挥企业现有的技能培育体系优势，聘请企业优质专家担任客座教授或兼职教师，学历教育和社会培训双线并行，助推行业发展，促进视光服务整体提升，服务健康中国战略实施。该成果的实践效果被多家媒体报道，每年接待大批同行访问交流，填补多项空白，获得多项国家级奖励，该团队被评为全国高校黄大年式教师团队，作为典型案例推向全国同类院校。

专家点评： 天津市职业大学与镜片行业龙头企业—江苏万新光学有限公司加强交流合作，共同对镜片加工产业链开展全面调研，并于2020年10月成立产业学院，共同申报创建镜片生产工艺专业方向，以学校优质的教育资源和企业丰富的实训资源为依托，对接产业链需求，解决了产业链与专业链不能有效衔接的困境，填补国内视光行业镜片生产工艺领域人才培养空白，产业学院充分发挥校企合作体制机制优势，实现资源整合共享，共同建设、共同管理、共同育人，构建校企命运共同体，为中国视光行业的持续发展、共同守护公众的视觉健康贡献了自己的力量。

从产教融合到产教共生发展，助力区域经济发展

李雅莉

石家庄理工职业学院

摘要： 随着国家一系列综合政策措施出台，部分本科高校转型应用技术教育，各类示范、骨干、高水平高职院校在政府支持与雄厚的财力保障下发展迅猛。产教融合从"大有可为"的热切期盼，即将进入"大有作为"的新阶段。作为新一代电子信息产业园区的主要发展阵地，石家庄鹿泉区电子信息产业迎来了新一轮的发展"黄金期"，一批行业新兴领军企业也在快速成长，对人才、服务等方面的需求在不断增加。作为鹿泉区唯一一所理工类高职院校，石家庄理工职业学院从聚焦、聚力产教融合到促进产教共生发展，为区域经济发展提供人才与服务。

关键字： 产教融合；产教共生；区域经济

一、聚焦背景

2014年，首次提出"加快现代职业教育体系建设，深化产教融合、校企合作，培养数以亿计的高素质劳动者和技术技能人才"。从此，产教融合逐渐成为职业教育的重要发展方向。2022年，新职业教育法以法律名义明确了"职业教育必须坚持产教融合、校企合作"。产教融合的政策不断迭代，推动产教从"融入"走向"融合"。

2021年7月，河北省委、省政府制定出台了《关于大力支持省会建设和高质量发展的意见》，石家庄市紧紧抓住这一历史机遇，立足主导产业优势，出台了《关于支持新一代电子信息产业和生物医药产业率先突破的若干措施》，要求鹿泉区打造千亿级新一代电子信息产业链集群助力省会城市发展。石家庄理工职业学院是河北省《职业教育提质培优行动计划（2020—2023年）》建设单位，学院主校区建立在鹿泉核心区域，电子信息企业林立，每年为周边企业提供技能应用型人才，助力鹿泉区域集群发展。

二、关键问题

（一）职业教育提质培优带来的机遇与挑战

在国家大力发展职业教育和高职院校改革的浪潮中，部分本科高校转型应用技术教育，在教学条件、科研条件、师资队伍水平及社会影响力等方面拥有强劲的竞争优势。各类示范、骨干、高水平高职院校在政府支持与雄厚的财力保障下发展迅猛。石家庄理工职业学院作为民办全日制高职院校，未来在发展空间方面势必存在较大的竞争压力。如何在激烈的职业院校竞争中脱颖而出，让学生毕业即可就业、精准就业，将是严峻的挑战。

（二）区域加速发展带来的机遇与挑战

石家庄自2020年起，加速布局"新赛道"，重点打造新一代电子信息、生物医药、先进装备制造、现代食品、现代商贸物流等5个以上千亿级产业集群。2.6万亩的鹿泉新一代电子信息产业园，是石家庄电子信息产业向产业链、价值链高端攀升的缩影。

这些重大举措的实施，不仅为作为省会城市的石家庄，乃至为河北省经济社会高质量发展增添了新的强大动能，而且也为石家庄理工职业学院的发展提供了更广阔的市场环境和更具体的专业群建设方向，为学院进一步促进人才培养、优化学院内部供给侧结构改革提供了发展机遇。当前，石家庄理工职业学院的人才培养质量与区域经济发展的人才需求还有较大差距，这给学院发展带来挑战。

三、主要做法

所谓产教共生，即高职院校和企业两个共生单

元，通过取长补短和资源流动等合作共享机制，形成校企共生单元之间互利共赢的共生模式。

石家庄理工职业学院围绕职业教育所需，服务产业集群，培养人格完整、学有专长、知行合一、实践为重的高素质技术技能人才。学院自2011年起，探索校企合作模式，即以解决学生实习实训为目标，开展工学交替模式的1.0合作版本。随着合作深入，为实现学生理论课程到实训课程的转化，打通学院与企业间障碍，做到无缝链接，开启了产教融合2.0版本（校企合作），即企业方投入实训设备，校企双方共同制定人才培养模式。产教融合3.0版本（深度融合），即双方共建实训室，共同制订人才培养方案，企业提供实训及专业一线企业师资现场指导，帮助学生实现从理论到实践的转化。

产教融合4.0版本模式，即产业学院合作模式，通过校企双方建立理事会，校企双方分担产业学院职责，进行实体运行，构建校企命运共同体。产业学院合作模式下，双方共同投建实训室，企业向学校捐赠实训设备；双方共同制订人才培养方案，共同研发课程，共同育人；学校教师参与企业生产一线解决技术难题；校企双方共同申请专利、转化知识产权、研发教材、申报省级以上教学成果奖，并通过双方收益分成方式实现共赢，实现可持续的深度合作与发展，实现产学研用结合，最终实现产教共生发展。

（一）搭建产教融合沟通平台

1. 立足区域，打造"平台+"全方位就业、培训一体化服务平台

石家庄理工职业学院自研天择平台，以天择平台为一体，通过"G端就业服务人力供给渠道嫁接工程"和"B端订单式培养与就业供给工程"两翼，分别进行区域深耕、产业深耕，构建竞争壁垒，如图1所示。天择人才平台目前共吸引了1191家企业注册，现有需求且已通过企业资质审核的企业有910家，职位共计1082种，为学生提供就业岗位万余个。共吸引求职者10085人，共收集简历4420份，用户投递数246人，职位投递数742人次；2021年，共组织2场大型线上双选会，其中，在河北省教育厅学生就业创业指导中心指导下举办河北省2021届技能型高校毕业生线上专场招聘会1场，联合鹿泉区退役军人事务局举办石家庄市2021年退役军人线上专场招聘会1场。

2. 立足区域，构建全方位双向可持续交流发展新格局

一是学院每学年选派优秀青年教师和优秀科研工作人员，定期深入到企业一线，进行深度技能提升，引进优质项目入课程，为区域发展培养落地化人才。二是打造产业园区的新员工培训基地，学院面向产业园区，采用开放性方式，提供新员工入职培训、晋升培训等项目。最终构建以企业、学校双维度为主体的终身学习机制，通过政府牵引和扶持机制，充分利用学校现代信息技术、开放的学习环境、丰富的教学资源，面向鹿泉区所有企业实施开放性对接方式，为企业建立持续教育学习成果与转换认证，推进区域企业人员知识不断更新。

（二）提升高职院校供给能力

1. 立足区域，增强智库合作建设力度

发挥石家庄理工职业学院学科齐全、人才密集

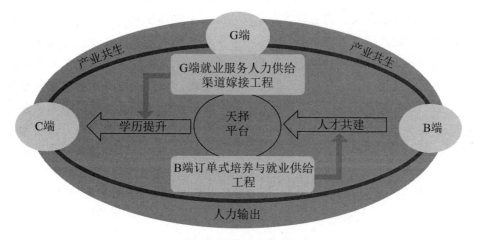

图1　天择平台模式

和对外交流广泛的优势，深入实施特色新型高校智库建设推进计划，推动高校智力服务能力整体提升。深化高校智库管理体制改革，创新组织形式，整合优质资源，着力打造党和政府信得过、用得上的新型智库。

2021年，石家庄理工职业学院受鹿泉区工信局的委托，承担了鹿泉区十四五科技创新规划项目，编制了《鹿泉区科技创新"十四五"规划》；为鹿泉开发区管理委员会编制国家安全应急产业示范基地的项目做组织系统的设计工作。此申报项目为鹿泉开发区申报国家应急产业示范基地奠定了基础。

2. 立足学校所在集团，打造实践教学综合体

计算机网络技术专业群与21世纪教育集团旗下互联网教育BU深度融合，将公司中的后台工程师、前端工程师、UI设计师、项目专员等实际岗位中的工作标准、职业素养和习惯养成等内容融入课程。面向企业数字化转型的信息数字化转换岗位群，构建"基础共享、核心互融、拓展互选"的专业群模块化课程体系，联合开展现代学徒制人才培养，学生走出去到企业学习实践，进一步巩固转向技能与综合能力，最终以员工身份进入合作企业工作，联合开发了小熊E买平台，小熊E买平台2021年实现992万元收入。

依托新联合下属新天际学前教育的35个幼儿园，重点建设学前教育"实践教学园"，推行真实生产环境的任务式培养模式。利用本公司的幼儿园优势资源，将幼儿教育专业教学搬到幼儿园，"园区"变"课堂"，建设以教学和实践训练为目的的"实践教学基地"，引入企业员工管理考核标准，实行"园长主任一体、学生员工一体"的实践教学一体化，教师团队融入园区团队，教学内容融入岗位内容，实践教学融入园区经营，教学管理融入园区管理，教学评价融入园区评价，学生成长与园区发展同频共振，为河北高职教育提供实践教学新模式。

3. 立足区域，成立讲席教授团

为进一步推行企业新型学徒制计划，深化企业改革，加大技能人才培养力度，本着服务社会、服务企业的宗旨，石家庄理工职业学院知名教授被一些企业聘任为讲席教授。

（三）提高企业参与效益

1. 共建校企产业学院

学院与河北唐讯信息技术有限公司（以下简称河北唐讯）共建ICT产业学院，进行深度产教融合，合作重点培养ICT信息技术人才。

石家庄理工职业学院于2021年联合河北唐讯申报华为ICT学院。华为ICT学院是为社会及ICT产业链培养创新型和应用型技术人才的校企合作载体产业学院，依托华为先进的技术研发能力，引入ICT领域最新的技术，对接华为职业资格认证体系，通过交流、培训、实践等多种方式，共同培养卓越的ICT人才。

2. 共建政校产业学院

2022年4月，学院与石家庄市鹿泉区人力资源和社会保障局深化产教融合、共同成立"信创产业学院"。产业学院下辖千亿级新一代电子信息产业集群企业，共同在人才培养模式、师资队伍共建、科技研发、技术培训与咨询等方面开展深度合作，搭建产教融合协同创新与育人平台，打造中国产教融合示范区典范，引领创新创业新模式。

专家点评：随着国家一系列综合政策措施出台，部分本科高校转型应用技术教育，各类示范、骨干、高水平高职院校在政府支持与雄厚的财力保障下发展迅猛。石家庄理工职业学院作为一所民办高职院校，依托其民办院校自身的特色及办学形式，立足区域，围绕区域开展全方位服务，搭建服务平台，优化产业园区＋众创空间＋研发平台的多点多层级创新服务模式，依托集团化办学，打造实践教学综合体，石家庄理工职业学院从聚焦、聚力产教融合到促进产教共生发展，为区域经济发展提供人才与服务。石家庄理工职业学院实现教师团队融入园区团队，教学内容融入岗位内容，实践教学融入园区经营，教学管理融入园区管理，教学评价融入园区评价。

技术引领、并跑产业，打造智能制造产教融合集成大平台

吴慧媛　　钱晓忠　　饶成明　　胡俊平　　徐安林

无锡职业技术学院

摘要： 深化产教融合，推动职业教育高质量发展，是当前职教改革的重要主题。无锡职业技术学院（以下简称无锡职院）调动多方参与学校办学，针对区域现代产业需求，创设了一个有效整合资源、实现利益共享的"五位一体"产教融合集成大平台，聚焦智能制造全生命周期关键技术，并跑产业，建成国家"十三五"产教融合发展工程规划项目——智能制造工程中心，开创一条促进"产学研用"融通的新路径，逐步探索形成了"双主体两融合多通道"人才培养模式，为特色职业教育发展贡献了"无锡职院方案"。

关键词： 产教融合；五位一体；集成平台；人才培养

一、实施背景

产教融合是职业教育的本质要求和必由之路。在政策方面，《国家职业教育改革实施方案》《国务院办公厅关于深化产教融合的若干意见》《职业学校校企合作促进办法》等文件不断强调要促进产教融合、校企"双元"育人。产业需求方面，江苏省制造业规模居全国首位，无锡制造业占工业GDP 60%以上。无锡职院是全国知名智能制造特色校，学校毕业生本地就业率达70%。高端装备制造业在从"两化融合"向"智能制造"转型升级的过程中，不断对职业教育提出新要求。

随着制造业产业转型升级和智能制造技术数字化、网络化、智能化的快速发展，一大批学科交叉、技术复合、技能融通的智能制造新兴岗位应运而生，而高职院校装备制造类专业多为经典长线专业，人才培养一般滞后于产业发展，主要存在以下问题：如何优化专业体系，适应装备制造业"数字化、集群化"转型升级带来的新机遇；如何培养多样化人才，适应智造时代"个性化、小批量"岗位变迁及多元需求的新变化；如何强化教学条件支撑，适应智能制造企业"交叉多、迭代快"的技术变革新挑战。从2016年起，无锡职院开始探索构建契合区域产业的"五位一体"产教融合集成大平台，并进行实践，逐步形成了"平台、项目、技术、资源"的技术技能积累模式，构建了"三聚集、两服务"校企协同机制，为职业教育特色发展贡献了"无锡职院方案"。

二、主要做法

（一）建设思路

无锡职院聚焦智能制造全生命周期的各个环节，以人才培养、技术服务和教育输出为重点，通过技术研发和集成创新，学校联合政府、行业、企业共建了集"人才培养、生产示范、技术服务、文化融合、国际交流"五位一体的产教融合集成大平台（图1）。坚持合作共赢，聚焦企业侧和学校侧在人才培养、技术服务、文化融合等方面的合作点，无锡职院于2006年成立产学研中心，引进企业新技术、新装备，2012年建设江苏省高校区域开放共享实训基地，打造基于物联网技术的智能工厂示范项目，2016年开展国家发改委"十三五"产教融合工程规划项目，围绕智能制造领域产品全生命周期技术链，升级智能制造工程中心，打造智能制造产教融合集成大平台，形成了"平台共建、资源共享、命运共通"的产教融合平台建设路径，促进校企融合发展。

（二）主要举措

1. 实现宏观并跑产业，不断升级智能制造工程中心

在已取得良好示范效应的国家"十三五"产教

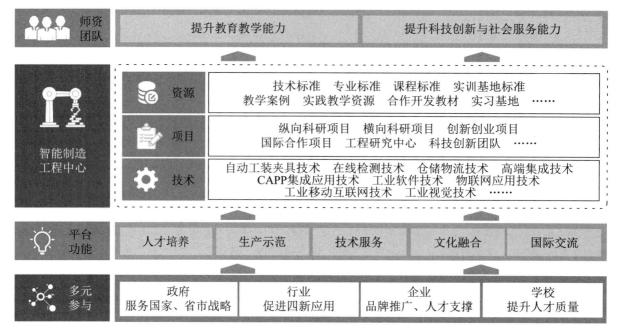

图1 "五位一体"产教融合集成平台架构

融合发展工程规划项目——智能制造工程中心（1.0）基础上，围绕江苏省和无锡市重点发展的物联网、高端装备、新材料、新能源、人工智能、云计算和大数据等产业集群，无锡职院与施耐德、西门子、ABB集团、无锡威孚集团等国内外行业龙头企业合作，聚焦制造智能化刀具自动化补偿、绿色加工工艺、智能工装夹具、仓储物流技术、物联网应用技术、工业软件技术、工业视觉技术等关键技术，联合政府协同升级建设具备企业真实生产环境的智能制造产教融合大平台"智能制造工程中心2.0"，打造产教融合型的制造智能化技术创新服务平台，为企业提供智能化升级与服务化转型解决方案。

2. 形成局部领跑优势，聚焦关键技术建设科技创新团队

无锡职院以智能制造优势资源、特色专业群组为基础，进一步整合科研力量，积极引导教师走进企业，开展实践锻炼，找准课题和研究方向，服务地方企业转型发展。校企合作共建了9个江苏省"青蓝工程"科技创新团队，同时聚焦智能车间5G应用、工业AGV技术应用、仓储物流技术、难加工零部件工程技术等研究方向，成功申获8个市厅级、省级工程研究中心、公共服务平台，并建成了智能制造应用技术、物联网技术应用、先进制造技术等3个以院士为顾问的千万元级研究所，在关键应用技术领域形成局部领跑优势。

3. 引领区域产业升级，建成中小企业智能化技改示范中心

无锡职院以服务区域产业转型发展为导向，主动在科学技术应用链上寻找位置，下沉基层中小企业，服务企业生产与服务"端到端"全智能化升级。目前，无锡职院设立无锡市技术产权交易市场（JTEC）滨湖分中心，在建的无锡智能制造技术交易平台，较好地促进了智能制造技术成果推广转化，服务中小企业技术研发和产品升级。自2019年以来，平台实现技术交易合同认定资金额累计超过300亿元，企业、学校和认定中心三方技术交易额累计超8000万元，为中小企业提供技术服务达1000余家，成为全国高职院校技术技能积累与转化的典范。

4. 集成平台五大功能，校企共建现代产业学院

无锡职院瞄准地方先进产业集群，集成平台五大功能，与施耐德、西门子、比亚迪、新道科技、新华三等龙头企业深度融通合作，围绕国家战略新兴产业，共建施耐德工业软件、西门子数字孪生技术、比亚迪行云新能、新道数智等7个现代特色产业学院，实现了教育链、产业链、创新链和价值链有效融通。开展"创新班"教育，培养社会急需的卓越技术技能型人才，服务"一带一路"，面向国际输出职业教育标准，取得了丰硕成果。

三、经验总结

（一）实践了"平台、项目、技术、资源"的技术技能积累模式

无锡职院遵循"产教深度融合，平台彰显特色，科研反哺教学，积累凝练文化"理念，探索实践了由"平台、项目、技术、资源"四要素组成，螺旋提升的高职机电类专业技术技能积累模式，研究成果获江苏省教学成果二等奖。

（二）构建了"三聚集、两服务"校企协同机制

基于校企深度合作，聚集"引导、发展、服务"三大动力，满足企业创新发展和学校人才培养两大服务需求，创新构建了"三聚集、两服务"校企协同机制体制，保证了智能制造产教融合集成大平台的可持续发展，促进了政行企校深度合作。

（三）打造了国内一流的智能制造工程中心

为进一步深化产教融合、校企合作，无锡职院完成智能制造工程中心"人工智能+"升级，打造融人才培养、生产示范、技术服务、文化融合、国际交流于一体的"智能制造工程中心2.0"，服务区域、行业，辐射全国乃至"一带一路"沿线国家，率先建成全国高职院校智能制造技术开发、产业服务和智造资源转换示范工程。

四、建设成效与推广应用

（一）建设成效

1. 研学相促相长，建成智能制造"工匠摇篮"

基于集成平台，年均开展职业技能鉴定超过4000人次、社会培训达10万人日；"创新班"学生共申获专利350余件，获得省级以上各类竞赛奖500多项，累计获得全国技能大赛一等奖25个。无锡职院获省级及以上教科研成果奖近50项，其中荣获国家级教学成果一等奖2项、二等奖3项。学生在世界500强企业就业人数达17.3%。

2. 校企深度合作，科技服务效益卓著

目前，无锡职院已形成20多个省级、校级科技创新团队。依托集成平台，牵头制定9项智能制造相关的国家和行业标准，年完成100余个智能制造技术开发项目，共转让专利265件。校企共建有5个省级工程研究中心，近年为无锡贝斯特、常熟开关、苏州未来、中船重工702研究所等200余家企业开展智能化改造，"四技"服务到账经费累计超过1亿元，单体横向科研到账1200万元。

3. 多方主体协同，形成产教融合良好生态

无锡职院联合多元主体驱动辖区企业转型升级，下沉乡镇、街道级政府开展政校合作，建成无锡梁溪创新与技术转移中心，学校有效在库专利3000余件。与品牌企业合作成立开源创新学院，与施耐德、西门子、比亚迪等世界500强、行业龙头企业合作共建7大产业学院，推进集团化办学，牵头成立全国机械行业智能制造技术职教集团、江苏省汽车职教集团、无锡市物联网职教集团，其中机械行业智能制造技术职教集团于2020年10月获评国家首批批示范性职业教育集团（联盟）培育单位。

（二）推广应用

经过多年的探索与实践，无锡职院智能制造的产教融合大平台建设理念在高职界产生了广泛而深远的影响，示范辐射效应明显，连续3次入选无锡市职业院校促进产业发展贡献突出单位（第一名）。先后10余次受邀在全国性相关会议上作交流发言，介绍产教融合服务大平台建设经验，600余所职业院校来校交流学习，中央电视台《新闻联播》中专题报道学院智能制造技术技能人才培养培训；相关成果在《光明日报》《中国教育报》、中国高职高专教育网等15家省级以上媒体进行了40余篇（次）报道。

专家点评：产教融合是职业教育的本质要求和必由之路，无锡职业技术学院直面区域现代智造产业转型需求与学校人才输出实际存在难以匹配的突出矛盾，创新提出"双主体两融合多通道"的人才培养模式，基于"平台、项目、技术、资源"四大要素，实践了高职机电类专业技术技能积累模式，探索构建契合区域产业的"五位一体"产教融合集成平台，开创一条促进"产学研用"融通的新路径，逐步探索形成了"双主体两融合多通道"人才培养模式，推进了人才培养供给侧和产业需求侧在结构、质量、水平上的精准对接。无锡职院产教融合集成理念具有较好的可复制、可迁移示范性，在高职界产生了广泛而深远的影响，示范辐射效应明显。

服务区域经济、发挥专业优势，打造钢铁冶金企业职工特色培训品牌

李小红　　侯志奇　　孟延军　　吕帆　　李玲玲
河北工业职业技术大学

摘要： 河北工业职业技术大学积极与世界500强宝武集团、河北敬业集团、河钢集团等知名钢铁企业开展深度合作，通过按照企业需求"菜单"适配培训需求，定制设计凸显针对性和实效性的培训内容；创新动态聘任机制，聘请院士、国务院特殊津贴获得者等大师充实师资队伍；坚持理论实践教学结合，基地建设凸显高标准和特色化；坚持信息互通多元合作，培训平台凸显开放性和便捷性，从而打造了具有专业化特色的培训品牌。

关键词： 校企合作；职工培训；转型升级

一、背景与关键问题

河北工业职业技术大学是以钢铁冶金为办学特色的职业本科学校，是河北省唯一一所中国特色高水平高职学校。学校长期坚持面向钢铁行业办学，历来重视行业人才培训工作，注重品牌建设。根据社会及行业企业需要，学校积极承担起对冶金企业劳动者广泛开展多层次、多渠道、多规格、多类型的职工培训的时代责任。

钢铁产业是国家重要的支柱和优势产业，随着钢铁冶金产业提质增效转型加速，对企业职工的技术技能产生新需求。河北工业职业技术大学充分利用自身的专业优势，铸造具有专业化特色的培训品牌，搭建了特色化、多元化的高端培训平台，彰显了高校培训品牌的超前性及社会引领性。

二、主要内容与做法

（一）按照企业需求"菜单"适配培训需求，顶层设计凸显针对性和实效性

河北工业职业技术大学根据钢铁行业发展动态和钢铁生产的实际需要，充分发挥学校专业优势与独特地位、多元雄厚的师资力量与科研水平、领先完备的教学设施与实验设备等教育资源优势，优化办学质量，彰显培训特色，以为钢铁企业培养应用型、高层次、高素质、创新型技术技能人才作为培训目标。

培训项目从前期宣传、走访、对接需求到预期研讨、项目设计、确定标准、课程开发，再到培训组织、实施、总结、反馈及后期追踪服务，形成了一个完整闭环。培训采取全方位立体化的培训模式，打造线上与线下相结合、学历教育与职工培训相结合的菜单式培训升级版。校企共同开展高层次技术技能人才企业需求调研，分析河北经济社会高质量发展与高层次技术技能人才供给关系，明确企业需求和目标，学校提供课程体系菜单，企业依据需求对课程进行筛检，共同制定培训方案，开展"量体裁衣"式职工培训，培训针对性和实效性得到有力增强，如图1所示。

（二）创新动态培养聘任机制，师资队伍凸显开放性和高端化

学校充分利用专业优势和师资资源优势建立培训专家资源库，打造高水平培训团队。

根据课程设计选聘专业领域知名权威、理论与实践能力深厚的学校优秀专家教授担任主讲教授，选拔学校优秀青年教师发挥自身优势承担培训任务。学校建有数控技术专业教学团队和网站建设与维护系列课程教学团队2个国家级教学团队，钢铁冶金专业教学团队、环境监测与治理技术专业教学团队等4个省级教学团队。

为加强培训课程的前沿性、实践性与实效性，特

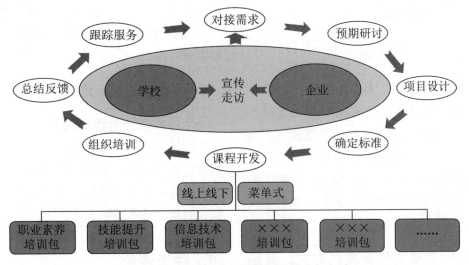

图 1 双主体菜单式培训模式

邀院士、国务院特殊津贴获得者、河北省金牌工人等绝技绝艺专家，共建技术技能大师工作室。聘请行业名匠作为学校兼职教师，参与培训方案制定、线下教学改革、实践教学等工作。建有全国五一劳动奖章获得者"华夏第一炼钢工"郑久强为首席专家的"郑久强大师工作室"。通过"师带徒"的形式，共同参与学校组织的企业员工技能培训。河北工业职业技术大学是河北唯一的全国重点建设职业教育师资培养培训基地。为确保培训质量，对培训师资实施动态化管理，根据教学效果实施末位淘汰法。

（三）坚持理论实践教学结合，基地建设凸显高标准和特色化

注重理论教学与实践教学的相互影响，构建与理论相衔接的实践教学培训平台。与河钢集团、首钢集团等行业龙头企业合作，建设了 13 个高水平实验实训基地。

建有国家级虚拟仿真实训基地。建立钢铁冶金、焦化虚拟仿真中心，有效解决了钢铁行业实践操作培训危险性高、安排困难的难题。全面推行面向钢铁企业真实生产环境的任务式培养培训，实现培训学员在冶炼、轧钢、质检和环保现场生产数据的真实现场生产工况下同步在线虚拟操作。创新了"生产性实训＋虚拟仿真＋云课堂"的实践操作培训模式，提升了实践培训效能。

建有河北省省级金属材料深过冷制备技术与科学重点实验室 1 个、省科技厅认定的技术创新中心 2 个、省发改委认定的工程研究中心 1 个、省教育厅认定的应用技术研发中心 2 个，为开展高水平技术研究合作和进行优秀科研技术培训提供了条件保障。主动服务河北钢铁国际产能合作项目，建有海外实习培训基地 2 个。

（四）坚持信息互通多元合作，培训平台凸显开放性和便捷性

搭建国家级产教融合服务平台。河北工业职业技术大学是河北省钢铁焦化职教集团牵头单位，建成具有信息发布交流、数据统计汇总、线上工作管理、成员单位服务、多元合作运营等功能的服务能力全国一流的"一门户、一中心、四平台"的职教集团综合管理与服务系统，建立了具有独立域名、多平台支撑、信息互联互通的职教集团门户网站，建设绿色钢铁生产人才信息中心，打造校企合作平台、实习就业平台、数字资源共享平台、微信公众平台四个平台。为集团内 100 多家成员单位提供委托培养、订单培养、现代学徒制培养的沟通交流平台，助力人才培养质量提升和集团发展。

建成继续教育管理平台。创新继续教育在教学、管理、评价等方面的扁平化管理模式，研发建成继续教育管理平台。结合职工培训的特点与问题，充分发挥现代信息管理技术及远程高等教育的管理方式，以受培训者为中心，构建课程资源共享平台、培训项目过程管理平台、培训效果跟踪考核平台等多个应用模块，打造了网络化、数字化、智能化、媒体化相结合的特色社会培训网络服务平台。

三、经验萃取与模式模型

（一）发挥钢铁黄埔的专业优势

黑色冶金技术专业群是河北工业职业技术大学的传统优势专业群，2019 年入选国家双高专业建设计划，专业群包括黑色冶金技术、轧钢工程技术、金属材料质量检测、环境工程技术 4 个专业，其中 3 个专业是国家示范校重点建设专业，学校牵头制定了国家教学标准，主持国家教学资源库，荣获国家教学成果奖。

（二）"点餐配餐"菜单式培训模式方式，满足企业多元需求

科学提供课程体系菜单供企业选择，做到缺什么补什么、用什么学什么。线下培训配备专门师资授课；线上课程资源，企业职工可在工作之余自行安排学习，解决工学矛盾；脱产培训，企业选派学员入驻学校进行集中学习培训。在培训过程中，还会根据企业需求适时调整教学内容。

（三）采用信息化手段，分层施教，分类受训

参训学员来自全国各地，教育背景和基础相对复杂和不平衡及对待教学内容和接受程度也不尽相同。为了克服这种矛盾，河北工业职业技术大学制定和实施了不同的培训方案，采取面授和远程相结合的教学方式，针对基础弱的、地域偏远的学员，提前安排学员进行网上相关课程的预习，使其有准备地来听课。

（四）开展仿真课程培训

全国首创仿真课程及模拟，推行面向企业真实生产环境的任务式培养模式，将企业真实项目搬到培训实习实训课程，实现教学过程与生产过程对接，技能训练与岗位工作对接，培养出具有创新能力的复合型、创新型技术技能人才。

四、成果评价

（一）培训品质显著提升

河北工业职业技术大学年均为河钢集团、河北敬业集团、中国兵器集团、中电科 45 所等数十家大中型钢铁企业、制造企业提供员工技术升级培训 1.3 万人次；开展大数据技术应用、互联网金融等新兴紧缺领域培训总量超过 1.1 万人次；为雄安新区等政府部门电子商务产业发展项目培训 0.6 万人次。投资近 7000 万元，建成全国首家规制性老年大学——河北老年大学，年受教育人数 1.5 万人次。面向紧缺人才、面向农村、面向社区等开展社会培训 0.3 万人次。入选全国优秀成人继续教育院校（培训机构）和全国高职院校服务贡献 50 强。

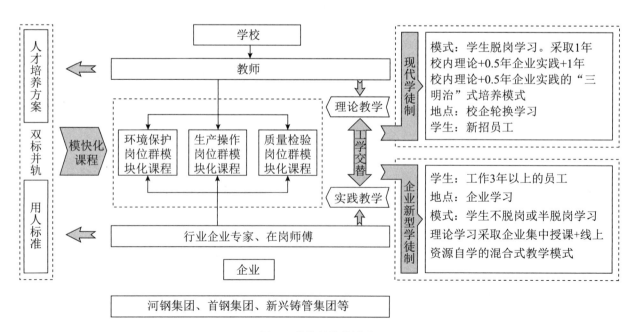

图 2　学徒制培养模式

（二）发挥了较好的示范效应

两个案例入选中国高校远程与继续教育优秀案例库，获得业内同行充分肯定，学校的职工培训项目吸引了大量国内龙头企业，近三年与学校开展合作企业超过120余家。形成了一批研究成果，建成省级成人精品在线课程3门。在国家刊物公开发表论文20余篇。

五、推广价值

在培训实践中，河北工业职业技术大学根据钢铁企业可持续发展对技术与管理人才的综合需求，充分利用自身资源优势，找准学校与培训对象的最佳耦合点，明确品牌定位，突出学校特色，把培训的每一个环节都视为品牌塑造的过程，以具有开拓性、创新性以及强大竞争力的优质培训服务，为企业提供高层次人才培训平台，用品牌开拓市场，用市场锻造品牌，在社会上产生了广泛的影响和良好的社会效益。

在每年的常规培训外，面向国家、企业集团和地方经济发展的战略需要，积极与政府、企业与机构开展广泛合作，为国家构建终身教育体系和学习型社会提供理论与技术支撑，为普通高校与培训机构开展培训提供借鉴，拓宽学校社会服务功能，构建国际化、多元化培训平台。

专家点评： 钢铁产业是国家重要的支柱和优势产业，随着钢铁冶金产业提质增效转型加速，对企业职工的技术技能产生新需求。河北工业职业技术大学根据钢铁行业发展动态和钢铁生产的实际需要，以为钢铁企业培养应用型、高层次、高素质、创新型技术技能人才作为培训目标。河北工业职业技术大学为配合实施国家和河北重大发展战略，加快钢铁企业提质增效，积极与知名钢铁企业开展深度合作，按照企业需求"菜单"适配培训需求，定制培训内容，搭建了信息化、特色化、多元化的高端培训平台，铸造成具有冶金专业化特色的培训品牌，为区域经济发展提供了强有力的支撑。河北工业职业技术大学的案例彰显了高校培训品牌的超前性及社会引领性，对职业院校深入开展校企合作、产教融合，具有很强的可借鉴性与实操性。

校企"双主体"工学交替培养高素质管理人才

何艳琳[1]　　杨永杰[1]　　胡军珠[1]　　张天琪[1]　　牛宏力[2]

1. 北京农业职业学院　　2. 物美集团

摘要：校企合作一直存在"校热企冷，合而不作""解决表层问题多，长效合作机制少"等现象，管理类专业尤其存在校企合作形式单一、深度不够的问题。北京农业职业学院依托中国都市农业职教集团和现代学徒培训中心，整合校企优势资源，成立校企共同参与的工作领导小组、专业指导委员会、专家组，制定并完善了现代学徒制相关管理和评价制度，引进第三方评价机制，形成校企联合培养、多方参与评价的双主体育人长效机制，有效解决了产教融合不深的问题。北京农业职业学校重点与北京物美商业集团股份有限公司开展现代学徒培养，店长定制班校企联合招生，共同探索和推广现代学徒制校企双主体、工学交替培养模式，培养高素质管理人才。

关键词：现代学徒制；校企合作；双主体；工学交替

一、实施背景

为了解决职业教育中产教融合不深入、人才培养目标不明晰、人才培养模式创新不够等问题，2014年，教育部发布《教育部关于开展现代学徒制试点工作的意见》（教职成〔2014〕9号），意见中明确提出建立现代学徒制是职业教育主动服务当前经济社会发展要求的战略选择。2019年5月，教育部为进一步落实《国家职业教育改革实施方案》，发布《教育部办公厅关于全面推进现代学徒制工作的通知》（教职成厅函〔2019〕12号），全面推广中国特色现代学徒制。现代学徒制已经成为深化产教融合、校企合作，推进工学结合、知行合一的有效途径。

二、主要做法

依托教育部现代学徒制试点项目，北京农业职业学院（简称学院）和京津冀地区最大的商业零售企业之一——物美集团开展现代学徒制人才培养模式创新与实践合作。

（一）创新形成"PCA双螺旋阶梯式"人才培养模式，实现学生岗位成才

物流管理专业将职业能力培养有机地转化到课程中，融入职业标准，完善专业教学标准，优化了现代学徒制专业人才培养方案，创新形成"PCA双螺旋阶梯式"人才培养模式，如图1所示。"P"指企业岗位，"C"指开设的课程，"A"指能力，包括非专业能力、专业能力和岗位能力。"双"指两端，一端代表学校，一端代表企业，校企双主体共同培育学生（学徒）。"螺旋式"是指学生（学徒）的非专业能力、专业能力和岗位能力在工学交替学习过程中呈现螺旋式上升。"阶梯"，一是能力阶梯，即通过课程学习、岗位场景化实训，非专业能力、专业能力和岗位能力级别不断提升；二是职位阶梯（岗位级别），即学徒岗位沿着阶梯由低向高层次阶梯发展。

（二）具体做法

1. 校企共建学徒培训中心，畅通沟通机制，构筑资源池

依托教育部现代学徒制试点项目，与北京物美商业股份有限公司发展学院联合成立了"学徒培训中心"。

现代学徒培训中心直接对接"专委会"，执行定期例会制度，及时、即时沟通解决问题，统筹校企资源，促进教学标准建设，定期对校企双方人员进行培训，提高学生（学徒）培养质量。"学徒培训中心"成为产教融合、校企合作的黏合剂和推进剂。

2. 校企实现联合招生，创新破解学生"双身份"难题

物流管理专业依托合作企业门店资源、线上官微

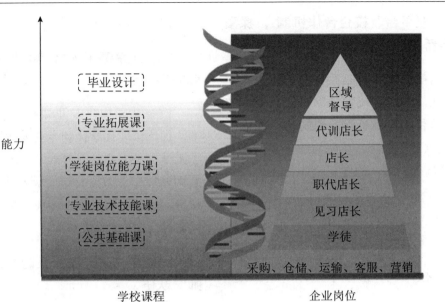

图1 "PCA双螺旋阶梯式"人才培养模式

关注用户资源，开展店长定制班校企联合招生。企业利用大数据分析挑选出125家门店重点投放校企联合招生海报。物美超市官微发布物流管理校企联合招生简章，5天内阅读量超过1.2万次。物美集团总部校招负责人参与现场招生咨询、自主招生面试工作。

突发的新冠病毒感染疫情，导致学生无法按计划到企业开展岗位学习。企业打破常规，为学生办理虚拟入职，学生进入物美"多点大学"培训平台，学习企业实践知识。待疫情得到有效控制，企业总部人力资源相关人员提前收集录入学生"岗位学习"阶段入职信息，保证学生按时足额领取到企业岗位学习补助。

学院、企业、试点班学生（学徒）正式签订现代学徒制三方协议，明确学生（学徒）面向的岗位，以及三方的权利与义务。为进一步明晰校企学生三方的权利与义务，充分保障学生权益，在学生企业岗位学习阶段会签订《课内实践（校外实习）三方协议》，明确各方疫情防控要求，保证学生在安全、卫生条件符合国家规定的工作场所开展岗位学习，企业为学生免费提供符合安全标准的住宿条件，向学生按月发放岗位学习补助。

3. 紧密对接行业企业需求，调整教学计划和考核评价方式

依托现代学徒制试点经验，持续推进校企"双主体"工学交替培养。调整教学计划和考核评价方式，将主要专业课程实践考核放到企业对应岗位，实现学院企业双导师考核。依托"一平三端"智慧教学平台、云班课 App 等，自动记录学生参与线上自学、线下自主学习和课堂学习的全过程。

明确工学交替方式，即第一学期课程在校内完成；第二学期至第四学期，第1至10周集中授课在校内进行，第11周进行集中授课考核，第12周至19周在企业进行任务训练和岗位培养；第五学期，第1至6周集中授课在校内进行，第7周进行集中授课考核，第8至19周在企业进行任务训练和岗位培养。

4. 充分共享校企教育培训优势资源，有效完善课程资源库建设

依托学院"特高"建设项目、信息化教学资源库项目，开发专业课程资源库。新冠病毒感染疫情"停课不停学"期间，任课教师依托"一平三端"智慧教学平台发布821个任务点，建设线上课程，课程章节学习累计24884人次。

共享企业"多点大学"线上培训平台和资源，校企双导师协同开展在线实践教学活动。企业导师使用"多点大学"平台推送学习内容，安排阶段测试与考核。

三、特色创新

通过校企上下融通、内外联动，创新形成了特色鲜明的农业类职业学院管理类专业现代学徒制产教融合育人模式。

（一）创新形成"双平台"校企合作机制，探索出校企合作发展新路径

学院作为中国都市农业职业教育集团理事长单位，联合优质企业，开展现代学徒制试点项目，整合集团内部成员单位的优质资源，构筑校企深度融合"资源池"，提供资源保障。学院与物美集团联合成立"现代学徒培训中心"，通过例会制度，协调学生实践、教师实践、企业培训等，成为缔结校企命运共同体的重要抓手。依托大平台，建设小平台，形成"双平台"机制，探索出校企合作发展新路径。

（二）创新学生考核方式，形成学生评价新维度

创新形成学生考核方式，实现考核共评、结果共用，拓宽了学生评价的维度。第一，应用新平台。依托企业线上平台，校企导师共同开展线上专业理论知识考评。第二，形成新标准。企业导师根据学生岗位实践表现，按照企业岗位实操考核技能标准考核学生实践技能掌握程度。第三，拓展新维度。企业将学生岗位实操考核成绩与综合岗位学习汇报答辩表现作为选聘店长的标准，学校将企业选聘结果作为学生评价的重要方面。

四、成果成效

（一）形成了校企上下融通、内外联动的"双主体"协同育人机制

学院与合作企业签订了《北京农业职业学院现代学徒制联合培养协议书》，成立试点工作领导小组等组织机构，制定相关管理制度、办法等文件；建设共享实训基地、场所；引入第三方评价方案，形成了校企联合培养、多方参与评价的"双主体"协同育人机制。

（二）优化招生招工方案和办法，签订三方协议，实现了招生招工一体化

本着"先招生后招工、校企联合培养"的原则，加强统筹协调，学院联合京津冀地区现代流通领域行业龙头企业——物美集团，校企双方共同完成招录工作。学生（学徒）全部签订了《现代学徒制三方协议》，保障了学生（学徒）的双身份和权益，落实了招生招工一体化。

（三）修订完善了人才培养制度和标准，人才培养效果明显

校企共同构建专业课程体系，完善专业教学标准，优化了现代学徒制专业人才培养方案，创新形成了工学交替人才培养模式，人才培养效果明显。校企共同开发专业教学标准、课程标准、岗位技术标准、课程、教材。物流管理专业学生（学徒）毕业实习期间就被任命为代理店长。

（四）建设了一支校企互聘共用的高水平"双导师"队伍

建设了一支校企互聘共用的高水平"双导师"队伍，建立了企业导师资源库。成立专业指导委员会，有效促进了专业内涵建设发展。

（五）建立了现代学徒制管理制度和评价体系

形成体现现代学徒制特点的管理制度体系，制定了教师教学质量监控、学生（学徒）企业学习质量监控、现代学徒制考核评价及监督管理办法，引入第三方评价机构，保障了现代学徒制的实施质量。

五、经验总结

（一）缔结校企命运共同体，探索校企合作可持续发展新路径

校企共建资源整合、各方沟通平台，使其成为现代学徒制中缔结校企命运共同体的主要抓手，以破解校企双主体育人过程中"各方沟通不畅""联合松散"等顽症，为现代学徒制试点后的可持续发展探索新路径。

（二）转变观念，以"服务"为核心，与行业领先企业深度合作

有条件的学校建立现代学徒制学院，建设兼具产品研发、工艺开发、技术推广、大师培育等功能的技术技能平台，探索混合制管理，实现资源共建共享，进一步提高专业人才资源供给服务能力，服务重点行业和支柱产业发展。

六、推广应用

校企组建"双导师"团队参加职业院校教学能力比赛，获得省部级比赛二等奖。专业教师组织物美集团店长班学生参加 2020 第六届中国国际"互联网+"创新创业大赛，获得职教赛道（北京赛区）三等奖。专业教师受邀执笔撰写了《北京市全面推进现代学徒制行动计划 2021—2025》初稿。

学院认真总结现代学徒制人才培养模式改革经验，在水利水电、会展策划与管理、国际贸易、都市农庄等专业推行现代学徒制人才培养模式。

专家点评：《校企"双主体"工学交替培养高素质管理人才》从校企合作多年以来存在的普遍性问题出发，精确定位，找准方法，全面推广中国特色现代学徒制，培养高素质管理人才。该案例中的"PCA双螺旋阶梯式"人才培养模式，将职业能力和专业课程有机结合，依托职业标准和教学标准进行课程安排。建设学徒培训中心，与企业进行联合招生，紧密结合企业需求，共享培训优势资源，多维度确保实现学生岗位成才。建立"双平台"校企合作机制，创新学生考核方法，形成"双主体"协同育人机制，在确保招生的同时，完成企业招工工作，人才培养效果明显，实现资源共建共享，提高了专业人才资源供给服务能力，为重点行业和支柱产业发展提供了一定的基础动力，具有可推广性和借鉴性。

三方合作、两地研发，打造国际化通用航空专业校企合作新模式

陈常晖　　王显彬　　李斌　　陈自力　　张伟　　江敏

福建船政交通职业学院

摘要： 福建船政交通职业学院自2019年开始，积极推动同匈牙利摩根斯达集团、德布勒森大学的深度合作，三方共同推进通用航空产业的应用技术研发、人才共育，致力于打造中欧职业教育品牌，实现教育与产业同步，让中匈两国在教育领域合作更加紧密和切实。三方共同致力于打造现代产业学院，共同建设通用航空生产性实训基地，培养高素质通航技术技能人才，共同打造通用航空应用技术研发中心，采用中匈两高校互设研发基地、两地研发的方式，共同开展通航领域技术攻关及市场应用推广。三方共同致力于"一带一路"职教合作，打造国际校校企合作新模式。

关键词： "一带一路"；通用航空；产业学院；国际合作

一、实施背景

为积极响应国家"一带一路"倡议，福建船政交通职业学院自2019年积极推动同匈牙利摩根斯达集团、德布勒森大学的深度合作，共同推进通航产业应用技术研发、人才共育，致力打造中欧职业教育品牌，实现教育与产业同步，让中匈两国在职业教育领域的合作更加紧密，通用航空产业学院的设立让三方合作步入新的发展时期。

通用航空包括从事工业、农业、林业、抢险救灾等方面作业的飞行活动，"十四五"期间，国家高度重视通航产业发展。福建省政府《福建省"十四五"应急体系建设专项规划》明确提出加强航空应急救援能力建设：搭建航空应急指挥平台，加强航空应急救援专业力量建设，优化航空应急救援联勤保障机制。通用航空产业必将在"十四五"期间迎来高速发展。

摩根斯达集团一直致力推动中东欧与中国科技和文化合作交流，集团总部设在匈牙利首都布达佩斯，拥有众多中东欧文化和科技资源。德布勒森大学成立于1538年，是匈牙利规模最大的国立大学，设置25个博士点，在校生规模3万余人，被誉为"世界卫生组织研究中心""欧洲杰出学术贡献研究中心"。

二、主要做法

2020年7月，福建船政交通职业学院设立"通用航空产业学院"，属福建省高职院校首家。

（一）国际化通用航空人才培养

1. 共建国际化现代产业学院

"通用航空产业学院"引进匈牙利德布勒森大学教授团队、优势教学资源，含专业课程、教学方法等，协助产业学院人才培养方案制定和课程开发。同时引进匈牙利方教学管理团队协助产业学院日常工作。产业学院建立国际校校企合作的理事会管理架构，如图1所示，并出台了8项管理制度。2020年10月被福建省教育厅确定为省级产业学院试点项目。

通用航空产业学院，开设了"通用航空器维修技术""通用航空航务技术"等4个专业，在校生有980人。学生毕业后可申请赴匈牙利德布勒森大学深造。

2. 引进欧洲知名大学教授

由摩根斯达集团协调，通用航空产业学院每年引进2～3名匈牙利德布勒森大学的航空学科教授，1名教授担任产业学院执行院长，每年在中国学校的工作时间累计不少于8个月，主要负责专业建设规划，指导学校通用航空应用研发中心工作；1名教授担任

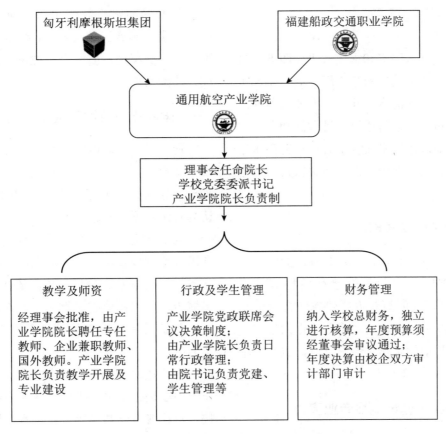

图1 通用空产业学院校企国际化办学共建运行模式

专业带头人，负责师资引进与培养、课程规划等，参加通用航空应用研发中心的工作。摩根斯达集团安排8名工作人员长期入驻学校，承担产业学院的日常管理工作，集团大中华区总裁方明杨为总负责人，产业学院聘请为客座教授。

3.教学资源引进

通过匈牙利教授团队的引进，同时引进欧洲知名高校航空技术领域的优质教学资源，包括优质专业课程、优质航空教材及先进的教学管理方法等。

（二）共建航空生产性实训基地（航空产业园）

2020年11月，上海世博会期间，学校与摩根斯达集团签署共建集产学研用创于一体的"航空产业园"，列入福建省引进外资重点项目，由摩根斯达集团投资约1亿元人民币，建设生产性实训基地，包含引进欧洲6架旋翼机、民航CCAR-147部标准培训基地、旋翼机装配线，企业拟投入该机型的"生产装配线"，进驻学校的产业园，装配后的整机将出口欧洲。基地在开展生产性教学实训同时，积极开拓职业培训、退役军人培训和军民融合培训等项目。

由匈牙利德布勒森大学授权资质，共同开展飞行员（空客机型系列）招收培训认证工作。在中国国内开展基础课程的实施，实训课程和国际飞行员培训考证在德布勒森大学完成，时长2~3年。福建船政交通职业学院、摩根斯达集团和德布勒森大学三方融合培训，在中国国内同时接收匈牙利及各国人员的培训。

（三）共建通用航空应用技术研发中心（省级"一带一路"联合实验室）

福建船政交通职业学院、摩根斯达集团和德布勒森大学三方共建"通用航空技术研发中心"。福建船政交通职业学院与德布勒森大学互设"通用航空技术研发中心"，采用三方合作、两地研发的模式，互相派员常驻，负责研发中心日常运行工作。

研发团队共12名成员，其中外籍博士教授2名、校内博士2名、企业高工1名，虽然受到疫情影响无法面对面开展工作，但是通过在线交流合作已持续1年，目前已共同开发2项国际专利，承接3项省市级科研项目、2项横向科研项目。

三、成果成效与经验萃取

通用航空产业已列入国家和福建省"十四五"规划重点发展的领域,专业发展前景广阔,处于刚起步阶段。通用航空产业学院的专业建设、人才培养和应用技术研发占得先机,特别是通过引进欧洲知名大学教授团队,加盟通航应用技术研发中心,打造高水平省级"一带一路"科技创新平台,这些举措将推动省内通航产业发展。

（一）现代产业学院的模式创新

产教融合,校企深度合作,共营共管产业学院治理与运行,探索国际化产业学院运行新模式（见图2）,产业学院的模式创新获得福建省教育厅的认可。学院2020年10月被福建省教育厅确定为省级产业学院试点项目。目前学院招生情况良好,航空器维修等4个专业在校生共1008人。

（二）高水平航空实训基地突显专业实力

校企共同构建专业体系,共同建设航空生产性实训基地。目前,学校已投入1300多万元,企业投入370多万元,建成"产学研用创"一体、厂校合一、育训结合的高水平航空实训基地,基地的软硬件设施完全满足国家民航总局（CAAC）基础执照培训标准,有力支撑通用航空全产业链的高素质紧缺技术技能人才的培养。

（三）国际化科技团队成果初现

通过引进2名欧洲知名大学教授,领衔通航研发中心建设,完成研发中心建设规划,搭建高水平研发平台,该研发中心于2020年9月被福建省科技厅确认为省级6项"一带一路"联合共建科技创新平台之一,为福建省高职院校唯一。研发中心目前已完成2项国际专利授权,在研5项纵横向科研项目,其中福建省自然科学基金项目1项。依托研发平台,引进1名博士后,为福建省"百人创新人才"B类人才,引进1名航天院高级工程师,有力充实了团队的科研实力。

中心遴选德布勒森大学所拥有的技术、专利等,在该中心进行中试、推广,主要面向中国市场,通过技术转让或市场共享等方式进行成果转化。中心主要研究方向为通用航空领域的科技研发、基于通用航空飞行器的二次应用研发,并可延伸至航空旅游、交通土建、物流管理等。

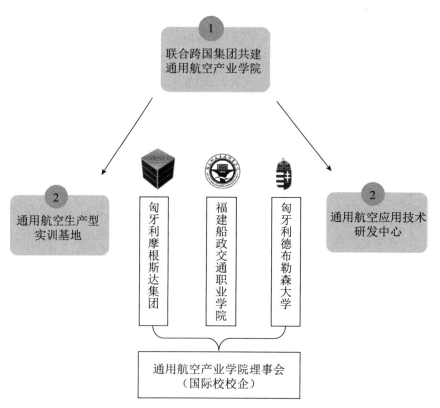

图2　三方共建通用航空产业学院国际校校企合作新模式

四、推广应用

（一）通用航空产业学院获得区域行业认可

2020年，通用航空产业学院成为"福建省通用航空行业协会"副会长单位，成为"福建省航空学会"挂牌单位，在行业协（学）会中发挥了积极作用。

2021年11月，通用航空产业学院承办福建省民航岗位技能比武与工匠文化建设活动，华东局和省总工会领导莅临现场指导，给予高度认可。来自厦门航空、福州航空、福建省空管局等13家大型航空企业的120多名职工参加了活动，受疫情影响，许多员工无法到达现场，民航华东局企事业单位有26.11万人次通过线上直播的方式观看活动，社会反响良好。

（二）通用航空产业学院创新模式获得同行认同、领导肯定

2019—2021年，通用航空产业学院创新办学模式及国际化研发中心，共接待20多所高校和职业院校前来交流学习，在多个场合向政府部门和行业协会领导进行汇报展示。

2020年12月，全国人大常委会副委员长、中华职业教育社理事长郝明金莅临航空实训基地，对旋翼机技术项目予以高度肯定。

专家点评：《三方合作、两地研发、打造国际化通用航空专业校企合作新模式》致力于打造中欧职业教育品牌，采用互设研发基地、两地研发的方式，致力于"一带一路"职教合作，创建国际校校企合作新模式。共建国际化现代产业学院，引进国外先进的管理团队、优质名师和教学资源，建立国际校校企合作的理事会管理架构。共建航空生产性实训基地和通用航空应用技术研发中心，培养国际化通用航空人才。该案例创立了现代产业学院新模式，突显了航空实训基地的专业能力，初步建立国际化科技团队成果。该专业发展前景广阔，获得同行和区域行业认可，为推动福建省航空产业乃至全国航空产业发展发挥了重要作用，具有新时代的推广性。

实践"1+N"人才培养模式，助力首都商业服务业发展

赵凯　平建恒

北京财贸职业学院菜百商学院

摘要： "菜百商学院"是第一批北京市职业院校工程师学院建设项目。在项目建设和教育教学改革过程中，坚持党建引领，持续深化产教融合、校企合作，主动对接产业、企业需求，整合校企优质资源，融合校企文化基因，以"厚载商道、心比金纯"为理念，以"扎根中国零售实践，推动首都商业发展，促进高职教育创新"为使命，以实践"1+N"人才培养模式为主线，创新三级组织机制，助力企业与专业数字化转型，将科学研究与企业研发相融合、社会服务与企业培训相融合、文化传承与企业文化相融合，打造财贸特质、首都特色、国内领先、引领示范的新型产教融合创新平台。

关键词： 人才培养模式改革；产教融合；校企协同育人

一、背景与关键问题

职业教育是国民教育体系和人力资源的重要组成部分，肩负着培养多样化人才、传承技术技能、促进就业创业的重要职责。产教融合、校企合作、工学结合、知行合一是职业教育的基本特征，也是提高技术技能人才培养质量的重要途径。党中央、国务院高度重视职业教育改革发展，明确了加强校企深度合作，打造专业化开放共享的高水平实训基地，打造"双师型"教师队伍等产教融合、校企协同育人的发展要求。

北京财贸职业学院与菜百公司自2006年开启校企合作，2014年确立校企战略合作关系。2018年确定在"菜百商学院"框架下共同建设人才培育、技术创新、社会服务、资源共享四个中心，共同开展全方位深度合作，有效契合了北京"四个中心"定位、"十三五""十四五"发展规划和2035年远景目标纲要，为北京市现代商业服务业发展输出高技能智慧商业人才。

二、主要内容与做法

（一）校企一体联动，推进产教融合，实践"1+N"模式

"菜百商学院"秉承深化"校企合作、产教融合"的基本原则，坚持党建引领、创新引领、服务引领，主动与珠宝产业对接，与菜百公司紧密合作，服务行业企业，服务首都"四个中心"建设，创新实践"1+N"人才培养模式。

"菜百商学院""1+N"人才培养模式是以"五双育人"为基础和典型特征，以珠宝首饰校中体验店、网店，珠宝文创产品设计工作室、珠宝鉴定实验室"两店两室"为载体的，有特色、可选择的人才培养模式。体现了双主体、双导师、双课堂、双身份、双证书特色，实现了设计、营销、鉴定三个细分方向各有侧重的可选择性。

"1+N"人才培养模式，使专业设置与产业需求对接、课程内容与职业标准对接、教学过程与生产经营过程对接，加强了教学与市场的联系，缩短了学校教学与企业的距离，提升了人才培养质量和社会适应性。

（二）坚持党建引领，创新三级组织，推进校企合作机制改革

坚持党建引领，校企党组织签署结对共建协议书，通过组织联建、党员联管、活动联办、人才联育、资源联用、产业联促、治理联抓等方式，实现组织建设互促，党员干部互动，党建载体互用，科学发展共赢。

建立理事会领导下的"双院长制"领导决策机构,制定学院章程,确定"菜百商学院"组织机构,明确了理事会、名誉院长和院长职责。成立了专业教学指导委员会,对内负责专业建设与教学,对外加强沟通合作。设立了"人才培育、技术创新、社会服务、文化交流"四个中心,以"系统设计、协同创新、资源整合、分步实施"为原则,在实践过程中,不断动态优化,寻求校企利益契合点。

(三) 共建课程, 共享平台, 师资互派互助, 协力人才培养

1. 共同制定人才培养方案, 共同建设课程体系

菜百公司积极参与"菜百商学院"人才培养和课程建设的实施工作,校企双方共同制定审核了珠宝智慧营销人才培养方案,如图1所示,完成了《专业契合度报告》《人才需求调研报告》。校企共同开发了珠宝检测与宝玉石鉴定、珠宝首饰营销策划、门店布局与商品陈列、珠宝首饰市场评价等10余门课程。完成线上学习平台的搭建,借鉴OBE模式开发企业实战模块课程,采用项目制、混合式、研学结合式等新型教学模式,构建与菜百经营周期、行业经营特点相适应的模块化能力递进式的课程体系。

2. 共建实训基地、创建教学资源库, 实现平台共享

根据双高建设任务要求,依托北京市职业院校工程师学院建设项目,依据珠宝企业真实经营环境和实际工作任务,围绕"人才培育、资源共享、技术创新、社会服务"4个功能定位,与菜百公司合力共建"两店两室",共同建设教学资源库和行业企业资源库。

经过两年多的建设和发展,通过校企双方的深入沟通以及企业资金、技术、经验的注入,搭建了校企双方共用共享的学习实践平台。

3. 校企互派互助, 共建教师人才库, 协力学生精准培养

北京财贸职业学院与菜百公司共建珠宝行业教师人才库,共同培养教师,提升职业技能,加深了解行业需求和发展。学校选派教师参与企业实际经营管理工作,参与菜百员工的继续教育;企业派送专家、师傅进课堂,承担实践性教学及课程改革。

菜百商学院实行导师制,每位学生均配备双导师,以实际工作任务为载体,以学徒制为形式,以工学结合为方法,实现培养目标与企业用人标准无缝对接,共同致力于行业人才的精准培养。

(四) 创新与服务双驱动, 拓展技术创新, 实现成果转化

菜百商学院坚持技术创新与服务企业,将课程内容与企业工作任务相结合,推进企业课堂建设。结

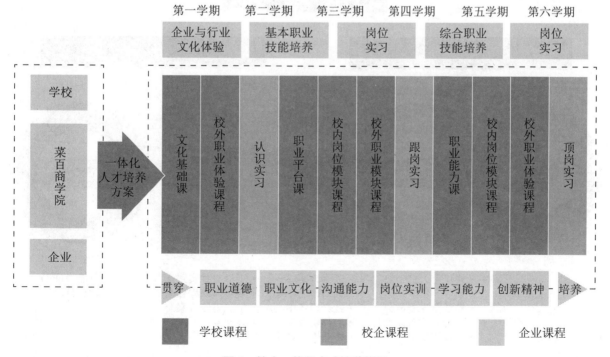

图1 校企一体化人才培养框架

合菜百公司的实际经营业务,启动了"个性化商品定制"橱窗系统的研发工作;联合菜百首饰设计中心运营珠宝与文创产品设计工作室,以学习任务的形式,开展教学研究,研发多款珠宝首饰及文创产品。

利用菜百商学院和菜百公司的资源条件,依托省市校级课题,完成横向及纵向课题,并应用于行业企业的发展实践。完成菜百管理干部培训标准、菜百珠宝产品研发流程标准、菜百珠宝销售顾问标准3项标准开发,完成157人次的菜百员工培训,积极参与菜百公司"五进"活动,协助企业开展珠宝玉石鉴定、首饰保养维护等内容的社会服务。

三、经验萃取与模式模型

(一)经验总结

1. 以需求为导向,整合校企优势资源

有效匹配校企供需,既将学校智力优势、专业优势赋能企业,为企业发展增添动力,企业也为教师实践、校企协同育人提供路径,为学校科研成果转化提供落地渠道。对企业而言,学校发挥专业优势,为企业在发展规划、重大任务推进等方面建言献策;对学校而言,企业为学校人才培养、实习实训、教师企业实践提供了平台。

2. 以共建为路径,助力校企协同发展

坚持党建引领,建立"校企一体化"治理范式,推进校企合作长期稳定运行。共创共享共育,是校企共建协同发展的重要条件,通过校企共创人才培育模式、课程体系,共享平台师资,共育智慧商业人才,实现校企协同发展,推动产学研协同,促进产教深度融合。

(二)模式模型

"菜百商学院"秉承深化"校企合作、产教融合"的基本原则,坚持党建引领、创新引领、服务引领,主动与珠宝产业对接,以"五双育人"为基础和典型特征,创新实践"1+N"人才培养模式,如图2所示。

"菜百商学院"在建设过程中,通过坚持党建引领,创新三级组织,健全制度机制,在产教融合的发展思路引领下,通过市场调研、邀请企业专家、毕业生跟踪等方式,找准了珠宝相关专业对应的岗位群的需求,构建了符合市场和企业需求的课程体系,使学生从校门到岗位实现无缝连接。菜百商学院培养的毕业生在菜百等珠宝相关企业表现优异,业绩突出。

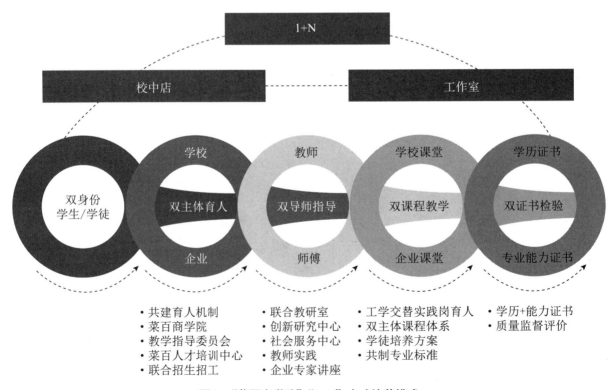

图2 "菜百商学院""1+N"人才培养模式

四、成效评价与推广价值

（一）成效评价

（1）"菜百商学院"在建设过程中强调党建引领，校企党组织签署结对共建协议书，创新三级组织，健全制度机制，实现科学发展共赢。

（2）以中国特色学徒制为指导，整合校企教学环境和资源，采取工学结合、工学交替形式，校企协同开展产教深度融合的人才培养模式改革，构建以"五双育人"为基础，以"工作室"为载体，有特色、可选择的"1+N"人才培养模式。

（3）落实三对接，提升人才培养的质量和社会适应性，使专业设置与产业需求对接、课程内容与职业标准对接、教学过程与生产过程对接，加强了教学与市场的联系，缩短了学校教学与企业生产经营的距离，提升了人才培养质量和社会适应性。

（二）推广价值

"菜百商学院"深化"校企合作、产教融合"，实践"1+N"人才培养模式的过程内容和成果成效，在双高专业群建设中发挥了先行先试的基础性探索作用，促进了专业与行业企业对接。"菜百商学院模式"已成为商贸类职业院校产教融合的典范，在市场合作化运行、递进式人才共育等方面的成果，已得到社会认可和推广。

"菜百商学院"将继续秉承深化"校企合作、产教融合"的基本原则，继续深度广泛合作，与企业共同完成"创声誉、走出去"的发展战略。

专家点评："菜百商学院"秉承深化"校企合作、产教融合"的基本原则，坚持党建引领、创新引领、服务引领，主动与珠宝产业对接，加强校企深度合作，打造专业化开放共享的高水平实训基地，打造"双师型"教师队伍等，实践"1+N"人才培养模式。在人才培育、资源共享、技术研发和社会服务四个方面积极探索，形成了"建设首都特色、国内领先、世界一流、引领示范的新型产教融合创新平台"的发展愿景。该模式可以带动双高建设任务中相关专业群的建设，促进专业与产业对接。"菜百商学院模式"可以作为商业服务业类职业院校进行校企合作，共建互助、人才培养的参考。

体制创新生成命运共同体，产教融合促进高质量发展

胡增芳　刘宝　胡艳　马静　张盼

安徽商贸职业技术学院

摘要：以区域产业经济为纽带，以龙头企业人才需求为导向，建立校企双主导的产业学院，已成为推进产教融合体制机制创新与发展的重要举措。安徽商贸职业技术学院与深圳天源迪科集团安徽迪科数金科技有限公司在长期合作基础上，充分发挥市场配置资源作用和比较优势，共同创办公办体制下的混合所有制二级学院——迪科金服学院，实施双主体办学，引导各类资本与职业院校双向进入、相互融合，整合汇聚优质资源，以混合所有制形式明确职业院校二级学院的财产归属权，以章程为办学基础，推动职业院校现代化治理体系和治理能力，形成命运共同体，促进各方共同发展，形成辐射和带动效应。

关键词：产教融合；体制创新；混合所有制；命运共同体

一、实施背景：时代的呼唤

2014年颁布的《国务院关于加快发展现代职业教育的决定》首次正式提出"混合所有制"学校的概念。2019年2月，国务院正式发布的《国家职业教育改革实施方案》指出，鼓励发展股份制、混合所有制等职业院校和各类职业培训机构。这为高职院校进一步探索和发展混合所有制办学提供了国家层面的政策依据。

目前我国经济进入高质量发展阶段，对各类人才培养提出更高要求。从外部看，技术技能人才供给侧与产业需求侧存在着结构、质量水平等方面的不平衡、不适应；从内部看，产教融合深度不够，仍存在"产"与"教"，"校"与"企"之间"两张皮"现象。在问题与需求的双重导向下，推动产教深度融合、探索混合所有制办学、校企双元育人、实现学生高质量就业及校企融合可持续发展成为高职院校创新性发展的必然选择。

在国家相关政策指导下，安徽商贸职业技术学院与安徽迪科数金科技有限公司本着培育金融类后台服务与管理型人才的初衷，共同举办以面向现代化服务、基层管理一线岗位的高素质技术技能人才为培养目标的混合所有制二级学院——迪科金服学院。

二、主要做法：立足于混合所有制二级学院，打造"高地"和"平台"

（一）构建混合所有制二级学院产教融合的新模式

2016年，安徽商贸职业技术学院与安徽迪科数金有限公司共同搭建工学结合、产学一体的合作平台——迪科金服学院。该产教融合形式依托企业资源和学校办学实力，创新合作方式，成立以校企资本互融、多元化办学产权结构、校企专业建设指导委员会、订单式培养为内容，培养面向现代化服务业、基层管理一线岗位的高素质技术技能人才，如图1所示。

"迪科金服学院"创新"合作办学、协同育人"的产教融合命运共同体混合所有制办学体制，形成"包容开放、良性循环"的产教融合命运共同体发展常态，创建"立德树人、知行合一"的产教融合命运共同体育人品牌。探索构建产教深度融合的内部治理结构、管理模式、人才培养机制，充分发挥校企双元主体作用，以"办好人民满意的职业教育"为出发点和落脚点，秉持育人初心不动摇。"迪科金服学院"的学生同时具有学校学生和企业员工的身份，根据合作企业的需求，按"一企一策"原则量身定制人才培养方案，校企双方共同出资，从根本上落实"命运共同体"的特点。

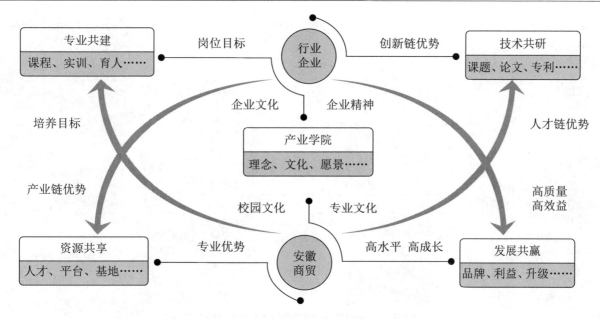

图 1 "迪科金服学院"混合所有制产教融合模式

（二）打造校企共育的高素质技术技能人才培养高地

2016 年 9 月，"迪科金服学院"成立校企合作专业建设委员会，就"迪科金服学院"人才培养模式与计划、系列专用性教材编写、混合所有制二级学院未来发展方向等内容开会研究形成决议。由此实现"人才共育、过程共管、成果共享、责任共担"的"行企校"互动运行机制，不断拓展校企融合领域，挖掘校企融合深度，使其从合作内容到合作形式形成体系，不断深化。"培养什么样的人"和"怎样培养人"由企校双方商定。

"迪科金服学院"重视建设人才培育机制，根据行业和业务制定了多种可动态调整的人才培养方案，将学生能力培养与企业员工培养机制结合，通过多层次、丰富化的培训，不断提高员工的技能和素质。为了发掘优秀人才，为员工提供学习发展和职业晋升方向，不断提高组织整体绩效，"迪科金服学院"制定了针对金融服务领域的员工能级认证模型，如图 2 所示。

（三）搭建产教融合基础的技术技能创新服务平台

基于混合所有制比较优势，产教融合校企"双元育人"，组建"双师型""双轨制"教学和科研团队，形成了一支既有理论研究，又有丰富实训与实战能力的技术技能创新服务队伍。建立企业和学校技术共享、合作研发、师资共训、技能传播、成果转化的有效途径，打造一支师德高尚、技艺精湛、专兼结合、充满活力的"双师型"教师科研队伍。

由各举办方共同出资，建成集教学、培训、竞赛、研发为一体的实践创新服务平台，平台特色鲜明、管理科学、队伍优化、资源开放，取得了良好的产学研结合效果，为地方经济发展和安徽十大新兴产业发展助力。

三、成果成效：同进步，共发展

2019 年"安徽商贸＆迪科数金"校企合作示范基地荣获"安徽省校企合作示范基地"，同年，课题"公办体制下迪科金服学院混合所有制二级学院的实践与探索"获安徽省教学成果奖二等奖。2020 年，混合所有制二级学院主要举办方安徽迪科数金科技有限公司获批安徽省第三批产教融合型企业。2020 年，安徽迪科数金科技有限公司员工数量是五年前的 7 倍，年营业额是五年前的 8 倍。命运共同体真正做到了同进步，共发展。

（一）深化人才培养模式改革，向社会输送高水平技术技能人才

学院以就业为导向，以岗位职业能力为主线，进一步完善金融类专业"四双三真一体化，金校深度融合"的技能型金融人才培养模式，近几年为社会培养

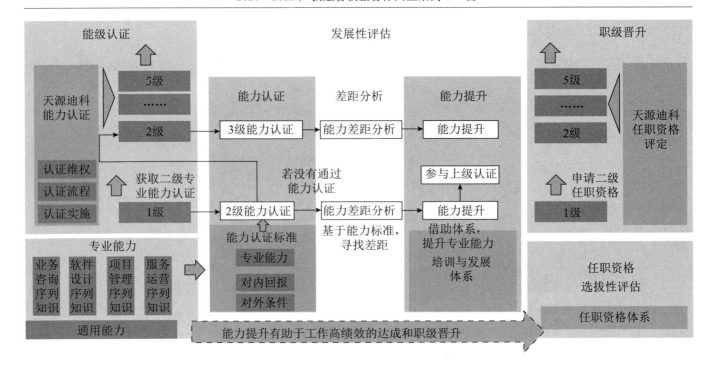

图 2 "迪科金服学院"人才+员工能级认证模型

了 213 名高水平技术技能人才，部分学生刚毕业就走向管理岗位，向整个金融服务外包业态发展提供了关键的人才支持。

（二）紧扣产业实际需求，实现了团队资源提档升级

紧扣产业实际，学院通过"外引内培"的方式，将企业导师引入校园，输送专业教师进工作站实践进修，联合培养师资，逐渐形成了一支由企业培训师、产业导师，"双师型"教师共同组成的创新型团队。

（三）产学研和社会服务成果显著，提升了社会影响力

五年来，依托校企融合开展多项研究，校企联合申报了安徽省人文社科重点项目 2 项；联合编写了国家"十三五"规划教材 2 部；联合申报省级"呼叫服务"技能大赛，1 项已获批；研发在线教育平台系统1 套等成果。广泛开展金融服务外包从业人员培训，累计提供相关金融类企业的社会培训 1317 人次，社会服务到账金额共计超过 150 万元。积极举办安徽省金融类应用型人才培养高峰论坛、"长三角"区域金融人才培养高峰论坛，混合所有制办学做法得到了《中国青年报》《安徽日报》《中国教育报》、中国教育新闻网等主流媒体及官方网站的关注和报道，大大提升了社会影响力。

四、经验总结：秉持育人情怀，坚定机制创新

（一）经验启示

1. 政策支持是混合所有制形式产教融合的基础

国家与地方政府关于产教融合、校企合作的相关政策激励了企业参与培养高技术技能人才的积极性。"迪科金服学院"在实施校企融合办学过程中，始终坚持政府主导，制定促进校企融合相关制度。

2. 融入区域产业发展是混合所有制形式产教融合的关键

"迪科金服学院"发展规划始终坚持立足安徽，积极融入长三角区域一体化建设，为区域一体化发展提供金融科技与服务人才，各举办方始终保持沟通，根据行业动态、对接企业需求调整优化人才培养方案，将学生能力培养与企业员工培养体系相结合，为行业、区域提供促进其发展的高素质人才。

3. 校企"双主体"育人是混合所有制形式产教融合的核心

"迪科金服学院"的成功经验之一是企业方与校方一致的育人理念。企业方一直坚守育人情怀，认可

教育的非营利性质，坚持无偿投入，这与学校教育的公益性一致。双方目标一致，共同发力，培养高素质金融技术技能人才。

（二）不足与下一步举措

1. 进一步解放思想，强化担当意识，全方位构建保障措施

公办体制下混合所有制二级学院的产教融合，使得"迪科金服学院"必须是"公有"，这一定位的限制使各级领导在国有资产的管理、资金的使用、自主办学的尺度把握等方面有所束缚。因此后期须进一步解放思想，把握和理解好"职教二十条"相关政策方向，强化担当意识，在人事安排和激励机制方面进一步突破，同时需要上级教育主管部门建立容错机制，全方位提供保障。

2. 进一步完善职能，引入战略投资者，协同开展校企多元育人

引入有深度教育情怀的共同举办人，加强资源优势的充分利用和相互补充，构建文化共同体交融机制，融入鲜明的行业产业文化，将"金融服务"职业道德、工匠精神等渗透在人才培养全过程，拓宽对"职业岗位"认知的广度与深度，帮助学生树立职业理想，为终身职业发展打下良好基础。

五、推广应用：让点上的经验在面上开花

"迪科金服学院"这一混合所有制形式的产教融合模式具有可推广、可复制性，适用于公办体制下职业教育以及面向现代服务业相关专业群的产教融合，每年有20余家企事业单位到校参观、交流，起到了一定的示范效应。

公办体制下混合所有制办学在激励机制、成果形成、共同举办方的动力、学生的满意度等方面有非常好的效果，但借鉴时有几点须注意：一是共同举办方须有较为强烈的育人情怀；二是公办体制下的制度约束各省各地区有差异性，这需要借鉴方了解和熟悉当地的职业教育、产业发展等方面的政策；三是合作要具有可持续性，就一定得找到双方或多方的关切点。

专家点评：公办体制下混合所有制的教育平台建设是校企合作、产教融合探索的重要课题，其中，如何激活并持续保持学校和企业两个办学主体的积极性是一个亟待破解的难题。该案例以安徽商贸职业技术学院与深圳天源迪科集团安徽迪科数金科技有限公司共同创办公办体制下的混合所有制二级学院——迪科金服学院为对象，通过在资本投入、双元共育、混合所有制、文化植入等方面进行创新，形成校企命运共同体、产教利益共同体，推动技术技能人才培养、实现学生高质量就业及校企融合可持续发展。"迪科金服学院"这一混合所有制形式的产教融合模式具有可推广、可复制性，适用于公办体制下职业教育以及面向现代服务业相关专业群的产教融合。

基于"三融合二结合"现代学徒制的建筑类技术技能人才培养

李云霞[1]　阮林中[1]　刘　勇[1]　邓荣榜[2]　刘　彬[2]

1.云南交通职业技术学院　2.云南实力控股集团有限公司

摘要：云南交通职业技术学院与云南实力控股集团有限公司共同打造的现代学徒制，聚焦工程技术人才培养"融而不合、协而不同"的问题，双方顺势而为、相向而行，在融合校企协同育人的深度与广度等方面按下快进键。找准育人方位，充分体现"双主体"模式，建立稳定的"双师型"教学团队。打通了"三融合二结合"的特色课程模块实施路径，办出特色，取得成效，彰显办学地位。"特"在把课程思政融入育人全过程；"特"在"1+1+6"师带徒工学培养模式；"特"在实行12分制学生管理；"特"在课程标准与企业岗位标准深度融合。

关键词：校企融合；人才培养；学徒制；工匠特色

一、实施背景

根据国家和云南省关于推进校企合作、产教融合的相关政策精神，云南交通职业技术学院和云南实力控股集团有限公司主动服务"一带一路"倡议，对接云南八大产业，辐射南亚、东南亚。云南建筑行业普遍存在缺乏高素质技术技能人才的问题，企业找不到适应所需岗位人才，学生不适应企业发展需求，制约了建筑产业的高质量发展。为破解这一难题，加快产业链与人才链的对接，实现高职院校与企业"双主体"育人，深入推进三教改革，开展校企深度融合、工学结合现代学徒制人才培养迫在眉睫。

二、主要内容和做法

云南交通职业技术学院和云南实力控股集团有限公司成立实力建筑工程学院。学院围绕培养目标、培养模式、管理及评价体系等方面，提出"六个双"为内容的现代学徒制宣言（即"双主体"育人、"双身份"学习、"双导师"混编、"双标准"考核、"双文化"环境、"双目标"应知应会教学），实施"四位一体"（学生、学徒、准员工、员工）的建筑工程类技术技能人才培养模式。

（一）扩容与提质相结合，培养方案日臻完善

（1）对接产业链及需求。学院根据建筑行业产业链及岗位人才需求，反向设计，正向施工，共同制定现代学徒制工程造价、建筑工程技术的专业人才培养方案，并规定了校企共同育人责任，明确企业承担54%的专业核心课程及专业实践，在校学徒812人，已毕业115人。

（2）课程思政融入育人全过程。紧紧围绕"为党育人、为国育才"目标，把习近平生态文明建设思想融入教育全过程，把课程思政融入育人全过程。一是专业课教学融入生态文明思想，做好专业设计学习。二是拜师活动植入思政元素，弘扬中国传统师徒文化。三是学校配备专职辅导员，完成对学生思想政治教育和专业思想教育工作，企业配备班主任，完成学生的日常管理工作。

（3）"三融合二结合"的课程特色和实训特色。一是教研融合。立足于职业素养要求，以市场需求为导向，深化课改、强化技能。二是教创融合。注重学徒"三创"（创新、创业、创造）意识培养，采取多层次、多维度、多专业联合培养方法，积极开展创新设计活动。三是赛学融合。积极鼓励学生参加各级各类专业技能竞赛，形成以赛促学的良好氛围。四是"两堂"结合。启动"两个课堂"融会贯通系列活动，推陈出新把工匠精神植入第二课堂。五是虚实结合。

按照"以虚促实，能实不虚"原则，在企业实训基地基础上开发基于虚实结合的数字孪生实训平台，解决了实训的痛点与难题。

（二）个性与共性相结合，学徒魅力显著增强

根据教学的不同阶段，实施学生、学徒、准员工、员工"四位一体"的运营。

（1）学校按每年招生计划，校企通过单招、高招、五年制转段等方式实现招生、招工一体化。

（2）实行学生自愿报名进学徒制班，企业按标准及程序进行相应考核，自主选择准员工，企业与学徒签订招工协议，达到培养标准，毕业后签订劳动合同，成为企业员工。

（3）学徒全部按照人才培养方案要求到合作企业完成跟岗实习。将企业知识、技能需求转化为学生的素养、能力要求，着力推进课程改革，促进人才培养方案与企业用人标准互嵌共生、互动共长。

（三）校企资本相结合，专业发展不断提速

（1）建立企业联盟。基于云南实力集团合作的26家建筑企业、云南省建设工程造价协会及长春工程学院云南校友会组成联盟，共同解决招工问题。

（2）建立企业导师库。按照"四有"好老师标准，从校企合作企业中选拔工匠、劳模、名师、专家学者等首批78位导师入库，实施"师带徒"，落实人才培养方案中企业承担54%的工学交替专业核心课程、识岗实习、轮岗实习、跟岗实习等。

（3）基于混编师资的"1+H+M"教学模式（1是指学校，联合H家企业服务M个学徒），实行双导师制。

（4）基于企业师傅指导下的跨校企联合培养。

（四）校企管理相结合，培养质量不断提高

校企双方按照人才培养、师徒配对、课程开设、过程和结果评价实施严格教学管理，积极参加教研室教育活动，共同制定教学及学生管理办法，严格按照培养方案执行。

（五）党员教师相结合，育人模式不断优化

（1）开展混合式研习群。培养过程中实行混合式师徒对接。"线上"：建立"1+1+6"研习群（1名党员教师、1名师傅、6名学徒）。"线下"：双师课堂、模块化教学；高校教授、省级名师讲理论；企业工匠、领军人物带实训；行业大咖、国际导师做讲座。

（2）进行"课堂革命"。创新教育形式、丰富学习载体、打造多维课堂等方式，将立德树人、党史学习、教育实践相融合。

（六）在重点项目建设上下功夫

（1）实行12分制学生管理机制。以立德树人为根本，2019年，企业驻校导师对学生实行12分制管理。辅导员利用每年12分的"扣积分信息卡"给学徒加减分，扣满12分的学徒直接退出学徒制班级。

（2）设置"学徒荟"专栏，开展朋辈教育。选拔高年级高素质学徒担任"学徒荟"讲师。通过举办讲师训练营、每周召开交流会、每月举办工作论坛、每年举行研讨等方式，引领新生迅速适应大学生活及校企双文化，充分发挥朋辈教育在大学生成长成才中的作用。

（七）在岗课赛证培育上见成效

（1）制定开发企业岗位标准。根据人才培养方案及企业岗位标准，校企双方共同开发造价员、安装造价员、预算造价员等16个岗位标准。

（2）岗课赛证并进。学生参加职业技能大赛参赛率达41%；积极推进"1+X"职业技能等级证书。

（八）在基地建设管理上求突破

学校建设有20个实训室，实力集团投资120万元建设补充性的实训室，提供学徒实训实习。双方在云南实力集团建设教师实践基地、"双师型"教师培养基地，培养"双师型"教师，每年派出2~3名教师开展实践。

三、成果成效

（一）突出思想教育抓队伍

（1）"双师型"队伍建设。第一批有12名教师获建筑工程技术专业国家级培训"双师型"证书，20人获"建筑工程施工工艺实施与管理、建筑信息模型等4项"1+X"培训教师证书"。

（2）辅导员、班主任队伍建设。通过"三室一厅"（名班主任、名师、名匠工作室，育人成果展厅），以"两个课堂"融会贯通，学习型班级建设为抓手，增强了辅导员、班主任育人意识、服务意识、创新意识。

（3）合作课程建设。建设有校企合作建筑工程计量与计价等6门课程；致力打造"安装工程计量与计价"为国家级精品在线课程。

（二）突出点面结合抓提升

把李洪大师工作室、邓荣榜省级名师工作室、斯博瑞造价工作坊搬进学校，让学徒实践工程项目，培养能工巧匠。

（三）突出项目带动抓长效

（1）两堂结合模块教学开展两年后，有8个班级获云南省"优秀班集体"荣誉称号、4个班级获学校"五四红旗团支部"称号；6人获省级"三好学生"、3人获省级"优秀班干部"称号。

（2）专业建设引领。参编2020年二级建造师考试培训教材2本；"建筑工程计量计价与软件应用"获云南省精品在线课程；在全国核心教育期刊上发表《基于"三融合二结合"建筑类现代学徒人才培养实践——云南交通职业技术学院现代学徒育人模式》；在国家级优秀期刊（万方数据库收录）上发表了《现代学徒制视觉下高职院校践行工匠精神、植根校企育人实践探索》；在国家级教育期刊上发表了《高职院校教学中现代学徒制协同育人人才培养模式初探》等文章。

（3）教创融合学徒得9项实用新型专利。

（4）学徒获奖。学徒各级各类专业竞赛获得奖项50余个。

（四）突出典型经验抓推广

"现代学徒制"引领专业建设脱胎换骨，实力集团支撑学校赶超发展，校企合作跑出了"加速度"，学校加入云南学徒制联盟并担任副理事长单位；现代学徒制被昆明教育电视台、《春城晚报》、掌上春城等报道。

（五）突出就业岗位抓服务

2021届毕业学徒115名，已全部就业，工资2200~4400元/月。

四、经验萃取与模式模型

"三融合二结合"现代学徒制人才培养模式模型如图1所示。

（一）有目标、有行动，突出校企融合发展建"名校"

"双高"引领，带动职教发展。一是落实招工招生一体化；二是推进学校教育集团发展和26家联盟企业参与办学；三是强化"上课即生产、生产即教学"；四是抓实学徒管理，优化就业安置。

（二）有创新，突出多元渠道育名师

26家联盟企业、校友会及协会，有效解决企业联合培养和招工问题，利于规模培养。校企共建企业导师库。将校企师资混编团队建设作为加强双师队伍建设的关键，通过严把师傅入口关、盘活激励机制等多维方式，在"选用"上下足功夫。同时，校方教师入企入场，打造"能做会讲"的名师。

（三）有成效，突出多层培养育名徒

突出工学结合的人才培养，深入推进"三融合二结合"育人工程，实现"1+1+6"学徒管理，着力打造"心中有爱、眼中有人、肚中有货、手中有艺"的技术技能人才。

（四）有问题，突出难题敢于摆明处

一是管理办法有待完善，二是公司化管理让学生融入学徒身份有待加强。

五、推广价值

"三融合二结合"育人模式具有校企相生相伴的运行机制、典型的育人功能特征，其价值是在遵循学徒制生态体系协调发展理念的基础上，推动现代学徒制多元主体共建共治，形成互联互通的学徒制培养网络，打造学徒制教育新样态。体现差异性、典型性、可复制性。

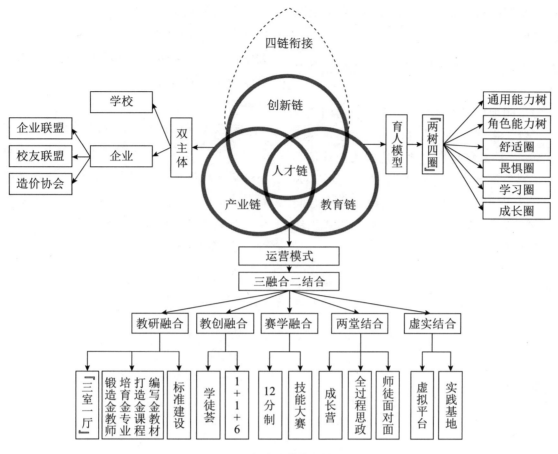

图1 人才培养模式模型

（一）在对标对表中提高站位，助力现代学徒制的教育生态重构

"三融合二结合"育人模式赋能现代学徒制，以生态系统视角来构建和谐的学徒制生态体系，明确学徒培养在赋能地方经济建设中的角色与定位，重点关注校企双方与学徒制教育体系、治理模式及关键运行机制相互作用的过程、规律及其整体生态平衡，从而使校企在现代学徒制有机融合、互相促进。做到互联互通、各司其职、物尽其用，实现资源和人的协调发展，以达到培养建筑工程技术人才的目的。

（二）在履职尽责中找准方位，助力现代学徒制的多元主体协同

云南省建设工程造价协会、云南实力集团及企业联盟等构成学徒培养的共同体。由政府推动、校企"双主体"育人、行业企业及社会共同参与的"三融合二结合"育人模式，实现数据开放共享和有序流通，驱动现代学徒制协同共建共治，实现现代学徒制参与主体的协同、高效与精准，最大限度满足各主体的利益诉求，构建高效、科学、民主的结构，保障现代学徒制办学高效运行。

（三）在发挥优势中彰显地位，助力现代学徒制的全流程应用

培养具有工匠精神、劳模精神、劳动精神的工程技术人才，在中国特色现代学徒制新生态体系中，校企双方利用资源禀赋为学徒提供真实项目的实习实训体验内容等。通过各项建筑技术的彼此融合与全流程应用，形成现代学徒制培养网络，促进工程技术人才的培养。

北海职业学院（广西）、云南旅游职业学院、昆明铁道职业技术学院等11所高职院校，重庆足下科技有限公司、东莞市邦辰实业投资有限公司等校企合作机构到校到企学习交流，并借鉴了"三融合二结合"育人模式。

（四）在提升能力中实现有位，助力现代学徒制的教育模式创新

培养工程技术与实现技术创新，满足产业升级对工程技术人才的需要，"三融合二结合"育人模式，充分运用实力集团项目攻关优势、行业产业协同攻关优势的实践平台，将真项目、真课题转化为学生实践锻炼的"练兵场"，构建起贯穿学徒培养的全链条实践育人体系，最终实现"三个转变"，即以"教"为中心向以"学"为中心转变，以"教材"为中心向"项目"为中心转变，以"课堂"为中心向以"工作场景"为中心转变。

育人模式推动发展观念、育人模式、实训模式、执行方式、队伍结构等5个转变，打造大先生、服务大学徒、推动大转型、实现大发展。适用于所有高职高专和应用型本科。

专家点评：该案例以服务云南建筑产业高质量发展为目标，聚焦建筑工程类专业人才培养中的"融而不合、协而不同"的问题，通过实施以教研融合、教创融合、赛学融合，以及第一课堂和第二课堂相结合，形成了"三融合二结合"育人模式，取得一定成效，具有一定示范价值。

"多方协同、双元共育、特色发展"多方共建智能制造专业群

段宏钢　　沈铁宏　　王晓卫　　李生泉　　张丽婧

山东科技职业学院

摘要： 本案例依托山东科技职业学院国家示范专业、"双高计划"特色建设项目等职业教育教学改革项目，联合豪迈科技、歌尔股份、西门子等龙头企业，根据装备制造产业转型升级人才需求特点，构建"政行企校"多方协同育人体制机制，从智能制造专业群课程体系、实践教学体系、素质教育体系和"双创"教育体系四个维度重构专业群人才培养体系；探索"双主体、三环境、四阶段"人才培养模式；围绕山东省智能制造公共实训基地建设校内外结合的实践基地；校企共建共享结构化"双师型"教师教学创新团队。在多年实践中，形成了"多方协同、双元共育、特色发展"多方共建智能制造专业群典型做法，并向全国推广，产生了广泛影响。

关键词： 多方协同；双元共育；特色发展；共建共享

一、实施背景

在国家全力推进智能制造战略背景下，制造业面临新业态、新工艺、新技术不断涌现，企业智能化、数字化转型升级困难，相关技术技能人才短缺等挑战，同时也普遍出现了职业院校专业与产业结合不紧密、企业参与专业建设热情不高、专业定位不清、人才培养方式单一等致使人才培养质量低且社会认可度不高的一系列问题。

由于智能制造人才需求呈现复合性、多元性、创新性等特征，只有以学生为中心，以企业需求为导向，以行业标准为准绳，多方协同共建与产业链紧密结合、各专业定位明确的智能制造专业群，培养行业与企业需要、社会高度认可的智能制造技术技能人才，才能更好地服务企业实现智能化转型升级，有效解决面临的突出问题。在校企共建智能制造专业群过程中，解决了一系列目前困扰智能制造专业群深入发展的问题：如何组建专业群，如何构建人才培养体系，如何切实融入企业需求，如何搭建多方协同育人平台等。

二、主要做法

（一）紧密对接产业链，准确定位智能制造专业群人才培养目标

山东科技职业学院与豪迈集团、歌尔股份、西门子等龙头企业深度合作，精确对接产业新需求，重新定位人才培养目标，聚焦智能制造生产环节，确定典型企业岗位群任职标准。深入了解企业岗位需求，实现教学标准与岗位标准有效对接，培养具备智能制造岗位能力，德智体美劳全面发展，具有国际视野和工匠精神的复合型、创新型技术技能人才。

对应智能制造生产环节中的工艺设计与实施等关键岗位，组建以机械制造与自动化为引领，机电一体化技术、电气自动化技术、工业机器人技术等为核心，物联网技术为支撑的智能制造专业群。将智能制造专业群内的5个专业根据智能制造岗位特点融合成一个有机整体，服务智能制造产业链需求，实现专业群与智能制造核心岗位的有效融合，如图1所示。

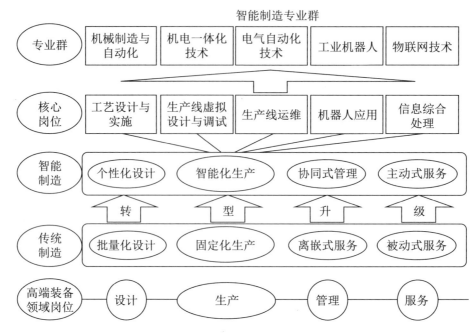

图 1　智能制造专业群结构图

（二）根据智能制造人才培养目标，构建专业群人才培养体系

结合豪迈集团等区域大型制造企业人才需求标准，从专业群课程体系、实践教学体系、素质教育体系、"双创"教育体系等四个维度构建专业群人才培养体系。

1. 构建"职场能力递进式"专业群课程体系

以智能制造职业能力需求为导向，遵循职场能力递进规律，以"基础—核心—综合—岗位"能力为主线，融入课程思政、创新创业、素质教育等元素，结合"1+X"证书及技能大赛标准，构建"职场能力递进式"专业群课程体系，实施"岗课赛证"四位一体融通培养。

2. 优化专业群实践教学体系

校企共同设计专业群实践教学体系。实践教学分专业通用技能训练、专项技能训练、综合技能训练及跟岗和顶岗实习等不同层级，岗位工作标准与实践教学标准有机衔接，使学生全面认识岗位要求，实现做中学、做中教，循序渐进全方位培养学生的岗位适应能力。

3. 贯彻"三全育人"理念，构建专业群素质教育体系

立足潍坊区域高端装备制造产业"团结协作、砥砺奋进"的奋斗精神，将歌尔股份"一起创造、一起分享"，潍柴动力"责任为本"等企业的优秀核心文化与学院"经纬"文化相结合，从文化素质、思想品质、身心健康、科学素养、职业素养5个方面，构建具有智能制造特色的专业群素质教育体系。培养学生良好的道德情操、职业素养和核心价值观，强化学生家国情怀、拓宽学生国际视野，弘扬"精益求精、追求卓越"的工匠精神。

4. 深化产教与科教融合，构建专创融合的"双创"教育体系

建设技能竞赛工作室、企业技术服务工作站、创新创业中心等，以学生运作为主、创业导师引领、企业教师参与指导的方式，引导学生将专业学习和创新创业相结合，将创新创业教育融入人才培养全过程，激发创业意识、提升创业技能等，构建专业群"双创"教育体系。

（三）探索服务学生特色发展的"双主体、三环境、四阶段"人才培养模式

立足当前职业教育的发展背景，依托山东省智能制造职业教育集团，创新实施"双主体、三环境、四阶段"专业群人才培养模式。校企双主体按照"基础、核心、综合、岗位"4个阶段能力递进，在学校、产业学院和企业共同实施人才培养，提升企业参与人才培养的积极性，促进学生特色发展。

（四）保障条件建设

1. 打造"政行企校"多方协同育人平台，开展校企实质性合作

与政府主管部门、行业协会、山东省智能制造职业教育集团内企业等紧密合作，搭建多方协同育人平台，在合作模式、课程体系、技术服务、教学团队建设、教学资源共享及质量评价等方面，实现"共商、共建、共育、共享、共赢"，如图2所示。

2. 校企共建共享结构化"双师型"教师教学创新团队

结合已建成的歌尔、西门子等产业学院和山东省智能制造公共实训基地，与歌尔等知名企业共同组建专兼结合、优势互补、特色鲜明的结构化智能制造专业群教师教学创新团队；制定联合教学、课程共建等机制，团队成员共同开展教学创新研究、教学模式改革、社会培训和技术服务等工作。团队成员打开了新的视角和思路，提升了业务水平，提高了学院人才培养质量。

三、主要创新点

1. 智能制造专业群构建方式创新

调研分析歌尔股份、豪迈集团等大型制造企业的岗位需求，通过对智能制造典型产线（产业链）的整体认知，聚焦高端装备领域"生产"环节，围绕产品生产全生命周期中的工艺设计优化、生产线虚拟调试等智能制造关键岗位，组建培养既熟悉各个核心岗位，又了解整条产线的复合型、创新型人才的智能制造专业群。

2. 协同育人体制机制创新

为支持专业群发展，学院与山东省工业和信息化厅、机械行业指导委员会、山东省智能制造职业教育集团内企业等紧密合作，牵头成立了山东省智能制造职业教育集团，搭建实质性运行的多方协同育人平台。与歌尔股份、西门子等企业建设了6个具有混合所有制性质的产业学院，形成了多方协同育人的体制机制，实现"共商、共建、共育、共享、共赢"。

3. 专业群人才培养模式创新

根据学生成长及职业发展规律，创设学校、产业学院、企业三类教学环境，按照"基础、核心、综合、岗位"四个阶段能力递进，校企共同实施"双主体、三环境、四阶段"人才培养模式，促进学生适应不同企业要求的特色发展，丰富了专业群职场化育人模式。

四、应用成效与推广价值

（一）应用成效

经过多年实践，山东科技职业学院与企业合作共

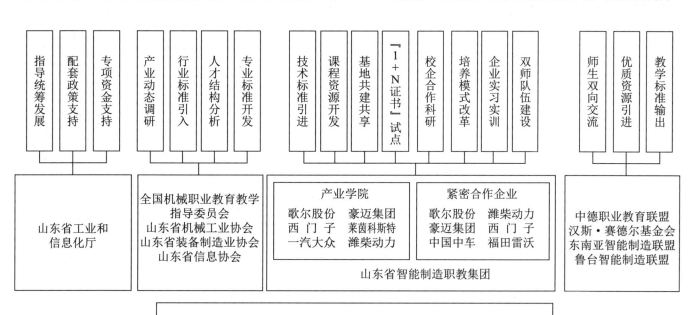

图2 "政行企校"多方协同育人平台结构图

建的智能制造专业群对提高人才培养质量、服务区域制造业转型升级作出了突出贡献。

1. 育人水平显著提高

近3年，智能制造专业群的2000余名学生在中国中车、潍柴动力等上市公司就业，占毕业生的43.61%；师生共申报专利500余项，授权发明专利18项，实用新型专利100余项；学生共获得首届世界职业院校技能大赛铜牌1枚，全国职业院校技能大赛一等奖6项，山东省职业院校技能大赛一等奖10项，山东省"互联网＋"创新创业大赛金奖2项、银奖3项。

2. 服务社会能力明显增强

近3年，山东科技职业学院为企业开展技术服务共计56项，到位经费总额达1000余万元；开展青年技师培训超过30000人次；建设示范性社区教育学院3个，完成社区教育服务培训8113人次。

服务"一带一路"倡议。建设歌尔股份（越南）境外培训中心，境外技术技能人才培训量达5000人次；搭建国际交流平台。与中德职业教育联盟等国际组织建立合作，开发10余门国际双语课程。

（二）推广价值

1. 案例受到同行院校广泛关注和推广

多次与同行院校交流、研讨，建设成效得到了广泛好评和认可，并在多个学校推广。先后接待省内外40余所同行院校前来考察或指导工作，外出交流100余次。

2. 社会给予高度评价

专业群育人成效被《人民日报》《大众日报》等多家媒体报道，产生了巨大的影响。人民日报以"让技能人才与产业发展同频"对2018级学生李焕玲作了校企育人典型报道，大众日报以"山东科技职业学院推动产教融合、聚力专业群建设——职教专业群建在产业链需求链上"对智能制造职教集团运行模式、智能制造专业群育人成效做了报道。

专家点评：本案例探索了智能制造专业群的建设方法，构建了"多方协同，双元共育、特色发展"人才培养体系和保障机制。在专业群建设过程中，注重将企业的人才需求与职业教育人才培养特点相结合，尤其重视企业岗位工作内容与课程内容的互融互通、案例共享，企业工程师与专业群教师的互兼互聘、优势互补，邀请企业高管及工程师参与专业群人才培养方案的制定等工作，使构建的专业群课程及实践教学体系能真正落地实施，真正做到培养符合企业工作要求和社会认可的高素质、复合型智能制造技术技能人才。案例经过多年的实践与不断的优化，提高了人才培养质量和服务社会能力，获得了同行院校、合作企业及社会的认可，取得了较为显著的职业教育教学改革成效。

基于混合所有制平台"技术跟进、要素同步"校企协同育人模式的实践

马永兵　　王　正　　王书旺　　陈尔波　　顾振飞　　李洪昌

南京信息职业技术学院

摘要： 南京信息职业技术学院与中国质量认证中心、TüV南德意志集团共同出资成立中认南信检测技术有限公司，依托公司提供的混合所有制产教融合平台，对外开展各类技术服务，对内承担教育职能，形成了"技术跟进、要素同步"校企协同育人模式。

关键词： 混合所有制；产教融合；技术跟进；要素同步

一、背景

在新一轮信息技术革命浪潮下，电子信息产业的新技术、新工艺和新设备不断涌现，新应用层出不穷，新模式、新业态逐渐形成，整个电子信息行业正进入技术创新密集期，呈现出多方向、宽前沿、集群式等特征。一方面，多技术融合的系统化、集成化创新成为主流模式；另一方面，以渗透辐射为特征的跨领域创新日益突显。在人才需求方面，新业态的形成使电子信息行业出现了大量新的工作岗位，而新技术的广泛应用则对传统岗位的胜任力提出了新的要求。电子信息产业是我国经济的战略性、基础性和先导性产业，渗透性强、带动作用大，更是江苏省的支柱产业。

全国，尤其是江苏省电子信息产业的发展变化，要求院校，特别是高等职业院校迅速对接产业、及时调整人才培养方案、更新教育教学资源，以培养满足行业需求的高素质技术技能人才。但迟效性是教育的固有属性，尤其对于发展迅速的电子产业，更为明显地表现为人才培养工作滞后于产业技术发展和企业生产需求，人才供给的适应性不足。

二、主要做法

在电子信息制造业新技术、新工艺、新设备大量出现的背景下，南京信息职业技术学院通过深化产教融合，构建了"技术跟进、要素同步"校企协同育人模式，有效解决了当前职业教育面临的现实困境。

（一）股权共有，利益共享，构建"四共四融"混合所有制产教融合平台

2012年，南京信息职业技术学院与中国质量认证中心基于价值创造与共享理念，通过股权形式共建混合所有制产教融合平台——中认南信检测技术有限公司，TüV南德意志集团随后加入，实现校企双方的利益捆绑；确立了电子信息类专业人才培养围绕产教融合平台的基本思路，制定了平台与专业一体化管理的制度，如图1所示。公司的智能电子产品研发部、生产部、培训部和市场部同时也是分院的电子技术协同创新中心、电子信息类专业教研室、培训中心和校企合作办公室，4个部门共同承担公司的生产经营活动和学院的教育教学活动。自2012年以来，累计投入资金6000万元，使教学仪器设备与产业发展同步迭代更新，确保学校的教学环境与产业的工作环境紧密对接。

（二）汇聚企业，集聚资源，构建"全链覆盖"企业微生态

校企双方共建混合所有制产教融合平台——中认南信检测技术有限公司，实现利益捆绑，为产教深度融合、协同育人提供了前提。公司以电子信息产品检测认证为主营业务，发挥检测认证技术在电子信息产品产业链中的纽带作用，汇聚电子信息产品全生命周

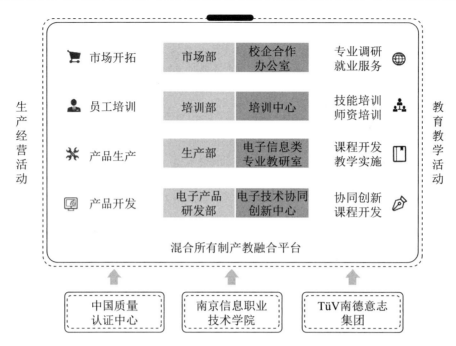

图 1 "四共四融"混合所有制产教融合平台

期涉及的上下游企业，形成集群效应。结合平台获取产业最新技术和行业人才需求信息，及时优化更新人才培养方案，使人才培养及时跟进技术发展，确保平台服务人才培养这一根本任务的达成。

（三）业务共担，资源共享，打造"要素同步"教学支撑体系

立足平台和专业教师智力，协同企业开发生产技术标准，深度参与企业生产性活动，精准把握电子信息技术发展和产业需求变化，将新技术、新工艺等内容融入专业核心课程，保持教学内容的技术先进性；校企双方人员通过共同完成企业项目和教育教学活动，形成校企混编的结构化师资团队，实现了教师团队内成员之间的融合提升；校企双方共同为平台投入生产设备，并对部分设备进行教学化改造，使平台既能满足对外开展技术服务的生产需要，又能承担实践教学任务，使实训环境与生产环境的迭代更新保持同步；结构化师资团队根据共同完成的企业项目和教学活动，编写既可用于员工工作指导又可用于教育教学的工作手册式、活页式等新型教材。

（四）项目引领，过程导向，开展"四双四步"工坊教学

深化"学习促进工作，工作实现学习"教学模式改革，聚焦电子信息行业岗位群所需的核心知识技能，创设"生产工作坊"8个，分别承担8门综合性课程和12门专业方向课程的部分模块。打破传统课程边界，课程教学内容根据企业生产任务按年度动态调整，按照企业生产流程由校企双方人员按照各自的技术特长合作完成不同的模块教学，同时高年级学生也会承担低年级学生的简单任务指导；综合考量学生的学习态度、素质养成、知识技能掌握情况及真实工作成效等因素，开展形成性评价。通过全面实施"PEPA"（策划 Plan、研讨 Explore、实践 Practice、改善 Ameliorate）教学四步法，实现"学校＋企业"双境育人、"教师＋师傅"双师授课、"学生＋员工"双角色成长、"线上＋线下"双渠道学习，系统提升学生的实战能力，如图2所示。

三、成效

"技术跟进、要素同步"校企协同育人模式的应用使10000余名学生受益，学生的就业竞争力、岗位胜任力、岗位升迁率持续提升。江苏省高校招生就业指导服务中心提供的数据显示，专业群毕业生学生就业率始终保持在98%以上，用人企业对毕业生的适岗能力、工作表现、职业素养、发展潜力等方面的满意度达96%。2020届毕业生被华为、中兴通讯等全

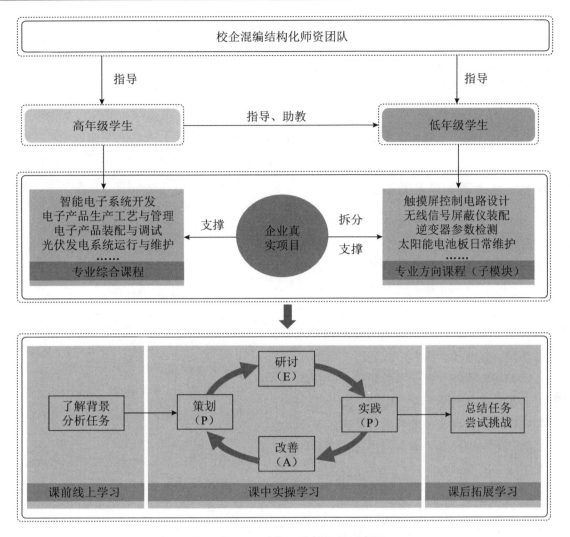

图2 "四双四步"工作坊运行示意图

国电子信息百强企业录用率达 19%。

学生及时掌握电子信息产业的新技术、新工艺，在电子产品设计、系统应用、创新应用，以及对产业发展的整体把控方面，均有较为出色的表现。在大学生电子设计竞赛中，获全国一等奖 4 项、江苏省一等奖 19 项；在全国职业院校技能大赛中，获国家一等奖 5 项、江苏省一等奖 8 项；获"挑战杯"国赛一等奖 1 项、省赛一等奖 2 项，省级以上创新创业项目 12 项；学生申请专利 67 项。

"技术跟进、要素同步"校企协同育人模式的应用使南京信息职业技术学院电子信息类专业建设水平整体保持高位，在综合发展、人才培养、校企合作、教师团队建设、课程建设、教材建设、教学资源建设、实训基地建设等关键环节均获得国家级成果。专业群入选国家"双高计划"重点建设专业群，获评教育部首批"现代学徒制"试点专业、"三全育人"综合改革试点单位；江苏信息职教集团入选首届国家示范性职教集团；电子信息工程技术专业教学团队入选首批全国职业教育教师教学创新团队，入选教育部技术技能大师 1 人；入选国家精品在线开放课程、国家精品资源共享课程 2 门；入选"十二五"职业教育国家规划教材 12 部、"十三五"职业教育国家规划教材 9 部，荣获首届全国教材建设一等奖 1 项；建成国家级电子制造技术与设备专业教学资源库、国家级信息产品检测认证生产性实训基地。

四、创新点

（一）信息汇聚，创新平台功能设计

混合所有制产教融合平台以检测认证为主要对外经营业务，发挥检测认证技术在电子信息产品生产

中的纽带作用，向设计、制造、运维等领域延伸，并为相关企业提供技术服务和信息交流平台，实现了平台的资源集聚效应。通过平台与相关企业的业务联系，定期进行专业调研，获取了最新产业发展信息，使学校的人才培养及时跟进行业技术发展，及时调优人才培养目标和教学内容，提高了人才培养的产业适应性。

（二）互融共生，创新教学要素同步路径

针对电子信息产业技术发展迅速、设备迭代更新快的特点，破解教学活动关键要素与实际工作任务不同步的长期难题，依托混合所有制产教融合平台集聚的资源优势，学校教师与企业人员共同完成行业企业标准制定等技术服务活动，并利用平台的真实生产环境共同开展教学，准确理解行业企业的岗位能力需求，并据此更新技术技能教学内容，找到了产业需求对接专业人才培养的新路径，确保了教学内容的技术先进性，编写了兼具工作指导和教学辅助功能的工作手册式、活页式等新型教材，使教学内容、实践教学环境、师资团队、教材等教学要素与工作任务要素同步，提升了人才培养的有效性。

（三）实境真题，创新课程教学模式

破解了教学过程与工作过程脱节的难题，依托混合所有制产教融合平台建设"DTIC教学工作坊"，在企业真实的情境下，以真实工作任务为载体，以工作过程为导向，以任务为引领，按照企业项目工作流程组织教学。企业和学院共同承担教学任务，企业一线的员工和学院专任教师形成结构化师资团队，既发挥了各自的优势，又互相提供了支撑和补充，共同完成企业项目和教育教学任务，实现了学习过程与工作过程、学习场所与工作场所、学生身份与员工身份的统一，弥合了学校与职场的裂隙，培养了学生的实战能力，提升了人才培养的实用性。

五、推广应用

依托校企协同育人模式的建设，南京信息职业技术学院专业群牵头制定了全国电子信息类第1批8个专业教学标准、第2批7个专业教学标准；主持修订了全国《高职电子信息类专业目录》；主持制定了全国《高职电子信息行业人才需求与专业设置指导报告》和全国电子信息工程技术顶岗实习标准、实训教学条件建设标准、企业生产实际教学案例库等，引领全国800余所开设相关专业的院校进行高质量人才培养，为全国电子类专业的标准化建设、规范化发展作出了贡献。

学院在2019年3月教育部长江经济带教育改革发展座谈会上作了校企协同育人模式的主题发言；多次在"全国高职高专校长联席会""教育部行指委年会""职业院校全国校长班培训"等会议上作经验交流。中央电视台、《中国教育报》、《光明日报》、中国高职高专网等媒体报道成果相关内容30余次。

专家点评：产教融合、校企合作是培养高素质劳动者和技术技能人才的内在要求，也是办好职业教育的关键所在。南京信息职业技术学院与中国质量认证中心、TüV南德意志集团合作，以混合所有制形式在校内共建中认南信检测技术有限公司。中认南信检测技术有限公司作为南京信息职业技术学院产教融合平台，新建了跨专业的产业学院——中认南信检测学院，构建覆盖电子产品研发、制造、检验检测、系统集成、运行维护等关键技术节点的专业群，提供电子产品研发、检验检测、标准制定及国际权威认证本土化等服务，培养了电子信息产品生产领域的高素质技术技能人才，为江苏电子产业的转型升级与高质量发展提供了人才支撑，也为同类职业院校推进校企合作、产教融合提供了借鉴。

"产教生态化、项目课程化"数字创意类专业产教融合人才培养模式创新与实践

张永宾　王　玲　张雨桐　李德华　杜　鹃

日照职业技术学院

摘要： 日照职业技术学院创意设计专业群聚焦地方战略性新兴产业，积极探索校企合作、产教融合模式，通过企业"专班"、教师工作室"学徒制"及产业学院等多种模式开展人才培养，将生产项目进行课程化实施，使人才培养与地方产业发展的企业需求精准对接，以"教师工作室＋基地＋园区"的产教形态，让"育人链"围绕"产业链"转，形成"产教生态化""项目课程化"双核优势支撑的产教融合、校企合作科学人才培养模式。

关键词： 产教融合；产教生态化；项目课程化；校企合作

一、成果背景与意义

深化产教融合，是职业教育推进校企合作的正确路径。高技能人才是产业发展的重要支撑，如何立足产业与高职人才培养的双重需求，设计科学有效的产教融合模式，形成稳定、常态化的机制，成为研究产教融合的重要方向。

日照职业技术学院创意设计专业群聚焦地方战略性新兴产业，将人才培养与地方产业发展和企业需求精准对接，让"育人链"围绕"产业链"转。学院率先以专业群内数字创意类专业教学改革为引领，积极对接产业发展需求，开展产教融合探索与实践，形成了特色鲜明的产教融合模式，提高了人才培养质量。

二、主要做法

日照职业技术学院深入对接区域发展，科学分析高职院校数字创意类人才需求，协同政企校三方资源，将区域重点产业与专业建设融合，完善了产教融合人才培养顶层设计，形成"产教生态化""项目课程化"双核优势支撑的产教融合人才培养的创新。

（一）区域重点产业与专业建设融合，完善产教融合人才培养顶层设计，解决了数字创意类专业产教融合推进无法常态化的问题

（1）利用政策叠加优势，推动政府、学校、企业三方联动，构建良好的产教融合环境。争取政府场地、政策等各类扶持，开拓知名企业项目资源，统筹设计适合高职数字创意类专业人才培养的产业实体共建模式。建设20家企业型教师工作室、1个产业基地、1个产教园区、1个产业园区，形成层级分明、需求对接、业务关联、市场融合、经营协同、产业联动的良好产业环境，充分发挥城市承载、产业带动、企业聚合在人才培养中的作用。

（2）创新设计产教融合结构，实现产教一体化。设计校企融合发展的路径，从顶层设计入手，以项目为依托，形成学校与企业共同生产、互为部门、资源互相嵌入的关系。通过建设产业园、产教园、基地等实体，打造"院校＋基地＋园区"产教融合新模式，形成共享、共建、共生的产教生态。

（二）产业实体层级与人才培养阶段相融合，构建产教融合生态，解决了数字创意类企业参与人才规模不均、水平参差不齐的问题

按照由低到高不同层级的产业实体对应人才培养过程的不同阶段，形成分层递进、以产业发展促人才培养，人才培养反哺产业需求的生态结构，如图1所示。

（1）校内建设产教融合基地——文化创意中心影视动漫制作基地（国家产教融合示范基地日照职业技术学院创新中心），开展基础性项目生产。设立工

位 150 个，聘用行业高技术人才为基地技术总监，企业派驻项目指导人员，专业教师带领学生开展项目实操。基地与湖南卫视、广州云图动漫有限公司等国内多家企业合作，开展数字创意类基础性项目生产。

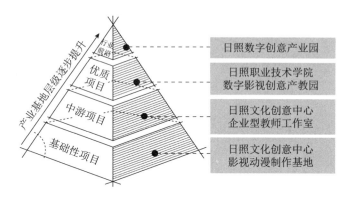

图 1　基地、园区建设示意图

（2）联合政府建设和运营"日职数字影视创意产教园"。日照市政府提供 1.9 万平方米智慧谷园区大楼场地，学校负责园区运营。园区拥有数字影视后期、动漫游戏、短视频三个产业基地，引入企业 14 家，创办企业型教师工作室 10 家，形成了集企业生产经营和校外实训教学为一体的产教融合基地。

（3）将名企引入城市，建设"日照市数字创意产业园"，补足城市产业环境短板。将国内知名云计算、5G 实时渲染企业"蓝海彤翔"集团引入日照市，政府协同建设"日照数字创意产业园"，以知名企业在行业中的顶端资源优势，吸引集聚上下游配套企业，带动园区企业、基地、教师工作室、学生创意企业共同参与生产，补足了三四线城市优质项目缺乏的短板。

（三）生产过程与教学过程相融合，构建"项目课程化"教学模式，解决了传统课程缺乏真实任务驱动与教学空间缺乏职业环境的问题

（1）"项目化"课程体系构建。将丰富的真实产业项目转化成不同技能层级的课程项目，对应人才培养的基础性技能、专业核心技能、岗位工作能力等 3 个层级分别分包到基地、教师工作室、专班。以项目工作任务为载体，由教师工作室及专班负责人根据项目工作任务和工作过程设计课程体系和内容，制定项目课程实施计划，开展"生产即教学"人才培养活动，年均完成 300 余项项目教学。

（2）"项目化"课程成果评价。由学校、企业和第三方（由资深企业设计师或用人单位组成）共同组织开展学生学习考核评价，合格的计入相应的学分；不合格的必须重新提报学习申请。通过项目式评价，有效提升了学生的关键能力和职业素养。

（3）多模式实施人才培养。通过校企共建人才培养"专班"、企业型教师工作室内开展"学徒制"人才培养、双主体共建"产业学院"等多种模式，推动校企双方人才培养方面的深度合作。

（4）精准对接就业创业。"项目课程化"教学模式一是提高了学生职业技能和就业能力，就业总体落实率稳定在 98% 以上；二是产业链上的大量外包项目需求，催生出大量项目创业团队，基地共成功孵化小微文化企业 218 家，为地方数字创意产业发展培育了优质力量。

（四）企业技师与校内师资相融合，打造一体化产教融合师资团队，解决了校内教师实践性不足和企业教师教学组织能力差的问题

（1）千方百计"补短板"。按照企业生产管理方式，校企共同组建专兼职教师团队，共同承担项目生产任务。专业教师通过深度参与真实生产经营项目，补齐了实践能力不足的短板；企业技师通过参与实践教学、学生管理、心理健康、德育教育等工作，补齐企业教学组织能力的短板，优化了教师团队的专业知识和职业能力结构。

（2）多措并举提能力。通过鼓励专业骨干教师开办工作室、制定青年教师顶岗历练计划、工作室教师开展成果转化、创业导师认定等多种形式，全方位提升师资实践能力。依托基地、园区先后开展 16 项师资培养项目，其中国、省培项目 5 项。

三、特色与创新

（一）创新形成"教师工作室+基地+园区"的产教生态

创新形成"教师工作室+基地+园区"的层级丰富、互为补充、互为资源、互为生产上下游的产业互联、互补、互助生态，并对应数字创意类人才培养技能由低到高的规律，将生产与教学融为一体，形

成产业发展带动人才培养、人才培养反哺产业的良好生态。

（二）创新产教融合基地、园区运营模式

通过自营性生产基地——文化创意中心影视动漫制作基地和产教园区——日照职业技术学院数字影视创意产教园，承接生产项目，产教一体，建成集"人才培养、产业导入、项目生产、园区运营、就业创业"等多种功能为一体的，可持续发展的产教融合、校企合作平台。

（三）创新项目课程化教学模式

依托产业生态中丰富的项目来源，将生产项目转化为不同的岗位课程，构建项目课程体系与评价方式，实现生产、教学紧密一体。

四、应用及推广效果

（一）取得成果

（1）育人效应有效显现。日照职业技术学院共计培养2577名学生，一次性就业率达98.28%，自主创业256家小微文化企业，学院师生在省国赛及其他行业类竞赛中获省级以上奖项223项。

（2）办学效益显著提升。办学效益得到了政府、行业企业、同类兄弟院校的高度认可。专业群获批高职教育省级高水平专业群，动漫制作技术专业是"中央财政支持高等职业学校提升专业服务能力"建设专业、教育部"高等职业教育创新发展行动计划"项目骨干专业、教育部中外合作办学"百千万计划"建设专业。

（3）教师水平得到有效提高。教学团队获首批省级黄大年式教学团队称号，获省文化创新奖1项，省教学成果一等奖2项、二等奖1项、三等奖1项，主编出版国家"十二五""十三五"规划教材4本，完成社会服务与创意成果转化共计7000余项，建设教师企业型工作室20家，主持完成"动画运动规律"等5门省级精品课程（精品资源共享课）建设，参与"动画剧本创作"等6个国家级资源库建设、立项1门省级课程思政示范项目。

（二）推广应用

日照职业技术学院创意设计专业群"产教生态化""项目课程化"模式为的该校电子商务、旅游等多个专业的改革提供了借鉴，发挥了示范引领的作用。共计接待浙江金华职业技术学院、南京信息职业技术学院等兄弟院校来访1372次。与法国巴黎数码动漫设计学院等6家国外院校多次就育人模式、项目课程化建设等方面进行深度探讨交流，该模式先后6次在省级以上相关工作会议作为典型案例进行了分享。日照市委宣传部先后6次组织全市文化企业及相关园区前来参观交流，并发专刊宣传介绍。教育部、山东省教育厅等教育界专家领导多次来访，对模式给予了充分的肯定和认可。新华社、《中国教育报》《中国青年报》等多家媒体均进行了报道。

专家点评：该案例依托产业生态中项目，推动政府、学校、企业三方联动，将生产项目转化为岗位课程，构建项目课程体系与评价方式，使育人效应、办学效益、教师水平等方面有明显提高，形成了以"项目课程化"为核心的产教融合模式；创新形成"教师工作室+基地+园区"的层级丰富、互为补充、互为资源、互为生产上下游的产业互联、互补、互助生态，并对应数字创意类人才培养技能由低到高的规律，将生产与教学融为一体，形成了产业发展带动人才培养、人才培养反哺产业的"产教生态化"为核心的模式。"产教生态化""项目课程化"双核优势支撑的产教融合、校企合作科学人才培养模式为高职院校教育教学改革提供了有益借鉴。

打造"三文化、两基地、一主线、三课堂"产教融合农业职业教育新生态

曹延明　王树军　高凤文　王国军　李　欣

黑龙江农业职业技术学院

摘要： 以产教深度融合为目标，以创新育人模式、高质量发展为核心任务，以共建共管共享共赢为基本准则，从探索"校企交替、农学结合、三轮循环"人才培养模式开始，历经校企合作不断深化，产教渐近融合，协同构建了"1114"架构下的现代学徒制人才培养体系。通过"双高"建设促进人才培养供给侧和产业需求侧结构要素的全方位融合，打造校企命运共同体，提升高等职业学校支撑、服务、推动产业转型升级能力。企业在职业教育中的重要主体作用得到突显，产教融合有了质的飞跃，共同打造了"三文化、两基地、一主线、三课堂"产教融合农业职业教育新生态。

关键词： 产教融合；命运共同体；人才培养体系；农业职业教育

一、背景与关键问题

黑龙江农业职业技术学院贯彻习近平总书记对职业教育的重要指示，牢记"以立德树人为根本，以强农兴农为己任，为实现农业农村现代化贡献我们的力量"的嘱托，根据国务院《关于深化产教融合的若干意见》和《关于全面推进乡村振兴加快农业农村现代化的意见》等文件精神，构建现代农业人才培养体系，为乡村振兴贡献农业职业院校的智慧。

乡村振兴战略实施过程中，农业高职学校面临农业人才培养供给侧和农业产业人才需求侧在结构、质量上还不能完全适应，产教融合体制机制还不够健全，校企合作中存在"两张皮"等问题。迎接挑战，改革创新，黑龙江农业职业技术学院构建了"1114"架构下的现代学徒制人才培养体系，以现代农业人才培养和现代农业产业创新服务为路径，探索出一条现代农业职业教育校企梯次深度合作和融合发展的新路径。

二、主要内容与做法

学校自 2008 年以农学类专业为试点，开始探索以学徒身份到企业实践的产教合作模式，2010 年与拜耳作物科学（中国）有限公司等多家企业签订联合办学协议，2019 年与哈尔滨尼亚农业有限公司等三家企业合作成立东北平原黑土地产业学院。经过多年的探索，凝练形成了"1114"架构下的现代学徒制培养体系，打造出了产教融合"三文化、两基地、一主线、三课堂"的农职教育新生态，如图 1 所示。

（一）创新教学模式与方法，共驻"农""学"交融新常态

为解决如何将现代农业职业教育和现代农业产业融合发展这一关键问题，黑龙江农业职业技术学院设计实施了教学过程与生产过程对接，学场与职场共存，田间与课堂一体的教学模式，校企共驻"农""学"交融新常态。

1. 创新人才培养模式

为了满足现代农业人才培养与乡村振兴战略需求，积极推进人才培养模式改革与创新，形成了农学类专业特有的"校企交替、农学结合、三轮循环"人才培养模式，创新了"旺农淡学、工学交替、学制灵活"的高素质农民培养模式。

2. 建设高水平专业群

围绕龙江现代农业产业发展需求，重点服务黑龙江佳木斯国家农业高新技术产业示范区建设和龙江乡村振兴战略，以现代农业职业教育与现代农业产业统筹融合发展为主题，重点打造了现代农业生产技术和

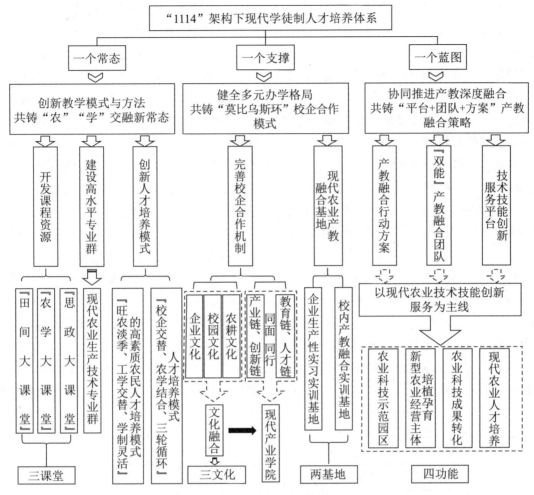

图 1 现代农业职业教育校企梯次深度合作和融合发展的新模式

畜牧兽医两个省级高水平专业群。

3. 开发课程资源

以高水平专业群为核心，校企互融开展课程设计与职业标准对接，运用信息化手段，校企在课程、教材、教法等方面深度合作；院校合作进行数字化教学资源组织和建设，实现院校间专业的资源共建、共享、共用，创建"思政大课堂""农学大课堂"和"田间大课堂"并举的"三课堂"农职教育新课境，推动课堂革命，提升现代农业高素质技术技能人才培养质量。

（二）健全多元办学格局，共铸"莫比乌斯环"校企合作模式

怀着实现农业农村现代化的共同理想，以"农耕文化"领衔，促进校园文化和企业文化融合，营造"三文化"农职教育新氛围，创新教育链、人才链与产业链、创新链相衔接的同面同行新格局，打造示范性现代产业学院。形成永不停歇、永不分割、同面同行的"莫比乌斯环"校企合作模式。

以培养现代农业创新型高素质技术技能人才为宗旨，紧跟现代农业发展前沿，紧盯龙江农业产业现代化，通过产业学院建设，整合企业和学校优势资源，在校内，以 7 个大师工作室建设为基础，成立"东北平原黑土地固碳增汇协同创新中心"，形成了研究中心式的现代农业共享型产教融合实训基地；在企业，以农业产业园区、农业科技园区、农业加工园区为载体，通过名师工作站建设园区式的现代农业共享型生产性实习实训基地，两基地融合发展形成独具特色的现代农业产教融合基地模式。

（三）协同推进产教深度融合，共筑"平台+团队+方案"产教融合框架

将产教融合作为促进经济社会协调发展的重要举措，融入经济转型升级各环节，贯穿人才开发全过

程，校企共筑"平台＋团队＋方案"产教融合框架，共谱乡村振兴新篇章。

1. 搭建创新服务平台

校企共同搭建集人才培养、社会服务、技术创新功能一体化的现代农业技术技能创新服务平台，建立紧密对接现代农业产业链、创新链的专业体系，构建教育与产业统筹发展的新格局。

2. 组建"双能"产教融合团队

组建由专业教师、科研工作者、农技推广人员和企业技术骨干构成，具备教师教学创新、技术技能创新"龙德在田、匠师合璧"的双能产教融合团队。

3. 制定产教融合行动方案

以现代农业技术技能创新服务平台为依托，以"双能"产教融合团队为主力军，以现代农业技术技能创新服务为主线，以现代农业人才培养、农业科技成果转化、新型农业经营主体培育和农业科技示范园区建设为主战场，形成产教融合行动方案。

三、经验萃取与模式模型

学校深化产教融合校企合作，通过多年探索与实践，打造了产教融合"三文化、两基地、一主线、三课堂"的农职教育新生态，如图2所示。

学校与现代农业企业，以"农耕文化"领衔，促进校园文化和企业文化融合，营造"三文化"农职教育新氛围，创新教育链、人才链与产业链、创新链相衔接的同面同行新格局，催生教育和产业统筹融合的东北平原黑土地产业学院。

在乡村振兴背景下，以完成农业科技成果的转化、新型农业经营主体的培育、农业科技示范园区的建设为主要任务，创新驱动现代农业产业发展；创建"思政大课堂""农学大课堂"和"田间大课堂"课堂环境，培育现代农业高素质技术技能人才，构建梯次有序、功能互补、资源共享、合作紧密的产教融合网络。以实现农业农村现代化为目标，以现代农业技术技能创新服务为主线，以独具特色的"两基地"式

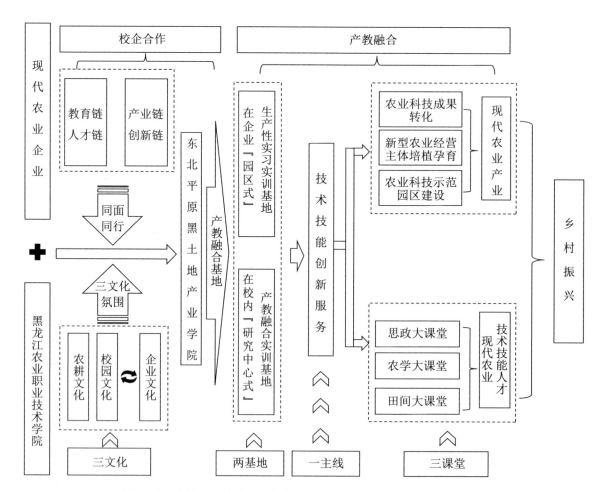

图 2 "三文化、两基地、一主线、三课堂"产教融合农职教育新生态

现代农业产教融合基地为支撑，以技术技能创新服务、育训结合为手段，促进现代农业教育和产业联动发展。

四、成效评价与推广价值

（一）实践成效

1. 根植行企，声名显赫

学校打造的产教融合"三文化、两基地、一主线、三课堂"农业职业教育新生态，得到企业的广泛认可，享誉农资行业，更有"黑龙江农资界黄埔军校"的美誉，为企业培养输送了大批高素质人才，为加快发展壮大现代农业产业做出了突出贡献。

2. 致力教改，成果丰硕

2008年以来，学校致力于职业教育改革，逐步提高行业企业参与办学程度，健全多元化办学体制，全面推行校企协同育人，坚持正确办学方向，坚持立德树人，深入推进育人方式、办学模式、管理体制和保障机制改革，加快构建现代农业职业教育体系，为实现农业农村现代化提供有力人才和技能支撑。经多年实践，凝练成果，获得国家教学成果奖1项；省级教学成果奖6项；教育部人才培养方案典型案例1项；省级高水平学校建设项目；省级高水平高职专业群项目2个；省级职业教育教师教学创新团队1个；省级职业教育示范性现代产业学院建设项目1个。

3. 统筹产教，成效卓著

育训结合，人才"焙"出，培养了以高晶超、刘振国、武云鹏、陈旭为代表的乡村致富带头人500多人、乡村治理带头人200多人、乡村技术带头人1000多人、乡村农业技术人员4000多人，技术技能培训16000人次，他们已成为黑龙江省乡村振兴的中坚力量。

成果转化，农技获"翼"，与企业合作推广技术集成项目2项，经过连续3年的实施，在桦川、富锦、同江推广总面积为34万亩，带动增效7232万元。

产业培育，新企着"第"，2019—2022年通过现代农业技术技能创新服务共培植孕育了139家农业创新型企业。

科技示范，园区主"唱"，帮扶农业新型经营主体，完成了黑龙江高标准科技园区创建评估2项，黑龙江省现代农业科技示范基地建设8项。

（二）推广价值

探索现代农业职业教学与现代农业产业统筹融合发展道路，形成了以围绕龙江现代农业产业发展需求，重点服务黑龙江佳木斯国家农业高新技术产业示范区建设和龙江乡村振兴战略为核心的农业职业教育新生态，为农业高等职业院校产教融合、服务乡村振兴、科技成果转化和产业培育提供可借鉴案例。

（三）反思与改进

随着校企合作的不断深入，产教融合已成为职业教育的常态。但受体制和机制等方面的影响，产教融合在深度上距离全国职业教育大会精神还有差距。黑龙江农业职业技术学院将继续认真学习贯彻党的二十大精神，励精图治，加大职教改革力度，让产教融合上升一个新高度，推动职业教育人才培养质量的提升。

专家点评：立足区域发展战略，服务区域产业发展是高职院校的根本。该案例以"双高"建设为契机，以建设人才培养高地为目标，以现代农业技术技能创新服务平台建设为载体，推动专业共建、教材共编、标准共融、人才共育、基地共享、师资共培、服务共联，在双主体育人、产教融合、校企合作、育训结合等方面，形成了较为稳定的合作办学模式、有效运行机制和典型经验做法，打造出"三文化、两基地、一主线、三课堂"产教融合农业职业教育新生态。面向产业和区域发展需求，能够充分调动企业参与产教融合的积极性和主动性，融入经济转型升级各环节，贯穿人才开发全过程，形成政府企业学校社会协同推进工作格局，加快人才培养结构调整，创新教育组织形态，促进教育和产业联动发展，为农业职业院校产教融合提供可借鉴模式。

实施产教融合"五措并举"工程，助推广西茶产业高质量发展

高传友　　陈恩海　　蒋贻杰　　安丰轩　　王秋雨　　马蕊

广西职业技术学院

摘要： 针对茶产业创新能力不强，产业岗位能力结构性匹配度低，教育链、人才链不能与产业链形成有机衔接等问题，广西职业技术学院创新产教融合模式，实施"五措并举"工程：成立一个产业学院、深化"双主体"育人模式、开展中高本三阶段无缝衔接、创新"跨界协同、四链融通"人才培养模式、实施"五融入"构筑高端茶产业人才链，助推广西茶产业高质量发展，引领全国涉茶职业教育产教融合办学模式创新。

关键词： 茶产业；产教融合；乡村振兴；产业学院

一、背景与关键问题

习近平总书记指出：要统筹做好茶文化、茶产业、茶科技这篇大文章，打牢乡村振兴的产业基础。据统计，茶产业助力全国337个贫困县实现脱贫，带动广西20余万户茶农脱贫致富，成为脱贫攻坚战的重要抓手。目前制约我国茶产业发展转型升级的突出问题是创新能力不强，产业岗位能力结构性不匹配，教育链、人才链未能与产业链形成有机衔接。职业教育作为与社会经济联系最为紧密的教育类型，深化产教融合，促进专业链、人才链与产业链有机衔接，对提升职业教育办学适应性，提高教育质量、服务区域经济转型升级具有重要意义。

二、实践做法

（一）大胆破题，组建产业学院，强化地方特色人才培育

对接乡村振兴的国家战略，聚焦特色茶业产区发展，以强农兴农为己任，结合区域发展特点，依托农垦行业办学优势，聚合产业企业。找准产业共建共赢切入点，形成产业聚合力，以"项目+人才+技术"为利益纽带，紧密连接集团成员，达成共识，形成合力。行校企深度融合，探索茶产业全产业链人才培育模式，推动产业应用性技术技能人才培育。

（二）孵化典型，助力脱贫攻坚，实现一二三产业融合发展

依托国家脱贫攻坚、全面建成小康社会的大舞台，广西职业技术学院以落实国家要求贫困村建成"一村一品"产业基础保障扶贫政策为契机，积极寻找典型、孵化典型，输出符合当地实际需要的茶产业链技艺革新。以苍梧县京南镇里深村开展脱贫攻坚工作点为典型，提升茶树栽培与茶叶加工专业群在选种、种植、施肥、管理、制茶、包装、销售等环节的创新驱动力，融合一二三产业发展，打造典型茶产业链助推贫困村脱贫攻坚产业保障升级版，铸就产教行深度融合发展新篇章。为京南镇里深村种植当地著名茶品牌六堡茶500亩，巩固六堡茶产业链发展基础，同时发扬当地六堡茶著名品牌产业经济效应。在茶树栽培、种植管理，以及后期的制茶技艺、包装销售等全茶产业链方面对京南镇里深村进行大力支持，建设制茶加工车间和校企合作研究所等，输出新型制茶技艺，以当地人管理制作六堡茶为主体，每年培训当地村民六堡茶种植管理和加工制茶技艺达200人次，把技术和产业留在了当地。

三、模式模型

茶产业具有产业链条长、带富能力强的特点，发展茶产业有利于筑牢乡村振兴产业保障基础。广西有

发展茶产业的环境优势，在推进茶产业发展上，广西职业技术学院主要围绕"一学院、二主体、三衔接、四融通、五融入"的思路，创新产教融合模式，助力茶产业健康快速发展。

（一）成立一个茶产业学院

学校瞄准国家乡村振兴战略，坚守强农初心，扎根八桂大地，面向革命老区，依托学校理事会、广西茶文化研究会和国家级示范性职业教育集团（广西茶业职教集团），整合社会办学资源，面向涉茶职业院校、行业协会、科研院所和茶叶龙头企业等30家单位成立广西茶产业学院。开展产教融合，解决茶产业链对新技术融合与产业复合型人才需求脱节、茶产业跨界人才培养难等问题。按照"对接茶产业链、优化茶专业链、创新茶服务链、激活人才培养链"的改革思路，全面推进广西茶产业高质量发展。

（二）深化"双主体"育人模式

校企合作实施"双主体"育人模式，依托教育部首批现代学徒制试点项目，广西职业技术学院与广西农垦茶业集团有限公司、梧州中茶有限公司等茶叶龙头企业开展现代学徒制培养，创新"一徒多师、逐轮提升"的学徒拜师及技艺传承模式，学生学习每个专项技能都必须通过校内、校外双导师双重考核并获得专项技能合格证，才能进入下一专项技能的学习。极大提升了茶叶链人才的培养质量，近五年培养茶学徒517人，如图1所示。

（三）开展中高本三阶段贯通培养

以广西职业技术学院深厚的茶专业基地优势构建茶叶生产与加工、茶艺与茶文化高职特色专业链。以贺州学院、梧州学院等涉茶本科院校为强力支持后盾构建高端茶业专业人才培养服务链，形成"中—高—本"独具地方特色的办学链支撑构建独具地方特色的茶学专业链，对接广西高山茶区科技研发与创新的本科特色茶产业链人才培养新格局，实现中职、高职、本科教育的贯通培养。

（四）创新"四链融通、跨界协同"人才培养模式

依托广西茶产业学院主动对接茶产业链，形成校、政、企、行产教融合的命运共同体，集成茶叶生产、茶叶加工、电子商务、包装设计等专业技术为广西茶业的生产、加工、物流、营销等全产业链提供集成式服务。创新以"项目+人才+技术"为利益纽带的跨界协同育人动力机制，形成了"产业链、专业链、人才培养链、服务链"四链融通的职业院校茶产业链人才教育供给"广西方案"，如图2所示。

（五）实施"五融入"构筑高端茶产业人才链

充分利用校、企、研多方协同共建的"中华茶文化传承与创新"国家职业教育专业教学资源库，形成

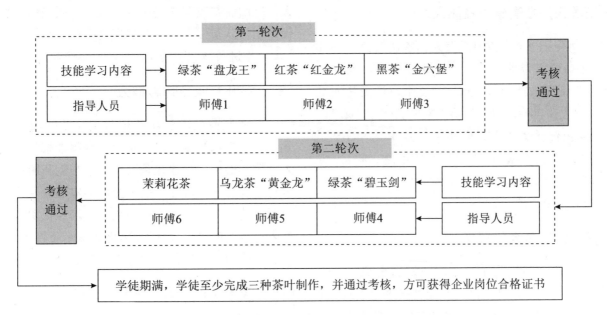

图1 "一徒多师、轮岗轮训"现代学徒制培养模式

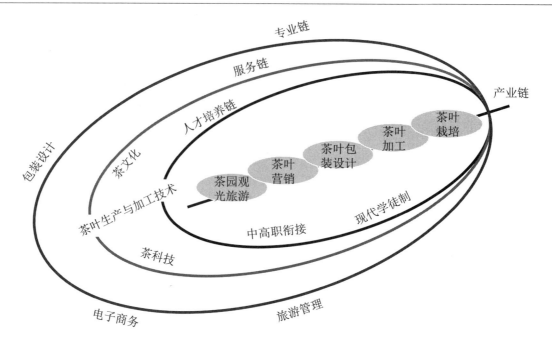

图 2　"跨界协同、四链融通"的职业院校茶产业链人才培养策略

完善的茶科技、茶文化育人环境，发挥茶科技育人、茶文化育人功能，通过茶文化课程融入专业人才培养方案、民族茶技艺融入学生实践项目、茶文化活动融入学生素质教育、茶科技成果融入实训基地建设、茶科技项目融入教学等形式，实施"茶文化与茶科技"五融入的人才特色培养，促进茶产业链人才职业能力和素养的双提升。

四、效果评价与推广价值

（一）培养茶产业高素质技能人才

本案例覆盖本校学生 1.2 万人。依托教育部首批现代学徒制试点专业，累计培养茶学徒 302 人；建设"1+X"证书技能等级考试试点 2 个，学员获证率 98.9%，学生在自治区以上技能大赛中获奖 32 项，认定非遗技艺传承人 1 人。毕业生就业率达 98.65%，专业对口率达 85.3%，用人单位满意度达 100%，孵化自治区级创新创业团队 3 个。学生毕业后三年内县级以上技能获奖 219 人次。

（二）落地式服务乡村振兴

实现广西产茶大县茶产业职业培训全覆盖，累计培训 39.7 万人次，开展产业职业技能鉴定 3.2 万人次，获证率达 97.8%。培训学员荣获全国技术能手 1 人、广西工匠 1 人、市级以上技术能手 3 人、其他获市级以上技术表彰 5 人。服务中小微茶企 62 家，培育市级龙头企业 3 家服务，进行茶园改造 1.3 万亩，建立优良茶树示范基地 800 亩。为茶企提供技术升级服务 76 项，打造经营品牌 103 个，增效 6.7 亿元。对接服务的"横州茉莉花茶""昭平茶"入选全国区域品牌百强榜。依托广西茶产业科技联盟、广西红茶工程中心等平台开展科技服务，实施茶产业科技攻关项目 32 项，获广西科技进步奖及发明奖 12 项，主导制定茶叶标准 15 项。形成科技服务团，广西乡村科技特派员 8 人，广西脱贫攻坚先进个人 1 人，广西美丽乡村扶贫优秀工作队员 2 人，广西优秀贫困村党组织第一书记 1 人。推进科技成功转化应用，服务产业转型升级。

（三）提升专业品牌影响力

广西职业技术学院茶树栽培与茶叶加工专业群入选全国高水平专业群，是引领全国涉茶院校专业群人才培养的标杆；建成茶文化传承与创新国家级职业教育专业教学资源库，引领全国涉农职业院校数字化资源建设；入选国家乡村振兴人才培养优质校，是服务乡村振兴的"排头兵"；入选国家示范性职教集团，引领全国涉茶产业化育训办学新范式。

（四）展现涉农专业产业振兴特色

广西职业技术学院建成国家级跨专业生产性实

训基地1个、技能大师工作室1个、协同创新中心1个；联合2所本科院校、3所高职院校、13所中职学校、36家企业、4家行业协会、3家科研院所、2家政府管理机构开发配套教材20部、线上资源11398个，建设广西茶产业学院、六堡茶产业学院，形成多元协同育训机制，为职业院校涉农专业服务乡村振兴的育训模式提供借鉴，成果在27所职业院校、65家企业中推广，吸引全国数十所职业院校到校学习交流。

（五）社会评价好

（1）教育部高度重视。受托举办高等学校教学指导委员会茶学学科组会议，与参会的所有涉茶高校交流育训并举做法。

（2）国际同行高度认同。依托丝路茶学院，开发并被国（境）外采用的专业教学标准、课程标准数15个，开展境外人员培训量达5830人次。

（3）政府部门高度信任。与自治区职业技能鉴定中心合作，连续三届举办自治区评茶员职业技能大赛。

（4）主流媒体高度评价。成果被学习强国、《人民日报》、《光明日报》、《中国青年报》、《广西日报》、广西电视台等媒体平台报道50余次。

专家点评： 茶产业的转型升级对茶园标准化种植、茶叶深加工、茶叶品牌策划、网络营销和茶旅文化融合等岗位提出新要求，本案例围绕服务茶产业转型升级过程中存在的创新能力不强，复合型人才匮乏等问题，实施产教融合"五并举工程"，即：成立一个广西茶产业学院、实施校企双主体育人、贯通中高本一体化培养、构建四链融通、跨界协同的人才培养模式、打造"茶文化与茶科技"五融入的人才培养特色。本案例依托国家级示范性职教集团实体化运行，聚集资源，构建"互融共生"校企命运共同体。共建专业群高水平实训基地，实现资源共享、优势互补，打造产教深度融合的"广职茶高地"，不断提升茶专业人才培养的适应性。形成茶产业链人才教育供给的"广西方案"，是涉茶职业院校人才培养的优秀典型。

校企共建产业学院，创新"五共携进"建设新范式

陶永霞　雷恒　职保平　徐飞亚　曹明伟

黄河水利职业技术学院

摘要：为深入贯彻习近平总书记对职业教育的重要指示和全国职业教育大会精神，深化产教融合、校企合作，推进落实《职业教育提质培优行动计划（2020—2023年）》，提高职业院校办学水平和人才培养质量，黄河水利职业技术学院与三门峡黄河明珠集团在三门峡大坝共建黄河明珠产业学院。学院采用"双主体"育人模式，创新院区共建、师资共组、科研共进、人才共培、国际共行"五共携进"建设新范式，实现传统行业校企共建、共享、共赢长效运行，真正将产业学院建成"黄河上的明珠、大坝上的学校"，共育新时代水利工匠，助力校企命运共同体构建，为黄河流域高质量发展提供智力支持。

关键词：产业学院；校企命运共同体；黄河流域生态保护

一、实施背景与关键问题

（一）实施背景

近年来，国家相继出台了《关于深化产教融合的若干意见》《国家职业教育改革实施方案》等系列文件，从政策的顶层设计上持续深化产教融合。2021年4月，习近平总书记在职业教育工作重要指示精神中强调，要"深化产教融合、校企合作，深入推进育人方式、办学模式、管理体制、保障机制改革，培养更多高素质技术技能人才、能工巧匠、大国工匠"。从实践来看，校企合作仍处于浅层次、低水平状态，产教融合还存在松散式、"两张皮"现象。究其原因，是学校和企业还没有找到利益的结合点，教育的供给侧和产业的需求侧还没有实现同频共振。因此，进一步深化校企合作、人才培养模式的创新与改革，探索适应社会经济发展需求的高素质复合型人才培养之路依然是高职教育所要努力的方向。

（二）关键问题

在此背景下，本案例拟解决的关键问题包括：

1. 探索新时代水利行业产业学院办学机制体制

作为"企业出地、校方出资"典型工程类产业学院共建案例，实施中面临着双方产权界定不明、管理体制机制存在矛盾、深化合作共赢续航不足等诸多难题，如何打破机制体制藩篱、凝练升华一套共赢携进体制机制，为产业学院长效运行保驾护航，亟须联合政、行、企、校四方破解困境。

2. 构建新型产业学院人才培养模式

随着新时代职业院校人才培养目标、授课内容、实训环境等大幅度改变，亟须有机重构课程内容、塑造"导师—师傅"团队、制定伴随式考核评价体系、构建分散式学生管理模式等相应措施，构建新型产业学院人才培养模式。

二、主要内容与做法

黄河水利职业技术学院与三门峡黄河明珠（集团）有限公司在治理黄河事业上同频共振、同向共行、同业同兴。学校筛选水电站动力设备、港口航道与治河工程等水利类骨干专业，与明珠集团的水力发电、水电施工咨询等板块深度对接，围绕黄河水沙治理、大坝安全监测等问题，创新构建产业学院"五共携进"建设思路，如图1所示，即共同建设实践教学基地形成院区共建、共同创建一支专兼结合师资团队形成师资共组、协同开展科技攻关技术服务形成科研共进、探索创新人才育训机制形成人才共培、联合开展国际化水利人才培养形成国际共行，探索兼顾双方权益权责、校企共管的办学体制机制和双主体育人范式。

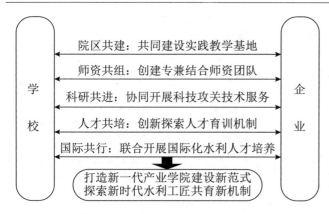

图 1 黄河明珠产业学院"五共携进"建设思路

（一）院区共建

黄河明珠产业学院开创了"校方出资、企业出地"的校企合作办学的新形式、新方案。产业学院占地面积约为12153平方米，由明珠集团提供使用；黄河水院投资进行院区基础改造和设备环境打造，形成院区"共"建的新模式。从参与主体来看，校企双方都成为产业学院真正的"主人"，共同参与产业学院的建设运营；从学生培养来看，学生从校内理论学习走到了企业中、走到了大坝上、走到了实际生产中，真正做到了理论与实践相结合。

（二）师资共组

黄河明珠产业学院构建了一支由专职教师、兼职教师、岗位导师、工位师傅组成的梯级化培训队伍，使师资团队做到了专兼结合、数量充足、结构合理。学校派出专业基础课、专业核心课理论教学专职教师，明珠集团选派岗位导师，一名岗位导师带领五至六名工位师傅，工位师傅对学生进行一对一指导，同时选派兼职教师根据生产中的新工艺、新技术实施专项教学。依托黄河明珠产业学院，结合机组大修等项目，由企业兼职教师负责现场指导，专职教师协助管理，学生参与完成生产任务，达到校企双赢、学生受益的效果。双方"共"组的师资团队已获批为首批水利职业教育教师教学创新团队和第二批国家级职业教育教师教学创新团队。

（三）科研共进

针对生产实际问题，结合学校科研平台与人才资源，在水电机组安全评价、水电机组运行与安装检修、智慧水利等方面协同开展科技攻关，已获得多个国家级、省部级项目支持，逐步形成支撑水利行业、河南省，乃至全国技术创新发展的新一代水电运维及智慧水利工程技术协同创新成果，形成研究"共"进的新形态。

（四）人才共培

黄河明珠产业学院整合校企双方优势资源，充分挖掘明珠集团的企业优势和黄河水院的办学特色，以三门峡水利枢纽为基础，以多学科交叉融合为途径，以水电机组厂房振动稳定及智慧水利建设研究为特色，以技术技能培训为平台，秉承新时代教育背景下"厚基础、宽口径"的大类人才培养理念，构建了一种"多样化、有特色、求创新"的学科交叉、跨界融合多元育人模式，如图2所示，切实将课堂设在工程上、将实训置在工位上、将实践放在岗位上，加强校企协同育人的深度、广度和高度，实现人才"共"培，助力行业和区域经济社会发展。

（五）国际共行

双方已联合培养10余班次水电站运行国际化学员，培养赤道几内亚、老挝等国家留学生100余人。实施全球融智、布局海外研培、留学黄河水院等计划，结合"大禹学院"的留学生、境外本土学员的培养经验及明珠集团海外项目，有针对性地开展国际化水利运行与检修人才培养，切实推进双方在国际水电运维上同向"共"行。

三、特色与创新之处

（一）五共携进，探索校企合作命运共同点

根据国家、省市、行业政策，校企双方在院区"共"建、师资"共"组、人才"共"培、研究"共"进、国际"共"行5个方面同向共行，形成传统行业产业学院建设的新范式。

（二）协同贯通，创新构建多元育人培养模式

通过有机重构课程内容、塑造"导师—师傅"团队、制定伴随式考核评价体系、构建分散式学生管理模式等一体化举措，横向协同、纵向贯通，创新构建

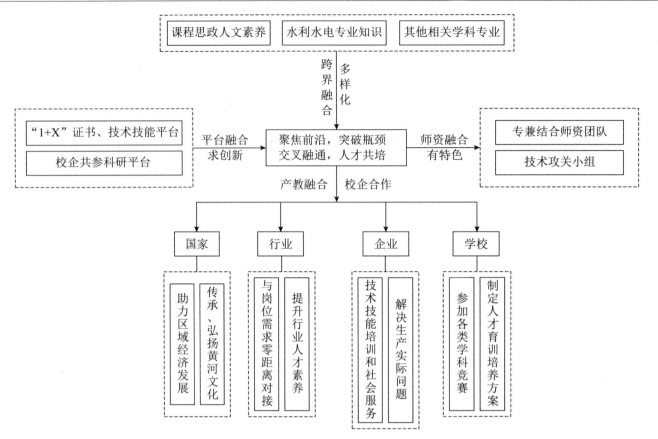

图 2 学科交叉、跨界融合多元育人培养模式

"多样化、有特色、求创新"的学科交叉、跨界融合多元育人模式。

（三）多元共治，创新共建共管共赢共享机制

整合集中双方分散的人才培养硬条件和资源软条件，形成一套"双方共建、校企共管、共享共赢"的多元共治职业教育治理体系。

四、经验总结

（一）创建"软硬条件集中使用权"机制模式

整合集中双方分散的人才培养硬条件和资源软条件，形成一套兼顾双方权益权责、校企共管的"不分红、只分享"准股份制机制。

（二）创建"双主体共育共培"人才育训方案

创建"双主体共育共培"人才育训方案，形成产业学院学习、企业教师指导跟岗、师傅带徒轮岗、生产单位顶岗的"学、跟、轮、顶"人才培养模式。

五、成果成效与应用推广

（一）成果成效

1. 人才为基打品牌

校企合作培养 200 余名现代学徒制学生，均已在行业龙头企业就业；所培养的赤道几内亚、老挝留学生得到用人单位及生源国政府的好评，树立了人才培养品牌。

2. 共商机制谋发展

黄河明珠产业学院在双方管理的背景下，已建立"黄河明珠产业学院用章管理制度""黄河明珠产业学院实习管理办法"等 10 余项制度，为产业学院校企共建机制的长效运行提供了完善的制度保障。

3. 产学研用助提升

培育了国家级职业教育教师教学创新团队 1 支、省级创新团队 3 支；获批省级职业教育教学专家 2 人、省级教学名师 3 人、省级学术技术带头人 1 人；共同修（制）定国家职业教育专业目录、专业简介和教学标准 86 个，研制南非、赞比亚、坦桑尼亚等国

家水力发电类专业标准,开展水电站动力设备专业的欧洲国家资历框架认证;持续建设国家级资源库、省级以上在线精品课程4门、校企共同开发新型教材7部;承担国家级自然科学基金项目1项、省级教学教改研究课题3项、省部级科研项目5项、市级科研项目5项;获得省级职业教育教学成果特等奖2项、二等奖1项;发表SCI、EI收录论文10余篇。

(二)应用推广

案例在《双高100》栏目专题、水利职业教育大会、全国职业高等院校校长联席会、中国职业教育博览会上等媒体、会议上进行专题展示。黄河明珠产业学院代表在全国职业教育教师教学创新团队和教师企业实践基地建设培训工作会上交流发言,明显提升企业在职教领域的知名度。

专家点评:该案例深入贯彻党和国家关于职业教育、校企融合的重要精神,以校企共建的黄河明珠产业学院为研究载体,创新院区共建、师资共组、科研共进、人才共培、国际共行"五共携进"的传统行业产业学院建设新范式,探索创新型技术技能人才培养模式。该案例有效破解传统行业校企合作深度不够、产业学院管理机制不明、新时代人才培养模式创新融合不足等关键问题,完成了"五共携进"共建产业学院机制创新、"多样化、有特色、求创新"的学科交叉、跨界融合多元育人模式创新,对助力区域经济及黄河流域生态保护和高质量发展具有重要的实际意义,对以功能多、规模大、结构复杂的已建或者拟建的大国重器类工程项目为核心的产业学院建设具有一定的推广应用价值,对传统行业的职业教育深化产教融合具有示范意义。

校局合作实战化教学体系构建与实践

高　晴　　张光顺　　李雅楠　　刘　元　　李　娜

河北公安警察职业学院

摘要：本成果聚焦公安职业教育实战化课题，以面向实战、服务实战为目标，以校局合作为途径，以建构主义学习理论为基础，破解校局合作机制不顺畅、专业课程与岗位实战需求融合度不够、教学方式不适应实战化教学要求、实验实训场所不满足实训需要、教师团队实践教学能力不足等问题。通过完善教学体系运行机制、创新教学内容、共建实践教学基地、创新实战化教学方式、打造"双师型"教学团队，构建起"五位一体"实战化教学体系，更好地实现育警铸魂、锻造忠诚，培养政治素质和专业能力"双过硬"的高水平应用型公安人才的培养目标。

关键词：校局合作；实战化；教学体系

河北环绕京津，承担保卫首都政治安全、护航京津冀协同发展、支持雄安新区规划建设等国家重大战略任务，迫切需要一支高素质复合型公安队伍。河北公安警察职业学院侦查系针对校局合作机制不顺畅、专业课程与岗位实战需求融合度不够、教学方式不适应实战化教学要求、实验实训场所不满足实训需要、教师团队实践教学能力不足的问题，对标新时代公安工作和队伍建设新要求，以建构主义学习理论为依据，借助公安机关行业办学优势，于2016年6月开展校局合作实战化教学体系构建与实践探索。

一、主要内容与做法

项目团队聚焦问题，对标新时代公安工作和队伍建设新要求，分为三个阶段构建并实践实战化教学体系。2016年6月，筹划建设，制定了《校局合作实战化教学实施方案》（以下简称《方案》），2017年9月，将《方案》运用于实践教学，经过4年的实践检验，取得了明显成效。2021年5月，研究成果获得了"河北省第十届职业教育教学成果奖"二等奖。2021年以来，教学体系建设进入完善发展阶段，校局合作进一步提升，组建了以刑事侦查专业为龙头的专业群，与实战部门联合建立数据化情报导侦产教融合基地，深化校局合作联合育人模式（如图1所示）。

（一）完善教学体系运行机制

通过签订协议、建立机制、深化合作等方式，推动校局双方权利义务制度化。制定专业教师定期实践锻炼制度、学生顶岗实习管理制度、兼职教官选聘制度等十余项制度。例如，针对学生顶岗实习，由河北省公安厅政治部制定顶岗实习方案，并下发至下级公安机关推进落实。明确各责任人的职责和任务，对任务量化赋分，严格考核验收，考核成绩纳入职称评聘、职级晋升等考核指标。

（二）创新教学内容

1. 改革专业设置

积极适应复合型技能人才培养需求，按照新时代公安工作和队伍建设需要，以刑事侦查专业为核心，与经济犯罪侦查、网络安全与执法、刑事科学技术、警察指挥与战术等专业组建专业群，形成了骨干专业带动，群内各专业优势互补，协同发展的新格局。

2. 强化专业课程研发

校局双方遵循课程内容与职业标准对接、教学过程与执法过程对接的原则，将刑事执法办案活动切分为典型"工作模块"，围绕"模块"串联知识点，设计教学内容、实施教学活动。依托遴选的实战案例作为实训素材，出版《信息化侦查实战应用技战法》教材，开发《预审办案实务》等活页自编教材10余部。

3. 加强教学资源库建设

围绕执法办案热点难点问题和实战需求，联合开发网络课程、微课程、专题培训课程等教学资源库。开发网络传销犯罪案件侦查、京津冀警务协同若干问

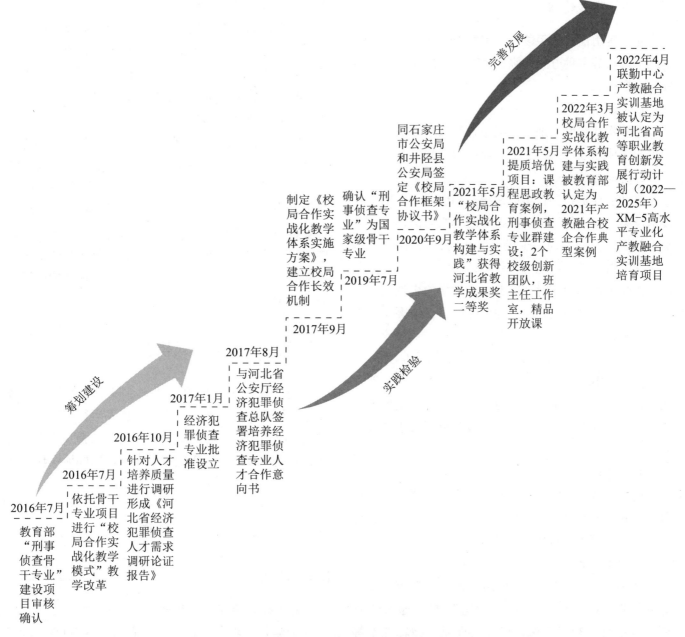

图 1　校局合作实战化教学体系构建推进表

题、大数据侦查思维等课程对口服务实战。开发网络传销案件"四到位"导侦法等10余门网络课程，依托公安厅内部网络向民警开放，满足实战民警的学习需求。精选典型案例、视频案例、电子案例、文书案例和网络案例等，对资料库进行补充完善，支撑实战化教学体系建设。

（三）共建实践教学基地

1.共建校内实训平台

校局双方共建两百余平方米的校内实训中心，同时充分整合全校的实训室资源，共用图像处理分析实训室，犯罪现场勘查虚拟仿真AR、VR实训室等6个实验实训场所，并引入执法办案、会计资料勘查等真实办案系统，模拟真实办案情境，满足学生和民警的实训需求。

2.共建校外实训平台

河北省经侦总队、石家庄市经侦支队、邯郸市公安局"打击涉税犯罪数据研判中心"等实战部门成为学院师生的实践基地。与省公安厅刑侦总队、经侦总队共建数据化情报导侦产教融合实训基地，该基地项目为河北省高等职业教育创新发展行动计划培育项目。

（四）创新实战化教学方式

充分运用信息化手段，采用虚拟与现实结合、线上线下融合等多种方式加强实践教学，确保教学与实战紧密衔接。

1. 案例导入式

选取实战案例，采用分组研讨等教学方法，突出学生的主体地位，提高学生对知识的理解能力。

2. 情境再现式

借助会计资料勘查实训系统，AR、VR虚拟仿真技术及案件卷宗创设情境；通过对真实案例切片分析确定问题；由教师向学生提供解决问题的有关线索，引导学生自主学习；通过专题实训和综合实训协作学习；在学习过程中随时观察并记录学生的表现及解决问题的过程，以岗位标准为评价标准进行效果评价。

3. 师傅带教式

在"顶岗实习"期间，实践基地调选优秀民警"一对一"指导学生实习，采用现代师徒制的教学方式，带领学生深度参与案件办理，形成"课堂理论教学—校内实训教学—基地实习实践"逐层递进的教学方式。

4. 特长培育式

通过开放实验室、成立兴趣小组等多样化的实践教学方式，满足学生个性化发展需求，使有天赋或兴趣的学生自主获得更多知识。

5. 信息化教学

使用"警综资源库""资金查控平台"等公安内部网络资源，"会计资料勘查系统""I2资金分析系统"等信息化教学系统，以及雨课堂、翻转课堂等多种教学训练方法，使课程更加生动、更贴近公安实战，极大调动了学生自主学习的积极性。

（五）打造双师型教学团队

1. 实战教官融入实践教学

先后选拔27名既有丰富实战经验又能从事教学工作的一线优秀民警充实实战教官资源库，参与学校实训课程的授课和考核工作。

2. 专业教师提升实战能力

保证教师每年不少于一个月的基层锻炼时间，并将实践锻炼落实情况与教师职称评聘挂钩。专业教师前往实践基地深度参与案件办理全过程，提升教师的实战能力和实践教学水平。

3. 实训课"专职教师＋实训教官"联合授课

实战教官把亲办的案例带进校园，带给学生直接的侦办体验，让学生学到最实用的技能。

4. 双方合力实现社会管理、公共安全、公安队伍建设等难题的协同破解

完成省级以上科研项目12项，在建省级项目8个，在建"双师型"名师工作室1个，个人专利2项，其中获三等奖以上的项目5项，编写著作5部。其中，2020年校局共同申报社科基金课题《河北省公安机关防范化解经济风险机制研究》，全面系统提炼总结河北省经侦部门在参与全省防范化解金融风险攻坚战中的工作成绩，分析机制运行中存在的问题并提出相应对策。

二、经验萃取与模式模型

校局合作实战化教学体系，以面向实战、服务实战为核心理念，通过建立教学体系运行机制、创新实践教学内容、共建实践教学基地、创新实践教学方式、打造"双师型"实践教学团队，更好地实现实践育人功能，如图2所示。

三、成效评价与推广价值

（一）成效评价

1. 人才培养质量显著提高

近年来，毕业生认可度、满意度达100%。2017年以来，毕业生对口就业率达97%以上。88%的用人单位一致认为河北公安警察职业学院毕业生能快速适应岗位需求，学生专业知识和技能贴近实战，敬业奉献、责任意识较强、踏实肯干。学生在北京冬奥会志愿者活动及重大安保活动中表现出色，赢得了各级领导、各界人士的一致好评。

2. 教师教学科研能力大幅提升

2016年侦查系获集体二等功、2名教师荣立个人二等功。2名教师获评"全国优秀人民警察""全国公安教育成绩突出教师""全省教育训练标兵"荣誉称号，2名教师被公安部聘为全国特约经侦研究员，2名教师被聘为公安部专家，2名教师入选河北省教

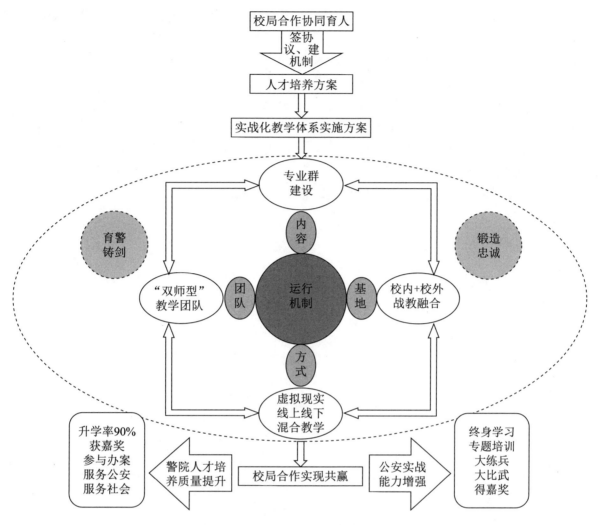

图 2 校局合作实战化教学体系模型

育评价改革和公安教育训练专家库，多名教师入选河北省公安厅教官库。在全国公安院校教学技能比赛中，2 名教师获一等奖，2 名教师获二等奖。校局共同完成公安部科信局项目《侦查终结报告书综合化改革研究》、河北社科基金项目《河北省公安机关治理风险性经济犯罪工作机制研究》等厅级以上项目 30 多项，发表《京津冀区域协同打击防控机制研究》《河北省新型毒品形势及对策》等论文 20 多篇。

3. 服务公安实战能力显著增强

2017 年和 2018 年，实战教官在公安部开展的经侦数据化情报导侦大比武活动中连续获二等奖，石家庄市公安局经济犯罪侦查支队连续 5 年被公安部评为"全国公安机关猎狐行动成绩突出集体"，2020 年 5 月被公安部经侦局评为"全国公安经侦系统情报导侦示范单位"。

4. 服务社会效能明显提升

组织学生参与"断卡行动"等宣传活动 15 次，通过省公安厅 App 和河北反诈中心抖音号等新媒体，联合推出反诈宣传漫画 21 期，成立"浦小侠"品牌工作室，每周推出新作品，作品被公安部刑侦局公众号和今日头条引用。

（二）推广价值

1. 学术研讨会经验分享

参加中国人民公安大学主办的"一流公安学科专业建设暨新时代公安教育发展学术研讨会"，围绕公安学学科建设与兄弟院校进行交流，从校局合作实战化层面分享经验，兄弟院校给予了较高评价。

2. 校际经验交流

与江苏警官学院等院校围绕实战教官引进机制、实训课程建设、实训教材开发、实验实训基地建设等内容开展研讨,深化成果经验交流推广。

专家点评:本案例聚焦公安职业教育实战化课题,以面向实战、服务实战为目标,以校局合作为基础和途径,通过建立教学体系运行机制、创新实践教学内容、共建实践教学基地、创新实践教学方式、打造实践教学团队,构建起"五位一体"实战化教学体系,破解校局合作机制不顺畅、专业课程与岗位实战需求融合度不够、教学方式不适应实战化教学要求、实验实训场所不满足实训需要、教师团队实践教学能力不足等问题。较好实现了"育警铸魂"的育人功能,较好实现了培养政治素质和专业能力"双过硬"的高水平应用型公安人才的培养目标。在推进公安职业教育改革、助力公安人才培养、提升校局合作效能、增强院校服务实战能力等方面具有较高价值,对公安院校具有一定的示范作用和推广意义。在今后的工作中,应进一步深化校局合作,推进产教融合实训基地建设。

创新数字财税类专业产教贯通一体化人才培养模式

黄菊英[1]　余志涵[1]　孙　鑫[1]　江　柯[1]　王　颖[1]　郭　悦[2]　蒋　坤[3]

1. 重庆城市管理职业学院
2. 航天信息股份有限公司
3. 重庆高新区政务服务和社会事务中心

摘要：重庆城市管理职业学院数智财经学院采用产教融合、政校企协同育人的人才培养模式，与行业龙头企业合作共同提高学生的综合职业能力；与政府、企业形成课程思政教学创新团队。依托重庆市第二批产教融合型深化专业（会计）项目和重庆市财经商贸共享实训基地、专精特新产业学院、金税文化馆和智慧政务服务中心等的建设，构建"3+1"人才培养基础和拓展场景，搭建校企纵横贯通、"四进双融"培养框架，形成"一条主线、四进双融、纵横贯通、评价保障"的数字财税类专业产教贯通一体化人才培养模式。自实践以来，显著提升学生综合能力和就业竞争力，明显提高校企双师型队伍执业能力，强力引领全国高职财税教学体系建设，为全国高职财税人才培养改革提供有效借鉴。

关键词：数字财税；四进双融；产教贯通；课程思政

一、实施背景与关键问题

（一）实施背景

落实立德树人根本任务，培养德智体美劳全面发展的社会主义建设者和接班人，加快建设高质量教育体系，是新时代教育工作的根本任务，也是教育现代化的方向和目标。《高等学校课程思政建设指导纲要》指出，全面推进课程思政建设，是落实立德树人根本任务的战略举措，是全面提高人才培养质量的重要任务。贯彻文件精神，重庆城市管理职业学院数智财经学院采用产教融合、政行企校协同育人的人才培养模式，与行业龙头企业合作共同提高学生的综合职业能力；与政府、企业形成课程思政创新团队。借助重庆市第二批产教融合型深化专业（会计）项目和重庆市财经商贸共享实训基地、专精特新产业学院、金税文化馆和智慧政务服务中心等的建设，累计投入2000余万元，形成"一条主线、四进双融、纵横贯通、评价保障"的数字财税类专业产教贯通一体化人才培养模式。

（二）关键问题

坚持产业导向，按照"培养目标—培养框架—培养实施—培养评价"思路，主要解决3个关键问题：

（1）专业培养目标与行业发展匹配度不高，职业素养与知识技能培养融合性不好，人才培养目标调整滞后于行业变革。

（2）培养框架与岗位变革适应性不强，缺乏财税管理与数字化技术应用能力培养，财税类专业学生就业质量不高。

（3）培养过程对培养目标支撑度不足，课程教学大多为模拟场景下的单一岗位、单一技能模拟实训，缺乏支撑财税岗位数字化变革的平台、课程、教材和师资。

二、主要做法

（一）主要内容

坚持社会主义核心价值导向、产业技术技能导向、社会适应能力导向，打造"一条主线、四进双融、纵横贯通、评价保障"的数字财税类专业产教贯通一体化人才培养模式，实现六个转变，如图1所示。

（1）培养目标以注重"知识技能培养"为主，向"价值塑造与知识技能构成铁三角"转变。

（2）培养框架以单一性重复型为主，向综合性管理型知识技能提升转变。

（3）培养过程以模拟培养模式为主，向课岗赛证

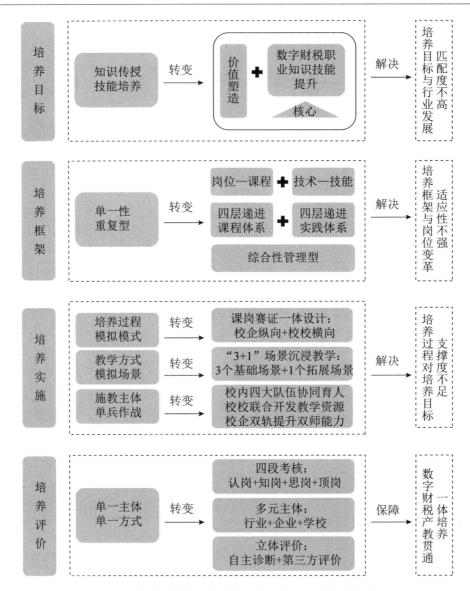

图 1　数字财税类专业产教贯通一体化人才培养模式

一体转变。

（4）教学方式以模拟场景教学为主，向多元场景沉浸式教学转变。

（5）施教主体以教师单兵作战为主，向校内四大协同、校校和校企双师队伍协作转变。

（6）培养评价以单一主体、单一方式为主，向四段考核、多元主体立体评价转变。

（二）主要做法

1. 以突出数字能力为核心，确立培养目标的"铁三角"

贯彻价值引领、知识传授、能力培养"三位一体"的教育理念，以立德树人为根本任务，以突出数字能力为核心，推进课程思政建设，确定人才培养目标。

一是德性培养目标，建立"德法兼修、诚信精业、经世济民"的价值塑造图谱，引领学生从社会人到职业人再向财税人成长，如图2所示。

二是知识技能目标，将数字能力贯穿到综合素养、专业基本知识技能、专业核心知识技能、专业拓展知识技能等4个方面，培养高素质财税技术技能人才，如图3所示。

2. 以职业能力递进为逻辑，重构"四进双融"培养框架

对接数智化发展趋势下的新岗位需求，推动课程岗位融通、技能技术融合，重构"综合素养—专业基本知识技能—专业核心知识技能—专业拓展知识技

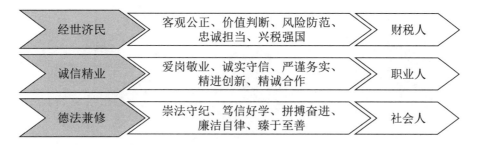

图 2 价值塑造图谱

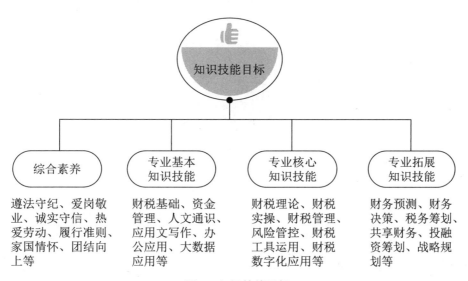

图 3 知识技能目标

能"的课程体系,建立"认岗—知岗—跟岗—顶岗"的实践教学体系,如图4所示。

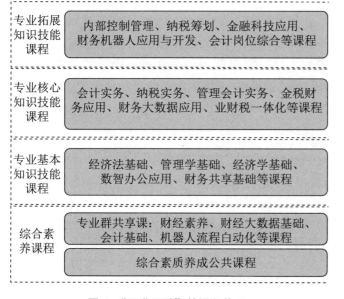

图 4 "四进双融"的课程体系

3. 以沉浸式教学设计为特色,实施产教贯通培养过程

实施"3+1"场景沉浸式教学,依托重庆市财经商贸共享实训基地建设,推进专精特新产业学院和金税文化馆建设,引企驻校建设数智财税应用中心和航天信息远程呼叫分中心,与重庆高新区政务服务和社会事务中心共建智慧政务服务中心,搭建"3+1"人才培养场景,即教学实训、生产实践和顶岗实习等3个基础场景,以及1个拓展场景——专业服务,人才培养从师生教学向师徒教练到师徒教做再到准员工试用一体延伸,从岗位角色模拟、综合技能训练、应用情境演练,再到专业服务逐层递进。最终实现校企纵向合作开发岗位规范流程,校校横向联合推进教学改革,贯通课岗赛证一体化技能提升体系,如图5所示。

4. 以内外协作配合为支撑,筑牢教育教学条件保障

(1)校内协同统整三全育人,贯通培养目标。建立"思想引领"机制,出台班主任、思政教师"四联系",课程思政建设等制度,建立"专任教师+辅导员+班主任+思政教师"的协同育人体系。

(2)校校联合开发教学资源,保障课程实施。校校联合携手企业深入岗位,对接流程技能要求,共建

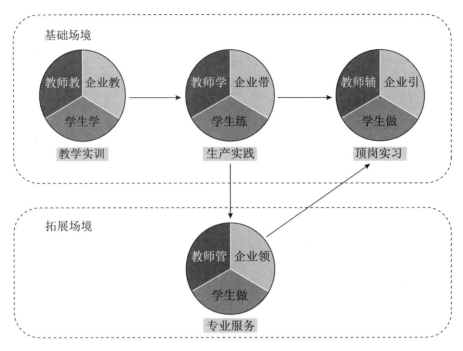

图 5 "3+1" 人才培养场境

共享金税财务应用、智能财税等精品课程。

（3）校企双轨提升双师能力，支撑教学实施。在企业设立实践基地和教师企业工作站，校企教师互融互通培养，提升校内教师财税专业技能、企业兼职教师实操指导能力；以"1+X"证书试点为抓手，提升教师数字化技术应用能力。

三、成果成效

（一）显著提升学生综合素质和就业竞争力

重庆城市管理职业学院数智财经学院的学生积极参加技能竞赛，获得国家级和省部级一等奖 7 项、二等奖 4 项、三等奖 4 项等；获国家奖学金 1 人次，国家励志奖学金 3 人次，省部级个人荣誉称号 51 人次，社会实践优秀团队 1 次等；专升本上线率年年攀升，平均初次就业率在 98% 以上，就业面拓宽到大中型企业。

（二）明显提高校企双师型队伍的执业能力

重庆城市管理职业学院数智财经学院的教师获评全国优秀教师 1 人、优秀指导教师 3 人；获评重庆市教书育人楷模 2 人、会计领军人才 2 人、优秀指导教师 23 人、优秀裁判 2 人、课程思政教学名师 8 人、专业带头人 1 人；并有"1+X"证书全国特聘教师和主讲教师 11 人。学院现有重庆市级课程思政教学团队 1 个、年度最佳在线教学团队 1 个、月度最佳在线教学团队 1 个。

（三）教学资源成果丰硕

重庆城市管理职业学院数智财经学院现有重庆市级课程思政示范建设项目 1 项、在线开放课程 4 门、中泰职教联盟课程 1 门；开发校企双元教材 10 部，"十二五""十三五"规划教材 8 种，财政部规划教材 1 种，省级优秀教材 3 种，教育部产教融合案例 2 项。同时，学院多次受邀参加世界工业互联网大会、全国财税交流会等，向超过 1000 万人次分享经验做法。

四、经验总结

本案例形成了理念、内容和方法 3 个层面的经验和创新。

（一）理念创新

以突出数字能力为导向，确定财税类专业人才"德技双修"培养目标，率先提出按照"德法兼修、诚信精业、经世济民"的价值塑造图谱。

（二）内容创新

重构数字财税职业能力"四进双融"的培养框架，依托校校联盟、校企联合在全国率先启动课程改革，建设"双元双融"课程教材资源；课程岗位融通、技能技术融合，建立数字财税职业能力四层递进的课程体系和教学实践体系。

（三）方法创新

建成"全业务链生产性产教基地"，采取"3+1"场景沉浸式贯通培养。

五、推广应用

本案例取得丰硕的推广应用成果。借助作为财税行业引领者的航天信息股份有限公司在全国31个省、自治区、直辖市和5个计划单列市拥有36家省级服务单位、1100余家基层服务单位的优势，联合成立航天信息财税产教联盟。通过打造专精特新产业学院、建设金税文化馆，基于"技术引领，业务贯穿，行业互通"的理念，构建基于数智财税业务全流程、成渝地区乃至全国可借鉴的新型人才培养模式。通过与重庆高新区政务服务和社会事务中心合作共建智慧政务服务中心，采用产教融合、税校企一体的模式，为学生提供学习锻炼的机会，为纳税人提供便捷的政务服务，有效提高学校的职教水平。

专家点评：本案例采用产教融合、政校企协同育人的人才培养模式，依托重庆市第二批产教融合型深化专业（会计）项目和重庆市财经商贸共享实训基地建设、专精特新产业学院建设、金税文化馆建设和智慧政务服务中心建设，通过政行企校优势互助、协同创新、共享共赢，搭建"3+1"人才培养基础场景和拓展场景，形成"一条主线、四进双融、纵横贯通、评价保障"的数字财税类专业产教贯通一体化人才培养模式。案例所构建的人才培养模式，对于各类有较好课程思政和产教融合基础的院校具有普适性，可推广性较好；为各类院校财税类专业的人才培养提供创新样板和特色标杆，具有较高的应用价值。

产教融合视域下现代国土工匠培养体系探索与实践

柳汉丰　　游水凤　　王宇飞　　刘旺生　　刘　磊

江西应用技术职业学院

摘要：为培养能够适应国土资源行业发展需要的技术技能人才，江西应用技术职业学院探索形成了"三三四"校企协同现代国土工匠培养体系。以职业教育集团为依托，搭建产业学院、技术服务中心和大师（产业导师）工作室三个平台，校企合作打造高水平教师团队、开发高质量教学资源和创新体制机制三项保障，丰富现代国土工匠内涵，校企共育，实现产教深度融合。

关键词：现代国土工匠；"三三四"；产教融合；校企协同

一、实施背景

国土资源行业是国家统筹推进"五位一体"总体布局和协调推进"四个全面"战略布局的战略性、基础性行业。当前，国土资源工作的结构、内容和要求正在发生深刻变化。其一，生态文明建设拓展了国土资源人才培养的新领域，在"山水林田湖草沙"生命共同体理念的指引下，矿山环境恢复治理、国土空间规划、国土空间生态修复等新行业不断出现。其二，面对我国地质灾害数量大、分布广、危害大等特点，对重大地质灾害隐患点须进行实时化、自动化、智能化监测，新手段、新方法不断涌现。其三，"3S"、云计算、大数据、"5G+"、无人机、遥感遥测等新兴技术，迫切需要加速推进国土资源工作的数字化、智能化改造。

新领域不断拓展，新技术、新方法不断涌现，国土资源领域的工作岗位职能不断变化，职业教育供给滞后于国土资源发展需求，行业企业招不到合适的人才，校企之间合作紧密度需要深化，迫切需要培养能够适应岗位能力要求的国土工匠。江西应用技术职业学院国土资源调查与管理专业群在改革中寻求突破，用人才培养质量说话，探索形成行业特色鲜明的校企协同现代国土工匠培养体系。

二、主要做法

（一）产教融合搭建平台

为深入推进校企协同育人，学院与江西省地质局等近200余家行业企业、部门合作，牵头组建江西国土资源职业教育集团，以集团为依托，进一步深化产教融合，组建产业学院、技术服务中心和大师工作室，支撑现代国土工匠培养。以三个平台为支撑，专业群创新治理体制机制，优化职业教育供给，形成了多元办学格局，有力推动教育链、人才链与产业链的无缝对接。

1. 产业学院

与华测检测认证集团等行业龙头企业共建国土资源学院等3个产业学院，实现校企专业共建，师资共享，人员互聘互用，企业成为学校人才培养的参与者、合作者，构建形成了校企主体协同（双主体）、身份协同（双身份）、标准协同（双标准）、师资协同（双师资）、课程协同（双课程）、环境协同（双环境）等六大协同育人体系和稳定运行机制。

2. 技术服务中心

学校发挥专业群学科和人才优势，成立立达科技开发有限公司等两个技术服务中心，紧扣产教融合主线，师生共组项目组，承接生产项目和技术攻关，将课堂设在生产一线，教师在技术服务中掌握行业的前沿技术，学生在真实生产实践中掌握岗位技能。

3. 大师工作室

依据专业群特点，引进行业大师，建立"勘察大师"等4个大师工作室，以"大师+项目+教师+学生"的形式，开展技术创新和技术攻关，通过结对拜师，指导青年教师提升实践能力，指导学生实训教学、参加职业技能竞赛、参与创新项目实践，在技研发、人才培养、技艺传承等方面传承大师的"国土工匠"技艺。

（二）校企合作提供保障

1. 校企合作打造高水平教师团队保障

依托产业学院、技术服务中心和大师工作室，引进培养结合、产学研并重，实施教师能力提升工程，通过"六定"——定目标、定任务、定人员、定时间、定实施办法、定考核标准，层层落实，稳步提升教师综合素质和职业能力。

服务企业做科研。瞄准区域内国土资源行业转型升级重点和难题，凝练优势科研方向，整合校企优势科研资源，联合技术攻关，形成技术研发成果并转化应用。

2. 校企合作开发高质量教学资源保障

对接国土资源调查评价、分析检测和国土资源信息管理等岗位群，以职教集团为支撑，依托三个平台，校企联合组建团队，开发研制专业教学标准，将生产项目转化为教学案例，通过对生产项目成果的有效转化，融入行业产业升级新技术、新工艺、新规范，建设活页式教材、实训指导书、生产教学案例、微课和试题库等。

3. 校企合作创新体制机制保障

校企协同机制。为吸引企业与学校深入开展合作，学校制定校企合作项目管理办法、产业学院管理办法等；为提升二级学院与企业合作的积极性，学校制定了校企合作目标管理考核办法等。这些制度和办法的制定，确保了产教融合、校企合作全过程有章可循、行之有效，同时也提升了质量和效益。

职业核心能力达标制。制定并实施学生职业技能达标制度，对接岗位群专业技能要求，校企联合制定达标方案，每项技能作为一门课程进入人才培养方案，覆盖所有学生，人人过关。

真实生产项目训练制。制定并实施学院产教融合项目管理办法，依托三个平台，校企合作承担基金项目、生产项目、技术扶贫等项目，教师和学生人人参与，教师在生产中提高工程实践、工程教学和工程管理能力，学生在实战中全面提升工程素养，升级"教"与"学"方法，每个项目结束后，对参与的学生进行考核。

职业技能竞赛制。建立"校—省—国家"三级竞赛平台，在大师工作室、产业学院和技术服务中心校企合作共同开展职业技能竞赛培训，要求所有学生都参加校赛，遴选校赛优秀学生参加省级技能大赛，顶尖选手参加全国职业院校技能大赛、中国技能大赛和全国大学生地质技能大赛等，让人人都有出彩的机会。

（三）多措并举共育国土工匠

1. 德育引领，塑造现代国土工匠精神

依托职业教育集团，深入开展行业专家进课堂、企业文化进校园等活动，将思想政治教育元素融入专业课程教学，以理想信念和社会主义核心价值观统领匠心塑造，聚焦国土资源行业文化、红色文化、工匠文化和校园文化传承融合，推动理想信念和社会主义核心价值观内化于心、外化于形，厚植以地质"三光荣""四特别"为内核的行业文化，立德树人，提升学生的综合素养。

2. 技能引领，培养现代国土工匠专业核心技术技能

根据校企联合制定的达标方案，在产业学院、技术服务中心和大师工作室进行考核。例如，以"地质罗盘的使用及地质标本鉴定""地质工程编录""路线地质调查"为核心技能进行达标考核。

3. 项目引领，培养学生岗位综合能力

以技术服务中心为依托，教师带领学生共组项目组，对外承接技术服务项目和技术攻关项目，教师在技术服务中掌握行业的前沿技术，学生在生产实践中掌握岗位技能。在校期间，每个学生至少参加1项真实生产项目，每个项目结束后，教师对参与的学生进行考核。

4. 导师引领，培养学生创新创业能力

依托江西应用技术职业学院大学生创新创业学院、大学生创新创业园、职教集团等优质资源，校企合作打造了国土资源调查与管理专业"全面覆盖、全程融入、三级递进"的创新创业教育体系，实施"创新创业导师制"，以"创新思维－创新实践－创业行为"三级递进为着力点，构建形成了内外结合、校企协同、理实一体的创新创业课程体系，实现创新创业课程与专业教学的融合。构建国家、省、校三级大学生创新创业技能竞赛体系。实施创新创业支持行动，组织企业能工巧匠、技术专家、企业家、高技能人才等建成兼职创业导师队伍。

三、模式提炼与创新

(一) 模式提炼

基于以上实践，总结提炼了"三三四"校企协同现代国土工匠培养体系，如图1所示，即以三个平台为支撑，以三项措施为保障，以四项内涵为一体。

(二) 创新点

1. 丰富"现代国土工匠"概念及内涵

结合国家生态文明建设、美丽中国等时代背景，以及国土资源行业岗位要求和职业教育的特点，提出了"现代国土工匠"的概念。其内涵有三：其一，能够适应新时代国土资源事业发展，有"新结构""新质量"；其二，具有国土工匠精神，既有追求卓越的创造精神、精益求精的品质精神，同时也有地质工作者所特有的"三光荣"精神和"四特别"精神；其三，具有较高的职业核心能力，能够适应地质调查员、地质实验员等工作岗位，毕业后能够实现毕业与就业的无缝对接。

2. 创新"实战强技能、人人能出彩"的现代国土工匠培养方法

创新构建"学校+项目""学校+企业+项目"等实践教学方式，师生共组项目教学组，承担生产项目，在实战中强化学生岗位技能，形成"专业紧跟行业、技术服务反哺教学"的协同育人途径。实施职业核心技能达标制，搭建"学校—省（行业）—国家"三级竞赛平台，提供"人人出彩"的机会。通过课程思政，教师引导，创新开展"工匠精神+地质三光荣精神"的德育引领模式。

四、效果评价

江西省国土资源职业教育集团获批全国示范性职业教育集团培育单位。近3年，技术服务中心年均产值超3000万元，获国家教学成果奖二等奖1项，校企合作主编职业教育国家规划教材7部，打造了4支省级教师教学创新团队，省级大师工作室1个，"双师"率达96%。近3年，教师申请专利25项，完成国家自然科学基金项目2项，获批自然资源部重点实验室1个。

学生职业能力不断提升，获全国职业院校技能大赛团体一等奖9项；两次获全国大学生地质技能竞赛（高职组）第一名；获中国"互联网+"大学生创新创业大赛金奖1项；获全国"大学生创业英雄年度

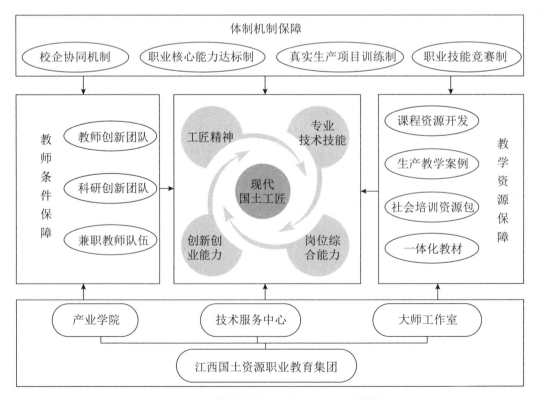

图1 "三三四"校企协同现代国土工匠培养体系

100强"1人；获团中央"践行工匠精神先进个人"优秀奖2人；获全国"奋斗·青春"大学生创业就业典型人物事迹表彰1人。近3年，毕业生就业率达96%，专业对口率达92.5%，社会满意度达95.5%。

专家点评：该案例通过实施"三三四"校企协同现代国土工匠培养体系解决了人才培养中的下列问题：一是学校与企业、行业衔接不畅，难以及时体现行业及企业的新发展、新要求；二是教学内容滞后于行业发展，获取行业新技术、新方法的途径有限，导致课程体系不能有效对接岗位职业标准；三是，未将学生职业核心能力摆在重要位置，学生学习期间未能参与真实项目生产，职业核心能力不强，职业素养难以形成。该案例为职业院校工匠培养体系构建提供了范例，在理论上有突破，在机制上有创新，在育人上有成效，对其他职业院校资源环境与安全大类专业的建设具有示范作用和推广价值。

公办院校混合所有制办学模式探索与实践

戴冬秀　温振华　陈　衡　陈玲玲　汪　玲

武汉职业技术学院

摘要：本案例呈现了公办院校通过建立混合所有制都市丽人服装产业学院深化校企合作、提升人才培养质量的实践，解决了高职院校产教融合面临的3个问题，即校企合作双方利益诉求点不同导致合作意愿不平衡、企业和学校主营业务不同导致产教融合深度不够、产教融合缺乏长效机制影响校企合作的可持续性。提炼出公办院校实施混合所有制办学的"五要素三机制"，即品牌资产、教学资源、技术资源、人力资源和研发基地等5个要素，权责制约机制、运行管理机制、共享共赢机制等3个机制。主要举措是探索混合所有制办学，共建都市丽人服装产业学院；开展双主体育人，实施"六共同"人才培养；创新教学体系，实施"岗位晋升式工学交替"；推行现代学徒制，提高培养质量。

关键词：公办院校；混合所有制；产业学院；产教融合

一、背景及关键问题

武汉职业技术学院纺织与服装工程学院（以下简称"纺服学院"）按产业链设置专业，构建服装与服饰设计专业群，共开设服装与服饰设计、服装设计与工艺、时尚表演与传播等五个专业，全方位满足产业链所需人才。在长期的校企合作实践中，武汉职业技术学院面临三个问题：一是校企双方利益诉求点不同导致平等合作不易；二是达成合作协议后校企双方工作重心不同导致产教融合深度不够；三是校企双方进行产教融合缺乏长效机制导致可持续性不强。学校联合都市丽人实业有限公司，从2013年开始以"订单班"进行"校企协同育人"试点，2015年校企共建混合所有制的"都市丽人服装产业学院"，通过10余年的探索改进，形成公办院校背景下的混合所有制办学模式的实践经验。

二、主要内容与做法

（一）实践历程

2010年，武汉职业技术学院纺服学院以省级课题"项目团队式教学模式研究与实践"开始探索"校企共建教师团队、联合授课、共同培养"的教学模式。2013年与都市丽人实业有限公司举办"校企联合培养订单班"，试验"校企混合优质资源"的人才培养模式。2015年与都市丽人实业有限公司共同成立了湖北省第一个混合所有制的二级学院"都市丽人服装产业学院"，进一步深化理论，在专业设置、人才培养、职业培训、技术研发、实习就业、校内实训基地等方面紧密合作，以"双主体"办学为平台，实践混合所有制人才培养机制。

（二）具体做法

1. 探索混合所有制办学，共建都市丽人服装产业学院

如图1所示，都市丽人服装产业学院成立理事会，按理事会章程进行学院治理，由学校校长与企业董事长共同担任联席理事长，政、校、企"三方"相关负责人担任理事，二级学院院长担任执行院长，双方成立联合办公室，按校、企人员4∶6的比例组建教学指导委员会。

都市丽人服装产业学院的各部门和人员均明确权责，双方协同运行；企业投资建设校内大学生样板店并定期升级，每年投入50万元用于企业专家来校教学、学生实习等补贴，根据产业链打造智能化、信息化产业基地，成立生物质染织工艺室、生物质与抗菌材料校级科研重点实验室，开发生物染织新工艺和生物质纤维与抗菌新型材料，共建完整的服装生产线、产品设计研发中心、员工培训基地；累计1068名学生到企业"带薪跟岗、顶岗实习"，已在都市丽人公

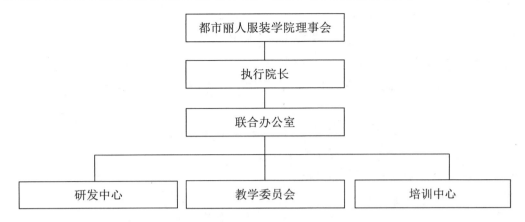

图1 都市丽人服装产业学院组织机构

司就业的毕业生有60%成长为管理骨干。

2. 开展双主体育人，实施"六共同"人才培养

通过校企双方共同设置专业、共同制定人才培养方案、共同开发专业课程体系、共同建设教学团队、共同实施教学过程、共同开展学业考核的"六共同"的人才培养，淬炼形成混合所有制运行管理机制。共同设置专业方向，共同制定教学标准、课程标准、岗位合格标准、质量监控标准及实施方案，拟定招生、教学、实训、师资、经费等管理制度，规范人才培养过程。

共建校企"双融合"团队。企业专家担任兼职专业带头人，承担专业建设、教学任务。累计20名企业专家承担了服装设计、制作、运营等40%的课程；学校教师参与技术研发和商业项目，为企业开发产品超百个，培育出高水平"双师型"教师。

共建"多元双向"评价体系，即：以制度为依据，以培养质量为核心，以"师/生、师/徒"为多元主体开展双向考评。学生通过考核，逐级获取企业设计秘书、导购员、设计师助理、店长助理、设计师、店长等初、中、高级岗位合格证书，取得国家职业资格证书，学业合格后获得学校的毕业证书，形成"三证"毕业标准。

3. 创新教学体系，实施"岗位晋升式工学交替"

校企共同开发适用于现代学徒制的"岗位晋升式工学交替"人才培养模式：以岗位标准和任务设置"能力递进培养"的教学内容，教学既有专业知识体系作为骨架，又有企业实践提供技能提升的保证；以"校内教学—企业跟岗—校内提升—企业顶岗"的工学交替形式教学；学生以"学生/学徒"双重身份学习，教学过程则以校企双导师共同完成，使教学内容与企业岗位要求无缝衔接，学生在校期间即可积累工作经验和业绩，就业时直接从中级岗位开始任职，大幅提升就业质量。

4. 提高培养质量

推行现代学徒制。2015年，服装与服饰设计专业获批教育部首批现代学徒制试点，围绕1个标准（岗位工作标准）、签订2份合同（校企、生企）、用好3块资金（政府、学校、企业）、解决4个问题（企业招工难的问题、企业用工稳定的问题、劳动者收入的问题、劳动者自我价值实现的问题），实现招生即招工、入学即入企、毕业即就业的完美对接。

实施工学交替模式。在第1、3、5学期进行校内部分教学，校企双导师授课。第4、6学期，学生作为准员工分二次入企，直接上司担任顶岗实习导师，校内教师只需通过实习App全程观察学生的实习表现，远程监控学生在实习岗位工作完成情况。顶岗实习结束后，由学校和企业教师共同完成学生岗位工作胜任能力测试和岗位考核，考核合格的学生，可直接以店长助理的高起点岗位入职。

三、经验萃取

（一）公办院校混合所有制办学"五要素三机制"模式

公办院校的所有权问题一直是混合所有制办学的难点问题，在不转移国有资产的前提下，校企双方的优势资源通过"混合"实现1+1>2的成效。《国务院关于加快发展现代职业教育的决定》提出的"探索发展股份制、混合所有制职业院校，允许以资本、知识、技术、管理等要素参与办学并享有相应权利"提供了理论指导，纺服学院经过多年从实践到理论、再从理论到实践的探索，总结公办院校混合所有制办学的资源混合五要素和产教融合三个机制的模式。

在学校和企业之间，各寻找5个趋同要素，如图2所示，通过混合使校企的利益趋同、资源共享、优势互补，合作更为深入。五要素混合后是否能实现增值，成为学校遴选合作伙伴的基本准则。

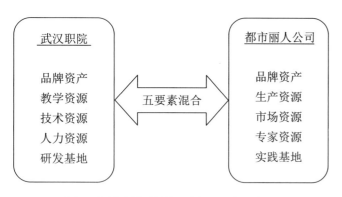

图2　混合所有制资源混合5要素示意图

（二）经验总结

1. 理念契合是基础

校企合作的深度取决于双方对品牌价值、教育与人才培育理念的认同度，只有志向相同的校企双方，才能长久地结成人才共育的命运共同体，让要素混合成为可能。

2. 人才共育是根本

校企双方的核心利益诉求是人才培养，学校肩负立德树人的使命，而企业则需要熟手和能手。校企双方深度合作，通过共建的师资团队深入推行现代学徒制，有效将企业文化、企业技术融入专业教育过程，能确保学校培养的人才符合企业需要。

3. 要素混合是关键

在要素混合上，尽量选择双方的优势资源，该案例从品牌资产、教学资源、技术资源、人力资源、研发基地等五个要素进行混合，从而能确保在产出点上校企双方有共同诉求。

4. 运行机制是保障

该案例建立了"混合所有制的权责制约机制、运行管理机制、共共享共赢机制"，实施"岗位晋升式工学交替"人才培养模式，使校企合作深度高效、混合所有制运行长效、人才培养质量提高、校企人才资源共享增效。

四、成效评价与推广价值

（一）成效评价

1. 人才培养质量显著提升

学生在服装设计、服装制版与制作、创新创业等方面得到全方位成长，在全国职业院校技能大赛、世界技能大赛、中华人民共和国第一届技能大赛等重大赛事中共获得奖项50多个；学生参加大学生"互联网＋"创新创业大赛和挑战杯分别获国家铜奖2个、银奖1个。师生共研，获发明专利2个，外观专利和实用新型36项。毕业生就业质量显著提升，就业率保持96%以上、对口就业率85%以上、用人单位满意率95%以上，60%的毕业生三年内成长为企业技术与管理骨干。

2. 教师综合能力显著增强

自混合所有制办学模式实施以来，教师团队教科研能力显著提升，获批服装设计省级技能大师工作室、建设生物质染织工艺科研实验室，教师获得新材料发明专利2项，内衣设计外观专利2项、服装面料实用新型2项，教师能力大赛分别获省级、国家级奖项3个。

3. 社会影响力日益扩大

作为典型案例在教育部职业技术教育中心研究所"校企合作双主体办学案例研讨会"、教育部"首批现代学徒制试点交流活动"、全国纺织服装行指委会议等10多个全国重要会议上展示；相关新闻被《中国经济导报》、《中国纺织报》、《长江日报》、湖北电视台、武汉电视台、搜狐网、腾讯网等18家媒体报道39次，获得广泛赞誉。

刘延东、顾秀莲等国家领导人莅临视察，省、厅各级政府领导多次来院参观；德国萨克森经济教育协会、美国托莱多大学国际教育联盟等30多个国外教育机构来校访问；杭州职院、苏州职大、新疆职大、宁夏职院等全国25个省市的60多个兄弟院校来校交流，真维斯、都市丽人等企业常年为在校生提供奖学金。

（二）推广价值

该案例适用于公办院校与企业间的部分资源混合所有制实施，也适用于公办院校以混合所有制组建产业学院。在校企双方"以资本、知识、技术、管理等要素参与办学并享有相应权利"的混合所有制办学模式方面积累了成功的实践经验。该案例的主要应用场景是学校出场地、教育等相关资源，企业投入资金、技术和人力资源的场景，或以同种格局投入组建的产业学院。

专家点评："共赢"和校企双方需求得到充分满足是校企合作、产教融合的基础，也是校企合作、产教融合可持续发展中的核心问题。混合所有制办学模式在服装类专业建设中的探索，用理念契合+"五要素"求同的方式作为遴选合作企业的标准，有效解决了校企双方合作意愿不平衡问题；成立混合所有制的都市丽人服装产业学院，用治理体系有效解决了校企双方工作重心不同、产教融合深度不够问题；建立权责制约、运行管理和共享共赢等三个机制有效解决了校企合作的长效可持续问题。形成了学校、企业、学生三方共赢的"铁三角"，取得了较为丰富的实践成果，具有一定的启发性和推广价值。但也还存在着进一步改进的空间，如校企双方在管理方面的衔接如何做到更加精细化、双方教学团队的能力如何进一步提升、双方提供的教学内容如何更加精准有效等问题都需要进一步探索和实践。

"政行企校"共促"双元"育人,"岗课赛证"引领"三教"改革

孙奇 杨迎

北京信息职业技术学院

摘要：北京信息职业技术学院在推进中高本贯通建设过程中，以产教融合为主线，以建立信息安全工程师学院、全国信息安全职教集团高水平校企合作为抓手，创新校企合作模式、人才培养模式，一体设计"岗课赛证"融通课程体系、建设高水平专兼混编师资队伍、构建"三位一体"实践教学场所、开发校企合作课程资源、变革教学组织形式，有力地推动了信息安全人才培养中的技术链、人才链、产业链的有效衔接，形成了"产教融合程度深、人才培养质量高"的良性专业发展局面。

关键词：政行企校人才培养；"双师"教师；岗课赛证

一、实施背景

2017年，北京信息职业技术学院信息安全与管理专业与北京信息科技大学开始实施7年一贯制教育。贯通教育以培养信息安全技术高端技术技能人才为目标，服务北京市软件与信息服务支柱性产业。在人才培养过程中主要面临以下问题：

（1）人才培养模式亟待改革：教学内容传统，信息安全新技术、新标准、新规范等要素融入不够；教学组织形式和教学方式与信息化时代的精准、个性化教育的内生性要求存在差距。

（2）校企合作程度不够紧密：信息安全技术人才培养的技术链、人才链、产业链不能有效衔接；校企双方的人才资源、技术资源、人力资源、场地设备资源不能充分共享。

二、主要做法

（一）构建校企合作长效机制，探索校企合作新模式

2018年，北京信息职业技术学院在北京市教委的支持下，与神州泰岳集团成立"神州泰岳信息安全工程师学院"。工程师学院主要围绕人才培养、资源共享、技术创新、社会服务等四个方面进行建设。

2019年7月，北京信息职业技术学院联合60多所院校、40多家信息安全行业企业成立了全国信息安全职教集团。运用现代信息技术建立和完善市场化、专业化、开放共享的产教融合信息服务平台，依托平台汇聚区域和行业人才供需、专业建设、项目研发、技术服务等各类供求信息，实现行业、企业、学校优势互补。研制《信息安全与管理专业教学标准》《信息安全技术应用专业实训条件建设标准》，携手推动标准的落地应用；与集团企业共同承办北京市职业院校技能大赛和"神州鲲泰杯"全国信创技术应用大赛；与集团成员企业携手承担网络系统组建与运维、网络安全评估、网络安全运维的"1+X"职业技能等级证书培训，服务北京职业院校师资培训基地建设。

（二）校企协同创新人才培养模式，"岗课赛证"一体化设计课程体系

为了提升贯通人才培养质量，充分调动"政行企校"4个方面的积极因素，在北京市教委和电控公司的支持下，北京信息职业技术学院凝练出"双导师、工程化、递进式"人才培养模式，如图1所示。该模式对标信息安全主流工程实践能力，以网络安全运维工程实践能力、渗透测试工程实践能力、网络安全工程实践能力、数据备份与恢复工程实践能力为驱动，构建单元项目、课程项目、综合项目、岗位项目的模块化课程体系。在课程教学实施过程中围绕企业岗位

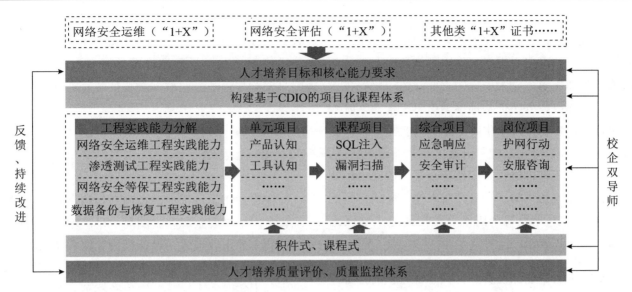

图 1 "双导师、工程化、递进式"人才培养模式

的技能要求，结合职业院校技能大赛"信息安全管理与评估"赛项要求，匹配"1+X"职业技能等级证书标准，实现"岗课赛证"有机融通，如图 2 所示。

（三）校企共建"双师"教师培训基地，建设优质专兼混编师资团队

在贯通专业办学过程中，针对专业教师工程实践能力缺失的问题，2020 年，北京信息职业技术学院与职教集团骨干单位 360 集团共同申报了北京市信息安全类教师"双师"教师培训基地项目。该项目充分发挥了 360 集团在信息安全行业的领导力量，将 360 集团在政府行业、石油化工行业、智能制造行业、金融行业、轨道交通行业、电力行业中应用的红蓝对抗技术、重保技术、样本检测技术、安全检查技术、渗透测试技术、代码审计技术、应急响应技术等引入师资培训内容。借鉴现代学徒制模式，北京信息职业技术学院与华为技术有限公司共同开展"百舸计划"，弥补学校理论学习到企业项目实践的差距，实现从知识到技能的转化。企业导师将企业文化、职场礼仪、项目实施与交付等融入育人全过程，提升学生的岗位适配能力。目前，学院已经构建了专兼混编的高水平师资教学团队。

（四）构建"三位一体"实践教学场所，培育工匠精神

北京信息职业技术学院建立了校内实训基地、校

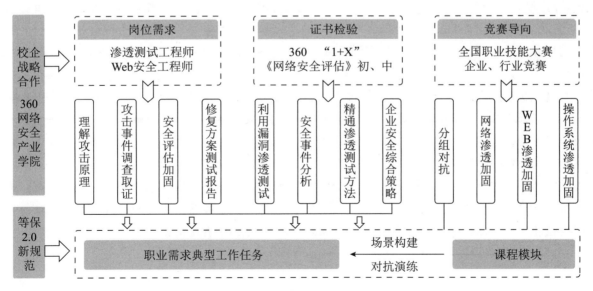

图 2 "岗课赛证"融通模式

外实训基地、信息安全创新工作室三位一体的工程师学院实践教学场地。校内实训基地面向全部学生，培养基本技能；信息安全创新工作室是信息安全人才创新培养、社会服务、技术积累的重要载体，培养技术技能拔尖人才；校外实训基地接纳信息工程师学院的学生进行顶岗实习，使学生参与企业的实际工程，为高质量就业打下坚实基础。开展"大师大讲堂"活动，聘请企业工程师进行专业教育启蒙、职业生涯规划、工程实践案例讲解，培育精益求精、爱国护网的匠人精神。2019年获得全国职业院校技能大赛网络安全与评估（高职组）一等奖。

（五）校企共建专业课程资源，共享课程资源成果

专业依托职教集团骨干企业，与华为、奇安信等企业深入开展信息安全课程资源建设。重点建设网络互联技术、网络安全产品配置与管理、Windows操作系统配置与安全、Linux操作系统配置安全等4门核心课程资源。基于国家资源库课程资源建设成果，实现所有专业课程全部上线，服务500余名学生的线上学习，以课程资源为基础，以学习者为中心，以"线上线下、实时交互"为主线，多种教学方法并举开展教学。构建"课前预习、课中学习、课后拓展"全域学习空间。课前通过"北信在线"学习平台，实现自主预习；课中以项目为载体，分组教学、演示讨论解决课程重难点。课后布置拓展作业，通过探究学习，提升技能。

三、成果成效

在贯通培养过程中，北京信息职业技术学院依托高水平校企合作，建设"十三五职业教育国家规划教材"2部（《信息安全基础》《计算机组装与维护》）；2018年建设国家职业教育资源库课程5门，其中网络互联技术、虚拟化技术等两门课程上线智慧职教平台，服务全国4000名在线学习者；2019年校企合作完成教委纵向课题2项、校级科研课题2项；教师团队中2人被评为"筑梦电控人"、4人被授予"北京市职业院校技能大赛首席指导教师"荣誉称号；2020年申报实用专利2项、计算机软件著作权1项；主持教育部《信息安全与管理专业教学标准》《信息安全技术应用实践教学条件标准》开发；2019年，学校信息安全与管理专业群入选首批教育部高水平专业群建设。

四、经验总结

在贯通培养过程中，通过开展信息安全工程师学院、全国信息安全职教集团高水平产教合作形式，不断创新人才培养模式、设计模块化课程体系、建设高水平实训实践基地、丰富课程资源建设，破解专业建设过程中实践能力缺乏、岗位衔接不充分、产教融合程度不深等制约专业发展的关键性因素。在实施过程中，进一步完善企业典型项目教学化改造、工程师学院混合制经营方式、工学交替等工作。

五、推广应用

本案例适用于有一定校企合作基础的高职计算机类相关专业。在校企合作中要注意规章和制度的建立；打通企业和院校人才资源流动瓶颈；激活企业参与教学的活力，通过开展技术服务项目、校企横向课题、校企共建专业课程，推动专业和人才培养高质量发展。

专家点评：该案例较好解决了贯通本科高端技术技能人才培养过程中所面临的人才培养模式创新、产教融合不够紧密、师资能力薄弱等关键性问题。通过整合和优化"政行企校"四方面资源，建设以工程师学院、职教集团为特征的高水平产教融合平台，实现资源共建、技术共享、人才共育的高水平校企"双元"育人格局；以"岗课赛证"融通为基础，形成在团队建设中"赋能"教师，在课证融通中"升级"教材，在教学实践中"创新"教法的生动、活泼的"三教"改革局面，推动了专业的高质量发展，为高职院校落实校企合作、产教融合政策精神，推动教育教学改革提供了有益借鉴。

高职自动化类专业校企融合，"一体五融四创"人才培养的探索与实践

张伟　刘铭　黄崇富

重庆工程职业技术学院

摘要： 为解决企业深度参与职业教育缺乏有效机制，人才培养的课程内容与岗位能力、大赛技能、证书标准和创新教育项目有机融通不足，人才培养的创新教育缺乏系统设计和有效实施等问题，打造校企联合实践与创新共同体，深挖岗位需求、大赛技能、职业证书、创新项目蕴含的课程内容与能力标准，系统设计和实践人才创新能力培养新途径，重庆工程职业技术学院形成了"一体五融四创"人才培养模式改革实施方案。

关键词： 自动化；产教融合；人才培养模式

一、背景与关键问题

装备制造业是国民经济发展的基石，围绕实现制造强国的战略目标，我国于2015年发布《中国制造2025》，2016年公布《中国智能制造"十三五"规划》，将智能制造作为主攻方向，不断推进制造业数字化转型升级改造。在我国制造业数字化转型升级过程中，虚实融合、柔性制造、协同制造等新技术需要更多的高素质复合创新型技术技能人才，但现有的自动化类专业人才培养存在企业参与机制缺失、课程内容陈旧、创新教育缺乏路径等问题，造成企业缺乏深度参与的有效机制，人才培养的课程内容与岗位能力、大赛技能、证书标准和创新教育项目没有有机融通，人才培养的创新教育缺乏系统设计和有效实施等。

为了解决以上问题，重庆工程职业技术学院围绕服务重庆装备制造支柱产业，与相关企业进行深度融合，形成"一体五融四创"人才培养模式，打造校企联合实践与创新共同体，深挖岗位需求、大赛技能、职业证书、创新项目蕴含的课程内容与能力标准，系统设计并实践人才创新能力培养新路径。

二、主要内容与做法

（一）着力"一体"建设，打造校企创新联合体

（1）创新联合机制。围绕服务重庆装备制造支柱产业发展，在机械行指委指导下，与重庆潍柴、重庆金康、益海嘉里等企业深化合作机制，打造校企创新联合体，为校企深度合作提供"工程蓝本"。

（2）搭建育人平台。基于创新联合体，搭建育人平台，建立工业机器人与矿山智能装备系统应用重庆市高校工程中心等5个市级中心和院士工作站、大师工作室、博士工作站等，签订"潍柴工匠"班等12个定向班，推进校企合作纵深发展，促进"双元"育人。

（二）深化"五融"改革，绘制课程体系"谱系图"

（1）岗位能力融入课程。剖析岗位对人才能力的新需求，提炼岗位项目蕴含的工匠精神、岗位标准、职业技能，重构模块化课程体系。

（2）证书标准融入课程。引入中、高级职业技能证书标准，课程模块对应证书内容，课程标准对接证书标准，推进课证融通。

（3）大赛规程融入课程。参照大赛项目，解析大赛规程，提炼技能模块，融入课程项目，促进课赛融通。

（4）创新教育融入课程。依托教学、大赛、技研等活动，将创新教育融入学生技能培养，整体培育创新能力。

（5）形成"五融通"课程体系。将岗位、课程、

大赛、证书、创新五大元素有机融入人才培养中，按照技能培养逻辑，建构人才培养新"谱系图"，促进复合创新型技术技能人才培养。

（三）开辟"四创"路径，搭建创新教育"脚手架"

（1）校企协同创新育人。组建创新联合体，搭建育人平台，通过岗位实践锻炼、引入工程案例、共研实训装备、校企双导师指导，在真实项目实践中培养创新意识、提高创新实践能力。

（2）教师创新团队育人。依托国家级教师创新团队、重庆市"黄大年"式团队、重庆英才团队，师徒联动，培养学生产品创新设计与制造、新技术研发等知识与技能，培养学生创新意识与能力。

（3）学生创新社团育人。建立学生创新社团，精选实践项目，独立创新进阶训练，培养学生创新思维惯性，激发创新热情。

（4）虚实结合实训育人。依托虚拟仿真实训基地，构建虚实相融的实践项目，融入新技术新工艺，将创新创意转化为实物，引导学生感受创新魅力，激发创新内生动力。

三、模式模型

本案例围绕服务重庆装备制造支柱产业，深度剖析产业数字化升级后智能制造业企业岗位能力发生重大变化的新需求，依托校企实践联合体、创新联合体，在国家"双高计划"高水平专业群——机电一体化技术专业群的虚实交错"四双三融两贯通"现代学徒制人才培养模式基础上，专业群中的自化类专业创新形成了"一体五融四创"的特色人才培养模式，如图1所示。

"一体"，指在全国机械行指委指导下，学校与重庆潍柴、重庆金康等企业拓展合作广度与深度，实施工匠共培、双师共训、技术共研、创新共育，多方协同打造创新联合体，创新校企合作机制。"五融"，指深挖岗位需求、大赛技能、职业证书、创新项目蕴含的课程内容与能力标准，按照"人文素养—专业技能—工程技术—实践创新"培养逻辑，重构"岗、课、赛、证、创"五融通模块化课程体系，满足智能制造产业新要求。"四创"，指系统设计并实践人才创新能力培养新途径，一是校企协同创新育人；二是教师创新团队育人；三是学生创新社团育人；四是虚实结合实训育人，满足人才实践创新能力培养新需求。

四、经验总结

（一）创新协同育人理念，打造了高职校企"创新联合体"合作机制

聚焦制造业数字化转型升级过程中，智能制造产业新技术对高素质复合创新型技术技能人才需求，创新校企合作机制，打造了校企创新联合体，形成了新的协同育人理念。

（二）创新人才培养模式，为培养复合创新型人才提供借鉴

依托创新联合体机制，探索并实践了"一体五融四创"人才培养模式，建立了多个育人平台，融合了"岗、课、赛、证、创"五大元素，为制造类企业提供了人才支撑、智力支撑，推动了校企合作往纵深发展，服务装备制造企业高质量发展。

（三）开辟了创新人才培养路径，提升工程实践创新能力

基于校企创新联合体，探索多种人才培养途径，提升了人才创新能力培养。校企生三方联动，围绕企业生产、技术研发、产品开发、工程项目实施方案等需求，通过创新育人平台、教师创新团队、学生创新社团、虚实结合实训仿真等载体，结合技能大赛、创新创业大赛、职业技能证书等，精选创新实践项目，在项目实施过程中促进学生自主学习、独立探索、协作学习与实践交流，达到对知识技能的学习和内化，实现创新能力的培养与提升。

五、成效评价与推广价值

（一）成效评价

1. 教学内容服务智能制造技术产业发展的能力显著提升

基于产业发展需求，对自动化类专业人才培养

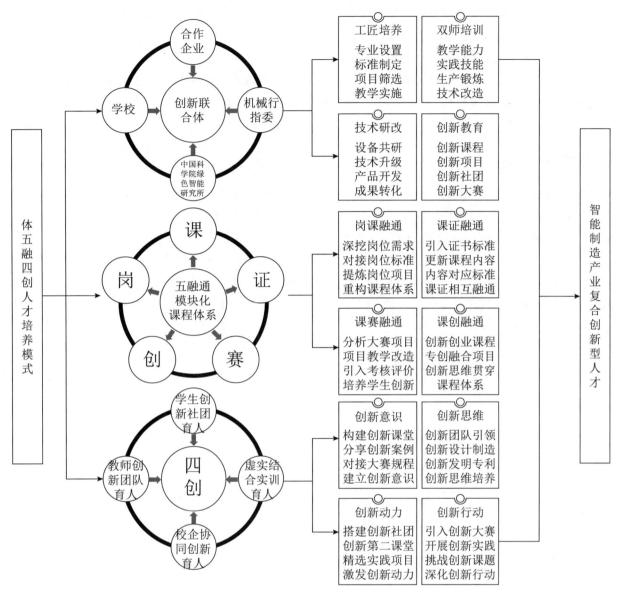

图1 "一体五融四创"人才培养模式

模式开展了深入研究,依托成渝地区双城经济圈工业互联与智能装备职教集团等校企联合体,按照"一项目一技能、一模块一能力"方式,递进构建了"岗位能力+课程内容+大赛技能+证书任务+创新项目"的五融通模块化课程体系,实现了教学内容先进性,取得了一系列成果。校企共同制定国家级课程标准2个、"1+X"证书标准4个;协同培养国家级课程思政教学名师8名、行业教学名师1名、重庆市有突出贡献的青年专家1名、科技创新领军人才1名、重庆市首席技能大师1名、行业领军人才1名;建设国家课程思政示范课程1门、市级教学资源库1个、校企共建育人基地12个、编写出版实训教材14部。

2. 学生满足智能制造新岗位需求的复合创新能力显著提升

依托校企创新联合体,学生参与企业技术升级改造项目20余项,研制实训设备160余套,开发实训项目150余项,校企共同出版实训教材14部;师生获授权专利143项,产生经济效益5000余万元。满足了培养复合型技术技能人才的需求,提升了学生工程实践能力。

3. 学生个性化成长、创新能力培养的效果显著提升

校企生三方联动,通过创新教学主课堂、打造专业学生社团第二课堂、搭建创新创业孵化平台,结合企业工程项目、技能大赛、创新创业大赛、社会实践、职业技能证书等成果,激发了学生的学习兴趣与创新热情，适应了人才工程实践创新能力培养新需求。受益学生达 7000 余名，学生就业率达 98.6%，获得国家级职业技能大赛奖 41 项，获得中国国际"互联网+"大学生创新创业大赛银奖 2 项，重庆市"互联网+"大学生创新创业大赛金奖 4 项，银奖 2 项。

（二）推广价值

本案例针对智能制造产业发展对人才的新需求，适用于全国高职院校自动化类相关专业的人才培养模式改革，应用于通过校企深度融合协同实施人才培养的场景。

成果实施期间，重庆工程职业技术学院的团队教师应邀在全国职教会议、全国煤炭行业年会等多个会议进行宣讲，与 20000 余名参会人员分享了人才培养模式的实践。师生成果被《重庆日报》、华龙网等多次报道。

专家点评：该案例基于制造业数字化转型升级过程中，企业对虚实融合、柔性制造、协同制造等高素质复合创新型技术技能人才的需求，聚焦企业深度参与缺乏有效机制，人才培养的课程内容与岗位能力、大赛技能、证书标准没有有机融通，人才培养的创新教育缺乏系统设计和有效实施等问题，探索并实践了"一体五融四创"人才培养模式，开辟了创新人才培养路径，形成了新的协同育人理念，推动了校企合作往纵深发展，服务装备制造企业高质量发展。该案例为职业院校校企深度融合协同实施人才培养提供了范例，在理论上有突破，在育人上有成效，对其他职业院校自动化类相关专业具有示范推广价值。

开展集团化办学，助力食品产业转型升级

於文刚　罗竹青　刘岳　袁晓旭　于书录

江苏食品职业教育集团（江苏食品药品职业技术学院）

摘要：开展集团化办学是深化产教融合、校企合作，激发职业教育办学活力，促进优质资源开放共享的重大举措。2010年以来，江苏食品职业教育集团在创新职业教育集团化办学体制、建立职业教育与食品产业对话机制、推进校企"双主体"协同办学、构建中高本贯通的现代职业教育体系等方面大胆探索实践，促进教育链、人才链与产业链、创新链有机衔接，为全国职业教育集团化办学提供了"苏食院方案"。

关键词：食品职业教育；集团化办学；产教融合；校企合作

一、实施背景

2010年6月，依托江苏省及淮安市丰厚的食品产业优势，由江苏食品药品职业技术学院牵头，联合江苏、广东、山东、河南、安徽等地区22所高中职院校、45家大中型企业和7家政府部门、行业协会和科研院所等共75家单位组建了江苏食品职业教育集团。截至2021年底，集团成员单位已发展至105家，集团高职院校在校生突破20万人。10多年来，集团充分发挥自身的特色优势，坚持为食品药品行业及相关产业培养高素质技术技能人才的办学定位，取得丰硕成果。

二、主要做法

（一）创新"四位一体、三层联动"运行机制，提高职业教育集团化办学运行成效

政行企校共同推进产教融合、校企合作，创新形成了理事会决策咨询指导、专委会组织协调、各成员单位具体实施的"四位一体、三层联动"运行机制，促进了区域食品药品行业教育链与产业链的深度融合，构建了"双链融合，互惠共赢"的校企合作利益共同体。

1. 理事会科学指导，运行机制日趋完善

江苏食品职业教育集团合作办学理事会根据区域食品药品产业转型升级需求，对集团的专业设置、人才培养、招生就业、技术培训等发挥了重要的指导作用，积极争取政府政策和经费支持，促进政行企校紧密合作、良性互动。

2. 专委会组织协调，人才培养紧贴需求

江苏食品职业教育集团各专委会主动对接区域食品药品等主导产业、餐饮旅游等特色产业及新医药新能源等新兴产业，及时调整专业设置，深化人才培养模式改革，推进产教融合、校企合作，为区域产业发展提供智力支持和人才支撑。

3. 成员单位共同实施，产教融合成效显著

江苏食品职业教育集团成员院校与企业合作共建江苏省食品微生物工程实验室等省级科研平台5个，与地方政府共建江苏淮安国家农业科技园等产业园区2个，累计完成技术攻关项目近600项，主持省级产业化推广项目20项。

（二）搭建"跨境跨域、四互一共"协作平台，促进食品药品职业教育高质量发展

2012年12月，江苏食品职业教育集团联合14所境内高职院校及3所境外院校，发起成立国内首个跨境跨区域职教联合体——中国食品药品职业教育联盟，共同搭建"骨干互兼、教师互派、学生互换、学分互认、资源共享"的协作平台。

1. 发挥联盟统领作用，制定实施专业标准

通过竞聘产生6个牵头单位，开展专业发展调研、制定人才培养方案、编制专业建设标准，经主席团会议与联盟年会审议通过后，在联盟成员院校中进行试点，并由食品工业、食品药品行指委在全国范围

内推广，主持编制的"食品质量与安全"等3个专业建设标准已由教育部正式颁布实施。

2. 推动人员互兼互派，提升师资队伍素质

集团始终把"骨干互兼、教师互派"作为重要抓手，通过实施"21111工程"，即挂职2个联盟成员院校、参与1个省级平台建设、完成1门课程教学任务、举办1次专业建设讲座、发表1篇教学改革论文，促进成员院校之间的文化互融、资源共享，提升师资队伍教学水平和管理能力。

3. 开发国际合作项目，扩大职业教育影响

联盟成员院校"组团联姻"，共同在境外开办"中华美食烹制班""中国文化体验班""中医康复技术学习班"等特色培训项目，举办"职业教育中外校长高峰论坛""中英高等教育圆桌会议""中美餐饮教育峰会"等高端职业教育论坛，共同为推动世界职业教育创新发展提供"中国方案"。

（三）聚力"健康中国2030"国家发展战略，助力区域食品产业转型升级

江苏食品职业教育集团积极响应"健康中国2030"国家战略，立足服务江苏"1+3"战略布局、江淮生态经济带和淮安"4+2"特色产业发展，助力食品产业转型升级，打造区域经济发展新的增长极。

1. 校地合作，编制地方产业规范标准

集团牵头制定《中国淮扬菜通用规范》江苏省地方标准（DB32/T 1548-2009），经国家质检总局批准正式发布实施；参与编制《江苏省"十三五"食品产业发展规划》；主持编制《淮安市"十三五"食品药品安全保障规划》和"淮扬菜专题文献数据库"等地方产业规范、项目。

2. 校行合作，打造社会服务特色品牌

集团牵头组建淮安市食品安全协会，建成江苏省内唯一的食品药品科普教育基地——食品药品科技馆，与淮安电视台联合制作"食品营养与安全"系列专题片，建成江苏省"淮扬美食工匠体验中心"，集团成员单位合作共建了江苏今世缘酿酒学院、江苏淮扬菜烹饪学院，为苏酒企业、淮扬菜产业培养新传承人和技术技能人才，为地方企业开展员工培训累计11万人次。

3. 校企合作，共建食品产业创新中心

集团成员院校与企业共建食品产业技术协同创新中心，重点解决高附加值新型食品、特医食品、益生菌赋能食品等高端产品的研发问题和阻碍食品工业发展的高能耗、低效益、智能化程度低等共性技术问题，获批部省级以上科研项目114项、授权发明专利35件，科技服务到账经费突破1.35亿元。

三、主要创新点

1. "四方联合"的合作机制创新

江苏食品职业教育集团充分发挥自身的特色优势，坚持为食品药品行业及相关产业培养高素质技术技能人才的办学定位，创新形成了理事会决策咨询指导、专委会组织协调、各成员单位具体实施的"四位一体、三层联动"办学体制机制，提高职业教育集团化办学运行成效，如图1所示。

2. "跨域联动"的运行机制创新

集团牵头成立了全国第一个跨区域的国际合作联盟——中国食品药品职业教育联盟，来自12个省（区）以及新加坡等地区的17所高职院校，共同搭建"骨干互兼、教师互派、学生互换、学分互认、资源共享"的"四互一共"协作平台，开创了国内高职教育跨区域深度合作的先河。

3. "项目联姻"的平台共建创新

江苏食品职业教育集团成员单位共建江苏省食品加工工程技术研发中心等省级以上科研平台6个，累计完成技术攻关项目近600项，科技服务到账经费突破1.35亿元、主持省级产业化推广项目20项，为区域行业企业增加经济效益近5亿元。

四、应用效果与推广价值

1. 教学成果影响广

2014年，江苏食品职业教育集团"服务产业需求，'双链'融合发展，江苏食品职业教育集团化办学的探索与实践"项目荣获江苏省教学成果奖一等奖、国家级教学成果二等奖；2018年，集团"组建跨境食品药品职教联盟，'四互一共'协作培养技术技能人才"项目荣获江苏省教学成果奖一等奖、国家级教学成果二等奖。

2. 示范辐射成效显

2017年，集团与全国食品药品职业教育教学指

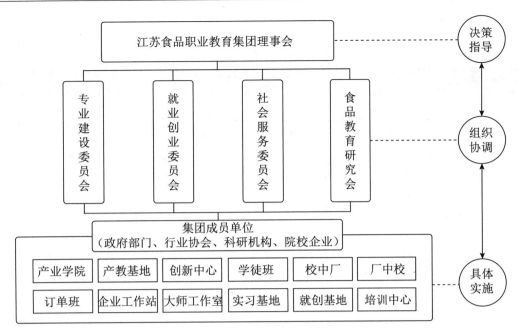

图1 "四位一体、三层联动"的合作办学机制模式

导委员会共同举办全国食品职业教育与产业对话活动；2020年，江苏食品职业教育集团入选全国首批示范性职业教育集团（联盟）培育单位；2022年，集团化办学成果"政行企校深度融合，产学研创协同发展，江苏食品职业教育集团化办学的实践探索与创新发展"入选全国职业教育集团化办学典型案例。

3. 推广应用意义大

江苏食品职业教育集团成立10多年来，先后主持建成"食品加工技术"和"中华酿酒传承与创新"两个国家级专业教学资源库，主持编制的食品生物技术、食品质量与安全等3个专业建设标准已由教育部正式颁布实施。近五年来，集团先后接待了广东、湖北、河南、贵州、山西、台湾、江苏，以及新加坡等海内外110多所职业院校1400多人次的访问、交流。中央人民政府网、《光明日报》、《中国教育报》、《新华每日电讯》等权威媒体先后对江苏食品职业教育集团化办学的特色举措进行了专题报道。

专家点评：该案例坚持为食品产业培养高素质技术技能人才的发展定位，针对职业教育集团化办学体制机制活力不够、校企"双主体"协同育人动力不足及中高本贯通的现代职业教育体系衔接不畅等问题，创新形成了理事会决策咨询指导、专委会组织协调、各成员单位具体实施的"四位一体、三层联动"运行机制，搭建了骨干互兼、教师互派、学生互换、学分互认、资源共享的"跨境跨域、四互一共"协作平台，聚力"健康中国2030"国家发展战略，助力区域食品产业高质量发展，促进了教育链、人才链与产业链、创新链有机衔接。该案例教学成果影响较广、示范辐射成效明显、推广应用意义较大，为全国职业教育集团化办学提供了有益借鉴。

基于产教融合、校企合作的"一体三共三通"职业教育终身化路径建设实践

何新洲　许珊珊　朱梦玫　刘羽劼　万方颖

武汉电力职业技术学院

摘要： 为深入推进产教融合、校企合作，实现职业教育终身化高质量发展，大幅提升新时代职业教育服务能力，武汉电力职业技术学院自2012年起，与国网湖北电力有限公司（简称"国网湖北电力"）开展产教对接，基于常年的校企合作基础，探索开展"一体三共三通"的职业教育终身化体系建设，丰富了职业教育终身化内涵，形成了可复制推广的实施路径。

关键词： 产教融合；职业教育终身化；学习积分制

一、实施背景

新形势下，为贯彻落实党中央"四个革命、一个合作"能源发展战略要求，电力行业全面升级"源、网、荷、储"技术，提出建设"新型电力系统""双碳"等阶段性目标，迫切需要一大批技术技能人才。国家赋予职业教育新的时代内涵，明确要求发挥企业重要主体作用，促进人才培养供给侧和产业需求侧结构要素全方位融合，打造贯穿终身学习、学历教育与职业培训的现代职业教育体系。

武汉电力职业技术学院（简称"武汉电院"）多年来根植电力行业，与国网湖北电力深度开展产教融合、校企合作，面向社会和企业承担学历教育和职工培训双重职责，形成了符合自身实际的"教培一体"办学模式，实现职前教育与职后培训的"双轮驱动"发展。随着国网湖北电力加快建设成为具有中国特色、国际领先的能源互联网企业，积极推动构建以新能源为主体的新型电力系统，奋力实现"华中区域领先、国网第一方阵"的目标，学院积极作为、主动服务其技术技能人才队伍建设，力争助力企业早日实现战略落地，切实做到"由成本中心向价值中心"的转变，探索了"一体三共三通"的职业教育终身化体系建设，从员工入职前、入职后，到入职发展期等阶段，实现全职业生涯周期的"赋能"培育，构建了服务企业人才发展的终身学习新阵地。

二、关键问题

（一）行企校深层次融合不够

针对职业院校与行业、企业深层次融合不够，严重制约职业教育终身化发展的问题，从行业、企业和学院三个层面开展对接，建立产教、校企长效合作机制，激发以产教融合为核心的职业教育终身化发展动能。

（二）终身化学习资源不足

针对校企双方优质教育资源整合不充分，极大影响人才终身化培养资源保障能力的问题，聚焦师资队伍、基地资源、教学软资源3个关键要素，建立共建共享共赢路径，丰富终身化学习资源。

（三）终身化学习路径不通

针对职业教育未覆盖职业生涯全周期，导致各阶段培养不精准、衔接不通畅的问题，以服务终身学习为目标，基于产教融合描绘人才谱系图，建立贯通职业预备期、适应期、发展期三阶段培养的职业教育终身化路径。

三、主要做法

（一）一体：实施一体化的职业教育终身化顶层设计

1.行业层面：通过智库联盟模式对接产与教

学院与中电联、行指委及相关企业、高校成立教

学指导委员会、职教集团等智库联盟。深度参与人才发展趋势预测和顶层设计，连续5年编制行业人才发展报告，编制行业培训师等岗位规范7个，专业人才培养经验分享交流10次。

2.企业层面：通过三个服务模式对接校与企

秉持"服务企业战略发展、服务公司经营管理、服务员工个人成长"理念，助力国网湖北电力构建"一个战略、四类项目、四大资源、四大保障"的线上线下教育培训体系。支撑编制人才培养和专业发展规划、教培管理制度、实施方案78个，完成管理创新课题4个，打造核心骨干员工培训品牌项目13个等。

3.学院层面：通过教培一体模式对接教与培

坚持教培并重并举，历经教培协同发展、教培互举、教培融合阶段，形成"教培一体"办学模式。构建教育培训制度13个，推进学历教育与职业培训在顶层设计、人才培养、组织机构、师资队伍、基地建设和评价考核六个方面的深度融合。

（二）三共：共建共创共赢三类资源

1.互证共育师资队伍

建立选、育、用、考动态管理体系，形成制度11个。实施互证机制，国网湖北电力对学院教师开展专家人才选拔并实行聘期考核，认证实践能力。学院制定"线上+线下"师资认证标准和配套题库，认证企业师资教学能力，形成1000人师资库。

2.共创共赢基地资源

以满足学生实训、职工培训、技能鉴定和科研创新需求为共同目标，形成实习现场即培训现场，培训现场即生产现场的建设理念。引入企业年投资超1000万元，共同建设、运营与生产同步并适度超前的产教融合实训基地31个。依托基地，深化产学研合作，开展国际领先、国内一流综合能源服务典型示范项目。

3.共建共享教学软资源

以满足多元化学习需求为目标，校企合作制定资源开发项目管理制度4个，企业年投入超1200万元，共建团队开发教学资源。动态更新"鄂电在线课堂""惟楚有才"等线上学习平台资源，面向学生、员工和社会人员免费开放课程1895门，实现多元学习需求全覆盖。

（三）三通：实施职业三阶段贯通培养

"三通"职业教育终身化路径如图1所示。

1.职业预备期实施"一双四全"模式，提高就业能力

针对职业预备期的学生，以提高就业能力为目标，将高素质复合型技术技能人才培养作为一条主线，与国网湖北电力共同实施供电服务员工订单班等项目，落实双元育人，实现从基本能力、专业能力、就业能力到履职能力的四级提升，将电力企业的工匠精神、安全意识、创新意识等核心素养贯穿学生培养全过程。

2.职业适应期实施"三个面向"培养，提升适岗能力

针对企业新员工、复转军人、转岗人员等职业适应期人群，以提升岗位适应能力为目标，建立面向企业需求、岗位需求、个人需求的人才培养模式。通过开展弹性学制、现场培训、师带徒培养，实现课程对接岗位、教学过程对接生产过程。

3.职业发展期厚植"三个服务"理念，提升终身发展能力

针对职业发展期的企业员工，以提升终身职业发展能力为目标，打造全面覆盖、阶段培育的职业培训体系。按照"干什么、学什么、缺什么、补什么"思路，搭建覆盖7大专业44个工种的技能人员应知应会学习体系；按照"渐进式、选拔式"思路，沿循员工职务成长线和职业资格线，打造核心骨干"点金"工程。

4.设计推行学习积分制，贯通职业三阶段培养

与企业合作开展终身职业技能培训机制研究，建立涵盖学习经历、突出贡献、职业资格、教学经历等的积分管理和激励机制，覆盖职业全生涯。依托"惟楚有才"信息化学习平台，建立个人电子学习积分账户；强化学习结果应用，将账户积分与评优评先、技能等级评价、职业资格等级晋升挂钩，与人才发展通道并轨，提高企业员工终身学习积极性，使其形成终身学习机制。

四、模式提炼与创新点

（一）模式提炼

学院基于国网湖北电力战略发展需要，深化产教融合、校企合作，基于以上实践，总结提炼了"一体

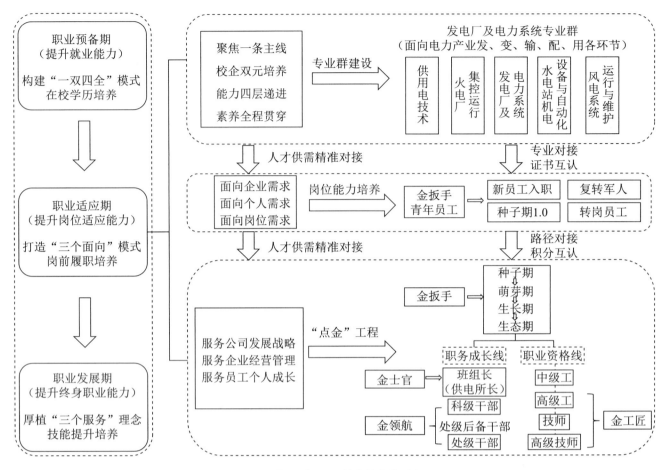

图1 "三通"职业教育终身化路径

"三共三通"职业教育终身化路径模型，如图2所示，通过实施一体化的职业教育终身化顶层设计，达成思想共识。通过共建师资、基地及教学软资源，强化资源保障。从职业预备期、职业适应期到职业发展期，创新产教融合人才培养模式，实施学习积分制，实现职业三阶段贯通培养，助力企业人才职业能力持续提升。

（二）创新点

1. 理念层面：突破传统办学理念，重塑职业教育终身化价值内涵

创新提出"职业预备期、职业适应期、职业发展期"三阶段贯通培养的职业教育终身化理念，拓宽职业院校的价值输出，突显职业培训的价值定位，实现职业培训和学历教育一体化发展。

2. 实践层面：创新职业教育终身化实践路径，绘制电力工匠人才谱系图

与行业企业一体化开展职业教育终身化的顶层设计，绘制电力工匠人才谱系图，实现人才发展各阶段精准对接，依据"职业预备期、职业适应期、职业发展期"三阶段特点，助力人才终身学习。

3. 机制层面：基于产教融合，实现职业教育终身化机制创新

创新学习积分机制，构建"纵向贯穿、横向联通"学习积分互认制度和激励政策，依托信息化手段建立积分档案，创新师资互证共育机制，创新实训基地共赢机制，形成价值创造平台。

五、应用效果与推广价值

（一）企业人才队伍建设水平提高

校企双向赋能。一是企业人才成长显著。年均培训量超20万人天，鉴定量超3.9万人次。助力国网湖北电力高技能人才占比、人才当量密度分别提高5.88和2.57个百分点，2020年高级技师通过率位居国网第一。二是企业人才发展战略逐步落地。支撑国网湖北电力构建"1444"培训体系和"3+1"人才体

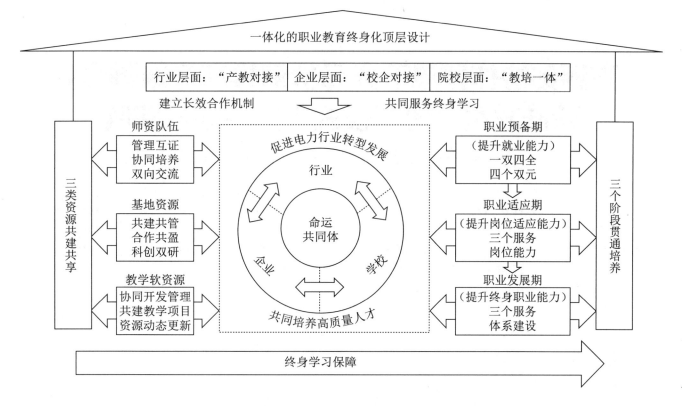

图 2 "一体三共三通"职业教育终身化路径模型

系,校企成为深度人才培养战略伙伴。2018年学院获得电力行业人才培育突出贡献奖。2021年国网湖北电力入选产教融合型企业。

(二)学生培养质量整体提升

校企协同育人。一是学生就业质量整体提高。学院毕业生工作与专业相关度、就业满意率、就业稳定性高于全国"双高"校均值15、11、28个百分点,央企国企和大型企业就业率年均58.2%。二是办学资质屡攀新高。打造了优势专业群,成为编制电力类教学标准数量最多院校之一,是国网系统唯一国家"双高"建设单位,国家高技能人才培养示范基地。校企共建31个产教融合实训基地,其中特高压仿真系统和实训基地全国领先。

(三)率先打造职业教育终身化学习模式

校企融合发展。一是共同绘制电力人才谱系图。对接专业课程和岗位需求、教学过程和生产过程、个人生涯和公司战略发展,实现覆盖职业生涯"预备期、适应期、发展期"的产教精准对接。二是建成了衔接职业成长各阶段的学习积分制。形成"纵向贯穿、横向联通"学习积分互认制度及3个相关激励文件。建立信息化积分档案,实现国网湖北电力76053人参与积分学习。相关做法荣获2021年电力行业教学成果特等奖。

专家点评:学校与企业、行业合作的"深度"和"广度"是检验产教融合、校企合作的核心指标。该案例解决了产教融合、校企合作中普遍存在的"行企校深层次融合不够""终身化学习资源不足""终身化学习路径不通"等关键问题。基于产教融合一体化的职业教育终身化顶层设计,达成思想共识;三类资源共建共享共赢,实现资源保障;三个阶段贯通培养,服务终身学习。开创了可复制推广的"一体三共三通"职业教育终身化路径,形成教培并举互融、电力人才供需精准对接、校企发展战略紧密相连的命运共同体。相关做法对于建设服务终身学习的制度体系,推动学历教育与职业培训并举并重、强化职业教育继续教育功能具有较强的示范推广意义。适用于其他行业、企业及相关院校借鉴开展管理与实践。

东西部协作背景下多元价值导向产教融合，精准脱贫"穗毕模式"的创新与实践

杨慧　池涌　葛富林　主洪国

毕节职业技术学院

摘要：以东西部跨区域协同、校企精准脱贫订单班为研究对象，毕节职业技术学院在与东部地区18家企业、7所院校的合作培养过程中，系统分析人才培养全过程中的关键点、共性点和差异化的合作方式，构建"政行校企"多元价值导向协同共建校企合作平台，探索"广州企业＋毕节资源"协作发展的路子，形成跨区域协同、产教融合精准育人的"穗毕模式"，为西部山区高职教育探索产教融合、校企合作提供了借鉴。

关键词：东西协作；精准脱贫；多元价值；穗毕模式

一、背景与问题

位于乌蒙山腹地的贵州毕节曾是全国最贫困的山区之一，1988年国务院批准建立为"开发扶贫生态建设"试验区。2016年7月全国东西部扶贫协作座谈会后，9月穗毕两市签署了扶贫协作协议。

2017年9月，毕节职业技术学院抢抓东西协作、脱贫攻坚等重大战略机遇，针对西部山区高职基础差、培养水平低、缺乏支撑力，校企合作资源不足、协作机制不畅、缺乏内驱力，服务东西产业均衡发展适应性差、缺乏持续力等三大问题，与广州港集团签定合作办学协议并举行开班仪式，开启了"东西协作、产教融合、精准脱贫"的人才培养实践。5年来不断拓展深化实践，形成了集体系创新、机制创新、路径创新于一体的跨区域人才培养"穗毕模式"。

二、实践与做法

（一）对接广东"三项工程"，合作大企业构建精准脱贫人才培养新体系

穗毕模式东西跨域产教融合订单班人才培养体系如图1所示。

（1）一企一策，校企共研订单班人才培养方案。紧扣"粤菜师傅、广东技工、南粤家政"三项工程人才需求，专业教学标准紧贴技术岗位标准，共同编制适应企业职业岗位的人才培养方案，制定智能机械、粤菜烹饪、智慧康养等高端技术技能需求的课程体系和课程标准。

（2）跨域混编，开展大师名匠传帮带"五共同"。引入48名行业企业技能大师带徒，14名职教名师专家送课到校，培训500余名教师，跨域混编"双师"团队，共同研制人才培养方案、共同设计课程体系、共同开发数字平台、共同编制新形态教材、共同实施岗位诊断形成性考核。

（3）产教融合，搭建"四精准、五对接、三递进"教学组织体系。订单班实施"精准招生、精准培养、精准资助、精准就业"，以"专业与职业、课程与岗位、课堂与职场、教师与师傅、毕业与就业"的"五对接"综合教改为要求，按"2年在本校＋0.5年广东院校学习＋0.5年广东企业实习"跨域三阶段递进培养，学生转段到东部院校，在思想观念、行为习惯、校企衔接等过渡适应，实现岗位技能和职业素养双提升。

（4）数字赋能，打造校企数字化资源学习与管理平台。积极探索推进数字赋能，合作开发东西协作数字化管理平台，汇聚大量跨域沉积分散资源，推进东西、校企、校际资源共享，提升社会培训服务水平；实现信息资源、职业培训、教学师资、实习就业"四共享"。

（5）岗位诊断，构建"八维度、四结合"形成性

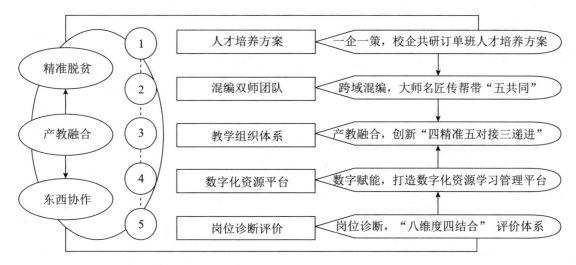

图 1 穗毕模式东西跨域产教融合订单班人才培养体系

评价体系。针对广汽班等智能机械控制岗位需要的专业技能与素养，将教学目标与岗位技能细化分解于工作过程，构建了"岗位诊断+把手示范、技能操作+师傅考核、团队项目+小组评价、全程控制+形成考核"的"八维度、四结合"评价体系。

（二）政行校企"四方协同"，搭建共享平台构建产教融合新机制

（1）政行校企联动，构建"穗毕模式"协同运行动力机制。签署合作协议，形成季度互访交流机制，共建穗毕政府主导、人社国资等多方协调、工青妇牵头主管、校企主体实施机制，形成了"广东人力需求、毕节产业转型、学校实力提升、学生就业优质"互利多赢格局。

（2）打造"平台基地"，发挥产教融合与社会服务双赢效力。牵头成立"穗毕人力资源开发协作产教联盟"，共建了广东"三项工程"实训基地、毕节广州人力资源开发基地、毕节人力资源服务产业园、东西协作产教融合数字化教学与管理平台等，与岭南集团、万豪集团及百里杜鹃管委会联手打造贵州首家产教融合国际酒店，构建产教供需适配机制。

（3）构建"1+N+N"机制，强化协同育人"六保障"。政府主导，工青妇推动，协议示范化，与广州港集团、广汽集团等18家广州大型国企民企合作，联手广州番禺职院、广州轻工技师学院等7所院校参与毕节项目，构建"1+N+N"协同育人运行机制，强化政策、组织、平台、师资、质量、就业"六保障"，如图2所示。

（三）产学研创训"五位一体"，开辟职教适应东西产业协同新路径

1. "广东企业＋贵州资源"，带动就业阻断贫困

与越秀风行共建"养猪学院"服务其年产值20亿元的100万头生猪养殖项目，带动5000余人就业；与广药王老吉合办"刺柠吉"班服务其年产值5亿元的毕节科创基地，助推贵州刺梨向百亿级产业发展，提速毕节乡村振兴。

2. 合作深化教改，"产学研创"提升专业服务产业能力

与广东省农科院茶科所合作夏秋茶加工研究项目获毕节市重大科技"揭榜挂帅"立项，为毕节100万亩茶叶提质增效。与岭南集团全国劳模龙伟彦大师共建"黔匠工坊"，开发"粤黔十三道风味"菜系，促进饮食文化创新，助推优势产业提质升级。

3. 育训并举强服务，推进地方产业升级

5年来培训7.7万人次。为越秀风行340人开展为期一个月的"明珠训练营新员工培训"项目；利用国际酒店产教融合基地，联手万豪集团实施工学结合的现代学徒制培训旅游业高端服务等人才，推进毕节创建"绿色发展样板区"。

三、创新与特色

（一）"穗毕模式"实践创新丰富了产教融合、均衡发展等理论内涵

"穗毕模式"52个订单班、1862名学生，以国

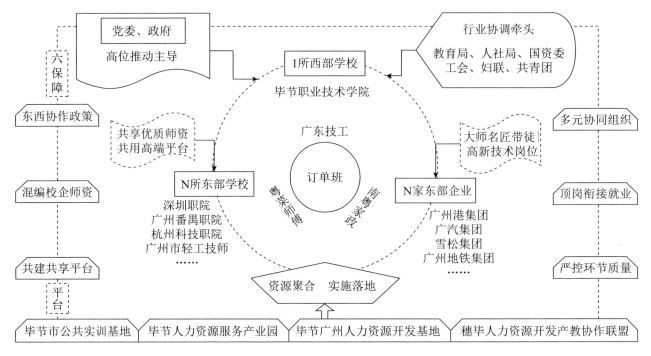

图 2　政行校企东西协同"1+N+N"产教融合运行机制

内东西协作职教改革"启动最早，规模最大、成效最显著，国务院相关部门认可度较高，国内外影响力较大"，开创了大规模跨区域产教融合校企合作的国内先例，让西部山区贫困生人人出彩；创新实践丰富了产教融合、均衡发展等理论内涵，为"精准脱贫""乡村振兴"等国家战略贡献了职教智慧。

（二）创新精准脱贫人才培养体系，形成"一企一策、一班一品"人才培养特色

深化"三教改革"，"一企一策"创新人才培养订单班品牌：与广州港集团、广州港技工学校、广汽集团、广州交通技师等合作，广港班、广汽班实施"岗课训证"一体育人；与广州酒家集团、岭南集团，联合广州团市委、广州轻工技师学院共建"粤菜师傅"培训基地，形成学校教师、企业大师、青年创业导师协同的"三师带徒"模式；共建"南粤家政"培训基地，"仕馨班"等实行"以工代训、在岗教学、互联网+"培训模式。

（三）创新跨域产教协同互联共享机制，形成"东西协作、1+N+N"产教融合特色

用足穗毕协作政策优势，突破传统校企或校校"1+1"模式，创新"1+N+N"协作机制；探索数字赋能创新，开发东西协作产教融合数字化管理平台，实现"信息资源、职业培训、课程师资、实习就业"四共享，促进区域、校际、企校之间优质产教资源互联互通，提升服务社会、促进就业的辐射效应与社会价值。

（四）创新东西产教融合可持续发展路径，形成"东部企业＋西部资源"跨域协作特色

从最初依托政策红利，以东部产业人力资源需求与毕节职业技术学院校企合作资源不足为契合点，逐渐转向市场驱动，助推"东部企业＋西部资源"产业互补互利，推动西部产业转型升级。东西协作推进了学校教改深化与师资水平提升，实现"单向帮扶"到"双向协同"，走出一条西部职业院校提升育人水平服务产业、产业发展反哺职教、带动就业的良性循环，以及就业巩固脱贫的可持续、可迁移路径。

四、应用与推广

（一）校内及毕节的应用成效

（1）脱贫万家，成就学子精彩人生。东西部协作订单班规模为全国最大，有 52 个班共 1862 人，80%

为贫困生；毕业生实现100%就业，平均年收入8万元，226人入职大中型国企，直接脱贫近2000家，涌现出秦鹏、王祥等优秀典型。订单班带动全校学生能力和就业质量稳步提升，学生获技能大赛国家级奖3项、省级167项。

（2）教改水平服务能力明显提高。通过穗毕协作交流、专业培训、挂职锻炼与柔性引进等方式，实现教师教育理念发展及课程建设、教研科研等能力增强，获省级优秀教学团队1个、省级职教名师4人；获国家级教师教学能力大赛奖2项，省级教育科研优秀成果奖3项、教学成果奖1项。

（3）办学质量与竞争力大幅度提升。学校省级高水平院校及3个省级重点专业群立项，联办3个本科专业；获国家高技能人才培训基地，教育部提质培优项目7项、"1+X"证书试点20个，贵州省职业教育重点项目36项，2021年被列入职教本科建设规划。

（4）拉动就业，推进毕节产业升级。穗毕产教育人促成广州多个大型项目在毕节投资28亿元，年产值25亿元，带动就业6000余人；带动各专业深化教改，5年来输送1.77万名农工商等技能人才，支撑了毕节特色农业等产业升级壮大。

（二）政府高度认可，在国内多地借鉴推广

"穗毕模式"相关做法写入2021年省部共建技能贵州实施意见；4次入选国家发改委、教育部脱贫攻坚产教融合典型案例；4次被授予贵州省脱贫攻坚荣誉；粤黔两省党政主要领导等到校考察调研；上海、浙江等省市高职院校、政府及行业企业到校学习交流借鉴，在省内外10余家单位推广；贵州省政府、省教育厅要求全省院校学习"穗毕模式"。

（三）国内反响强烈，声名远播海外

2018年10月"一带一路"沿线国家19家海外媒体到访报道本成果，2020年7月CCTV-1《晚间新闻》2分钟专题报道首届广州港毕业入职盛况，2021年11月、2022年8月CCTV-1《新闻联播》2次专题报道学校东西部协作成效；《人民日报》及海外版、新华社等全国30多家主流媒体报道上百次。

专家点评：该案例抓住国家东西协作契机，针对西部山区高职院校基础薄弱、企业资源不足、产业适应乏力三大瓶颈，构建了东西协作产教融合精准脱贫"一企一策"人才培养体系，创新了东西跨域政行校企协同"1+N+N"产教融合运行机制，开拓了一条西部高职借力东西协作服务产业、带动就业、巩固脱贫的可持续发展路径，丰富了产教融合、均衡发展理论内涵。"穗毕模式"受到各级领导、相关部门高度认可，相关媒体广泛宣传报道，在校内教学改革中广泛应用、成效显著，在省内外同类院校及行业领域交流推广中产生较大影响；对实现高职院校助力脱贫攻坚、培育乡村振兴人才目标产生重大成效，为区域经济社会发展作出了重大贡献，对西部山区高职院校教学改革实践具有高度的示范借鉴价值。

打造神州高铁产业学院，赋能产教融合新生态

谢建武　闫福刚　田亚南　赵乃森　孙雪亮

天津交通职业学院

摘要：天津交通职业学院与神州高铁技术股份有限公司携手推进产教融合，多维度拓展合作项目，深入研究合作内容。双方以培养轨道工程师为目标，借势轨道专业群发展，围绕共建师资队伍、共育专业人才、联合专业技术研究与推广等合作内容，成立"神州高铁产业学院""神州高铁教育研究中心"，建设"神州高铁工程师学院""天津交通职业学院人才培养基地"，实现了资源共享、优势互补，在探索新型产教融合模式上取得了新的成果。通过建立产业学院，校企双方共同助力产业人才培养、共研科技成果创新、服务区域经济发展。

关键词：产教融合；共建共享；产业学院；轨道交通

一、实施背景

天津交通职业学院是天津地区唯一一所综合交通类高职院校，同时也是"双高计划"建设单位、首批国家骨干高职院校。学院紧紧围绕京津冀地区产业结构优化升级战略的需要，紧扣"交通"和"职业教育"两个维度，不断完善以交通技术类专业为主体的专业群建设，开设轨道交通等六大专业集群共38个专业，坚持以校企合作项目引领专业建设发展，校企双方坚持"人才共育、过程共管、成果共享、责任共担"的紧密型战略合作关系，实现双方合作发展共赢。城市轨道交通产业链环节较长，经过数十年发展，城市轨道交通自身产业结构基本完整。行业的快速发展对技术技能人才形成了迫切而持久的需求，城市轨道交通类专业应运而生并迅速发展，已成为高职高专院校热门专业，专业的发展需要强有力的企业资源，以及新的人才培养及发展模式。天津交通职业学院瞄准城市轨道交通技术变革和产业优化升级的方向，积极开发校企合作资源，推进产教融合、校企合作，不断探索深化育人方式、办学模式的改革路径。

二、主要内容与做法

（一）建立实体神州高铁产业学院

轨道交通类专业是在全国轨道交通行业大发展背景下的新兴专业群，专业紧密结合城市轨道交通快速发展需求，天津交通职业学院借助轨道交通发展的良好契机，不断加强与轨道交通企业的合作与联系。自2010年起，学院与区域内龙头企业开展订单式人才培养。2020年，学院与神州高铁技术股份有限公司共建"神州高铁产业学院"，共同探索轨道交通类人才现代学徒制培养，共同推进轨道交通车辆检修"1+X"证书实践。在人才培养过程中，将岗位应知应会内容、"X"证书内容穿插进教学计划，使受训学员掌握入职岗位的全部实际工作内容，实现了企业课程与学校课程的交织融汇，完成了校企育人新模式的构建，在轨道交通专业建设、人才培养等方面形成了鲜明的办学特色。

（二）搭建完整产业学院运行模式

天津交通职业学院在实践的基础上，对深度校企合作的理论体系进行研究，探索建立符合轨道交通产业发展需要、满足专业人才培养需要的稳定有序的管理育人新模式，如图1所示。

校企双方以缔结协议、制定章程为纽带，与优质合作企业深度合作共建轨道交通产业学院。轨道交通产业学院实行理事会领导下的院长负责制，由校企双方代表组成的理事会，负责对产业学院办学中轨道交通相关专业设置、专业群和专业建设、培养方案制定、课程建设、"双师双能型"教师队伍建设、行业企业专兼职教师选派、校内外实习实训基地建设等重大问题进行审议、决策、检查、指导、咨询、监

督和协调，实现合作制定人才培养方案、职工培训方案，为企业制定职工入职标准，实现人员互相兼职等产教深度融合项目，创新校企协同育人体系。理事会设立理事长1人，副理事长1人，理事若干人。每一届理事会任期3年。理事会每学期至少召开一次会议。

1. 创新人才培养模式

校企合作，对产业学院人才培养模式进行系统设计。探讨教学、培养、培训等环节中的痛点与问题，充分发挥学校专业教学优势，以及企业轨道运营和实训基地优势，有针对性地设计"模块化"专业课程板块和跨专业拓展方案，形成系列教学和人才培养方案等成果，搭建"学校学习＋基地实训＋线上实训"的人才培养创新模式。

2. 校企融通师资队伍

从人才培养专业师资库搭建、校企双方师资交流和共建共享、校企师资集中组织和联合外派等多个方面进行合理规划，探索覆盖安全教育、理论教学、实操实作、考核评定和专业进修的全过程师资队伍培养与共享制度。

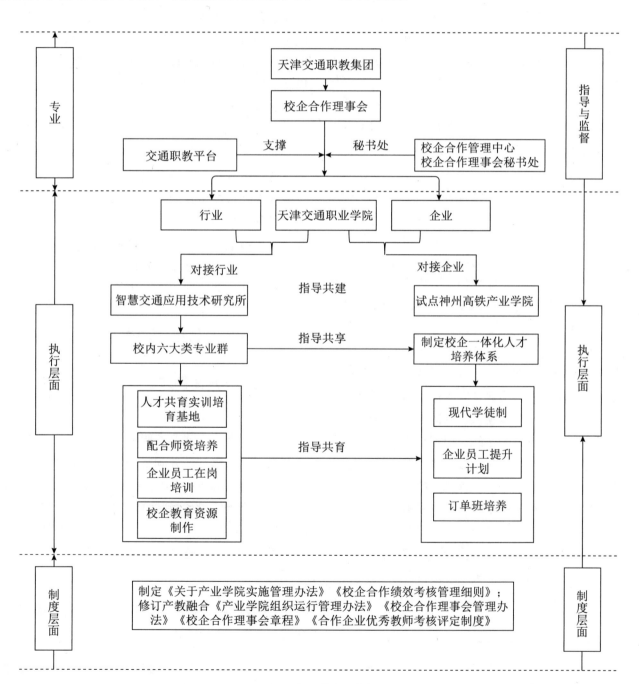

图1　产业学院运行图

3. 共建省级教学资源库

围绕国家现代职业教育改革创新示范区建设总体目标，联合多家龙头企业和高职院校，以提升专业群服务产业能力为目标，以协同创新为手段，借鉴国内外先进经验，整合优质资源，策划设计了包含积件资源等6大资源子库和实训平台等5大应用访问平台，通过"窗口服务"的形式对天津市开设城市轨道类专业的院校进行开放，能够支持5000人同时在线访问。

在教学中利用基于生产现场实景的教学资源，增加职业岗位所需要的有关实例、现场环境、运营管理等方面的介绍和体验，实现真实情景的再现；通过基于工作过程导向的虚拟仿真实训系统所提供的岗位角色，模拟完成相关岗位的工作，进行火灾等现场无法开展的实训项目；利用虚拟仿真设备进行模拟实训，实训过程与真实现场完全一致，增强学生的实际工作体验，解决了车辆驾驶等相关岗位不能真车实操的问题。

4. 共同开发城市轨道车辆应用技术专业国际化教学标准

学院联合中车研究院、天津轨道交通集团培训中心等企业专家，针对轨道交通类国际化人才队伍在数量和质量上都无法满足企业海外业务快速拓展需要的问题，共同推进轨道交通车辆技术专业国际化教学标准研究与开发。

5. 共建"纵横拉通"三位一体轨道交通实训基地

突破了实训基地建设中以硬件设备为主、实训区相互隔离的封闭模式，构建了"纵横拉通"三位一体的轨道交通实训基地建设模式。横向上，以企业现场岗位群的实际工作过程为主线，根据地铁全线运营的实际，进行整体设计，将相对独立的传统实训室进行有机整合，创建"真实场景一体化"的实训基地；纵向上，根据实训项目的层次和实现难易度，以企业一线现场设备为主，辅以虚拟仿真实训设备和立体化教学资源，形成"理论化实训教学资源""虚拟化仿真模拟设备""实际化地铁一线设备"三位一体互融互补的综合实训体系，破解了多专业多岗位联动的难题，解决了课程实训的教学载体和资源短缺等问题。

6. 构建共享教学培训平台

探索产教融合资源共享有效机制，尝试利用智慧化升级实训设备。通过现代化信息网络手段，对教学、实训、考核等进行全过程数据化管理，形成后端数据库，实现信息化教学体系的搭建与应用；通过平台，强化学生专业能力、提高实训实践能力、增强就业竞争力，共同打造产教融合的优秀品牌。逐步探索将教学培训平台打造成为集资源共享、实践教学、社会培训为一体的城市公共平台，实现教学实训、职工培训、社会培训、师资培训、技能大赛、资格鉴定等功能。

轨道交通产业学院共享教学培训平台充分依托天津交通职教集团信息化平台及国家现代职业教育改革创新示范区优质资源核心专业群建设项目已有的建设成果，通过共建、共享的原则进行建设。平台建有实训教学、社会服务、技术创新、质量监控等4大应用模块，针对不同类别分别设计核心内容，设计实施框架图如图2所示。

7. 搭建轨道交通社会服务体系

基于"双基地"资源优势互补，结合"学历证书+若干职业技能等级证书"试点方案，探索校企合作开展专业技能培训的路径和方法。通过共同组织轨道交通师资培训、高级研修、高端论坛等，向社会待就业和再就业人员开展技能培训；通过联合开展职业技能等级证书培训及认证工作等，探索建立面向国内外轨道交通人才培训的综合体系。

三、经验萃取与模式模型

（一）建立神州高铁产业学院，形成可复制的新模式

经过实践，天津交通职业学院完成了神州高铁产业学院的项目落地，并制定完善了产业学院运行的相关制度。"神州高铁工程师学院""天津交通职业学院人才培养基地"的顺利建成，神州高铁"1+X"（轨道交通智能运维）证书标准研讨会的成功召开，产品研发基地的正式运行，这些都标志着产业学院逐步步入正轨。

（二）构建共享教学培训平台，形成产教融合新生态

教学平台在建设中有机融合专业设置与产业需求，极大地提升了育人的整体水平。通过整合优质

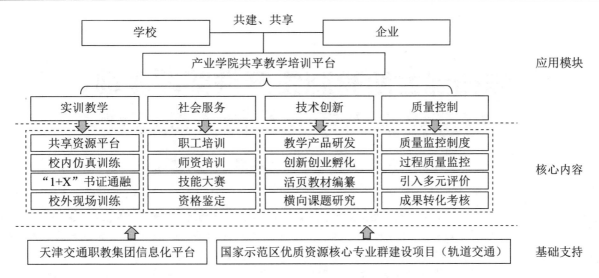

图 2　轨道交通产业学院共享教学培训平台实施框架图

的教学资源、共享校企师资资源，进一步提高了校内外实训基地的使用率和人才利用率；契合区域经济产业环境，对接产业设专业，完成"专业链"与"产业链"的啮合，提升合作质量、资源共享和共生发展，推进产教融合新生态。

（三）探索新型人才培养模式，培育综合型技能交院学子

截至 2023 年，天津交通职业学院已为区域内行业知名企业输送学生 483 名，多数学生在工作中得到企业的高度认可，已成为企业重点培养对象。学生就业满意度逐年提高。

（四）共同举办职业院校学生技能大赛，成绩实现新突破

经天津市教育委员会批准，天津交通职业学院连续承办天津市高职高专院校学生技能大赛城市轨道电动客车检测与维修赛项。通过承办技能大赛，实现了以赛促教、赛教融合。大赛推动了教学改革和人才培养模式的创新，推进了专业、课程、实验（训）基地的建设。学院学生在天津市技能竞赛中荣获一等奖 3 人次，二等奖 3 人次，三等奖 4 人次，获奖学生均为校企联合培养的准员工。

四、成效评价与推广价值

目前建设产业学院的职业院校有很多，但可借鉴的模式并不全面。"神州高铁产业学院"的模式探索与实践在轨道交通领域尚属首次。学院首次提出并成立神州高铁教育研究中心，建设"神州高铁工程师学院""天津交通职业学院人才培养基地"。学院在实践中逐步形成了产业学院的可复制模型，西青区中北镇人民政府、天津中车四方所科技有限公司已借鉴该模式，并与学院签订了政企校融合发展战略合作，共建智能制造（运维）产业学院，成立中车四方订单班，建设"智能交通人才培养基地"。新疆交通职业技术学院等多家高职院校已采用此路径建设产业学院并逐步进入实施阶段。

专家点评："神州高铁产业学院"模式的探索与实践主要应用在轨道交通领域。通过建设神州高铁产业学院，填补了轨道类专业群在该领域的空白，解决了人才培养模式单一、校内教师实践能力不足、专业群服务产业能力偏弱、课程实训的教学载体和资源短缺、企业培训能力欠缺、培训模块不容易整合等问题，弥补了轨道交通类企业海外业务快速拓展对国际化人才需要的缺口。学院通过搭建校企合作互通平台，充分发挥办学特色和资源优势；通过提升专业建设质量、开发校企合作课程、打造实习实训基地，进一步创新人才培养载体，提升社会服务成效，打造了校企合作的命运共同体，为培养区域产业需求的高素质应用型人才，支撑地方产业经济发展贡献职业教育力量。

依托混合所有制生产性实训基地，打造校企"双元"育人新模式

邱浩然　　杨晓黎　　刘姗姗　　马永红

青岛职业技术学院

摘要： 青岛职业技术学院与国家产教融合型企业京东集团合作，共建京东物流"校园云仓"生产性实训基地。实训基地实行理事会领导下总经理负责制的管理模式，建立现代企业制度进行市场化运营，实现自我"造血"。育人新模式引入校企双方优势资源，将专业与产业对接，实现专业设置融入产业需求，课程内容融入职业标准，教学过程融入生产过程，打造"贯通递进"实践教学体系，实现"产"与"教"协调运转，形成"专业+产业"特色鲜明的校企"双元"协同育人新模式。

关键词： 产教融合；混合所有制；生产性实训基地；协同育人

一、实施背景

《国家职业教育改革实施方案》提出，要带动各级政府、企业和职业院校，建设一批资源共享的高水平职业教育实训基地，集实践教学、社会培训、企业真实生产和社会技术服务于一体。青岛市作为首批国家产教融合建设试点城市，将"深化产教融合试点、实施产教融合示范专业建设行动"写入《青岛市国民经济和社会发展第十四个五年规划和2035年远景目标纲要》。

青岛职业技术学院聚焦"三化促三高"发展战略，扎实推进校企合作"1+1+N"工程，以教促产、以产助教，深入打造校企合作命运共同体，践行"专业建在产业链上、专业群融入产业群"，产教融合推动企业深度参与协同育人，提升专业建设水平和人才培养质量。

二、主要做法

青岛职业技术学院与京东集团达成战略协议，青岛职院投入资金729万元，京东集团投入资金313万元，共建全国首家混合所有制京东物流"校园云仓"生产性实训基地，实行理事会领导下总经理负责制的管理模式，建立生产性实训基地管理制度，运用现代企业制度进行市场化运营，打造"协同创新、贯通培养平台赋能"的新商科人才培养新生态，形成了高水平产教融合推动高质量人才培养的"青职模式"。创新校企全方位融合运行机制，增强产教融合"深"度和"实"度，推进共同建设、共同管理、共享资源，实现可持续、内涵式创新发展。

（一）与京东集团共建"共融、共育、共研、共享"型生产性实训基地

共融："产业链"联结"专业群"，拓展教、学、训、践、研多种形式，打造产教融合实践场；企业输出产业核心内容、企业管理机制、用人标准、作业标准、技术标准和前沿技术；院校输出育人技术，将培养标准和培养模式创新化，融合校园生态和产业生态两个生态。

共育：面向产业转型发展和区域经济社会需求，以强化学生职业胜任力和持续发展能力为目标，以提高学生实践和创新能力为重点，创新实践教学体系，打造双师型教师团队，构建校企"双元"育人的应用型人才培养模式。

共研：建设山东省新技术研发中心、校企联合竞赛中心和大学生创新创业中心，促进科技创新与技术技能服务。

共享：建设现代化智能化教学实训基地、校企融合型教学认证基地、高水平师资培养基地、企业化专

业化对外培训基地和职业化科普实践基地，实现资源共享，落地教学服务创新。

（二）引入京东新技术建设数字化供应链样板"校园云仓"

京东物流"校园云仓"生产性实训基地，设置教学办公区、四向多层穿梭拣选区、轻载AGV（地狼）货到人拣选区、机械手供包和机器人分拣区、包装复核区、发货暂存区、收发货交接区七大功能区域。

生产性实训基地集合目前国内最先进的轻载AGV货到人拣选系统，四向穿梭车货到人拣选系统和机械手、机器人自动分拣系统，实现智能存储、智能分拣、智能拣选、无人搬运、智能监控及智慧数据分析的全流程功能。学生通过真实业务掌握仓储的收、发、存、退各环节的操作流程和要领，学习智能仓储运营管理方法，使用商家端操作系统CLPS和仓库管理系统WMS完成货物验收入库、补货、拣货、打包、出库发运等业务全流程操作，日均处理京东真实业务1500单以上，实现生产性实训基地"产"与"教"协调运转。

（三）建立校企双方责权明确的混合所有制运行体制机制

为充分发挥校企双方合作潜力，明确各自职责，加大资源整合力度，进而形成强大合力，青岛职业技术学院与北京京邦达贸易有限公司签订了《共建生产性实训基地协议书》，制定了《实习实训基地管理办法》，建立"产权归属清晰、权责明确、保护严格、流转顺畅"的现代实训基地管理制度，运用现代化的"自主经营、独立核算、自负盈亏"治理制度进行管理和运营，实现"自负盈亏、按股分红"的治理模式。

实训基地实施理事会领导下总经理负责制，理事会（7人）由校企双方领导共同组成，青岛职业技术学院为理事长单位，京东物流为副理事长单位，总经理1人由企业人员担任，副总经理2人分别由校企双方担任，分管业务运营、实训教学，校企双方按业务分工健全机制及组织架构（企业3人、学校4人）。混合所有制实训基地组织架构如图1所示。

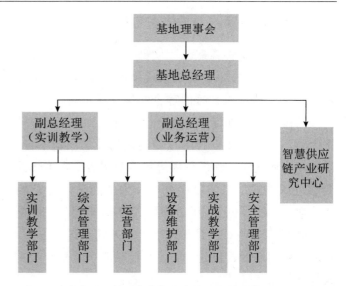

图1 京东物流"校园云仓"生产性实训基地管理组织结构图

（四）构建"协同创新、贯通培养、平台赋能"高职商科专业实践教学体系

基于CDIO核心理念"实践导向"与"全过程性"推进实践教学改革创新，通过岗位融通、专业打通、场景贯通、机制畅通，达成课堂教学、实训教学、社团养成、社会实践、专业竞赛、顶岗实习、技术服务与创新创业八大场景整体实训目标，创建"四通八达"实践教学模式；挖掘课程思政资源，构建平台课程共享、实战项目贯穿、技能证书互选的"贯通递进"实践教学课程体系；引入企业运行机制，统筹建设产业学院、混合所有制生产性实训基地、实体企业和协同创新体"四轮驱动"实践教学平台；打造政校行企共育共享共融的教师教学创新团队；构建企业全过程参与的实践教学多元评价体系。

三、特色与创新

（一）混合所有制生产性实训基地运行机制创新

青岛职业技术学院与京东集团双方共同拥有京东物流"校园云仓"混合所有制生产性实训基地的产权，依据各自的出资额及其他相关资源的市场价值，明确双方所占的股份比例。京东集团按照企业高端技术技能人才需求，改造并输出自身所拥有的产业资源，青岛职业技术学院改革自身的实践教学体系，在"京东校园云仓"生产运行中，建立共建共管长效运行机制，形成校企"双元"育人的新模式匹配。

（二）商科专业实践教学体系创新

运用 CDIO 核心理念"实践导向"与"全过程性"，以产业和技术发展最新成果推动商科专业实践教学改革，与京东、海信等企业建立稳定合作关系，以技术技能服务项目为载体，行业新技术技能资源转化为教学资源，企业技术设施转化为教学创新平台，学生在企业真实工作场景中进行专业实践，实施弹性教学组织方式，组建以课堂实训为主的常规运营团队，学生社团、创业团队为辅的后备运营团队，校企"协同创新"，注重高素质技能型人才的全过程培养，打造"协同创新、贯通培养、平台赋能"商科专业实践教学体系。

四、应用效果与推广价值

（一）应用效果

1. 人才培养效果明显，竞赛成绩和实战业绩显著

通过校企"双元"育人，青岛职业技术学院学生的社会适应力、岗位胜任力和工作效能较同类院校有明显优势，京东等国内知名企业对毕业生满意度达100%。学院获第六届中国国际"互联网+"大学生创新创业大赛全国总决赛金奖，在国家、省级职业院校技能大赛获奖30余项。学院与海尔、海信等企业开展技术服务项目20余项，技术服务近三年到款额300余万元，为企业实现销售收入8.5亿余元；推进东西合作，开展"专业+志愿服务"助力乡村振兴，组织"青陇直播助农扶贫""临洮珍好"等农产品公益直播活动。学生入驻学校创业孵化基地项目10余项，32名学生入选"齐鲁工匠后备人才"，毕业生创业人数百余人。

2. 赋能教师成长，专业建设效果显著

校内生产性实训基地的建设与运营，为专业教师实施教学改革创新、开展教科研项目研究及提供社会培训服务提供了平台，实践教学体系获山东省教学成果奖一等奖，获批山东省新技术研发中心。学校有推荐全国技术能手2人、省级教学名师3人，国家规划教材3部、国家高等教育智慧教育平台课程12门、省级课程10门，获得省级教学大赛一等奖1项，省级课题30余项。现代物流管理专业获评高等职业教育创新发展行动计划骨干专业、山东省职业教育教学创新团队。

3. 辐射带动作用突出，媒体报道广泛

教育部网站和《中国教育报》头版《2021，中国教育勇毅前行》中报道京东物流"校园云仓"生产性实训基地建设；基地建设经验被《光明日报》、教育部网站等10多家媒体宣传报道；生产性实训基地建设案例入选教育部2021年度产教融合校企合作典型案例；牵头成立全国智能供应链职业教育集团，与全国中高职院校、企业、行业协会等200余家单位共享成果。

（二）推广价值

京东物流"校园云仓"生产性实训基地的运营管理经验多次被省内外高职院校同行学习和借鉴。参考青岛职业技术学院京东物流"校园云仓"生产性实训基地建设情况，京东集团先后与深圳技术大学、湖南工商大学、北京工业职业技术学院、四川交通职业技术学院、天津第一商业学校等近千所院校共建生产性实训基地、校园供应链生态、产业学院等。

专家点评：京东物流"校园云仓"生产性实训基地，是京东物流与职业院校建设的第一家混合所有制生产性实训基地，有效解决校内生产性实训基地运营难问题，建立基于理事会领导下的总经理负责机制，创新混合所有制生产性实训基地市场管理运行制度，实现"自负盈亏、按股分红"的治理模式，打造实训基地市场化运营管理的新模式。创新商科专业实践教学体系，在提升商科专业学生实践能力方面成效显著。该案例在国内外产生了广泛影响，在同类院校推广效果明显。该案例为职业院校企"双元"育人模式提供了新范例，在机制创新和育人模式上，对其他职业院校具有示范作用和推广价值。

中职院校篇

平台支撑、四方联动、协同育人，产业园模式下现代学徒制"常熟实践"

张 恒　孙燕红　金晓洁　穆丽新

常熟市滨江职业技术学校

摘要：常熟经济技术开发区是国家级高新技术产业开发区。作为常熟经济技术开发区唯一一所职业院校，常熟市滨江职业技术学校主动融入经济技术开发区核心产业发展生态，通过构建"企业学院、产教融合型企业、现代学徒中心"三类支撑平台，"政校园企"四方联动，立足"六个共同"育人理念，逐步形成现代产业园模式下"政府主导、园区主推、校企主体"的特色学徒制"常熟实践"，为服务常熟经济技术开发区中小企业技术技能型人才发展注入了强劲动力。

关键词：四方联动；特色学徒制；产教融合；企业学院

一、实施背景

"十三五"以来，常熟经济技术开发区（以下简称"经开区"）立足新发展定位，紧扣"美丽常熟"建设主线，先后打造了立讯智能科技产业园、新材料产业园、长三角先进制造产业园等产业载体，形成汽车及零部件、海工装备、电力能源、精细化工为代表的特色制造业集群。产业加速扩张带来的技能人才紧缺问题严重制约了经开区的经济发展，常熟市滨江职业技术学校（以下简称"滨江职校"）真正实现从入驻开发区到融入开发区，还有一些涉及体制机制等深层次问题亟待破解。

2014年以来，滨江职校主动融入经开区发展战略，历经8年研究与实践，从对接产业到服务产业，打通职业教育发展通道，逐渐建立了"政府主导、园区主推、校企主体"的运行机制，形成适应经开区经济特征的产业园模式下现代学徒制"常熟实践"。

二、关键问题

（一）产教对接堵，内涵建设难

经开区濒临长江、背靠港口，建立了一批现代产业园，但在产业园重大项目布局中，未能充分考虑教育和人力资源开发需求，将产教融合发展作为基础性要求融入相关政策，学校专业内涵建设滞后于产业发展步伐，课程资源、实训基地、师资队伍跟不上新技术、新工艺、新规范发展进程。

（二）培养路径窄，协同育人难

经开区产业重点以加工制造类企业为主，但加工制造型企业对年轻人缺乏吸引力的问题越来越普遍，不能很好地形成人才蓄水池，人才流失率较高。

（三）保障机制弱，持续推进难

为经开区培养大量产业技术人才，是职业学校赋能企业高质量发展的基本任务。由于学校和企业有着各自不同的组织形式和行为规则，二者合作缺乏产教融合方面相应保障机制，导致产教"合而不融"、校企"合而不深"。

三、主要做法

滨江职校重点针对解决人才培养中企业发挥主体作用不强、合作平台不稳等问题，通过构建"企业学院、产教融合型企业、现代学徒中心"三类支撑平台，"政校园企"四方联动，立足"六个共同"育人理念，逐步形成现代产业园模式下"政府主导、园区主推、校企主体"的特色学徒制"常熟实践"，如图1所示。

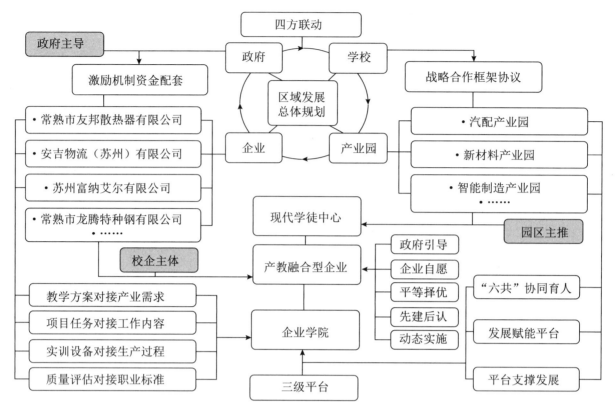

图 1　产业园模式下现代学徒制模型

（一）搭建"三类"支撑平台，构建战略发展共同体

滨江职校精准对接产业需求，联合经开区、产业园政府部门建立产教融合创新平台；学徒制合作企业从单一企业延伸到产业园内高新技术企业群，采取"组团"方式，协同开展高素质技术人才培养、科技创新和专业建设，形成"平台支撑发展、发展赋能平台"的战略发展共同体。

1. 企业学院

以"教学方案对接产业需求、项目任务对接工作内容、实训设备对接生产过程、质量评估对接职业标准"为育人理念，滨江职校联合常熟市友邦散热器有限公司共建友邦智能制造企业学院，联合安吉智行物流（苏州）有限公司共建安吉物流企业学院，联合苏州富纳艾尔科技有限公司共建富纳智能制造企业学院，获评 2 个苏州市优秀企业学院。

2. 产教融合型企业

滨江职校与常熟市龙腾特种钢有限公司（以下简称"龙腾特钢"）、芬欧汇川（中国）有限公司（以下简称"芬欧汇川"）、常熟市友邦散热器有限公司（以下简称"友邦散热器"）建立战略联盟，围绕高技能人才培养开展多层次多维度的深度合作，龙腾特钢现代学徒制项目被评为苏州市职业教育现代学徒制建设项目。2021 年，龙腾特钢被江苏省发改委评为"江苏省产教融合型企业"；2022 年，芬欧汇川、友邦散热器被评为"江苏省产教融合型企业"。

3. 现代学徒中心

滨江职校联合常熟经济技术开发区智能科技产业园、江苏常熟新材料产业园等 4 个产业园共建现代学徒中心，将人社部门劳动力技能培训、职业技能等级认定、企业新型学徒制与现代学徒制项目紧密联系，促使产业人才集聚，助力企业人力资源高质量发展。

（二）建立"四方"联动机制，构建运行管理共同体

随着政府职能转变，地方政府主动作为，催生政、校、园、企四方合作。四方成立"政、校、园、企"现代学徒制领导小组和工作小组，明确各方职责和分工；签订产业园战略合作框架协议，把项目建设纳入产业园发展总体规划；出台《产业园现代学徒制试点班实施方案》等 12 项文件，明确人才培养目标；

遴选产业园内优质企业，校企签订现代学徒制班战略合作协议。在政府积极推动下，每年成立4~6个现代学徒制联合培养班，构建了汽配产业园、新材料产业园、智能科技产业园等现代产业园模式下的现代学徒制发展格局。

（三）创新"六共"实施路径，构建人才培养共同体

政校园企"四方"加强协同育人机制建设，将学徒招收、方案研制、团队建设、教学实施、基地建设、质量评价六要素"链"成一体，催化学生—学徒—准员工—员工的身份转变，通过建立政校园企人才培养共同体，主动吸纳行业新技术、新工艺、新标准，促进合作主体共建共享，实现资源整合、优化与共享。

四、模式模型与创新点

（一）具有"双主参与、质控过程"的学徒制培养特色

学校以培养学徒"体验感、获得感、成就感"为1个核心，创设校内校外2个教学空间，聚焦素质、知识、能力3维教学目标，实施政校园企4方教学评价，开展认知实习、工学交替、跟岗、轮岗、顶岗5级实践性教学环节，建立了校企双主体参与，涵盖学徒选拔、培养、设施设备、教学组织、考核评价方式等方面标准，形成了"12345"学徒培养特色。

（二）具有"行业属性、区域特色"的产教融合文化

滨江职校每年举办企业奖学金颁奖典礼（已连续举办13届）、职业文化节（已连续举办12届）等，做好现代学徒制创新项目评比。政企校联合举办多种多样的乡土文化、思政教育等各类主题活动，让学生充分了解风土人情及各产业园发展前景，科学规划职业生涯。

（三）具有"多点协作、职责共担"的平台建设路径

滨江职校将自身发展融入区域发展战略中，面向开发区内产业园，发挥高技能人才培养的支撑引领作用，全方位多形式开展产教融合平台载体建设，形成了企业学院、现代学徒中心、产教融合型企业三类平台"并驾齐驱"格局，有效支撑了学徒制项目持续运行。通过平台支撑，发挥了政校园企四方在"人员、技术、项目、资源"要素的集聚作用，实现精准育人，增强人才牵引产业升级的能力。

五、效果评价

（一）项目规模不断扩大，培养质量不断提高

滨江职校现代学徒制项目从2014年的1个项目发展至今的每年8个项目；在校学徒从2014年的30人发展到800余人，覆盖全校15个专业。学徒创新能力强、就业质量好、薪资水平高、企业评价优。"区校联动，校企融通"成为经开区招商的亮丽名片。

（二）办学内涵不断突显，建设成果不断涌现

产业园模式下现代学徒制"常熟实践"已成为滨江职校的办学特色和品牌。滨江职校先后建成教育部"1+X"试点学校、2个江苏省现代化专业群、2个江苏省现代化实训基地、1个江苏省中小学职业体验中心。一大批产教融合型项目相继推出，包括校企共建3个江苏省产教融合型企业培育单位、5个苏州市现代学徒制试点项目、1个苏州市校企合作示范组合、2个苏州市定点实习企业等。建成江苏省智能制造"双师型"名师工作室。涌现出全国模范教师、江苏省教学名师、江苏技术能手等一批优秀骨干教师。

（三）实践成果不断丰富，服务能力不断增强

滨江职校专业开设紧跟社会需求、企业发展实际。2020年，在企业支持下成功申报"工业机器人应用技术"新专业，顺利建成"发那科工业机器人实训中心""教育部'1+X'工业机器人项目考点"。项目负责人多次赴省内外职业院校进行专题交流，介绍产业园模式下现代学徒制"常熟实践"，众多兄弟院校和各类企业到滨江职校进行现代学徒制调研。

六、推广应用

现代产业园中小型企业受制于规模，缺乏单独与

学校现代学徒制联合培养的基础。产业园模式下现代学徒制"常熟实践"适用于产业园、中小型企业集散地，能够对留住人才，有效服务于地方经济发展发挥重要作用，可应用于工科、服务类等专业，应用场景广泛。

专家点评：常熟市滨江职业技术学校主动融入经济技术开发区核心产业发展生态，通过构建"企业学院、产教融合型企业、现代学徒中心"三类支撑平台，"政校园企"四方联动，逐步形成现代产业园模式下的特色学徒制"常熟实践"，有效破解了教学与生产脱节、企业培养主体地位缺失、产教融合条件不足、协同育人机制不全、生产性实训基地缺乏等问题。"政府主导、园区主推、校企主体"的多方协同育人模式，在政府主导下促进学校和中小企业抱团合作，弥补企业人才短缺，助力企业转型发展，取得显著成效。其做法和经验对不同地区、不同专业、不同层级的政校园企合作提供了借鉴，对于职业院校服务产教融合战略落地、助力企业实现人力资源高质量发展，具有示范作用和推广价值。

基于产业学院的中职产教融合新生态探索与实践

曹小其　　吴国献　　梁春龙　　丁军凯

浙江省机电技师学院

摘要：浙江省机电技师学院以"产业学院"为平台，以探索"混合所有制办学"为切入点，以构建"职业教育共同体"为手段，破解产教融合条件不足、企业参与路径不畅、协同育人机制不全等难题。成果形成过程经历了酝酿产教融合实施之策、创建高新区产业学院、构建职业教育共同体、健全校企协同育人机制 4 个阶段。经过 4 年的探索与实践，形成了校企资源共享、课程共建、教学共施、人才共育，以及产教双方各种资源互相支撑的运行机制，产教融合由"融入"到"融通"再到"融合"逐级演进。

关键词：产业学院；混合所有制；产教融合；职业教育共同体

一、实施背景

（一）区域特色产业发展对"对口"技能人才的新需求

近年来，义乌市致力于打造"世界光明之都"，形成经济高质量发展的新引擎，抢占"中国制造2025"和"浙江智造"的制高点。2017 年，义乌市投资 400 多亿元设立了义乌信息光电高新区（以下简称"高新区"），围绕互联网信息技术、人工智能、高端装备制造等领域，培育了一批重点工程实验室、省级重点企业研究院，集聚了华灿光电、英特来光电、瑞丰光电等 20 多个省、市重大产业项目。新业态、新模式、新技术、新产品层出不穷，产业发展进入技术升级和结构调整阶段，光电信息领域的高技能人才成为高度紧缺人才。

（二）职业教育转型发展对"深度"校企合作的新要求

培养数以亿计的技术技能人才，助推产业转型升级，是职业教育的历史责任。习近平总书记在党的十九大报告中提出"完善职业教育和培训体系，深化产教融合、校企合作"，为现代职业教育发展指明了方向。浙江省机电技师学院审时度势，联合高新区创建产业学院，携手企业培育紧缺人才，助推义乌信息光电产业发展。

二、关键问题

（1）产教融合的条件不足。中职教育的实施主体大多是职业学校，难以独自解决产教融合问题。突破职业学校的局限性，为产教融合创造条件，是要解决的首要问题。

（2）企业参与的路径不畅。由于政策法规和互惠机制不够健全，企业参与中职教育的动力机制尚未真正形成，这是产教融合难以深化的根本原因。改变"剃头挑子一头热"的窘境，疏通企业参与中职教育的路径，是要解决的第二个问题。

（3）协同育人的机制不全。学校和企业有各自不同的组织形式和行为规则，二者合作流程中存在种种裂痕，制约着学校和企业协同育人的开展。弥合校企合作流程中的裂痕，形成协同育人的有效机制，是要解决的第三个问题。

三、主要做法

浙江省机电技师学院以"生态化体系"的形成为目标，采取"三步递进法"推进产教融合。第一步，按照"学校办在工业园里，专业建在产业链上，课堂设在职业现场"的要求，与义乌市政府、义乌信息光电高新区管委会和相关企业联合创建产业学院，主要解决"融入"问题。第二步，跨越校企之间的体制壁垒，以产业学院为基地打造职业教育共同体，主要解决"融通"问题。第三步,以"两种学徒制"的实施为抓手,以"两类制度"建设为保障,促使产教双方各要素有机结合,主要解决"融合"问题。

(一)创立产业学院,运行混合所有制体制,为"融入"提供体制保障

学校按照"产业学院法人化,内部运作市场化,人才培养协同化"的要求,采取"政府提供场地,企业提供实训设备和能工巧匠,学校提供师资、教学管理及教学资源"的方式,与义乌市政府、义乌高新区管委会和相关企业签订协议,共建混合所有制产业学院——义乌信息光电学院,2017年5月开始运行。成立义乌高新区教育发展有限公司,作为政、校、园、企合作沟通的第三方平台,形成"产权明确、多向交叉、互相监管"的治理格局。

(二)构建职教共同体,开辟产教沟通渠道,为"融通"提供组织保障

学校以产业学院为基地,按照"机构共建、过程共治、资源共享"的目标要求,与政府、企业打造"风险共担、利益共享,人才共育"的职业教育共同体。

1. 政校园企四方共治,打造管理运行共同体

成立由义乌信息光电高新区管委会、浙江省机电技师学院、浙江义乌工业园区开发有限公司、园区企业等代表组成的理事会,制定《义乌信息光电学院理事会章程》,为理事会履行职责提供依据;构建政府、学校、工业园区、企业"四元主体"协同的产业学院组织体系,负责产业学院教学的组织实施;成立义乌高新区教育发展有限公司,作为政、校、园、企合作沟通的第三方平台。管理运行共同体的打造,改变了"学校独家搞教育"的局面,实现了教育主体由"一元"向"多元"的转化。

2. 招生招工一体联通,打造人才培养共同体

产业学院每年与高新园区签订培养"订单",根据人才需求开办"订单"班或企业"冠名班",实施校企招生招工"一体联通"机制。学校"变招生为招工",企业"变招工为招生",共同培养"量身定制"的高素质技术技能人才。招生招工"一体联通"实现了"冠名班"课程设置与职业岗位需求对接、课程内容与职业标准对接、教学过程与生产过程对接、毕业证书与资格证书对接,促进了产教双方相互融通,确保了人才培养与园区企业需求的高度吻合。

3. 引智引资双管齐下,打造专业建设共同体

一是与高新区共建由郑烨院士领衔、国家重点研发项目首席科学家陆海教授、教育部青年学者刘江教授及其他五位博士生导师入驻的"信息光电高新区院士工作站"。二是引进工程师、技师和能工巧匠22位,形成"双向兼职、双重身份、双向保障"的教、学、研"双师型"团队,企业教师占比达50%。三是利用高新园区资金建设实习实训基地,建成PLC、单片机等专业实训室19个、校企合作实训基地22个。

4. 技改教改同频共振,打造产学研共同体

遴选出电气自动化、电子信息、数控三个教研组,打造科技研发、技术转化和产品推广3大平台,联合学校省级技能大师工作室与相关企业,就光电产业关键项目和企业重点项目开展技术攻关,同时开发模块(项目)课程,联合推动教学创新。

5. 校园职场无缝衔接,打造职业文化共同体

一是将企业文化精细化、规范化管理,企业真实项目引入日常教育教学管理和课堂教学中;二是通过让学生零距离接触、了解、认同企业,强化学生"员工化"职业综合素养培训,使学生从思想和行为上实现由"校园人"到"职场人"的转变;三是实施专业教师入驻企业实践机制,担任企业"名誉工匠",为文化价值相融打下人文基础。

(三)推行两种学徒制,建设两类合作制度,为"融合"提供机制保障

在融入、融通的基础上,学校以"现代学徒制"和"新型学徒制"的推行为抓手,实现产教之间全要素、全方位的集成整合,通过制定《校企联合科研开发项目管理办法》《校企联合培养学徒考核管理办法》《"双导师"队伍管理办法》等21个"责任性"制度文件和"技术性"制度文件,为深化产教融合机制提供了制度保障。

四、成果模型与创新点

基于产业学院的产教融合新生态成果模型如图1所示。

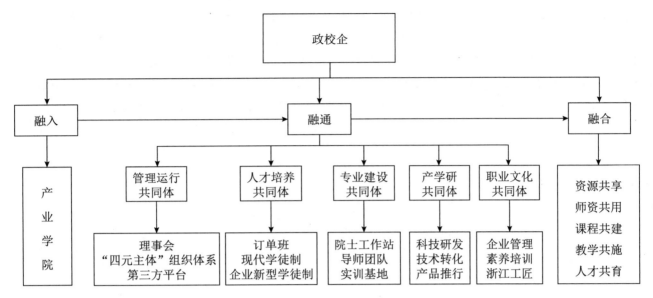

图 1　成果模型

（1）构建产教融合体。突破传统"一元管理"观念的桎梏，将职业教育置于开放系统中，并变成利益相关者的共同责任，确保产教双方全要素的集成整合，催生新的产教融合体——产业学院、职业教育共同体。

（2）创新产教融合制度。制定"监督性"制度为产教融合问责制提供依据，制定"技术性"制度为弥合产教之间裂痕提供依据，推动产教融合的制度化、标准化。

（3）破解企业动力问题。提高教学、科研和服务等资源互补能力，使产教融合在培养技能人才、实现学校培养目标的同时，也能使企业实现利益诉求。

五、效果与推广价值

（一）实践成效

1. 增进了教育与生产结合的紧密度

产业学院开办企业"冠名班"6个、特色产业专业3个；开展工学交替、顶岗实习12批次，参与学生2560人次；开发职业标准2个、教材17部、学徒制课程12门。2020年园区企业复工复产招工困难，产业学院"冠名班"学生及时驰援。

2. 提高了技能人才培养质量

输送"适销对路"人才1217人，园区留用率87.8%，学生就业满意率97.4%，企业满意率98.3%；学生在技能竞赛中获国家级一等奖2项、二等奖7项，省级一等奖2项；毕业生多证书获取率100%。2020级技师2班学生曾鑫在吉利汽车集团首届"技能新星"新员工技能大赛中获一等奖。

3. 打造了技术攻关服务平台

校企共同完成技术研发项目32个，解决企业生产中的实际问题57个，开展员工稳岗技能培训1000余人次。

（二）推广应用

1. 东西协作

与毕节市开展"点对点"帮扶，签订招生招工协议，帮助贵州籍人员来义乌务工，实现劳务输出地与输入地精准对接。

2. 校校合作

与河南、广西等省区院校达成合作项目6个，输送中西部毕业生2261人，形成跨省市的"校—校—企长学制一体化"育人模式。

3. 社媒认可

2018年以来，西部地区专程来产业学院参观考察127次。产业学院被央视财经频道《经济栏目》、《新闻直播间》、《中国教育报》等29家媒体先后宣传报道65次。

专家点评：浙江省机电技师学院聚焦中职教育产教融合新生态构建，以创立"产业学院"为平台，以探索"混合所有制办学"为切口,以构建"职业教育共同体"为手段,破解产教融合条件不足、企业参与路径不畅、协同育人机制不全等难题,取得显著成效。学院以"生态化体系"的形成为目标,采取"三步递进法"推进产教融合,逐步解决"融入""融通""融合"问题,与政府、企业共同打造"风险共担、利益共享、人才共育"的职业教育共同体,形成"人才培养五对接""教学运行六共同"的校企协同育人机制。其做法和经验对于产业学院及职业教育共同体的建设有示范作用和推广价值。

联动·组场·提质：职业学校和所在县域联合推动产教融合的"永康范式"

王钟宝　陈超杰　胡　赞　胡桂兰　吕华福

永康市职业技术学校 / 永康五金技师学院

摘要：浙江省永康市职业技术学校 / 永康五金技师学院主动融入"五金之都"，探索基于"联动·组场·提质"的职业学校深化产教融合新模式，即建立四方联动机制，凝聚四方育人合力，组建四大功能场平台，拓宽产教融合范畴，设计三个维度提质通道，提高产教融合质量，形成切合产业特色、融合多方优势、适合自身发展的职业学校和所在县域联合推动产教融合的"永康范式"。

关键词：联动；组场；提质；产教融合

一、实施背景

（一）"五金之都"的职校使命

浙江省永康市被誉为"世界五金之都""中国五金工匠之乡"，现代五金产业集聚度居全国第一，拥有五金行业企业超过5.3万家，五金规模以上工业企业超过1000家，从业人员达54.36万人。当前，五金产业面临企业数字化智造转型迫切、高素质技术技能人才匮乏等问题。面向区域，服务产业是中职教育办学的基本定位。浙江省永康市职业技术学校 / 永康五金技师学院（以下简称"永康职技校"）坚持产教融合校企合作办学，致力于培养高素质五金行业技术技能人才。从2008年开始，永康职技校以改革校企合作办学模式为切入点，借鉴德国包豪斯设计学院人才培养方式，于2013年形成基于"联动·组场·提质"的职业学校深化产教融合新模式，历经十余年的实践检验，取得系列成果。

（二）产教融合需要破解的关键问题

1. 参与产教融合的各方功能定位模糊

由于缺乏职责分明、行之有效的多方联动机制，产教融合普遍存在职责不清、利益诉求不一致等问题，导致产教融合不深入，趋于表面。

2. 实现产教融合的载体平台单一匮乏

缺乏一个适合的、有特色的载体平台支持，无法融合优势资源，导致产教融合无法深度发展。

3. 推动产与教高质量建设的路径缺失

缺乏一条合理、科学、高效的推动产与教高质量建设路径，导致产与教质量低下，发展不持续。

二、主要做法

永康职技校通过系统规划，创新设计了基于"联动·组场·提质"的职业学校深化产教融合模式，如图1所示。

（一）统筹各种教学资源，促成四方联动机制

成立以市长为组长的职教工作领导小组，构建以政府部门、五金规上企业、行业协会为主要成员共同参与区域职教改革的保障机制。

1. 形成平台化的资源共享机制

永康职技校与永康市政府，以及中国步阳集团（中国民营企业500强）等32家五金制造企业、浙江省模具行业协会等9个行业协会、浙江工业大学等5所高校共同组建"现代五金产教合作联盟"，整合并分享优势资源。

2. 建立行业企业深度参与机制

出台《加快职业教育发展的十条意见》等数份政策文件，推动区域职教高质量发展。建设能满足企业生产标准的功能场，如永康职技校初步建成实训场地

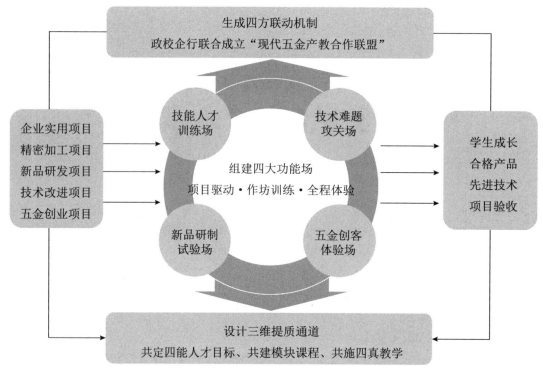

图1 "联动·组场·提质"的职业学校深化产教融合模式

面积达6万多平方米，实训设备总值达2亿元的国内一流的多功能场实训平台，为企业节约成本并创造利润空间，实现四方共赢。

（二）拓宽产教融合范畴，组建四大功能场

融合优势资源，打造基于"项目驱动·作坊训练·全程体验"的四大功能场产教融合实践平台，即技能人才训练场、新品研制试验场、技术难题攻关场、五金创客体验场。

1. 技能人才训练场：成立五金数字化制造基地，打造人才优化转换地

技能人才训练场对标五金企业生产标准，优先购置一批高精密的先进加工设备，全面承接精密五金产品对外加工项目。训练场以周为单位，设计"生产周"生产实习活动，可同时容纳1500多名学生开展训练，学生以"跟岗实习+专项实习"的方式参与岗位实践，学习并掌握一种或多种精密加工技能。

2. 新品研制试验场：成立五金产业研究中心，打造五金新品研发集散地

永康职技校与西安电子科技大学电子信息学院、两家五金上市企业等共同组建"新品研制试验场"，重点打造含3D工业产品设计在内的三大研发基地，全面承接新型门品研发等项目。试验场以月为单位，推出"服务月"工学交替活动，促使师生参与新品的创意设计、3D打印、样品加工等全程训练，重点培养师生工艺设计、三维造型等设计能力。

3. 技术难题攻关场：成立浙工大永康五金学院，打造技术成果孵化地

永康职技校与永康市政府、浙江工业大学三方共同成立"技术难题攻关场"，即浙江工业大学永康五金学院。通过组建多支以全国技术能手等领衔的高水平教师创新团队，带领师生共同参与技术改进项目实践。攻关场以季度为单位，开展"创新季"顶岗实践活动，各创新团队通过承接一定数量的技术改进项目，促使师生参与项目的设计、改造、装配、质检等全程实践。

4. 五金创客体验场：成立五金智造创客坊，打造五金工匠集聚地

五金创客体验场，下设永康市钰隆科技有限公司（校中厂）、3D创客中心、小微企业会计服务中心、五金电商直播服务中心。体验场以企业项目为载体，实行"创客基础教育+创业项目实战"培养模式。同时，定期邀请包含著名企业家、优秀校友等在内的五金工匠驻校上课，重点锻炼学生学习并掌握资源、技术、人力、信息方面协作能力。

（三）聚焦产教融合质量，实施三维提质建设

1. 开展科学调研论证，明晰五金四能人才规格

项目组推出"每位专业教师对接一家企业、每位校级领导联系一个行业、引企入校、定制企业联络档案"等多项举措，联合政行企共同定期调研五金产业发展状况，分析五金企业典型工作任务、岗位能力及用工需求，共同研究五金企业用工标准，规模定制五金行业人才培养规格——四能人才，即能操作、能设计、能创新、能协作的高质量五金行业技术技能人才。

2. 融合课证产岗要求，构建四大模块课程体系

面向五金企业典型的工作领域和岗位集群，构建基于"课证产岗融合·教学做一体化"的操作类、设计类、创新类、协作类模块课程体系。模块课程体系紧扣专业课程标准，基于职业技能等级证书试点要求，对接企业项目生产全周期，融合五金行业岗位标准，把课证产岗内容融入技能人才培养全过程。

3. 项目引领全程体验，重塑四真教学流程

以企业项目实践为引领，功能场实施基于"三维度·全周期"的四真教学流程。重点关注教法、管理、评价三维度，促使师生实质性参与全周期实践，塑造"真项目、真生产、真环境、真标准"四真教学体验。

三、经验总结

（一）构建了四大功能场产教融合实践平台

"功能场"是建立在学校或企业里面，以企业项目实践为载体，以四能人才培养为目标，彰显了校企一体、师生关系与师徒关系一体、理论与实践一体、技能鉴定与质量标准一体的理念，打通了学生进阶成长的通道，推动了校企向新品研发等高层次合作项目转变，为职业学校建设高水平的实训基地指引了方向。

（二）生成了中职学校和所在县域共同推进产教融合的"永康范式"

建构了一种基于区域产教深度融合的新型现代职业教育体系，初步形成了基本的理论框架，设计了具体的实践路径，可适用于职业教育服务区域经济发展、职业学校办学质量内涵建设、拓宽职业学校办学功能、校企从合作到共赢转变等多个应用场景，生成并提供了一个可借鉴、可推广、可复制的"永康范式"。

四、效果与推广价值

（一）为本地培养"用得上、留得住、干得好"的高质量五金行业技术技能人才

永康职技校9年来累计输送近1.5万名五金行业技术技能人才，留永就业率达96.7%，企业对学生的满意度连年上升。据永康市人力资源和社会保障局统计，永康职技校培养与培训的技术技能人才数量占地方五金行业技能人才总量的78.6%，累计6000多名毕业生在永康市成功创业，自主创业率达15.6%。2015年至今，师生获国家技能竞赛23金19银21铜的成绩。

（二）师资队伍和学校内涵建设水平迈上新台阶

教师获全国优秀教师等国家荣誉23人次。近5年教师在省级及以上各类竞赛中获奖近580人次，主编《走进模具》等59部教材获评省级精品教材，建成走进"五金机电"等22门省级精品课程。永康职技校获全国教育系统先进集体等30多项省级及以上荣誉。

（三）服务区域和产业能力显著增强，擦亮现代五金工匠区域职教新名片

永康职技校累计在130多家五金企业设立实践基地并开展技术研发等高层次服务，成功申报国家专利成果125项。与四川等中西部5省8所职业院校签订联合办学协议，每年联合招生2000多人。通过打造"云上五金职校"职业教育东西部协作数字化平台，实现东西部跨区域、跨部门协同培养五金行业技术技能人才。负责人王钟宝校长受邀在各地介绍经验近110场次。《中国教育报》等40多家媒体累计400余次专题报道，辐射全国24省，448家单位5944人次到永康职技校考察交流。

专家点评：永康职技校主动适应县域经济发展要求，以推进产教深度融合为改革切入点，探索并形成

基于"联动·组场·提质"的职业学校深化产教融合模式,构建了五金行业"四能人才"的培养理念与内容框架,首创四大功能场、四大模块课程、四真教法等实施路径,致力于将学校打造成集教学、展示、研究、体验、培训为一体的职教区域中心,全面推动了职业教育服务区域经济发展、职业学校办学质量内涵建设、拓宽职业学校办学功能、校企从合作到共赢转变等方面的改革实践,取得一系列成果。所形成的职业学校和所在县域联合推动区域产教深度融合的"永康范式",有推广价值和示范效应。

"跨界·链式·复合"特色学徒制集群建设实践

曹亦豪　郑渭寅　张家蕙　朱丽珍　陈泠汐

金华市婺城区九峰职业学校

摘要：建设中国特色学徒制已成为"十四五"期间职业教育高质量发展的重要内涵和抓手，"特色学徒制"也成为中高职教育改革发展的关键词。金华市婺城区九峰职业学校尝试采用"跨界·链式·复合"的路径和学徒制集群建设的方法，结合当地农业小微企业（含农业合作社、家庭农场及农户等）产业特点与建设发展实际，通过校企、校村合作，产教融合，发挥地方教育资源优势，走复合型技能人才特色培养之路，探索农业中职学校及中职涉农专业建设多方"循环共建"，具有区域性、校本化、可持续特点的"特色学徒制"模型。

关键词：特色学徒制；集群建设；中职涉农专业建设

一、实施背景

在国家大力推进实施乡村振兴战略和培养"高质量复合型专业技术技能人才"的背景下，面向农业职业教育和县域农业、农村、农民"三农"，适应农业技能复合型人才，即新型职业农民培养的迫切需求，强化以"产教融合"为特征的特色学徒制建设是一种可行有效的路径与方法。

依据国家农业产业布局与发展规划，结合"三农"市场需求，选用何种方式培养"新型职业农民"，成为农业职业院校"十四五"期间高质量发展的重中之重。现代学徒制，尤其是建设符合中国国情的特色学徒制无疑是"新型职业农民"培养培训最好的选择之一。

在企业经营集团化、产业跨界一体化和职业教育国际化发展成为主流的当下，农业中职学校应建设什么样的学徒制模式？怎样才能创建符合国情、省情、县情及校情特点的特色学徒制？按照乡村振兴战略实施目标与任务，结合中职农业专业的实际情况，金华市婺城区九峰职业学校借鉴国外经济发达区域产业集群建设经验，提出跨界设计、链式建构、资源与能力复合的建设思路，对"跨界·链式·复合"特色学徒制集群建设模式进行了探索。

二、主要做法

（一）模式提炼

"跨界·链式·复合"特色学徒制集群建设，是结合我国南方农业生产特点，通过校企村合作和产教融合，探索现代学徒制"校本化"的实践路径与模式，已经成为金华市婺城区九峰职业学校畜牧兽医、中草药栽培省级高水平专业建设的重要推手，专业教学和人才培养提质培优增效的重要手段，也是吸引企业集群、带动产业集群而赋能地方产业和县域乡村振兴的重要方式。产业发展必将反哺教育，使"跨界·链式·复合"特色学徒制集群建设逐步深化，形成校企村合作优势互补、良性循环共建的可持续发展模式。"跨界·链式·复合"特色学徒制集群建设，通过"产教融合"组织方式，对真实生产任务、真实工作岗位和真实工作情境等进行复合优化，配套开发编写复合型课程教材推动"教材改革"，建构和创新复合型方法技术促进"教法改革"，迫使"教师改革"走向自我复合或组团复合，使学校课程改革与"三教改革"走向深水区，促进高素质技能复合型专业技术技能人才培养及培养模式的固化优化，如图1所示。

（二）实践做法

"跨界·链式·复合"特色学徒制集群建设实践大致分为三条路径，建设了三种模型。

1. 校内模型

学校主导，在校内建设实训基地，学校牵头校企校村合作，构建"教学型""跨界·链式·复合"特色学徒制集群建设模式，如图2所示。

2. 校外模型

企业主导，利用校外企业、农场、村庄优质教学

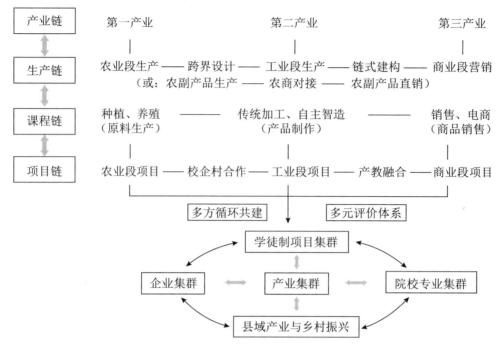

图 1　农业专业特色学徒制项目"跨界·链式·复合"集群设计与建构

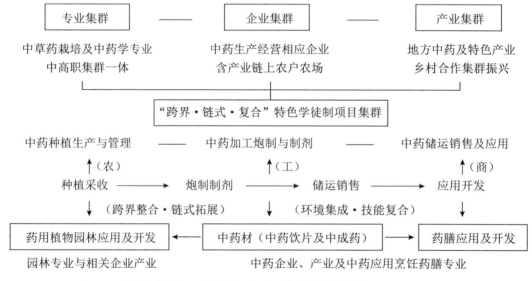

图 2　中草药栽培专业"跨界·链式·复合"特色学徒制集群实践模型

资源,构建"生产型""跨界·链式·复合"特色学徒制集群建设模式。

3."混合"模型

学校主导和企业主导相结合,利用校内外更多更优资源,采用校内外混合的校企村"双元或多元"即"董事会式主导共建"模式,构建"产学一体型"特色学徒制集群建设模式。

教学链对应产业链,建设"跨界·链式·复合"系列集群学徒制项目,使校企村多方集聚,共同探索特色学徒制建设路径与实践模型,以特色学徒制集群形成"产教融合"环境复合,推动教师复合、教材复合、教法复合的"三教复合改革",并由学徒制项目的集群形成企业、产业集群效应,助推乡村振兴战略实施。

"跨界·链式·复合"特色学徒制,还可以通过农、工、商等产业、行业、专业及学科跨界,在不同产业段及不同生产阶段采用链式学徒制项目,实现人员、技能、环境、资源等复合,在产业链上构建产学结合、产教融合的特色学徒制项目集群,围绕技能高素质复合型人才培养,推动企业、产业集群发展。

"跨界·链式·复合"特色学徒制，是融合东西方学徒制文化，建设具有中国特色、地方特色、农业特色职业学校"现代学徒制"和企业"新型学徒制"的实践探索。

三、成果成效

"跨界·链式·复合"特色学徒制集群建设实践，推动了金华市婺城区九峰职业学校教改进程，促进了教学实训提质增效和专业建设，在内涵建设与特色办学路上迈出了一大步；形成了学徒制项目带动企业、产业集群的特色，强化了职教服务社会功能，赋能地方产业振兴与经济社会发展，助推了县域乡村振兴战略实施；推动了教师、教材、教法、教学环境与资源复合改革，形成了培养高素质复合型人才的复合型学徒制特色，使"三教改革"走向教改课改"深水区"。

在建设过程中完成了《中职"跨界·链式"现代学徒制实践研究》市教科规课题（2020年结题），促成了浙江省中华职教社科研立项课题《基于"三教改革"的技能复合型人才培养实践研究》（2021年）和《中职产教融合"九宫格状"质量保障体系建设研究》（2020年）；形成了教学成果和典型案例《"跨界·链式·复合"特色学徒制集群建设实践》等。《中职"跨界·链式"现代学徒制实践模型建构创新研究》《基于"育人"的"宠物医院＋全科坐诊式"现代学徒制实践研究》等10余篇论文在期刊发表并获省市级奖。

四、经验总结

"跨界·链式·复合"特色学徒制集群建设的主要经验，是着眼于立德树人的培养目标和乡村振兴战略对新型职业农民的现实需求，着重于专业建设，以及与企业、产业发展相匹配的技能复合型人才培养，着力于适合农业中职及涉农专业以"跨界·链式·复合"为特色，利用复合型环境优化推进教师、教材、教法"三教"复合型改革发展的校本化现代学徒制模型创建，使中职专业建设、县域产业振兴、地方经济发展形成推动、促进、反哺的"循环共建"模式并取得良好成效。

五、推广应用

"跨界·链式·复合"特色学徒制适用于具备一定基础和资源的综合性专业，尤其适合于具有行业产业跨界特征的涉农专业。乡村振兴战略"产业兴旺"方针鼓励农业农村企业跨产业、复合型、集团化发展，"跨界·链式·复合"特色现代学徒制集群建设，有利于教学实训资源集聚和环境优化，形成院校、企业、产业集群发展和多方"循环共建"场域，促进人才培养、专业建设，助推教育与经济和谐发展。在当地、在业内获得广泛认可，在相关学校及企业进行了交流推广。

专家点评：金华市婺城区九峰职业学校采用"跨界·链式·复合"路径和集群建设方法，推进校企村合作协同育人，整合地方"三农"教育资源，形成校企村共生共存共荣的"产教命运共同体"，构建了多方"循环共建"并具有区域性、校本化、可持续等特点的特色学徒制集群建设模型。依托"生产线对接教学线"的"跨界·链式·复合"的特色学徒制项目，通过人才技术等利益驱动机制，吸引农业企业及人员围绕"学徒制项目链"集聚，促使企业、产业及院校集群，推动高素质技能型农业专业技术技能人才培养，助力地方产业发展和乡村振兴战略实施。其做法和经验对于特色学徒制的探索与构建，有借鉴作用和推广价值。

农业季节性生产制约下"候鸟式"学徒制人才培养模式的构建

邹 琴　杨 勇　费永军

湖州市现代农业技术学校

摘要：湖州市现代农业技术学校构建的"候鸟式"学徒制人才培养模式，解构了现代学徒制试点中按6个学期课程设置、对学生按照学生—学徒—准员工—员工四种身份和识岗—跟岗—顶岗三段式的大循环培养路径，重构为在农业季节性生产链上培育学生技能链的小循环人才培养模式。"候鸟式"学徒制人才培养模式的探索，有效提高了农业岗位人才的胜任力、人才供给的时令性、产教融合的契合度、"双师型"教师的含金量和校企合作的满意度。

关键词：农业实训；候鸟式；学徒制；产教融合

一、实施背景

农业生产季节性强、过程性长、材料不可重复使用等特殊性和局限性，决定了农业类专业理论教学、技能教学与实训会受到时间、材料、人员等因素的限制。

（一）一般的现代学徒制人才培养与农业企业人才需求在时间上不匹配

一般的学徒制人才培养方案是按照6个学期设置课程，实施学生—学徒—准员工—员工4种身份和识岗—跟岗—顶岗3段式大循环的培养路径。三年中只有到第6个学期才有顶岗学生，而农业是季节性生产，每一季都有跟岗与顶岗阶段，学校学徒制人才培养与企业人才需求在时间上没有耦合。

（二）一般的涉农专业课教学过程与农业企业实际生产在季节上不衔接

农业类生产具有很强的季节性，如播种、育苗、嫁接、授粉、整枝、疏果等，不到季节不能进行技能实训操作，过了季节也无法操作。

（三）一般的现代学徒制跟岗顶岗安排与农业企业实际承接能力不对称

作为农业企业方，一方面，目前农业现代化程度不高，多数企业不具有规模化、智能化生产能力，小规模个人经营较为普遍；另一方面，企业根据生产的季节性，临时性地雇佣短工，且用工量不大，雇佣的一般为当地失地农民，技能技术水平有限，从而时常出现短期缺工现象。作为农业学校方，一个班级学生至少40余人，一般一家农业企业岗位承接能力无法满足所有学生的岗位实训需求。

（四）一般的现代学徒制评价方法在涉农专业现代学徒制评价中不适用

一般的学徒制评价用于涉农专业，会导致技能考核普遍存在学习场景与考核场景脱节、学习时间与考核时间脱节、学习过程与考核过程脱节、考核内容与生产效益脱节等问题。

二、主要做法

在湖州市"334+N"现代学徒制的大框架下，湖州市现代农业技术学校构建了"候鸟式"学徒制人才培养模式，如图1所示，根据农业生产周期性和季节性特点，科学安排学生进入企业进行阶段性的跟岗实训。以"候鸟式"工学交替为主要特征，让教学过程与生产过程季节性对接，有效推进了农业类专业的现代学徒制人才培养的创新。

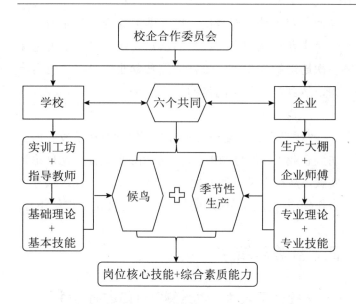

图1 "候鸟式"学徒制人才培养模式

根据农业行业的特殊性,湖州市现代农业技术学校采取了"1+N"合作模式,即一个专业与N个不同企业(单位)合作,进行联合培养,由N个企业共同提供岗位。目前,果蔬花卉生产技术专业合作企业包括湖州市农业科学研究院、湖州吴兴金农生态农业发展有限公司等十余家。

(一)"候鸟"项目选定

湖州市现代农业技术学校建立校企沟通反馈机制,开展前期调研。对当年数家合作企业实际果蔬花卉生产项目进行分析,筛选出适合中职学生顶岗的项目,排定各项目操作工学交替的时间节点。

(二)"候鸟"团队组建

1. 校内模块化教学

依据"候鸟式"工学交替时间轴,以实训工坊和现代农业示范基地为平台,以小组合作为主要形式,适时提前安排与企业生产相配套的基础理论和基本技能等教学模块,开展有针对性的教学和多岗轮训,严把人才培养质量关。按照合作企业实际岗位需求,选拔技能成熟稳定的学生作为学徒,一般为5~6人,阶段性安排进入约定企业,进行核心技能培训和熟练度提升培训。

2. 企业"候鸟式"实训

校内实训工坊复制企业生产模式,指导教师与带教师傅共同制定技术标准,汇编成实训指导形成性考核手册,内含操作规范、实习日志、评价内容等。通过校企双方指导教师发布核心技能提升方案进行任务的实施与记录,完成"候鸟"技能实训手册,如图2所示。企业师傅和指导教师共同参与"候鸟"技能的提升,全程提供技术支持。指导教师根据企业的要求,结合湖州市现代农业技术学校的实际情况,完善校内实训工坊的项目。"候鸟"项目的策划与执行一般以7~10天为主,开展链上"候鸟"实训锻炼并掌握核心技能。

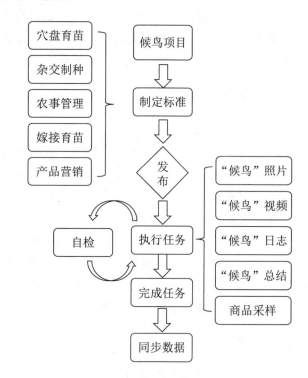

图2 "候鸟"实训流程图

(三)"候鸟"项目考核

创建"候鸟"式学徒制"433"评价体系。双导师共同编写校本形成性评价手册,制定知识与技能评价指标,并通过线上线下及过程性评价、结果性评价、职业素养评价等三个维度对学生实训情况进行共同评价,提高学生对实训教学的重视程度。

1. 过程性评价(40%)

注重考查学生的独立工作能力、动手能力、技能熟练度、操作规范(如去雄、授粉、标记等动作)等方面,由学徒、师傅和指导教师共同评价。

2. 结果性评价(30%)

注重考查农产品的质量(如授粉成功率、嫁接成活率、采后处理种子数量与质量、农产品甜度等),

邀请湖州市农业系统专家进行第三方鉴定。

3. 职业素养评价（30%）

注重考查学生的职业道德、团队精神、工作纪律、行为规范、职业素养和能力发展等。由学生、学校指导教师和企业带教师傅共同进行评价。

三、成果成效

"候鸟"式学徒制人才培养模式实施以来，不仅稳定了"候鸟"基地，而且在师资培养、设施资源共享、技术支持、合作教学研究等方面，校企合作得到明显加强，形成了校企深度合作育人的局面。

（一）学校层面

1. 提升了人才供给的时令性

在专业与产业、课程内容与职业标准、教学过程与生产过程对接的基础上，实施学校教学安排与企业生产季节相对接，提升了学校培养人才供给时令性。

2. 强化了教师教学的针对性

教师根据合作企业的实际生产需求和果蔬花卉生产的季节性，有针对性地开展配套基础理论与基本技能的模块化教学，针对生产一线为企业实际生产提供有效的人才保障，强化了教师教学的针对性。

（二）企业层面

1. 提升了企业用工矛盾期的"获得感"

果蔬花卉生产的技能性和季节性导致企业用工的阶段性和临时性，"候鸟"式学徒制人才培养模式很大程度上满足了企业即时性用人需求，缓解了企业用工因生产季节性造成的矛盾，提升了校企合作中企业方的"获得感"。

2. 增强了企业录用人才的"幸福感"

随着"候鸟"式学徒制人才培养模式的推进，这种"实训－考查－录用"模式，使企业通过实际工作准确考查学生的工作态度、工作能力、职业品质，从而甄选出更加符合企业价值观的人才，满足企业的用人需求，增强了企业在录用人才方面的"幸福感"。

（三）学徒层面

1. 学以致用

"候鸟"式学徒制人才培养是校内外双载体、双导师、双场地、双身份，提升学生综合实践能力，符合"实践—认识—实践"的认知规律，促进学生更深层次地理解知识点，更好地提升专业技能综合应用能力，达到学以致用的目的。

2. 岗位胜任

"候鸟"式学徒制人才培养实现学生从学校实训工坊到企业工作岗位的零对接，从知识到技能，从理论到实践，从校内模仿到企业生产，从一岗到多岗，从分工合作到项目管理，不断纠错，提升了学生的岗位胜任力。

四、经验总结

（一）提升了人才"供给侧"保障的时令性

探索实践以果蔬花卉季节性生产链为主线的小循环培养，以企业实际生产果蔬花卉为教学模块，从而进一步定向、时令性地为企业输出配套的技能人才，提升人才供给的时令性，精准服务企业。

（二）提升了专业教师"双师型"的含金量

以果蔬花卉季节性生产链为主线的教学模块预设，除了理论与技能教学，还涵盖种养、管理、营销等综合能力，最终以农产品商品化效益的方式呈现，进一步提升教师"双师型"的含金量。

（三）提升了岗位"胜任力"评价的契合度

"候鸟"式学徒制人才培养在小循环内完成知识与技能学习、教学与生产对接，达到现学现用、活学活用的效果，农作物成活率、收益率立见成效，为企业培养了亲农、爱农的高素质实用技能人才。在过程性细化考核基础上融合商品性意识，在评价主体多元化基础上融合多元化的评价方式，提升了农业技能人才培养在评价维度中岗位胜任力的契合度。

（四）助推了"活页式"校本教材的研发

"候鸟"式学徒制人才培养模式是紧跟果蔬花卉生产季节性和在涉农企业种植品种、方式和技术的更替，以及当年市场供需情况下推行的供给涉农企业人才保障的人才培养模式，需要按照企业实际生产情况和时间节点做出教学模块的调整，助推了学校下一阶段对"活页式"教材的思考与研发。

五、推广价值

湖州市现代农业技术学校构建的"候鸟式"学徒制人才培养模式，将中职农业专业的教学链与技能链、生产链紧密对接，既解决了农业实训的季节性不符、校内实训场地不足等问题，又解决了企业生产季用工难等问题。教师与学生在深入企业开展实训过程中，可以及时了解行业生产的先进技术，从而促进了课堂教学的有效性和时效性。校企合作实现了双赢，为涉农类中职学校的农业实训提供了借鉴。但是不同学校在具体实施过程中，要根据当地的农业产业特色及岗位需求和学校教学要求，共同制定实训计划，制定工学交替时间轴，保障专业实训的顺利进行。

专家点评：湖州市现代农业技术学校构建的"候鸟"式学徒制人才培养模式，根据农业生产的季节性等特点，将通常的现代学徒制"三段式"大循环培养路径，重构为以农业季节性生产链为主线的小循环人才培养模式。具体做法包括依据季节性生产时间轴，以校内实训工坊和现代农业示范基地为平台，适时提前安排与企业生产相配套的基础理论及基本技能等教学模块，开展有针对性的教学和多岗轮训；按照合作企业实际岗位需求量，阶段性"候鸟"式安排学生进入约定企业，进行核心技能培育。这些做法有效地解决了人才供给的时令性、产教融合的契合度、农业岗位人才的胜任力等方面的问题，对于现代学徒制不同专业如何适应相关产业及企业的不同需求，实现校企双方共赢，提供了有意义的启示，有借鉴和推广价值。

"产学教研创"校企集群双主体协同育人模式

陈 建　王立职　山 崴　刘 伟

大连商业学校

摘要：大连商业学校以"前店后校"为基础，探索出了校企集群双主体治理下的"产学教研创"综合体育人模式，打开了育人眼界、推高了育人水平、提升了改革成效。

关键词：校企集群双主体；"产学教研创"综合体；五真环境

一、实施背景与关键问题

（一）政策背景

早在2004年，大连市教育局、财政局联合发布文件《关于公布首批职业教育实训基地的通知》，大连商业学校被确定为现代服务业实训基地。2012年《大连市服务业发展"十二五"规划》及2016年的《大连城市建设"十三五"规划》，强调大力发展现代服务业。《国务院关于加快发展现代职业教育的决定》（国发2014〔19号〕文件）及《现代职业教育体系建设规划（2014—2020年）》中明确提出：鼓励行业和企业举办或参与举办职业教育，发挥企业重要办学作用。

（二）理论背景

职业教育理论与实践证明，现代服务业人才具有情景导向行为、追求服务对象惊喜体验的职业价值特点。真环境、真双创育人符合其人才培养规律。校企合作是建设真工作环境的最佳路径，真环境校企共育是人才成长的最佳模式，校企共赢是校企合作的有效机制。

（三）实践背景

为实现产教融合，2005年，大连商业学校开始实践校企共建共育的"店校一体化"培养模式；2012年，大连商业学校牵头组建职教集团，联合大连商业联合总会，为校企集群合作搭建平台，在校企集群双主体治理下建成富有成效的"产学教研创"综合体育人模式，如图1所示。

（四）关键问题

校企合作一直存在产教难融、工学矛盾问题；办学环境不佳、机制不健全、政行企校各主体没有形成合力；校企集群双主体合作面临构建治理结构、途径、机制尚不完善等问题；真环境培养、真双创育人面临构建、运行、持续发展经验不足等问题。

二、主要做法

（一）策略研究

1. "五真环境"培养策略

应用情景导向教育教学理论，把握人才情景导向行动和客人价值取向，通过企业调研和试点实验，探索出实现"在做中学"的"真岗位、真情景、真角色、真客户、真服务"五真培养策略。

2. 双创育人策略

经调研反思，以往的双创教育存在着这样的特点：用书本、实训教创业，评价止于"路演"，没有对学生进行真创业环境下的能力培养。

策略：依托职教集团、政府、行业、科研机构、校企集群、商会等主体，利用大连商业学校场地、政府创业基地、企业集群创业孵化转化等资源，共建创业孵化转化平台，用真项目，实现真双创育人。

3. 校企集群双主体合作办学策略

校企合作办学，必须解决合作机制问题。依据博弈理论，校企集群双主体应相互尊重，公平博弈，构建共建、共育、共享、共赢的合作模式。

策略：依托职教集团和商会，利用学校临街店

图1 "产学教研创"综合体育人模式示意图

面和资源优势吸引企业，打造"产学教研创"综合体育人模式，形成利益共同体，如图1所示。学校看重真环境教学，企业注重经营效益，在这一模式中可以达到共赢。

（二）方案研究

依据上述策略，大连商业学校通过超市、摄影两个项目探索与实践"五真环境""真双创育人"培养路径，取得了办学和经济效益相平衡的经验，向全校专业推广。2012年5月，大连商业学校制定了《商校街"产学教研创"综合体育人模式建设及实施方案》（简称《方案》），在充分听取各方建议后完善定稿，既考虑了项目的科学性、实用性、可行性，也注重了方案的易操作性和可推广性。

《方案》包括指导思想、目标、策略、内容实践、保障、实施、成果预期等7个部分，对综合体建设进行了科学分析，布局了12个业态，规划了18个经营店面和创业孵化区。校企集群围绕育人、经营共赢，完成了综合体运行机构、制度、机制设计；完成了专业、课程、教学升级设计；构建了真岗位带徒、真环境教学、真双创教育等课程；设计了跟岗、顶岗、弹性等培养方式，为共建、共育、共享和持续发展规划了蓝图。

（三）实践内容

1. 开展校企集群双主体治理活动

梳理影响校企集群深度合作的法律、体制、制度、机制因素，界定政府、行业、企业集群、学校集群在合作中的优势和共赢要素，依托职教集团和商会，构建"集团多元与校企集群双元"治理体系，如图2所示，打通校企共建、共育、共赢的有效治理通道。

2. 运行"产学教研创"综合体育人模式

2013年，校企共建美容美发、超市、餐饮、客房、幼教等12个业态、18个经营店面和创业孵化区，日接待客人5000人次，进入学徒课、岗位课、弹性课、勤工俭学课、实训周、创业活动等学习活动中学习的学生超12000人次。所有专业实现真环境教学、真双创育人，产教共赢，助推"产学教研创"全面发展。

"商校街"赢得了社会、企业、学生的满意，也得到了政府的认可，甘井子区创业基地—商友众创空间、女大学生创业基地等先后在"商校街"挂牌落户。茶流通等创业项目得到积极推进，学校免费提供场地、免水电费用、承担导师开支，学生办理执照、合法创业，校企共同组织创业评估、风险警示、效

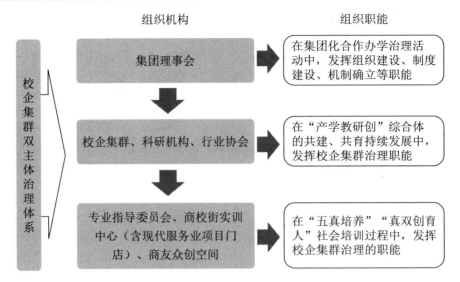

图 2 校企集群双主体治理体系示意图

果评价，真项目创业孵化效果显现。目前，"商校街"在精英师徒制教师工作室引领下，以企业扶持的学生创业孵化模式及"引企入校"的校企合作带动学生创业模式为主要发展模式，实践着落实"职教20条"下"产学教研创"综合体育人模式的创新。

三、特色与创新点

（一）特色

1. 实用性

满足产业人才需求，实现真环境培养、真双创育人、企业集群化创业推广转化的办学特色，为开展校企合作产教融合的职业教育改革提供范例。在"五真培养""真双创育人"培养策略的指导下，共建的岗位课程令师、生、企业专家不出校门就进入彼此的领地，从容进行角色转换，工学契合。

2. 科学性

把握人才需求特点，遵循合作办学规律、职教规律，解决了治理、合作问题，案例形成和应用具有系统性、完整性、科学性。

3. 可复制性

校企共建、共育、共赢的"店校一体化"培养系统，可持续发展特色鲜明，整合资源丰富，符合政策和法律规定，投入成本不高，且易推广。

（二）创新点

把人才需求特点、社会发展要求、学校集群办学效应、企业集群经营效益、学生成长诉求等置于"产学教研创"综合体中，有效解决真环境培养、创业孵化转化等问题。构建的"产学教研创"联动制度、机制，成为持续共赢的有效保障。

1. 校企合作治理结构创新

校企集群双主体办学治理，充分调动政、行、企、校的积极性，充分考虑各主体的利益关系、功能因素、治理结构与途径规范，办学治理更严谨、系统、有效。

2. "综合体"育人创新

构建治理机制、合作机制、孵化转化机制，推动政、行、企、校融入"产学教研创"综合体，实现产教融合、工学契合，激发"研创"活动。

3. 创业成果转化的机制创新

在企业集群创业孵化机制的作用下，学生创业得到专业团队引领，创业机遇多，资源丰富，成功率大增，推广转化成效增强。

四、应用效果和推广价值

（一）应用效果

1. 校内效果

实训学生覆盖全校18个专业、33个班，共计12000余人次；进入课程16门，岗位课程教师20人，企业师傅25人；学徒制学生422人，带徒师傅67人；8个项目实现双创教育、孵化转化；升级专业人才培养方案16个，优化升级课程标准16个。

2018年，学校依托"商校街"，将工匠精神纳入学生培养目标，37名企业师傅言传身教，带出113名徒弟；2019年，把"学徒制"升级为"精英师徒制"，将立德树人、德智体美劳教育落实到日常教学与"精英师徒制"培养过程中，"双师型"教师及企业师傅合作组成专业教师工作室，形成校企融合、实训教学、创业孵化等项目常规运行的保障体制，实现强化技能教育向全方位育人目标的转变。

2. 职教集团内效果

集团和商会组织成员校、企现场观摩，分享专业知识、课程感悟、教学资源升级建设成果。组织集团骨干教师走进岗位课堂、学徒现场，分享经营型岗位课程教学的理念、策略和做法。形成了"五真"环境下"产学教研创"教学模式的体验式互学共鉴氛围，实现了创新职业教育培养模式的成果共享。

3. 社会推广效果

"商校街"运营以来，日接待客人达5000人次，其中，美容美发店为社区老人提供免费服务万余次；完成职业资格、岗位、转业军人、创业、普惠制等培训，年培训量万余次。

（二）推广价值

"产学教研创"综合体育人模式被大连电视台、《大连日报》、《大连晚报》等各大媒体广为宣传，刊登于《中国职业技术教育》杂志的《商校街的教育价值分析》一文，集中阐述了其影响。中国职业教育技术中心、中国职业教育学会多位专家，省、市、区多位领导，各职业院校同人均多次到校观摩指导。

1. 应用范围

对各高、中等职业院校开展校企合作协同育人、共建共享校内外实训基地、发展经营型实训教学、完善双创育人制度建设及成果转化等，有参考和借鉴价值。

2. 注意事项

其一，对政策把握须严谨、精准；其二，对企业主体地位须重视。

专家点评：该案例针对"知识本位"与"能力本位"相互转变的问题，立足学生职业发展和企业人才需求，探索解决人才特质培养定位下的产教难融、校企合作难以深入、工学矛盾等长期存在的关键问题。案例显示，校企集群双主体治理下的"产学教研创"综合体人才培养模式，较好地解决了因过于重视对优秀职业人的价值取向、思维方式、职业精神进行培养，所引发的教学模式空白、对接岗位工作的教学环境匮乏等问题。案例在五真育人、双创育人等方面，育人站位高、实践效果好，为推进解决产教融合、校企合作瓶颈问题提供了借鉴，具有一定的推广价值。

构建面向小微企业的"项目化"协同育人模式

汪大木　魏　忠　刘连宇　乐小路　赖跃峰

深圳市沙井职业高级中学

摘要：以学生为中心，精准聚焦小微企业，成果历经"引企入校"、"办学到企"、建立"企业校区"、开办中德双元制"学习工厂"，到"项目化"协同育人机制的建立五个阶段，破解当前产教深度融合缺乏有效纽带、小微企业技能人才困境难以突破、教学与工作脱节制约人才培养等难题，开创性地探索出"项目化"协同育人机制，形成了小微企业与职业教育"项目化"协同育人模式，为学生综合素养和技能水平的提升找到可持续发展的路径。

关键词：小微企业；项目化；协同育人

一、实施背景

（一）时代对人才培养的"热点"

市场竞争日趋激烈，产品更新速度日益加快，生产系统的复杂性也日渐增长，企业不断以智能创造为导向，引进前沿市场需求的高尖端人才设备，这些变革对技能人才提出了更高要求。对企业而言，关键是拥有高水平的员工。作为未来劳动者的毕业生所欠缺的是过程知识与方法知识、生产系统建设和调适的技能、制造中的工作流程观念和工作热情。这就需要改革传统的人才培养模式，强调能力本位和行动导向，培养学生的综合职业能力，倡导"做中学"等理念，帮助学生获得实践经验。

（二）校企合作对人才培养的"难点"

产教融合型的校企合作，需要学校与企业保持良性互动，共同参与教学。但目前大部分校企合作仍停留在"学校为企业培养人才，企业为学校提供实习场所"的层面，校企之间缺乏有效互动的桥梁，导致企业难以参与到学校人才培养目标设计、内容选择及课程标准制定等教育教学过程中的具体事务中。

（三）学校对人才培养的"痛点"

学校教育的一个显著问题是课堂所教内容与学生工作实际需求之间存在着一条鸿沟，即理论与实践的巨大差距。传统教学方式暴露出学生"会操作，但是不会工作""只会单干，缺乏合作意识"等弊端，难以满足市场对劳动者职业能力的需求。

二、关键问题

（一）产教深度融合缺乏有效的"纽带"

学校的公益性和企业的生产实际需求难以找到平衡点，导致"一头热"现象，产教融合难以深入和持续，经济效益和社会效益很难实现共赢。

（二）小微企业技能人才困境难以解决

我国小微企业约占全国企业总数的94%，GDP贡献约占65%，国家虽重视小微企业的发展，但小微企业规模不大、资金有限、用工竞争力弱，在技能人才培育中的地位和作用得不到重视。

（三）教学与工作脱节制约人才培养

职业教育作为解决生产和生活的实际问题而诞生的一种类型教育，一时难以摆脱"教学与工作脱节"的问题，导致学生难以感知课程内容所蕴含的知识对于生产、生活和职业生涯发展的价值和意义，阻碍学习者职业素养生成。小微企业作为市场参与的主体，新技术、新技能的最快、最灵活的实践场所，其协同育人的效能未有效发挥。

三、主要做法

（一）针对产教融合"难"，构建协同育人的长效机制

针对产教融合缺乏纽带、"资源匹配难、合作持续难"的问题，实施"项目化"协同，如图1所示，构建"三个共"机制。一是平台共建，包括机构共建、设备共投、人员共用，形成协作团队。二是"资源共享"，企业提供项目产品，共同组织生产；项目内容按校企共拟的专业人才培养方案，实训与生产高度一致；企业整合、新增设备并改造升级，实现生产与学习结合。三是"实现共赢"，生产有效组织，企业获得经济效益；提炼有效的培训模式，既培养学生技能，又增进其职业认同感。

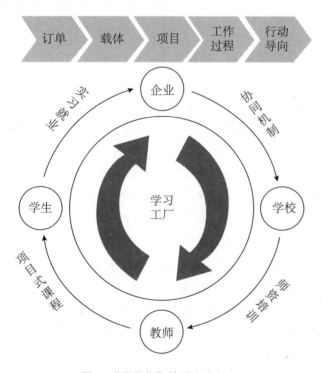

图1 "项目化"协同育人机制

通过"项目化"产教协同，企业实现生产任务的有效组织，经济效益得到保障，而学校在培养学生职业技能的同时，提升学生的职业认同感，将职业素养、工匠精神等融入专业教学，达到"双精准"：精准服务小微企业，精准提升学生技能、实现高端就业。

（二）针对技能人才困境，打造人才供给"立交桥"

小微企业用工竞争力弱，但总体量大、用工多。例如，广东省深圳市沙井职业高级中学精选深圳市同辉精工科技有限公司，重在实训情境的"多样性"；深圳市鑫明辉钻石刀具有限公司服务80多类数控加工企业，提供实训企业群。以项目化的"真实生产任务、真实工作情境"，达到生产与教学的统一；建立过程性评价机制，推动学生学习热情；共同制定行业认可的评级标准，认证等级与就业薪酬挂钩。

（三）针对产教育人脱节问题，实施工作过程系统化培养

针对学校教学与实际工作脱节的顽疾，挖掘企业"真实生产任务、真实工作情境"的教育内涵，将职业认同、职业技能提升进行全要素系统推进。建立姜大源"工作过程系统化"工作室、德国专家工作室等，重构教学与实训。以企业实际问题为专业教学载体，以工作过程为教学设计的逻辑主线，实现五个"对接"，即对接企业工作规范、对接企业先进技术、对接企业工艺要求、对接职业素养要求、对接企业文化；提取典型工作任务重构课程设置，让学生学到真本事；让"教师下企业、企业技师参与教学"成为常态；以"三教改革"为核心，培养学生行业规范和工匠精神；在共同解决生产一线组织管理和技术创新的过程中，做到优势互补、成果共享，总结有效的企业员工培训经验，实现技能培训与就业创业的零距离对接。

四、模式模型与创新点

（一）育人理念创新：行动导向，真实情境

基于德国双元制"行动导向课程理论"，与小微企业合作，把课堂建立在生产车间，以企业实际生产项目、实际问题重构"项目化"课程，发挥企业的真实生产任务、真实工作情境的教育作用，突破了从"行动领域"到"学习领域"的局限，使校企双方同步互动，建立了互动桥梁，如图2所示。

（二）育人模式创新：工学一体，市场连接

从"引校入企"、共建"学习工厂"到"项目化"协同育人模式，以学生为中心，将职业导向、职业技能提升各要素纳入系统推进；建立工作过程系统

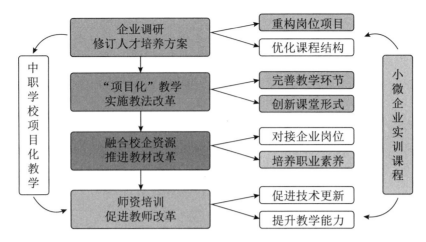

图 2　中职学校与小微企业"项目化"协同育人模式

化专家工作室，校企共同开发课程，把企业实际问题融合到专业教学中，工学一体，实现了技能培训与就业创业的零距离对接。

（三）教学方法创新：项目赋能，激发动力

采用真实项目驱动的"行动导向"教学方法，把真实的生产项目带到课堂中，学生在完成真实的生产过程中，通过体验学习，激发学习动力，运用理论知识解决现实问题，不断经历信息同化与经验学习相整合的过程。在整合过程中，学生的问题解决能力、社会交往能力等得到了很好的发展。

五、成效评价与推广价值

（一）实践成效

1. 协同育人成效好

学生技能突出，参加全国职业院校技能大赛获8金22银26铜的成绩，优秀毕业生杨登辉获世界技能大赛冠军。毕业生"1+X"双证率达95.6%，就业率达100%，广东省深圳市沙井职业高级中学连续7年获深圳市就业先进单位；学生基础牢、作风实，为学生后续大学阶段职业教育夯实基础，学生在企业能更快地适应企业文化、创造价值等，为企业技术、工程、管理人才储备提供新的主力军，在职业晋升过程中"前途广阔、大有可为"。

2. 专业建设稳提升

数控技术应用专业被评为"深圳市品牌专业"，"中德双元制实验班"写进宝安区政府工作报告，获得政府专项经费支持；教师获教学能力比赛国家二等奖2项、广东省三等奖2项，有2人被评为"全国技术能手"，3人被评为"广东省技术能手"，4人被评为"深圳市高层次人才"，11人被评为"区级高层次人才"。

3. "项目化"稳推进

广东省深圳市沙井职业高级中学与企业建立紧密联系，取得校企双赢。合作企业转型为精加工企业，规模、产值和利税大幅提升，成为"尊师重教先进单位"；已建成同辉智能制造人才园区，并引进了4家企业，共同开展校企合作及智能人才培养。形成企业调研报告8篇，合作编著行动导向项目教材9部，开发工作过程系统化课程50多门，发表论文17篇，开展市重点课题《校企协同，产教融合背景下中等职业学生职业素养培养研究》等课题研究12项；教学成果《中等职业学校"双元学习工厂"模式探索与实践》获广东省教学成果奖一等奖，《"双元学习工厂"模式探索与实践案例》获2020年第五届世界职业技术大会优秀案例奖。

（二）推广应用

1. 政府日益重视

被宝安区政府列为2019年重点督办项目，校企联动、政企合作，合作企业建设"跨企业实训中心"成为深圳市首批50家"产教融合型企业培育名单"，并建立了协作企业群，有效促进区域的协同发展。

2. 行业愈加认可

将与小微企业共建的"项目化"协同育人模式推广到广东省深圳市沙井职业高级中学其他两个专业

部，校企合作挂牌单位 70 家；承担世界技能大赛中国集训队数控铣项目集训辅助基地，承办深圳市技能大赛"机器人技术及应用""电气安装与调试"项目，发挥数控专业的品牌效应。每年全国各地职教同行到校交流达 100 人次以上，项目组成员应邀赴全国各地中职院校作交流报告 20 多场次；新的企业不断要求与学校进行深度合作。

3. 媒体持续关注

成果得到社会肯定及媒体关注，《南方都市报》、《深圳晚报》、《宝安日报》、广东教育电视台等媒体多次对广东省深圳市沙井职业高级中学办学成绩进行报道。2020 年 1 月，《中国教育报》对广东省深圳市沙井职业高级中学进行了《双精准育人，教学成果奖拔得头筹》专栏报道，在市内外产生重大影响。

专家点评：该案例长期聚焦学生"会操作，不会工作""愿单干，不善合作"等育人瓶颈，小微企业无人才整合能力等痛点，历经"引企入校"、"办学到企"、建立"企业校区"、开办中德双元制"学习工厂"，到"项目化"协同育人机制的建立五个阶段，最终基于来自企业的"真实项目"打造产教融合平台，构建起在真实场景中实施项目驱动式教学方法体系。案例显示，项目驱动式教学方法体系较好地解决了校企合作缺乏纽带、小微企业留人困境、教学与工作脱节等问题，探索出"项目化"协同育人机制，形成了小微企业与职业教育"项目化"协同育人模式。案例项目被列为 2019 年宝安区政府重点督办项目，合作企业建设"跨企业实训中心"，入选深圳市首批 50 家"产教融合型企业培育名单"。

产教融合，赋能企校高质量发展
——校企共建新道云财务会计师学院

陈 蔚[1]　李颖超[1]　何 嘉[1]　包 琳[1]　程 帅[2]

1. 北京市商业学校　2. 新道科技股份有限公司

摘要： 在网络化、智能化、服务化、协同化的"互联网+"产业生态体系背景下，北京市商业学校与新道科技股份有限公司共建"新道云财务会计师学院"，通过创新办学机制、引入企业场景和文化、打造"双师型"教学团队、推动学校数字化建设等举措，推动了校企深度融合，创新了中等职业教育办学模式，实现了学校和产业的无缝对接，并在服务专业转型升级、推动教育教学方法改革、提升社会服务能力等维度取得丰硕成果。

关键词： 云财务；中等职业教育；产教融合；中高本贯通

一、实施背景

《教育部 财政部关于实施中国特色高水平高职学校和专业建设计划的意见》提出"吸引企业联合建设产业学院，推动专业建设与产业发展相适应，实质推进协同育人"的产教融合建设途径。自2018年起，在网络化、智能化、服务化、协同化的"互联网+"产业生态体系背景下，为积极应对会计工作智能化、现代化、共享化的发展趋势，北京市商业学校与新道科技股份有限公司共建"新道云财务会计师学院"，共育"云财务会计"专业人才，满足北京高精尖产业对复合型、跨界型高端会计人才的需求。

二、主要做法

（一）建立校企合作理事会，构建"四对接、五维度、五共同"产教深度融合育人新机制

新道云财务会计师学院实行理事会制度，下设7个中心，实现学校培养目标与企业需求、学校核心课程与企业实际业务、学校考评标准与企业人才标准、教师的智能化应用技术与企业实践技术四对接；通过教学管理、师资管理、招就管理、学生管理、专业管理"五维"管理服务体系，达成校企共商人才需求、共享优势资源、共研领先技术、共建专业课程、共管人才培养多维度合作共赢"五共同"，企业委派长期驻校导师，实行周沟通、月复盘、年总结的工作机制，保障校企深入有效沟通，实现教育链、人才链与产业链、创新链有机衔接，服务首都产业结构调整和京津冀协同发展。"四对接、五维度、五共同"产教深度融合育人新机制如图1所示。

（二）分层递进，打造校企深度融合的贯通人才培养模式

如图2所示，在人才培养中，以校企双元为育人主体，以产教融合基地和新技术创新平台为支撑，构建产业全方位联动、企业全过程协同、学历全学段衔接、能力全段位进阶、资源全生态共享的育人新范式。在人才培养中嵌入人工智能、大数据和云计算等新技术，适应企业数字化转型中对会计人才的需求。

（三）校企双主体协同育人，打造"双师型"教学团队

新道云财务会计师学院采取校企双主体协同育人模式，由校内骨干教师和企业导师共同授课，打造有趣、有效、有用的"三有"课堂，让学生们掌握专业知识和技能的同时，也锻炼其自主学习等综合能力。

1. 企业派驻长期驻校导师，实行企业化班级管理模式

自新道云财务会计师学院成立起，"企业长期驻

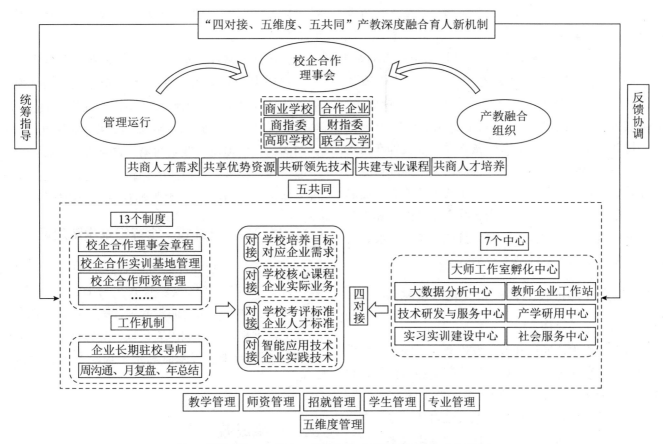

图1 "四对接、五维度、五共同"产教深度融合育人新机制

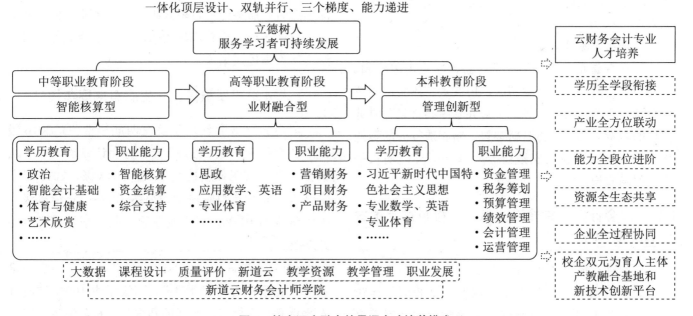

图2 校企深度融合的贯通人才培养模式

校导师+学校班主任"共管班级,采用企业化的班级管理形式,按照新道科技股份有限公司员工行为准则进行日常考核,制定《班级企业化管理手册》等规范性文件,以年级及学生的特点为参考,分为"三阶"管理,即综合素养提升阶段、专业素养提升阶段、专业实践拓展阶段,协助学生迅速了解企业实战应用,提升职业技能与职业素养。

2. 建立"四路径、六能力"教师培养体系，为学院教师成长绘制"路线图"

新道云财务会计师学院建立"教师企业流动站""教师发展中心"，搭建"四路径、六提升"的双师型教师实践培养体系。通过技术学习紧跟产业前沿、业务实操融合教学教授、项目运行指导教学方案组建、规划运用重构课程体系四条路径，让教师在技术学习、跟岗实践、项目运营、创新研究中提高自身的双师素质，实现专业教学能力、实践创新能力、信息技术应用能力、教学研究能力、社会服务能力和国际合作能力六种能力的提升，最终打造一支能实践、善教学、精科研的"双师型"教师队伍。

（四）把企业搬进校园，校企文化深度融合

1. 第二课堂职场熏陶

教学过程中，通过开展主题班会、职场办公软件赋能、演讲活动等形式，让学生能够更加知自我、知行业、知企业、知就业；每月一期"职场大咖说"，内容丰富前沿，学生通过与行业大咖对话，专业自豪感油然而生，不断提高其专业化和职场化水平；加强班级文化墙的布置，融入企业元素、企业文化和企业制管理方式，更好地提高中职生适应企业管理模式的能力。

2. 产业资源对接

凭借合作企业丰富的产业资源，学生走出校园，走进新道公司、用友产业园区、用友数字体验馆、芸豆会计、曲美家居工厂等，了解共享中心背景下财务岗位的职责与要求，体验新零售、新制造行业的智能化工作流程，理论与实践结合，开阔眼界，增长知识，明确成长方向。

（五）以会计师学院建设为抓手，校企携手推进"1+X"证书工作

1. 共研共培，研发"1+X"证书

新道云财务会计师学院全程参与"业财一体信息化应用"职业技能等级证书的研制工作，联合多所院校和企业，组建专家团队，领悟政策内涵，开展证书研制工作；校企调研，研究岗位技能分解，对标专业目标，逐步完成形成岗位群—岗位职责修订—岗位能力分级模型搭建—形成技能等级标准的证书各项工作，业财一体信息化应用证书成功申报第三批"1+X"证书；依托证书研发成果，出版活页教材4部。

2. 通过五融入，开展"1+X"证书试点工作

将证书内容融入专业人才培养方案，实现复合型人才培养要求；融入课程体系，实现能力全段位进阶；融入课程标准修订，实现标准化课堂建设；融入社团活动，实现第一课堂与第二课堂有效衔接；融入学业考评，探索考评形式的创新，学生参与证书的考试，通过率达100%，3名教师获评优秀指导教师。

（六）进行数字化建设，全程记录学院建设

新道云财务会计师学院进行了全面的数字化建设，通过新道数字化教学育人平台DTC，将人培、教学实训、作业、实习游学管理、教学评价、服务新闻等云端展现，充分利用云计算、大数据、移动互联网等数字化技术，为学院高水平内涵建设提供战略支撑。

三、成果成效

通过校企深度合作，北京市商业学校在推动校企深度融合、服务专业转型升级、引入企业文化、推动教学方法改革、培养双师团队、提升社会服务能力等维度取得丰硕成果。

（一）人才培养质量高，学生满意度逐年提升

新道云财务会计师学院有四届毕业生，2016级云财务会计专班及2017级云财务会计专班，学生从事会计类相关工作占比为96%；2018级、2019级学生升入高职和本科院校学习率达100%；新道班级学生满意度为100%，对于企业驻校服务平均满意度为99.98%。

2018级首届联合培养的云财务会计7年贯通班获评"北京市文明班集体"，班级学生100%转段升入北京联合大学进入高职阶段学习，6名学生获得市级三好学生、北京市政府奖学金。

（二）牵头全国标准制定，引领实训基地建设

新道云财务会计师学院牵头全国中职会计、市场营销专业两项实训基地建设标准研制；结合专业发展

趋势，参照"1+X"证书制度要求等，完成1000余平方米数字财经实训基地建设，包含财经大数据分析中心、云财务虚拟仿真实训中心等10个实训中心，财务机器人等新技术产品融入其中，重构实践教学环境，为教师从事相关研究、开展专业教学提供保障，为实训基地社会服务奠定基础。

（三）教学成果丰硕，促进教师专业化发展

在学科竞赛上，共建班学生分别获得北京市职业院校会计技能比赛（中职组）沙盘模拟企业经营项目、会计综合职业能力、云财务信息化项目一等奖。教师团队获评教育部课程思政教学名师及团队，多次获得全国及北京市教学能力大赛一等奖；专业研究成果两次获得北京市职业教育教学成果一等奖。

（四）承担社会责任，开展各级各类培训和技术服务

新道云财务会计师学院教师为北京友道云教育科技有限公司等10家企业进行技术服务；成功申报北京市"双师型"教师培养基地项目，开展双师培训364人/天；依托国培基地学院面向北京市中高职院校教师开展会计专业国培710人/天；面向企业、社会提供各类培训共计8018人/天；面向中小学开展了特色培训110人/天。

四、建设经验

新道云财务会计师学院建立以来，通过校企双方的共同努力，真正打造有趣、有效、有用的"三有"课堂，产教做到真正的深度融合，搭建人才成长立交桥，构建现代职教体系，培养符合区域经济服务的技能技术型人才；学院合作模式和工作机制成为新道科技股份有限公司校企合作的样本和标杆，已向全国400多所院校进行推广。

今后，新道云财务会计师学院将在完善运行机制、研究学院建设标准、打造精品课程、提升教学质量、保障专业实践，构建新型师资培训体系，提升教育服务能力，构建创新创业教育体系等方面进行深入探索和实践，让产教融合、校企合作的新道云财务会计师学院真正成为转型升级的"助推器"、促进就业的"稳定器"和人才红利的"催化器"。

专家点评：该案例积极应对会计工作智能化、现代化、共享化的发展趋势，校企共建新道云财务会计师学院，共育"云财务会计"专业人才，为满足北京高精尖产业对复合型、跨界型高端会计人才的需求，构建"四对接、五维度、五共同"产教融合育人机制。案例显示，产教融合育人新机制能够较好地解决学校人才培养定位不准、教学内容滞后、教师知识技能更新迭代不及时、教学模式、评价模式单一等难题，提升了人才培养质量，也丰富了新道公司的校企合作方式，在与新道公司合作办学的院校内形成了积极影响，具有一定的推广价值。

产教融合培育"一岗多能、一人多岗"会计人才

李斌红

东莞理工学校

摘要：在财务管理智能化时代，基础财务核算工作逐渐被系统和人工智能取代，财务人员职能和能力要求出现转变。如何培养顺应时代需求的会计人才？本文阐述了东莞理工学校会计事务专业通过整合"人脉""技术""环境"校企资源，推动"三教"改革，提高中职会计人才素质，培养知流程、懂业务、会核算、会软件、会沟通、善协调的复合型会计人才。

关键词：校企资源；"三教"改革；复合型会计人才

一、背景与关键问题

（一）背景

近年来，财务管理智能化发展迅猛，四大会计师事务所已经把人工智能引入会计、税务、审计等工作当中，基础财务核算工作逐渐被系统和人工智能取代，对财务人员职能和能力要求也发生了改变，除了核算能力外，素质要求也相应提高，信息能力、业务能力、职业素养兼备的复合型人才需求日益突显。

东莞理工学校通过实地走访、网络调查、调查问卷等方式，对毕业生及中小微企业财务人员供需情况进行了深入调研。调研结果显示：会计事务专业学生就业岗位群主要是会计、出纳、财经文员，到中小企业就业的毕业生比例是81.5%，其中小微企业占57.6%。小微企业因为规模小、业务量不多、人手少，为节约人工成本，要求财务人员知流程、懂业务、会核算、会软件、会沟通、善协调，最好是"一岗多能、一人多岗"，这与会计复合型人才要求一致。

（二）关键问题

从人才需求变化和学生就业形势来看，东莞理工学校会计事务专业必须对人才培养模式进行改革，重新定位会计事务专业人才培养目标，即培养核算、业务、信息、职业素养兼备的中职复合型会计人才，全面提升整体素质，使人才培养符合财务管理智能化发展的需求。必须重构课程体系、改革教学内容和方法、强化师资力量，从而打造一支"德技"精湛的教师队伍，建设一批内容形式精良的教材，形成一套精准施教的有效教法，推动"三教"改革，最终实现人才培养的目标，突出办学特色。

二、主要内容与做法

（一）整合企业"人脉"资源，增强学生对会计工作感性认识，启发成长意识

东莞的中小企业、会计师事务所众多，企业员工或事务所会计师都是中职学校可以引入的"人脉"资源。东莞理工学校会计事务专业每个学期邀请一位会计专业人士、专家到校授课，以讲座或课堂的形式，帮助学生确立职业规划。

东莞市至信税务师事务所、畅捷通信息技术股份有限公司、广东和惠会计师事务所、广东中海物业服务有限公司等十几家公司的经理或一线员工都跟学生分享了个人的成长经历，以及行业发展最新动态。例如，会计职业道德系列培训，强化职业道德、职业操守的观念，对于即将踏入社会从事会计工作的学生而言大有裨益；财务管理智能化发展动态系列讲座，提高了学生对专业的认识，鼓励学生树立终身学习的观念；中等职业学校会计专业学生职业生涯规划系列讲座，分析当前社会发展的形势，行业对会计人才需求的改变，对学生职业生涯规划起到了良好的引导作用。

（二）整合校企技术资源，优化专业课程体系，创新教学模式

大数据时代下，"业财"融合是财务职能变革的趋势，即财务、业务、信息技术三位一体，是业务经验与财务管理的融合。东莞理工学校会计事务专业整合校企技术资源，优化专业课程体系，创新了教学模式。

1. 合理优化专业课程体系，提升课程品质

（1）打破以往会计基础、财务会计、电算会计、纳税实务、Excel在财务中的应用等课程独立授课的思维及学科框架，按照岗位能力标准，课程对接岗位，教材对接技能，校企共同制定核心课程标准，编制"业财"融合的《会计信息化实务》校本实训教材。

（2）以电算会计、会计综合实训作为课程改革核心，充分考虑基础课程之间的衔接关系，依托畅捷通信息技术股份有限公司云平台、网中网财会商圈将业务和会计核算、信息系统数据处理、财务、税务融合，从纯软件操作课程转向培养学生的会计信息数据整理、分析、预测综合能力。

（3）"课证"融合，课程授课内容和考核指标对标企业会计信息化人才需求，将课程教学与"1+X"职业技能等级证书融合。如专业课程与业财一体信息化应用职业技能等级证书进行课证融合，设置了"业财一体化信息化技能实训"课程。使学生在毕业获得学历文凭的同时，也能够获得职业资格证书。

2. 创新教学模式，增强综合素质

（1）推行"教学做"一体化实践教学模式，即以手工实训和电算化实训结合、分岗实训和综合实训结合、模拟实训和校内代理记账工作室真账实训结合的教学模式，培养学生的职业技能及信息化素养。

（2）实施分层分类教学，以"个体自主学习+团队互助学习"替代个体独立学习。通过虚拟仿真软件模拟岗位工作情景，对不同岗位的工作内容进行设置，使每一位学生都能从适合自己的工作岗位开始。再通过分组岗位模拟企业部门及相关职能部门的方式，让学生通过团队合作开展业务活动，在提升综合技能的同时，提高沟通能力和团队合作能力等职业素养。

（三）整合企业环境资源，创造"业财"融合实践环境，提升技能、培养素养

1. 校企合作，建立校外实训实习基地，感受企业人的状态

东莞理工学校会计事务专业与广东德方信会计师事务所、东莞市至信税务师事务所有限公司、广东中海物业服务有限公司3家企业合作，建立校外实训实习基地。有学生在实习报告中写道："财务工作不是我之前想象的只是对着数字、账簿工作，我看到公司财务人员工作过程，了解到了财务需要对接很多部门，沟通能力很重要。"校外实训实习基地的实习，让学生感受到了职业人日常工作的状态。

2. 校企合作建立会计代理记账室实训实习基地，实现实践教学与工作任务相融合

东莞理工学校会计事务专业与广东和惠会计师事务所、东莞市伯乐教育咨询有限公司合作引入真账，共建会计业务代理记账室实训实习基地。由合作企业派出员工对学生进行业务上的指导，学生接触到企业整套的做账流程，了解会计实际工作的循环步骤，在真实的职业环境中完成职业规范的训练，实现实践教学与工作任务相融合。

3. 提升师资团队教学水平，深化教学改革

鼓励教师考取职业资格证书，提高业务水平；派遣教师到企业进行实践，了解专业和行业发展的新动向，提高教师的实践能力。通过校企合作的形式，聘请校外优秀会计师和企事业单位专家，以及企业、行业会计实践经验丰富的人员作为兼职教师，跟专业教师一起参与教学与教研活动，优化专业教师团队组成结构，带动整体师资队伍会计职业能力和素养的提高。

三、经验萃取与模式模型

中职复合型会计人才培养的"学岗融通—仿岗实训—跟岗实训"三个环节中的难点体现在两个方面：一是在每一个环节都要与时俱进，对接时代发展需求；二是由于会计岗位的特殊性，学生校外实习很难掌握企业中会计工作的核心内容，几乎得不到专业技能的锻炼，导致"跟岗实训"质量不高。

东莞理工学校通过校企融合，整合"人脉""技

术""环境"资源，逐层渗透，让师生接触到行业企业最新的信息技术资源，同时引入会计业务代理记账工作室，建立校内生产性实训实习基地，实现实践教学与工作任务相融合，解决了"跟岗实训"质量不高的难题，推动"三教"改革，实现学生职业发展、学校教书育人、企业协同育人"三位一体"育人模式，如图1所示。

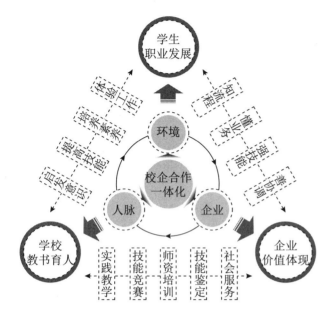

图1 "整合资源"校企融合育人模式示意图

四、成效评价与推广价值

（一）应用效果

1. 校内效果

实训学生覆盖全校会计事务、统计事务、金融事务3个专业、18个班，共计900余人次。培养了一批拔尖竞赛人才，竞赛成绩有质的飞跃。在2020年广东省职业院校技能大赛中获得"沙盘模拟企业经营""会计技能""财金综合技能""税务技能""连锁经营技能"等五个赛项省一等奖。在2020年全国职业院校技能大赛沙盘模拟企业经营赛项，东莞理工学校代表广东省出赛，代表东莞市乃至广东省首次拿到会计国赛单项第一名的好成绩。培养了2位专业带头人、7名专业骨干教师，有效地提升了教师队伍的素质，"双师型"教师比例达96%。

2. 职教集团效果

为帮扶广东省西部地区培养中小企业财务技能人才，解决学生职业能力与岗位要求不匹配问题，在全国LED产业产教融合（东莞）职业教育集团的主导下，联合东莞理工学校、信宜市职业技术学校、东莞市伯乐教育咨询有限公司，以东莞理工学校会计业务代理记账工作室为基地，开展了三期"东莞中小企业财务人员专业培训校企联合培养项目"。

3. 社会推广效果

近两年来，会计业务代理记账工作室学生团队能独立为LED光电职教集团在校内的两家企业提供代理记账服务，实现校内外实习实训双循环。东莞理工学校采用全市公开课、教学交流、竞赛交流等形式，让更多的学校了解此案例，带动和促进区域中职学校会计专业发展。

（二）推广价值

整合"人脉""技术""环境"校企资源，提高中职会计人才素质的育人模式被《东莞日报》等各大媒体广为宣传，刊登于《智富时代》杂志的《整合资源，提高中职会计复合型人才素质》一文，集中阐述了其影响。对中职学校开展校企合作协同育人、共建共享校内外实训基地、发展经营型实训教学建设及成果转化等，有参考和借鉴价值。

须特别关注的是，推广过程中要注意两点：一是对政策把握须严谨、精准；二是对合作企业资质的选择。

专家点评： 该案例针对智能化时代会计事务相关专业的现实处境和"复合型"岗位需求趋势，通过产教融合，多方整合"人脉""技术""环境"等资源，建立校内生产性实训基地，推动实践教学与工作任务相融合，解决了传统的"跟岗实训"质量不高的难题。案例显示，生产性实训基地可以覆盖学校现有的会计事务、统计事务、金融事务3个专业的18个班，能够以市场需求为导向，多渠道、多形式地深入推进校企合作，实现学校、学生、企业与社会的多方共赢。案例经验被《东莞日报》《智富时代》等报刊传播，具有一定的参考和借鉴价值。

校企共建"培育+认证+就业"平台，打造数字建筑人才培养"全闭环"

钱琴梅　汪力　朱佳颖　沈海涛

嘉兴市建筑工业学校

摘要： 嘉兴市建筑工业学校根据建筑产业数字化发展升级需求，与数字建筑行业协会、领军企业共建数字建筑产教融合育人基地、"1+X"证书（BIM）认证中心、数字建筑人才精准就业平台，打造数字建筑人才培育、技能认证、就业服务的"全闭环"，面向行业实现数字建筑人才的"精准直供"。2019—2022年，面向行业输送1859名紧缺型技术技能人才，提供数字建筑培训服务6594人次，相关职业技能等级证书通过率位居浙江省中职学校前列，获得数字建筑领域国家级与省级奖项29项，为嘉兴市乃至浙江省的数字建筑发展提供了有效助力。

关键词： 校企协同；精准直供；数字建筑；人才培养

一、背景与关键问题

（一）政策背景

自党的十九大报告提出建设数字中国以来，"加快推动数字产业化和产业数字化"已成为各行各业着力探讨的时代命题，建筑数字化、工业化、智慧化成为建筑业转型升级的主攻方向。近年来，伴随着长三角一体化背景下数字"新基建"的发展要求，浙江省着力推动建筑行业数字化发展，数字建筑成为全省建筑产业转型升级的核心引擎。

（二）实践背景

嘉兴市建筑工业学校作为浙江省唯一一所老牌建筑类专门化中职学校，拥有目前省内最为健全齐备的建筑专业体系和行业培训体系。2019年以来，嘉兴市建筑工业学校获批6个"1+X"职业技能等级证书制度试点和考点，成为省内唯一一所同时具备初、中、高级BIM证书考核资格的中职学校；被浙江省教育厅确定为BIM项目的副组长单位；成功申报产教融合型企业、产教融合工程项目、产学合作协同育人项目等12个省市级产教融合"五个一批"项目，为深入开展数字建筑人才校企协同培养实践提供了扎实基础。

（三）关键问题

以BIM为核心的数字建筑应用技术尚处在起步阶段，相关领域不仅存在较大的专业技术技能人才缺口，现有从业人员也亟待进一步培训提升。本案例旨在依托校企协同育人、"1+X"证书制度落地办法等方面的实践，探索解决数字建筑人才培养难、需求急的供需矛盾。

二、主要内容与做法

（一）标准互认，校企共建系统化人才服务平台

对标地区建筑产业数字化升级要求和"数字建筑"领域职业技能等级证书标准，嘉兴市建筑工业学校与数字建筑服务领军企业广联达科技股份有限公司、区域龙头企业巨匠建设集团股份有限公司、嘉兴市建筑行业协会等单位达成共研、共融、共享、共育协议，共建"数字建筑"人才服务平台。

1. 建设数字建筑产教融合育人基地

运用BIM、大数据、云、AR、VR等先进技术，建成数字建筑产教融合育人基地。围绕数字建筑教学特点，遵循"四共"建设思路，紧扣"岗—课—证—赛"四大维度，对接人才培育"评—培—聘—创"四大指标，探索以"虚拟实验+数字设计"为特色、以

"数字造价模块、智慧施工模块"为架构的虚拟仿真教学体系;引入企业真实 BIM 项目,校企共同开展"BIM+"技术创新教学应用与研究,推进产学研一体化课程改革。

2. 建成"1+X"证书(BIM)认证中心

2020 年,嘉兴市建筑工业学校建成浙江省首个全国"数字建筑"暨"1+X"证书(BIM)认证中心并持续升级。具备初、中、高级 BIM 建模、软件运用和综合管理、建筑工程识图等"数字建筑"类职业技能等级证书的培训考核与技能鉴定服务功能,以及数字建筑实训教学功能。

3. 建设数字建筑人才精准就业平台

嘉兴市建筑工业学校充分整合政校协企合作资源,与广联达科技股份有限公司共建数字建筑就业大数据服务平台,利用"互联网+大数据+智能匹配"技术,建设并完善更为精准的"数字建筑"人才输送渠道。

(二)书证融通,校企共同开发一体化专业课程

围绕 BIM 等职业技能等级证书标准及真实岗位技能要求,构建从基础认知、核心训练,到综合应用、实战演练层层进阶,职业技能岗位能力贯穿始终的"1+X·书证融通"人才培养模式,如图 1 所示。在此基础上,校企合作开发"结构条块化、知识应用化、技术数字化、内容模块化、书证融合化、技能等级化、教学项目化、学习终身化"的一体化专业课程。

1. 重构书证融通三级课程体系

充分融合"1"(学历证书)+"X"("数字建筑"职业技能岗位能力的多种证书)的培养目标和教学标准,对专业课程、学时、技能等级、实践环节进行重构,形成"基础能力+核心能力+关键能力"的书证融通三级课程体系。

2. 架设矩阵式数字建筑课程云库

结合数字建筑领域新技术、新工艺和新规范,以及多专业复合型、一专多能型的岗位现实需求,建设矩阵式数字建筑课程云库。纵向划分为认知类、知识类、技能类和综合实训类,横向融通各类专业,实现通识类课程互通、共享,专业类课程融合、聚焦。校企合作编写立体化培训教材,共同开发活页式、模块化教材,以灵活满足教学、培训以及认证考试需求。

(三)专兼结合,校企共建结构化优质师资团队

参照一流企业的"数字建筑"技术技能标准,制定专门化的师资队伍建设方案和管理制度。

1. 校企共建数字建筑"双师"团队

依托校企共建"全闭环"平台,跨专业打造数字建筑高水平"双师"队伍。组建数字建筑教学创新团队,选聘企业专家导师一对一拜师结对,与紧密型合作企业开展"数字建筑"实践项目、"数字建筑"技术研讨、BIM 轮岗实践等专项活动,进行校企师资共育。

2. 跨界共建长三角数字建筑"智库"

嘉兴市建筑工业学校牵头组建长三角建筑职教联盟,与首批 24 家联盟成员共建长三角数字建筑"智库",建立健全常态化教科研攻坚辅导机制。引进同济大学博士、教育部"1+X"BIM 教材主编成员高路,

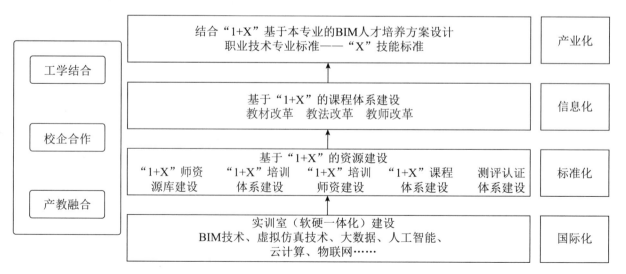

图 1 基于"1+X"技能认证数字建筑人才培养模式

在校内成立数字建筑大师工作室。

三、经验萃取与模式模型

（一）经验萃取

1. 立足企业需求痛点，提供精准人才服务

在建筑产业数字化发展升级的背景下，嘉兴市建筑工业学校应对建筑企业对数字建筑技术技能人才的迫切需求，以"1+X"证书制度的落实和实施为契机，与行企共建"培育+认证+就业"平台，形成数字建筑人才培育、技能认证、就业服务的"全闭环"，在校企间搭建了一条精准贯通的人才输送"高速路"，解决企业用人"燃眉之急"，极大提升了企业参与协同育人、产教融合的积极性。

2. 达成技能标准互认，保障学生持证就业

嘉兴市建筑工业学校在启动"1+X"证书制度试点之前，就与区域建筑行业协会和企业达成对BIM、建筑工程识图、装配式建筑构件制作与安装等"数字建筑"领域职业技能等级证书的通用认定协议，打破了"X"证书开发端与应用端之间可能存在的技术技能壁垒，为后续开展基于"1+X"证书的人才模式改革、实现学生持证就业奠定了扎实基础。

（二）模式模型

嘉兴市建筑工业学校根据建筑产业数字化发展升级需求，立足建筑工程施工、建筑工程造价、建筑装饰技术等相关重点专业，与企业共建数字建筑产教融合育人基地、"1+X"证书（BIM）认证中心、数字建筑人才精准就业平台，打造数字建筑人才培育、技能认证、就业服务的"全闭环"，如图2所示。依托"全闭环"平台，校企共建数字建筑一体化专业课程、共育数字建筑结构化师资队伍，实现协同育人，为建筑行业提供数字建筑人才"精准直供"服务。

四、成效评价与推广价值

（一）成效评价

1. 创新人才培养路径，形成典型案例模板

以建成的浙江省首个全国"数字建筑"协同育人浙江分中心为载体，形成"1+X·书证融通"数字建筑人才培养模式，为"数字建筑"领域的技术技能人才培养与培训探索了新路径。嘉兴市建筑工业学校获省市级科研成果10余项，出版教材2部，为同类院校在"1+X"证书试点背景下开展人才培养模式改革提供了典型范本。

2. 专业实力显著提升，证书考取比例居前

2019—2021年，学生共获BIM技术类、装配式技术类、建筑装饰类国家级竞赛奖项15项，省级竞赛奖项14项。BIM职业技能等级证书通过率位居全省中职学校前列。面向行业输送1859名紧缺型数字

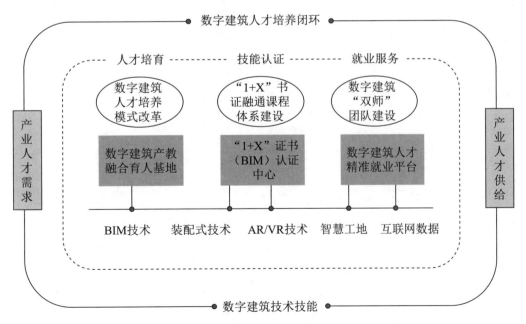

图2 数字建筑人才培养"全闭环"模型

建筑技术技能人才，企业满意度达到100%。

3. 助力数字建筑发展，产业服务水平提升

依托"全闭环"平台，嘉兴市建筑工业学校实现对本地建筑企业员工培训、市场调研、政策指引、技术指导、产品研发、继续教育、学历提升服务的全面覆盖，共计开展各类"数字建筑"培训项目9项，惠及数千名一线从业者，面向数十家大中小型建筑企业提供各类技术协助40余次，为嘉兴建筑业的数字化转型升级提供了有效助力。

（二）推广价值

1. 适用同类院校开展行业紧缺型人才培养

本案例形成的校企协同育人模式与路径，不仅适用于建筑类职业院校和建筑类专业，也适用于其他中职学校培养行业紧缺型人才、新兴复合型人才。人才培育、技能认证、就业服务的"全闭环"模式，可应用于相关专业"1+X"证书制度的落地实施。

2. 应注意通过校企协同育人倒逼教学改革

在学习借鉴本案例过程中，应注意充分利用校企合作过程中引进的新技术、新工艺、新规范、新要求，倒逼相关专业主动适应技术发展新趋势和就业市场新需求，不断深化"三教"改革，提升专业教学实效，实现与行业发展"同频共振"。

专家点评： 该案例以嘉兴市建筑工业学校的校企协同育人探索为基础，展现了学校与数字建筑行业协会、领军企业共建数字建筑产教融合育人基地、"1+X"证书（BIM）认证中心、数字建筑人才"精准就业"平台，构建形成数字建筑人才培育、技能认证、就业服务的"全闭环"的实践做法，校企合作形成"1+X·书证融通"数字建筑人才培养新模式，试图为"数字建筑"领域的技术技能人才培养与培训探索一条新路。案例显示，学校方面提升了高素质数字建筑人才培养实力，企业方面增强了产业发展能力，从而实现了校企双赢。该案例在校企联手推动"1+X"证书制度落地实施等方面进行了可贵的探索，具有一定的借鉴意义。

"引企入校、引产入教、依产定学、学做一体"育人模式与实践

吕世生　　齐梦雪　　孙大鹏

威海市职业中等专业学校

摘要：威海市职业中等专业学校坚持"深化产教融合、校企合作"职业教育办学理念，针对职业教育育人主体单一和产教融合不紧密现状，积极探索"引企入校、引产入教、依产定学、学做一体"育人模式，依托"前店后厂"布局的模拟企业茶点吧，构建了"校企二元主体、'五教'双向融合"人才培养机制，创建了"二元制、三联动、四共建、五融合"运行机制，有效解决了育人与用人协调统一问题。

关键词：茶点吧；引产入教；校企二元主体；"五教"双向融合

一、实施背景与关键问题

（一）实施背景

2020年，威海市职业中等专业学校抢抓《教育部山东省人民政府关于整省推进提质培优建设职业教育创新发展高地的意见》政策机遇，针对职业教育育人主体单一和培养结果对接产业、企业、岗位不紧密问题，主动探索校企深层次合作育人运行机制，推进教学队伍、教学内容、教学方式、教学条件、教学评价（简称"五教"）等教育要素校企资源双向互融，以中西面点专业校企共建茶点吧为突破口，构建起"引企入校、引产入教、依产定学、学做一体"的育人模式。

（二）关键问题

关键问题主要包括3个方面：

（1）办学主体偏向学校一元，用人企业参与办学的主动性和过程性不足，立足企业办职业教育的初衷未落到实处。

（2）职业能力理念未占主导，专业的技术技能、教学设备、职业素养与产业、企业关联度不高，导致育人与用人脱节。

（3）校企协同育人机制不完善，企业资源未能全过程、系统化跟进教学各构成要素，导致校企二元培养机制表层化。

二、主要内容与做法

（一）系统规划，顶层设计改革目标路径

威海市职业中等专业学校制定了《关于深化产教融合育人改革的实施意见》《职业教育创新发展高地实施方案》等文件，以校企二元主体育人改革统领学校整体发展创新。

（二）联动共建，合作构筑校企育人共同体

学校先后与山东高速威海发展有限公司蓝海御华大饭店分公司、山东兴顺餐饮管理有限公司签订校企产教融合协同育人合作协议，建立权责约束、协商研讨、互惠共赢的"三联动"机制，将企业学徒培训前置到学校，引产入教、依产定学、学做一体，合作构筑"四共建"校企育人共同体。

（三）资源互通，着力深化产教要素融合

围绕引入企业育人主体和开展生产实训两条主线，校企共建生产实训基地、师资队伍、培养方案、订单班，从育人"五教"要素入手，重组教育资源配置，重构教学行为准则，系统化构建校企资源"五融合"的育人方式。

1. 建设双师结构导师团队

校企共建校内外两支教学团队，采取"固定岗+

流动岗"方式，由单一"双师素质"团队向校企"双师结构"团队拓展。企业导师驻校组织生产，高技能人才定期到校指导，学校教师定期到企业参与生产培训。

2. 构建校企融合课程体系

校企两种课程结构并行互融，学校课程侧重文化、理论和共性技能等，企业课程侧重生产工艺、专用技术技能和职业素养等。同时，以合作企业生产规范为蓝本，开发活页式、工作手册式、案例式等实用校本教材。

3. 打造工学交替教学方式

生产即实训，引入实际和仿真生产任务开展工学交替教学，将技能教学融入工作过程，"依产定学"，并探索出"校企双导师"和"学生助教"制的基地实训教学组织与指导模式。

学生采用整周轮训的方式参与茶点吧的生产经营，深度参与研发制作、产品推介、订单定制、销售服务等经营管理工作，有效缩短学生就业适应期。

4. 创造产教一体育人环境

茶点吧的场所功能、设备要求、管理文化均按照企业车间环境布局，并融入学校思政文化要素，强化学生的职业认同感。

茶点吧布局为前店后厂，实训车间加工产品，前台上架售卖，也接受网上预订，产品种类和定价均须学校审批，质好价优。茶点吧产品以糕点和饮品为主，前期面向校内师生，产能提升后联合电商专业进行线上销售，打造多专业联动的产学体系，如图1所示。

5. 构建校企二维考核机制

茶点吧现已形成完善的二维考核评价机制：学生每日召开早会，分配当日工作任务，小组长负责收尾工作，并对当日经营状况、组员表现进行总结评价，累积形成周、月、季度评价总结。学期考核评价由校企导师共同参与，评价内容侧重技能水平、工作态度、职业素养，优化专业课考核赋值比例，技能占比由50%提高到70%。企业设立奖助学金，依据学生的综合考核结果，实行生产与学业双重奖励。

（四）建章立制，整体推进育人体系构建

（1）组织保障。学校成立了校企合作领导小组，设立产教融合办公室，每年划拨专项经费，从管理、生产、学习、教研、建设等全方位给予改革保障。

（2）健全制度。学校出台了8个系列配套政策、制度和措施文件，对校企合作育人有关改革规划、项目管理、队伍建设、课程安排、实习实训、考核分配等作出具体规定。

（3）研究培育。学校制定了校级课题研究、课程教材开发制度，围绕产教融合项目建设立项课题、教

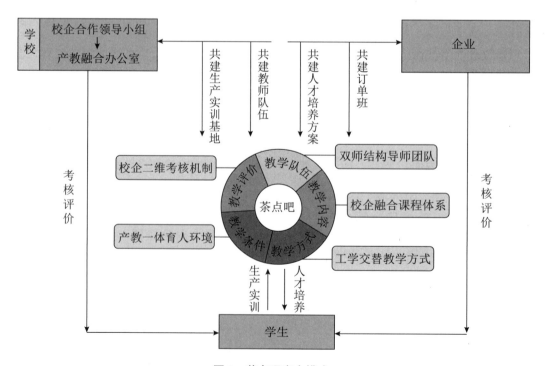

图 1　茶点吧育人模式

材、在线精品课程,培育可借鉴、有实效、理论和实践层面有突破的教研成果,形成了一套"论证—建设—研究—评估—优化—提炼"全过程、闭环式推进培育机制。

三、创新亮点

(一)创新了职业教育"双重属性"指导下的校企合作育人理念

职业教育具有职业与教育两种属性,育人模式兼具企业与学校两种形制,培养方向兼具资格与学历两种目标,教学组织兼具工作与学习两种形态。按以上认识进行育人路径设计,指导改革实践,将企业纳入育人一元,发挥其产业、生产要素的育人功能,与学校的教育属性功能相结合,形成了符合职业教育特点和技能人才成长规律的育人理念。

(二)创立了"二元制、三联动、四共建、五融合"运行机制

该运行机制从二元育人主体、三种校企联动机制、四个育人载体共建、"五教"内容双向融合四个层面探索实践,链条完整有序,实践成效显著,如图2所示。"三联动"即协商研讨、互惠共赢、权责约束联动机制;"四共建"即共建生产实训基地、师资队伍、培养方案、订单班;"五教"双向融合是运行机制的核心,包括:建设双师结构导师团队、架构校企融合课程体系、打造工学交替教学方式、创造产教一体育人环境、构建校企二维考核机制。

(三)提供了国外先进职业教育育人模式本土化改造的成功案例

案例模式借鉴了德国"双元制"、澳大利亚"新型现代学徒制"和新加坡"教学工厂"等世界成功职业教育模式,结合中国国情,立足威海本地企业和学校实际,进行本土化培育,形成了操作性强、复制性高的"威海样板"。

四、实践成效与推广价值

茶点吧"引企入校、引产入教、依产定学、学做一体"育人模式取得显著成果后,从实践操作层面验证了校企优势互补、资源共享、利益互赢、合作育人可行性,搭建了人才育用上下贯通链条,形成了可操作、可复制、可推广的育人制度和模式,带动了诸多方面的效益。自此,小小茶点,真正实现了走向万家灯火。

(一)校内推广

1. 产教融合,实现效益双赢

在茶点吧建设经验基础上,经不断推进拓展,逐步建成汇泉服装生产性实训基地等12个校内生产性实训基地,实现跨界学习、全链条融合式"生产"服

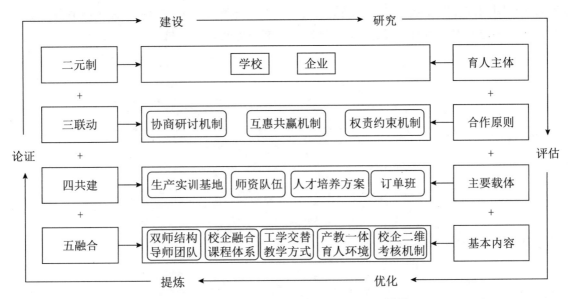

图2 校企二元主体、'五教'双向融合人才培养机制

务体系。

共培养适用型高素质技术技能人才 6000 余名，校企共建生产实训基地实现产值 800 多万元，为学校节约实训耗材 200 多万元；从企业获得投入 350 余万元、奖助学金 12 万元，取得了办学效益与经济效益双丰收。

2. 校企共育，提升育人质量

学校育人质量有效提升，毕业生就业率达 95%，专业对口率达 85%。获得省级技能大赛三等奖及以上奖项 40 余项，山东省创新创业大赛三等奖及以上奖项 12 项；19 名学生被认定为"齐鲁工匠后备人才"，1 名学生被评为"威海工匠"，2 名学生被评为"威海市技术能手"。

3. 项目建设，擦亮学校品牌

学校建成省级精品资源共享课程 2 个，省级品牌专业 2 个，市级品牌专业 4 个，被评为全国职业教育系统先进集体，2022 年通过山东省示范性中等职业学校验收，2021 年入选首批山东省高水平中等职业学校立项单位。

（二）校外辐射

1. 职教进社区，技能惠百姓

每年的职业教育活动周，学校都会组织师生走进威海市崮山镇、港西镇、凤林街道等，为老百姓提供面点技艺教学、小家电维修等免费服务，覆盖 8 个社区、1600 余户居民。

2. 经验推广，助力高地建设

学校先后在全国物流制造业融合教改教研课题工作会、山东省中职学校课程与教材建设论坛、威海市职业教育创新发展高地建设工作推进会、哈尔滨工业大学（威海）、滨州市技师学院等处交流经验，共惠及百所院校 10 万余师生。

3. 游学体验，指导职业规划

2020 年，学校推出职业体验活动，先后接待了威海市恒山中学、高区一中等学校的 1000 余名学生，让学生切身感受到职业教育的魅力。2021 年，学校中西面点制作体验中心等 7 个校内双创基地被认定为"威海市中小学职业体验中心"。

4. 媒体宣传，扩大改革影响

被《人民日报》、中国教育发布 App、《威海晚报》等媒体共报道 28 次；云阳职业教育中心、山东铝业职业学院等 26 所学校专程到校学习产教融合经验；《山东教育报》整版登载学校产教融合教改成果《"产教一体"打通校企育人用人"最后一公里"》。

专家点评：该案例针对公办中职学校不能自办企业、社会企业不愿参与教学、教师普教化思维、产教分离脱节等瓶颈问题，积极探索实践"引企入校、引产入教、依产定学、学做一体"育人模式，依托"前店后厂"布局的模拟企业茶点吧，构建了"校企二元主体、'五教'双向融合"人才培养机制、"二元制、三联动、四共建、五融合"运行机制，较好地解决了育人与用人的协调统一问题。案例显示，学校实训教学可以与生产经营结合，教室板凳可以和工作岗位结合，依托市场需求可以锻炼学生的技能水平、双创能力。案例在探索解决学校人才培养供给侧与产业发展不衔接等问题时，形成一系列操作性较强的经验，具有一定的推广价值。

集团多维融合，构建梯度人才培养模式

汤锋　顾宏　梁岗　王志刚　王金英

淮北工业与艺术学校

摘要：人才培养模式的科学性、合理性、适用性直接影响到职业教育培养高技能专门人才和高素质劳动者的社会功能。淮北工业与艺术学校与淮北机电职教集团多维融合，创新校企协同工作机制，合作开展专业建设、课程改革，培养数控专业多层级、多样化技能人才，形成具有区域特色的人才培养模式，主动适应当地经济发展的人才需求。

关键词：职教集团；数控专业；梯度人才培养模式

一、实施背景与关键问题

（一）实施背景

《中国制造2025》第一次从国家战略层面描绘了建设制造强国的宏伟蓝图，把人才作为建设制造强国的根本，要求着力培养具有创新思维和创新能力的拔尖人才、领军人才；加快培养掌握共性技术和关键工艺的专业人才；全面增强从业人员的信息技术应用能力；培养更多复合型人才进入新业态、新领域；普及绿色技能和绿色文化；提升全员质量意识和素养等。未来我国制造业发展战略不仅需要充足的人才数量支持，还要求人才结构更加多层次、多样化。

（二）关键问题

2016年，教育部、人社部、工信部等部门共同编制《制造业人才发展规划指南》，指出当前制造业人才队伍建设存在的一些突出问题。

（1）制造业人才结构性过剩与短缺并存，先进制造技术领域人才不足，支撑制造业转型升级能力不强。面对当前职业教育生源多样化和素质差异大的显著特点，如何在教学中强基固本，筑牢专业基础，因材施教，重视人才培养规格的多样化、多层次，提升职业教育人才培养的规模效益？如何提高满足社会经济发展实际需求的程度？

（2）制造业人才培养与企业实际需求脱节，产教融合不够深入，工程教育实践环节薄弱。如何将企业文化引入校园文化，将企业产品融入教学内容，将职业技能标准融合课程教学标准，打造"素质为先、专业夯实、技能优化"的人才培养体系？

（3）企业在制造业人才发展中的主体作用尚未充分发挥，参与人才培养的主动性和积极性不高。如何找寻职业院校和生产企业的利益融合点，形成具有实际意义的校企合作，实现"专业＋职业＋产业"一体化的人才培养目标？

二、主要内容与做法

淮北工业与艺术学校人才培养模式如图1所示。

（一）创建"产教一体化工场"，贯彻"素质基础、能力导向、任务引领"员工型人才培养理念

建设具有复合功能的"产教一体化工场"（一体化教室＋企业半成品加工厂），满足一体化教学需求，同时具备机械零配件的粗加工、半成品加工功能。充分借助淮北机电职教集团企业资源优势，创建"长治电子一体化工场""山河矿装一体化工场""弘武液压一体化工场"等，精心遴选各企业主营的汽摩配件、液压零配件、电动车配件等半成品、粗加工产品为教学载体，开发任务引领型课程，强化专业基本功训练，培养数控加工初级、中级技能人才。企业提供原材料和工量刃具等用于教学和生产，淮北工业与艺术学校进一步提升场地设备利用率；学校教师主导教学，企业技师主导加工，共同协作组织教学和生产，双方分别在人才培养和产品制造方面降低成本，提升效能，形成效益层面的融合。

"产教一体化工场"面向全体学生，以能力为导

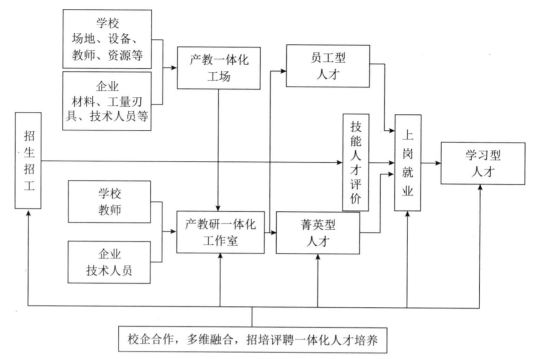

图 1 淮北工业与艺术学校人才培养模式

向，突出专业基本技能训练，培养能够胜任生产一线技能要求的操作工。同时，引入企业文化，结合中职生文化基础、素质个性，开发体验式、调查式、见习式的人文素养和职业素养特色课程，从思想品质、职业道德、价值观念等方面与职业岗位要求接轨。

（二）创办"产教研一体化工作室"，打造学校专业教师和企业技术人员的共同体，学校教育教学和企业技术研发的共生体，明确专业技能方向，开发项目课程，贯彻"工学结合、实践导向、项目驱动"学习型人才培养理念

遴选一批工作经验丰富，专业教育与实际工作对口，具有技师以上职业资格的企业高技能人才，签订聘用合同，给予相应待遇。与学校中职机电名师工作室、顾宏劳模领跑团队、省级汽修机电创新名师工作坊、省级中职专业带头人工作室等教科研团队，组建数控专业"产教研一体化工作室"，校企双方共同参与专业建设、产品研发、课程开发、技术革新、课堂教学、员工培训等。

打破传统的机械制图、公差配合与测量技术、数控加工工艺、数控编程、数控机床操作加工等课程体系，以项目为载体，将工艺设计、程序编制、机床加工等教学内容基于工作过程逻辑系统化串联。将数控专业技能培养细化为数控车削加工、数控铣削加工、数控电加工三个方向，建构基于工作过程，以实践为导向，以项目课程为主体的课程体系。

优化人才培养方案，开设"三小"特色实践项目课程，即小制作、小创造、小发明课程，培养学生专业技能的实践应用能力和自主学习能力。

推行工学结合、项目驱动的教学模式。以"四统一"为原则从企业产品中遴选产教融合项目：一是项目目标兼顾课程目标和生产目标；二是项目价值兼顾能力训练价值和生产利润价值；三是项目类型有助于激发学生兴趣，培养学生实际工作能力，同时又符合区域经济典型性要求；四是项目体系的建构逻辑符合专业能力的形成规律，与职业岗位工作过程相一致。

采用双导师制，即"专业教师＋企业技术人员"，产教一体，由 1 名专任教师全程组织教学，由 N 名企业技术人员承担不同节点的教学任务。

在专业通识和素质拓展教育的员工型人才培养的基础上，以实践为导向，以工学结合模式，实施项目驱动，培养具有职业精神，具备职业岗位能力的学习型技能人才。

（三）创设"招培评聘一体化工作委员会"，学校招就办、技能人才评价中心、企业人力资源部协同作用，贯彻"产教融合、就业导向、创新优先"菁英型人才培养理念

淮北工业与艺术学校与淮北机电职教集团成员企

业签订培养订单，由学校招生办与企业人力资源部联合组织招生，入学以后签订劳动合同，实现"招生即招工"。

"产教研一体化工作室"以就业和创业需求为导向，开发建构以创新实践、创业实践、技能大赛、技术改造等为主题的项目课程体系。推行现代学徒制教学模式，采用"自主化＋个性化＋创新型"学习方式，培养学生主动学习、自主学习、全面学习的观念。以名师团队引领，组建小班化学生精英团队，制订动态的选拔、评价、淘汰机制，打造生产、教学、研究、创业等综合性的师生联合体。培养理论知识和实践技能突出、具有创新实践能力的拔尖人才。

学校技能人才评价中心吸纳企业技术人员担任考评员和评价专家，参与职业技能等级认定机构建设工作，按照企业岗位技能要求开发题库，参与评价过程，提高等级评价的客观性、权威性。学校就业办与企业人力资源部按照企业岗位需求，依据学生的技能等级、技能类型聘用至对口岗位。实现"招培评聘"一体化培养，打通招生、培养、输出的人才供应链，校企双方形成人才培养与劳动就业层面的融合。

三、模式模型

淮北工业与艺术学校与淮北机电职教集团成员单位合作，开展行业企业调研、职业岗位能力调研，基于中职生素质差异，把数控专业人才划分为员工型、学习型、菁英型三个层次，实施分阶段、分层次、渐进式培养，校企协作"双元"育人。

四、效果评价与推广价值

（一）形成了淮北工业与艺术学校数控专业梯度人才培养模式

基于学生个性、人文、智能、技能等方面的素质差异，将学生划分为员工型、学习型、菁英型三种人才类型，设计结构化、层次化的培养目标，校企协作、多维融合，实施"招培评聘一体化"人才培养，形成了分阶段、分层次、渐进式、个性化的人才培养模式。模式可复制、可推广，对于其他专业开展校企协同育人有比较突出的借鉴价值。本成果历经四年多实践，已在淮北工业与艺术学校数控、机电、汽修、计算机等12个专业全面推广。不仅获得淮北职业技术学院、淮北煤电技师学院、濉溪县职业技术学校的高度评价和应用，而且辐射至周边河南、山东等地多所职业院校。

（二）学生职业能力和就业质量不断提升

淮北工业与艺术学校数控专业毕业生综合职业能力得到大幅提升，多次在省市级技能大赛中获奖；30%以上的学生考取高级及以上职业技能等级证书；就业率由2018年的89.5%提升到2022年的99.3%；就业对口率由2018年的83.2%提升到2022年的98.6%；自主创业成功率6%以上，毕业生工作满意率、薪酬待遇等稳步提高。

（三）校企合作、产教融合成效显著

淮北工业与艺术学校与淮北弘武液压机械有限公司、安徽山河矿业装备股份有限公司、金龙机电（淮北）有限公司、淮北市长治智能电子科技有限公司等企业建立了长期的深度合作关系。不仅卓有成效地为企业发展提供人才支持，而且校企双方多维融合，凝练了一批优秀的教学成果：成功申报了安徽省首批校企合作示范基地；建成了机械制图、CAXA工业产品造型设计、电动机应用与维修三门省级精品课程；完成了省级课题《基于校企合作的数控专业实践教学项目课程的开发研究》；申报了2项国家专利；创建了2个省级优秀教学团队；培养了3名省级专业带头人、4名省级教坛之星、2名市级优秀教师。

专家点评：该案例借助淮北机电职教集团企业资源优势，多方联手创建长治电子、山河矿装、弘武液压等一体化工场，以汽摩配件、液压零配件、电动车配件等半成品、粗加工产品为教学载体，开发任务引领型课程，强化专业基本功训练，培养数控加工员工型、学习型、菁英型等三层次技能人才。案例显示，企业方提供原材料和工量刃具等用于教学和生产，学校方优化提升场地设备利用率；企业技师主导加工示范，学校教师主导理论教学，共同协作组织教学和生产。案例通过职教集团多维联动，在人才培养和产品制造方面降低了成本、提升了效能，形成了效益层面的产教融合，具有一定的示范意义。

走产教融合"造血扶贫"的特色之路

刘冬美[1]　王红蕾[1]　谷鹏[1]　张叔阳[1]　段建团[2]　姚远[3]

1. 北京市商业学校　2. 阿里巴巴（中国）网络技术有限公司　3. 北京博导前程信息技术股份有限公司

摘要： 北京市商业学校与阿里巴巴（中国）网络技术有限公司共建阿里巴巴数字贸易学院，深化产教融合，充分发挥校企双方资源优势，共享平台、流量、师资、类目运营数据等资源，联合阿里巴巴服务商北京博导前程信息技术股份有限公司，共同开展基于创业体验的中职电子商务人才培养创新改革。北京市商业学校基于保山地区产业扶贫需求，依托阿里巴巴数字贸易学院建设项目，优化帮扶模式，强化产教联结，对接对口帮扶学校成立"保山创业班"。创业班组建学生在电商平台真实销售运营保山地区特色产品，基于真实项目运营开展教学，实现产教深度对接和扶贫兴教同步。

关键词： 电子商务；产教融合；创新创业教育；乡村振兴

一、实施背景

阿里巴巴数字贸易学院立项前，缺乏系统的产教融合体制机制设计，在产教融合过程中，部分职业院校呈现出盲目融合的情况。如何让企业深度参与教育教学，校企实现育人全过程的深度合作，推动校企合作良性发展，成为提高职业教育质量的当务之急。

在依托职业教育开展精准扶贫，推动乡村振兴方面，多数做法是在当地开展职业技能培训，让贫困地区富余劳动力接受职业教育，学到一技之能，找到理想工作。教育扶贫模式较为单一，缺乏可持续、创新对接帮扶模式，强化产教深度融合成为当下亟待解决的难题。

二、主要内容与做法

北京市商业学校与阿里巴巴（中国）网络技术有限公司（以下简称阿里巴巴）共建阿里巴巴数字贸易学院，在资源共享、师资互聘、专业共建等方面系统化建立相关机制，深化产教融合，校企深入合作人才培养、课程建设、教学模式创新等建设任务，走出产教融合特色之路。

在校企协同人才培养过程中，针对云南省保山市隆阳区对口帮扶职业学校成立"保山创业班"，探索实践基于创业体验的电商人才培养创新改革，开展以电子商务真实项目运营为载体，公司化组织、真实化绩效考核，校企联合授课的创新创业教学。

在此过程中，阿里巴巴为学生创业团队提供项目运营平台和技术支撑以及企业案例，博导股份围绕创业班运营的真实项目需求，开发针对性的课程资源，校企联合进行项目化教学设计。以椴树蜜、蓝山咖啡、土蜂蜜、山巅遇茶等云南保山地区特色产品真实电商运营为核心，以学生组建的小微企业型创业小组为主体，聘请阿里巴巴企业专家和北京博导前程信息技术有限公司（以下简称博导股份）企业导师，组建校企联合的创业导师团队，打造"一核心、一主体、双导师"的集校企合作、产教融合、创新创业和助推乡村振兴为一体的教育新模式，如图1所示。

（一）立足需求系统设计，校企共筑人才培养高地

校企深度合作，立足电商行业发展前沿和云南保山地区电子商务产业发展对人才的特殊需求，通过多方调研论证，确定企业在知识、技能以及素养等方面的实际需求，把企业实际人才需求转化为人才培养目标。结合阿里巴巴企业对电子商务人才的真实需求，立足人才培养目标，围绕课程体系、课程资源、教学模式、教学团队、实践环境等与企业共同进行系统化设计。

（二）校企双导师学徒式授课，打造创新创业教育师资团队

组建由阿里巴巴、博导股份企业导师和院校专

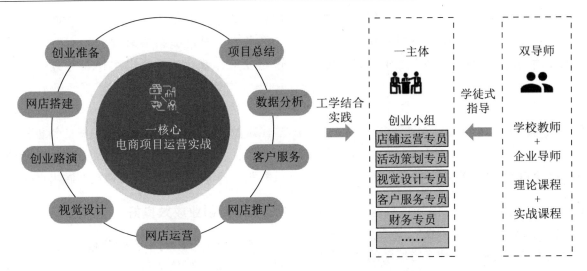

图 1 "一核心、一主体、双导师"创新创业培养模式

业教师构成的结构化师资团队，校企双方建立双导师师资队伍建设与管理办法，明确双方职责。院校专业教师承担系统的专业知识学习、基本的技能训练以及课堂辅导；企业导师采用以师带徒的形式，以具体项目为载体，对学生进行专项技能训练和综合实践能力训练，发挥学生主观能动性，把解决问题作为教学的基本导向和内涵，使创新创业教育与专业教育有机融合。同时，企业导师以具体的工作任务为引领，与院校教师共同制定有针对性的工作（授课）计划，制作教学课件、教案、设计教学工作页。

（三）特色产品真实运营，打造创新创业典型项目

立足对口帮扶的保山地区产业发展现状，组建学生团队将保山地区椴树蜜、蓝山咖啡、土蜂蜜、山巅遇茶等特色产品作为真实电商运营项目，开展创新创业活动。阿里巴巴选派企业导师与博导股份导师共同对学生创业团队进行全程跟踪指导，实现工学结合产教相融，打造乡村振兴创新创业特色项目。

（四）推行企业化管理模式，构建工学结合育人环境

"保山创业班"对接阿里巴巴企业中的营销推广、店铺运营、网店美工、电商客服、活动策划、电商物流等主要岗位，组建小微企业型学生创业小组，按照学生技能特长和职业兴趣明确团队成员的角色分工，教学过程中实行企业化管理和KPI绩效考核模式，同时引入阿里巴巴"开放创新·拥抱变化"的企业文化，促进教学环境与职业环境深度对接，培养学生良好的工作习惯，提升职业素养。

（五）打造项目管理平台，信息化创业过程及创业资源管理

根据创业班创业项目运营管理需要，与博导股份联合设计开发校园创新创业项目规范化管理平台。满足项目管理人员、创业导师（一般由企业导师担任）、项目成员（学生）三个不同角色的应用需要。平台涵盖课程设置、任务添加、数据录入、数据分析、日志、项目阶段总结指导等不同功能模块，为不同的角色提供一个协同工作的信息平台，使项目管理人员能够准确了解项目整体状况、创业导师能够高效指导项目运营、项目成员能够快速提升工作效率，实现创业项目的高效运转和管理，促进信息技术与创业教育的深度融合，提升信息化教学效能。

（六）注重多元多维度评价，完善创新创业教育评价体系

建立多元化评价主体，将电子商务企业专家、教育专家、院校管理人员、学生家长、学生群体和个体，以及院校以外的其他相关人员纳入"保山创业班"教育质量评价主体范围内，使创新创业教育评价主体多元化。同时，设计多维化评价内容，将电子商务专业知识、专项技能、创新创业思维能力、实践能力、发现问题和解决问题的能力，以及表达、沟通、思辨等软实力均纳入评价内容之中，采用理论考试、

实践操作、技能竞赛、创业路演、项目汇报等多样化的创新创业教育评价方法，客观记录并量化评价学生开展创新创业活动情况，注重培养学生情感、态度和价值观。

三、经验总结

（一）构建校企联动的产教共同体

以真实项目运营为核心，围绕项目运营设计校企合作长效机制，保证企业能够在制度灵活、权利自由的空间中发挥自身优势，构建多方联动的利益共同体，深化产教融合。

（二）深入融合行业和企业文化

电商创新创业教育围绕产业实际岗位技能需求，将产业、行业和企业文化深度融合，将企业技术技能积累的精华转化到日常教学活动中，以确保创新创业教育教学改革与产业升级同步协调。

（三）紧跟创业项目进程合理调整师资结构

根据学生创业项目各个阶段的运营和教学需求，合理调整学校教师、行业专家和企业教师的师资结构，使得项目运营和教学进度协调推进，打造高水平"双师型"创业导师团队。

（四）注重学生个性发展

深入了解学生特点，注重学生个性发展，将情感关怀融入教学设计，满足学生心理需要，为中等职业学校学生提供多层次、多渠道的发展空间。

（五）优化创新创业教学和实训模式

优化创新创业教学、实训模式，合理选择符合职业学校学生能力水平、有利于学生健康发展的运营项目，并能够根据学生实训情况及时调整教学计划。

四、成果成效

（一）校企协同育人质量高

自2016年实行电子商务专业创新创业班级以来，北京市商业学校累计培训5届学生，20名教师参与项目，参与班级27个，培养学生700余人，学生电子商务专业技能获得显著提升，实战经验丰富，通过企业推荐就业和学生自主择业等方式，就业率达100%，岗位对口率达95%，广受企业好评，学生平均薪资达到8000元/月。部分学生回家乡创业，组建团队做生鲜电商，提升区域生鲜的销售额，提升保山地区生鲜产品在全国范围内的知名度，带动区域人员就业，为保山区域经济蓬勃发展做出贡献。

（二）创新创业成效良好

依托阿里巴巴的平台和流量资源的支持，"保山创业班"累计孵化项目72个，累计营业额达4.6万元。2017级某项目3个月销量突破1000单，单月营业额超12000元。2018级项目运营的社交媒体号粉丝突破10万人，单条视频播放量超过800多万；部分学生抖音平台粉丝超过3万人，单条视频播放量超过80万。通过淘宝店、新媒体、直播等线上推广途径，打开云南品牌特色产品的全国市场，提升云南特产的品牌知名度。

（三）创新创业研究成果突出

项目研究成果《基于创业体验的中职电子商务专业教学模式改革——以北京市商业学校电子商务专业教学改革为例》于2018年发布于《职教通讯》期刊第12期。课题《扶贫必扶智，双创教育下电商职教扶贫创新与实践》获得北京市教学成果二等奖。

五、推广应用

本案例适用于中高职院校电子商务类专业的专业教学改革及创新创业教育等方面，还可以应用于电子商务类专业建设、课程设计、教材设计、教法改革、教学评价等教学场景。基于此案例开展创新创业教学，学校应具备一定的校企合作基础，具有能满足电子商务理论教学和实战教学的师资团队和教学环境。在具体实施过程中应注意，创业过程须基于真实电商运营项目开展。

目前，该创新创业教育模式已在兰州石化职业技术大学、西宁世纪职业技术学院、江西现代职业技术学院、江苏经贸职业技术学院、南宁市第六职业技术学校等院校得到推广。

专家点评： 该案例立足于服务国家扶贫战略，探索实践基于创业体验的电商人才培养创新改革，开展以电子商务真实项目运营为载体，公司化组织、真实化绩效考核、校企联合授课的创新创业教学，深入开展产教融合，对云南保山、河北青龙地区造血式扶贫，以当地特色农产品电商运营项目为载体，校企协同创新创业教育教学，形成特色的"一核心、一主体、双导师"的，集校企合作、产教融合、创新创业和助推乡村振兴为一体的教育新模式。案例显示，累计孵化72个创业项目，扶贫学生综合素质有了明显的提升，增强了自身就业能力，90%以上的保山来京学习的学生回到家乡就业，部分学生还利用所学到的专业知识和技能开办网店，实现了创业，在当地成为自我脱贫、家庭脱贫、服务当地社会、实现区域脱贫的重要内生力量。案例具有一定的推广价值。

建立"三个零距离"产教融合新模式

金小河　　隋洋　　来关飞　　魏莹

大连综合中等专业学校

摘要： 多元化校企合作是职业学校实现人才培养目标的重要途径。大连综合中等专业学校建校30年，始终坚持面向产业、产教融合、创新机制、共同发展的理念，通过校企合作建立"厂中校""校中厂"和生产性实训基地，围绕关键核心技术建立技术研发中心，推动了公共教学资源和实训资源共建共享。确定了"先选企业、后建专业"，实现"三个零距离"的校企合作模式，形成了校企融合的共同育人机制。在深入进行理论探索的基础上，建立校企合作制度体系，使校企合作行为规范化、科学化，保证了校企合作的长期性和稳定性。

关键词： "三个零距离"育人机制；多元合作模式；产教深度融合

一、实施背景

（一）政策背景

2002年《国务院关于大力推进职业教育改革与发展的决定》指出：企业要和职业学校加强合作，实行多种形式联合办学，开展"订单"培训，并积极为职业学校提供兼职教师、实习场所和设备，也可在职业学校建立研究开发机构和实验中心。

2017年国务院办公厅关于《深化产教融合的若干意见》指出：校企协同，合作育人。充分调动企业参与产教融合的积极性和主动性，强化政策引导，鼓励先行先试，促进供需对接和流程再造，构建校企合作长效机制。

（二）理论背景

完成中国职业技术教育学会科研规划课题——中等职业学校校企合作最优模式探究《校企合作是职业教育发展的重要途径》。以理论为指导的校企合作，规避了校企合作中的短期行为，构建了校企合作长效机制。

（三）实践背景

2003年开始，由学校提供场地、企业投入设备建立校内工厂，让企业参与教育教学的全过程，实现校企一体办学。通过建立多元化的校企合作模式，共同开发专业实训课程、制定学生实习实训评价标准、开发以企业生产技术为核心的校本教材，由企业员工和教师组成师资队伍，奠定了现代学徒制的人才培养模式。为实现校企长久合作，学校逐步建立了校企合作的制度体系。

2013年，围绕大连市"十二五"规划提出的建立先进制造业和高端装备制造业为支撑的现代产业体系目标，创新校企融合共同育人机制，为先进制造业培养人才。大连综合中等专业学校的生产实训课程全部采用企业的真实生产项目，形成生产、教学、科研一体化的人才培养模式。校企合作共建研发中心，研发成果获得国家专利，并将研究成果运用到生产和教学中。

二、主要做法

（一）建立多元化的校企合作模式

大连综合中等专业学校校企合作、产教融合模式如图1所示。

1. 引企入校，实行"双元"人才培养模式

通过向企业提供厂房、企业投入设备的方式引企入校。学生"入校即入厂"，与企业签订合同，身份为企业的学徒。在人才培养过程中，学校负责学生的公共基础课，企业负责专业实操课及全部的实训任务。校企共同开发以企业生产项目为主要内容的校本教材。企业为每个学生指派师傅，同时给学校提供外籍兼职教师对学生进行外语口语培训，学校的教师利

用寒暑假到企业进行顶岗实践。采用校企共同制定的评价标准。在"双元"人才培养模式中，实行了预备员工制度。在第四学期结束时，学生和企业进行双向选择，被确定为预备员工的学生在完成企业的生产任务时，企业给予一定的实习补助。

2. 企中有校，实行"合作教育"人才培养模式

根据企业的需求，采用两种形式：一是由企业投资建设校舍、实训基地，组建师资队伍和进行管理，学校负责进行办学质量的监管和教学指导。二是在企业设立兼有生产和教学功能的教学车间，根据服务外包行业面向多领域服务的特点，构成新的课程体系。

3. 联合招生，实行"订单式"人才培养模式

招生即招工。企业建立校企一体化的招生招工制度。录取后的学生单独组成"订单班"，按照企业用人需求与岗位资格标准设置课程，建成"文化基础课程＋专业基础课程＋岗位技能课程＋创新创业课程"为主要特征的适合现代学徒制的专业课程体系。校企共同制定以岗位标准为主要内容的人才培养模式，完善学徒评价制度。

4. 提质培优，实行"职普融通"人才培养模式

探索高中阶段教育的新模式，集职业教育与普通高中教育优势为一体，采用产学结合模式，构筑起学生成才的桥梁，为高职院校提供优质生源。从入校起，就培养学生的岗位职责和就业意识，组织学生到企业进行培训，改革教学计划，根据学生专业发展增设技能课，并组织学生参加国家劳动部门的职业资格证书考试，取得中级职业资格证书方能毕业。

5. 创新平台，实行"产教研"一体化人才培养模式

与企业在校内共同建设技术研发中心。根据企业的生产需要进行研发，并将研发成果运用到生产和教学中。校企合作打造辽宁省"智能制造技术"传承创新平台，在师资培养方面取得了显著的效果。研发成果获得1项国家专利，还有4项专利正在申请办理中。

6. 联合建企，实行"技术＋市场"运营型人才培养模式

学校出台鼓励措施和激励机制，积极倡导专业教师牵头与企业合作建立面向市场的运营性实训基地，锻炼教师的社会实践能力和市场运营能力，引导学生将学到的技术与市场有机结合，取得社会效益和经济效益。

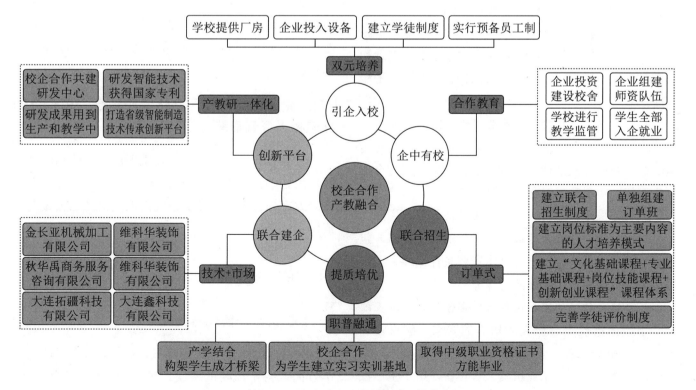

图1 校企合作、产教融合模式结构

（二）建立制度体系，规范校企合作行为

（1）制定"先选企业，后建专业"的专业设置原则。将校企合作作为专业建设的充分必要条件，实现学校与企业零距离、教师与工程技术人员零距离、学生与企业员工零距离的校企合作目标。

（2）规定选择合作企业的基本条件和方法。选择把培养人才作为与学校合作的共同目标，对校企合作有长远规划，能够与学校深度合作的企业，建立双赢互利的利益共同体。

（3）明确校企合作的组织建立及管理办法，包括校企联席会、校企合作委员会、校企专家委员会、专业建设指导委员会，以及对校内合作企业和校外合作企业的管理办法。

（4）建立工学结合的管理制度，包括工学结合的计划管理、学生管理和就业管理，以及实行预备员工制中，预备员工的条件和企业选拔预备员工的办法。

（5）制定了职业教育集团的管理、企业投资的管理和校企共建名师工作室的管理等制度。其中，企业投资的管理制度中，明确了投资企业的审查办法，投入企业的政策优惠和投资效益评价等。

（三）强化措施保障，确保校企合作取得成效

1. 组织保障，建立校企合作组织机构

成立校企合作机构，设立校企合作管理专班，统筹校企合作日常工作，解决校企合作中出现的问题和研究校企合作中的重大事项，保证校企合作的平稳发展。

2. 政策保障，及时与企业共同研究国家政策

将中央、省、市近年来出台的政策等信息及时传达给合作企业，从法律上、政策上保障校企双方合作行为规范，实现互惠互利、共赢共享。

3. 服务保障，主动为校内企业提供各种条件

学校为校内合作企业提供全方位的服务保障，包括消防等安全保障、水电等基本运营条件保障、工作环境保障、企业员工文体活动保障等。

4. 真诚合作，共同积极创造校企合作的物质基础

学校根据校企合作人才培养的要求，建设实训厂房用于引企入校。企业投入6轴工业机器人、立体仓储、搬运、分拣工业机器人等设备，用于生产性实训。

三、成果成效

（一）建立现代学徒制人才培养模式，提高了专业建设水平

大连综合中等专业学校有2个专业为省级现代学徒制试点，2个专业为市级现代学徒制试点。机电技术应用专业被评为省级订单、定制、定向人才培养示范专业。7个专业被评为大连市星级专业。

（二）"三教"改革取得显著的成果，提高了教育教学质量

校企共同制定94门课程标准，完成25门精品课程和22部校本教材的建设，其中6部正式出版发行。大连综合中等专业学校聘用42名工程技术人员为兼职教师，培养60名"双师型"教师，全国"双师型"典型案例1人，国家级大赛评委2人、省级教学名师1人，省级专业带头人1人，市级骨干教师22人。师生获得国家、省、市技能大赛奖项共120项。

（三）学校办学实力明显提高，扩大了职业教育的影响力

校企共同投入建设8个校内实训基地。大连综合中等专业学校获得国家中职改革发展示范校、第七届黄炎培职业教育优秀学校、辽宁省雷锋式学校、大连市双高建设学校、大连市劳动教育示范校等荣誉称号。

（四）企业文化与校园文化紧密结合，校企合作立德树人成果显著

校企合作参与学生综合素质评价。企业利用寒暑假，派骨干到学校进行团队集训，使校企文化融为一体。大连综合中等专业学校成为大连市"三全育人示范校"。

四、推广应用

（一）校企合作模式得到充分认可

大连综合中等专业学校在探索产教融合、校企合作方面取得了成功的经验。2011年，《中国教育报》用全版的篇幅，以《职业教育的真谛》为题，对大连

综合中等专业学校的经验做法进行了解读和推广。学校应中国职业技术教育学会邀请，参加了在深圳举行的企业家与职业学校校长的对话论坛，引起与会代表的关注和热议。

（二）学校的校企合作模式得到推广

先后有新疆、贵州、安徽、河北、辽宁、北京等地区职业院校到大连综合中等专业学校学习校企合作经验，并成为大连市承办的国家、省、市级培训的培训内容。

（三）经验做法赢得国际交流机会

2017年11月，在大连市人民政府举办的中英职业技能发展高峰论坛会议上，大连综合中等专业学校代表中职学校向中外企业和职业教育代表介绍了学校的校企合作经验，并成为唯一在现场签约成功的职业学校。校企合作引进德国GRE企业专家，为辽宁省职业学校教师进行培训，效果得到好评。

专家点评： 该案例通过校企合作建立"厂中校""校中厂"和生产性实训基地，围绕关键核心技术建立技术研发中心，推动了公共教学资源和实训资源共建共享。案例学校坚持"先选企业、后建专业"基本原则，与企业探索建设"三个零距离"的产教融合育人模式，不断完善校企合作制度体系，使校企合作更规范、更科学，保证了校企合作的长期性和稳定性。案例显示，针对校企合作中的形式单一、组织结构松散、合作期限不稳、利益共同体难以形成等问题，进行了较深入的理论研究和实践探索。案例总结了校企合作应该结合产业行业实际和人才培养的需要，不局限于与一家企业进行多层次、多形式、多方位的合作，也不局限于一种形式等经验，具有一定的借鉴意义。

高等院校篇

运用组织学习技术，增强企业关键人才赋能成效

杨 丹[1]　张牧寒[1]　李洪杰[1]　范淑华[2]　符腾丹[2]

1.清华大学　2.中冶赛迪集团有限公司

摘要： 清华大学继续教育学院和中冶赛迪集团有限公司合作，共同构建以组织学习生态系统理念为基础的分类、分级、分层的企业人才培养体系及双导师制的行动学习体系，以绩效支持推动学用转化，在学习项目中，通过对组织学习技术的运用，增强企业关键人才的赋能成效，实现企业绩效的提升。

关键词： 产教融合；人才培养；组织学习技术；继续教育

一、实施背景

中冶赛迪集团有限公司（以下简称"中冶赛迪"）是世界500强企业中国五矿集团所属中国中冶的核心子公司。2017年，中冶赛迪明确了新时代发展战略，开启了以智能化、数字化引领转型升级，推动高质量发展的新征程。面对企业转型和市场新需求，人才队伍的能力能否同步提高，成为决定企业转型成败的关键问题。在此背景下，中冶赛迪与清华大学继续教育学院开启了有关人才培养的合作。

二、关键问题与主要做法

2019年起，清华大学继续教育学院与中冶赛迪以构建组织学习生态系统为目标，开展了分类、分级、分层的人才培养，即在教学过程中，结合企业发展战略设置教学内容，将企业的学习链、人才链、创新链有机衔接，提供学习资源，帮助企业完善学习治理体系，激发员工内在动力，为企业关键人才赋能，推动员工和企业的发展，如图1所示。

（一）如何深入了解中冶赛迪的需求，助力中冶赛迪的人才培养体系构建？如何针对中冶赛迪的发展现状定制符合学员需求的学习方案，真正助力学员成长和组织效能提升

进行企业现场调研、深度访谈，锁定人才能力短板。在筹备阶段，清华大学继续教育学院对中冶赛迪董事长、人力资源部门负责人、资深高管和目标学员进行了四个层级的深度访谈，了解集团的发展战略方向和人才发展规划，目标学员的胜任评价、岗位要求及培养规划，进行了需求诊断，找到了目标学员的能力短板，进而精准设置课程。

（二）如何运用成人学习规律提升教学效果

以教师为主导、灌输式的传统授课模式，存在理论与生产实践脱节的问题，而中冶赛迪要求学习项目能够指导生产实践。因此，在项目设计中，清华大学继续教育学院与中冶赛迪协商，密切配合，运用成人学习规律进行教学设计，实现了三方融合：

1. 专业与产业相融合

清华大学具有工科优势，但钢铁行业是流程性行业，教师鲜有涉足。备课阶段，清华大学继续教育学院组织教师统一学习《钢铁生产概论》；通过调研、学习、授课及课题辅导，组织师生交流研讨，教学相长；带领教师走进中冶赛迪项目现场，了解企业生产状况，使备课更有针对性。

2. 教师与学员相融合

在项目推进过程中，综合运用成人学习的工具和手段设计教学环节，在讲授以外，增加案例分析、研讨演练、学员分享、作业论文、课程转授等环节，让学员更加主动地参与到教学中。

3. 理论与实践相融合

在项目中设计课题研究，由中冶赛迪高层确定研究方向，将生产过程中的真实项目带入学习，让学员在学习过程中，在授课教师和企业内部导师的指导

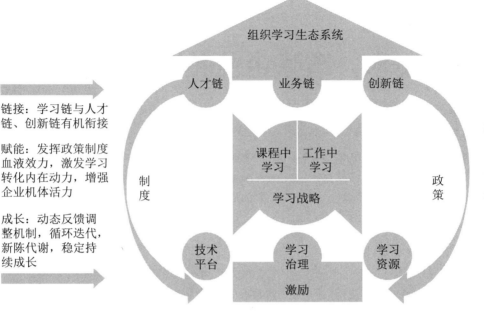

图 1　组织学习生态系统

（三）如何将课堂学习转化为工作中的实际行动，改进企业绩效

在项目设计中，清华大学继续教育学院特别强调学科知识与实践应用的紧密结合，强调知识向工作能力的转化。

1. 以真实工作困境为主题的课题研究

针对中冶赛迪亟待解决的难题，组建攻关小组，在课程学习和专题研讨中，安排学员进行有针对性的研究，授课教师和企业内部导师提供全过程、全方位的咨询支持。

2. 以提升企业绩效为目标的学习效果评估

柯氏四级评估的核心是"以终为始"，即将希望达到的最终结果作为开展所有培训的起始点。为了检验和评估学习成果，清华大学继续教育学院做了前后数据对比设计，要求学员采集课题开始前的原始数据，并在课题结束时，再次收集数据指标，前后对比，通过定量分析的方式评估成果的有效性。

三、模式与创新点

在合作中，经过双方的不断探索，形成三个层面的成果。

（一）建立了组织学习的生态系统项目开发模式

企业学习是一个系统工程，为了改进企业绩效，清华大学继续教育学院助力中冶赛迪建立组织学习的生态系统，在充分分析学员需求、培养目标、课程体系和教学模式等诸多方面情况后，确定以组织学习的生态系统作为项目开发目标。

1. 环境保障——学习生态圈

由中冶赛迪提供制度和环境支持，以提升学员的学习积极性和学以致用的动机。

2. 内容开发——开发路径图

通过需求调研与诊断，首先，了解学员能力现状与企业的培养目标，确定需要提升的能力要素；其次，确定体现能力的有效行为；最后，确定学习内容。

3. 过程要素——过程要素链

清华大学继续教育学院将学习项目分为面授学习阶段和落地跟踪阶段，过程要素链中的"（学习—内化—迁移）+评估"是第一阶段，"（应用—创新）+评估"是第二阶段。"评估"不仅仅是结果性生成，还贯穿于项目始终，实时考核检验项目的目标达成情况。面授学习阶段的重点在于如何设计、实施学习的内化和迁移环节，提高学习成效；落地跟踪阶段的重点在于如何辅导学习者紧密结合工作实际，有效应用迁移后的学习成果，最大化地提升能力。

4. 项目实施——模块搭建表

在实施阶段，清华大学继续教育学院穿插设计了课题研究、清华历史与文化学习、读书分享、拓展训练、课程传授、战役剖析分享、行动学习等多样的学习活动，帮助学员学习巩固课堂知识，推动学用转化。

5. 全过程评估——多维评估法

在项目启动之初进行准确的"诊断性评价"，确保初始的正确度。在项目过程中进行全过程全员评估，及时改进教学工作，多次循环，提升教学质量。

（二）创立了双导师制的行动学习体系

针对成人学习以问题为中心的特点，结合组织学习技术，清华大学继续教育学院创立了双导师制的行动学习体系，将课堂学习与学习活动紧密结合，让学员在外部导师和企业内部导师的双重指引下，通过多种学习活动，促进理论与实践相结合、学习向行动转化，如图2所示。

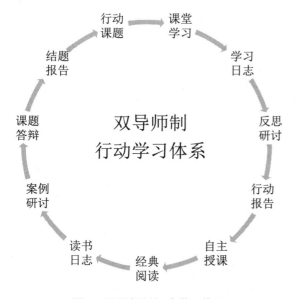

图2 双导师制行动学习体系

（三）携手打造了一套绩效支持系统

为了推动学以致用，双方共同配合，为学员提供绩效支持。由中冶赛迪高层领导亲自筛选参训人员，进行学习动员，开展训前、训中、训后谈话，设立学习目标，追踪学习效果，并给予指导；由班主任建立学习社群，营造学用转化氛围，适时提醒、督导、检查；由内外部导师提供面对面/线上答疑、辅导与反馈；由人力资源部门出台规章制度，对学用转化给予激励和保障，开展成效追踪。

四、效果与推广价值

（一）效果

通过课题研究，学员们学以致用，群策群力地解决了实际工作中的问题。通过数据对比，可见课题研究取得了丰硕的成果，极大地提高了企业的生产效率和经济效益。部分课题研究成果如表1所示。

表1 课题研究成果展示（部分）

研究课题	研究成果
基于一体化协同的生产、能源、物流计划模式研究	设计的轧钢排产系统已在国内多个钢铁项目现场进行应用。国内某大型钢铁项目实施数据对比：换规格总时间节约5%左右；模型计算排期从人工计算变为自动计算，用时从两天缩减为半小时左右；月换辊次数下降20次左右，大大提高了计划安排效率，得到客户的高度赞扬
连铸—轧钢生产协同优化	提出的设计方案填补了国内空白，公司计划为这一设计申请国家设计专利保护。课题成果已经测算，可减少投资或运维成本数千万元；通过流程岗位优化，可减少岗位人员配置；通过生产节奏管控模型应用，每年增加收益近千万元；通过库区作业调度模型应用，每年节约费用近百万元
基于智能制造的企业级大检修模式研究	创新大检修模式，据估算，可直接为企业减少约10%的正式检修员工，优化近40%的高技能检修员工
实现钢铁企业以人为本工作环境专题应用案例研究	我国的人因工程标准多年没有更新，很多数据已经与时代脱节。学员成立了人因工程项目组，对人因工程数据进行了更新，为制定中冶赛迪的人因工程企业标准打下了基础

这一课题研究模式得到中冶赛迪的高度认可。2021年，双方签署战略合作备忘录。

部分企业高管及学员对项目的评价如下：

赛迪信息起点高、要求高，本次学习，通过老师们的努力，达到了我们预期的效果。这次学习开拓了工程师们的眼界，完善了他们的知识体系，课题研究让大家学以致用，在工作中进行创新。我们觉得相比学习带来的收益，花钱办这个培训是花小钱，办大事，非常值得。

——赛迪信息高管

清华的课程，颠覆了我对于培训的认识，过去的培训课程往往是课堂讲授式的，而在清华的课堂上，有案例研讨、行动学习、游戏互动，课堂氛围生动活泼，提高了大家的参与度，提升了培训效果。

——集团党委组织部副部长

清华工业工程培训课程即将结业，这次的学习对于当下的我而言，可以用"最能和工作实践结合并产生价值"来概括，如一场及时雨，对我当下的工作给予了非常有力的支撑。我学到的知识、提高的思考能力，直接应用在了项目中，并推动项目为公司创造价值。

——事业部总经理

（二）推广价值

这一模式高度重视人才发展，对于人才培养有正确的认识，适用于央企、国有大中型企业及具有一定规模的上市公司。

专家点评：清华大学继续教育学院和中冶赛迪紧密合作，4年来围绕企业人才培养过程中的学习需求、学习效果和学习转化三个关键问题，探索构建组织学习生态系统取得了实效，实现了校企双赢。于高校而言，提升了高校继续教育人才培养质量，彰显了高校继续教育的价值，形成了一套可复制的组织学习生态系统项目开发模式，创立了一套可推广的双导师制的行动学习体系，打造了一套绩效支持系统。于企业而言，构建了企业内部良好的学习生态，增强了为企业关键人才赋能的成效，促进了组织与人才的发展，将学习转化为生产力，提升了经济效益。其经验做法具有普适性和代表性，对于深化产教融合、校企合作，推动高校继续教育的高质量发展具有推广价值和示范效应。

直击行业"痛点","校行企联动、育训赛结合"的特色学院人才培养模式创新与实践

张文丰　　王寒冰　　林倬生　　刘　慧　　李晓霞

广州开放大学

摘要： 广州开放大学针对眼视光行业发展中技能人才紧缺和从业人员能力提升瓶颈的痛点，深入开展"校行企联动、育训赛结合"的眼视光特色学院人才培养模式改革与实践，形成了校行企资源共享、课程共建、教学共施、人才共育的"四共"产教融合长效机制，实现了强化企业需求与培养定位结合、职业标准与课程标准结合、工作流程与教学过程结合、技能证书与学历证书结合的人才培养"四结合"，推进了职业技能教育与行业发展精准接轨、开放教育与职业教育有机融合。

关键词： 行业痛点；产教融合；人才培养模式；特色学院

一、实施背景

（一）"大国工匠精神"驱动技能人才培养变革

党的十九大、二十大报告提出，"建设知识型、技能型、创新型劳动者大军，弘扬劳模精神和工匠精神""努力培养造就更多大国工匠和高技能人才"。《国家产教融合建设试点实施方案》指出，深化产教融合，促进教育链、人才链与产业链、创新链有机衔接，是推动教育优先发展、人才引领发展、产业创新发展、经济高质量发展相互贯通、相互协同、相互促进的战略性举措。广州开放大学眼视光特色学院（以下简称"眼视光特色学院"）发挥开放教育与职业教育相结合的优势，实施岗位技能人才培养和教学方式改革，积极开展面向农民工和产业工人的"求学圆梦行动"，在"服务区域经济发展，提升岗位胜任能力"方面取得一系列成果。

（二）行业人才需求"痛点"激发产教融合实践创新

当前我国青少年学生近视呈现高发低龄态势。随着人们对视觉健康重视程度的逐渐提升，对眼镜产品及视光服务的需求也不断增加，相关市场呈现多元化发展，对验光配镜等一线岗位员工的专业素养及服务要求显著提升。面对行业庞大的市场需求，一方面专业人才紧缺，据不完全统计，受过专业教育的从业人员只占13%，技能型眼视光人才缺口近30万；另一方面高校眼视光技术专业普遍存在人才培养定位不高、课程结构不合理、教学与实践应用联系不紧密、培养方式单一等问题，需要进一步强化职业教育与产业融合发展的专业人才培养模式，深化工学结合、育训结合的教育实践，培养适应行业人才需求的高素质技能型人才。

二、面临的关键问题

（一）人才培养与需求结构不匹配问题

1. 人才培养定位不高

广东地区眼视光行业人才培养情况调查和行业企业人才市场的反馈情况表明，目前眼视光专业缺少对高质量人才培养目标的设定，没有从企业岗位核心能力需求出发，有的放矢强化学生职业核心能力的培养，专业办学特色优势不明显。

2. 课程结构不合理

目前的专业课程设置已沿用多年，未能体现理论课程与实践课程的内在联系；课程标准化程度不高，缺少专业教学标准引领下的职业标准、证书培训等与教学内容相融合的课程设置。

3. 教学与实践应用联系不紧密，培训方式单一

目前多数课程内容仍停留在理论讲解或脱离真实

环境的实践指导阶段，操作技能类课程设置与职业能力考核内容不匹配，校企合作不够深入，教学方式单一，创新创业教育滞后。

（二）在岗职工岗位能力提升瓶颈问题

1. 眼视光行业存在职业技能提升瓶颈

随着需求扩大和技术发展，人们对眼视光行业的服务专业性和全面性需求越来越高，相关岗位职工除了需要提升专业技能，还要提升适应行业发展的全面职业素质。

2. 缺少协同平台，培训效果不佳

行业内校企合作的机制不健全，面对人才需求紧张局面，未建立长期稳定的产教融合多方参与、多方受益平台，企业参与积极性不高。非学历培训课程不能与学历专业课程融通设置培养，培训效果不佳。

三、眼视光特色学院的主要内容与做法

（一）强化人才培养目标定位，全力打造行业特色学院

围绕经济社会转型需求，加强校企合作，深化产教融合，在专业人才培养方案中明确专业技能核心能力培养，突出高质量技能型人才培养特色优势。积极探索学历和非学历融合发展路径及机制，结合特色行业与专业发展实际，以协同推进、特色创新、成果导向为原则推进特色学院建设与管理，发挥办学系统优势，探索构建基于提升职业能力、综合素养、创新创业能力的新型人才培养模式。

（二）精准对标行业职业标准，共建岗位导向课程体系

基于国家职业标准及岗位能力对应的课程标准，优化课程结构，建立核心课程体系大纲，开发"证书"课程。与业内著名企业深化合作，创新校企合作冠名班，精准定点企业人才培养，开展课程责任教师与岗位能手联合负责的项目制教学内容建设。制定学分替代规则，构建岗位导向的"双证书"课程体系，毕业时可获得大专毕业证和职业资格（职业技能等级）证书"双证书"。

（三）搭建协同发展交流平台，助推育训结合培养方式

积极加强行业交流，聚集龙头企业、行业专家、知名院校力量，成功举办"2019年广州国际眼镜展览会国开眼视光大讲堂"。连续两年协办广东省眼健康协会"粤港澳大湾区眼健康行业创新发展高峰论坛"。依托国家开放大学共建共享专业优势，在开放大学系统搭建专业协同建设平台，用项目驱动面向岗位实际应用的教学内容开发，深化构建"前店后校"型育训结合的学习模式，充分利用院校和企业场所、资源，建设产教融合实训基地，强化工学结合。依托"互联网＋教育"开展更加灵活的线上线下混合式教学，构建多元化培养方式。

（四）大力弘扬工匠精神，以赛促训提升技能本领

成功举办市级职业技能竞赛，以最新企业岗位标准、技能要求为基础，将工匠精神融入教学，竞赛吸引了国际知名企业的支持和参与，达到以赛"促学、促教、促交流、促更新"。特色学院作为广州市人社部门SYB创业培训定点机构，通过校企共同建立职责明确的双创指导团队，融入"大国工匠"和"南粤工匠"精神教育和SYB课程，深化双创教育内涵，提升职业素养和创新创业能力。

四、经验总结及典型模式

眼视光特色学院在深入开展"校行企联动、育训赛结合"的特色学院人才培养模式改革与实践中，逐渐形成了校行企资源共享、课程共建、教学共施、人才共育的"四共"产教融合长效机制，实现了强化企业需求与培养定位结合、职业标准与课程标准结合、工作流程与教学过程结合、技能证书与学历证书结合的人才培养"四结合"，推进职业技能教育与行业发展精准接轨、开放教育与职业教育有机融合，为眼视光技术人才培养提供了新思路，如图1所示。

成果以行业人才需求为抓手，搭建协同发展平台，形成"四共"产教融合长效机制，实施"育训赛"教学改革，推进"四结合"人才培养改革，系统构建了"校行企联动、育训赛结合"的特色学院人才培养模式，实现了岗位需求、人才培养、学生能力提

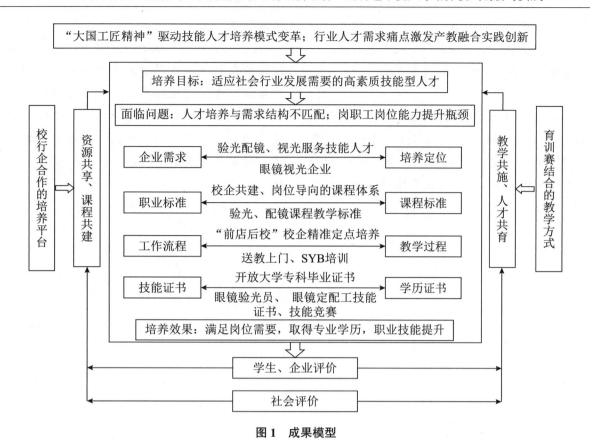

图1 成果模型

升、多方评价下的良性循环。

五、实施成效与推广价值

(一)实施成效

1. 携手行业龙头企业,服务粤港澳大湾区眼视光行业人才需求

眼视光特色学院与蔡司、宝岛、晶亮等12家行业单位签订合作协议,协同培养眼视光行业专业人才。目前,眼视光特色学院已培养595名学生。学生黄小芝、叶梓佑分别成功创业,并在"青创杯"第八届广州青年创新创业大赛中获得优胜奖。学生就业率、就业的专业对口率达100%。

2. 开展协同共育人才培养模式改革,专业建设成果丰富

眼视光特色学院成立以来,依托"互联网+教育"优势,创新采用"前店后校""送教上门"教学模式,在教学上实现"教、学、训"一体化。主动参与国家开放大学眼视光技术专业建设,制作课程视频资源29个,出版教材14部,制定3个市级课程教学标准,在国家开放大学专业建设研讨会上,分享特色学院建设与实践经验获得行业和国家开放大学(总部)的充分肯定。

3. 企业高度认可,媒体集中报道,特色学院建设成效引起社会广泛关注

毕业生得到企业、社会的高度认可,21名学生获得企业优秀员工、标杆人物等称号。眼视光特色学院承办的"国开眼视光大讲堂",政府、行业、企业、院校等近400人参加;连续承办的广州市眼镜视光行业职业技能竞赛得到市总工会、职业技能鉴定指导中心等单位的赞扬;广东电视台、《广州日报》等主流媒体及多家业内媒体集中报道。国家开放大学组织《工人日报》、人民网等近10家主流新闻媒体专程前来考察,对学院取得的教学成果和良好的社会效应进行了广泛宣传,引起社会关注。

(二)推广价值

广州开放大学通过校行企共建特色学院、搭建协同共育平台,形成了"四结合"的教学方式,为更多特色学院的建设和专业人才培养提供了示范,其人才培养模式可通过国家开放大学共享专业建设平台实现更大范围推广与复制。眼视光特色学院将持续承办行业论坛与技能竞赛，吸引更多企业加入，实现创新性、跨行业、跨领域的交流与合作，在更大范围满足经济社会发展和新时代行业企业人才需求。

专家点评：广州开放大学立足广州实际，精准对接和服务粤港澳大湾区眼视光行业人才需求，多方共建眼视光特色学院、搭建协同发展平台，形成"四共"产教融合长效机制；通过重构岗位导向"双证书"课程体系、实施"育训赛"教学改革，推进"四结合"人才培养改革，构建了"校行企联动、育训赛结合"的特色学院人才培养模式。经过3年多的实践探索，有效解决了眼视光专业人才培养与需求结构脱节、在岗职工能力培训载体缺乏等行业发展亟须解决的"痛点"问题，对眼视光技术专业建设及特定行业高素质技能型人才的培养具有借鉴与推广价值。

校企研协同，中本硕立交，全链条培养医疗康养人才

王世泽　邵凯隽　孔瑜瑜　梁玲芳　郑　雅

温州医科大学

摘要：温州医科大学聚焦"健康中国"建设战略，围绕浙江省"重要窗口""共同富裕示范区"建设目标，牵头成立"浙江省健康产业产教融合联盟"，针对"健康中国"建设背景下医疗康养类人才培养存在的问题与不足，设计产教融合培养医疗康养人才的创新模式，探索"校企研协同、中本硕立交、全链条培养"的医疗康养类专业人才培养模式，为医疗康养人才培养提供了新思维、新举措与新方法。

关键词：健康中国；医疗康养人才；校企研协同；中本硕立交；全链条培养

一、实施背景

当前，"健康中国"建设面临着应对人民群众对于全生命周期健康需求提升、应对由大规模疾病康复与慢病管理需求、应对持续人口老龄化三个方面带来的重大挑战。市场与社会更聚焦老年人群和亚健康人群、美容美体人群、母婴人群与心理亚健康人群等新一代康养群体的需求，康养产业市场需求庞大，发展前景广阔，但教育市场供给有限，健康产业发展机遇与挑战并存。

温州医科大学立足区域实际，积极响应浙江省"重要窗口"建设及"高质量发展建设共同富裕示范区"的责任使命，为建设"创新浙江、健康浙江"服务，牵头成立"浙江省健康产业产教融合联盟"，探索"校企研协同、中本硕立交、全链条培养"的医疗康养类专业人才培养创新模式，成效显著。

二、关键问题

（一）人才培养规模不能满足多方位需求

人民群众日益增长的健康需求，已不满足于医疗康养硬件条件与设施的优化，需要行业高素质、高水平的医疗康养服务能力。当前，院校人才培养数量与社会行业的需求不匹配，不能满足健康需求。

（二）人才培养质量不能满足高质量需求

普通高校、高职院校、中职院校人才培养侧重点和培养质量不同，难以全方位满足社会行业需求，也难以快速提升，以满足多层次的医疗康养服务需求。

（三）人才培养不能满足创新发展需求

现有培养模式不能很好地解决医疗康养高层次人才培养问题，需要通过搭建高端科研平台、组织高水平科研团队、承担高水平科研项目，建立良好的培养机制。

（四）师资队伍建设不能满足人才培养需求

需要进一步提升医疗康养类人才培养师资队伍建设水平，提高师资的教学能力、科研水平及实践训练水平，才能提升人才培养质量。

三、主要做法

（一）搭建平台，成立健康产业产教融合联盟

温州医科大学于2019年12月牵头成立"浙江省健康产业产教融合联盟"，2020年9月获浙江省发改委等10部门正式立项。联盟由省重点建设大学、全国"双高"院校、省重点中职院校、上市药企及高端科研机构等18家单位参与建设，着力推进健康产业人才培养的供给侧改革。2020年12月，联盟在淳安建立分中心，与淳安的度假、养生、旅游和有机等深绿产业体系对接，围绕健康产业教育培训，共建特别功能区，共享康美千岛湖，助推健康产业高质量发展。

（二）打通通道，探索医疗康养专业人才培养新模式

1. 创新行业人才培养模式，搭建人才培养的"立交桥"

充分利用联盟内各院校资源优势，搭建相关专业人才培养的立交桥，贯通"中职—高职—本科—研究生教育—毕业后医学教育—继续医学教育"全过程、全链条的医疗与康养产业类人才培养模式。在联盟内部实行"学分银行"下课程互认互享和课程资源的共建共享机制。2021年9月，在浙江省民政厅大力支持下，温州医科大学积极应对人口老龄化，正式启动全国首个"老年服务与管理"专业专升本招生工作，培养康养类人才。

2. 整合优质医学教育资源，构建资源共享的"聚宝盆"

联盟牵头高校以信息化与互联网为依托，大力加强精品在线开放课程与线上资源建设，实现联盟内资源的共建共享。2020年在网络教学平台建设各类线上资源课程184门，累计选修课程学生达6万多人次，特别是"院士带你认识'新冠肺炎'"系列课程上线，体现了"MDT式"的协同育人新模式。联盟牵头高校联合医视界和《中国毕业后医学教育》杂志社，编写了助理全科培训视频，申报254个视频，已录制157个视频，在浙江和广西等地全面推广使用。

3. 围绕行业人才发展的新动能，建立人才培养的"新引擎"

联盟开展教学竞赛，吸引了省内17所学校青年教师同台竞技，通过"以赛促教、以赛促学"，发挥竞赛的催化剂和新引擎作用，为省内广大青年教师搭建学术交流和竞技平台。联盟牵头高校开展联盟内继续教育领域青年教师教学基本功比赛，丰富与提升了教师的教学视野与能力。

4. 瞄准行业知识更新的新变化，探索教材开放的"新样板"

联盟联合全国多个省、部门共建15所高校的专家学者，与高等教育出版社合作，共同开发适合贯通人才培养模式的护理学系列教材（15门课程），将在联盟中全面推广使用。联盟还与百校千课联盟一起打造结构化的融媒体课程与教材；与出版社合作，联合编写康养类教材。

（三）明确目标，行业培训助力医疗康养人才岗位胜任

1. 开展师资培训，提升专业人才培训质量

实施多方位、多层次、多形式的医疗与康养类产业人才的师资队伍建设。在全省11个地市采取送教上门方式年培训人员5000人次；针对全科医生培养，年开展全科转岗培训约70人，助理全科医师培训约700人；针对联盟单位师资专业发展，开展了线上线下相结合的"后疫情时期教育教学信息化建设与改革系列活动"6个专题培训，参与培训人员累计1627人次。

2. 结合市场需求，开展行业专项技能培训

结合行业从业人员的实际需求，开展西学中、护学中、中医耳穴等中医适宜技术培训工作；实施健康管理师、执业医师、执业药师等行业准入类和水平类培训，年累计参与学习培训人员达1000人次。

四、成果成效

（一）构建以"一平台、二链条、三目标、四协同、五举措"为主要内容的"12345"医疗康养类人才产教融合培养新模式

"12345"医疗康养类人才产教融合培养模式如图1所示。

一平台：温州医科大学联合省内相关层次院校、行业龙头企业及用人单位、医药科技创新与成果转化机构等20余家单位搭建"浙江省健康产业产教融合联盟"人才培养平台。

二链条：打通"中职—高职高专—本科—研究生"学历层次全链条人才培养通道，搭建"院校教育—毕业后教育—继续教育"三阶段培养通道，为医疗康养类人才在不同阶段，提供不同的培养方案与培训内容，实现专业知识与能力的持续优化与不断更新。

三目标：以岗位胜任力为导向，明确三类人才培养目标，一是以社区健康养老、慢病管理与康复等为主要职责的养老康复类人才；二是以临床诊疗、社区卫生服务为主要职责的临床诊疗型人才；三是以临床与医学基础研究为主要职责的医学科技创新研究型人才。

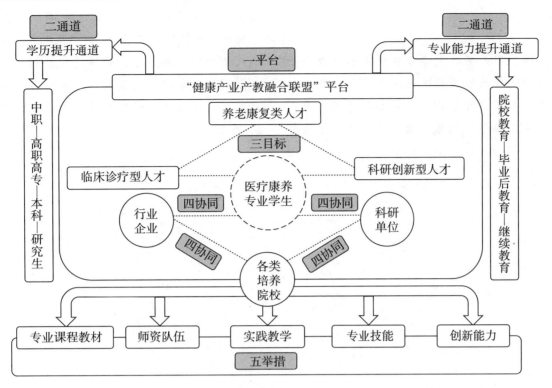

图 1 "12345" 医疗康养类人才产教融合培养模式

四协同：探索学生泛在学习与课程方案、教学设计的协同；院校之间人才培养目标与方案，专业课程教材建设及师资队伍培养的协同；院校与行业企业之间实施人才培养目标与内容、岗位胜任力与实践技能培养的协同；院校与科研单位之间实现创新思维与科研能力的创新协同。

五举措：围绕专业课程教材、师资队伍、实践教学、专业技能、创新能力等 5 方面采取改革举措。

（二）围绕立德树人根本任务，深化教育评价改革

"基于'学分银行'的中本硕全链条康养人才培养评价"获浙江省深化新时代教育评价改革试点项目立项；《"健康浙江"背景下康养类人才产教融合全链条培养模式研究》成果获 2022 年度浙江省职业教育与成人教育优秀教科研成果三等奖。

五、经验总结

（1）确定"学什么"。通过着力分析社会需求、行业发展及用人单位的要求，结合学生自我发展方向和原有学科基础，确定学习内容。

（2）确定"教什么"。通过对受教育者需求和特点的透彻分析，针对性地确定培养要求，有效调整培养目标和教学内容，筛选和组织教学编写相应的教材，开发出适合学生发展需求、符合认知规律与特点的教学内容。

（3）确定"怎么学"。将实验、实践基地建到用人单位，搭建"实验室+实践基地"递进的"学做合一"的产学研协同教学平台，形成"教与学"紧密结合、"理与实"紧密结合、"校与企（医院）"紧密结合、专业教育与素质教育紧密结合的教育教学新模式，在贯通培养模式下，着力培养基础知识扎实、创新与实践能力强、综合素质高的应用型医疗康养类专业人才。

六、推广应用

浙江省健康产业产教融合联盟内部成员单位，根据联盟合作协议参与基于产教融合的"校企研协同、中本硕立交、链条式培养"的医疗康养类专业人才培养创新模式改革项目的试点。根据项目改革的试点情况，首批参与学生约 1500 人。根据改革项目试点进程，后续将有更多学生参与，预计年受益学生将达 2000 人。创新培养模式的经验成果可供其他行业联

盟借鉴与推广。

专家点评：温州医科大学牵头成立的健康产业产教融合联盟，努力适应新时代医疗康养行业各层次各类型人才培养需求，探索"校企研协同、中本硕立交、全链条培养"的医疗康养类专业人才培养模式，取得明显成效。联盟通过"一平台、二链条、三目标、四协同、五举措"，产教融合培养医疗康养类人才的做法和经验，对推进院校与行业的协同创新，深化人才培养模式改革，加快培养适应行业需求的多层次人才和提高人才培养质量，有推广和应用价值。

乡村振兴"共同体"的构建与可持续发展

何波 尚丽平 万嵩 张宏亮 宋加山

西南科技大学

摘要：西南科技大学与四川铁骑力士实业有限公司携手，围绕"1211核心代养"模式，共筑"产教研培一体化"平台，形成"高校助力，企业主攻，多方参与，'利义'牵引"的区域乡村振兴"共同体"，实现了产业规模化、人才素质化和技术本土化相融合的目标，赋予农民发展增收的内涵与活力。以"喜德模式"为代表的协同发展样板不断迭代，产教研融合成果在行业和多个区域推广复制。

关键词：产教融合；一体化平台；乡村振兴；农牧食品行业

一、实施背景

产业振兴是乡村振兴的重要"造血"机能，产业兴，则经济兴、农村兴。在现代农业向基层农村布局的过程中，长期存在产业网络与社会网络无法有效融合的矛盾，导致各方利益主体难以有效协同，人才、资金、技术、数据等关键要素难以与农村产业实体经济契合。

西南科技大学发挥"共建与区域产学研联合办学"体制优势和多学科联动特色，与学校董事单位四川铁骑力士实业有限公司（以下简称"铁骑力士"）携手，围绕"饲料—种畜禽繁育—畜禽养殖—畜禽产品—食品精深加工"的全产业链和扎根偏远山区的区位布局，实施科研合作、协同育人、构建产业组织生态等多维度的产教融合，共筑"产教研培一体化"平台。校企互促，以行业可持续人才供给链为纽带，促进龙头企业牵引的乡村振兴"共同体"建设，打造以"喜德模式"为代表的协同发展样板工程，将不断迭代形成的产教融合性成果在行业和多个区域进行推广复制。

二、主要做法

西南科技大学和铁骑力士以在经济管理、环境科学、农学等多领域中的多层次科研合作为起点，携手十余年，深度产教融合，形成"高校助力，企业主攻，融合共进，牵引产业发展"的乡村振兴"共同体"。在合作过程中，西南科技大学派驻多学科团队长期与铁骑力士多部门协同，以"产业规模和质量提升"为导向，以"产业人才体系建设"为支撑，以"技术革新"为保障，以"农民增收"为核心，合力推进山区脱贫攻坚和乡村振兴，让有知识的农民留在土地上，切实推进农业产业发展。

（一）共建"骑士学院"，共筑"产教研培一体化"平台——协同发力培养行业人才

铁骑力士与西南科技大学以"骑士学院"为"联合点"，合作推进多层次、差别化产业人才培养。

"骑士学院"下设职业经理学院、经销商学院、养殖技术学院，开展不同类型、不同形式的产业人才培养工作。职业经理学院着重开展对领导企业、引导行业战略发展的核心高级管理人才的持续培养；经销商学院对企业和行业关联企业的经销商骨干进行定期集中培训，通过学习平台，持续提供职业所需的学习支持；养殖技术学院是由冯光德博士创立的"创新、交流、落地、实战"的养猪培训学院，包括配种师班、兽医师班、场长班等。

"骑士学院"在凉山区域公司培养了一批有战略思维的本土新商业领军人物和喜德县地方农业产业组织者，结合喜德本土的彝族文化，建立了尊重和保护当地风土人情的同时，提高农户养殖技术水平等产业技能的"新彝人讲习所""新农人讲习所"。

（二）围绕"1211"模式，产业网络和社会网络双重嵌入——协同构建产业发展机制

围绕"1211核心代养"模式（1个规模猪场+2个家庭劳动力+1000头肥猪=纯收入10万元），铁

骑力士和西南科技大学专家团队研究推动"政府政策引导、企业产业引领、高校技术和人才支撑、村集体资金参股、骨干率先带头、农户积极跟进、金融机构等社会资源助力"的乡村振兴联合体建设。铁骑力士以本地企业的身份，双重嵌入产业网络和社会网络，与西南科技大学共同深化联合体合作"造血"，实现消除贫困和乡村振兴的目标，如图1所示。

多方联动形成有效分工协作体系，"1211核心代养"模式以及"1+8"模式成为核心商业价值创造模式：

1. 龙头企业产业引领

铁骑力士推行统一设计设施、统一种苗、统一物料、统一畜禽防疫、统一标准化管理、统一按合同价回收、统一品牌销售的"七统一"方案，与凉山州政府签订220万头生猪养殖园区项目战略合作协议，长期委派企业骨干扎根山区建平台、建基地，引导骨干能人带领普通农民建立合作社，将经济条件差、愿意接受专业培训的农民转变为靠技能致富的农业产业工人，在促进乡村振兴、农民增收脱贫的同时，筑牢企业安全健康食品的全产业链。

2. 高校技术和人才支撑

在行业人才培养方面，西南科技大学以"骑士学院""新彝人讲习所""新农人讲习所"等组织为主要载体，采用"技术员+合作社"辐射推广模式，进行线上线下混合式培养。在人才补给方面，通过本、硕层次学历教育和非学历培训，为地方培育农业管理和农业科研人才，通过"明哲钻石俱乐部"等校企联合平台开设创新班，有效保障行业发展和乡村振兴后续人才的供给。在技术支持方面，利用食品工程实验室、动物科学实验室、智能检测技术联合实验室、生物质环境治理实验室等技术平台，派驻专家和学生团队，与企业技术人员一道，针对乡村实际开展肉蛋食品成分检测、动物营养研究等方面的技术攻关。

3. 政府引导

县政府结合产教融合方案，合理规划，引导农民产业脱贫，把国家政策和银行提供的贷款资金落实到帮助农户产业增收上来，鼓励保险机构为农户养殖提供风险防范保障。

校企联动"造血"联合体创新了产业利益分配机制，采用重点扶持分红、代养收益分红和奖勤奖优分红等方式，加速推进少数民族贫困户真正实现从"要我脱贫"到"我要脱贫"，再到"我能脱贫"的转变。

喜德县两河口镇的农民吉克阿宏家过去是村里出

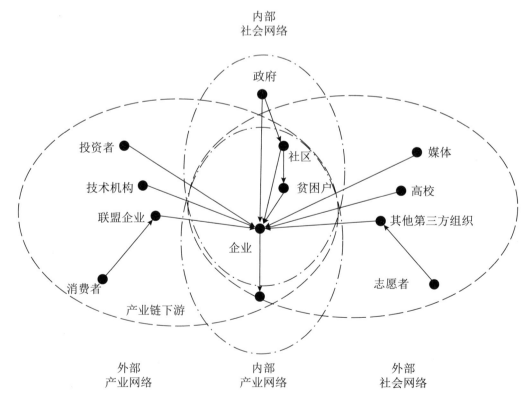

图1 产教融合"双重嵌入"思路图

了名的贫困户，只能靠外出打工养家。2017 年，在校企联动"造血"联合体的帮扶下，吉克阿宏家建起年出栏量 2000 头的养猪场，在"新彝人讲习所"学习了育种肥猪管理的关键技术，并接受公司专人辅导，掌握了科学饲养和非洲猪瘟综合防控等技能。一年内，养猪场净收入达 30 余万元。致富后的吉克阿宏响应政府"先富带动后富"的号召，主动带动 15 家养殖户和职业农民发展生猪养殖。

联动"造血"联合体通过扶持吉克阿宏等一批贫困农民，实现职业农民、技术管理人员、乡村产业带头人身份转换的案例在喜德县广泛推广，生猪"代养点"在喜德乡村振兴中多点并进，为乡村振兴发挥了产业牵引的持续力量。

三、成果成效

（一）行业人才培养

校企共建"骑士学院"，共建共享实训基地、乡村振兴实验室等，为行业企业、产业从业人员、扎根乡村的职业农民提供了分类、不断层的产业人才培养链，培养行业人才近万人。

（二）乡村振兴事业的发展

仅在喜德县，就形成了以年产 30 万头优质生猪为引领的区域性农业产业集群，培养了一批有知识的产业农民留在土地上，形成持续"造血"的乡村振兴发展支撑体系。

（三）企业发展成绩

2018 年，铁骑力士被国务院扶贫办、全国工商联授予"全国'万企帮万村'行动先进民营企业"荣誉称号；2019 年，被国务院授予"全国民族团结进步模范集体"荣誉；2021 年，被四川省委、省政府授予"四川省脱贫攻坚先进集体"荣誉。《人民日报》以《风险两家担、农民稳赚钱》为题，报道了其产业扶贫模式和成效。

（四）学校师资、教学案例建设与成绩

西南科技大学主持建设了 18 个校企合作开发原创管理案例，其中 6 个获"全国百篇优秀管理案例"荣誉，1 个被哈佛大学案例库收录，1 个获清华经管学院"卓越开发者"案例大赛奖。学校主持制作的视频案例《难事易成——铁骑力士集团大凉山产业扶贫之路》和"案例教学示范"视频均收入中国专业学位案例中心，在全国 35 所学校分享。

四、经验总结

校企协同，针对产业人才链的近期需求和长远需求，创新差异化人才培养方式，多渠道搭建多层次产业人才培养平台，实施技术攻关，在推进产业发展的同时积极推进乡村环境治理。

以龙头企业引领示范、高校科教赋能为重点，通过机制创新、产业带动，推动行业企业、合作社和职业农民构建自循环产业生态体系；以产业循环体系构建为抓手，把产、教、研、培互动结合起来，实现融合增效。

依托农业产业特色发展，带动乡村振兴，凝结多方力量打造互促共进的乡村振兴协作共同体，为乡村"造血"；促进管理与技术创新，聚产业组织生态，把校企"共舞"演进为辐射更广的新时代多向交融"交响乐"。

五、推广应用

通过多层分类协同构建产业人才供给链，以及人才供给链与产业链共塑的案例成果，适宜在产教融合促产业发展及乡村振兴领域广泛推广应用。推广范围和场景要素有三个：第一，产业主导，企业在所在的产业能扎根；第二，高校赋能，高校能持续实施技术和人才支撑；第三，多方联动，多方利益主体能形成有效协同机制。

产教融合在大凉山喜德县的成功实施，是这一产教融合形式促进生态农业产业发展和乡村振兴的样本。从机制设计、产业链和产业人才链对接，到高素质职业农民"留在土地上"，"喜德模式"已在贵州铜仁、黑龙江青冈等多地复制实施，发挥示范作用。

专家点评：西南科技大学与四川铁骑力士实业

有限公司合作，直击产业网络与社会网络难以有效融合的突出矛盾，探索高校与区域性产业龙头企业全方位协作的路径，围绕"饲料—育种—养殖—产品品牌建设—精深加工"全产业链和扎根山区农村的区位布局，打造多方联动的乡村振兴"共同体"，实施科技合作、协同育人、构建产业组织生态等多维度产教融合互促的方案，共建共享"产教研培一体化"平台，创设多维协同机制，实现了产业规模化、人才专业化和技术本土化相结合的目标，为农民发展增收赋予深层次的内涵与活力，提供了"把有知识的农民留在土地上"的解决方案，形成的"喜德模式"已在西南和东北多地复制和推广。其做法和经验及相关问题的解决方案，对于乡村振兴及农牧食品行业的产教融合有示范作用和推广价值。

探索"三双四共"校企共建二级学院，精准培育先进装备制造业应用型人才

龚思怡　陈国初　卿海龙　冯雯雯　李林升

上海电机学院

摘要：上海电机学院以培养适应地方产业集群结构的高等技术应用型人才为己任，充分利用学校的行业背景优势，探索"三双四共"校企共建二级学院，精准培养面向先进装备制造业的现场工程师；打造"一条主线、两翼保障"的人才培养体系，取得实践能力提升、教学能力提升和服务能力提升"三个提升"的成效。

关键词：校企合作；"三双四共"；一体两翼；应用型人才

一、背景与关键问题

中国（上海）自由贸易试验区临港新片区正在打造的6个世界级前沿产业集群，均为多学科领域交叉、多岗位的技能融合。地处临港新片区的上海电机学院如何按照"世界走向、国家战略、上海引领、地区承载"的要求培养先进装备制造业的应用型人才，采取何种有效措施和路径来培养此类人才，如何制度化地持续保障人才培养质量，都是迫切需要解决的问题。

二、主要内容和做法

（一）"三双制"校企共建

1. "双院长"共建二级学院

上海电机学院与上海电气集团下属产业集团合作，成立"校企共建上海电机学院二级学院管理委员会"，其中企业人员占50%以上，聘任企业专家担任二级学院企业院长，定期召开会议，就二级学院建设规划、学科专业建设方案、企业关键技术难题、联合申报教学科研项目及日常教学相关安排等展开讨论与作出决策。

2. "双负责人"共建学科专业

面向高端制造业及现代服务业，上海电机学院在与产业集团共建过程中不断调整学科专业结构，优化学科专业布局。共建电力电子与电力传动、电机与智能电器学科，共建电气工程及其自动化、测控技术及仪器、电机电器智能化等专业，由企业技术主管和二级学院专业负责人共同担任专业建设的"双负责人"，保证了学科专业的建设成效。

3. "双导师"共促学生成长

上海电机学院颁行《上海电机学院学生导师制实施办法》，鼓励企业专家及技术人员加入教学团队担任学生校外导师，负责对学生进行实践技能提高及职业道德的培养，强化学生实践认知及适应未来工作能力的培养。

（二）"四共同"联合培养

1. 校企共同制定人才培养方案

上海电机学院成立由企业行家、校内专家、专业骨干教师组成的专业建设指导委员会。一方面，邀请企业专家进行工作任务与职业能力分析。例如，学校电气学院与企业共建了与专业能力相适应的六大课程群与特色课程，其中近1/4的教学环节由企业参与完成；工程项目实验课程的所有案例也均来自企业。另一方面，校企专家共同商讨重组学科知识体系，合作开设诸如中国装备、智能制造概论等体现制造业智能化转型发展趋势的跨学科通识课程。

2. 校企共建实验实训基地

校企以车间、实验中心、研发中心等为实验实践教学基地，全方位落实应用型人才培养要求。上海电机学院开辟约1000平方米的场地，在企业的支持

参与下，建设开发了"工业4.0智能工厂实验实训中心"，参照工业企业实际标准，让学生在真实工业环境中进行实训操作。

3. 校企共组双师型教师队伍

上海电机学院自2007年起，每年选派中青年教师到相关企业和科研院所进行为期1年的挂职锻炼；通过特聘、全职聘用、柔性流动等方式遴选和聘请了一批企业工程技术人才担任专兼职教师；多名教师在企业兼任副总工程师或技术主管，一批教师被上海电气集团聘为"科技项目带头人"。

4. 校企共建课程资源

上海电机学院鼓励将新技术引入教学环节，将工作任务贯穿案例化、项目化教学实践中，在校企共建教学资源过程中突出对学生知识结构、操作技能和职业素养的培育。自动化专业围绕专业岗位核心能力，与企业专家合作开发了"自动化系统安装、调试、维护与改造"等四个能力模块的课程群。校企共建的自动化系统集成综合实验室以实际污水处理控制系统为典型案例，通过3周的集中实践，培养了学生的电气工程技术项目的系统集成与组织运行能力。

（三）打造"一条主线、两翼保障"的人才培养体系

1. 以专业岗位能力培养为主线

在专业职业能力分析师的指导下，邀请十家企业专家梳理未来四五年该专业所需能力，参与培养方案的修订；以专业负责人为首的专业团队，结合国家行业标准及要求，制定课程体系；4年培养，企业不断线，认识实习、生产实习、毕业实习等一些相关专业核心课程都由企业专家讲授。建立完善职业资格证书与学历证书的"双证融通"制度，将职业资格标准和行业技术规范纳入课程体系。

2. 以稳定的专业应用型团队和一流的现代产业学院为两翼

以稳定的专业应用型团队作保障。近年来，有107名教师参加国内外访学，60名教师参加产学研践习计划项目，47名教师参加实验队伍建设项目，累计投入经费约2100万元。"智能制造应用型本科人才培养的探索与实践"项目获2017年上海市教学成果特等奖（高等教育）。

以一流的现代产业学院作保障。产业学院紧紧围绕现代电气装备智能制造业、电机及智能控制等行业技术开展人才培养，不断增强与企业院所的合作力度，及时把新型电机电控领域的最新技术成果服务于上海临港区域经济社会发展。与企业共建临港电机现代产业学院，紧扣电气、自动化等应用型人才培养目标，促使人才培养体系改革课程超过60%，课程名称及内容都具有较强的产业属性。

（四）系统构建"三双四共""一体两翼"人才培养模式

上海电机学院与上海电气集团签订了战略联盟框架协议，成立"上海电气集团与上海电机学院战略联盟委员会"，积极探索产学研全方位、深层次、制度化合作的有效路径，确立互惠双赢的校企合作联盟模式。探索"三双制""四共同"的模式如图1所示，实现校企之间资源共享和优势互补。上海电机学院在人才培养目标制定、课程体系构建和实践性教学安排等环节，注重专业岗位能力体系的构建，逐渐形成了"一条主线、两翼保障"的人才培养体系。

三、成果成效

（一）实践能力提升，学生创新素质增强

通过校企联合培养，上海电机学院已基本形成日常教学"三进三出"的格局，即教学核心内容进课堂、竞赛和科创进实验室和工业中心、科研实践进导师工作室，实现大作业出成果、竞赛科创出成绩、项目研究出成品，提升了学生学习成效和实践能力。多个项目和个人获得"挑战杯"国家级二等奖、"上海市青少年科技创新市长奖""小平科技创新团队"等称号。在第44届世界技能大赛上，孔元元同学代表中国出征并获优胜奖。

（二）教学能力提升，教师队伍逐步优化

上海电机学院打造了一支了解行业技术走向、具备工程技术实践能力的优秀教师队伍。2011年起，上海市教委借鉴上海电机学院实施教师挂职锻炼的做法，实行了面向全市高校的"上海高校青年教师产学研践习计划"。近年来，上海电机学院教师共主持省部级以上科研项目242项，获省部级以上科技进步奖

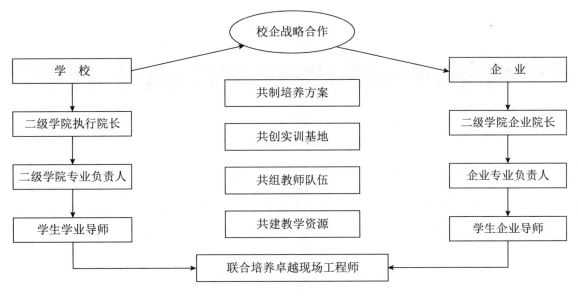

图 1 "三双制""四共赢"模式示意图

13 项，获授权发明专利 376 项。通过科研成果反哺教学，在上海市高校青年教师教学竞赛中，上海电机学院教师多次取得一、二、三等奖。

（三）服务能力提升，学校影响显著扩大

高校毕业生流入临港新片区人数，上海电机学院位居第一，充分显示了产教融合在促进人才就业方面产生的积极作用。上海电机学院毕业生就业率连续多年保持在 98% 以上，人才培养质量得到企业和社会的广泛认可，"卓越现场工程师"成长摇篮正成为上海电机学院的靓丽名片。校企合作联合培养卓越现场工程师的模式已在全国部分理工类地方本科院校联盟、全国 CDIO 教育联盟等学术组织进行成果发布和经验交流，产生了良好反响，并为上海市应用型人才培养改革试点作出了贡献。

四、经验启示

制度上打造"三双四共"新模式，联合培养现场工程师。"三双制"分别从学院共建、学科专业、学生成长角度，"四共同"践行产学研全方位、深层次、制度化合作的路径，有效提升了学生的实践能力，实现校企之间资源共享和优势互补。形成一条主线、两翼保障的人才培养体系。满足先进装备制造业对专业岗位能力的需求，建立完善职业资格证书与学历证书的"双证融通"制度，不断增强与企业院所的合作力度，共同培养学生。

五、应用推广

上海电机学院的应用型人才培养模式改革经验已在部分理工类院校进行复制和推广。近年来，上海电机学院受邀在各类高等教育人才培养论坛上发布研究与实践成果，吸引了 10 余所地方性理工类院校取经，并把上海电机学院的人才培养经验借鉴运用到自身的教育教学改革实践。相关理论成果也得到同行专家的充分肯定并在全国产生影响。

专家点评：上海电机学院致力于培养适应地方产业集群结构的高等技术应用型人才，充分利用学校的行业背景优势，积极探索"三双四共"校企共建二级学院，精准培养面向先进装备制造业的现场工程师；打造"一条主线、两翼保障"的人才培养体系，取得了实践能力提升、教学能力提升和服务能力提升的"三个提升"的成效。其应用型人才培养模式改革经验在其他高校特别是理工类院校有推广价值和示范作用。

邮政物流特色的现代产业学院建设路径探索

方　静　谢逢洁　高　月

西安邮电大学

摘要：西安邮电大学现代邮政学院充分发挥学校"邮"的特色和"电"的优势，探索产业学院产教融合协同育人模式，培养适应和引领产业发展的高素质应用型人才。4个协同创新举措取得显著成效：教育链主动对接产业链，实现育人主体协同；校企共建产学研服务平台，强调育人资源协同；构建多方协同培养体系，完善育人过程协同；校企文化建设相融合，增进育人环境协同。

关键词：邮政物流；现代产业学院；应用型；产教融合

一、建设背景及意义

邮政业是推动流通方式转型、促进消费升级的现代化先导性产业。近年来，我国邮政业取得巨大成就，业务量已连续7年稳居世界第一。产业蓬勃发展的背后是对高素质应用型人才的急迫需求，深度开展产教融合，对支撑行业和地方经济高质量发展，促进国内国际双循环发展新格局建设具有重要意义。2016年7月，陕西省人民政府和国家邮政局签署协议，共建现代产业学院——西安邮电大学现代邮政学院，为邮政强国建设和社会经济高质量发展提供人才和技术支撑。

西安邮电大学现代邮政学院运行6年多来，正值邮政业不断变革突破、创造历史的时期。特别是在近三年的疫情防控工作中，更突显出邮政快递业在经济社会大动脉和微循环里的先行官作用。2020年4月，习近平总书记来陕考察强调，陕西要加快形成国际大通道、建成商贸物流枢纽。陕西省"十四五"规划中明确提出打造全球性国际邮政快递枢纽集群，加快形成"一带一路"中的亚欧贸易大通道。在国家与地方政策引导下，现代邮政学院建设正当其时。

二、建设目标与思路

以提高学生职业胜任力和持续发展能力为目标，把握省部共建战略机遇，发挥西安邮电大学"邮"的特色和"电"的优势，探索产业链、创新链、教育链的有效衔接机制，创新产教融合校企协同育人模式，持续深化专业升级改造，全面推进课程提质增效，形成具有邮政特色的高水平现代产业学院人才培养模式，构建政产学研用共建共创共赢的人才培养新生态，着力培养堪当民族复兴大任的新时代应用型人才，打造具有开拓精神和创新能力的邮政物流"实干家的摇篮"。

三、协同育人举措

邮政物流特色的现代产业学院建设思路如图1所示。

（一）教育链主动全面对接产业链，实现育人主体协同

面向全行业应用型人才战略需要，与地方政府、企业、协会等签署共建协议，通过合理分配各方权利义务，优化产业学院治理结构，形成高校主导、政府支持、行业指导、企业参与的产业学院协同育人机制。构建"教育+培训+就业+创业"的完整人才培养服务链，真正实现教学过程与企业及产业的良性互动，达到教育与产业、人才与市场、学业与就业的无缝对接，并积极营造"价值整合、多方参与、利益共享、责任共担"的多方协同育人良好生态环境，确保协同育人工作不断持续深入。

图1　现代产业学院建设思路

（二）校企共建产学研服务平台，强调育人资源协同

建立与行业、区域和企业发展深度融合的创新型产学研服务平台，共建多功能人才实训基地。企业提供实验实训装备及配套资源，并承担物流管理、邮政管理、邮政工程、工业工程专业的实习实训任务。在实践教学过程中加大基本技能培训力度，以实践教学体系为依托培养学生的创新精神，提高学生的团队合作能力和岗位适应能力；学校为企业输送高水平青年教师加盟"企业顾问"，实行教师长效帮扶与共享机制；校企广泛开展联合教育教学研究活动，推动实践教学与行业创新资源共享互动。

（三）构建多方协同培养体系，完善育人过程协同

结合物流管理学科和专业特性，校政企多方协同制定符合产业需求的人才培育目标，探索基于多学科交叉复合的协同育人培养方式。设立信息技术优势学科与物流管理专业之间深度交叉融合的新型专业。开发校企合作专业课程与教材体系，将行业最新发展成果及时转化融入课程与教材，建设中国特色的物流管理专业案例库。推进"引企入教"，建立校内导师和企业导师组成的"双师型"教师队伍。优化"理论+实践"的课程设置，推进合作式、任务式、项目式、企业实操教学等培养模式改革，促进人才培养与产业需求融合。

（四）校企文化建设相融合，增进育人环境协同

在校园文化建设中引入行业文化和企业文化，通过加强教学实习环境和校园文化环境建设，对学生的思想、素质与精神进行全方位的文化塑造。在校园硬

件环境方面，建成特色的职业精神熏陶标志性建筑邮政长廊。在课程软件环境方面，宣传突出行业特色的行业价值观。积极开展体现行业特色的文化实践活动，通过行业精英讲座、职业生涯设计大赛、创新创业大赛等校园文化活动，加深学生对行业文化和企业文化的理解和认同，使学生在潜移默化中接受行业文化和企业文化的熏陶，培养理论素养与实操能力相融合的应用型人才。

四、建设成效

现代产业学院协同育人模式如图 2 所示。

（一）学院组织运行高效

现代邮政学院每年招收专升本学生，培养了大批国家和区域经济社会发展需要的应用型人才。同时与继续教育学院、职业技术学院协同办学，共享教学资源。

（二）教学资源优化升级

现代邮政学院形成了由 2 位省级教学名师、4 位部级科技英才领衔的专兼结合教学团队。拥有省级教学团队、省级精品课程，出版 14 部特色教材。将"通识教育 + 专业教育 + 创新创业"三层次课程体系融入人才培养全过程，优化"理论 + 实践"的多阶递进课程设置，推进合作式、任务式、项目式、企业实操教学等培养模式改革。

（三）技术成果输出丰富

现代邮政学院获批多个省部级平台，如邮政行业研发中心、现代邮政协同创新中心、西安市现代物流工程实验室。同时积极与行业内相关企业合作，形成了自动化分拣技术、智能识别技术、X光安全检测、物流运营技术等多个领域的先进成果。

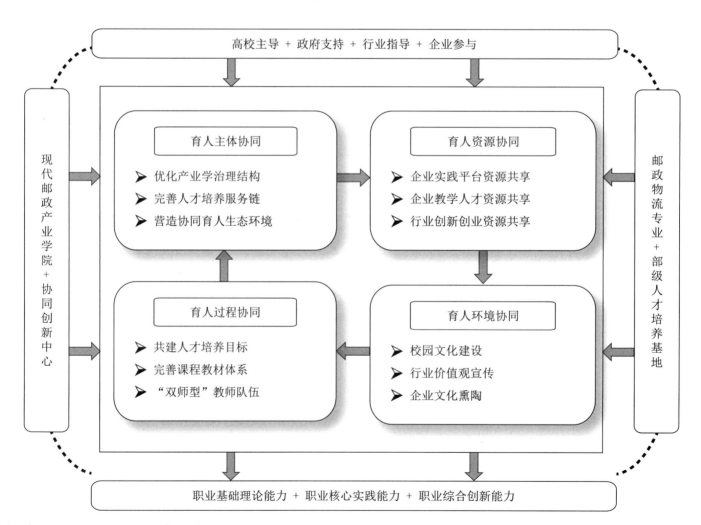

图 2　现代产业学院协同育人模式

（四）就业质量高位稳定

毕业生广泛入职于中国邮政、顺丰、中通、京东等企事业单位，行业内就业比例达85%以上。继续教育专升本毕业学生每年达300余人。物流"定制"班培养项目成效显著，入选国家邮政局校企合作优秀典型案例以及中国高等教育学会校企合作典型案例。

五、建设经验

（一）弘扬特色，育人实体创新

多主体共建现代产业学院，在国内首批设置邮政物流大类专业群，在引领与服务国家"人才强邮"战略方面走在全国前列。

（二）联合培养，育人过程创新

形成校企共建、共管、共育的人才培养模式，包括共建培养基地、共商培养内容、联合打造课程、双向人员流动。以邮政产业发展重大需求为导向，设计定制式人才培养"丰U计划"。

（三）角色重塑，育人机制创新

聘请行业权威专家、知名企业高管、全国先进模范担任校外导师，加强校外导师教学能力培养，明确教学质量标准和教学方向。引导校内教师通过双师能力培训、企业实践锻炼、国内外研修访学等，提高教学能力。

（四）底蕴传承，育人环境创新

通过实施"思政育人工程"，形成党政联合教学督导机制；全方位引导学生不负韶华，为专业自信打上靓丽而坚固的底色。

现代邮政学院还需从两方面进一步完善。一是用制度激励企业以更为开放的姿态将先进项目转化为教学资源。二是深度融入"一带一路"倡议建设，加强"一带一路"沿线物流领域教育合作。

六、推广应用

西安邮电大学现代邮政学院高层次人才培养成绩获得交通运输部、国家邮政局领导的充分肯定。《人民日报》、新华网、陕西网等多家知名媒体对"邮"我先行系列科技实践活动进行了报道。《中国教育报》《中国交通报》等媒体对邮政高层次人才定制班培养成效进行了报道。截至2022年10月底，国内30余所高校到西安邮电大学进行学习交流。

现代产业学院办学模式需要广泛汇聚产教融合的社会力量，更适用于地方行业高校及职业院校。此模式适宜于达到以下基础条件的院校或办学机构：一是学院主要专业与区域产业发展具有高度契合性，相关专业特色鲜明，招收在职学历教育生源具有相对优势。二是相关产业列入区域发展整体规划，参与办学的企业在区域产业链条中居主要地位或关键地位，能为人才培养提供丰富的产业合作资源。三是具有相对稳定的高水平教学团队，企业兼职教师人员数量及质量满足教学要求。同时，学校已经初步形成理念先进、结构合理的专科—本科—研究生在职教育与培训组织体系，政策及资金扶持到位。

现代产业学院建设过程中应注意的问题是，必须注重在职学历教育与在职培训的教学管理工作，推进远程实践教学改革；充分调动社会力量办学积极性，强化"政产学研用"体系化设计，实现共建共管共享，推动学院稳定发展。

专家点评：西安邮电大学率先探索省部共建下的地方高校二级学院产教融合创新机制，现代邮政学院2021年被评为陕西省首批示范性产业学院。现代邮政学院紧密对接邮政物流产业链，积极探索产业学院产教融合协同育人模式，推进育人主体、育人资源、育人过程、育人环境等方面的协同创新，构建产教融合协同育人机制，培养邮政物流高素质应用型人才，打造新型产、学、教、研融合发展平台，取得显著成效。其做法和经验对于高校，特别是地方行业高校及职业院校推进现代产业学院建设，探索产教融合协同育人模式，具有示范作用和推广价值。

"院园合一"机制下基于工作室的跨境电商人才培养典型案例

梁忠环[1]　于振邦[1]　谭春波[1]　韩春磊[1]　杨　婷[2]

1. 青岛黄海学院　2. 山东网商科技集团有限公司

摘要：青岛黄海学院以跨境电商专业群建设为切入口，构建国际商学院+数字经济创新创业园"院园合一"校企协同育人机制，建立了上百家跨境电商工作室，全面开展工作室制人才培养，探索以链建群、以群建院、以院建园和以工作室为载体培养高素质跨境电商人才的有效路径，形成产教融合平台—综合模块化课程—工作室基层组织—项目驱动式教学的运行逻辑，辐射成效明显。

关键词：院园合一；工作室；跨境电商；人才培养

一、背景和问题

跨境电商的快速发展对于人才的需求量渐趋增大。调查显示，许多企业认为跨境电商相关专业应届毕业生岗位胜任力较差，专业人才稀缺制约行业发展。为解决产教融合落地不实问题，青岛黄海学院积极探索国际商学院+数字经济创新创业园"院园合一"校企协同育人机制，形成互融共生的校企合作共同体。为解决课程设置与企业真实岗位需求脱节问题，建立跨境电商工作室，增强了校企师资、课程和教学的实效性。为解决学生缺乏实训课程与平台实战历练问题，接续构建岗位技能性课程体系，促进了师生"做项目"和学产创"三业融合"。

二、内容与做法

（一）实施内容

青岛黄海学院探索实践可分为三个阶段。

1. 校企合作培养电商人才

2009年，青岛黄海学院与阿里巴巴集团合作共建阿里商学院，之后每年面向全校招收电商阿里特色班学生，进行专业集训和企业实训。2013年与山东网商科技集团有限公司共建孵化基地，引入24家本土电商企业，全面开展校企共育、课岗融替、工学交替的工作室制改革。

2. 建立"院园合一"机制

2014年，青岛黄海学院成立青岛西海岸大学生网上创业园，联合行业、企业共建国际电子商务学院，探索"院园合一"校企协同育人。搭建跨境电商校企合作平台，打造企业工坊—儒商学堂—创客空间孵化链条，辐射到专业教学和产业经营两端。实施学业+产业+创业"三业融合"育人战略，形成基于创新创业创客的实训式人才培养模式。

3. 深化工作室制人才培养

2018年，青岛黄海学院组建融合特色明显的国际商学院，建设跨境电商专业集群，并将西海岸大学生网上创业园升级为数字经济创新创业园，打造中小微企业生态圈。"院园合一"推进工作室制人才培养，强化了教学做合一的基层组织——跨境电商工作室。研发综合课程、开展实验实训和推行项目化教学，优化了模块化课程体系与人才培养方案。课岗融替完善了工学交替的教学管理、学分积累与替换制度，确保了育人公益性和高质量。

（二）主要做法

聚焦跨境电商产业发展和市场对人才的需求，构建学院+产业园"院园合一"机制，建成上百家跨境电商工作室，全面开展工作室制人才培养，如图1所示。

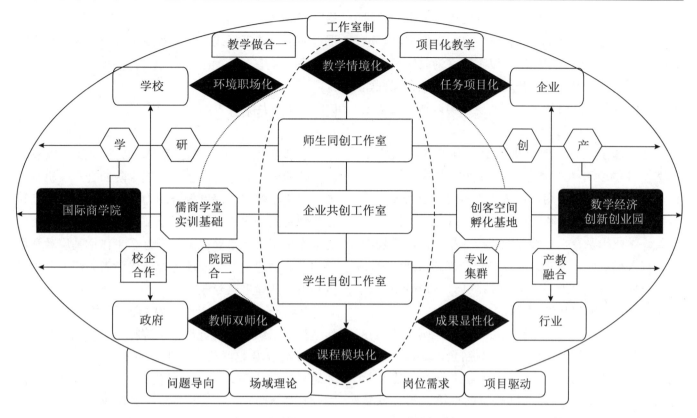

图1 "院园合一"机制下工作室制运行思路

坚持问题导向，针对跨境电商人才培养痛点、堵点问题，"院园合一"解决产教融合落地不实问题，"工作室制"解决课程设置与企业真实岗位需求脱节问题，"项目化"解决学生缺乏实训课程与平台实战历练问题，提升了专业教师实践指导能力，并使校企合作走向产教融合，形成校企命运共同体。

坚持以教育与生产劳动、社会实践相结合理论为指导，遵循场域理论和体验式学习理论，依据三螺旋理论推进校政行企协同育人，打造学生学习成长平台。

坚持需求导向，聚焦产业发展、市场需求弥补跨境电商人才缺口。从资源逻辑向需求逻辑转变，把企业和学生需求作为实践改革的原动力，将主流工作岗位需求作为人才培养的逻辑起点，分别对跨境电商企业、工作室内学生、从事行业校友和专业一线教师等群体进行调研，有针对性地开展工作制人才培养实践。

三、运行模式

"院园合一"机制下工作室制运行思路如图2所示。

（1）探索"以地方产业链建应用型专业群""以专业群建二级学院""以二级学院建产业园""二级学院+产业园'院园合一'"的基本规律和路径，构建产业链+专业群+国际商学院+数字经济创新创业园的链式关系和联动对接机制。

（2）聚合校政行企联动力量，融汇产学研创训综合要素，"亦校亦企"搭建二级学院+产业园"院园合一"产教融合平台，拓展学产创场域空间，克服专业产业信息不对称和人才培养滞后现象，并注重项目化驱动和体验式学习，以企业项目运转畅通课程流、人才流和效益流，形成校企命运共同体。

（3）遵循人才成长规律，构建工作室制人才培养体系。突出地方性，适应地方产业发展；突出应用型，多主体协同建设"院园合一"育人平台和工作室载体；突出体验式，通过工作室常态化开展项目式教学，促进学生自主学习，提升体验认知；突出国际化，满足"外语+"人才培养刚性需求，开放式推进标准制定、课程设置、师资建设和环境熏陶，拓展学生国际化视野。

（4）完善由产教融合平台到项目式、综合性课程，再到工作室基层组织教学运行的内涵逻辑。建设上百家师生同创、企生共创和学生自创工作室，打造高质量人才培育的基层组织；以工作室为载体，引入企业真实项目，促使校企开展项目导向的综合课程建设；工作室在团队引领下，可实现从实训到实战全过程提升的"可视化"。

（5）基于工作室制开展项目驱动教学。发挥工作室产教融合育人基本单元、教育教学基层组织和企业项目实践载体作用，打造"小而美"的人才培养"超级细胞"和责权利统一的"蚂蚁军团"，使学生任务、学业相融合，教师专业、产业相衔接，学校项目、育人相贯通，夯实"三业融合"校企共同体，凸显工作室制环境职场化、教学情景化、内容项目化、导师双师化、成果显性化等综合特征。

（6）深化贴合二级学院实际的工作室制人才培养动力机制。强化管理制度，集中优势资源支持二级学院推进产教深度融合，并建设专业工作室。建立学分认定与转换制度，以激励政策助推第一第二课堂相融通、专创融合教育相衔接，形成工作成效与课程成绩科学转换机制，完善教师激励机制。理论课程采用集中授课方式，确保学生在工作室集中训练。

将项目纳入人才培养方案，采取一项一课、一项多课、多项一课等形式，缓解实践项目与理论课程之间的冲突。

四、成效与推广

逐步探索出一条以链建群、以群建院、以院建园、院园合一的建设路径，基于"院园合一"机制完善了二级学院产教深度融合动力机制。与山东网商科技集团有限公司协同构建了全要素、深融合、强辐射的工作室制人才培养体系，推进了工作室基层教学组织和专业群建设，电子商务专业成为省一流专业建设点和市校共建重点专业。

"院园合一"机制使产教融合有了机制保障，工作室基层组织使校企合作有了落脚点，跨境电商赋予了产教融合专业群载体，工作室制项目化教学使人才培养有了实践载体和项目化路径。"院园合一"机制使校内8100余名师生获益，辐射成立216个工作室，开发跨境电商在内的13个"微专业"。其经验已在山东交通学院、青岛城市学院等省内41所院校推广。

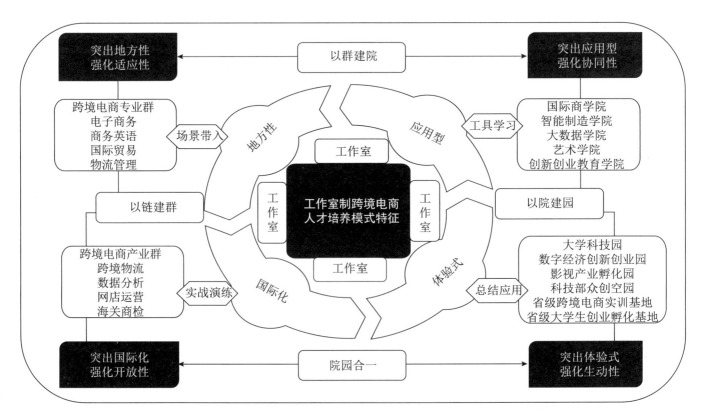

图2 "院园合一"机制下工作室制跨境电商人才培养模式

专家点评：青岛黄海学院以跨境电商专业群建设为切入口，构建国际商学院＋数字经济创新创业园"院园合一"校企协同育人机制，探索以链建群、以群建院、以院建园和以工作室为载体培养高素质跨境电商人才的有效路径，形成产教融合平台—综合模块化课程—工作室基层组织—项目驱动式教学的运行逻辑，其做法和经验有借鉴与推广应用价值。发挥工作室产教融合育人基本单元、教育教学基层组织和企业项目实践载体作用，夯实"三业融合"校企共同体，通过工作室常态化开展项目式教学，探索工作室制人才培养模式取得显著成效，为解决职业院校工作室建设与运行中的问题提供了启示。

探索校企产学研深度融合,助推高质量发展

王明星　王飞虎　董玲琳　刘　琦　陈湘艳

山东大学深圳研究院

摘要：山东大学深圳研究院与比亚迪集团在人才培养、人才输送、科学研究和社会服务等方面探索校企合作取得显著成效。山东大学深圳研究院为比亚迪集团量身定制了机械工程等在职研究生专业,为比亚迪集团校园招聘等业务开辟了绿色通道。双方以共享实验仪器设备为突破,共同申报重大项目为抓手,联合技术攻关,共建校企合作平台。双方的合作助力了企业高质量发展,推进了研究院转型升级。

关键词：产教融合；人才合作；科学研究；高质量发展

一、合作背景与关键问题

为贯彻落实教育部《关于深化产教融合的若干意见》和《山东大学推动产教融合、构建院企合作社会服务体系行动计划》,山东大学深圳研究院（以下简称"研究院"）以服务企业创新驱动发展为宗旨,与比亚迪集团（以下简称"比亚迪"）在人才培养、人才输送、科学研究和社会服务等多方面展开合作,助力企业高质量发展,推进研究院转型发展。

比亚迪是一个致力于"用技术创新,满足人们对美好生活的向往"的高新技术企业。比亚迪在深圳地区现有管理人员3万余名,对学历和素质提升有着非常迫切的需求。企业高速发展,人才竞争十分激烈,高端人才的培养和引进是比亚迪面临的一个难题。同时,比亚迪奉行"技术为王,创新为本"的发展理念,如何更好地与高校开展科技创新合作,促进企业的技术创新,也是其亟待解决的重要课题。

二、主要做法

（一）人才合作——打造特色,彰显品牌,人才合作工作探索出一条可持续发展之路

研究院深入调研,挖掘需求,通过定制化的在职研究生教育打造特色教育品牌,培养高端人才；通过非学历教育搭建合作平台,服务企业和地方；通过推动校园招聘、实习实践为企业输送优秀人才,如图1所示。

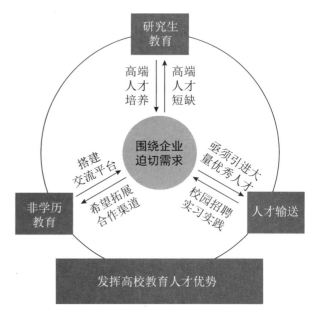

图1　校企人才合作机制

1. 研究生教育

2019年以来,研究院多次前往比亚迪调研其对高端人才培养的需求。同时,研究院深入山东大学各校区学院进行调研交流,将深圳市紧迫的高端人才需求和山东大学优质的学科师资进行对接。根据比亚迪管理人员和专业技术人员对学历和综合素质提升的需求,研究院将山东大学的多个优势学科专业引入比亚迪,包括中国哲学、社会学、金融学、投资经济学、软件工程、机械工程（车辆工程）、设计学（工业设计）等。其中,软件工程、机械工程和设计学三个专业是根据比亚迪发展规划需求量身定制而成。2022

年年底，根据比亚迪新能源电池技术创新的需求，又为其定制了化学在职研究生专业。

在日常教学管理过程中，研究院通过为学员提供定制化的贴心服务，确保学员顺利完成学业。一是送课上门。考虑到比亚迪所在坪山区较为偏僻的实际情况，将上课地点设在厂区内，节省了学员的交通和时间成本。二是根据需求定制课程。例如，在机械工程专业的培养过程中，了解到比亚迪对智能驾驶相关课程需求迫切，及时调整培养计划，为学员增加了相关课程。三是奖学金激励。为提升企业员工学习积极性，研究院与比亚迪人力资源部门合作，共同为比亚迪员工设立了奖学金。四是日常全程督学。为不同专业学员精心准备统考辅导课程和学习资料，助力每位学员通过全国统考。此外，研究院还为学员组织多种形式的活动，注重培养学员的综合素质。

2. 非学历教育

研究院充分发挥自身的区位和平台优势，积极推动鲁深交流合作。2019年以来，研究院多次组织山东省党政干部、企业家前往比亚迪进行参观交流，促进双方的洽谈合作。2021年，双方共建"山东大学-比亚迪现场教学基地"。现场教学基地的设立，一方面满足了山东省党政干部、企业家学习新理念，开展行业交流合作的需要，另一方面满足了比亚迪进行品牌、产品推广宣传，与山东地方政府和企业家交流合作的需求。2021年4月，由山东省委组织部主办，研究院承办的山东省优秀中青年民营企业家培训班在比亚迪举办，进一步推动了山东省与比亚迪之间的沟通合作，促成比亚迪在山东的产业落地。

3. 人才输送

2020年年底，针对比亚迪校园人才招聘的迫切需求，研究院积极和山东大学相关部门对接为其开辟绿色人才通道。比亚迪团队先后多次前往山东大学开展校园招聘。山东大学各部门学院紧密配合，将大批优秀毕业生输送到企业，赢得学校、企业和学生三方的高度认可。

（二）科学研究——集聚资源，开拓创新，科技合作与成果转化工作探索出一条创新发展之路。

研究院与比亚迪开展校企合作，联合申报课题，在实施科技成果转化的过程中探索出4条路径，如图2所示。

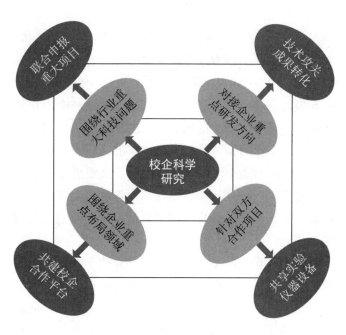

图 2　校企科学研究系统示意图

1. 联合申报重大科技项目

双方建立重大科技项目的长期稳定支持机制，围绕行业重大基础性、战略性、关键性、颠覆性科技问题，加强资源整合和协同创新，开展重大项目长期持续攻关。在此基础上双方可联合申报国家和省市重大科技项目、科技攻关及重点课题。

2. 技术攻关成果转化

山东大学积极对接服务比亚迪新能源电池、电控、电机等相关配套的重难点研发方向，强化在半导体、新能源、新材料等产业链上的联合攻关，并优先在比亚迪及其关联企业进行转化应用。

3. 共享实验仪器设备

针对双方的技术合作，在尊重双方保密原则的前提下，互相开放有关实验室、研究室（所）与技术中心、生产线，共享实验仪器等优质资源，为生产研发和人才培养提供便利。

4. 共建校企合作平台

双方探讨共建联合实验室、研发中心、研究院等运行实体，打造了一批科研机构和科研平台联合体。在此基础上，双方可联合申报工程技术研究中心等国家级、省部级重点科技创新平台。围绕比亚迪重点发展领域布局，推动比亚迪及所属单位与山东大学实现紧密合作，鼓励科研人员加强关键技术攻关，坚持目标导向和需求牵引，开展科技资源精准对接。

三、成果成效

2021年以来，研究院累计为比亚迪培养在职研究生300余人。所有学生均来自研发和管理岗位，其中研发岗位占59%，管理岗位占41%，有力推动了企业发展，部分优秀学员还担任了比亚迪与中国科学院深圳先进技术研究院联合建立的博士后工作站的企业导师。截至目前，在比亚迪工作的山东大学校友达600余人，为比亚迪事业发展做出了重要贡献。通过组织比亚迪研究生班前往校友企业深圳市越疆科技有限公司实践教学，促成了越疆科技与比亚迪的深度战略合作。

此外，研究院多次组织山东省党政干部、企业家前往比亚迪进行参观交流。由研究院承办的山东省优秀中青年民营企业家培训班在比亚迪总部举行，促进了山东企业家与比亚迪的合作。2021年以来，比亚迪在山东大学所在地的济南市布局了电池、芯片生产基地以及汽车整车生产基地。2022年，山东大学牵头、比亚迪参与申报的科技部重点研发计划产业化滚动支持项目《大功率动力电池智能精密测试仪器研制与产业化应用》成功立项。

四、经验总结

山东大学与比亚迪的合作源于"志同道合"，双方有着共同的强国使命。在人才培养方面，研究院深入了解企业员工自我提升需求，从实际出发，根据需求引进专业、定制课程，最大限度地满足企业内部人才培养的需要，促进企业高质量发展。在人才输送方面，研究院作为企业与学校之间的桥梁，为企业校园招聘、实习实践开辟绿色通道。在社会服务方面，研究院为山东政企和比亚迪搭建了合作交流平台。在科学研究方面，双方紧紧围绕学校雄厚的人才储备和科研资源开展合作，以共享自研高端科研仪器设备为突破，共同申报重大项目为抓手，利用学科与市场充分交叉互补的优势，开展科技资源的精准对接。科研合作中，技术专家在一些跨专业的细分领域很难做到面面俱到，从而造成技术壁垒，影响研发进度。因此，在与企业合作时要加强与其他高校、科研院所的交流合作，通过强强联合、优势互补，解决"卡脖子"技术的关键难题。

五、推广应用

在人才培养方面，研究院与粤港澳地区有类似需求的企业就研究生培养、非学历教育和实习实践等项目展开一系列合作。

在科学研究方面，校企双方围绕各自科研和产业优势广泛合作，开展重大仪器设备共享，联合技术攻关，联合申报重大科技项目，以学科促产业、以产业带学科，优势互补，协同发展。

在社会服务方面，发挥研究院的区位优势，找准服务鲁深的功能定位，推动山东省及各地市与深圳市知名企业的交流与合作。

研究院已先后与中广核集团、富士康科技集团、中兴通讯、震有科技等企业签订战略合作协议，展开校企合作。

专家点评：山东大学深圳研究院和比亚迪集团的校企合作，对加强高校与企业产学研的深度融合，推动校企合作的高质量发展进行了有益的探索，取得了积极的成效。对高校研究院来说，打造了人才合作的特色，彰显了教育品牌，提高了技术攻关、成果转化和产业化水平，形成了一套可推广的校企合作模式。对企业来说，满足了高端人才培养和引进的迫切需求，加快了技术创新的步伐，推动了创新链、产业链、人才链的融合，助力企业高质量发展。其经验做法对于深化产教融合、促进高校与企业合作的高质量发展，具有推广价值和示范效应。

行业企业篇

运用绩效改进技术打造职业培训价值向企业业务绩效转化的"桥"与"船"

刘俊英[1]　邹戈胤[1]　周晓新[1]

1. 石家庄邮电职业技术学院　2. 中国邮政集团有限公司

摘要：中国邮政集团有限公司与石家庄邮电职业技术学院创新产教融合模式，在职业培训中引入绩效改进理念工具，成功实施绩效改进实践项目，助力试点企业业务绩效显著增长，实现培训价值向业务绩效的高效转化，搭建了校企优势互补、协同共进之"桥"，打造了培训价值转化为业务绩效之"船"。

关键词：产教融合；职业培训；绩效改进；训战结合

一、实施背景

《国家职业教育改革实施方案》提出，要落实职业院校实施学历教育与培训并举的法定职责，高质量开展职业培训，提升服务经济社会发展和产业升级的能力。当前，在服务行业企业开展培训的过程中，普遍困扰职业院校的问题是：未能将企业生产经营中的痛点问题、难点问题作为培训需求的重要依据；仅突出教学过程，对培训转化和结果产出关注较少；培训在提升企业绩效方面的效能较低。能否妥善解决这些问题，是校企能否合作开展高质量、高水平的职业培训的核心、关键。

面对行业竞争带来的新挑战，中国邮政集团有限公司（以下简称"邮政集团"）提出要运用正确的方法论指导实践，开展对标、立标、达标工作，夯基础、补短板、强弱项、建优势。作为邮政集团的培训基地，石家庄邮电职业技术学院（以下简称"石邮学院"）紧密对接企业需求，致力于让培训在促进企业绩效提升中彰显价值，持续打造校企命运共同体。

二、主要做法

绩效改进核心理念：基于企业客观的业务结果和流程效率，找到问题点或机会点，用系统的工具，找到对症干预方案，在不增加资源投入的情况下，降低管理者和员工的行为代价，提升业务结果和流程效率。

（一）坚持训战结合，精心策划并精益组织实施

（1）整体设计项目方案。基于绩效改进理论内在流程步骤，定制化设计"探索差距—锚定痛点—分析原因—制定举措—落地实施—复盘优化"等包含6个流程步骤的项目总体方案，如图1所示。

（2）合理制定推进方案。坚持训战一体化，基于总体方案设计，综合考虑培训教学安排，制定"2+3+6"项目推进方案，即将推进方案划分为"在校学习"与"在岗应用"2大阶段；设置训前导入（项目宣传、团队组建等）、训中赋能（在工作坊集中工作、探索差距、方案设计等）、训后应用复盘（实践应用、总结复盘等）3个环节；项目总体时长为6个月，如表1所示。

（3）搭建团队，选好试点。面向邮政寄递、金融地市级领导干部培训班，采用宣讲动员+自愿报名+资格遴选的形式，确定28名学员为项目成员，组建5个项目组。以有业务短板且亟待突破的企业单位为试点，吸纳集团总部业务条线专家深度参与，课题方向直击集团战略重点和一线业务发展痛难点。

（4）精心策划培训教学与专家辅导。在项目筹备期，选派3名骨干教师参加绩效改进师资认证，为后续开展项目咨询与指导奠定了基础。在项目实施期，引进国内知名咨询公司提供智力支撑，策划训前专业书籍自学、面授工作坊赋能、线上集中辅导等3个

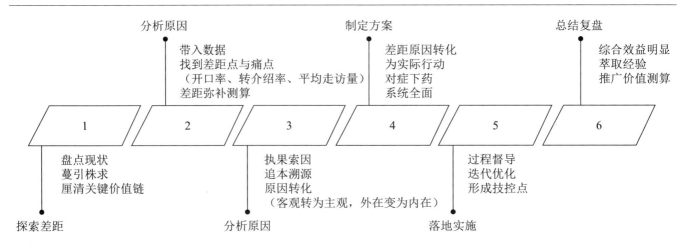

图 1 项目总体方案

表 1 绩效改进实践项目推进计划

项目前期 (2周)	第一阶段 (2天) 集中授课	间隔 (2周)	第二阶段 (0.5天) 线上辅导	间隔 (2周)	第二阶段-2 (2天) 集中辅导	间隔 (1.5个月)	第三阶段 (1天) 线上辅导	间隔 (15个月)	第四阶段 (1.5天) 复盘总结
1.项目宣传 2.选题、分组 3.《缩小差距》电子书阅读&读后感	集中授课《绩效改进》工作坊	各课题组完成"探索"差距作业	线上辅导：每个课题"探索差距"模块作业	各课题组完成《绩效改进实践方案》PPT初稿	线下辅导：每个课题《绩效改进实践方案》	学员依据方案，在各自的工作领域进行阶段实施	线上辅导：阶段实施辅导	学员结合辅导内容进行阶段实施	1.线下辅导1天；总结复盘 2.成果汇报0.5天
	绩效改进专家内部顾问		内部顾问专业顾问		内部顾问专业顾问		内部顾问专业顾问		内部顾问专业顾问
5月上	5月下旬	5月下—6月中	6月中	6月下	7月上	7月中—8月底	8月下旬	9月上—10月底	11月中
在校学习期间						在工作岗位期间			

环节，完成理念导入、工具演练、课题确定、差距分析、制定方案等工作。

（5）策划"实时辅导"与"组内互助"赋能。除集中授课外，绩效改进专家、业务专家和石邮学院绩效顾问共同组成教练组，运用引导技术、教练技术，通过在线辅导、答疑，解决学员在项目设计与实施阶段遇到的卡堵点与疑难点问题。项目组充分结合自身专业优势，利用社群，及时组织研究探讨，在代入数据查找痛点、干预措施开发、技控点设计等环节中，结合自身优势，与试点单位通力合作。

（二）坚持问题导向，找准痛点，明确改进方向

（1）精准锚定业务痛点。各项目组紧密围绕邮政集团发展战略，将研究方向聚焦在地市级邮政企业金融、寄递业务中存在的重难点问题上，向上分析省级邮政企业发展重点，横向对标地市兄弟企业经营数据，锁定试点单位业务发展的重点项、短板项和机会点，结合地方市场环境，从重要性、可衡量性、可控性、挑战性、实效性等维度论证查找绩效问题，将研究重点精准确定在标快揽收、信用卡客户激活、VIP客户产品叠加等方面。

（2）逐层厘清业务现状。着眼于关键价值链，逐级、反复拆解，梳理业务流程与员工行为，找到撬动业绩提升的关键影响因素。

（3）代入数据反复核验。通过完成访谈、跟班作业、统计分析等调研工作，全面收集各环节生产数据，带入关键价值链，反复核验，确保所确定的痛点与生产实际一致。

（三）坚持立标、对标、达标，剖析原因，形成落地方案

坚持从立标中找参照，从对标中找差距，从达标中定举措。

（1）立标、对标，锁定差距。项目组分别对标邮政企业内部平均水平、行业绩优水平、跨行业卓越水平，精准锁定绩效差距，明确项目要实现的"一般—绩优—卓越"三个阶段性目标。如信用卡存量客户激活课题，数据显示，2019年一季度，试点单位激活率为30%，低于全省45%的平均水平，经过调研，项目组最终将目标确定为"激活率提高20%"。

（2）深挖根因，制定方案。基于行为工程模型（BEM），探究问题根因，有针对性地制定改进方案。如标快现费揽收课题，针对投递开口率低、代办点宣传率低、日均走放量低等问题，找出13个差距原因，制定20项干预措施。

（四）坚持实践应用，多方联动，确保项目实效

按照"项目制"管理模式推动实施。

（1）领导亲自着力推动。试点单位负责人返岗后，多次组织会议，宣导绩效改进理念，牵头成立工作专班，整合各类资源，以推动实施。

（2）目标管理迭代推动。逐一分解各类干预措施，将各项任务"责任到人、明确到时、细化到事"，通过使用每日上报、每周小结、每月复盘的动态数据看板，确保项目按时、保质完成。

（3）多方联合一体推动。项目实践过程中，石邮学院绩效改进顾问与外部专家全程、全面融入，并实时跟进辅导。

（4）创新技控措施。项目组开发诸多简单易用的轻便技控工具。

三、模式提炼与创新

（一）模式提炼

从理念、技术、运营、组织、机制5个层面，形成了"12345"绩效改进实践项目实践模式，如图2所示。

1个理念引领：践行"跟踪战略、主动协同、洞察需求、专业支持、绩效改善"的HRBP业务合作伙伴理念。

2（双）向技术支撑：将绩效改进技术与战略解码技术、目标管理工具等紧密结合。

3大环节运营：坚持"训战结合、知行合一"，

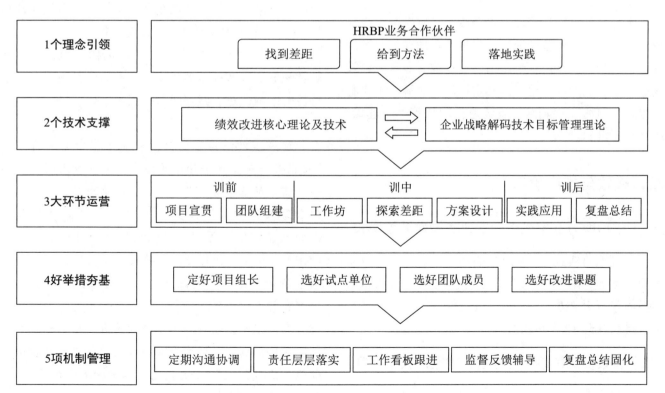

图2 绩效改进实践项目"12345"实施模式

训前导入、训中赋能、训后实践3大环节无缝衔接。

4 "好"举措夯基：定好组长、选好试点、选好团队、设好课题，夯实项目基础。任命学习动机与创新意愿强的学员担任组长；选择业务有短板、亟待突破的企业单位作为试点；吸纳业务条线专家参与；确保课题方向直击一线业务发展痛难点。

5 项机制保障："项目制"管理，建立定期沟通协调、责任层层落实、工作看板跟进、监督反馈辅导、复盘总结固化等机制。

（二）创新点

1. 理念层面

践行 HRBP 业务合作伙伴理念，将培训的发力点与业务发展的痛难点有效焊接，实现培训从"关注学"向"关注做"转变，从"单纯传导知识经验"向"提供一体化解决方案"转变，让培训工作在解决业务发展问题、促进绩效提升中彰显价值。

2. 方法层面

坚持实践创新，按照"探索差距—锚定痛点—分析原因—制定举措—落地实施—复盘优化"的流程科学组织，是一次用培训搭建平台、用现代管理理念指导实践、训战结合的绩效改进实践。

3. 机制层面

实行"项目制"管理。整合校企优质资源，成立校企领导小组；筹备期选派业务骨干参加绩效改进师资认证，赋人先赋己；组建由学员、业务专家、绩效改进专家组成的项目组；建立定期沟通协调、工作看板跟进、监督反馈辅导、复盘总结固化等"递进式"运行管理机制。

四、成效与推广价值

（一）成功助力5家试点企业业务绩效显著增长

通过项目实践，5家地市级邮政企业试点单位短板业务绩效大幅提升。例如，试点单位标快现费日人均揽收量提升幅度达410%，试点单位信用卡激活率全省排名跃升12个位次等。

（二）有效促进邮政企业经营管理效能大幅提升

项目实践有效推动试点企业经营管理创新。

（1）绩效改进理念融入企业经营管理。"技控先于人控"等理念被管理者接受，形成了积极的绩效改进管理文化。

（2）创新20余项技控措施。各试点单位创新研发了"话术桌垫"等技控工具，有效提升了服务效率和用户满意度。

（3）打造了积极的企业组织氛围与团队文化。试点单位员工从等客上门到主动营销、从遇到问题先抱怨到主动创新找方法，工作积极性显著提高。

（三）项目实践荣获国际大奖，持续推广效果显著

（1）项目实践得到国际权威机构认可。2个试点项目获国际绩效改进协会（ISPI）颁发的"卓越奖—杰出人类绩效干预奖"。

（2）项目成效获得行业企业认可。项目荣获通信行业企业管理现代化创新成果奖、全国邮政企业管理现代化创新成果奖，并得到了《中国邮政报》头版头条深度报道。

（3）项目典型经验得到有效推广。石邮学院在第九届绩效改进论坛中，作了"利用绩效改进技术助力中国邮政战略落地"专题分享；2020—2021年，面向陕西、新疆等省级邮政企业，实施绩效改进实践项目，20余个子课题全部达成既定目标。

（4）项目延伸成立专门研究机构。2021年，石邮学院成立邮政绩效改进中心，致力于打造具有邮政特色的绩效改进实践与研究模式。

专家点评：该案例针对职业培训中普遍存在的"未能将企业生产经营中的痛点问题、难点问题作为培训需求的重要依据""仅突出教学过程，对培训转化和结果产出关注较少""培训在提升企业绩效方面的效能较低"等问题，依托校企合作平台，坚持HRBP业务合作伙伴理念，将绩效改进理念工具与培训紧密融合，从"关注学"向"关注做"转变，让培训在解决业务发展问题、促进绩效提升中彰显了价值。案例显示，校企合作"绩效改进"培训模式在推进职业培训创新、助力企业绩效提升、提升产教融合效能、提升院校服务发展能力水平等方面形成经验，具有一定的推广价值。

以小微企业群为主导的产教融合新形态

王 锐　李江涛　牛丹荣　杨云才　王喜花

甘肃富通电梯工程有限公司

摘要：我国电梯行业在西北地区具有区域分布广、市场总量小、行业基础差、缺乏龙头企业、产业链不完整、技术水平落后、技能人员匮乏、监管难度大等典型的地域业态，尤其是电梯职业教育起步更晚，与东部发达地区的差距很大。因此，在个别小微企业牵头下，聚集和组建区域性行业小微企业群，结合地域环境和行业需求，通过院校、学生、企业和政府多方协作，以多种灵活方式共同开展电梯工程技术专业建设，摸索出了一套适合西北特色的电梯职教方法，积极探索具有西部特色的产教融合发展新业态，逐步实现校行政企生之共赢生态。

关键词：西北地区；电梯行业小微企业；产教融合

一、区域背景与关键问题

我国电梯行业连续10年总产量和保有量稳居世界首位。截至2020年年底，占全国陆地面积31.7%的西北地区，全部在用电梯约46.34万台，仅占全国总量的5.87%。

西北地区电梯行业面临的共性问题有：无上市企业、无龙头企业，行业内部恶性竞争，导致从业人员待遇不高、幸福指数低，没有职业荣誉感，行业流失率高。需要具有行业情怀和工匠精神的人引领，打破行业低价恶性竞争—企业利润不高—从业人员意见大—流失率高—行业专业人员更少—企业为降低成本更低价竞争的死循环僵局。因此，为电梯行业培养高素质、高技能的职业技术人才是必要的，产教融合无疑是一条切实可行的路径。

二、主要内容与做法

（一）建小微企业群

甘肃富通电梯工程有限公司（以下简称富通电梯）联合兰州富川机电设备有限公司、甘肃博程技术咨询服务有限公司、宁夏福埃沃楼宇设备有限公司等西北及其他地区的40余家地方企业组建小微企业群，"有钱出钱、有力出力"，充分发挥各自的优势。

（二）牵头单位主导

围绕校企专业建设与学生高质量就业的重点，富通电梯已累计投入300余万元用于电梯专业培训基地建设和补贴企业驻校讲师。从最初传统的"师带徒"形式，逐步转向"订单班"、尝试现代学徒制试点、行业从业人员扩招班等多种灵活形式。

（三）院校积极筹建

甘肃交通职业技术学院（以下简称甘交院）通过充分的市场调研和审慎研究，采用"引企入校"方式，与富通电梯携手开办西北第一个电梯工程技术专业。

（四）政府沟通协调

在当地政府主管部门有力支持下，通过承办行业论坛、专业讲座、技能竞赛和作业人员考试，举办技能提升培训等活动，不断扩大电梯专业在该区域的知名度和影响力，为院校招生宣传和企业招聘良好发挥了政府协调作用。

（五）实施三教改革

富通电梯在西北地区首家引入电梯VR虚拟实训教学设备，选派具有教学能力的相关专业技术人员、经营管理人员参加学徒培养，承担专业课程教学任务，指导岗位实践教学，与教师共同开展教学研究。将电梯行业的标准法规、监管要求，以及新技术、新工艺、新材料同步纳入教学标准和教学内容，融入行业各类文件和资料，创新开发活页式和工作手册式教材。

（六）现场实景教学

按照电梯安装、修理、维护保养等现场作业流程实施模块式教学，根据产业链中的岗位，以"角色扮演"和"实景化"模拟行业运营流程、多岗位角色扮演等，让学生在学校就与行业实现零距离接触，初步掌握行业的基本工作流程，在离校前就具备一定的实际操作能力，为毕业后尽快适应工作环境打下扎实的专业基础。

（七）主动引导学生

结合个人兴趣爱好开展定制化培养，优先按照本人意愿岗位和工作地推荐就业，协助做好职业生涯规划。指导学生在校期间考取作业证书，积极参与"1+X"证书试点。

（八）联动多方组织

联系和动员部分省市自治区乃至县级行业协会、商会开展合作。包含电梯整机和配件制造、工程施工、产品营销、物业管理、物联科技、保险机构、检验和检测机构在内的全产业链关联单位，共建校外实训基地，提供大量就业岗位。

（九）协助终身学习

通过企业技能人才职业技能等级自主认定，或由第三方评价机构，面向不同工作年限的毕业生，对其专项职业能力进行评价考核，将评价结果与人才使用、待遇挂钩。营造人人学技术、年年提技能的良好氛围，把"要我学"转变为"我要学"，从而打破成长的"天花板"，协助其养成终身学习的意识和能力。

三、经验总结与模式探索

以小微企业组团的方式推动产教融合建设，改变了以往职业院校只与"头部""龙头"等大中型企业合作的传统观念，对市场小众行业和偏远落后地区开展产教融合工作具有现实意义。

（一）转变观念、敢于创新

院校要敢于创新，做好学生的动员工作，对行业情况如实分析，听取行业内企业意见，增强专业建设信心、加大专业建设投入、培养师资力量、打造区域性精品专业。

（二）企业主导、院校支持

小微企业作为国家经济的"毛细血管"和"神经末梢"，对行业的变化非常敏感，更加注重从业人员的实用性和稳定性。由企业主导编制专业人才培养方案和实训教学计划，并承担部分专业课程的现场教学活动，除基础课和公共课外，采用场景模拟、理实一体化教学方式，合理调整实训课时，对学生需要掌握的理论知识要点和实践技能要求更具针对性。

（三）优势互补、抱团取暖

作为小微企业，要充分发挥每家企业和个人的不同优势，集中力量办大事、办好事。带头人必须具有高度的行业情怀和责任心，能够团结具有共同理念的企业参与。

（四）立足行业、扎根区域

以本地企业为基础、地区业务为依托，企业提供校内和校外实训条件，使电梯专业学生入学就上岗，毕业即就业，彻底打消家长和学生对专业和行业的顾虑。

四、成效评价

西北地区的电梯专业建设，经过十余年的发展，实现了从无到有、从小到大、从粗放到精细的转变，初步探索出了一套具有地域特色的实施方案，具体成效体现在以下六个方面。

（一）开创产教融合发展新局面

2020年，在教育部与甘肃省人民政府共同整省推进职业教育发展、打造"技能甘肃"的政策支持下，经甘肃省教育厅和发改委等6部门的审核认定，富通电梯成为甘肃省首批认可的40家产教融合型企业之一。

2021年,在甘肃省教育厅的支持下,联合省内外30余家中高职院校、电梯检验检测机构、电梯制造和工程企业,共同成立了甘肃省电梯职业教育集团,得到了全国电梯行业和职教系统的广泛关注。

(二)扩大了专业招生规模

专业招生规模从2013级的7人到2021级的105人,第一志愿填报率、录取率、报到率、分数线均稳中有进,稳居全省同类院校前列,呈现出电梯专业的"招生旺、就业好"良性发展态势,见图1(就业人数中不含专升本学生)。

(三)强化培训专业素养

按照《教育部办公厅等五部门关于实施职业教育现场工程师专项培养计划的通知》精神,针对小微企业一岗多职、一岗多能的特点,通过岗位实习和培养,使学生能够接触到更加广泛的工作,获取更多的经验,掌握不同的技能,如图2所示。

(四)不断提高就业质量

目前部分在职的往届毕业生,已经成为企业的技术骨干、中层管理人员。用人单位满意度不断提高,

电梯专业历年招生和就业情况

	2013	2014	2015	2016	2017	2018	2019	2020	2021
招生	7	25	43	36	38	45	91	48	105
就业	7	24	38	30	40	43	74		

图 1 电梯专业招生数量逐年提升

销售类	工程类	技术类	运营类	职能类
● 商务助理	● 机械工程师	● 维保工程师	● 品质工程师	● 行政
● 销售代表	● 电气工程师	● 调试工程师	● 售后服务工程师	● 人力资源
● 大客户经理	● 售前支持工程师	● 修理工程师	● 采购工程师	● 财务
● 销售总监	● 工艺工程师	● 改造工程师	● 工业工程师	● 市场
● 办事处主任	● 质量工程师	● 质量工程师	● 生产工程师	● 仓储物流
● 分公司总经理	● 工程经理	● 算法工程师	● 安全工程师	● 税务
● 区域总经理	● 项目管理工程师	● 工业设计工程师	● 质量安全总监	● 法务
……	……	……	……	……

图 2 电梯企业典型工作岗位

行业流失率不断降低，个人薪资待遇逐年增加。部分毕业生还带动身边亲友填报电梯专业，立足家乡初始创业，带动小区域的电梯行业繁荣发展。

（五）拓展社会参与程度

从最初的3家到现在的40余家小微企业，工作区域从甘肃省到西北五省区，还延伸到北京、天津、江苏、浙江、广东、福建、山东、河南、河北等省市。行业整体反映良好，对"六稳六保"工作具有现实意义。

（六）提升专业教学水平

电梯专业的教学能力得到提高和加强。目前拥有多名专职教师、10余间专业实训室（车间）、百余套（台）实训设备，并且与富通电梯共同成立了智能电梯装调技艺技能传承创新工作室，组建了二级机电工程学院。

五、推广领域和价值

西北电梯行业缺乏制造业，后市场业务占比极大，适用推广于整体市场容量较小，分布范围广，小微企业数量占行业总量的70%以上，用工量占80%以上的行业，如现代服务业、养老服务、现代农业等领域。

同时，还可以应用到正在积极变革、工作业态也在同步变化的行业中。从传统工作方式向更加科学方向转变，使专业学生能够"学中做、做中学"，把在学校学到的专业知识，结合行业的工作特点，应用到岗位工作中，真正做到"工学结合、知行合一"。

需要关注的是，小微企业的盈利能力和资金实力有限，无法采用一次性大量投资的"短平快"建设方式，所以只能"稳步走"和"分步走"，在前进中分阶段发展和完善。

同时，通过职教集团实体化运作，向提供学生双创平台、在职学历提升机会、拓展职业发展渠道、打造个人成长提升空间等，进一步提高就业质量，提升专业影响力。

专家点评：该案例聚焦西北地区电梯行业小微企业的生存发展的人才及相关问题，结合地域环境和行业需求，以产教融合为契机，由电梯行业小微企业群牵头，整合职业院校、学生和政府多方资源，探索实践电梯工程技术专业建设新途径，总结出了一套培育适合长期扎根西北区域电梯行业小微企业的职业技能型人才模式，打造了一个"以学生成长为中心"的校行政企共赢生态。案例显示，地方民营小微企业也可以在产教融合培育职业人才中发挥重要作用。企业牵头推动产教融合，关键在于企业负责人要有高度行业使命感、坚定的信心，还要能够长期坚持；职业院校也要顺应潮流，积极关切小微企业发展之痛痒，脚踏实地从身边做起。

银企共建两大育训实体，产教融合五项创新功能

李翎[1]　张东[2]　王惊奇[1]　晏力[1]　谈炜[1]

1. 建行研修中心华中研修院　2. 中南财经政法大学建行学院

摘要：中国建设银行与中南财经政法大学整合多方优势资源，合作成立建行研修中心华中研修院和中南财经政法大学建行学院两大育训实体，包括建设高标准的产教融合实训基地和金融教育示范基地，使银校产教融合落实在人才培养、实习实训、合作科研、"双师"建设、金融教育等五项功能上，实现了校企双方资源整合、优势互补，开创了校企协同发展新格局。

关键词：两大育训实体；五项创新功能；协同育人

一、实施背景

面临日益激烈的市场竞争和智能化转型的发展趋势，传统金融行业的人才需求结构发生巨大变化，亟须大量跨学科、应用型、复合型人才，这对高校培养金融人才提出了更高要求。高校需要将企业需求融入高校人才培养环节，不断充实和加强学生实务领域的教育，以满足应用型人才培养的要求。

中国建设银行（以下简称建行）与中南财经政法大学积极响应国家号召，于2018年7月23日，签订合作办学协议，旨在推动校企合作、共同育人的培养模式，促进产学研一体化。

二、主要做法

（一）校企合作机制

双方签约后，相继成立了建行研修中心华中研修院和中南财经政法大学建行学院，在中南财经政法大学首义校区打造了合作办学专用设施，合署办公，开展全面合作。

为了保障信息及时沟通，顺利开展各项合作，双方建立了有效的沟通决策机制。一是理事会沟通决策制度。双方联合成立理事会，理事由双方领导担任，每学期召开一次理事会，由双方轮流主办，主要决策双方合作的重大事项；二是会议纪要双签制度。理事会会议纪要经联席理事长签字后，发送至每位理事及双方合作相关部门，保障合作事项能够顺利推进；三是联席院务会制度。双方按需适时召开院务会，原则上每月召开一次，主要用于研究落实理事会决策、沟通工作信息、探讨工作措施、推进工作开展等。

（二）运营模式与具体做法

双方积极响应教育部提出的产教融合"大平台+"战略，共建了两个实体载体，打造了人才培养、实习实训、合作科研、"双师"建设、金融教育五个功能平台（以下简称"2+5"），如图1所示。

1. 两个载体

共建产教融合实训基地。2020年5月，双方在建行武汉生产园区挂牌成立了建行系统内首家生产型产教融合实训基地，围绕普惠金融、住房金融、金融科技等重点领域规划了实习实训、合作科研、定向培养等重点工作内容，旨在实现人才培养、科研项目、生产场地等资源互通互享，促进企业用人需求和高校人才培养无缝对接，打造高质量、应用型人才的培养高地。

共建金融教育示范基地。2021年3月，在中国人民银行武汉分行的要求和指导下，双方在中南大首义校区建设了湖北省首家"省级"金融教育示范基地。示范基地按照国家级标准完成软、硬件基础设施建设，并配套建设线上VR展厅和"金融教育云课堂"，实现了线上线下一体化金融知识宣教，着力提升消费者的金融素养和风险防范意识。

2. 五个平台

打造新金融人才的联合培养平台。双方合作开展职工教育、专硕培养等项目，传导新金融理念，培养

图 1　产教融合"2+5"平台

新金融人才。一是合作开展职工教育,截至目前共举办 97 期现场培训班,共推出"数字力提升"等 18 门网络专题课程。通过培训合作,在赋能建行员工的同时,有效促进中南大教师教学内容更贴近实务领域,为双方新金融人才培养注入新的内涵。二是合作开展"乡村振兴金融专硕"联合培养项目,双方共同搭建课程体系、设计培养方案,并由建行为学生提供实习岗位,选聘兼职导师参与学生培养工作。通过银校合作培养的新模式,共同培育精农经、通金融、懂管理的乡村振兴人才。

打造实习实训的实践平台。依托产教融合实训基地,双方积极组织常态化实习实训和学子下乡实践活动。在实习方面,连续三年合作开展"奋楫扬帆 建习未来"实习实训项目,依托建行湖北省分行和武汉生产园区入驻单位,为在校学生提供了数据分析、需求分析、客户经理助理等实习岗位以及前沿课题研究的实践机会。同时,采用线下与线上相结合、跟岗实习与课题研究相结合的实训模式,探索学校、企业、学生三位一体的创新型人才培养模式。在实践方面,将下乡实践与线上实践相融合,连续三年组织高校学生下乡锻炼。组织暑期下乡云实践"我来领养云宠物""我为乡村献微课"线上训练营等活动,引导学生体验银行现代技术、学习实用技能等。

打造合作科研的创新平台。双方合作开展课题研究,助力解决建行的重点业务难题。一是围绕住房租赁行业存在的痛点,共同完成了《有效利用金融手段支持住房租赁企业发展研究》《建行介入住房租赁市场的效应研究》两个课题。二是针对科创中小企业无形资产评价的难点,双方正合作攻关《科创型中小企业无形资产信用评价系统研究》项目。三是围绕信用风险领域,双方共建信用风险管理教研中心,并联合开展《中国建设银行气候风险管理研究》科研项目。合作科研为建行业务发展提供了中南大智力支持,也为校方科研人才培养提供了实践平台。

打造"双师型"队伍的建设平台。双方根据实际需求,制定了《产教融合实训基地"双师型"导师队伍建设实施方案》,首期 30 名师资已入库(银校双方各 15 名),完成了三项重点工作。一是组织 5 名中南大教授到湖北省分行相关部门交流挂职,参与建行实际工作。二是选派 10 位建行导师参与中南大硕士培养,担任金融专硕论文答辩委员,从金融实务视角给予学生论文实践方面的帮助和指导。三是组织师资围绕数字力提升等方向开发特色课程,丰富教学课程库。"双师"队伍建设有效培养了一支理念先进、结构合理、具备专业素养和实践教学能力的"双师"队伍,实现了校企双赢。

打造金融教育的公益平台。一是依托金融教育示范基地,以线上线下结合的方式向社会公众、在校大学生等普及金融知识,提升消费者金融素养、强化风险防范意识。自基地投入运营以来,已累计组织线上、线下金融知识宣传普及活动百余次,受众数量 655.35 万人次。二是精选学校和行内的优质课程,向中南大师生和建行员工开放,打造产教融合共享讲堂。截至目前已上线 13 门课程,有 9 名中南大教师和 5 名行内专家围绕住房金融、金融科技等热门领域开展授课,实现双方教育资源的共用共享。此外,还合作开展行长讲堂项目,由建行高管人员为在校师生讲授建行在新金融领域的新机遇新挑战,拓宽学生的金融视野，了解前沿金融实务。

3. 加入新金融人才产教融合联盟

2018年12月17日，建行联合境内外知名高校、金融机构、社会机构、创新型企业共同倡议发起成立新金融人才产教融合联盟，建行和中南大均是联盟理事单位。

依托联盟平台，双方参与主题论坛论道新金融、联盟秘书长交流、线上学习资源推介等活动，加强与联盟其他单位间的经验分享与成果交流；参与联盟单位区域性交流活动，促进对接需求；探索数字学习联盟，进一步深化合作。通过联盟平台，实现与其他联盟单位的经验共享、资源共享，加强了交流协作和创新发展，为培育新金融人才贡献力量。

三、经验总结

针对以往开展合作时遇到的问题，归纳总结了在校企合作中的一些经验。

一是高度重视，成立专门机构。双方领导对合作高度重视，设立专有机构合署办公，加强人才交流与队伍建设，为银校合作提供了坚实保障。

二是完善机制，长效科学合作。双方制定"理事会+院务会"沟通决策制度和会议纪要双签制度，形成了高效科学的合作机制，保障各项工作稳步推进。

三是发挥优势，融通融智融合。双方积极对接建行湖北省分行、武汉生产园区相关单位，以及中南大团委、创业学院等校方机构，促成银校多层次、宽领域的全面深入合作，构建了互利共赢的发展模式。

四、推广应用

建行与中南财经政法大学目前已经形成较为成熟的校企合作模式以及长期的战略合作伙伴关系，在推广至高校和企业时，有以下三点建议。

一是合作机制具有实践基础和参考意义。通过"两个专门机构""两个层级会议"的校企合作机制，形成了理事会定方向、院务会定方案的工作模式，为合作项目提供了孵化平台，有效激发了思维活力，提升了协作创新能力，强化了合作深度广度，保障了工作高效畅通。

二是依托产教融合联盟注重经验分享和资源共享。在合作过程中，通过联盟平台，可以实现与其他单位之间的经验分享和交流，促进各方取长补短、不断优化；借助联盟力量，能够扩大产教融合"朋友圈"，与其他联盟成员资源共享，实现优势互补、共同进步，加强产教融合双循环，做大做强"产学研用金"一体化发展。

三是合作方案注重结合校企特点和区域优势。建行武汉生产园区是建行金融科技最前沿的阵地，双方共建的产教融合实训基地在园区挂牌，校企双方联合园区相关单位，借助园区丰富的平台资源，构建了金融科技特色的人才培养方案。

专家点评：该案例着眼于银企与高校整合优势资源，合作成立研修院和二级学院两大育训实体，共建高标准的产教融合实训基地和金融教育示范基地，建设育训实体人才培养、实习实训、合作科研、"双师"建设、金融教育等五项功能的系列探索与实践，展示了校企双方资源整合、优势互补的可能性和广阔性。案例显示，中国建设银行和中南财经政法大学双方在实践中探索归纳的"2+5"长期合作模式，共同倡议发起成立新金融人才产教融合联盟，构建了银校合作互利共赢新局面，促成了银校多层次、宽领域的全面深入合作，具有一定的借鉴意义和推广价值。

银校双向引智，产教育训并举

严维真　　王桓

建行研修中心（研究院）华北研修院

摘要： 近年来，中国建设银行进一步加强内设培训机构改革，对外与南开大学、中南财经政法大学、西安交通大学等高校合作开设区域研修院，在推进产教融合、银校合作方面成效显著。本文以建设银行和南开大学加强教学、科研产教融合为例，介绍双方在天津共建行研修中心华北研修院，通过"双向引智融智"模式，聚焦双方优质资源，实现教学教研和科研合作的产教融合实践，建立了资源共享、优势互补、良性循环的教学体系和科研合作模式。

关键词： 银校协同；双向引智；育训并举

一、背景与关键问题

近年来，中国建设银行积极推进"三个能力"建设，深化新金融行动，纵深推进住房租赁、普惠金融和金融科技"三大战略"，助力经济社会高质量发展。为更好地服务"三个能力"建设和战略推进，需对员工的专业能力和综合素养持续赋能提升，这既需要自身培训力量，又需要融入高校前沿理论、多学科教学科研力量和专家智慧共同融智赋能；高校教育也需要融入企业鲜活的实践案例来促进教学科研发展。双方存在着资源互需、优势互补的需求，为双方产教融合合作带来了契机和动力。

2018年12月10日，中国建设银行与南开大学在北京签署合作办学协议，共建"建行研修中心华北研修院"。双方积极落实党中央国务院加快发展现代职业教育的要求，围绕金融教育、企业培训、人才联合培养、产学研协同创新等领域开展产教融合合作，联手搭建特色显著、优势互补、共赢共享的校企合作平台。

二、实践做法

在合作过程中，双方持续挖掘优质资源，把产教融合、协同育人理念贯穿人才培养全过程，将培训、科研、育人三者有机融合，做出了许多有益尝试。

（一）深耕产教融合，打造特色办学方向和教学基础

1. 拓宽教学合作模式，以产教融合丰富办学特色和课程体系

紧密结合中国建设银行员工和客户需要，发挥南开大学学科基础和专家优势，协同南开大学高端继续教育（EDP）中心及多个学院的学者教授，建立丰富的高端师资队伍，联合打造了集"党建、风险管理、纪检与法治、数字化与人工智能、金融经济发展与领导力、财务与审计、公司治理"等于一体化的办学特色，推出了上百门中高端课程，并结合业务需求持续深化教学内容与课程体系改革，更新迭代教学内容，更好地满足行内人才培养及社会公益培训需要。

2. 丰富培训组织方式，将实训实战融入员工教育培训

根据培训目标、主题、受众不同，采用多种实战教学方式提升培训效果。如在纪检培训项目，开设法规法纪、办案、问讯等专业课程，以模拟训练营、课题教学方式，打造集"学、研、考、练"于一体的实训模式。持续融入和丰富党建和红色教育资源，积极挖掘天津地区红色、工业、扶贫等特色教学点，使红色教育更加立体，让学员体验更加深刻。

3. 加强教学项目研发，引智融智助力新金融实践

基于中国建设银行新金融实践和社会发展重点问题，银校双方积极打通内外部融合渠道，实现教学项目跨条线、跨学科、跨学院地交叉融合、联合研发，为助力新金融实践塑造新动能。

（二）拓宽银校合作，延伸科研成果和联合育人探索

1. 精准对接科研项目，加强产学研用一体化体制机制建设

发挥好资源撮合平台的桥梁作用，精准对接科研需求，从理论、实践、应用三个维度，打造校企联合攻关难题和培养人才的平台，实现科研成功转化为落地措施，实现整体效能提升。2019年6月，中国建设银行与南开大学金融学院合作成立"系统性风险研究中心"，双方以项目形式共建课题研究小组，同年12月在中国建设银行总行发布"建行-南开系统性风险指数"（国内首个系统性风险指数体系）。后期双方还持续围绕风险预警、员工行为智慧管理、绿色金融等开展合作研究，实现了年年有项目、年年有成果。

2. 链条前移、定制培养，推进"智能银行管理"专业硕士班联合育人新举措

深化产教深度融合，尝试将银行师资、课程、案例融入专业学位研究生培养工作。与南开大学金融学院合作开设"智能银行管理"方向金融专业硕士培养项目，融入实战课程，邀请银行、实战专家参与授课和学生指导工作，为学生参与科研项目、实习实训搭建平台，进行实战锻炼，真正将培养链条前移，育人端和用人端紧密围绕实际情况，联合定制培养，共同培育金融行业急需的实战型、复合型人才。从首届"智能银行管理"专业硕士班来看，学生优先将中国建设银行和同业金融作为意向单位，学生扎实的理论知识和实战实践优势得到用人单位的高度重视和青睐。"智能银行管理"专业硕士班是探索人才链、教育链、创新链、产业链"四链融合"发展的一次有益尝试。

三、合作模式与创新点

双方在合作中不断探索实践，不断丰富合作模式内容和成果。

（一）推进"双向引智融智"的产教融合模式，促进银行、高校与社会融合，为员工客户和社会公众聚力赋能

双方通过共建教学团队，共同开展特色项目、课程开发、课题研究和创新联合育人工作，相互支持银行战略发展和高校一流学科建设，为银行培育优秀人才，为高校充实案例实践，为学生提供实训和锻炼平台。双方联合科研攻关，助力解决企业经营发展和社会痛点难点问题的理论研究和解决措施，形成了"双向引智融智"的产教融合模式，如图1所示。同时，双方投入优质资源，通过线上线下多种模式开展公益培训，推进中国建设银行"金智惠民"工程，围绕"惠政、惠创、惠农、惠学"为广大客户和社会公众聚力赋能。疫情期间，联合打造"津彩云学堂"线上品牌，众多专家教授走进直播间，共同为抗疫、复工、发展贡献力量，获得了学员和社会的广泛认可。

（二）发挥"资源撮合平台"的桥梁作用，精准对接科研合作，促进基于产教融合的科研合作与成果转化

在对接科研合作过程中，建行研修中心华北研修院发挥了资源撮合平台的桥梁作用，因其机构优势，既能够围绕中国建设业务需要挖掘和准确输出科研需求，又能充分了解南开大学各学院和研究团队的学科和专家优势，精准对接科研合作，促进科研成果转化落地，进一步扩大银校合作的溢出效应，如图2所示。

四、效果评价与推广价值

中国建设银行与南开大学推进教学和科研产教融合合作，实现了促进人才培养供给侧和产业需求侧交叉融合、培养高素质创新人才和技术技能人才的有益探索。

（一）效果评价

1. 实现"所教"与"所学"的精准对接，达到"高水平"与"接地气"的有机统一

随着双方产教融合不断深入，高校老师越来越了解银行需要什么样的人才和知识，了解学员所学所想，同时又能从课程设计和学员互动中得到更多的案例和反馈，教学相长，使理论基础高水平与授课内容方式接地气实现有机统一，提升培训效果。

2. 实现高校智慧助力银行发展，银行实践赋能高校教研工作创新

集聚高校优质资源，协助银行提升员工能力素

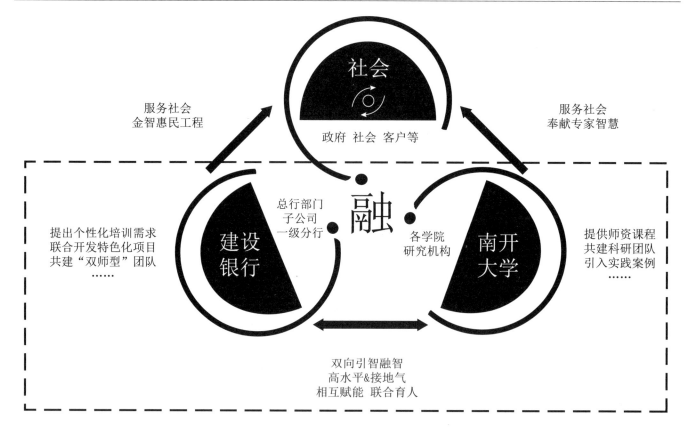

图 1 "双向引智融智"产教融合模式

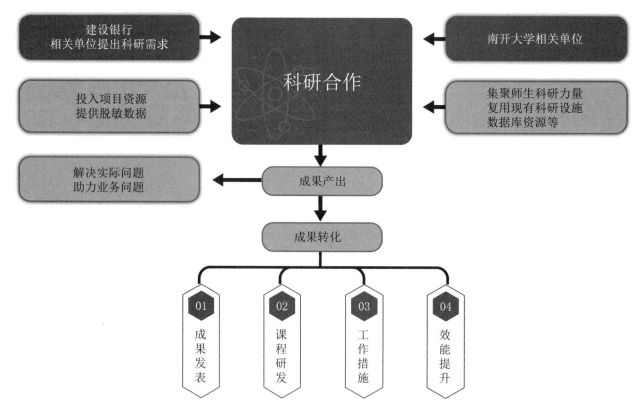

图 2 基于产教融合的科研合作与成果转化模式

养,解决业务发展关键问题,将教育、创新要素转化为企业的创新力和竞争力。同时,高校近距离了解企业、产业发展、案例和需求痛点,在育人过程中将其转化为教育要素,促使高等教育进一步贴合经济发展的需要,促进人才培养质量与行业需求的精准对接。

3. 探索需求导向的人才培养模式,为金融行业培养实战型人才

对解决人才供给与产业需求结构性矛盾作出尝试,以企业、行业需求为导向,提高创新能力的培养,把企业的生产要素转化为学校的教育资源,弥补学校对于业界情况了解不足的短板。

4. 协同赋能,探讨解决行业难题和社会痛点问题

融合双方优质资源,结合教学科研等方方面面,以线上线下多种模式,为国家经济社会发展和普罗大众提供赋能,合力探讨和解决重点、难点问题。

(二)推广价值

本案例广泛适用于企业与高校的教育培训和科研合作。"双向引智融智"模式有助于集聚双方优质教学资源,共同打造高水平且接地气的员工培训体系。高校与企业持续沟通培训需求,研发培训项目和课程,为企业员工提供覆盖多层级、多条线的培训资源;在公益培训方面发挥高校教学资源、人文环境优势,携手打造公益品牌、服务社会。同时,通过科研和联合育人合作,既能够在解决业务发展关键问题时引入高校智慧,借助高校前沿、系统的理论知识和科研力量,打通企业发展的关键节点;有利于将银行实践融入高校教学和育人工作中,共同探索校企"双元"育人模式,将培养链条前移,培育具有扎实理论基础和实战实训的复合型人才。

专家点评:该案例以中国建设银行与南开大学等高校在教学、教研、科研和联合育人等多方面的产教融合实践为基础,共同为银行、高校和社会贡献智慧力量,实现了共融多赢。案例显示,银校双向引智,共建研修院等合作平台,围绕金融教育、企业培训、人才联合培养、产学研协同创新等领域开展产教融合合作。高校为银行提供更前沿、更有针对性、更贴合企业发展的培训项目、课程体系;银行为高校推荐专家、委托研究项目和经费,让银企的生产和创新流程融入高校教学、科研工作;校企共建平台,助力大学生"走出去",使高校、企业和人才培养建立深层次互动关系,实现产教融合水平的螺旋式上升。"双向引智"合作模式对于深化产教融合、银校合作,探索人才链、教育链、创新链、产业链"四链"融合发展具有一定推广价值和示范效应。

产教融合、校企合作，培育数字时代"T型"人才

姜曦　梁潇　应臻婷

华润商学院（香港）

摘要： "数据科学家培养项目"是由华润商学院（香港）联合香港大学经济及工商管理学院、华润集团智能与数字化部共同发起、设计的产教融合实战培训课程项目，致力于培养数据应用"T型"人才。项目课程精选香港大学经济及工商管理学院商业分析硕士核心课程作为学术模块，开放华润集团旗下业务单位数据应用场景和对应业务数据资源助力学员进行实战建模训练，培养参训人员掌握大数据分析应用于商业和管理时必需的定量技术能力。

关键词： 数据分析；"T型"人才；数字化转型；真实数据建模训练

一、数字转型，时不我待

2023年政府工作报告在"十四五"时期主要目标任务中提出，要加快数字化发展，打造数字经济新优势，协同推进数字产业化和产业数字化转型，加快数字社会建设步伐，提高数字政府建设水平，营造良好数字生态。报告连续7次提到的"数字"一词，阐述了建设数字中国的丰富内涵和要加快数字化发展的决心。

华润集团紧随国家战略，将"智能化水平提升"列为企业转型升级的重要目标，在信息化建设、数字化转型和智能化提升方面积极探索，致力于让产业更智慧，让数据发挥真正的价值，让企业具备"用数据说话、用数据决策、用数据管理、用数据创新"的能力。

在此背景之下，懂业务又懂数据分析的人才需求激增，人才招聘和常规培养无法满足数字化转型高速发展的需求。作为驻港央企的华润集团联合香港大学经济及工商管理学院，共同打造了"数据科学家培养项目"，利用产教结合的方式突破人才能力和业务需求不匹配的瓶颈，培养更多具备"T型"能力（横向商业、纵向技术）的业务数据人才。

二、产教融合，打破边界

"数据科学家培养项目"依托香港大学（以下简称"港大"）商业数据分析硕士课程进行设计，为每一位学员提供完整的商业数据分析知识体系，同时在课程中融入优秀案例。项目鲜明特点是强调技术理论与业务实际相结合，华润商学院与港大联合设计了3~5个月的数据建模训练模块，通过征集各学员所在公司及业务单元的实际业务需求和真实业务数据（脱敏）形成研究课题，在港大教授的全程指导下进行分组建模训练，学员可以系统地实践数据的修改、探索、建模、验证、可视化并最终赋能业务的全过程。课程中课题的研究成果经过完善后可以直接应用于业务实践，做到产教融合，以教促产。

数据建模训练学习整体分为三个大的环节，分别是课题收集确认，分组建模训练和课题成果汇报及落地。

（一）建模训练课题收集确认环节

课题收集确认是整个课程项目的基础，有非常详细和完整的流程和要求，其中建模训练基础数据要求包括5个方面。一是采用实际业务场景数据，尽量保持完整性和持续性，以可解决实际问题或优化流程等业务需求的数据为佳，课题不宜过大，数据可按规定进行脱敏处理。二是应该避免样本选择性偏差，即数据不能只包含群体的一部分。三是避免数据点之间差异太小或者缺少变化，比如金融信贷行业数据不能选择全部按时还款没有违约的数据。四是避免数据跟既往的政策关联太强，政策变化会导致数据分析结果出现偏差。五是避免缺失重要变量，比如顾客行为取决于其他银行的产品，但缺少其他银行的信息。六是避

免样本数量太小，比如只有一个月的数据或是数据样本只有100名顾客等情况。

围绕数据分析研究的课题收集、筛选以及开题的流程包括6个步骤，如图1所示。

（1）联合华润集团智能与数字化部（以下简称"集团智数部"）下发数据科学家培养项目课题上报邮件，接收对象为华润集团及各业务单元对接人。

（2）汇总初筛课题集（分产业方向）。将收集来的课题，按大产业方向进行汇总，并请集团智数部专家进行初筛，每个方向选取2~3个高质量课题，与业务方对接人确认数据是否可获取、可研究，如存在疑惑点，须同步与课题业务方进行澄清。

（3）港大教授筛选课题。将经过初筛的课题发于港大教授，请教授团队进行复筛，主要从学术的角度评估课题难易程度、数据收集难易程度、结论实用程度等方面。教授以书面形式反馈课题需要澄清的问题。

（4）课题方澄清问题。针对港大教授团队的问题，由课题方书面回应，若书面无法全面解释，可线上沟通。

（5）确认课题并分组下发。课题组、港大和商学院共同确认课题，并通过学员自主选择＋行业调配的方式，对学员进行分组，分组原则包括：按照学员的行业对分组初步判断；通过公邮发布课题，通过线上问卷的方式预收学员的分组意向；若有部分课题组员偏多，则进行调剂；每组需要有1~2名分析技术出众的同学；每组需要有统计学基础较好的同学。

（6）线上开题会。通过线上进行开题，由港大教授主讲，详细介绍建模训练的学习方法、学习路径、预期成果等，并公布各小组对应的指导教授。

（二）建模训练流程简述

根据课程学习进度，在学员掌握基础数据分析方法和工具后，同步进行建模训练。如图2所示，港大指导教授会根据小组课题的实际情况，带领学员进一步学习实战化的建模方法，同时指导学员设计建模计划、筛选数据、清洗数据，选择合适的数据分析模型对数据进行分析，最后形成各组课题结论。

由于学员均为在职学习，各小组灵活选择线上或线下的方式进行课题推进，整个建模训练过程中，港大教授全程参与。

（三）建模训练课题成果汇报

建模训练课题成果汇报分为两个阶段，学术汇报和业务汇报。课程学习与建模训练结束后，课程项目组会组织正式的业务课题建模训练成果学术汇报会，邀请港大教授、领域专家和业务方共同参加，并进行打分点评，给出课题进一步完善的意见。课程结束后，华润商学院组织各组学员继续修改完善课题内容，再向课题需求业务方进行汇报，获得业务方的意见并与业务方达成进一步推进课题落地的研究计划。

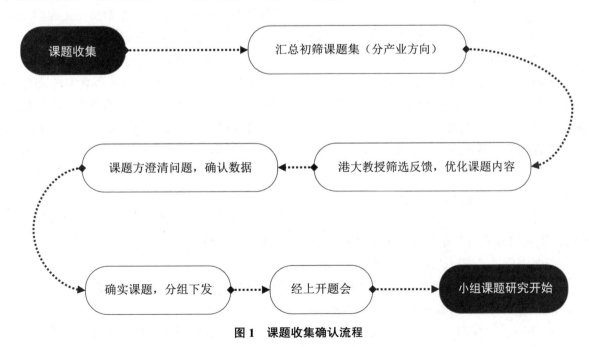

图1　课题收集确认流程

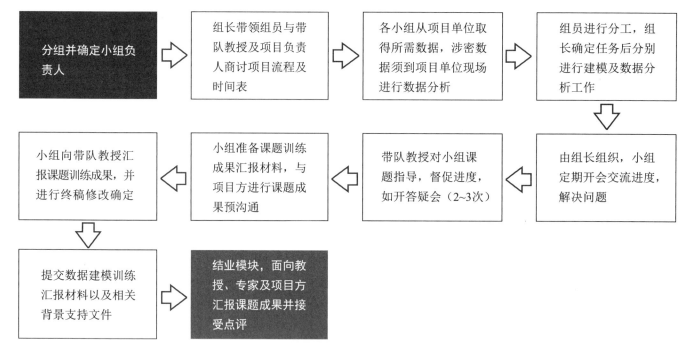

图 2　建模训练学习流程

三、成果落地，成效显著

"数据科学家培养项目"在华润集团内部取得了很好的反响，为各业务单元培养了数据分析业务人才，同时在华润集团外部也产生了一定的影响力。项目首期班于 2020 年开课，因新冠病毒疫情影响，2021 年全部完成课程学习和建模训练。截至 2022 年年底，项目已开办三期，共计培养 122 人，华润内外部学员数量比例基本为 1∶1，课程项目第四期计划于 2023 年 3 月在香港大学举办开学仪式。

目前，三期课程共 16 个课题组完成学习，建模训练成果已经全部反馈给相关业务需求方，训练过程中搭建的分析模型和数据也进行了对接移交。根据业务方跟进需求的不同，采用邀请课题组继续跟进、自建团队承接课题、与港大教授合作深度开发等方式，在公司内部推进相关业务数据分析工作。

四、不断总结，快速迭代

"数据科学家培养项目"是华润商学院产教融合实践的第一个课程项目，项目的成功在于贴近行业产业需求，可以切实的解决业务难题，促进业务发展，港大教授、华润商学院项目组以及华润集团智数部都做了大量的前期准备，保障了课程顺利交付并取得成果。

项目组在实战中不断优化项目，总结了 3 个方面的经验。

1. 对课程的专业度要求有所低估

课程目标是希望培养业务和技术相结合的复合型人才，因此一期班招生时对于学员编程基础、统计学基础的要求并不明确，在授课过程中发现零基础学员需要大量时间补充基础知识。因此，在二期项目设计时，专门设置了 R 语言基础先导课程，三期班增加了统计学基础先导课程。让学员在正课学习前打牢基础，以更好地进行课程学习和建模训练。

2. 部分课题的数据质量影响课题训练

由于课题的数据均来自业务真实场景的脱敏数据，因此不能对数据进行大规模的修改，有课题组出现建模训练过程中数据支撑不足从而中途更改课题的情况。

3. 学术训练和业务实操的结合仍需加强

在课程建模训练的过程中，指导教授和学员更多基于学术训练的角度思考和进行研究，与业务需求方的互动较少，课题成果在转化为业务实操的过程中存在不匹配问题。

五、应用广泛，快速落地

在数字化浪潮下，拥有业务经验同时具备数据分析能力的"T型"人才非常紧缺，华润商学院与港大合办的数据"科学家培养项目"已实践证明可以满足企业培养数据分析人才的需求。项目对于学员对象的行业、专业、职位要求宽松，学员经过系统的教学和训练可掌握数据分析的方法和工具并用于工作实际，适合大部分类型的企业员工。华润商学院计划以华润集团的产业为依托，与港大和更多高校合办细分行业的数字化人才培养课程。

专家点评：为实现华润集团提出"智慧华润2028"的发展愿景，在"十四五"时期全面推进数字化转型和智能化发展，由华润商学院（香港）联合香港大学经济及工商管理学院发起、设计的产教融合"数据科学家培养项目"以实际业务需求为抓手，引入港大学术力量，营造"实境、实战、实效"的"三实"学习体验，强调训练成果直接落地应用，为企业员工培训数字化思维，提升数字化能力，是华润集团与院校合作开展产教融合进行数字化转型人才培养的有效探索和实践。项目的成功在于贴近行业产业需求，解决企业业务难题，促进业务发展，为企业创造价值。期望华润集团在更多产业方向开展产教融合学习项目，为企业培养更多复合型人才。

智能制造产教"乐"融合的案例实践

黄廷胜　李向阳　姜允萍

广东智通人才连锁股份有限公司

摘要： 广东智通人才连锁股份有限公司定位于"智能制造产教融合综合专业运营商",以学生为中心,面向职业院校、企业、政府等提供产教融合专业运营服务,开创"智能制造产教'乐'融合"模式。以"引导学生、辅导教学、融导社会"为主要方法,以培养学生"乐于立志、乐于学习、乐于从业"为核心目标,促进东莞智能制造产教深度融合,为地方经济发展贡献力量。

关键词： 智能制造；产教融合；专业运营

一、实施背景

为落实《关于加快发展现代职业教育的决定》等政策要求,坚持以习近平总书记关于做好新时代人才工作的重要思想为指导,深入贯彻《中华人民共和国职业教育法》,立足"十四五"新发展阶段,贯彻高质量发展理念,以服务产业、促进就业为导向,为东莞乃至大湾区打造一支技艺精湛、素质优良、产业所需的技能人才队伍。

二、关键问题

在供给侧,一是学生对职业教育存在偏见,教学与产业脱节、就业前景欠佳,因此学生流失率过高。二是中职和高职的"双师型"教师占比偏低,离政策要求50%以上的比例差距较大。三是职业院校缺乏与新产业、新职业衔接的实训基地和教学体系。

在需求侧,东莞中小企业占企业总数的98.5%,企业生存压力大,希望聘用"上手即用"型技能人才。东莞虽出台政策实施产教融合,但缺乏专业服务商来整合资源、推动政策落地。

三、主要做法

(一)合作模式

广东智通人才连锁股份有限公司(以下简称"智通")与职业院校合办"工业机器人应用技术专业",共育智能制造产业技能人才。智通将用人企业的需求融入职业院校的人才培养方案、教材资源、师资队伍、实训基地、技能认证、实训就业等人才培养过程,创新打造"乐融合"模式,通过引导学生,让学生乐于立志;通过辅导教学,让学生乐于学习;通过融导社会,让学生乐业发展,如图1所示。

(二)引导学生：让学生乐于立志

1. 培养兴趣、引领职业愿景

2016年始,智通持续承办"东莞全民技能体验日""智能制造工程师成长沙龙"等活动,让在校生现场参观智能制造实训车间,了解智能制造技术、发展趋势和职业发展机会,激发其对智能制造浓厚的职业兴趣。

2. 调研薪酬、提升职业自信

智通通过发布《2020粤港澳大湾区薪酬及福利调查》等薪酬报告,打破职校毕业生收入低下的偏见。根据《东莞市急需紧缺人才目录(2020年度)》显示,东莞市智能制造业急需紧缺人才数量达199680人,长期供不应求。宣传国家对紧缺人才培养的政策,通过对薪酬待遇、岗位紧缺度的了解,让学生坚定学习智能制造专业的信念。

(三)辅导教学：让学生乐于学习

1. 实战式教学体系

智通推出"实战式教学体系",围绕实战专业课程、班组教学管理和职业素养教学三个方面开展教学。

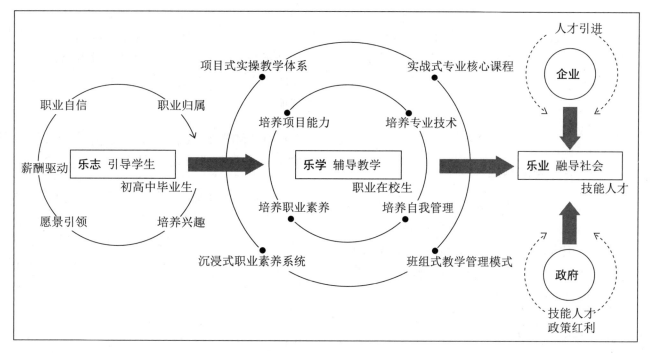

图1 智通智能制造产教"乐"融合模式示意图

首先，围绕智能制造企业技能人才招聘岗位标准展开实战课程研发，开发了480~540个课时、6大模块的专业核心课程，并在工业机械出版社出版了《工业机器人应用技术系列》等5部专业教材及配套教学资源。

其次，智通采取班组式教学管理模式，导入制造业企业的班组管理，学生组成不同班组，共创班组公约、班组文化，形成学习团体，进行良性竞争。在教学中融合企业绩效管理、6S管理、安全管理、标准化及质量管理等体系，让学生提前熟悉企业环境。

最后，智通职业素养教学围绕角色定位、积极心态、职场礼仪、有效沟通和高效执行5个方面，推出100节沉浸式职业素养课程，采用"故事+总结+方法+练习"互动学习模式，让学生拥有扎实的职业素养。

2. 高仿真实训平台建设

智通面向合作院校，输出根据产业特色定制化的实训车间。以东莞的3C行业为例，智通以工业生产中的自动化装配生产线为原型设计实训车间，将立体仓库技术、视觉检测技术、流水线技术、控制技术和通信技术等融于一体，建成高仿真实训平台。既符合工业自动化生产实际又满足院校实训教学需要。

3. 项目式实操教学体系

针对吉林中工技师学院实训车间建设项目，智通成立项目团队，由高级工程师团队以"师带徒"的形式让专业的学生参与项目实习。高级工程师将项目分解成实习任务，学生负责组装、调试，高级工程师对学生进行辅导和强化训练，教学相长，打通了从学生到技能人才的"最后一公里"。

4. 双师型师资队伍建设

智通组建了"双师型"师资团队，并将其派驻到全国各地合作院校，成为"乐融合"模式向全国推广的重要支撑。

（四）融导社会，让学生乐业发展

1. 就业服务体系

智通提供全周期的就业服务。专为职业院校毕业生打造"校校招"平台，具有实习、就业、职业规划等功能，帮助学生就业，自信走向职场。

2. 技能评价

智通广泛开展职业技能等级评价，让学生参与评价并获取技能等级证，成为东莞技能人才，可享受入户、购房、子女入学等福利政策，通过社会融导，技能人才的社会地位得到显著提升。

3. 举办技能竞赛

2016年以来，承办东莞市工业机器人技术应用技能竞赛、东莞市PLC自动化编程与调试技能竞赛等各类竞赛活动。2022年首次承办广东省工业机器人技术应用职业技能竞赛。同年主办"智通杯"工业机器人技术应用技能竞赛，联同全国16家合作院校学生同台竞技，将专业建设成果通过竞赛进行外化和提升。

四、成果成效

（一）让学生爱上智能制造

2016年至今，通过"乐融合"模式，每年培养的智能制造学生年均复合增长率为7.76%。毕业生平均就业薪资，比同期其他毕业生高出5%~10%。毕业生对口就业率达95.6%。可观的就业薪资和薪酬增速，让学生更自信地走向职场。

（二）让学校更具吸引力

2018年至今，智通先后与咸宁职业技术学院、广东省创业工贸技工学校等16所院校合作，共建工业机器人应用技术专业和实训基地，并派驻双师型教师进行实训教学。以智通与咸宁职业技术学院合作为例，共建专业学生人数由2018级45人增至2021级246人，年均复合增长率为52.91%。

（三）让企业获得急需人才

智通累计为500多家企业输送智能制造人才15259人，填补了企业人才空缺，有企业表示优先录用智通"乐融合"模式培养的人才。

五、经验总结

（一）工具层面，形成了一套智能制造技能教学资源包

研发出实战式的专业核心课程、班组式的教学管理模式、沉浸式的职业素养系统、高仿真实训平台，形成方案、设备、教材、专利、平台等全系列智能制造优质教学资源包，为"乐融合"模式提供有力支撑。

（二）行为层面，迭代出一套智能制造产教乐融合的运营模式

为解决东莞智能制造技能人才结构性短缺难题，智通智能制造产教"乐"融合模式通过乐志、乐学、乐业"三部曲"，引导学生接受智能制造职业教育，辅导创新教学，融导社会为技能人才释放政策红利，让技能人才获得社会认可，让智通"乐融合"模式系统落地。

（三）规律和思维层面，明确了解决产教融合问题需要专业运营服务商的思想

产教融合深化必须以学生为中心，也离不开专业的运营服务机构。只有通过专业运营，系统整合各方资源、协调各方利益、持续深化推动，才能真正实现产教深度融合。人力资源服务机构与企业、职业院校紧密联系掌握着人才供需信息，最适合承担"专业运营服务商"。

（四）不足及改进方向

前期启动成本较高，集中在建设实训车间的硬件投入上，中期运营成本较高，集中在派驻院校的双师型教师投入上。制约了快速推向全国的速度。

为克服这一不足，采取两项改进措施：第一，从师资管理、课程管理、学员管理、就业实习管理等加强信息化数字化建设，提升运营效率，降低运营成本；第二，加强与制造业龙头企业的合作，以企业定制班方式，将龙头企业生产设备有效整合到实训车间，降低设备采购成本。

六、推广应用

（一）人力资源服务机构做好"产教融合专业运营服务商"

充分整合院校、企业、政府等多方资源，结合当地产业发展及人才需求，开展产教融合的专业运营服务，为地方经济、区域发展助力。

（二）借鉴智通"辅导教学"的方法培养实用型技能人才

职业技能培训机构可借鉴"实战式教学体系建设""双师型教学队伍建设""高仿真实训平台建设"，真正将教学理论与实操融为一体，培养实用型技能人才。

（三）智通"项目式实操教学体系"提高员工专业技能

产生企业将其相关生产环节以项目外包形式与院校对接，把企业相关岗位技能要求和标准化操作方法融入院校教学实操，促进学生技能提升，提高企业员工专业技能，在项目中为自身储备人才。

专家点评：该案例以东莞的先进制造业人才需求为导向，通过广东智通连锁股份有限公司的产教融合创新实践，立足"产教融合专业运营服务商"定位，通过"引导学生、辅导教学、融导社会"等方式与当地职业院校共建专业，深度融入教学培养过程，提升学生对职业教育信心、加强院校对行业认知、增强校企合作企业动力、推进政策落地落实，整合产业端、院校端、政策端资源赋能智能制造行业发展，为产教融合提供了创新示范和探索经验。

打造校企合作命运共同体，助力东北三省乡村振兴

张 雷　薛永三　柴方艳　黄可人

阿里巴巴（中国）教育科技有限公司

摘要：随着我国全面推进乡村振兴和"一带一路"倡议的推动，阿里巴巴（中国）教育科技有限公司联合黑龙江农业经济职业学院共同打造"黑农经-淘宝教育农村电商学院"。该学院采用现代学徒制开展农村电商人才培养，对标电商职业标准，通过培养方案优化、课题体系升级、教学方法重构、课程资源开发、企业导师入场、双师队伍打造、项目案例教学、就业实习服务等举措，实现农村电商高质量人才培养全流程协同育人。

关键词：现代学徒制；产教融合；项目实战；双师培养；乡村振兴；农村电商

一、背景与关键问题

（一）背景分析

1. 政策背景：乡村振兴战略深入推进

脱贫攻坚成果巩固拓展与全面乡村振兴有效衔接成为新的时代主题。职业教育作为与经济发展关联最为直接、最为紧密的教育类型，需要在新的历史起点和发展形势下充分释放改革创新活力，通过输送人才储备和智力支持的途径持续巩固脱贫攻坚的有效成果。

2. 产业背景：乡村电商产业蓬勃发展

互联网等现代信息技术带来的数字化发展和农村电商的产业链数字化改造升级以及突如其来的疫情，加速了农村电商的发展，以新服务体系、新生产要素和新基础设施为基础，将物联网、云计算等现代信息技术融合到供应链的各个环节形成的农村电商体系初现雏形。

（二）关键问题

农村电商的兴起以及政策倾斜为农产品从"种的好"到"销的好"提供了巨大发展契机。如何培养面向农作物"生产—质检—运营—销售—配送"全流程的高素质技术技能型人才，更好地服务于农村电商发展需求，真正实现"从田间到餐桌"全产业链条深度融合，成为目前农村电商发展亟待解决的问题。阿里巴巴（中国）教育科技有限公司（以下简称"阿里巴巴"）联合黑龙江农业经济职业学院（以下简称"黑农经"）共同打造的"黑农经-淘宝教育农村电商学院"（以下简称：农村电商学院），致力于通过构建校企合作命运共同体，解决人才培养与产业发展脱节的问题。

二、主要内容与做法

阿里巴巴旗下的淘宝教育依托阿里巴巴的平台、技术和生态资源优势，以农村电商学院为载体与黑农经在人才培养方案共创、高水平双师队伍打造、项目式课程资源开发、产业与社会服务等方面开展深入合作，实现了产教融合全流程协同育人，内容框架如图1所示。

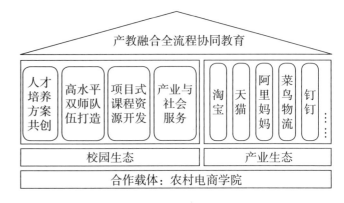

图1　产教融合全流程协同育人框架

（一）找准合作需求，明确合作定位

黑农经坐落在我国"粮仓"东北地区的黑龙江省，是立足培养农作物生产、培植、技术服务、销

售、贸易全链路人才了农业经济类高职院校。并于2019年底成功获批了全国高水平专业群（A档）："作物生产技术"专业群。该专业群明确指出不仅要"种得好"，还要"销得好"的建设目标，培养面向农作物"生产—质检—运营—销售—配送"全流程的技术技能型人才，真正实现"从田间到餐桌"全产业链条深度融合。同时，结合黑龙江农业经济，助力农业农村现代化，全面推动乡村振兴，实现共同富裕；发挥黑龙江区位效应，将农产品通过跨境电商输送到国外。

阿里巴巴早在2014年，就把"农村战略"纳入企业自身面向未来的三大战略之一。截至目前，阿里巴巴已在全国建立了6536个淘宝村，在1000余所县城乡镇搭建了工配服务。

因此，黑农经和淘宝教育的"联姻"聚焦面向黑龙江农村农业农产品的"农村电商"人才培养，不仅发挥了双方优势，也是符合我国全面推动乡村振兴，实现国内国际经济双循环的必经之路。

（二）人才培养全流程协同育人，深化产教融合

淘宝教育通过对农村电商产业发展的分析、农村电商岗位人才模型的提炼、岗位技术技能要求的总结，进行职业标准与课程内容对接、生产过程与教学过程对接、职业资格证书与毕业证书对接、终身学习与职业教育对接，深度参与到"农村电商"人才培养方案的制定、课程体系的优化、课程资源的联合开发、项目化教学的提升、双师混编师资队伍的打造、学生实习就业服务、项目孵化和社会服务、国际交流等全流程双元协同育人过程，进一步提高了"农村电商"人才培养质量。

1. 搭建产教融合合作平台

淘宝教育和黑农经联合搭建了"农村电商学院"产教融合平台并签订了校企合作框架协议，为培养"农村电商"复合型人才提供了组织和机构保障。

2. 分析产业人才需求，制定针对性人才培养方案

首先，对农村电商产业发展的分析、农村电商岗位人才模型的提炼、岗位技术技能要求等内容进行总结；并根据岗位技术技能要求，提炼总结岗位知识图谱，梳理知识框架和进阶学习体系；其次，根据知识体系开发课程教学、实战项目课程；最后，结合"农村电商"岗位群的定位，进一步优化人才培养方案，

迭代课程体系，优化理论课程和项目实战课程的布局等。

3. 企业资源导入，打造理实并进、专兼结合的高水平双师队伍

将遴选出的300多名优质的电商专家纳入到淘宝教育的讲师池；联合优质讲师与黑农经专职教师，组成"专职—兼职""理论教学—实战培训"相结合的混编式"双师队伍"；成立"农村电商教师发展中心""淘宝教育讲师工作站"，便于更好地提升黑农经师资队伍实力，培育高质量实战型双师教师。

4. 产业导向，联合开发项目式课程资源

淘宝教育与黑农经借助阿里巴巴国内外电商平台、工具等资源，依托黑龙江农产品特色与优势，联合开发了面向"粮食米面""生鲜食品""坚果"三大品类的教材，以及坚果品类电商基础运营、坚果品类营销与客户运营等6门教学资源，覆盖了"农村电商"电商运营、市场营销、数据分析等三大类岗位。

5. 反哺区域产业，提供电商赋能社会服务

"农村电商学院"对内开展"农村电商"人才培养、教学实训，对外提供电商技术，服务区域电商产业发展，促进区域经济发展。如面向农民，提供电商行业技术培训服务；面向企业，提供电商运营咨询和项目孵化；面向电商，提供店铺运营、短视频制作、方案策划等；面向中职教师，提供师资培养，实现电商人才中高职一体化培养。

三、经验萃取与模式模型

（一）经验萃取

1. 立足区域产业，结合校企双方优势，找准合作切入点

结合院校的办学优势专业/学科，借助企业在特定产业或领域的能力和资源，共同研讨合作店并找准合作切入点。按照"职教二十条""深化产教融合意见"的相关要求，从点到线进行合作内容的探索。

2. 立足产业需求，实现教育链、人才链与产业链、创新链的有机衔接

以产业需求为导向，充分发挥企业端的能动性，

将岗位技能模型、职业标准、生产过程、认证考核标准无缝切入职业教育人才培养过程中。同时联动企业专家，协同培养在校学生真正实现教育链、人才链与产业链、创新链的有机衔接，确保现代学徒制的人才培养质量。

（二）"农村电商学院"建设模式模型

农村电商学院以服务黑龙江地区农村经济发展，通过现代学徒制、产教融合的方式，培养了一批又一批高素质的"新农电商"复合型人才其合作模式为"一四三一"架构，如图2所示。

"一"个命运共同体：淘宝教育借鉴现代学徒制的方式，将电商产业的职业标准、生产过程、项目实战、职业证书等内容深度融合到农村电商人才培养体系中，实现产教深度融合，促进校企合作1个命运共同体。

"四"大主要任务：农村电商学院通过深化工学结合，进一步改革人才培养模式；通过引入企业导师，加强专兼"混编"师资队伍建设；通过项目导入，案例引入，强化教学教材内容和课程资源库建设；通过提供技术培训、咨询服务、项目孵化、店铺运营、中职师资培养等方式，开展基于项目维度的社会服务；

"三"方联合协同："农村电商学院"是在黑龙江牡丹江市政府大力支持下，联合淘宝教育、黑农经三方合作的示范性农村电商学院；

"一"个产业学院：基于黑龙江区位优势和产业特色，联合淘宝教育共同建设了"农村电商学院"。

四、成效评价与推广价值

（一）成效评价

1. 提升职业院校人才培养质量：成立东北首个"农村电商学院"

"农村电商学院"是面向农产品"生产—质检—供应—仓储—营销—销售—配送"全产业链的全国示范性农村电商产教融合基地，实现了农产品从"种得好"向"销得好"的转型。

2. 提升职业院校社会服务能力：打造农村电商产教融合社会服务平台

"农村电商学院"是一个集"教学—培训—认证—咨询—孵化"为一体的综合性、立体化产教融合社会服务平台。2020年，为50余家电商企业提供技术支持和点对点服务，并开展电商技术培训5000余人次，为中高职院校培训师资160人次，孵化农产品电商企业20家。

（二）推广价值

1. 适用范围

本案例适用于在某一细分领域具有深厚的实践经验沉淀和巨大发展潜力的企业，在深度参与职业院校人才培养、课程开发、教师队伍建设等各项工作中推动职业院校专业群建设的完善与发展。

2. 应用场景

本案例应用于企业和职业院校在专业建设上的全方位合作，同时整合政府、行业协会等优势资源，打造"政行校企"合作命运共同体。

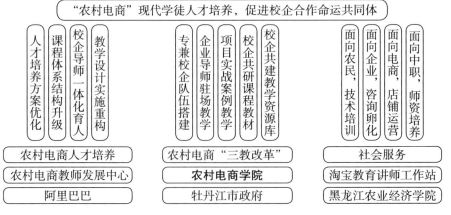

图2 农村电商学院"的合作模式

3. 注意事项

要立足乡村振兴战略和区域经济发展特色，通过产教深度融合实施现代学徒制人才培养模式，基于校企合作开展职业院校专业建设和"双师型"教师队伍打造，由此补齐农业农村发展短板，完成职业教育促进就业和服务民生的重要使命。

专家点评：该案例立足乡村振兴战略的深入推进，结合东北地区高素质复合型农村电商人才需要，依托阿里巴巴集团的平台、技术和生态企业资源，以黑农经-淘宝教育农村电商学院为载体，通过产教融合合作平台搭建、人才培养方案共创、高水平双师队伍打造、课程资源联合开发、产业咨询与社会服务等方面的深入合作，将黑龙江农业经济职业学院"农作物生产技术"专业群建设成为产教融合全流程协同育人的示范性样板，为实施乡村振兴提供高质量人力资源开展的产教融合项目提供有益的借鉴和参考。

基于人才培养范式，企业嵌入职业院校的协同创新实践

吴立新　　徐小红　　苏丽

行云新能科技（深圳）有限公司

摘要： 基于教育链、人才链与产业链、创新链的有机衔接，行云新能科技（深圳）有限公司应用"产教融创一体化协同育人标准对接"模式，从人才培养模式创新、课证融通课程体系构建、新型活页式教材开发、校企共建模块化教学资源建设、高水平专业化产教融合实训基地建设、双师型师资队伍建设、技术技能大赛训练、社会化职业培训、实习就业联动以及技术创新等维度实施创新举措，为新能源、智能网联汽车企业输送技术技能型人才，为新时代高质量技术技能人才培养典范模式提供借鉴经验。

关键词： 新能源汽车；智能网联汽车；产教融创；产业链；人才培养

一、实施背景

为落实国家《关于加快发展现代职业教育的决定》《关于深化产教融合的若干意见》《建设产教融合型企业实施办法（试行）的通知》《关于印发试点建设培育国家产教融合性企业工作方案的通知》等政策的要求，坚持以习近平新时代中国特色社会主义思想为指导，深入贯彻《中华人民共和国职业教育法》，行云新能科技（深圳）有限公司（以下简称"行云新能"）发挥职业教育在新能源与智能网联汽车领域全产业链人才培养生态系统服务体系以及产业技术聚合中的优势，面向全国职业院校，共同开展"聚焦产业生态，共育职教人才"实践探索。

当前，企业普遍存在招工难的问题，如何使职业院校学生更快更好地满足企业的用人需求，如何将企业职业能力需求嵌入课程标准和教学过程，行云新能尝试性地探索出了一条促进精准培育所需人才模式。

二、主要做法

（一）合作模式

如图1所示，作为产教融合生态系统中的重要主体，行云新能面向新能源与智能网联汽车相关专业职业院校的学生和教师，共育生产制造、装配、营销、检测、维修等领域的产业技术技能人才，协同职业院校，在人才培养方案制定、课程体系搭建、师资队伍培养、实训体系构建、实习就业拓展等方面展开全方位合作，拉近企业和学校在用人需求与人培模式、生产与实训、企业文化与专业文化、工作环境与学习环境、招聘与就业之间的距离，将企业的真实需求融入职业院校的人才培养过程中。

（二）实施过程

1. 架桥梁，建立产业链人才培养命运共同体

在人才培养方案的制定过程中，行云新能联合校企双方，深度参与新能源与智能网联汽车产业链上各典型工作岗位的工作，提炼典型工作任务、工作场景，挑选适合职业教育教学实训的相关实训设备、环境，总结职业素养要求及各岗位、职位晋升所需的技能，调取产业链相关企业与职业院校的调查数据，形成符合产业链人才培养模式的命运共同体。

2. 传文化，融入企业文化的职业素养建设

在将企业优秀文化嵌入专业文化建设的过程中，充分考虑教学环境及文化素养建设对人才培养的影响，将企业文化、6S管理文化、产业文化等元素融入以岗位工作站为载体的实训环境中，作为对技能训练的有效补充。此举使院校的文化内涵与培养行业企业高素质技术技能型人才的使命之间的联系更加紧

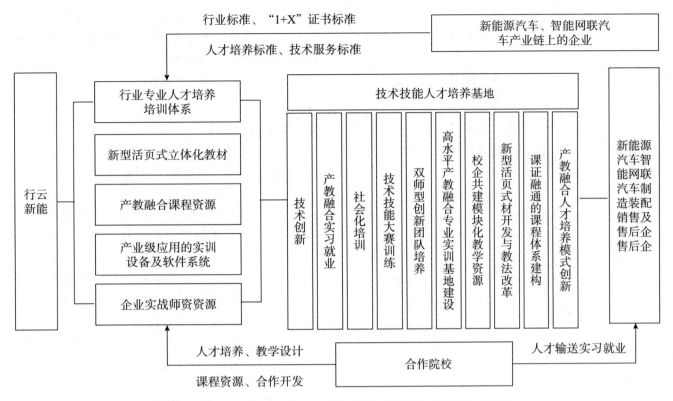

图1 基于人才培养范式，企业嵌入职业院校的协同创新合作模式

密，也是引导学生形成互相认同的共同文化观的有效途径。

3. 岗对课，以岗位要求为依据的课程建设

结合新能源与智能网联汽车生产制造、系统研发、系统测试、装配、营销、检测、维修等岗位的需求，对接国家职业标准与"1+X"职业技能等级标准，推进课程思政建设，按照"调研与论证典型工作岗位—定位人才培养目标—分析典型工作任务与职业能力—知识的解构与重构—教学内容序列化"的基本思路，建设专业课程体系及课程资源。

4. 新教材，符合职业教育教学特点的活页式教材

依托新能源与智能网联汽车整车生产与装配、系统开发与测试、整车服务与维修产业链，综合考虑新能源与智能网联汽车职业岗位群，对接新能源与智能网联汽车职业技能等级标准，与企业及院校共同开发通识课程项目化、专业核心课程活页化、培训课程手册化的系列信息化新型教材。

5. 详规划，按照产业生产真实要求搭建实训体系

根据新能源汽车的生产—装配—检测—维修环节、核心零部件生产环节、后端整车服务与维修环节等各环节的岗位需求，以及智能网联汽车的系统开发—系统测试—整车测试—车路协同测试等环节的岗位需求，结合院校所在省市的产业规模及应用场景，优化基于工作任务、工作站形式的实训教学理念，分期建设高水平、专业化的产教融合实训基地，并对基地内各工作站进行细致的、贴合院校实际教学需求的规划。

6. 育"双师"，以名师工作室带动"双师"成长

行云新能协助院校建立"教学名师＋能工巧匠"双向互聘机制，帮助教师快速熟悉学生的目标就业岗位，掌握对应的典型工作任务技能，更好地服务于课堂教学。与此同时，推动企业技术人员到课堂开展课程教学，将企业的规范标准融入课堂教学，为课堂输入最前沿的技术与技能。此外，依托新能源与智能网联汽车企业实践基地，开展企业顶岗、认证及考核，提升教师的创新、产学研、社会服务以及企业实践能力。

7. 促服务，助力学校开展面向社会群体的培训认证服务

围绕院校所在省市的新能源与智能网联汽车产业，面向企业在职员工、学生等社会群体，开展职业素养、职业岗位技能提升、资格认证培训服务，为当

地产业培训符合产业发展要求的技术技能工人。

8. 输人才，为企业解决人才需求，为院校解决就业需求

行云新能利用自身的企业资源优势，为院校在学生实习、毕业生就业方面提供帮助。一方面，根据院校专业课程开设情况，协助学校就近选择有人才需求的企业，另一方面，协助企业根据用人需求向合作院校寻求人才支持，在校企双方之间搭起一座人才精准对接的"行云人才桥"。

9. 工作室，以工作室形式带动技术科研，服务中小微企业

行云新能协助院校引入比亚迪、华为、百度等企业的技术骨干、技艺大师、领军人才，成立"新能源与智能网联汽车大师工作室"，参与区域新能源与智能网联汽车领域的重点工程和科研项目，并面向中小微企业提供技术培训、技术支持、产品创新等服务。

10. 办大赛，协助学校申办、举办技能大赛，提供大赛服务

行云新能为合作院校举办技能大赛提供助力，提供赛前训练、竞赛平台等，并协助院校申办、举办各层级的技能竞赛，提升学校的知名度、软实力。

11. 助职教，为职业教育捐资、扶贫助教

协同对口帮扶，参加教育部结对帮扶项目，行云新能不仅为怒江州职教中心、西藏职业技术学院、威县职业技术教育中心、田东职业技术学校等院校单位捐赠价值百万元的实训设备，还提供培养服务，为教育扶贫贡献力量。

12. 强保障，为校企合作共育共融保驾护航

行云新能协助院校建立"产教融合校企合作专业建设指导委员会"，邀请企业专家、技术能手参与专业规划，协助院校定期召开专业建设、专业人才培养方案修订会议，开展评教、评课等活动，为合作院校与企业深入参与育人全过程发挥促进作用。

三、模式模型与创新点

本案例创新点在于紧抓新能源与智能网联汽车产业对技术技能人才的需求，以国家、行业标准为指导，结合院校所在省市的新能源与智能网联汽车产业的人才需求及院校现状，采用"电话邀约访问"和"问卷调查"等调研方式进行了调查，通过应用"产教融创一体化协同育人标准对接"模式模型，如图2所示，将院校新能源与智能网联汽车相关专业建设成为具有辐射、引领本省市、本区域新能源与智能网联汽车专业人才培养作用的示范性样板。

四、建设效果

（一）构建完整人才培养与课程体系

搭建新能源与智能网联汽车中—高—本衔接、技工技师一体化人才培养体系，为山东、广东、黑龙江、河南、吉林等10多个省份的院校提供人才培养与课程服务。同时，行云新能主编、院校参与编写的《新能源汽车概论》《新能源汽车电学基础与高压安全》《新能源动力电池及管理系统检修》等6套教材被众多新能源汽车学习者选用，累计销售超过8万册，并入选职业教育"十三五"规划教材。

（二）开展各层次技术技能培训活动

开展新能源与智能网联汽车技术培训，参与交通运输部鉴定培训，累计培训超过400场次，共服务超过5万人次。承担教育部、财政部"国培计划"的推进工作，接受广东、江苏、安徽、河南等省份的职业院校教师"国培"任务，累计培训62场次，覆盖1000所职业院校，培训人数达2.4万名，包括专业负责人、带头人、骨干教师和实训指导教师。

（三）深化产教融合双主体育人机制

与比亚迪、华为等行业龙头企业共建产业学院、实训基地。已与广东、江苏、黑龙江、贵州等26个省份的124所院校共建比亚迪新能源汽车产业学院；参与"比亚迪新能源汽车技术技能人才培养基地"共建项目；建成无锡职业技术学院、佳木斯职教集团、江苏盐城技师学院、哈尔滨第二职业学校等示范样板；与广东、江西、贵州等重点省区合作推广及建设"华为MDC智能驾驶计算平台人才培养中心"，为智能汽车研发提供人才储备。

（四）形成多元化技能大赛成果转化

参与教育部、人力资源和社会保障部、交通运输部组织的国赛9场、行业赛5场、省赛130场，服务

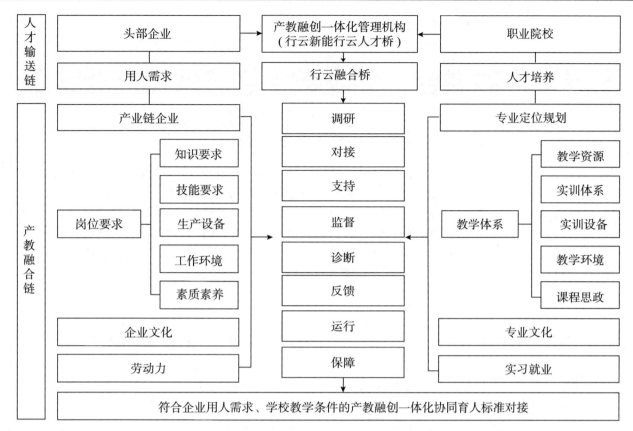

图 2 "产教融创一体化协同育人标准对接"模式模型

超过 30 个省，惠及超过 700 家中、高职以及技工技师院校，协助超过 800 支参赛队伍。

五、经验总结

在行云新能、企业、合作院校三方的共同努力下，新能源与智能网联汽车专业的建设及人才培养在实施过程中探索并建立了有效一套的校企"双赢"合作机制和运营模式，通过合作，既为企业带来利益，又让学生获得实践能力的锻炼。

六、推广应用

行云新能产教融合校企合作活动主要适用于开设了新能源汽车、智能网联汽车专业及相关专业的职业院校。本案例除与比亚迪等整车制造企业建立产教融合、校企合作关系外，也可用于与其他新能源汽车产业链上的相关企业进行合作。遴选合作企业时，应充分考虑该企业在产业链中的战略决策方向。

专家点评：该案例基于教育链、人才链与产业链、创新链的有机衔接，以国家标准、行业标准为指导，结合职业院校所在省市的新能源汽车产业人才需求及合作院校现状，通过应用"产教融创一体化协同育人标准对接"模式，推进合作职业院校的新能源汽车与智能网联汽车专业建设和培养高技能专业人才，为加快新时代高技能人才培养提供了很好的借鉴。

全场景产教融合，共建数字经济现代产业学院

郭 镭　　徐子卿　　张 烨　　杨 羽　　饶晴丽

天下秀数字科技（集团）股份有限公司

摘要：本文介绍了天下秀数字科技（集团）股份有限公司与上海师范大学天华学院、上海城建职业学院等院校开展全面产教融合人才培养探索实践。基于适应数字经济产业发展，具有国际视野的综合型、应用型人才培养需求，校企共同打造了以教学环境建设、构建师资培养、人才培养体系构建、实习实训体系搭建、就业渠道扩展五位一体的覆盖人才培养整体链路的各环节的产教融合新模式。在产教融合项目实施过程中，通过"专业共建""实验室建设""双师型师资培养""学生实训""产业项目承接"等逐项实施

关键词：产教融合；人才培养；现代产业学院；智能教育场景应用

一、实施背景

数字经济时代背景下，新媒体营销异军突起。数字经济正在成为重组全球经济要素的资源之一。数字化进程推进城乡融合发展和智慧城市建设，改变了人们生活工作的各方各面。《2021年中国直播电商行业研究报告》显示，2021—2023年，短视频和直播电商领域从业人员缺口将分别达到181万人、378万人、574万人，数字经济时代背景下，新媒体营销异军突起。

二、关键问题

在数字经济快速发展的环境下，培养高水平数字化人才成为当务之急，是我们要解决的关键问题。面对数字经济的快速发展及产业对专业人才的强烈需求，国务院办公厅印发《关于深化产教融合的若干意见》，上海市发改委等部门印发《上海市建设产教融合型城市试点方案》等文件，按"深化产教融合，促进教育链、人才链与产业链、创新链有机衔接"和"支持引导企业在专业规划、教材开发、教学设计、课程设置、实习实训等环节与职业院校、高等学校深度合作和对接"的精神和要求，天下秀数字科技（集团）股份有限公司（以下简称"天下秀"）与上海师范大学天华学院、上海城建职业学院等院校展开深度产教融合，开启了以智能化、数字化引领院校转型升级、推动高质量职业教育发展的探索和实践。

三、主要做法

天下秀围绕人才培养的整体链路，从教学环境、教师、人才培养体系、实习实训、就业五个环节，依托合作院校在教育、场地资源方面的优势，形成了具有学校特色的校企合作服务体系，共同打造数字经济新媒体营销领域的"产、学、研、用、创"产教融合新生态，如图1所示。

（一）建设沉浸式新媒体营销实验室，让学生在技术与艺术交叉领域内进行系统性产业实践

天下秀以"智慧课堂"为核心，充分利用大数据、虚拟现实等新一代信息技术，结合主播、直播间互动、观众视觉体验要求，设计多场景新媒体营销互动实验室空间，为院校打造了便捷的新媒体教学环境。在院校提供实验室建设场地的基础上，天下秀负责集成建设。按照国家标准和产业要求，配备先进的产业设备，还原真实物理空间，建成多场景沉浸式新媒体营销实验室。

实验室可以培养全生态的直播互联网运营岗位人才，如直播策划、直播电商选品、主播、直播运营等。实验室包含选品模块、直播模块、短视频创作模块、大数据模块、教学及实践模块，可支持学生进行需求沟通、方案策划、实践直播、场控、短视频内容

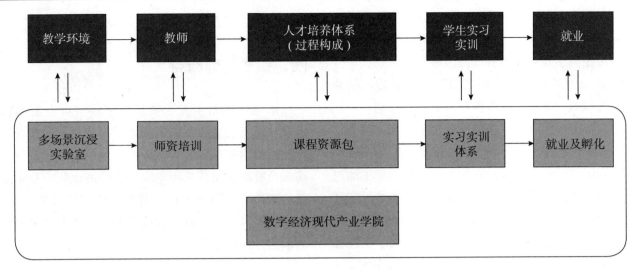

图 1 数字现代产业学院模型

策划、拍摄制作等内容的训练。教师端借助实验室可完成直播监控、数据分析、直播销售复盘等针对每个学生的个性化评价工作，便于师生双方明确培训目的和内容，提高训练效率。

（二）增强高校人才培养能力，全面提升高校教师数字经济领域的教学和实践创新能力

为应对国内新媒体营销专业师资紧缺现状，天下秀在与院校的合作中，加强师资培训，校企双方共同投入建设"双师型"师资团队，形成高校教师与企业导师联动培养机制。

1. 建立师资互兼互聘制度

在校企合作师资培训中，主要包含提供企业师资入校参与教学、实训、创新及商业项目指导等工作，校内专任教师能力提升计划等。

2. 面向专业带头人、骨干教师开展培训

学校从内部选拔优秀教师，天下秀制定教师培养方案并报学校审核，确定后实施培养周期，以一学期为循环，每期培养人数 20~30 人。

3. 多线并行，真实企业项目实操

通过"在线课程预学与巩固＋阶段直播答疑＋线下实操演练＋专业考核"的形式完成全部学习。完成培训后，提升教师新媒体营销产业一线操作应用能力、将企业提供行业案例融入日常授课的教学能力以及指导新进教师提升专业技能的能力。

4. 校企双向互认证书

培训及考核通过的教师将获得中国电子商会技能证书及天下秀新媒体营销师认证证书。

（三）建设现代产业学院及研发新专业课程资源包，实施学科交叉、产教融合的复合型创新人才培养机制

依托合作院校的教育和场地资源优势，发挥天下秀的行业资源和影响力，共同打造新媒体营销领域的"产、学、研、赛、创"产教融合新生态，使之成为现代产业学院建设试点项目的示范性领军项目。

具体实施形式包括四个方面：一是研发基于"课岗互通、四段养成"的现代学徒制人才培养体系；二是双方共同制定人才培养方案与教学执行方案；三是双方共同挑选核心课程开发职业教育教材，使之成为引领院校的专业标准。目前天下秀为新媒体营销课程体系共计开发《电子商务与直播营销》《社会化传播学》《直播营销法律法规解析》等 15 门课程供院校选择；四是双方共同基于数字经济现代产业学院建设原则，探索产业链、创新链、教育链有效衔接机制，建立新型信息、人才、技术与物质资源共享机制，打造集人才培养、产业研究、技术创新、企业服务、学生创业等功能于一体的示范性人才培养实体，为应用型院校建设提供可复制、可推广的新模式。

（四）学以致用、用以促学，实施产教融合跟岗实习教学模式

天下秀基于在新媒体营销行业的实际业务经验和先进的数字科技服务能力，开发了"IRED 虚拟教学实训平台"。该平台不仅包括了以真实产业流程为依据的课程体系，同时包含了教学服务平台、虚拟实训

平台、大数据应用平台、就创业平台等，为校企双方建立可持续发展的新媒体营销人才培养体系、优化教学资源，提供了高效率的教育资源整合服务模式。院校与企业双方共同根据不同年级的学习阶段，结合"IRED虚拟教学实训平台"匹配专业教学计划。

面向在校学生开展"新媒体营销创新人才培养计划"。按照年级进行划分，一、二年级学生主要应用教学与实训云平台进行理论和实训；三年级学生通过线下培训与实操进行综合能力培养，并逐步通过实训云平台承接商业化项目；通过"线上自学+线下培训"的形式提升专业能力，并为即将毕业的学生推荐就业机会。

根据人力资源平台岗位需求和岗位职责，校企共同设计校内阶段岗位职级考核标准，无缝对接企业招聘；建设学生阶段性实习实训方案，每周安排实践作业并安排专业人员指导，每学期进入企业实训，以企业真实项目案例进行实践。

（五）积极打造"毕业—就业—创业孵化"机制，鼓励学生参与项目实践

天下秀以自身的产业优势，配合学校完成校外实习实践工作，打造富有层次的企业定制化人才培养体系，与国内业界知名企业、媒体及互联网平台对接，为优秀毕业生提供实习、实践及就业机会。

1. 真实项目接入

以本土企业供应链起步，逐步打造新媒体创意营销和直播营销校园执行团队，借助创新营销案例吸引供应链厂商、直播公司、平台运营公司及周边供应商开展校企合作，引入真实项目，将学生纳入项目团队，无缝对接企业岗位，形成项目实操型人才培养体系。

2. 创新创业指导

以专业为单位，组织即将毕业并且对新媒体营销行业感兴趣的学生开展交叉学科的综合创新创业培训及就业指导服务。通过"线上+线下"混合教育模式嵌入就业指导课堂，同时为学生提供天下秀西五街平台、众测平台等真实的就业孵化助学项目。

四、模式与创新点

本案例创新点在于紧抓数字经济产业新媒体营销领域对复合型人才的需求，以国家政策为指导，以行业趋势为依据，结合院校所在地的区域化产业人才需求及院校现状，采用建立数字经济现代产业学院方式，应用产业资源入校，将合作学院的营销、媒体、电子计算机等相关专业建设成为具有辐射和引领作用的示范性样板专业。

五、效果与推广价值

由于数字技术和载体的更新换代非常快，未来对于新媒体营销人才的需求会继续增加，行业涉及的职位提升空间巨大。在深化产教融合过程中，新媒体营销人才供需仍需从产业角度、教育角度进行思考与改革。

本案例的应用将对于新兴产业人才培养提供很好的借鉴，同时打造了数字经济领域产教融合校企合作样板，对于新媒体营销领域的产教研究、专业打造、人才培养、基地建设可推广的应用价值。

专家点评：该案例顺应数字经济产业发展趋势和职业教育改革创新方向，以国家政策为指导，直击产业发展与人才供需的突出矛盾，围绕构建"中职—高职—应用型本科—国际教育—就创业—社会化培训"全链条贯通的人才培养体系，推动特色高水平职业院校建设，院校、企业在区域性全方位协作共建共享集人才培育、资源共享、技术创新、社会服务四位一体的"产教共同体"，培养适应高速发展的数字经济产业和高品质民生需求的复合型技术技能人才，探索了数字合作、协同育人、构建产业组织生态等多维度产教融合校企互促模式，对培养数字经济应用人才的产教融合项目具有借鉴和推广应用价值。

"双元育人"产教融合共建现代产业学院实践

刘宁[1]　陈阳[1]　刘存洋[1]　袁金凤[1]　谢金达[2]

1. 东软教育科技集团有限公司　2. 湄洲湾职业技术学院

摘要：建设"数字福建"，是习近平总书记亲自擘画开启、大力推动实施和持续关心支持的重要战略。为适应福建省数字产业发展，需大量培养合格的技术技能型专业人才，产教融合背景下校企"双元育人"机制成为重要途径。本案例基于数字技能人才培养现状，以东软教育科技集团有限公司和湄洲湾职业技术学院"双元育人"共建现代产业学院项目为基础，从现有资源和条件出发，探讨产教融合背景下校企"双元育人"机制培养数字技能人才的创新举措。

关键词：双元育人；中高职一体化；校政企合作；体系重构；产教融合

一、实施背景

（一）福建省数字产业发展驱动职业教育升级

建设"数字福建"，是习近平总书记亲自擘画开启、大力推动实施和持续关心支持的重要战略。2022年4月，福建省数字福建建设领导小组办公室印发《福建省做大做强做优数字经济行动计划（2022—2025年）》提出，到2025年，全省数字经济增加值超过4万亿元，数字经济核心产业增加值占GDP的比重比2020年提高3个百分点，数字经济创新发展水平明显提升，形成一批具有国内外竞争力的数字产业集群，福建省数字产业发展驱动职业教育必须升级。

（二）福建省数字产业生态圈亟待补齐人才短板

福建省目前还存在人才智力资源紧缺的问题。特别是数字经济发展所需的融合型、实用技能型人才缺口较大，培养体系尚未建设完善。

二、关键问题

目前，大部分院校与企业在产教融合、校企合作方面的合作处于较低层次，校企协同育人缺乏共识、合作深度不够问题。政府机构在校企合作中充分发挥"搭平台、给政策、优服务"方面的作用不够，需进一步真正促进"校—政—企"共建、共享、共赢，职业院校现有的人才培养难以满足企业对技能型人才的需求。

三、主要内容与做法

东软教育科技集团有限公司（以下简称"东软教育"）具有产业优势，以教育创造学生价值为使命，坚持教育方法、培养模式、运行机制的开拓创新，与湄洲湾职业技术学院（以下简称"湄职院"）开展校企合作，共建东软现代产业学院（以下简称"产业学院"），开展"双元育人"产教融合共建现代产业学院实践。

（一）产教融合、校企协同双元育人实践

1. 共同制定产业学院双元运营机制

产业学院实行湄职院党委领导下的"产业学院理事会"管理机制，建立校企共同管理、共建专业、共设基地、共组团队、共享资源、共创成果、共育人才、共担责任的"八个共同"管理体系和运行服务机制，目前已建立一套完善的内部管理制度和流程，包括教职工工作职责、财务管理制度、人事管理制度、兼职讲师管理制度、对外培训管理办法、学生日常管理制度、实训管理制度、食品安全管理制度等。

2. 共同确定人才培养目标与规格

产业学院的建设主动适应地方数字技术产业发展的需要，积极吸纳多元主体参与人才培养，确立了"以软件技术、大数据技术、物联网应用技术、计算

机应用技术、动漫制作技术为龙头,其他专业协调发展"的专业建设思路。通过调研100余家信息技术企业,获得经济社会需求及行业发展动态,以行业发展确定专业设置,确定专业在产业链中的定位、对应的岗位群及岗位的素能要求;据此确定人才培养目标及毕业要求,从知识、能力、素质三个方面分解毕业要求并形成若干可考核指标,进而明确专业人才的培养规格,目前,产业学院的5个专业完成人才培养目标的准确定位和培养规格的具体细化。

3. 共同制定专业课程体系与标准

产业学院坚持"以学生为中心、以成果为导向、持续改进"教育理念,以毕业要求倒推课程体系,以岗位需求倒推课程内容,校企共同构建了5个专业的课程体系,50门课程的课程质量标准。

在专业群课程体系建设方面,将每个专业典型工作任务转换为学习行动,采取"平台课程+方向课程+项目实战"模块化课程体系模式进行核心课程设计,并随着产业转型升级动态调整模块化课程及专业方向。

课程标准的制定着重强调"以学生学习为主体,以学习成果为导向",包括课程教学目标、预期学习效果、教学内容与要求、课程考核与评价、教学方法与手段、课程资源开发与利用的设计要求,从学习目标和预期学习效果出发,融入混合式教学设计,充分发挥线上和线下两种教学的优势,促进优质教学资源的开发与利用,落实知识、素质、能力的培养支撑培养目标的达成。

4. 共同开展数字技术专业师资团队建设

产业学院制定了校企人才双向流动机制,开展校企导师联合授课、联合指导,设立教师激励制度。企业共计20余名具有一定理论水平和丰富实践经验的技术骨干为学生授课、指导实践,校内专业教师参与企业的科研项目,解决企业生产技术难题,通过互聘共享师资团队,校企组建了生产、研发、教学一体化团队。

5. 共同建设产教融合实习实训基地

产业学院引入了东软产业的产品、技术和生产流程,构建基于产业发展和创新需求的实践教学和实习实训环境。引入了东软产业实践教学资源,构建功能集约、开放共享、高效运行的数字技术专业实践教学平台。同时引入了东软数字工厂模式,建设形成兼具生产、教学、研发、创新创业功能的校企一体、产学研用协同的实验、实训实习基地。

(二)构建政府统筹、多元办学的新格局

协同创新、人才支持是福建省企业发展的重要支撑要素。产业学院的建设以"全面合作、联合创新、协同育人"为目标,"政校企"深度参与,不断创新"政府统筹、多元办学、校企协同育人"的新模式,建立了产业学院资源共享机制,形成行业、专业资源融入教学、科研、服务、创新创业的一体化联动,实现了多方共赢与良性发展。

(三)中高职一体化人才培养体系构建

基于产业学院的整体合作,校企进一步深化产教融合,东软教育与湄职院下属中职学校——湄洲湾职业技术学校(以下简称"湄职校")开展了深度的校企合作,构建了"一平台、二融合"的一体化人才培养体系。

1. 搭建"高职、中职、企业"三方联动平台

在此基础上,湄职院和湄职校、东软教育共同搭建了"高职、中职、企业"三方联动平台,形成了有效的三方联动机制。通过三方定期召开专题会议,就中高职人才培养中的关键问题展开深入探讨,有效协同中高职教学平台建设。

2. 实践"能力递进、课证融通"的中高职课程衔接

东软教育和院校教师共同实施"能力递进、课证融通"的中高职课程衔接教学内容改革,深入开展中高职专业衔接的一体化的课程标准制定工作。根据中高职学校不同层次的要求,开展了项目化和一体化教学,形成了"能力递进"的课程知识体系;以"课证融通"为导向,实现了课程与职业岗位能力的无缝对接。

四、经验萃取与模式模型

以校企"双元育人"为抓手,充分利用东软教育20多年的办学积淀及东软产业资源优势,构建了"流程重构、体系搭建、产教融合"的校企"双元育人"改革与实践的创新模式,如图1所示。通过近年来的实践证明,此种模式有效解决了产业链

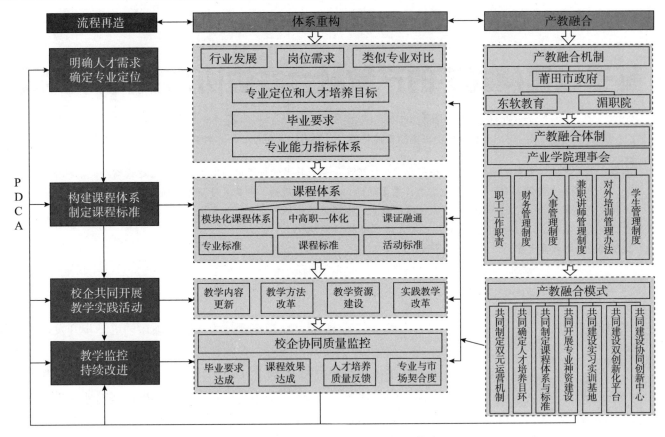

图1 校企"双元育人"改革与实践模式

和人才链长期以来"两张皮"的问题,能够提升学生实践应用水平和创新能力,满足当前数字产业对数字技能人才的需求。

五、成效评价与推广价值

(一)成效评价

1. 培养质量提高

产业学院每年为全校软件技术、大数据技术等5个专业共2000余人次开展教学;专业群毕业生就业率稳步上升,一直保持98%以上,企业对学生总体满意率达96%以上;湄职院招聘信息技术类专业学生的企业年均增长超过10%。

2. 辐射效应明显

3年来,东软教育与近百家高职院校建立深度合作关系,有力带动了其他专业教学改革,形成20余个校企合作典型案例,并在主流媒体专题报道(刊发)30篇次,多所高校到湄职院实地考察分享产业学院办学经验。

(二)推广价值

本案例对特色鲜明、与产业紧密联系的应用型本科院校、高职院校探索校企合作机制与模式具有借鉴意义。产业学院通过多主体协同构建产业人才供给链,以"双元育人"改革与实践创新模式的实践共塑案例成果,造就了大批产业需要的高素质应用型、复合型、创新型人才,为提高产业竞争力和汇聚发展新动能提供了人才支持和智力支撑,从而促进了教育链、人才链与产业链、创新链的有机衔接。

专家点评: 该案例以湄洲湾职业技术学院和东软教育科技集团在开展"双元育人"产教融合共建现代产业学院中取得很好的效果。在产业学院建设中,充分发挥东软产业优势,搭建学校与企业有机链接,畅通产教融合渠道,打造了"多主体合作、多团队协作、多模式运作"的教育、科研、服务一体化协同创新大平台,推动了教育链、人才链与产业链、创新链的有机衔接。本案例为探索构建中高本贯通培养新模式有一定借鉴价值。

基于世赛模式下的产教融合多边协作共同体实践

吴新林[1]　李彦坤[1]　徐　璐[2]　杜　芬[2]　孙永明[2]

1. 中国中车集团有限公司　2. 常州铁道高等职业技术学校

摘要：本文阐述了中国中车集团有限公司和常州铁道高等职业技术学校围绕国家技能型社会建设需要，依托举办第46届世界技能大赛为契机，通过校企联合、多方联动，研究世赛规则，开展装备研发，助力轨道车辆技术赛项迈向世界技能大赛舞台。深化产教融合，以世赛集训基地内涵建设为抓手，广泛开展标准开发转化、培养方案优化，探索混合式教学方法，创新实践世赛理念下人才培养模式。

关键词：世界技能大赛；产教融合；集训基地

一、实施背景

近年来，党和国家高度重视职业教育，坚持产教融合、校企合作，推动形成产教良性互动、校企优势互补的发展格局，鼓励上市公司、行业龙头企业举办职业教育，共建共享公共实训基地。

中国中车集团有限公司（以下简称"中车"）是全球规模领先、品种齐全、技术一流的轨道交通装备供应商，中车制造的高速动车组系列产品，已经成为中国向世界展示发展成就的重要名片。作为首批国家级产教融合型企业，中车积极探索构建行业特色鲜明的职教体系，深化产业链、创新链与人才链、教育链有机衔接。

轨道车辆是多技术融合的运输工具，符合绿色发展理念，新技术、新产品持续更新迭代，但各国轨道交通人才培养标准不尽相同，尚未搭建起人才培养的国际平台。中车和常州铁道高等职业技术学校（以下简称"常铁校"）以第46届世界技能大赛（以下简称"世赛"）为契机，推动轨道车辆技术赛项登上世赛舞台，校企共建公共实训基地，不仅有利于擦亮"国家名片"，同时也为国际行业人才培养提供了新的"指南"和国际交流平台，将有力促进职业教育产教融合高质量发展。

二、解决的问题

一是世赛赛项项点不丰富问题，随着技术不断发展，轨道车辆技术世赛赛项还须进一步开发，丰富赛项项点；二是宣传推广力度不够问题，须加大宣传推广，持续扩大中国轨道交通国际影响；三是基地建设运维保障不足问题，须进一步拓展基地建设运维方面的业务，持续加大对后期运营保障的投入。

三、主要做法

（一）依托世赛平台，多方协作共融，提供产教融合原动力

践行"多元化、创新、合作"的价值理念，在国家交通部、人社部指导下，由中车牵头组建以企业、自办学校为纽带，行业企业、优势职业院校相关人员共同参与的工作团队，通过技术融合、人才融合、资源融合、文化融合，形成了"部委指导、企业牵头、学校参与、项目推进"的协作推进工作机制。

世赛虽有一套成熟的运行规则，明确了基本流程和主要业务，但实践过程中，如何结合项目的实际特点和实际情况，突破关键环节，需要予以重点谋划。回顾项目开发主要流程，重点突破了赛项开发立项、集训基地建设两方面的关键任务。

（二）发挥龙头优势，聚焦行业人才培养，实现世赛首项突破

世界技能组织标准规范规定了构成技术和职业最佳国际实践方法所需的知识、理解力和具体技能，包

含技术说明、测试项目、操作规程等重要内容。赛项开发流程见图1。

1. 确定测试项目

从轨道车辆"九大系统、十大关键技术"选择最具代表性的模块，结合竞赛展示的功能需要，对列车制造、检修及运营实际工作进行反复论证，选定受电弓、转向架、门系统、整车四个相对独立、最具代表性的关键部件作为考核模块。提炼典型工作案例，开发测试项目，联合职业院校教师，根据职业教育特点，实施考核项点转化，编制赛项技术提案和技术规程，确定测评以及评价方式。

2. 研制竞赛装备

立足完整性考虑，综合配置电气、气路、液压等功能模块，研发竞赛装备，并进行教学和考核转化设计。其中，整车模块将原来的网络控制系统、牵引控制系统进行了简化设计，应用大数据技术对中车境内外轨道车辆维保手册和常见故障进行分析，结合最新中国标准地铁列车相关技术要求，模拟设置共100余项的故障项点，满足了教学和考核任务，并同步启动模拟仿真技术设备开发。

3. 开展世赛赛项推广

依托企业平台优势，在多方通力配合下，开发世赛轨道车辆技术官网平台，并开通香港服务器，扩大对外窗口。依托中车海外营销渠道，多途径广泛发动东南亚、非洲、欧洲、大洋洲等有关国家的技术代表，协助开展组队和教练选聘，最大程度上确保赛项立项。同时，为应对疫情不利影响，利用Zoom平台，组织巴西、法国、美国、中国香港等14个国家和地区参加在线培训工作，积极向世赛组委会推介赛项，提升赛项影响力。

（三）校企共建共享，岗课赛证融通，促进产教深度对接

世赛轨道车辆技术选手年龄限制在22周岁以下，处于刚迈出校园或在校学习的学生，为职业发展的起步阶段。围绕如何联合发挥校企优势，结合赛项实际特点，培养合格的参赛选手，进而推进集训基地建设内涵提升，促进行业人才培养质量提升，重点开展四个方面的工作。

1. 以赛促改，推动专业建设

发挥常铁校优势组建专门研究团队，对接职业标准和岗位核心能力，对世赛轨道车辆技术赛项进行教学研究转化。首倡开发建设的城市轨道交通车辆制造与维护、高速铁路动车组制造与维护两个高职专业，列入教育部职业教育专业目录。组织开发轨道交通电气设备装调、轨道交通装备焊接高速动车组转向架检修与装配、轨道交通智能产线建设与运维等10余项"1+X"职业技能等级标准。

2. 以赛促教，创新"双师制"培养实践

抽调各主机、零部件生产配套企业技术技能专家14位，通过与职业院校教师结对子，覆盖理论和实操培训环节，实施交通运输行业选手集训、赛项裁判员培训工作。提供安全培训、工艺技术培训、技术方案解读、模块训练等工作，培养双师20余位，开辟了专业院校双师培养新途径。

3. 以赛促培，优化教材开发

结合竞赛规则要求，确定对应课程学习任务，将竞赛资源内化为专业课程体系，进行理论和实践课程开发。其中，以世赛理论知识为基础，开发理论课程培训41门，依托车辆运维、现场维修等内容，进行

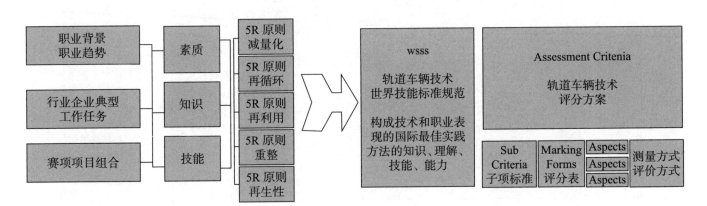

图1　赛项技术文档开发

一般故障处置、关键部位故障分析与处置等实践教学，开发来自生产现场案例的活页教材200余份。

4. 以赛促训，创新教法实践

根据集训对象认知特征，形成集训选手素质模型及评价模型，应用混合式教学法，提升集训质量。提出"技能熟稔，融会贯通；心智成熟，沉稳冷静；体能充沛，素质优良"的优秀选手素质模型，按照"公平公正、科学高效、兼顾过程、注重结果"原则，应用"能力—业绩"九宫格评价模型，如图2所示实施阶段集训效果评估，全面分析集训效果。

四、成果成效

（1）成功推动轨道车辆技术进入世赛，丰富了该领域的行业职业内涵，开发相关人才培养评价标准4份，有力促进轨道交通行业人才标准的全球统一。牵头开发集训考核、基地建设等相关标准，基于世赛理念衍生开发检修与装配"1+X"职业技能等级标准13项，有力促进了国内外行业人才培养质量和规范性。

（2）成立产教融合工作组，规范议事范围、决策程序等事项，形成制度10余项，提炼形成一套成熟的政府与行业、学校与企业联动的工作机制。针对内涵质量提升，构建了集"基地运营、集训实施、选手管理、教练训练、沟通管理、疫情防控与安全管理"于一体的实训基地运行范式，探索出了一条集训基地创建和使用维护实践的创新之路。

（3）推广世赛成果，促进了"三教"改革，在新增专业设置及专业人才培养方案中，形成了人才全方面培养的方案和实践案例，选手的技能考核表现与世赛标准吻合度突破98.7%，实现了五个结合，即技能大赛与立德树人相结合、与课程教学改革相结合、与深化产教融合校企合作相结合、与促进教师能力提升相结合、与培养"工匠精神"相结合。

五、经验总结

（一）工作机制良好稳健

立足赛项开发和基地建设，形成国家部委政策引导、行业企业牵头、学校充分参与的工作机制，真正做到兼顾各方利益，激发内驱动力，形成工作合力。通过建立有效的信息沟通、重点调度、异常解决等工作机制，确保工作顺利实施。

（二）目标明确，措施得力

总体目标牵引，将阶段长远目标逐级分解细化。实施过程中以甘特图方式推进工作落实。组建专家顾问团队，加强具体业务指导，以月度例会、专题研讨推进等方式，及时协调工作难点、堵点，形成了学习、实践、总结、再实践的良性循环。

（三）技术引领，行业特色明显

通过赛项开发与集训内涵建设，中车发挥技术、资源优势，整合资源发挥核心作用，以产教融合企业创建为契机，较好地发挥了企业龙头作用，为产业链人才培养质量提升提供了有效的实践。

能力 (competency)	a- 优秀 (20%)	Ca. 有较大潜力的选手讨论低绩效的原因指导选手改进绩效开发成长机会	Ba. 能够完成目标，有高潜力的优秀选手具有高潜力的绩效者在新的任职之前提供在本职位表现突出的发展机会	Aa. 明星选手讨论和提供加速发展和下一步职业变化的机会
	b- 良好 (70%)	Cb. 潜在达成目标选手讨论低绩效的原因指导选手改进绩效	Bb. 能够达成目标，拥有一定潜力选手开发选手兴趣/志向为最优贡献/满意做指导	Ab. 有高潜力的优秀选手提供更大范围和责任的发展机会
	c- 待提高 (10%)	Cc. 差绩效者讨论低绩效的原因指导选手改进绩效研究"更合适"的机会	Bc. 绩效基本达成目标者指导选手在目前职位绩效和能力的进一步提升	Ac. 绩效优秀选手讨论拓展/改变目前层级的范围和影响机会指导选手在目前层级上快速成长
		C- 待提升 (10%)	B- 良好 (70%)	A- 杰出 (20%)
		业绩 (performance)		

图2 选手"能力—业绩"评价模型

六、推广应用

本案例适用于产业链产教融合人才培养模式创新实践。以世赛为契机，探索实践了职业院校和行业企业的合作模式，丰富了产教融合的路径与实践。同样，适用于世赛理念背景下，人才培养模式的创新，尤其在集训基地建设、内涵提升以及促进行业人才培养质量等方面，提供了实践参考。应用场景广泛，充实了校企合作联合育人的职业教育模式。

专家点评：该案例立足解决"世赛赛项项点不丰富""宣传推广力度不够""基地建设运维保障不足"等关键问题。发挥"管理、校企一体、人才、技术、资源、创新"六大优势，以探索产教融合人才培养创新模式为契机，形成国家部委政策引导、行业企业牵头、学校充分参与的工作机制，兼顾各方利益，激发内驱动力，形成工作合力，构建"基地运营、集训实施、选手管理、教练训练、沟通管理、疫情防控与安全管理"一整套实训基地运行范式，实现五个结合。案例实践在创新产业链产教融合人才培养模式，特别是集训基地建设及内涵提升和促进行业人才培养质量方面，探索实践职业院校和行业企业的合作模式，具有借鉴和参考应用价值。

校企优势互补，共建识图系统

单　良[1]　　马子涵[1]　　孙小雪[1]　　夏玲涛[2]　　沙　玲[2]

1. 广州中望龙腾软件股份有限公司　2. 浙江建设职业技术学院

摘要：浙江建设职业技术学院依托行业企业，围绕职业岗位需求，在分析教学需求、企业需求、人才需求的基础上，在识图能力培养的教学改革中大胆创新，逐步探索实践，成效明显。与此同时，携手广州中望龙腾软件股份有限公司，着手开发识图教学工具，并将成果教学改革，推进产学研合作提升一个新高度。

关键词：信息化教学产品；产学研；识图能力；识图软件

一、实施背景与关键问题

"图纸是工程师的语言"，识图能力反映了对设计意图和施工要求的理解及实施水平，这直接关系到学生的顶岗能力和就业竞争力。因此，识图能力已成为职业院校土建类专业学生的核心能力之一，学习和掌握工程图纸的识读能力具有很强的实用性、必要性、重要性。

但在目前的识图教学中，学生进行识图训练的图纸过于简单，且内容过时陈旧，与现行新技术新规范不同步，识图教学缺乏真实项目的大型图纸资源。教师在教学中的教学手段相对单一，教学课堂枯燥，没有充分利用现代信息化技术。传统考试难以实现比较大型、综合的图纸识读考核，识图能力考核不全面，考核评价忽视企业需求，工程色彩不浓，无法检验教学真实效果，使得人才培养无法满足企业要求。

因此，开发一款符合行业企业岗位需求，采用真实工程项目图纸案例，符合教学规律，解决教学、实训和评价教学闭环的识图类信息化教学软件迫在眉睫。

二、主要做法

针对上述问题，遵循"科学规划、系统设计、共建互享、持续发展"的原则，浙江建设职业技术学院（以下简称"浙江建院"）联合行业企业以名师为引领、以专业带头人为核心、以双师骨干教师为主体，企业技术大师、能工巧匠协同参与，组建专兼结合团队，整合教学内容，创新教学手段，改进能力评价，并与广州中望龙腾软件股份有限公司进行校企合作，共同开发建筑识图教学工具。

（一）模式提炼

岗位分析—能力定位—教学工具功能及资源内容设计—产品设计—前端开发—后端开发—质量管理—测试评价。

（二）具体做法

校企双方经过详细调研教学需求后，为解决学校建筑识图教学资源少、实训评价开展困难等教学难题，借助真实建筑工程项目，实现在线无纸化识读建筑工程图纸的实训与评价，丰富建筑工程识图教学内容，提高学生学习主动性，提升学生整体识图职业技能。具体做法如下。

1. 岗位分析

浙江省建设职业教育集团（以下简称"职教集团"）成员包括浙江省建设行业的行业协会、大型企业、科研设计机构、省内外本科高职中职院校。浙江建院充分利用职教集团优势，集合企业、行业、行政主管部门、一线技术人员、企业管理人员、经营管理人员、教师、学生、专家学者等土建专业相关单位和个人，共同进行施工员、质量员、安全员、材料员、资料员，以及监理员、造价员等主要岗位群的岗位需求研究，分析岗位工作范围和工作职责，历时3年，浙江建院与行业企业共同确定了工作岗位分析表。

2. 能力定位

围绕岗位需求，与企业共同研讨能力定位，将识图能力分解为建施图、结施图、设备图、图纸综合识读4个专项能力，并按专业确定权重。在此基础上，结合教学规律确定专项能力所包含的能力要素及权重。例，建施图识读能力分解，见表1。

表1　建施图识读能力要素及权重

专项能力分解		
专项能力	能力要素	权重
建施图识读能力 0.30	建筑投影知识应用能力	0.25
	建筑制图规则应用能力	0.25
	建筑构造知识应用能力	0.50

根据教育教学规律和行业发展的趋势，对各专项能力所包含的能力要素进行分解，见表2。

表2　识图能力分解

职业能力	专项能力	权重	能力要素
识图能力	建施图识读能力	0.30	建筑投影知识应用能力
			建筑制图标准应用能力
			建筑构造知识应用能力
	结施图识读能力	0.35	平法制图规则应用能力
			结构构造要求应用能力
	设施图识读能力	0.05	给排水制图规则应用能力
			电气制图规则应用能力
	图纸综合识读能力	0.30	图纸综合自审能力
			图纸问题解决能力

3. 教学工具功能及资源内容设计

校企双方聚焦土建类专业，以识图能力培养为核心，遵循"教中学、做中教、做中学"理念，基于企业多年积累的国家工业软件核心技术优势，利用信息化技术，实现环境虚拟化、教学个性化、学习自主化，校企双方共同进行识图软件的产品功能及产品资源内容的设计。

围绕岗位需求，针对识图能力评价标准4大专项能力9项能力要素的27个考核项目，制定能力评价细则，确保识图能力评价客观、科学、公正。软件共分为建筑施工图识读、结构施工图识读、设备施工图识读和图纸综合识读4个模块。全部采用来自真实工程的施工图纸，涵盖各类建筑功能、各类结构形式的典型案例。页面设置图文声并茂，精心选取典型通用知识点设置训练任务，逐步培养学生从只具备基本识图能力转向具备综合识图能力。三视图识读试题中融入三维模型资源。学生可从多个角度观察模型，降低理解二维图纸和三维实体之间转换的难度，提升三视图实训效果。搭建了学员自主学习平台，实现"做中教、做中学"，将"教学技术"转变为真正意义上的"学习技术"。软件强大的数据统计功能，提供各类信息分析，评估学生的识图能力，将能力评价系统化、标准化、信息化。

系统设置训练模块、测试模块、评价模块。训练模块和测试模块采用一套开发式训练任务库，评价模块采用一套封闭式训练任务库。

4. 产品设计

定义产品业务单元，制定产品路线以及完成最终产品概念的定义与交付。应用原型法，在顶层设计的基础上，实现产品原型的设计和产品设计方案。定义软件的基本性质、软件的环境、软件的特征以及软件的重要性和稳定性，支持后续开发工作。

5. 前端开发

确定前端技术实现路线，制定和定义前端框架，制定前端技术规范，完成与服务端交互数据及跨域请求，完成前端业务代码性能优化和封装输出。

6. 后端开发

底层构架选型，输出底层构架方案，技术方案的实施与研发，建设高并发，高可用系统。

7. 质量管理

制定软件质量计划，管控软件版本发布质量指标，全流程、全要素进行质量活动的引导和过程保证，确保软件目标达成。

8. 测试评价

开发成果面向全国200多所中高等职业院校和企业的近400名教师和工程技术人员进行了测试，获得了行业的广泛认可。校企合作进行产品包装运营，共同注册了计算机软件著作权《中望建筑工程识图能力实训评价软件》，针对该教学软件校企双方还合作开发了《施工图识读实务模拟》和《综合实务模拟配套图集》两部特色教材。

三、经验模型

识图软件立意新颖，理念先进，在建设类高职教学中属国内首创，信息技术与教育教学深度融合初步形成校企"双主体"培养高技能人才新机制并带动专业群发展。浙江建院第三方考核评价制度逐步形成，教学中过程性评价和总结性评价实现客观、标准、量化，社会服务能力明显提升。

四、成果成效

《中望建筑工程识图能力实训评价软件》从岗位能力出发，结合教学规律将建筑识图、建筑构造、建筑结构、建筑施工技术等多门课程的识图内容进行有机整合，促进教师、教材、教法三教改革，其能力评价标准的客观性、公正性、科学性得到了建筑业企业的广泛认可，广泛应用于建筑类专业人才的培养，覆盖全国30多个省、直辖市的1000多所中高职、应用型本科院校。

五、推广应用

（一）适用范围

识图软件已经在建筑类专业职业教育教学、竞赛、"1+X"、师资培训和企业员工培训中全面应用。

（二）应用场景

1. 教学场景

识图软件利用信息化技术覆盖教学全过程，能实现从单项能力培养模式向综合能力培养模式的转变。校企合作创建的识图能力评价标准，实现企业职业标准与学校识图能力培养的无缝对接。

2. 竞赛和"1+X"职业技能认证场景

识图软件教学和训练内容设置兼顾了竞赛和"1+X"建筑工程识图职业技能等级证书考核要求，同时辅以技能性练习和实训，提升了学生的识图能力和工程实践能力。

3. 社会教育场景

识图软件也应用于国培基地中高职师资培训、企业人才招聘和员工继续教育等，服务于企业、行业、社会教育，提升建筑业从业人员的人才质量。

（三）注意事项

教学资源建设要体现共商共建共享。中职—高职—本科三阶段办学接轨，构建教学资源时，要更好地利用网络平台，促使资源实现共建共享。

专家点评：广州中望龙腾软件股份有限公司和浙江建设职业技术学院共同研发识图软件系统，围绕建筑行业岗位人才需求，打造识图教学资源的真实场景，切实解决了识图教学中的重点、难点、痛点问题，取得了实效，实现了校企双赢。高校提升了建筑识图人才培养教育质量，革新了教学内容、教学教法，提升了教师信息化教学能力与科研能力，实现了教学—研发的良性循环。企业基于一线学校教学经验与教学案例，不断优化软件开发，不断引入优秀人才，构建了企业内容的良性生态环境，既提高了企业经济效益，又切实解决了教学现实问题。本案例在国家建筑行业人才培养、产教融合共同开发教学软件方面具有借鉴和推广应用价值。

构建泛中心化校企合作命运共同体

于立国　冀广鹏　朱蕊　秦建明

北控水务集团有限公司

摘要：北控水务集团有限公司依托自身产业优势，以北水教育中心为平台，整合产业链上中下游和国内生态环境相关高校和院系资源，打造"教育+科技"的数字化产教融合创新平台，构建"产业学院+师资培养+职业鉴定+实训基地+创新创业+人才就业"六位一体的校企深度合作格局，在推动产业人才发展与科技创新领域具有推广价值和示范意义。

关键词：产业学院；师资培养；职业鉴定；实训基地；创新创业；人才就业

一、实施背景与关键问题

北控水务集团有限公司（以下简称"北控水务"）是专注于水资源循环利用和水生态环境保护事业的旗舰企业，水处理规模、总资产、总收入位居国内行业首位、国际行业前列，长期深耕探索科技创新发展、产教融合实践和人才发展等领域。

为加快职业教育改革与发展，优化生态环境领域职业教育资源配置，北控水务自2018年起，整合国内生态环境相关高校和院系资源，打造"教育+科技"的数字化生态服务体系，构建"产、学、研、用、创"校企深度合作格局。

（一）组建平台顺应职业教育发展新形势

近年来，国家加快职业教育结构调整，结合国家生态文明建设的战略部署和环保职业教育的现实需要，促进教育链、人才链与产业链、创新链有机融合，加快推进职业教育平台化运作势在必行。

（二）生态环境高质量发展需企业承担主体责任

随着"双碳"目标的不断推进，生态环境产业已步入高速发展阶段。深入打好污染防治攻坚战需立足产业实际需求，院校作为人才培养的主要阵地，需充分适应产业结构的变化趋势，根据市场需求及时调整人才培养思路。

（三）多方位产教融合有利于院校内涵发展

我国的生态环境职业教育发展主要存在以下问题：第一，校企共同参与生态文明建设的途径尚不清晰；第二，企业科研资源分散，资源共享性不高；第三，人才培养服务地方经济的贡献仍然不足。成立产教融合创新平台，将校企资源有机整合，发挥规模效应和集聚优势，将加快推进职业教育集团化、特色化、品牌化发展。

二、核心内容与主要做法

北控水务依托自身产业优势，以北水教育中心为平台，构建"产业学院+师资培养+职业鉴定+实训基地+创新创业+人才就业"六位一体的校企深度合作格局，推动环保职业教育跨越式发展。

（一）校企共建产业学院

随着水务行业的管理模式由粗放式向精细化转变，智慧水务已成为水务企业转型升级的必然趋势，培养紧缺的智慧水务人才成为水务企业的当务之急。2019年，北控水务与山东水利职业学院联合成立了山东水利职业学院北控水务产业学院，采用"2+1"校企合办专业模式，共同构建"双主体"育人机制，共同制定人才培养方案与教学计划，共建教学团队和学生就业渠道，培养学生全面的智能化水务行业生产运维和问题诊断与策略制定能力，学生毕业后可到北控水务定向就业，形成了特色鲜明的人才培养模式。截至目前，北控水务已成立6所产业学院，举办了4届产教融合高峰论坛和3届产业学院院长论坛，对生态环境行业产教融合领域起到了良好的示范引领作用。

（二）校企共育"双师型"教师队伍

为进一步深化产业学院改革，推动教育教学向高质量内涵式发展，2020年7月，北控水务组织成立第一届教育教学指导委员会，包括智慧水务、智慧环卫、固体废弃物综合处理处置和生态环境创新创业教学专业指导委员会四个分委会，旨在研究行业趋势、共商人才培养、共议师资建设、共探教育教学改革，为培养生态环境行业复合型人才聚合智慧资源。

（三）校企共建职业技能认定与提升体系

为促进院校人才培养与行业产业人才需求高度衔接，北控水务依托北水教育中心建立了"教、学、考、评、赛"多措并举的职业技能认定与提升体系。

1. 职业认定资质

2021年5月，北控水务入选北京市第一批产教融合型企业试点企业（环保行业唯一获批单位）；2020年12月，北控水务被评选为教育部第四批"1+X"证书"智能水厂运行与调控"和"水环境监测与治理"职业技能等级证书培训评价组织。

2. 职业技能大赛

结合"新工科"专业人才培养目标，北控水务已举办三届全国大学生职业技能大赛，累计聚集700余所高校、4000余名学生参与，旨在搭建生态环境领域的学生展示与交流平台，夯实大学生运用知识、分析研判、沟通表达、解决复杂工程问题的能力，推进实践育人工作，培养具有"匠人精神"的复合型人才。

（四）校企共同建设共享型实训基地

北控水务基于现有水厂，为在校师生及企业员工提供体验式、操控式、仿真化的实训教学环境，在行业实训领域率先实现突破与创新。目前，北控水务已在广西贵港、湖南长沙、河南南阳、江苏昆山和广东东莞建成五座共享型专业性实训基地。未来，北控水务还将建设生态环境大型公共实训基地，打造全国生态环境实习实训全功能共享体系，支持高素质技能型、复合型和创新型人才培育。

（五）校企共同实践创新创业

为满足生态环境产业科技创新与解决方案需求，打造双创"升级版"，北控水务已举办四届"北控水务杯"中国"互联网+"生态环境创新创业大赛与科技创投大赛，汇聚生态环境领域顶级专家、知名学者、资深投资人共同搭建院校生态环境创新创业项目与产业资源交流对接服务平台，全面展示行业创新创业成果，促进生态环境行业的科技创新及人才发展，打造行业创新创业生态圈。

（六）校企共创人才就业渠道

针对院校人才就业需求，北控水务建立了"线上+线下"人才就业服务体系，线上建立校园双选会网站，线下开展校园招聘活动，旨在搭建毕业生就业需求与企业招聘的沟通桥梁，实现学生就业与企业发展"双赢"，促进立体式人才价值链的构建。

三、经验萃取与模式模型

北控水务北水教育中心通过整合校企资源、强化合力，建立了"学业—就业—创业—择业—职业"闭环全职业生涯服务体系以及"汇集—识别—验证—示范—推广"的全流程科技成果转化服务体系，搭建了"人才+教育+技术"产教融合创新平台，如图1所示。

（一）打造引领示范、可复制、可推广的育人模式

北控水务水教育中心围绕生态环境行业发展的人才需求，在人才培养方案设置、教学体系与课程优化、教学资源开发、双师型教师团队打造、实习实训共享基地建设、人才精准就业服务等方面，构建校企产教融合命运共同体，推进职业教育改革，提高职业教育质量，将新理念与实践融入人才培养体系，促进产业链、创新链、教育链有效衔接，实现学校与产业之间的资源共享，建立了集特色性、务实性、专业性为一体的育人模式。

（二）发挥办学过程中企业重要主体作用

北控水务北水教育中心通过校企共建产业学院，在制定发展规划、学科与专业设置、教学与实践活动、机构设置与人员配备、教学费用标准制定、经费资产管理与使用等方面发挥主体作用，通过建立理事会与组织管理机构双层管理决策机制，注重双主体办

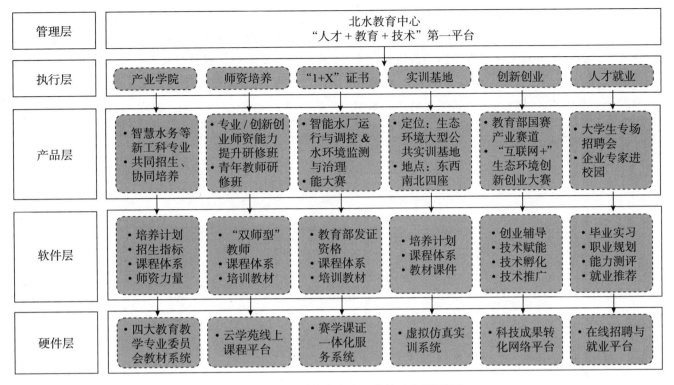

图1 北控水务北水教育中心产教融合创新平台

学、双元培养的特色，力求构建"资源组织社会化，院务管理现代化，运营机制市场化，教学科研专业化"的创新办学模式。

（三）构建专创融合体系

北控水务北水教育中心立足于有效连接环保领域的高校、学生、用人企业三方，实现了针对企业人才需求的定向输送，促进了环保相关专业学生专业素质及就业率的提高。通过专创融合体系，以创业促进就业，以就业带动创业，帮助高校解决了培养应用型人才的精准就业问题，为行业企业建立了人才培养与精准就业的良性循环体系，对行业人才提质增效作出了突出贡献。

四、成效评价与推广价值

（一）资源共享、优势互补

充分利用"互联网+"平台思维，促进院校、行业协会、行业企业的优秀师资和技术、生产设备等资源在平台内部共用共享，实现技术、师资、设备、信息、实训场所信息等方面的优势互补，达到职教资源优化配置，切实提高职业教育质量和水平。

（二）市场运作、特色鲜明

充分以市场需求为导向，在招生、订单培训培养、专业设置、就业安置等方面按照市场化运作。结合办学实际，统一调整、优化专业设置，重点培育、打造品牌专业，形成品牌带动、各具特色的人才培养和办学模式。

（三）行业引领、模式推广

北控水务作为生态环境行业领军企业，已在产教融合领域进行了多年探索和实践，通过充分发挥在职业教育教学工作中的主体作用，持续开展了专创融合教学方法的创新研究，深化了产学研合作实效性与示范性，并已总结形成典型案例，进一步凝练形成了可参考、可复制、可推广的校企合作模式。

专家点评： 该案例通过系统梳理北控水务在产教融合领域的经验成果，面向生态环境产业的现状与发展需求，针对人才培养供给侧和产业需求侧在结构、质量、水平上不能完全适应的问题，整合产业链上中下游和国内高校生态环境相关专业资源，构建"产业学院＋师资培养＋职业鉴定＋实训基地＋创新创业＋人才就业"六位一体的校企深度合作格局，通过"专业＋产业"深度融合，打造"教育＋科技"的数字化产教融合创新平台，将行业"新技术、新工艺、新材料、新规范、新标准"融入专业教学，按需定制，精准培养，为生态环境行业培养面向未来发展所需的应用型、复合型、创新型人才。本案例对产教融合推动产业人才发展与科技创新上具有推广价值和示范意义。

重塑家具设计与制造专业教学标准
——输送工业 4.0 新型人才推动产业转型升级

闫凤博[1]　于　珏[1]　姚美康[2]　王荣发[2]

1. 杭州群核信息技术有限公司（酷家乐）　2. 顺德职业技术学院

摘要： 杭州群核信息技术有限公司（酷家乐）以行业独角兽企业优势，联合顺德职业技术学院，通过课程融合、岗赛证融通，探索新型人才培养标准，培养数字化新型人才，从而促进产需对接，推动家居行业转型升级。双方于 2018 年 7 月，共建国家级家具设计与制造专业教学资源库（项目号：2017-09），累计注册用户数 19665 人，在校生用户数 9594 人；2019 年 10 月，由顺德职业技术学院发起、酷家乐参与，同多家职业院校和单位共同制定职业院校家具设计与制造专业教学标准，推动全国职业院校相关专业培育工业 4.0 新型人才。

关键词： 教学标准；产业合作创新联盟；数字化转型；工业 4.0；新型人才培育模式

一、实施背景与关键问题

2017 年前后，随着云设计算法在定制业务的成熟应用，工业 4.0 时代的数字化设计制造应用正式开启，解决了传统设计软件无法完成定制作业前端设计和后端生产的融通问题，随即进入了行业所需新型人才严重匮乏的困境。

杭州群核信息技术有限公司（酷家乐）作为云设计软件领域的独角兽企业，定制业务同期取得飞速发展。为解决众多合作企业因人才匮乏而无法快速落地工业 4.0 模式，促进行业转型升级，酷家乐发起了科技赋能院校，培育新型数字化人才的酷家乐云创校园计划，通过校企合作，探索工业 4.0 新型人才培育模式。

与此同时，顺德职业技术学院也以对行业转型带来的人才需求变化的认知，也在思考如何基于自身完善的后端制造设备和在家具专业丰富的教学经验，引领家具设计与制造专业教学转型升级。

针对当前存在的"产业缺乏数字化人才、专业教学标准急需数字化转型变革、产教融合条件不足"三个方面的关键问题，酷家乐与顺德职业技术经过深入沟通，双方迅速达成一致，并展开了家具行业工业 4.0 新型人才培育新模式的探索和实践。

二、主要做法

（一）阶段一：顺德职业技术学院探索培育新型数字化人才

酷家乐与顺德职业技术学院合作模式如图 1 所示。

1. 课程融合

2018 年初次合作，双方就如何打通数字化家具设计到制造生产的教学方式进行了充分讨论。

首先，酷家乐云设计工具性能在市场上处于领先地位，且可开放工具升级版本供学校使用，满足教学需要；其次，酷家乐基于自身产业影响力、两万家合作企业及八百万设计师用户，进行了大量调研后总结出市场所需新型人才的六大能力模型，充分考虑与学校原有教学体系融合的情况下，研发出了一套从工业 4.0 发展背景到未来趋势、从智能设计到智能制造的全屋定制前端设计课程。顺德职业技术学院将其与原教学体系融合后正式投入教学使用，对 2018 届毕业生进行了首次尝试。

2. 岗证融通

在教学改革之外，顺德职业技术学院还引入了酷家乐平台家具数字化人才能力认证体系，学生在教学环节完成学习后，可免费参与酷家乐证书认证。

教学改革推动行业转型升级

顺德职业技术学院教学变革	全国家具设计与制造专业教学变革	产教融合，校企一体办学模式
课程融合 岗证融通 人才输送	教学资源库 专业教学标准	粤港澳泛家居产教合作创新联盟

图 1　酷家乐和顺德职业技术学院合作模式

3. 人才输送

酷家乐牵线战略合作名企红苹果、联邦家私、诗尼曼、威法等以及二十多家中小企业进入校园，提供更多优质岗位与学生进行双选。顺德职业技术学院2018届参与此项教学改革的学生近100人，专业就业率较之前提升30%，同时企业反馈这届学生胜任能力明显高于普通应届生水平。

截至目前，顺德职业技术学院已累计输送数字化新型人才1100余名，90%以上的学生凭借酷家乐家居数字化人才证书顺利就业，40%左右的学生通过酷家乐达成高质量就业和实习。

（二）阶段二：全国家具设计与制造专业教学革新

1. 家具设计与制造专业教学资源库

2018年7月，院校侧由顺德职业技术学院牵头，企业侧由酷家乐主导，联合黑龙江林业职业技术学院、辽宁生态工程职业学院等45家院校、企业和媒体单位，共同建设职业教育家具设计与制造专业教学资源库（以下简称"家具资源库"，项目号：2017-09）。

通过建设开放共享的教学资源平台，促进本专业教学模式和教学方法改革，规范和提高高职家具设计与制造专业、家具艺术设计专业人才培养规格。项目建设期间，各参建院校专业老师获国家教学能力大赛一等奖1项，省级教学能力大赛5项，学生获国内外各类赛事奖项35项。

特别在新冠病毒感染疫情防控期间，家具资源库及时出台了资源库在线教学组织和管理工作方案，充分发挥资源库"能学、辅教"功能以及信息化和数字化学习资源优势，各参建院校实现疫情防控期间"停课不停学"开展线上教学。

2. 家具设计与制造专业教学标准制定

在家具资源库建设过程中，通过院校之间密切交流，顺德职业技术学院对全国家具专业教学形式有了更加清晰的认识。

2019年10月28日，由顺德职业技术学院牵头组织召开了"教育部高等职业院校家具设计与制造专业教学标准内部审定会"制定家具设计与制造专业教学标准。

（三）阶段三：建设产教融合、校企一体的办学模式

教学改革到一定阶段后，双方开始加强大范围的校企合作，2022年5月，在广东省工业工会的大力支持下顺德职业技术学院和酷家乐发起成立"粤港澳泛家居产教合作创新联盟"，该联盟旨在创造产教深度融合的生态环境、探索泛家居创意设计人才培养的新范式、形成泛家居创新创意资源的共享新机制、构建面向产业需求的设计创新模式、引领新时代泛家居产业的持续发展。

截至目前，酷家乐云创校园人才项目通过线下双选会、线上KOOL聘等形式，累计将650余家酷家乐合作名企引入校园，赋能1500余所高校，助力80000余人才就业。酷家乐将在科技赋能教学的道路上持续发力。

三、成果成效

通过双方的合作与探索，顺德职业技术学院实

现了人才培育模式改革,家具设计与制造专业在工业4.0大背景下迈出跨越性一步。顺德职业技术学院培育并输送了1100余名新型数字化人才,全国累计输送新型人才80000余名。

酷家乐也在此合作中获得了大批未来深度合作的用户和新型数字化人才,为企业的领先发展奠定了基础。

校企双方均实现了从合作中获得收益和成长,同时合作本身也推动了家居行业的发展。

四、推广应用

本案例适用于全国高职院校家具设计与制造专业,主要应用场景在新型人才培育过程中。

同时,各个院校应根据所在地区家具产业的特色,工学结合,对专业发展和人才培养进行合理的定位,设置合理、科学的课程体系,突出地方特色。

专家点评:酷家乐以行业优势联合顺德职业技术学院,通过课程融合、岗赛证融通,探索新型人才培养标准,共建国家级家具设计与制造专业教学资源库,同多家职业院校和单位共同制定职业院校家具设计与制造专业教学标准,成立"粤港澳泛家居产教合作创新联盟",对培养家居行业数字化新型人才进行了有益探索实践取得了很好的成效,在产教融合人才培养促进产需对接推动转型升级有一定的借鉴推广价值。

现代学徒制"三元"参与"新余模式"的十年实践

徐金林　汪辉明

江西省新余市教育局

摘要：现代学徒制"新余模式"是由政府、职业院校、企业"三元"参与，以培养当代社会发展所需要的技能型人才（学生）为核心，以提高育人质量、实现产教融合、服务地方经济社会发展为主要目标，职业院校和企业两个主体，深度密切合作，共同对学生进行教育和培养的现代人才培养模式。地方政府主导是现代学徒制"新余模式"的重要特征。政府通过顶层设计、高位推动、政策激励、协调引导，使职业院校和企业之间实现了"学徒共招、师资共建、人才共育、过程共管、责任共担、成果共享"。10余年的实践，基本解决了师资队伍结构不合理、生产性实习基地缺乏、教学与生产脱节、校企合作松散等难题，提高了教学质量、推进了"三教"改革、促进了产教深度融合、增强了服务地方经济社会发展能力。

关键词：职业教育；产教融合；现代学徒制；"新余模式"；

一、实施背景

21世纪初，为了改善"一钢独大"的产业结构，市政府大力招商引资，一大批企业先后落户新余，当时全市职业院校每年近2万名毕业生。产业的兴旺和职业教育规模发展本可以相得益彰，却由于职业教育招生和就业"两头在外"，导致本地企业面临技能人才招工难、职业院校毕业生留住难等问题，严重制约了全市的经济社会发展。

当时全市职业教育发展也陷入困境，各职业院校开始主动寻求企业的支持与帮助，探索订单式教学、委托培养等校企合作模式，但由于职业院校和企业不同的社会组织属性，导致两者实际的合作没有达到预期的效果。

2005年，国务院出台了《关于大力发展职业教育的决定》（以下简称《决定》），明确提出"进一步建立……与市场需求和劳动就业紧密结合，校企合作、工学结合，结构合理、形式多样、灵活开放、自主发展，有中国特色的现代职业教育体系"的改革发展目标。

为了贯彻落实《决定》精神，破解发展中的难题，敢为人先的新余职教人率先开始了现代学徒制的试点探索。

二、主要做法

（一）开展理论研究

在认真学习德国"双元制"等国外成功模式基础上，重点研究了我国计划经济体制下企业技工教育模式，得到了很多启示。应用"三螺旋"结构理论，以企业技工教育模式为原型，求实创新，构建了地方政府、职业院校、企业"三元"参与（地方政府主导、校企主体）的现代学徒制"新余模式"的理论模型。

（二）筛选试点单位

试点职业院校，主要考虑有特色的强项专业，招生规模稳定，师资力量较强；合作企业，主要考虑规模较大的中型以上企业，可以接收成建制班级学生实习与就业，岗位具有一定技术含量。

（三）拟定工作流程

在实践探索中，画出了"试点基本工作流程框图"，根据流程框图确定了"试点工作进程及任务表"。全市试点工作按流程框图的环节和任务表的要求统一推进。

工作流程中，以下4项是重点环节：

1. 充分发挥政府作用

现代学徒制"新余模式"中，政府是重要的"一元"，其作用是不可或缺的。一是高位推动试点工作。政府对全市试点工作进行顶层设计，成立以市长为组长的试点工作领导小组、建立试点联席会议制度。二是协调各方关系，形成工作合力。根据需要召开政府相关部门、职业院校、企业参加的调度会，协调处理在试点工作中存在的问题。三是出台优惠政策，激发参与动力。

2. 组建校企联合教研室

这是实现产教融合的一个关键机构。它由职业院校和企业的专业骨干人员组成，其主要职责包括两个方面：一是制定好符合企业需求的"一方案、二标准"，二是对参与教学和管理的校企双方人员开展相关培训。

3. 签好"三份协议"

在双向选择的基础上，学校与企业签订《校企合作协议书》；学校与学生（家长）签订《教学协议书》；企业与学生（家长）签订《就业协议书》，用合同的形式明确参与各方的权益、义务、职责。

4. 认真撰写"一方案二标准"

《人才培养方案》《对师傅的基本要求及其技能要求》（简称《师傅标准》）和《对学徒的要求及其技能培养标准》（简称《学徒标准》）是试点工作中非常重要的基础性标准。

（四）完善制度职责

政府、试点院校和合作企业都成立了试点工作办公室，配备了有关人员，明确了试点工作办公室和工作人员的职责，制定了一整套工作职责和管理制度。

（五）开展全方位全过程督导

安排专人对试点工作进行定期和不定期的指导和督查。

（六）开展全程质量监测

建立了一套质量考核与评价制度，开发了"现代学徒制质量管理系统"，定期输入各试点环节的数据，由系统输出监测结果。

三、特色创新

现代学徒制"新余模式"的探索，具有很强的开拓创新性。

（一）机制创新

在全国首先开始探索地方政府主导、校企主体的现代学徒制试点。在市政府指导下，2009年7月2所中职学校分别与2家企业合作，开始了先行先试。2011年10月，教育部在新余召开了"全国现代学徒制实践经验交流研讨会"，目的是"研讨现代学徒制的内涵和特征，交流实践经验，引导试点方向，巩固推广成果"。2013年12月新余市教育局作为受教育部委托的10家单位之一，承担现代学徒制的实践探索工作。

（二）理论创新

构建了政府主导、校企主体"三元"参与的现代学徒制"新余模式"。"三元"参与是现代学徒制"新余模式"区别于其他试点模式的重要特征。

它应用"三螺旋"结构理论，将普遍模式的校企"二元"试点，创新发展变为地方政府、职业院校、企业"三元"参与，地方政府在职业院校和企业之间发挥主导、统筹、协调、激励作用，较好地解决了"二元"模式中校企难以深度合作的难题。

它最早明确了我国现代学徒制的核心特征：学员"双身份"，教室"双场所"，教学"双教师"，实习实训"双指导"，育人"双主体"；实现"招生即招工、上课即上岗、毕业即就业"，被教育部引用到《关于开展现代学徒制试点工作的意见》中。

（三）实践创新

1. 设置"校企联合教研室"

这一重要机构的设置在解决校企不能深度合作、教学内容与企业生产脱节等问题取得了较好的效果。

2. 绘制"一图一表"

"试点基本工作流程框图"和"试点工作进程及任务表"，实践操作性很强，而且具有较好的可复制、可迁移性。

四、实践成效

2013年，时任中央政治局委员、国务院副总理刘延东同志在针对新余现代学徒制的内部材料上批示："现代学徒制初见成效，深度参与有待扶持"。

（一）提高了育人质量

据不完全统计，十年间，参与试点的300余名学生、100余名教师在国家、省、市技能竞赛中获得了一、二等奖。

（二）推进了专业建设和学校发展

6位教师成为省级技术能手、技能大师；试点专业成为国家级或省级示范、重点专业，试点单位获得国家中职改革发展示范校、全国职业教育先进单位等荣誉。

（三）促进了产教深度融合

通过发挥校企联合教研室的作用，企业深度参与人才培养的全过程，真正成为育人的主体。

（四）实现了资源充分共享

校企利用双方资源共建实训基地、互派人员参与学校教学和企业生产经营，实现了资源充分共享。

（五）提升了服务经济社会发展能力

从2009年到2021年，职业院校毕业生本地就业率提高了18%，缓解了本地企业"用工难"的问题，有力地支持了本地企业的发展。

五、经验总结

（一）案例成功的关键要素

1. 地方政府大力支持

新余市政府大力支持、高位推动、政策激励，调动和激发了企业参与现代学徒制工作的积极性和主动性。

2. 创设校企联合教研室

这一机构的成立和运作，不仅促进了校企密切合作、产教深度融合，还解决了教学与生产脱节等难题。

3. 落实好学生就业

按《就业协议书》安排好学生就业，"所学即所用"。这是现代学徒制得以持续推进的基础和前提。

（二）存在的不足与应对措施

"一所职业院校对接一家企业"开展试点——现代学徒制"点对点"模式，其优点是校企直接对接，人才需求和培养针对性强。但这种模式对职业院校和合作企业，特别是对合作企业有较高的要求，导致将占比99%的中小微型企业排除在了现代学徒制之外，严重制约了这种现代人才培养模式的积极作用。

应对这一问题的有效措施是将现代学徒制"点对点"模式转变成图1所示的"群对群"模式。

三个群围绕培养技能型人才这个核心，分工协作，共同推进校企深度合作，实现产教融合。

"群对群"模式下，要充分发挥行业组织的作用。由行业协会将收集来的各企业（包括中小微企业）的零散的用工需求进行整合，作为一个整体进行统筹，从而使中小微企业与职业院校开展现代学徒制人才培养变得相对简单易行。

六、推广应用

（一）适用范围

现代学徒制"新余模式"，最初设计主要是针对我国的中西部地区。这些地方，经济欠发达，大中型企业不多，对技能型人才缺乏吸引力。为了留住人才，有效服务于地方经济发展，比较适合推行这种模式。但实践证明，对于东部和沿海经济发达地区，该模式同样适用。

（二）应用场景

现代学徒制"新余模式"应用于工科类专业，即技术技能要求较强的专业，比文科类专业更能突显其优势。

（三）注意事项

在学习借鉴现代学徒制"新余模式"时，还是要抓住突出政府作用、签好"三份协议"、组建校企联

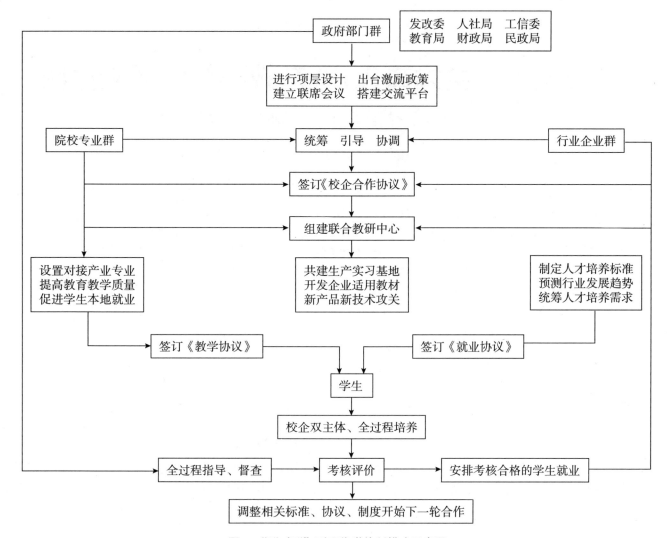

图1 "群对群"型现代学徒制模式示意图

合教研室、制订好"一方案二标准"这些关键环节。

专家点评：本案例通过扎实、持久、深入的理论研究与实践探索，较好地破解了教学与生产脱节、产教难以深度融合、师资结构不合理、生产性实训基地缺乏等职业教育长期普遍存在的难题。本案例构建了政府主导、校企主体的现代学徒制"新余模式"，通过"校企联合教研室"推动"三教"改革，扭转了企业"只管用人、不管育人"的局面，提高了毕业生专业对口就业率。本案例社会影响大，得到了国家领导人的肯定，是很好的产教融合案例，可推广适用于不同地区的不同专业、不同层级的校企合作。

"行校企"多主体育人,"产教科"全要素协同
——联盟搭建产教融合平台

王建华　孙　腾　黄银清　李海燕　莫鸿鹏

第三代半导体产业技术创新战略联盟

摘要： 为支撑国家第三代半导体重点研发计划和产业发展规划，满足产业日益增长和快速变化的人才需求，第三代半导体产业技术创新战略联盟充分发挥国家级行业组织优势，联合龙头企业和优势院校，整合产业、教育、科研资源要素，共商、共建、共享产业人才生态体系。成立人才工作委员会；贯通中、高、本的人才培养方案；编制作理论与实操相结合的教材以及网络课程；辅导和支撑院校开设相关专业；在产业集群地区，联合地方政府、企业、研究机构与院校共建实训基地和技术创新中心。联盟秉承融合育人、协同创新的理念，推动人才链与研发链和产业链的紧密耦合，探索第三代半导体产业产教融合人才培养新模式。

关键词： "政行校企"联动；"产教科"全要素；公共实训基地；协同创新中心

一、实施背景

第三代半导体是当今全球半导体技术研究和产业竞争的焦点，具有战略性和市场性双重特征，是推动移动通信、新能源汽车、智能电网等产业创新发展和转型升级的新引擎。

第三代半导体产业是一个学科跨度大、技术更新快、应用面宽的行业，其产业人才培养存在四个方面的问题。一是产业人才培养标准与评价鉴定体系欠缺，院校人才培养与企业人才培训工作无章可循。二是产业需求与院校的专业设置脱节，院校人才培养无法支撑产业发展。三是校企合作"一头热"，企业缺乏积极性参与院校人才培养工作。四是院校教育资源及配套设施不足，在课程、师资、实训设备及研发支撑等方面，缺乏实用性与时效性。

第三代半导体产业技术创新战略联盟（以下简称"产业联盟"）作为专业性与公信力兼备、开放高效、充满活力的第三方组织，围绕国家科技计划和产业发展战略，聚焦产业发展关键问题，探索了以市场为牵引，研发链、产业链、资本链、人才链等深度融合的产业协同创新生态体系。

二、主要做法

在科技部、教育部以及人社部的支持和指导下，联盟依托人才工作委员会，秉承共商、共建、共享的原则，探索和建立了以产业为主导、以技术为引领、以教育为支撑的产教科融合发展人才培养新模式。

（一）制定产业人才标准，绘制岗位学习地图

1. 开展产业人才研究

产业联盟组织专家对企业进行人才专项调研，编写并发布了《中国半导体照明产业人力资源状况调研报告》《半导体照明产业高校人才白皮书》《第三代半导体产业人才发展指南》，系统梳理了第三代半导体人才需求侧、供给侧的现状，绘制了第三代半导体全产业链条人才图谱，构建了关键技术岗位胜任力模型，制定了产教融合的贯通人才培养方案，提出了立体式、多元化的人才培养模式和知识更新体系。

2. 开发专业能力和职业能力标准

产业联盟于2011年开始制定和颁布了系列工程师职业资格标准，如半导体照明封装工程师职业资格标准《半导体照明工程师职业资格规范〈封装〉》

半导体照明应用工程师职业资格标准《半导体照明工程师职业资格规范〈应用〉》等。标准的推出为建立科学的专业技术人才培养与评价体系提供了重要支撑。

3. 绘制关键岗位学习地图

在专业能力标准的基础上，联盟组织各方专家依据工作分析、能力建模、课程设计和体系建立的四步法，开发并推出了外延/芯片工程师、封装工程师和应用产品工程师进阶培训和认证体系。根据任职要求、知识结构以及能力要求的不同，分为初级、中级、高级三个级别；根据关键岗位不同的职业技能要求，将学习内容分类别、分层级，并按照职业发展路径形成相应的晋级包，进而形成清晰完整的关键岗位学习地图。工程师认证及培训体系的推出，培训过程紧密联系企业的实际需要，缩短了人才培养的周期，为产业导入新鲜血液开创了一条有效的途径。

（二）打通中、高、本、硕贯通人才培养方案，赋能院校专业建设

1. 开发各层次人才培养方案

联盟组织产业专家深入院校，完成了中、高、本衔接的专业建设方案。编制本科院校的《高等教育学校光源与照明本科专业教学方案》等，方案从不同层次为半导体照明产业培养、输送专业化的技能人才奠定了坚实的基础。

2. 组织编写行规教材

鉴于学校开设相关课程教材匮乏、落后的情况，自2013年起，产业联盟就组织产业专家、院校专家共同编写了半导体照明系列行规教材半导体照明技术技能人才培养系列丛书12本，涵盖中职、高职和本科。该项工作得到了时任科技部副部长曹健林同志的高度重视和支持。

3. 搭建在线学习平台

为满足院校专业人才培养及行业从业人员学习、充电的需要，产业联盟启动了行业课程资源共享平台"LED大学堂"的建设工作。该项目得到了教育部教学资源库项目的立项和资金支持，已建成专业建设库、课程学习库、行业标准库、产业资讯库、培训认证库等模块10800多个素材资源库，平台注册用户超过2万人。

（三）行校企共建人才培养公共平台

1. 建立人才培养基地，开展订单人才培养

产业联盟支持和发展了一批贴近产业集群且具有第三代半导体教学和科研能力的高校和研究机构作为产业人才培养基地，包括中国科学院半导体研究所、哈尔滨工业大学、复旦大学、中山大学等。产业联盟还深度参与院校半导体照明类专业建设、师资队伍建设及行校订单人才培养等专业人才培养方案及师资培养工作。

2. 贴近产业集群组建职教集团

产业联盟选取产业大省广东组建职教集团。2015年，在东莞市政府的支持下，产业联盟组织20家企业和科研机构、30多家院校组建了国内首个光电半导体职业教育集团。产业联盟培训部派出团队参与职教集团的日常运营和管理。职教集团的骨干企业主要承担实训平台建设工作，并派出技术专家为学生授课，同时为学生提供实习和就业岗位。职教集团的骨干院校主要承担教学管理、教学方案优化以及组织选拔学生参与定向培养工作。

3. 建设生产型实训基地

联盟组织职教集团骨干企业和院校商讨确定以产业链中游封装测试环节为切入点，建设实训实验室和实训车间。根据企业实际生产工艺，实训车间的工艺流程配置了固晶、焊线、点胶、外观全检、分离、分光、卷装、入库等八个工序的实训工位，开展SMD LED器件封装各工序的工艺流程、报表填写、设备操作、设备维护保养、产品检验测试等一系列的实训项目，实现与企业岗位无缝对接。

4. 探索协同创新、融合育人新模式

2019年初，深圳市政府与产业联盟签署协议合作建设"国家第三代半导体技术创新中心"。为服务国家和深圳产业发展战略，针对产业发展短板，整合产业联盟产学研资源，依托深圳技术大学，与深圳坪山区政府共同建立"第三代半导体产教融合工程技术创新及人才培养中心"，建立"四位一体"软硬件相结合的实体化公共平台。四位一体即，以国家技术创新中心为指引的工程应用技术研发体系；以学校为主导建设的工程技术验证及实训条件平台；以产业联盟为主导建设的全链条、全周期人才培养体系；以企业为主导建立的工程技术创新中心。

三、模式提炼与创新

产业人才培养是一个系统工程,特别是第三代半导体这样的高技术新兴产业,并非一个企业、一所学校能够单独完成。产业联盟团结"行校企"各类育人主体,整合"产教科"各类培养资源,构建了支撑产业链和研发链的人才链,与市场链、资本链有机互动形成产业科技链网。

（一）做好顶层设计

着眼于产业健康可持续发展,着手于人才培养体系建设,产业联盟主导开发的人才标准以及职业资格认证成为企业关键技术岗位定岗、定编、定级的主要参考依据。产业联盟形成的专业能力和职业能力培养方案融合到本科院校、职业院校的专业建设方案,整合教学资源,丰富和优化了产业人才培养模式,为产业各层次人才培养奠定了坚实的基础。

（二）紧密双链耦合

如图1所示,为加强产业链和人才链双链紧密耦合,产业联盟依托人才工作委员会充分调动"行校企"各方,共商、共建、共享产教融合生态体系,形成以人才培养为纽带,需求从企业中来,成果到企业中去的闭环。人才培养过程与研发和生产过程紧密衔接,以完成研发和生产任务为学习目标,在解决实际问题中培养人才。

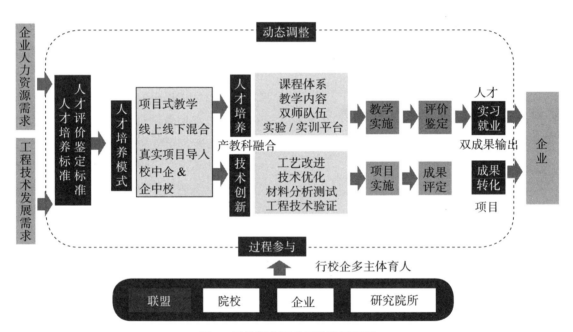

图1 双链耦合双成果输出示意图

（三）有效平台建设

产业联盟依托国家重点实验室、国家技术创新中心等国家级创新平台,联合地方政府提供土地、政策、资金等方面的支持,依托学校的物理空间、教师和科研团队以及资产管理主体,引入企业和科研院所的资金、项目、设备、人员等资源,建立了协同创新与融合育人并行的产业公共服务平台如图2所示。

同时,引入专业化团队或委托专业化机构对公共服务平台进行管理和运营,协调各方诉求合理配置资源,并以市场化的机制保障公共服务平台的可持续发展。

专家点评：第三代半导体是典型的知识密集、人才密集和资本密集的高技术产业,其生产过程属高精密制造,本案例中的模式和做法对于新材料、智能制造等领域有一定的借鉴意义。本案例是以联盟主导的产业人才培养体系建设,做好顶层设计,紧密双链耦合,成立人才工作委员会,制定产业关键岗位人才标准,开发面向企业和院校的人才培养体系,深入院校合作共建专业,组织产业专家编写教材、开发课程,共建共享实训基地以及创新中心等,实现"行校企"多主体育人"产教科"全要素协同搭建产教融合平台。其组织模式和运营方式对知识密集、人才密集和资本密集行业和产业开展产教融合具有推广应用价值。

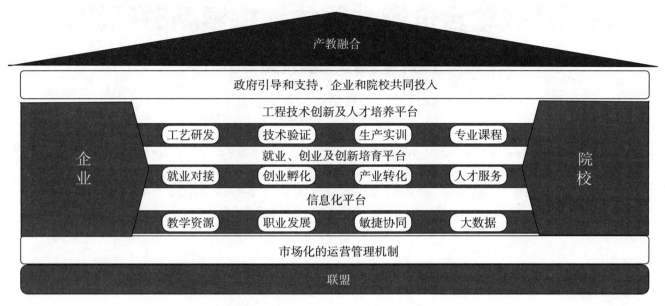

图 2 产教科公共服务平台建设示意图

构建产教融合价值共同体，探索新时代职教商科育人新模式

文智强　张　玲　曾佑智　朱光超　许杭之

电子科大科园教育中心

摘要：《中国职业教育发展白皮书》（2022年）指出"进入新时代，把职业教育摆在经济社会发展和教育改革创新更加突出的位置"，职教商科应用型人才培养模式转型需求日益强烈，跨专业大商科融合思维渐成趋势。电子科大科园教育中心自2017年起以"商务实验班"为载体，通过项目驱动课程、入学即入职的转变，以企业真实商务项目合作为导向，采用"企校学教用"价值共同体实践模式，为开展新时代职教商科产教融合提供了创新思路。

关键词：产教融合价值共同体；职教商科；项目驱动课程

一、实施背景

（一）契合新时代职业教育发展要求

党的二十大报告指出，"教育、科技、人才是全面建设社会主义现代化国家的基础性、战略性支撑，要办好人民满意的教育，加快建设高质量教育体系"，明确提出"推进职普融通、产教融合、科教融汇，优化职业教育类型定位"，应用型职教商科的培养模式正迎来转型升级的重要窗口期。

（二）践行职教商科产教融合新模式

近年来，产教融合的理论与实践均表明：就职教商科而言，真商务环境、真商务项目育人符合其商科人才培养规律。产教融合、校企合作是建设真工作环境的最佳路径，真商务环境下校企共育是商科人才成长的最佳途径，校企共赢是校企持续合作的有效机制。由此，电子科大科园教育中心打破传统商科学科边界，以企业价值目标为导向，通过企业真实商务项目的导入，以"项目驱动课程"，重构大商科课程体系，形成商业学科整体合力与竞争力，促进应用型商科人才基础职业素养和专业技能的综合提升，形成产教融合价值共同体。

二、关键问题

（一）企校需求导向，转变传统培养思路

立足产教融合，打破传统商科学科界限，企业需求为先导、学校培养为手段，消弭以前校企合作模式碎片式拼接，提高职教商科学生进入企业留存率。

（二）重组人才培养架构

以链接企业需求和职教商科人才岗位胜任力、提高学生未来就业力为目标，系统性重组教学设计、资源配置、实践体系、师资等，激活人才培养要素活力。

（三）增强人才能力适应性，提高培养质量

化解传统应用型教学重理论、轻实践难题，提高商科人才快速上岗效率，以解决企业即时性用人、及时性用人需求与商科毕业生毕业适应期之间存在的矛盾。

三、主要做法

（一）建立产教融合价值共同体育人模式逻辑框架

围绕产教融合，以企校合作为切入口，针对企业变革环境下应用型商科人才培养模式适应性问题，在

电子科大科园教育中心与企业合作的实践框架基础上，瞄准毕业期与企业磨合期之间的空档期，形成了以"项目驱动教学""入学即入职"为教育途径的职教商科人才培养框架，即满足商科学生毕业即能无缝衔接企业身份的"双身份"复合能力人才培养新模式，帮助学生融入新商科应用型实践场景，培养符合企业用人要求的商科应用型人才。以职教商科为例，产教融合价值共同体育人模型的逻辑框架如图 1 所示。

（二）筛选合作产业企业构建"企教学"价值共同体

筛选合作企业，主要考虑有特色的、适合职教商科人才就业的行业，企业人才需求稳定，规模较大，能够深度并可持续参与到职业院校商科人才培养过程中，可稳定提供实践商务项目与就业岗位。商务实验班自 2017 年以来与杭州娃哈哈集团有限公司持续合作，学生连续五年参与娃哈哈集团举办的大学生营销大赛并获得良好成绩，提高企业真实销售业绩，实现参与方价值共同提升。

（三）构建"企校学教用"职教商科产教融合实施体系

1. 转变观念，"企校学"全过程融合，推行"入学即入职"

遴选商科学生进入"商务实验班"并以此为载体推行"入学即入职"，即学生拥有一个共同的双重身份"大学生 & 企业准员工"。

2. 企业项目导师与学校理论教师"教用"融合

以真实商务项目为切入口，引入激活项目所对应模块课程内容，教为手段、用为目标，企业导师负责项目实操指导，实验班各部门总监与专业教师负责项目激活过程理论指导。

3. 课程体系企业化，打通企业价值链与商科通用课程链，搭建大商科"产教学"融合教学平台

课程体系总体设计要求体现在两方面：一是综合商科基础知识方面，其课程体系的设计强化商科基础能力的培养；二是强调工商管理、市场营销和财务管理等管理职能在营销过程中的协同技能驱动。

4. 实训即实战、实战即教学，夯实"企校学教用"融合结果

通过真实商务项目激活对应课程体系，让学生在项目操作过程中掌握和实践企业岗位能力，必须将"企校学教用"的融合成果落脚并固化到"用"字，同步提高产教融合的教育价值和企业价值。

一方面，"商务实验班"采用固定课程体系但不固定课程顺序，实行模块化教学，时刻为企业项目做好技能储备，为在接到企业真实项目后即刻驱动教学提供保障。学生员工则根据所属部门，由部门总监带队组成营销与策划能力参赛队伍并完成项目理论教学。

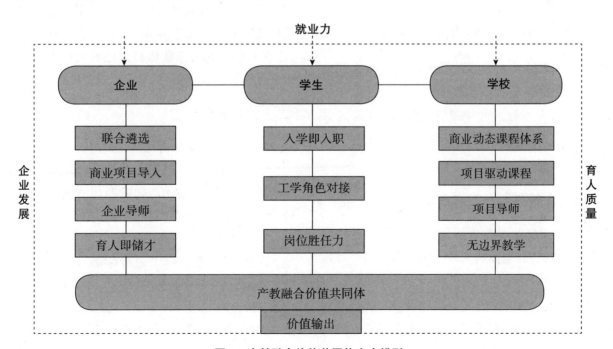

图 1　产教融合价值共同体育人模型

另一方面,通过"企教学"融合,推行商科无边界教学,为保证学生技能与企业需求的动态匹配。"商务实验班"需要在未承接项目的"训练"阶段展开进行全商科教育教学要素改革,如商科跨年级教学中打破专业年级限制、采用混合式班级融合管理推进项目式教学模式等。同时,淡化传统教学的物理空间限制,通过"产"提供真实项目促进"教学"实时调整,突出"无边界教学",最大限度利用各种场合、过程和时机,让学生在项目实战过程中潜移默化冶炼学生职业素养。

四、特色与经验总结

"企校学教用"模式以企业需求为导向,转变以前职教商科人才培养追求单一教育目标的传统思路,实现"企、校、生"三赢局面。

(一)构建职教商科"企校学教用"融合培养新思路,实践全新产教融合价值共同体

升级传统产教融合观念和方式,将企业、学校和学生融合成为理念一致、目标一致、行动一致的产教融合价值共同体,形成产教融合各要素全面、系统、可持续的良性互动,驱动产教融合价值共同体协同发展的新格局。

(二)助力产教融合价值共同化、规范化

创新职教商科人才培养过程中产教融合实践途径,制定职教商科人才培养过程中产教融合流程与价值标准,为合作过程中各方利益、职责确定共同方向,防止产教融合过程中出现"一头热"的现象。

(三)提高"企校学"三方融合动力

提高教学、企业和学生等资源互补能力,使产教融合在培养新实践型商科人才、实现学校培养目标的同时,也能满足企业实现利益的诉求。企业权益方面,实验班员工近些年来通过真实项目参与解决企业实时用人需求和企业发展诉求,在"校企导师"协同参与下助力企业发展目标。

五、效果与推广价值

(一)应用效果

1. 提升学生商业技能

通过合作企业项目实战的学生,毕业时除毕业证书外还将收获实验班培养企业联盟企业认证商科能力资格证书,"软实力"明显提升。截至2021年6月,经由"商务实验班"培养的学生超过500人,毕业生就业后留职率为92.3%,合作企业对该群体员工的评价普遍较高。

2. 教学团队向"双师型"转型

专业教师既是实验班专业教师也是项目总监,实验班辅导员既是职业素养教师也是实验班总经理。在师资考核方式上以学生项目完成度作为考核的重心,让实验班师资队伍能全身心投入到项目指导、项目开发与企业对接工作中,并且在项目执行过程中,通过实验班教师与企业导师的沟通与交流丰富教师授课内容与案例,通过校企联动、项目推动的方式提高教师育人能力,向"双师型"教师转型。

3. 助力合作企业发展

"企校学教用"以人才培养为入口,切实增强企业人才适用性,提高企业发展质量。截至2021年年底,"商务实验班"已完成多个类型企业合作项目,负责或参与策划电商、通信、制造业、交通、消费品等行业的企业项目数57个,项目期内所合作企业的项目成本平均同比下降6.33%,学生毕业后正式入职(合作)企业的员工队伍稳定性有明显改善,部分毕业生已成为业务骨干。

(二)推广价值

1. 培养模式获得同行高度认可

"商务实验班"已服务各级各类职业教育单位和院校推广交流50余次,辐射四川省内各类职教院校30余所,教学成果获得同行与社会的高度认可。

2. 模式成果获得社会认可

2019年以来,以"企校学教用"实践为基础,产教融合价值共同体模式获得四川省教育厅课题立项1项,获得由中国国际贸易促进委员会商业行业委员会"商科教育教学成果认定"三等奖,在 *Journal of Educational Research and Policies*、《职业技术》等国

际国内期刊发表论文2篇，提交国家发明专利申请2项，并入选教育部委托中国教育发展战略学会产教融合专业委员会《2021年产教融合校企合作典型案例》名单。

专家点评：该案例结合新时代职业教育产教融合要求，将职教商科人才培养过程中的教育链、人才链与产业链有机衔接，形成企、校、生价值共同体。通过真商业环境、真商业项目、真产业集群参与的全过程融合创新，为职教商科产教融合提供了一种新的思路。本案例依托新时代产教融合要求提出产教融合价值共同体概念探索新时代职教商科育人新模式的教育价值、商业价值和个人价值有明显作用；有一定的可操作性，对其他职教商科开展产教融合具有示范作用和推广价值。